LA RÉFORME GRÉGORIENNE

II
GRÉGOIRE VII

DU MÊME AUTEUR :

*Le règne de Philippe I*er, *roi de France* (1060-1108), Paris, Société Française d'Imprimerie et de Librairie, 1912, in-8º.
Ouvrage couronné par l'Académie des Inscriptions et Belles-Lettres, prix Gobert.

Les Vies de Saint Savinien, premier évêque de Sens. Étude critique, suivie d'une édition de la plus ancienne *Vita.* Paris, Société Française d'Imprimerie et de Librairie, 1912, in-8º.

Études sur la polémique religieuse à l'époque de Grégoire VII. Les Prégrégoriens, Paris, Société Française d'Imprimerie et de Librairie, 1916, in-16.

Saint Grégoire VII (Collection « *Les Saints* »), Paris, Gabalda, 1920, in-16.
Ouvrage couronné par l'Académie française, prix Juteau-Duvigneaux.

Louvain (Collection « *Memoranda* »), Paris, Laurens, 1921, in-18.

Aigues-Mortes et Saint-Gilles (Collection « *Les petites monographies des grands édifices de la France* »), Paris, Laurens, 1925, in-12.

La réforme grégorienne : I. *La formation des idées grégoriennes* (*Spicilegium Sacrum Lovaniense*, t. VI), Louvain-Paris, 1924, in-8º.

UNIVERSITÉ CATHOLIQUE
ET COLLÈGES THÉOLOGIQUES O. P. ET S. J., DE LOUVAIN

SPICILEGIUM SACRUM LOVANIENSE
ÉTUDES ET DOCUMENTS
FASCICULE 9

AUGUSTIN FLICHE

PROFESSEUR A L'UNIVERSITÉ DE MONTPELLIER

LA RÉFORME GRÉGORIENNE

II

GRÉGOIRE VII

LOUVAIN
"SPICILEGIUM SACRUM LOVANIENSE"
BUREAUX
RUE DE NAMUR, 40

PARIS
Librairie Ancienne HONORÉ CHAMPION
ÉDOUARD CHAMPION
QUAI MALAQUAIS, 5

1925

A. 8.

AVANT-PROPOS

Le tome **I** du présent ouvrage a été consacré à la formation
des idées grégoriennes; il a conduit l'histoire de la réforme
jusqu'à l'avènement de Grégoire VII, en déterminant tout à la
fois les grands courants d'opinion qui se sont dessinés chez les
écrivains soucieux de porter remède aux abus, et les essais de
réalisation qui furent l'œuvre des papes Léon IX, Étienne IX,
Nicolas II et Alexandre II. Avant d'envisager ce que deviendra
le mouvement réformateur chez les polémistes de la fin
du xie et du commencement du xiie siècle, il importe de
rechercher comment, de 1073 à 1085, le programme grégorien
a été conçu et réalisé par le grand pontife qui lui a très
justement attaché son nom : tel est l'objet des pages qui
vont suivre.

Il ne saurait être question d'analyser dans le détail tous
les événements d'ordre divers qui se sont déroulés pendant le
pontificat de Grégoire VII. Comme dans le tome précédent,
les faits relatifs à la querelle des investitures ou à la lutte du
Sacerdoce et de l'Empire ne seront retenus que dans la mesure
où ils ont modifié ou immédiatement traduit la pensée du
pape. On a cherché avant tout à caractériser avec toute la
précision possible la teneur de cette pensée, à en saisir l'évolution et la gradation, à en fixer les étapes successives. De
cette analyse il paraît résulter qu'en reportant à d'autres

l'invention de certaines parties du programme grégorien, nous ne diminuons en aucune façon l'importance du rôle joué par Grégoire VII, sans lequel la réforme n'eût jamais été réalisée et dont le pontificat correspond à un tournant décisif dans l'histoire de l'Église.

Au seuil de cette étude, nous tenons à remercier tous ceux qui, par l'approbation bienveillante qu'ils nous ont manifestée, ont encouragé la publication des résultats de nos recherches, ainsi que les aimables collaborateurs qui nous ont aidé dans l'exécution matérielle de ce volume.

MONTPELLIER,
15 octobre 1923.

AUGUSTIN FLICHE.

LISTE DES ABRÉVIATIONS

AA. SS.

Acta Sanctorum, Anvers, 1643 et suiv.

BOUQUET

Recueil des historiens des Gaules et de la France (*Scriptores rerum gallicarum et francicarum*), Paris, 1738 et suiv.

CASPAR

Das Register Gregors VII, herausgegeben von Erich CASPAR, dans les *Monumenta Germaniae Historica*, série in-8°, *Epistolae selectae*, t. II, 2 volumes, Berlin, 1920.

Codex Udalrici

Udalrici Babenbergensis codex, dans JAFFÉ, *Monumenta Bnmbergensiä* (t. V de la *Bibliotheca rerum germanicarum*), Berlin, 1869.

Constitutiones et acta

Legum sectio IV, Constitutiones et acta publica Imperatorum et Regum, dans les MGH, série in-4°, Hanovre, 1893 et suiv.

HINSCHIUS

Decretales pseudo-isidorianae, Leipzig, 1863.

JAFFÉ

Bibliotheca rerum germanicarum, Berlin, 1864-1873, 6 volumes.

JAFFÉ-WATTENBACH

Regesta Pontificum romanorum ab condita ecclesia ad a. 1198, Leipzig, 1885, 2 volumes.

Libelli de lite

Libelli de lite Imperatorum et Pontificum saeculis XI et XII conscripti, dans les MGH, série in-4°, Hanovre, 1891-1897, 3 volumes.

MANSI

Sacrorum conciliorum nova et amplissima collectio, Florence, 1759 et suiv.

MEYER VON KNONAU
Jahrbücher

Jahrbücher des deutschen Reichs unter Heinrich IV und Heinrich V, Leipzig, 1898-1907, 7 volumes.

MGH, SS

Monumenta Germaniae historica. Scriptores.

PEITZ

Das Originalregister Gregors VII im Vatikanischen Archiv (Reg. Vat. 2) nebst Beiträgen zur Kenntnis des Originalregister Innozenz III und Honorius III (Reg. Vat. 4-11), dans les *Sitzungsberichte der Kais. Akademie der Wissenschaften zu Wien, philosophische-historische Klasse*, t. CXLV, fasc. 5, Vienne, 1911.

PL   *Patrologiae cursus completus*, accurante J. P. Migne, série latine, Paris, 1845-1855.

SS   *Scriptores* (voir MGH).

INTRODUCTION

LES SOURCES DE L'HISTOIRE DE GRÉGOIRE VII

I. — LES BULLES PONTIFICALES

I

La source primordiale à laquelle doit puiser l'historien qui veut découvrir la pensée de Grégoire VII, en suivre l'évolution, en saisir les différents moments et en parcourir les diverses étapes, c'est à coup sûr le registre où sont groupées en neuf livres, dont les huit premiers se rapportent chacun à une année de pontificat, les lettres dictées par le pape ou rédigées sur son ordre. Sans doute toute la correspondance de Grégoire VII n'y a pas été insérée; le premier éditeur de ce précieux document, Jaffé[1], a publié, à la fin de son volume cinquante et une bulles parvenues jusqu'à nous par d'autres voies, mais,

---

[1] JAFFÉ, *Bibliotheca rerum Germanicarum*, t. II, *Monumenta Gregoriana*, Berlin, 1865.

sauf de rares exceptions, le registre renferme les textes vraiment décisifs.

Pendant longtemps, on n'a pas reconnu à ce recueil le crédit qui lui est aujourd'hui accordé. Très frappé du contraste qui existe entre les huit premiers livres, où la correspondance pontificale apparaît avec un classement chronologique rigoureux [1], et le livre IX, où elle se présente avec un certain désordre, Jaffé avait été conduit à penser que le registre, contenu dans le manuscrit de la bibliothèque du Vatican [2] qui servit de base à son édition, n'était pas le registre primitif de la chancellerie pontificale, mais un extrait de ce registre, composé en 1081 sur l'ordre de Grégoire VII, au moment où, par la lettre à Herman de Metz, il cherchait à justifier son attitude à l'égard du roi de Germanie, et complété par la suite tant bien que mal pour les dernières années du pontificat [3]. Jaffé ne faisait d'ailleurs que reprendre l'opinion de Giesebrecht [4] que, jusqu'au début du XXe siècle, tous les érudits ont plus ou moins adoptée en l'enrichissant de quelques précisions nouvelles et généralement erronées [5]. Il ne saurait actuellement y avoir de doute : à la suite des patientes recherches du P. Peitz [6], il est prouvé que le manuscrit du Vatican, publié

---

[1] Ce classement comporte de rares exceptions qui concernent surtout le livre III et dont il sera rendu compte par la suite.

[2] *Reg. Vat.* 2.

[3] JAFFÉ, *Monumenta Gregoriana*, p. 3 et suiv.

[4] GIESEBRECHT, *De Gregorii VII registro emendando*, Brunswick, 1858.

[5] Voici la liste des principaux travaux dont le registre a fait l'objet depuis Giesebrecht et Jaffé : P. EWALD, *Das registrum Gregorii VII*, dans *Historische Untersuchungen Arn. Schäfer gewidmet*, Bonn, 1882, p. 296-318 ; S. LOEWENFELD, *Die Canonensammlung des Cardinals Deusdedit und das Register Gregors VII*, dans *Neues Archiv*, t. X, 1885, p. 309-329 ; J. VON PFLUGK-HARTTUNG, *Register und Briefe Gregors VII*, dans *Neues Archiv*, t. XI, 1886, p. 143-172 ; SACKUR, *Zu den Streitschriften des Deusdedits*, dans *Neues Archiv*, t. XVIII, 1892, p. 135-153 ; W. MARTENS, *Gregor VII, sein Leben und Wirken*, Leipzig, 1894, t. II, p. 298-313.

[6] Cfr W. M. PEITZ, *Das Originalregister Gregors VII im Vatikanischen Archiv* (Reg. Vat. 2) *nebst Beiträgen zur Kenntnis des Originalregister Innozenz III und Honorius III* (*Reg. Vat.* 4-11), dans les *Sitzungsberichte der Kais. Akademie der Wissenschaften zu Wien, philosophische-historische Klasse*, t. CLXV, fasc. 5, Vienne, 1911.

par Jaffé et plus récemment réédité avec un appareil critique
par M. Erich Caspar [1], n'est pas une compilation due, comme
on l'a longtemps cru, au cardinal Deusdedit ou à un autre
personnage de l'entourage pontifical, mais bien le registre
original de Grégoire VII.

Il n'est pas nécessaire de reproduire ici toute la démonstration du P. Peitz avec les rectifications et additions que lui a
apportées M. Caspar [2]. Il suffira d'indiquer brièvement les
résultats de leurs observations pour examiner ensuite s'il
n'y a pas lieu d'apporter quelques modifications à certaines
de leurs conclusions.

Plusieurs érudits qui, avant le P. Peitz, se sont attaqués au
manuscrit du Vatican, ont constaté qu'il n'était pas entièrement
écrit de la même main [3], mais, fidèles à l'opinion traditionnelle,
ils n'ont attaché à cette remarque qu'une médiocre valeur et
ne se sont pas préoccupés de pousser plus loin l'analyse paléographique du manuscrit. Le P. Peitz a eu le grand mérite
d'affronter cette tâche austère et délicate; il a étudié tour à
tour les écritures, l'encre, l'assemblage des feuillets, les additions marginales ou autres, après quoi il a pu mettre en lumière
l'extraordinaire hétérogénéité de ce document qui ne ressemble
en rien à une copie, œuvre d'un ou de plusieurs scribes qui
auraient travaillé en collaboration. Les divers feuillets qui le
composent se groupent par cahiers tantôt de quatre, tantôt
de cinq, tantôt de six feuillets au milieu desquels s'insèrent
parfois des feuilles intercalaires ajoutées après coup. Par-
chemin et encre sont également de nature et de qualité différentes. De plus, les bulles chevauchent d'un feuillet ou même
d'un cahier sur l'autre et inversement certains livres s'ouvrent
au milieu d'un feuillet. Enfin, on saisit très nettement la trace

---

[1] *Das Register Gregors VII* herausgegeben von Erich CASPAR, dans les
Monumenta Germaniae historica, Epistolae selectae, t. II, Berlin, 1920-1923.

[2] E. CASPAR, *Studien zum Register Gregors VII*, dans *Neues Archiv*, t. XXXVIII,
1913, p. 143-226.

[3] C'est le cas notamment de LÉVI, dans le commentaire dont il a accompagné
les fac-similés publiés dans l'*Archivio Paleografico Italiano* de E. MONACI,
t. II, Rome, 1894-1907.

d'interruptions et de reprises, on devine une série de mains différentes qui se remplacent et se relaient sans aucun ordre prémédité, tandis que des corrections contemporaines trahissent l'intervention d'un haut personnage de la chancellerie, chargé de réviser le manuscrit établi d'après les minutes des actes. De ces diverses remarques, qui se renforcent les unes les autres, découle cette conclusion que le registre a été composé au jour le jour du vivant du pape et sous son inspiration.

Telle est la thèse, toute nouvelle et très fortement établie, qu'a soutenue le P. Peitz. Elle a donné lieu à quelques critiques de détail [1], mais, dans ses grandes lignes, elle a rallié l'adhésion unanime des érudits. L'importance du registre, comme source de l'histoire de Grégoire VII, se trouve de ce fait singulièrement renforcée. On peut se demander, toutefois, s'il faut attribuer exactement la même valeur à toutes ses parties. Certaines d'entre elles présentent des particularités, d'ordre externe ou interne, susceptibles, semble-t-il, d'atténuer, pour quelques années du pontificat, la confiance que mérite *a priori* un document d'une exceptionnelle valeur.

Il n'y a pas lieu d'insister sur les remaniements qu'a subis le registre au XIIe siècle. Les feuillets 156 à 163, qui contiennent une partie du livre VI (lettres 10 à 21) sont d'une main plus récente, contemporaine sans doute du pontificat de Pascal II (1099-1118) ou d'un de ceux qui l'ont immédiatement suivi; dans le livre VIII, les feuillets 205 et 212 ont été remplacés au même moment, mais il est prouvé que le texte primitif a été exactement reproduit, car une autre copie, faite sur l'original antérieurement à celle-là et conservée aujourd'hui dans un manuscrit de la bibliothèque de Troyes, ne présente pas de leçons sensiblement différentes [2]. Il est donc probable qu'au

---

[1] Les objections présentées par M. E. Caspar dans l'article cité du *Neues Archiv* nous paraissent pour la plupart fort judicieuses. Nous aurons à revenir sur quelques-unes d'entre elles, mais nous devons noter ici qu'elles n'empêchent pas leur auteur d'adhérer pleinement à la thèse du P. Peitz quant à l'originalité du registre de Grégoire VII.

[2] Ce manuscrit a été étudié de très près par M. CASPAR, *Studien zum Register*, p. 146 et suiv.) Une comparaison avec le manuscrit du Vatican prouve qu'il

début du XIIe siècle la partie du registre, correspondant à ces feuillets, était en mauvais état et qu'on a jugé prudent, pour éviter sa disparition par usure, de la reproduire, mais la transcription a été très fidèle et garde la même autorité que l'original.

D'autres particularités qui méritent de retenir davantage l'attention concernent les livres III et IX [1].

Le livre III se distingue paléographiquement de ceux qui le précèdent et de ceux qui le suivent. A la différence des livres I, II, IV, V, VI et VII où l'on observe de fréquents changements de mains, il a été écrit presque entièrement d'un seul jet. Les lettres 7 à 21 du folio 99[r] au folio 112[r] sont toutes sorties de la même plume. Au folio 109[v] le scribe avait laissé, au milieu de la page, un large blanc où l'on a transcrit, sans d'ailleurs le remplir, le serment prononcé par Bérenger de Tours devant le concile de 1079. Seule cette pièce, manifestement ajoutée après coup, rompt l'unité très remarquable des treize feuillets qui contiennent la fin du livre III. Toutefois, on ne saurait attribuer cette uniformité à un remaniement ultérieur : non seulement l'écriture est contemporaine de celles des autres parties du registre, mais il y a lieu de remarquer aussi que la lettre 6 chevauche du folio 98 sur le folio 99 et

---

dérive directement de l'original. En effet, quand le copiste du XIIe siècle a transcrit la lettre VI, 10, il a omis dans l'adresse certains mots qui la rendent inintelligible : « Gregorius... omnibus Ravennatibus... qui beatum Petrum eiusque filium, sanctum videlicet Apollinarem salutem et apostolicam benedictionem. » La copie de Troyes permet de rétablir le texte de l'original : « Gregorius... omnibus Ravennatibus... qui beatum Petrum eiusque filium, sanctum videlicet Apollinarem, *martyrem atque pontificem, sicut Christianos decet, diligunt,* salutem et apostolicam benedictionem. » Cette comparaison des deux versions prouve que la copie de Troyes n'a pas été faite sur la copie vaticane, mais bien sur l'original et, comme les deux copies ont, sauf cette exception, le même texte, on peut conclure qu'elles reproduisent l'une et l'autre avec exactitude le manuscrit original.

[1] Nous laissons de côté les additions et corrections qui concernent les indications marginales, adresses et autres détails, sans importance pour le point de vue qui nous occupe, à savoir la valeur du registre comme source de l'histoire de Grégoire VII, en nous contentant de renvoyer à CASPAR, article cité, p. 149 et suiv.

c'est seulement à la troisième ligne de ce folio qu'apparait la nouvelle main à laquelle est dû le reste du livre III; d'autre part les folios 99 à 110 forment un seul cahier et la lettre 19 est à cheval sur ce cahier et le cahier suivant (folios 110^v-111^r); enfin le livre III se termine au recto du folio 112 et le livre IV commence immédiatement au verso. Il en résulte que toute cette partie du registre a été composée d'un seul jet, mais aussi qu'elle fait corps avec le reste, qu'elle a été rédigée antérieurement à la confection du livre IV; toute hypothèse, autre que celle d'une interruption, demeure interdite.

Des remarques paléographiques du même genre s'appliquent au livre IX qui englobe les quatre dernières années du pontificat (1081-1085). Les trente-quatre premières lettres, du folio 213 au folio 234^v, sont toutes de la même main et d'une main que l'on ne trouve pas dans le reste du registre; l'écriture, comme le remarquent MM. Peitz et Caspar [1], est plus régulière, plus égale, plus belle et nettement uniforme. Suivant Peitz [2], la lettre 35, qui commence à la ligne 6 du folio 234^r et se termine au milieu du folio 236^r, serait encore due au même scribe, mais aurait été écrite plus à la hâte; malgré une certaine ressemblance avec l'écriture des bulles qui précèdent, cette identité peut pourtant être discutée, car l'aspect général est nettement différent. A la suite de la lettre 35, une main plus récente a tracé les mots : *Incipit liber Xus*, corrigés au xive siècle en *liber XI* [3]. Les trois dernières pièces du registre (IX, 35 a, 36 et 37) appartiennent à trois mains différentes [4] et dont aucune ne se reconnaît de façon certaine dans les huit premiers livres.

---

[1] Cfr Peitz, p. 48 et suiv.; Caspar, p. 153 et suiv.

[2] Peitz, p. 49.

[3] Peitz (p. 50) veut qu'il y ait eu primitivement XII et il en conclut qu'il faut faire commencer avec IX, 35a la douzième année du pontificat, ce qui l'amène à changer toute la chronologie des dernières années. Un nouvel examen du manuscrit (voir le *fac-simile* donné par Peitz à la fin de son travail) a infirmé cette hypothèse. Cfr Caspar, p. 151-152.

[4] Il y a une réelle parenté entre l'écriture de IX 35a et celle de IX, 36, mais on ne saurait affirmer que ces deux lettres sont de la même main. Le fait n'a d'ailleurs aucune importance pour nous, et si on adoptait une opinion différente, nos conclusions ne seraient pas modifiées.

Comme le livre IX est le dernier du registre, il est permis de se demander s'il n'aurait pas été ajouté après coup. Il a pu être rédigé d'un seul trait assez longtemps après les autres et complété par l'addition successive des quatre dernières pièces qui avaient échappé à une première recension des bulles pontificales. L'observation paléographique ne proscrit pas cette hypothèse; elle l'autorise même d'autant plus que le dernier folio du livre VIII (folio 212) a été laissé en blanc et que primitivement il devait en être ainsi pour la plus grande partie du folio 211ᵛ où la bulle VIII, 23, d'une écriture différente des autres, semble bien avoir été ajoutée après coup [1]. Il reste à voir si une étude plus attentive du texte lui-même vient confirmer ou infirmer cette conclusion.

Cette étude, appliquée à l'ensemble du registre, permet de constater quelques anomalies qui concordent avec celles qu'a relevées l'observation paléographique : une fois de plus le livre III et le livre IX apparaissent avec une physionomie particulière.

Si l'on examine l'ordonnance générale des bulles contenues dans le registre de Grégoire VII, on constate qu'elles se suivent dans un ordre rigoureusement chronologique, qu'elles portent à la fin l'indication du lieu où elles ont été délivrées, du mois et de l'indiction. *Data Rome 8 kalendas maii, indictione* 11, telle est la formule que l'on relève dans la première d'entre elles, adressée à l'abbé du Mont-Cassin, Didier, et qui constitue le type habituel de datation [2]. Les rares interversions chronologiques que l'on peut signaler dans les livres I, II, et VII (il n'y en a aucune dans les livres IV, V, et VI) peuvent s'expliquer tantôt par le fait que les lettres se suivent à un jour de distance et que les minutes, transcrites ensemble, ont été interverties, tantôt par une inadvertance du copiste qui a

---

[1] Tout le livre VIII, depuis la lettre 14 (fol. 201ᵛ) jusqu'à la lettre 22 inclus (fol. 211ʳ⁻ᵛ), est de la même écriture, à l'exception du fol. 205 qui, comme on l'a déjà noté (cfr p. 4-5), a été recopié au XIIᵉ siècle.

[2] GRÉGOIRE VII, *Registrum*, I, 1 (édit. CASPAR, p. 4; édit. JAFFÉ, p. 11; PL, CXLVIII, 285).

échappé au réviseur [1]. Dans les livres III et IX et aussi dans une partie du livre VIII, ces règles ne sont pas observées.

Jusqu'à la lettre 5 inclus, le livre III ne diffère en rien des deux précédents. Après cette lettre, figure (folio 98^r et 98^v) l'allocution prononcée par Grégoire VII au concile romain de février 1076 et où se trouve formulée l'excommunication contre le roi de Germanie Henri IV [2]. Celle-ci est suivie d'une encyclique, non datée, par laquelle le pape notifie la sentence synodale à la chrétienté entière [3], ce qui permet de supposer

---

[1] Nous avons dressé la liste suivante des interversions chronologiques du registre, en dehors des livres III, VIII, et IX qui feront l'objet d'un examen spécial :

I, 62 : 14 *Kalendas aprilis* (19 mars 1074) ; — I, 63 : 13 *Kalendas aprilis* (20 mars) ; — I, 64 : 14 *Kalendas aprilis* (19 mars).

I, 75 : *Idibus aprilis* (13 avril 1074) ; — I, 76 : 17 *Kalendas aprilis* (16 mars) ; — I, 77 : 17 *Kalendas maii* (15 avril).

II, 27: 5 *Kalendas decembris* (27 nov. 1074) ; — II, 28 : 2 *idus decembris* (12 décembre) ; — II, 29: 2 *nonas decembris* (4 décembre) ; — II, 30 :

7 *idus decembris* (7 décembre) ; — II, 31 : *ibid.* ; — II, 32: *idibus decembris* (13 décembre).

II, 72 : *Kalendas maii* (15 avril 1075) ; — II, 73 : 12 *Kalendas maii* (20 avril) ; — II, 74 : 15 *Kalendas maii* (17 avril). VII, 15 : 8 *idus martii* (8 mars 1080) ; — VII, 16 : 7 *Kalendas aprilis* (26 mars) ; — VII, 17 : 9 *Kalendas aprilis* (24 mars) ; — VII, 18 : 2 *idus aprilis* (12 avril).

On remarquera tout d'abord que ces interversions, en elles-mêmes, sont insignifiantes. En outre, il n'est aucune d'elles qui ne puisse recevoir une explication satisfaisante. Les lettres I, 62, 63, et 64 ont été enregistrées le même jour et font partie du groupe I, 58-70, dans lequel on ne constate aucune interruption ni aucune reprise (cfr PEITZ, p. 37) ; il n'y a donc pas lieu de s'étonner si une lettre du 20 mars s'intercale entre deux lettres du 19. Pour II, 28, il est fort probable qu'il faut lire *nonas* au lieu de *idus*, ce qui a le double avantage de fixer au même jour (4 décembre) les deux bulles II, 28 et II, 29, qui ont exactement le même objet (convocation au concile romain de 1075 de l'archevêque de Brême et de l'archevêque de Mayence) et de rétablir l'ordre chronologique. Les trois lettres II, 72, 73, et 74 sont de la même main et ont été transcrites ensemble, ce qui conduit à la même conclusion que pour I, 62, 63, 64. En revanche pour les bulles VII, 15, 16, et 17, on relève au moins deux et plus vraisemblablement trois mains différentes, ce qui exclut une hypothèse du même genre, mais en lisant pour la lettre VII, 16, XII *Kalendas aprilis*, au lieu de VII *Kalendas aprilis*, ce qui paléographiquement est très plausible, on peut là aussi rétablir l'ordre chronologique. Toutes les anomalies des livres I, II et VII sont ainsi justifiées. Pour I, 76, lire : *maii*.

[2] GRÉGOIRE VII, *Registrum*, III, 6* (édit CASPAR, p. 252-254).

[3] GRÉGOIRE VII, *Registrum*, III, 6 (édit CASPAR, p. 254-256; édit. JAFFÉ, p. 211-212; PL, CXLVIII, 434-435).

qu'elle a été rédigée à la fin de février 1076. Jusqu'ici l'ordre
chronologique est respecté puisque la lettre III, 5 est du 11
septembre 1075 [1], mais avec la lettre III, 7, il faut revenir en
arrière, le *terminus a quo* étant pour elle le 9 juin 1075 et le
terminus ad quem le début de septembre [2]. Suivent trois lettres
(8 à 10) qui toutes ont trait à l'affaire milanaise et qui se placent
au 8 décembre 1075 [3]. Après elles s'intercalent les actes détaillés
du concile romain de février 1076 avec une nouvelle édition
de la sentence d'excommunication de Henri IV [4]. La lettre III,
11 est du 14 mars 1076 [5]. A partir de la lettre 12 et jusqu'à
la fin du livre III, on ne trouve plus une fois la formule de
datation habituelle qui figurait encore dans la lettre 11 : *Data
Rome 2 idus martii, indictione* 14. Elle est remplacée par
d'autres formules plus vagues; les lettres 17, 18, 19 portent
une indication géographique, une indication de mois et une
indication d'indiction [6]; la lettre 16 est datée de la même façon,

---

[1] GRÉGOIRE VII, *Registrum*, III, 5 (édit. CASPAR, p. 251-252; édit JAFFÉ,
p. 209-211; PL, CXLVIII, 433-434).

[2] GRÉGOIRE VII, *Registrum*, III, 7 (édit. CASPAR, p. 256-259; édit. JAFFÉ,
p. 212-214; PL, CXLVIII, 435-436). Cette bulle fait allusion à la victoire
de Henri IV sur les Saxons qui est du 9 juin 1075; elle lui est donc postérieure.
D'autre part, elle ne témoigne d'aucune divergence de vues entre le pape et
le roi, alors que celle du 11 septembre 1075 (III, 5) indique clairement une
altération dans leurs rapports.

[3] GRÉGOIRE VII, *Registrum*, III, 8 (édit. CASPAR, p. 259-261; édit. JAFFÉ,
p. 214-216; PL, CXLVIII, 436-438); III, 9 (édit. CASPAR, p. 261-263; édit.
JAFFÉ, p. 216-218; PL, CXLVIII, 438-439); III, 10 (édit. CASPAR, p. 263-267;
édit. JAFFÉ, p. 218-222; PL, CXLVIII, 439-442). Cette dernière bulle porte VI
idus ianuarii; mais, comme elle a exactement le même objet que la précédente,
on est d'accord pour corriger *ianuarii* en *decembris*; cfr édit. CASPAR, p. 263,
n. 1.

[4] GRÉGOIRE VII, *Registrum*, III, 10a (édit. CASPAR, p. 268-271; édit. JAFFÉ,
p. 222-224; PL, CXLVIII, 790).

[5] GRÉGOIRE VII, *Registrum*, III, 11 (édit. CASPAR, p. 271-272; édit. JAFFÉ,
p. 225-226; PL, CXLVIII, 442-443).

[6] GRÉGOIRE VII, *Registrum*, III, 17 : *Data Rome mense aprili, indictione* XIIII
(édit. CASPAR, p. 279-280; édit. JAFFÉ, p. 231-232; PL, CXLVIII, 447-448);
III, 18 : *Data Rome, mense maii, indictione XIIII* (édit. CASPAR, p. 283-284;
édit. JAFFÉ, p. 233-234; PL, CXLVIII, 448-449); III, 19 : *Data Rome, mense
iunii, indictione XIIII* (édit. CASPAR, p. 285; édit. JAFFÉ, p. 234-235; PL,
CXLVIII, 449).

mais sans nom de lieu [1]; les lettres 14 et 15 se bornent à l'indiction avec mention de Rome comme lieu d'origine [2]; les lettres 12, 13, 20 et 21 ne sont pas datées [3]. Il ne semble pas toutefois qu'il y ait d'interversion [4] et l'on ne note dans cette partie du registre aucun retour en arrière.

Les conclusions auxquelles conduisent ces remarques sur l'ordonnance du livre III s'accordent pleinement avec celles qui se dégagent de l'observation paléographique. L'examen du manuscrit permet d'affirmer que les lettres 7 à 21 du livre III ont été transcrites ensemble sur le registre après le 20 février et avant le 25 juillet 1076, date de la première bulle du livre IV qui commence au verso du folio 112, sur le recto duquel se termine le livre III. Pendant quatre mois environ, la chancellerie a suspendu son travail et, lorsqu'elle l'a repris, certaines précisions chronologiques lui ont fait défaut, d'où un certain nombre de lacunes à cet égard dans plusieurs documents. Pourquoi cette interruption? Est-elle due, comme le veut le P. Peitz [5], à l'absence du chancelier ou à une crise de la chancellerie en corrélation avec la crise politique qui a suivi le concile romain de 1076 [6]? Il est bien difficile de se prononcer. Ni l'une ni l'autre de ces deux hypothèses ne suffit à rendre compte d'une particularité curieuse, l'enregistrement à deux

---

[1] GRÉGOIRE VII, *Registrum*, III, 16 : *Data mense aprili, indictione XIIII* (édit. CASPAR, p. 278-279 ; édit. JAFFÉ, p. 230-231 ; PL, CXLVIII, 446-447).

[2] GRÉGOIRE VII, *Registrum*, III, 14 (édit. CASPAR, p. 275-276 ; édit. JAFFÉ, p. 228 ; PL, CXLVIII, 444-445); III, 15 (édit. CASPAR, p. 276-277 ; édit. JAFFÉ, p. 229-230, PL, CXLVIII, 445-446). Dans la lettre III, 14, entre *Data Rome* et *indictione XIIII*, on a laissé un blanc, destiné sans doute à l'indication du mois.

[3] GRÉGOIRE VII, *Registrum*, III, 12 (édit. CASPAR, p. 273-274 ; édit. JAFFÉ, p. 226-227, PL, CXLVIII, 443-444). — III, 13 (édit. CASPAR, p. 274-275 ; édit. JAFFÉ, p. 227-228, PL, CXLVIII, 444). — III, 20 (édit. CASPAR, p. 286-287 ; édit. JAFFÉ, p. 235-236 ; PL, CXLVIII, 449-450). — III, 21 (édit. CASPAR, p. 287-288 ; édit. JAFFÉ, p. 236-237 ; PL, CXLVIII, 450-452).

[4] La lettre 11 est du 14 mars 1076; les lettres 16 et 17 sont du mois d'avril; la lettre 18 appartient au mois de mai, la lettre 19 au mois de juin; rien ne s'oppose à ce que les lettres 12, 13, 14 et 15 aient été écrites à la fin de mars ou en avril.

[5] PEITZ, p. 214 et suiv.

[6] Cfr CASPAR, p. 158 et suiv.

reprises [1] de la sentence d'excommunication de Henri IV. C'est peut être là que réside l'explication du problème posé par le livre III.

On remarquera, en effet, qu'une première fois, entre les lettres 5 et 6, on a reproduit sur le registre l'allocution de Grégoire VII au concile romain de 1076, sans y joindre le procès-verbal de cette assemblée qui figure un peu plus loin. Déjà en 1074 et 1075 on s'était contenté, parmi les décisions synodales, de faire un choix dont les modalités sont difficiles à saisir [2]. Au contraire, par la suite, le registre renfermera des actes relativement détaillés des conciles romains tenus en 1078, 1079, 1080, 1081 [3]. Tandis que la notice intercalée entre les lettres 5 et 6 ressemble à celles de 1074 et 1075, le procès-verbal qui suit la lettre 10 annonce ceux des années suivantes. Cette transformation dans les habitudes de la chancellerie est très notable. Dès lors, on peut penser que lors de la crise très grave qui s'ouvre pendant les premiers mois de 1076, il a paru nécessaire de préciser davantage les règles qui devaient présider à la confection du registre et d'y relater tout ce qui s'était passé de mémorable aux synodes romains. L'interruption constatée coïnciderait avec l'élaboration d'un plan nouveau que décèlent encore d'autres indices.

On a déjà noté la présence, entre la lettre 6, qui termine la première partie du livre III, et le procès-verbal détaillé du concile romain de 1076, de quatre bulles qui remontent à la fin de l'année 1075. Ces quatre bulles offrent un intérêt primordial pour l'histoire de la rupture entre Grégoire VII et Henri IV;

---

[1] GRÉGOIRE VII, *Registrum*, III, 6* (édit. CASPAR, p. 252-254) et III, 10a (édit. CASPAR, p. 268-271; édit. JAFFÉ, p. 222-224; PL, CXLVIII, 790).

[2] GRÉGOIRE VII, *Registrum*, I, 85a (édit. CASPAR, p. 123; édit. JAFFÉ, p. 108; PL, CXLVIII, 358). — II, 52a (édit. CASPAR, p. 196-197; édit. JAFFÉ, p. 170; PL, CXLVIII, 787).

[3] GRÉGOIRE VII, *Registrum*, V, 14a (édit. CASPAR, p. 368-373; édit. JAFFÉ, p. 305-309; PL, CXLVIII, 795-796). — VI, 5b (édit. CASPAR, p. 400-406; édit. JAFFÉ, p. 330-335; PL, CXLVIII, 799-802). — VI, 17a (édit. CASPAR, p. 425-429; édit. JAFFÉ, p. 352-355; PL, CXLVIII, 809-814).— VII, 14a (édit. CASPAR, p. 479-487; édit. JAFFÉ, p. 398-404; PL, CXLVIII, 813-818). — VIII, 20a (édit. CASPAR, p. 544; édit. JAFFÉ, p. 452; PL, CXLVIII, 819-821).

la première, antérieure au 11 septembre 1075 [1], témoigne des
excellentes dispositions du pape au moment où le roi conspirait
déjà contre lui; deux autres concernent l'affaire de Milan,
occasion du conflit [2]; la dernière enfin est, comme on le verra
par la suite, destinée à opposer, en un vigoureux contraste, les
attitudes respectives des deux adversaires [3]. Aucune de ces
lettres, pour des raisons qui échappent, n'avait été enregistrée.
Au moment où le roi excommunié déchaîna, à la fin de mars
1076, de violentes polémiques contre le pape [4], celui-ci jugea
sans doute nécessaire de conserver, autrement que sous la
forme de minutes, des documents de la plus haute importance
pour sa propre justification; en mai, lorsque lui parvinrent
les lettres de Henri IV, il donna des ordres en conséquence
et on compléta le registre en y insérant les quatre bulles de
1075, le procès-verbal détaillé du concile romain, puis en
transcrivant à la suite les pièces d'avril, mai et juin que l'on
jugea utile de conserver. Ainsi s'expliquent tout à la fois la
rédaction d'un seul jet de la fin du livre III et l'altération du
plan chronologique; la valeur de cette partie du registre de
Grégoire VII ne se trouve nullement diminuée et l'on peut,
en toute sécurité, utiliser le livre III dans les mêmes conditions
que ceux qui le précèdent ou le suivent.

Il en est tout autrement du livre IX qui soulève de plus
sérieuses difficultés. Déjà avec le livre VIII ou plus exactement
avec la dernière bulle du livre VII, on observe dans le mode

---

[1] GRÉGOIRE VII, *Registrum*, III, 7 (édit. CASPAR, p. 256-259; édit. JAFFÉ,
p. 212-214; PL, CXLVIII, 435-436).

[2] GRÉGOIRE VII, *Registrum*, III, 8 et 9 (édit. CASPAR, p. 259-263; édit. JAFFÉ,
p. 214-218; PL, CXLVIII, 436-439).

[3] GRÉGOIRE VII, *Registrum*, III, 10 (édit. CASPAR, p. 263-267; édit. JAFFÉ,
p. 218-222; PL, CXLVIII, 439-442).

[4] On verra plus loin que Henri IV a connu la sentence d'excommunication
prononcée contre lui le 26 mars, et qu'il écrivit aussitôt à Grégoire VII une
lettre très violente où il dénature la pensée et les actes du pontife (*Constitutiones et acta*, t. I, p. 110-111). De nouveaux griefs sont développés dans la
lettre royale qui convoque une assemblée d'évêques à Worms pour le 15 mai
(*ibid.*, t. I, p. 111-113) : Grégoire VII n'a pu connaître ces divers documents
qu'à la fin d'avril, ou au début de mai.

de datation des lettres quelques modifications qui peuvent fort bien s'expliquer par un changement dans le personnel de la chancellerie : la lettre VII, 28 n'est pas datée [1], de même que les lettres 3 et 4 du livre VIII [2] qui, il est vrai, ont trait au même objet que la lettre 2, qui est du 27 juin [3]; d'autre part, les quatre premières lettres du livre VIII, antérieures au 30 juin, appartiennent encore à la septième année du pontificat et devraient avoir leur place dans le livre VII; enfin, si par la suite l'ordre chronologique est respecté, le nom du lieu est omis et l'indiction n'est plus mentionnée [4]. Tout cela est, il est vrai, fort peu de chose et, comme les écritures se relaient régulièrement, on ne saurait mettre en doute l'autorité du registre.

Le livre IX donne au contraire une impression d'extrême désordre; non seulement les lettres datées sont l'exception [5], mais l'ordre chronologique pour les années 1081, 1082, 1083 est entièrement bouleversé et l'on n'y attache plus aucune importance : un des quatre documents qui portent une indi-

---

[1] GRÉGOIRE VII, *Registrum*, VII, 28 (édit. CASPAR, p. 509-510; édit. JAFFÉ, p. 421-422; PL, CXLVIII, 570-572).

[2] GRÉGOIRE VII, *Registrum*, VIII, 3 (édit. CASPAR, p. 519-520; édit. JAFFÉ, p. 430-432; PL, CXLVIII, 577-578); VIII, 4 (édit. CASPAR, p. 520-521; édit. JAFFÉ, p. 432; PL, CXLVIII, 578).

[3] GRÉGOIRE VII, *Registrum*, VIII, 2 (édit. CASPAR, p. 517-518; édit. JAFFÉ, p. 428-430; PL, CXLVIII, 575-576).

[4] Seule la lettre VIII, 8 (édit CASPAR, p. 526-527; édit. JAFFÉ, p. 437-438; PL, CXLVIII, 581-582) porte l'indication de Rome comme lieu d'origine. La lettre 7 (édit. CASPAR, p. 524-525; édit. JAFFÉ, p. 436-437, PL, CXLVIII, 581) n'est pas datée, de même que les deux dernières lettres du livre VIII, 22 (édit. CASPAR, p. 564-565; édit. JAFFÉ, p. 467-468; PL, CXLVIII, 602), et VIII, 23 (édit. CASPAR, p. 565-567; édit. JAFFÉ, p. 468-469; PL, CXLVIII, 602-604). On a déjà noté (p. 7) que cette dernière lettre avait été ajoutée après coup. La date de la lettre 21 (édit. CASPAR, p. 545-563; édit. JAFFÉ, p. 453-467; PL, CXLVIII, 594-601) est d'une autre main que la lettre elle-même.

[5] GRÉGOIRE VII, *Registrum*, IX, 8 : *Data VI idus aprilis* (édit. CASPAR, p. 585; édit. JAFFÉ, p. 482-483; PL, CXLVIII, 613). — IX, 9: *Data Lateranis IIII Kalendas maii, indictione IIII* (édit. CASPAR, p. 585-587; édit. JAFFÉ, p. 483-484, PL, CXLVIII, 613-614). — IX, 15 : *Data Lateranis II nonas decembris* (édit. CASPAR, p. 594-595; édit. JAFFÉ, p. 489-490; PL, CXLVIII, 618-619). — IX, 18 : *Datum VIII Kalendas decembris* (édit. CASPAR, p. 598-599; édit. JAFFÉ, p. 492-493; PL, CXLVIII, 620).

cation de jour et de mois, le privilège pour Saint-Victor de
Marseille, qui est du 18 avril 1081 [1], précède une lettre au
doge de Venise, antérieure de dix jours (8 avril 1081) [2]; la bulle
13, dans laquelle le légat Hugues est déjà qualifié du titre
d'archevêque de Lyon et qui, pour cette raison, ne peut être
antérieure à 1083 [3], est suivie de plusieurs lettres de l'année
1081, dont une où le légat apparaît encore comme évêque de
Die [4]. D'autre part, plusieurs bulles du livre IX sont antérieures
non seulement à la neuvième année du pontificat, qui commence
le 30 juin 1081, mais même au 15 mars 1081, date de la lettre
VIII, 21, la dernière dont on connaisse la chronologie; la
lettre IX, 4, est du début de février 1081 [5], la lettre 5 de 1080,
peut être même de 1079 [6], la lettre 25 au plus tard du 3 février
1081 [7]. Enfin, il est à noter que deux bulles qui figurent déjà
dans le livre VIII ont été à nouveau transcrites dans le
livre IX [8].

Si l'ordre est arbitraire, le choix des pièces insérées l'est
également. Tandis que dans les premiers livres ne figure que
la correspondance proprement dite, à l'exclusion des privilèges
d'exemption ou autres, on trouve pêle-mêle dans le livre IX
lettres confidentielles et actes de la chancellerie, tels que la
bulle qui soumet les abbayes de Montmajour et de Sainte-

---

[1] GRÉGOIRE VII, *Registrum*, IX, 6 (édit. CASPAR, p. 581-583; édit. JAFFÉ,
p. 479-481; PL, CXLVIII, 611-612).

[2] GRÉGOIRE VII, *Registrum*, IX, 8 (édit. CASPAR, p. 584-585; édit. JAFFÉ,
p. 482-483, PL, CXLVIII, 613).

[3] GRÉGOIRE VII, *Registrum*, IX, 13 (édit. CASPAR, p. 591-592; édit. JAFFÉ,
p. 487; PL, CXLVIII, 616-617).

[4] GRÉGOIRE VII, *Registrum*, IX, 18 (édit. CASPAR, p. 598-599; édit. JAFFÉ,
p. 492-493; PL, CXLVIII, 620).

[5] GRÉGOIRE VII, *Registrum*, IX, 4 (édit. CASPAR, p. 577-579; édit. JAFFÉ,
p. 477-478; PL, CXLVIII, 609-610). Sur la date, cfr édit. CASPAR, p. 577, n. 1.

[6] GRÉGOIRE VII, *Registrum*, IX, 5 (édit. CASPAR, p. 579-580; édit. JAFFÉ,
p. 478-479; PL, CXLVIII, 610-611). Sur la date, cfr FAZY, *Amat d'Oléron*,
p. 110, n. 3.

[7] GRÉGOIRE VII, *Registrum*, IX, 25 (édit. CASPAR, p. 607-608; édit. JAFFÉ,
p. 500-501; PL, CXLVIII, 625-626). Sur la date, cfr édit. CASPAR, p. 607,
n. 4.

[8] Ce sont les lettres IX, 12 (édit. CASPAR, p. 589) et 22 (*ibid.*, p. 603) qui
reproduisent les lettres VIII, 15 et 16.

Marie de Grasse à l'abbé de Saint-Victor de Marseille [1], ou celle qui place l'abbaye de Saint-Pierre de Maskarans sous la protection du Saint-Siège [2]. D'autre part, certains textes de premier ordre, comme la dernière encyclique, dans laquelle Grégoire VII adresse à la chrétienté tout entière une suprême exhortation [3], n'ont pas trouvé dans le registre leur place pourtant si indiquée.

Bref, le livre IX ne ressemble en rien à ceux qui le précèdent et l'on ne saurait l'utiliser sans avoir donné une explication des particularités que l'on vient d'y constater. Or, les hypothèses de MM. Peitz et Caspar [4] ne paraissent pas ici s'imposer absolument. Le premier établit, comme pour le livre III, une coïncidence entre les omissions chronologiques signalées plus haut et l'absence d'un chancelier qui datait lui-même les originaux. M. Caspar s'est élevé avec raison contre cette opinion qui suppose que la chancellerie de Grégoire VII possédait déjà l'organisation du XIIIe siècle, ce que l'on peut difficilement admettre. Pour lui, le désordre du registre et les lacunes chronologiques observées à partir de 1081 ont pour cause non pas une vacance de la fonction, mais une désorganisation de la chancellerie qui est elle-même en corrélation avec les événements politiques. L'apparition de Henri IV devant Rome, au mois de mai 1081, inaugure une période de crise qui se prolongera jusqu'à la fin du pontificat. Pourtant il y aurait eu, suivant M. Caspar, un instant d'accalmie pendant l'été de 1083; c'est alors que le travail de confection du registre, interrompu depuis le mois de mai 1081, aurait été repris et conduit d'un seul trait jusqu'à la lettre 35, après quoi il aurait été continué au jour le jour et l'on aurait successivement ajouté, à la fin de 1083, les actes du concile de novembre [5], la lettre

---

[1] GRÉGOIRE VII, *Registrum*, IX, 6 (édit. CASPAR, p. 581-583; édit. JAFFÉ, p. 479-481; PL, CXLVIII, 611-612).

[2] GRÉGOIRE VII, *Registrum*, IX, 7 (édit. CASPAR, p. 583-584; édit. JAFFÉ, p. 481-482; PL, CXLVIII, 612-613).

[3] JAFFÉ-WATTENBACH, 5271 (édit. JAFFÉ, p. 572-575).

[4] PEITZ, p. 214 et suiv.; CASPAR, p. 185 et suiv.

[5] GRÉGOIRE VII, *Registrum*, IX, 35a (édit. CASPAR, p. 627-628; édit. JAFFÉ, p. 516-517; PL, CXLVIII, 821-822).

à Robert, comte de Flandre [1], et la lettre à Guillaume le Conquérant [2] avec laquelle le registre se clôt définitivement.

Cette hypothèse rend mieux compte de la réalité des faits que celle du P. Peitz. Il paraît évident que lors de la marche de Henri IV sur Rome, au printemps de 1081, on a dû songer à mettre le registre en lieu sûr et il est fort probable que c'est l'abbaye de Banzi qui en fut la gardienne pendant la tourmente [3]. Il y a également tout lieu de supposer qu'au moment où l'on entreprit de mettre sur pied le livre IX, le manuscrit était encore loin de Rome, sans quoi le livre IX eût été commencé, suivant les règles habituelles, sur le feuillet 211 et l'on n'eût pas laissé en blanc le feuillet 212 qui dut assez longtemps servir de couverture [4]. Cette hypothèse, qui explique pourquoi deux lettres du livre VIII ont été à nouveau transcrites dans le livre IX [5], peut d'ailleurs se concilier avec la date assignée par M. Caspar à la confection de ce dernier livre, que d'autres raisons conduisent à rejeter.

L'accalmie signalée pendant l'été de 1083 dans les rapports de Grégoire VII avec Henri IV a été trop éphémère pour permettre à la chancellerie pontificale de se remettre au travail. Sans doute, il y a eu des tentatives de négociations en vue de la réunion d'un concile qui rétablirait la paix de l'Église, mais ces pourparlers n'ont pas ralenti l'activité militaire de Henri IV : le 3 juin 1083, l'assaut a été donné à la cité léonine, après quoi le pape a dû se réfugier au château Saint-Ange et la plus grande partie de Rome a été occupée par les armées germaniques ; enfin le roi n'a cessé d'observer une attitude hostile, puisqu'il a mis la main sur certains prélats qui se ren-

---

[1] GRÉGOIRE VII, *Registrum*, IX, 36 (édit. CASPAR, p. 628-629 ; édit. JAFFÉ, p. 517-518 ; PL, CXLVIII, 641).

[2] GRÉGOIRE VII, *Registrum*, IX, 37 (édit. CASPAR, p. 630-631 ; édit. JAFFÉ, p.518-519 ; PL, CXLVIII, 641-644).

[3] Ce qui semble bien le prouver, c'est la présence en tête du registre du privilège de Grégoire VII pour l'abbaye de Banzi (1er février 1075) qui a été intercalé après coup ; ce privilège a été publié dans l'édition CASPAR, p. 632-635.

[4] Cfr *supra*, p. 7.

[5] Cfr *supra*, p. 14.

daient au concile convoqué par le pape [1]. Bref, en 1083, les circonstances politiques sont exactement les mêmes qu'en 1081 ou 1082, et l'on ne peut expliquer par elles la mise en chantier du livre IX. On peut se demander s'il n'y aurait pas lieu de la reporter quelques années plus tard, après la mort de Grégoire VII.

Les caractères paléographiques du livre IX ne sauraient s'opposer à cette nouvelle hypothèse. On a déjà remarqué que l'on ne pouvait attribuer avec certitude les écritures des quatre dernières pièces à l'une ou l'autre des mains qui se relaient dans les huit premiers livres. Dès lors, il est permis d'admettre que les lettres 1 à 34 inclus ont été transcrites en une seule fois, à une date indéterminée, et que les quatre autres textes, retrouvés par la suite dans les archives pontificales, ont été successivement insérés sur les feuillets restés en blanc à la fin du manuscrit. La seule chose sûre, c'est que le travail était terminé au moment où fut faite la copie de Troyes, soit dans les dernières années du XIe siècle.

L'objection paléographique une fois écartée, on peut relever dans plusieurs documents du livre III certains détails de rédaction qui permettent de douter de sa composition dans l'été de 1083.

La note consacrée au synode romain de novembre 1083 ne parait pas être sortie de la chancellerie de Grégoire VII. Elle ne ressemble en rien aux différents actes conciliaires qui ont trouvé place dans le registre à partir de 1076; ce n'est pas un procès-verbal, mais un résumé du siège de Rome par Henri IV, suivi d'une brève apologie de l'attitude pontificale. De plus, elle renferme une erreur qu'un rédacteur de 1083 eût difficilement commise : elle affirme que « la persécution de Henri a empêché trois synodes quadragésimaux ». Or, un concile a encore été tenu au carême de 1081 ; ceux de 1082 et 1083 n'ont pas eu lieu. Enfin, on mentionne que plusieurs évêques ont été empêchés par Henri IV de venir jusqu'à Rome, mais parmi

---

[1] Cfr *infra*, chapitre VII, p. 418.

2

eux on ne cite que l'évêque d'Ostie, emprisonné par le roi alors qu'il revenait de légation. Comme, au dire de Bernold de Constance [1], Anselme de Lucques et Hugues de Lyon ont eu le même sort, on peut être surpris qu'Eudes soit spécialement mentionné ; mais, si l'on se souvient qu'Eudes d'Ostie est devenu en 1088 le pape Urbain II, on peut être amené à supposer que cette notice, si vague et si erronée, a été rédigée après son avènement au siège apostolique.

Il y a lieu de s'arrêter également sur la lettre 3 qui a pour destinataire Altmann, évêque de Passau, et Guillaume, abbé de Hirschau. Grégoire VII met ces deux personnages au courant des tentatives qui ont été faites auprès de lui en vue d'une réconciliation avec Henri IV, qui se prépare à descendre en Italie où il compte un très grand nombre de partisans, et tout en affectant une profonde tranquillité, il insiste sur la nécessité de prêter main forte à la comtesse Mathilde plus immédiatement menacée. Au cas où Henri entrerait en Lombardie, le pape demande que le duc Welf « jure fidélité au bienheureux Pierre, comme il en a été décidé en présence de l'impératrice Agnès et de l'évêque de Côme, son bénéfice lui ayant été concédé après la mort de son père », et il souhaite que d'autres princes imitent son exemple, puis il conseille aux Allemands de ne pas se presser d'élire un nouveau roi, de crainte de faire un mauvais choix ; il prescrit des prières pour la conversion de ses ennemis et leur retour dans le giron de la sainte Église ; revenant à la question de l'antiroi, il donne la formule d'un serment de fidélité qu'il faudra lui imposer ; il termine en répondant à quelques questions posées par les destinataires de la lettre et en leur communiquant les décisions du concile romain de février 1081.

Comme la plupart des bulles du livre IX, la lettre à Altmann de Passau et à Guillaume de Hirschau n'est pas datée, mais, étant donné que l'expédition de Henri IV en Italie est considérée comme probable et non comme certaine, que d'autre

---

[1] BERNOLD DE CONSTANCE, a. 1083 (MGH, SS, t. V, p. 438).

part le concile romain de février est un événement récent, *nuper*, elle ne peut être que de la fin de février ou du début de mars 1081. Elle aurait donc sa place marquée dans le livre VIII, entre les actes du synode (VIII, 20 a) et la lettre à Herman de Metz, du 15 mars 1081 (VIII, 21) [1]. Étant donné son importance, il paraît surprenant que la chancellerie pontificale ait jugé inutile de l'insérer dans le registre à sa date normale; on s'explique mal pourquoi la formule du serment à imposer au roi qui serait élu à la place de Rodolphe de Souabe n'a pas été précieusement conservée, comme jadis celle de la soumission de Henri IV à Canossa [2].

On ne saurait toutefois s'arrêter à cette objection qui ne pourrait suffire à faire suspecter la lettre IX, 3; mais, si l'on procède à l'examen du texte lui-même, des doutes plus sérieux surgissent aussitôt.

On remarquera tout d'abord l'emploi alternatif du pluriel et du singulier. La bulle est adressée à Altmann de Passau et à Guillaume de Hirschau. Pourtant on lit au début du second alinéa : « Si par hasard Henri entre en Lombardie, nous voulons, mon très cher frère, *volumus te, karissime frater*, que vous avertissiez le duc Welf. » Avec le troisième alinéa, le pluriel reprend : *admonendi sunt omnes in partibus vestris Deum timentes*; mais il s'efface encore une fois devant le singulier lorsque, dans le quatrième alinéa, rappelant le souvenir de Rodolphe de Souabe, le pape écrit : « Au sujet du dit Rodolphe, vous savez, *satis cognoscis*, mon très cher frère, ce qu'a espéré la sainte Église romaine et ce qu'il promettait. » On trouve encore le singulier dans la phrase qui suit le serment, *religionem tuam, potestati tuae*. Avec *quod vero de sacerdotibus interrogastis*, le pluriel réapparaît et persiste jusqu'à la fin de la lettre. Cette

---

[1] Sur la date, cfr édit. CASPAR, p. 573, n. 1 et p. 574, n. 5, où il est rappelé que Henri IV était à Vérone le 11 avril 1081. Il est fait allusion à deux reprises à sa venue possible en Italie : « H. iam pridem, sicut scitis, plura facere nobis paratum » et : « Si H. forte Longobardiam intraverit ». Cette dernière proposition appartient, comme on le verra plus loin, à un passage suspect.
[2] GRÉGOIRE VII, *Registrum*, IV, 12a (édit. CASPAR, p. 314-315; édit. JAFFÉ, p. 258-259; PL, CXLVIII, 466-467).

alternance n'a aucune raison d'être et elle est ici incompréhensible. On en a relevé des exemples dans d'autres bulles; mais, en pareil cas, le nom de l'interlocuteur plus spécialement visé est indiqué et le pape ne recourt pas à la formule vague *Karissime frater* qui peut, en somme s'appliquer indistinctement à l'évêque ou à l'abbé[1].

On peut dès lors se demander si les passages où le singulier est employé n'auraient pas été interpolés. Or, si on supprime le second alinéa *Si H. forte Longobardiam intraverit... Deo adiuvante efficere credimus* et le passage *Nisi enim ita obediens... fidei quam beato Petro debes committimus*, la lettre non seulement a un sens, mais se tient beaucoup mieux; les deux fragments en question forment des incidentes qui ralentissent l'allure générale du texte et se distinguent surtout par une inquiétante obscurité.

Les deux phrases qui concernent Welf IV de Bavière, sont d'une explication difficile : Grégoire VII, en réclamant sa fidélité, fait allusion à des dispositions qu'il aurait prises en sa présence, devant l'impératrice Agnès et l'évêque de Côme, moyennant la concession par le pape, agissant sans doute comme suzerain, de son bénéfice après la mort de son père. Non seulement on n'a conservé aucune trace de cet acte, mais en lui-même il paraît singulier : le père de Welf IV, Albert-Azzon II, marquis d'Este, est mort en 1097[2] et il est au moins bizarre que son fils règle sa succesion d'accord avec le pape vingt ans avant qu'elle ne soit ouverte, Agnès n'ayant vécu que jusqu'en 1077. D'autre part, il ne semble pas que Welf IV ait fait preuve à l'égard du

---

[1] La lettre I, 69 (édit. CASPAR, p. 99-100; édit. JAFFÉ, p. 87-89; PL, CXLVIII, 343-344) est adressée à Guillaume, comte de Die, et aux fidèles de cette église. Un passage concerne spécialement le comte; il est amorcé par ces mots : « Te autem, predicte comes, singulariter alloquentes ». Cfr aussi II, 45 (édit. CASPAR, p. 182-185; édit. JAFFÉ, p. 158-160; PL, CXLVIII, 396-397) à Rodolphe de Souabe et à Berthold de Carinthie, où on lit : « Quia vero te, Rodulfe dico, ducem... »

[2] BERNOLD DE CONSTANCE, a. 1097 : « Interim dux Welfo Baioriae Longobardiam profectus est ad possidendam hereditatem patris sui Azzonis marchionis, qui nuper defunctus est; set filii eiusdem marchionis de alia coniuge praedicto duci totis viribus resistere » (MGH, SS, t. V, p. 465).

Saint-Siège des sentiments d'obéissance qui l'animeront plus
tard au temps d'Urbain II, lorsque son fils, également nommé
Welf, aura contracté avec la comtesse Mathilde le mariage
peu assorti qui devait grandir la puissance de la maison de
Bavière. On n'a conservé qu'une seule bulle de Grégoire VII
qui lui soit adressée [1]; elle est du 30 décembre 1078, donc
postérieure aux faits narrés dans la lettre à Altmann de Passau
et à Guillaume de Hirschau; elle ne renferme aucune allusion
à la vassalité du duc vis-à-vis du Saint-Siège et elle contient
même quelques reproches qui répondent à des critiques adressées par Welf IV à la politique pontificale [2].

Le serment à imposer au nouvel antiroi soulève également
des difficultés. Il a trouvé place dans la collection canonique
du cardinal Deusdedit [3], mais avec quelques variantes. La
fidélité est, dans cette seconde version, jurée au pape Grégoire
ou à ses successeurs et, lorsqu'il s'agit des églises ou des biens
appartenant au Saint-Siège, le futur accompagne aussi le
présent [4]. De plus, dans le texte de Deusdedit, la phrase où
le futur roi déclare qu'il exécutera fidèlement avec une réelle
obéissance tous les ordres du pape, est supprimée [5]. Le cardinal
ne fait aucune allusion à la bulle dont fait partie le serment;
il donne pourtant une référence au registre, mais cette référence est fausse, puisque, selon lui, le serment proviendrait du

---

[1] GRÉGOIRE VII, *Registrum*, VI, 14 (édit. CASPAR, p. 418-419; édit. JAFFÉ,
p. 346; PL, CXLVIII, 523-524).

[2] Welf IV avait sans doute protesté contre les atermoiements de Grégoire VII
et contre sa neutralité persistante à l'égard de Henri IV et de Rodolphe de
Souabe, sans comprendre les raisons d'ordre surnaturel qui dictaient la conduite du pape. Celui-ci lui reproche en tous cas de « murmurer » et de manquer
de confiance dans le bienheureux Pierre.

[3] DEUSDEDIT, *Collectio canonum*, IV, 422 (édit. WOLF VON GLANVELL, p. 598-
599).

[4] Après les mots « eiusque vicario pape Gregorio qui nunc in carne vivit »,
Deusdedit ajoute : « et successoribus eius meliorum cardinalium electione
intrantibus ». A la place de « sunt oblata », on lit dans sa version « sunt vel
fuerint oblata », ce qui est plus en harmonie avec le membre de phrase suivant
« et in mea sunt vel fuerint potestate », qui figure tel quel dans les deux versions.

[5] Voici cette phrase : « Et quodcumque mihi ipse papa preceperit sub his
videlicet verbis per veram obedientiam, fideliter sicut oportet christianum,
observabo. »

livre V [1]. Enfin certains manuscrits de la collection canonique font précéder le document du titre suivant : *Iuramentum regum et aliorum principum de ordinatione facta per Constantinum imperatorem super ecclesiis et iuribus earumdem*, formule qui rappelle un des passages essentiels où il est fait allusion aux donations de Constantin et de Charlemagne.

De cette comparaison entre la version du registre et celle de Deusdedit, il résulte tout d'abord que, si Deusdedit a emprunté son texte au registre, il ne l'a pas pris dans la lettre à Altmann de Passau et à Guillaume de Hirschau, et l'on doit supposer que le serment, sous sa forme première, se trouvait intercalé au livre V sur un feuillet isolé que l'on a fait ensuite disparaître. Le cardinal a pu aussi le prendre directement dans les archives pontificales et indiquer, comme cela lui arrive quelquefois, une fausse référence [2]. En tous cas, quelle que soit l'hypothèse que l'on adopte, il est certain que la version du registre, au livre IX,3, ne reproduit pas la version originelle; celle-ci a été tout à la fois émondée et interpolée, puisque l'on a supprimé, assez maladroitement d'ailleurs, les formules qui engagent l'avenir, et ajouté la phrase : *Et quodcumque mihi ipse papa preceperit...*

Il y a là, contre le texte de la lettre à Altmann de Passau et à Guillaume de Hirschau, un indice défavorable, accompagné de plusieurs autres. Comment se fait-il qu'aucun chroniqueur, grégorien ou henricien, n'ait pas fait, à propos de l'élection de l'antiroi Herman de Luxembourg, la moindre allusion à l'injonction pontificale, alors que les actes de cette importance ont toujours trouvé leur écho dans les sources littéraires ? Comment s'expliquer aussi que Grégoire VII, dans la première partie de la bulle, n'écarte pas entièrement l'hypothèse de négociations avec Henri IV, qu'au troisième alinéa il recommande aux Allemands de ne pas mettre trop de hâte à élire un roi

---

[1] Deusdedit écrit : « Ex eodem registri libro V, cap. XVI. »

[2] Sur les erreurs d'attribution commises par Deusdedit, cfr PEITZ, p. 138 et suiv.

et que, sans être fixé sur l'attitude qu'il observera, il communique par avance le texte du serment à imposer ? Il est enfin une dernière présomption assez grave : avant de livrer la formule en question, le pape laisse entendre que Rodolphe a juré fidélité dans les mêmes conditions et l'on en a conclu un peu vite [1] que, le serment provenant selon Deusdedit du livre V qui correspond à l'année 1077-1078, le premier antiroi avait, lui aussi, reconnu la suzeraineté du Saint-Siège suivant la même formule. Une telle hypothèse est inadmissible : elle est démentie tout à la fois par le silence des textes et, comme on le verra plus loin, par l'allure qu'ont revêtue de 1077 à 1080 les rapports de Grégoire VII avec le rival de Henri IV. Après 1080, les polémistes à la dévotion de Henri ont monté une violente offensive contre Grégoire VII : or, ni Wenric de Trêves, ni Petrus Crassus, ni Guy d'Osnabrück, ni Guy de Ferrare n'ont fait la moindre allusion à un serment de vassalité imposé soit à Rodolphe soit à Herman, serment qu'ils n'auraient pas manqué d'exploiter contre le pape, afin de démontrer qu'il tendait à se substituer à l'empereur dans le gouvernement de la chrétienté. Ce mutisme est significatif et celui de Grégoire VII, dans la seconde lettre à Herman de Metz [2], contemporaine de la lettre à Altmann de Passau et à Guillaume de Hirschau, ne l'est pas moins. N'est-ce pas, en effet, dans cette bulle célèbre où Grégoire VII a condensé toutes ses idées sur les rapports du Saint-Siège avec les rois que le serment eût dû trouver sa place, comme la garantie nécessaire à exiger des souverains ?

En résumé, les deux passages relatifs à la fidélité de Welf IV de Bavière et à celle du futur antiroi ressemblent singulièrement à des interpolations. Or, ce qui est plus troublant encore, ils

---

[1] C'est la thèse soutenue par Weiland, qui a publié le serment dans les MGH, série in-4°, *Constitutiones et acta*, t. I, p. 559, sous le titre de *Sacramentum eligendi regis*; cfr aussi JUNGNITZ, *Kampf zwischen regnum und sacerdotium*, Diss. Greifswald, 1913, p. 36, n. 4.

[2] GRÉGOIRE VII, *Registrum*, VIII, 21 (édit. CASPAR, p. 544-563; édit. JAFFÉ, p. 453-467; PL, CXLVIII, 594-601).

peuvent fort bien trouver leur explication dans certains événements qui se sont produits sous le pontificat d'Urbain II.

Si on ne relève que des rapports lointains et assez distants entre la papauté et les Welf au temps de Grégoire VII, il en est tout autrement à partir d'août 1089, date du mariage de la comtesse Mathilde avec le jeune Welf, fils de Welf IV [1]. A partir de ce moment, dans sa lutte contre Henri IV, le Saint-Siège s'appuie presque exclusivement sur le duc de Bavière dont il veut faire le chef de l'opposition en Allemagne. C'est là, semble-t-il, une idée personnelle d'Urbain II qui connaît beaucoup mieux que Grégoire VII la situation de l'Allemagne où, comme légat *a latere*, il a été, en 1084-1085, très intimement mêlé aux discussions religieuses et politiques ; d'autre part, le second successeur de Grégoire VII subit l'influence de l'évêque de Constance, Gebhard, qu'il a lui-même consacré pendant son séjour dans le royaume de Germanie et dont, en avril 1089, il a fait son légat [2]. Gebhard a vu de très bonne heure qu'Herman de Luxembourg, qui disparaît d'ailleurs le 28 septembre 1089, manquait d'énergie et de décision pour être un chef, qu'Egbert de Misnie, qui a aspiré à ce rôle, était peu sûr ; dès 1086, lors du concile tenu dans sa ville épiscopale [3], il s'est appuyé sur Welf IV, jusque-là relégué au second plan. Le 12 avril 1088, Welf a rendu à la cause grégorienne un immense service en s'emparant d'Augsbourg, la seule ville de Bavière qui tenait pour Henri IV et en y installant comme évêque, après avoir chassé l'impérialiste Siegfried, le grégorien Wigold [4]. Après la mort d'Herman et la trahison d'Egbert, il s'est imposé pour diriger l'opposition contre Henri IV avec lequel, depuis l'intronisation de Clément III à Rome en 1084, toute réconci-

---

[1] BERNOLD DE CONSTANCE, a. 1089, (MGH, SS, t. V, p. 449) ; *Historia Welforum Weingartensis*, 14 (*ibid.*, t. XXI, p. 462).

[2] JAFFÉ-WATTENBACH, 5393.

[3] L. MÜLLER, *Regesta episcoporum Constantiensium*, 531 et 532, p. 69.

[4] BERNOLD DE CONSTANCE, a. 1088 (MGH, SS, t. V, p. 447) ; *Annales Augustani*, a. 1088 (*ibid.*, t. III, p. 133) ; EKKEHARD D'AURA, a. 1088 (*ibid.*, t. VI, p. 207).

liation est impossible. Ce « très fidèle fils de l'Église Romaine [1] »
a pour mission, en 1090, de créer des diversions au delà des
monts, pendant que le roi, de nouveau descendu en Italie,
attaque la comtesse Mathilde. A la fin de 1092, ou au début
de 1093, il prêtera entre les mains du légat Gebhard de Constance, un serment de fidélité [2]. Si l'on rapproche ces divers
événements du passage de la lettre de Grégoire VII à Altmann
de Passau et à Guillaume de Hirschau qui concerne Welf IV,
on est frappé par certaines analogies curieuses : rôle assigné
à Welf en Allemagne, vassalité à l'égard du Saint-Siège, tout
ce qui était incompréhensible lors de l'expédition de Henri IV
en Italie en 1081, s'explique à la lumière de la politique suivie
par Urbain II et Gebhard de Constance. Comme au même
moment il a été question d'élire un nouvel antiroi [3], l'hypothèse d'une interpolation à cette date de la lettre primitive de
Grégoire VII à Altmann de Passau et à Guillaume de Hirschau
paraît plausible.

Faut-il conclure dès lors que le livre IX a été ajouté sous le
pontificat d'Urbain II au registre primitif de Grégoire VII, interrompu en mai 1081 ? Il est assez vraisemblable qu'il n'a pris
sa forme définitive qu'à ce moment là, mais le travail de récol-
lection des bulles était déjà commencé au temps de Victor III.
Le cardinal Deusdedit qui, en 1087, a dédié à ce dernier pape
sa collection canonique, connaît, outre le serment inséré dans
la lettre IX, 3, les lettres 6, 7, 12 et 14, qu'il donne comme appartenant au livre VIII [4]. Or, les trois premiers textes appartiennent
à la huitième année du pontificat ; seule la lettre 12a (serment

---

[1] C'est l'expression employée par Urbain II dans la bulle JAFFÉ-WATTENBACH,
5428.

[2] BERNOLD DE CONSTANCE, a. 1093 : « Gebehardus Constantiensis episcopus
et apostolicae sedis legatus, Welfonem, ducem Baioariae, per manus in militem
accepit » (MGH, SS, t. V, p. 457).

[3] BERNOLD DE CONSTANCE, a. 1096 : « Dux Welfo autem iterum multos contra
Henricum eiusque fautores incitavit, ut etiam novum regem eligere decernerent »
(MGH, SS, t. V, p. 452).

[4] DEUSDEDIT, Collectio canonum, III, 266 et 267 ; IV, 426 ; III, 60 (édit.
WOLF VON GLANVELL, p. 377, 601, 293).

de Bertrand II, comte de Provence) est du 25 août 1081, mais elle a été tirée directement des archives pontificales et attribuée de confiance par Deusdedit au livre VIII [1]. Les lettres 6 et 7 portent les numéros 29 et 30 du livre VIII, ce qui correspond bien à leur place dans le registre. En revanche, la lettre 12 est indiquée comme provenant *ex lib. VIII cap. XXVI*; elle serait donc la lettre 3 du livre IX et tiendrait la place actuellement occupée par la lettre à Altmann de Passau et à Guillaume de Hirschau, alors que le fameux serment inséré dans celle-ci est donné comme provenant du livre V. On peut dès lors se demander si, après la mise en lieu sûr du registre, lors de l'arrivée de Henri IV devant Rome, la chancellerie pontificale n'a pas continué à Rome même pendant quelques semaines ou quelques mois à transcrire les documents émanés d'elle, en groupant pêle-mêle les lettres et les privilèges jusque-là insérés sur deux registres distincts [2]. Ce nouveau recueil devait s'arrêter avec la lettre 11 du livre IX actuel et la lettre IX, 14, y tenait la place de la lettre 3; c'est lui que Deusdedit aurait utilisé soit directement soit par intermédiaire [3]. Les événements politiques empêchèrent ensuite tout travail. Sous Urbain II, lorsqu'en 1093 la papauté fut rentrée définitivement à Rome, on voulut compléter le registre de Grégoire VII; à cet effet on se servit de quelques feuillets complémentaires du livre VIII, aujourd'hui perdus, que l'on compléta avec d'autres textes recueillis de côté et d'autre; quelques-uns, comme la lettre IX, 3, furent rajeunis, afin de mieux s'adapter aux nécessités du moment.

Cette hypothèse expliquerait tout à la fois les particularités paléographiques du livre IX, le désordre chronologique, très

---

[1] Elle porte uniquement la mention « ex libro VIII » sans la référence exacte.

[2] Cette hypothèse de Caspar est pleinement justifiée par l'absence dans les huit premiers livres de privilèges analogues à ceux que contiennent les lettres 6 et 7 du livre IX.

[3] M. Paul Fournier (*Les collections canoniques romaines de l'époque de Grégoire VII*, dans les *Mémoires de l'Académie des Inscriptions et Belles-Lettres*, t. XLI, 1918, p. 343) dit que les extraits des lettres de Grégoire VII « paraissent empruntés par intermédiaire au registre qui nous a été conservé ». Cfr aussi Peitz, p. 133 et suiv.

sensible surtout à partir de la lettre 13, les singularités de rédaction qui décèlent le pontificat d'Urbain II, l'utilisation par
Deusdedit des premières bulles à l'exclusion des dernières.

Qu'elle soit adoptée ou rejetée, il ne reste pas moins établi
que le livre IX est loin d'avoir, comme source de l'histoire
de Grégoire VII, la valeur des huit premiers, qu'il ne peut
être utilisé qu'avec une très grande précaution et que l'on
ne saurait faire état de certains documents au moins douteux [1].

II

Toutes les lettres de Grégoire VII n'ont pas été insérées
dans le registre. On ne peut déterminer avec précision les
règles qui ont présidé au choix de la chancellerie pontificale.
Quelques unes des *epistolae vagantes* ressemblent tellement
aux autres qu'avant les découvertes paléographiques du
P. Peitz on en a tiré argument contre l'originalité du registre [2].
C'est le cas, par exemple, de la bulle où, en 1076, Grégoire VII
énumère les raisons qui l'ont contraint à excommunier Henri IV
et retrace avec une ample précision l'histoire de ses rapports
avec le roi de Germanie depuis le début du pontificat [3], ou
encore des trois lettres relatives au projet du voyage en Alle-

---

[1] Tel est le cas, en plus de la lettre 3, de la lettre 29 (édit. CASPAR, p. 612-613;
édit. JAFFÉ, p. 503-504; PL, CXLVIII, 628-629), que l'on considère généralement comme la convocation au concile romain de novembre 1083, concurrem-
ment avec la lettre JAFFÉ-WATTENBACH, 5259 (édit. JAFFÉ, p. 548-550). Or,
elle présente des traces visibles d'une rédaction antérieure qui conduirait
à la placer avant la mort de Rodolphe de Souabe dont il est parlé en des termes
qui laissent supposer que l'antiroi était encore vivant. D'autre part, il est fait
allusion à un décret du synode romain de 1078 dont la citation ici n'a pas sa
raison d'être. Enfin, le concile prévu doit se tenir en dehors de Rome, *in
loco tuto et securo*, ce qui semble impossible, étant donné la présence des armées
allemandes en Italie; la lettre JAFFÉ-WATTENBACH 5259 fait allusion à un sauf-
conduit de Henri IV, mais ici il n'en est pas question et le langage de Grégoire VII est plus agressif, en sorte qu'on peut se demander si la lettre primitive
n'a pas été rédigée entre l'assemblée de Brixen et la mort de Rodolphe de
Souabe, soit entre juin et octobre 1080.

[2] Cfr notamment LOEWENFELD, *Die Canonensammlung des Cardinals Deusdedit
und das Register Gregors VII*, dans *Neues Archiv*, t. X, p. 311 et suiv.

[3] JAFFÉ-WATTENBACH, 4999 (édit. JAFFÉ, p. 535-540; PL, CXLVIII, 671-674).

magne et à l'entrevue de Canossa, au début de 1077 [1]. Bref, plusieurs questions importantes ne sont aujourd'hui connues que grâce au concours simultané du registre et de certaines *epistolae vagantes*, en sorte que l'on n'arrive pas à saisir pourquoi la chancellerie pontificale a négligé de transcrire certaines d'entre elles [2].

Il en résulte qu'on ne saurait négliger ces lettres comme source de l'histoire de Grégoire VII. Toutefois, il y aura lieu dans leur utilisation de faire preuve d'une certaine prudence, de relever notamment les garanties d'authenticité qu'elles peuvent présenter.

On doit tenir compte tout d'abord des modalités de transmission. Toutes les bulles ne sont pas parvenues jusqu'à nous par la même voie : les unes ont été transcrites par les chroniqueurs, notamment par Paul de Bernried dans sa *Vita Gregorii VII papae*, par Brun, dans son *De bello Saxonico* et surtout par Hugues de Flavigny. D'autres ont été recueillies soit dans des cartulaires, soit dans des manuscrits d'une valeur plus ou moins contestable. Quelques unes ne sont connues que par les érudits des XVIe et XVIIe siècles, qui les ont vues dans des conditions malheureusement impossibles à déterminer. D'autre part, la copie qui nous a été transmise manque parfois de rigueur et de précision. Il arrive, par exemple, que les formules initiales fassent défaut et que les dispositions essentielles aient été seules conservées [3]. Pour les lettres reproduites par l'intermédiaire des chroniqueurs, le contrôle est facile : comme ils ont utilisé

---

[1] JAFFÉ-WATTENBACH, 5013, 5014, 5019 (édit. JAFFÉ, p. 542-543, 543-544, 545-547; PL, CXLVIII, 676-677).

[2] Le P. PEITZ (p. 122 et suiv., 206 et suiv.) pense que l'on a voulu conserver seulement les lettres les plus importantes et celles concernant des affaires qu'il y avait lieu de suivre. M. Caspar (p. 198) lui a opposé un certain nombre d'exemples très probants qui prouvent que cette hypothèse, exacte en certains cas, ne se vérifie pas toujours.

[3] C'est le cas par exemple d'une lettre à Hidulphe, archevêque de Cologne (JAFFÉ-WATTENBACH, 5043, édit. JAFFÉ, p. 548), d'une autre à Henri de Liège (JAFFÉ-WATTENBACH, 5154, édit. JAFFÉ, p. 562) qui n'est connue que par Baluze, et de toutes les autres dernières bulles publiées par Jaffé à la fin de son édition des *Epistolae collectae*.

également un certain nombre de lettres du registre, on peut
en ce cas, comparer leur texte avec celui de la chancellerie
pontificale. Cette opération a donné des résultats très favorables.
Dès lors, il n'y a aucune raison de supposer que Hugues de
Flavigny, Brun ou Paul de Bernried aient altéré le sens et la
forme des *epistolae vagantes*, alors qu'ils ne le font pas pour
les autres. D'ailleurs pour certaines bulles on a conservé
plusieurs copies qui ne dérivent pas les unes des autres, si
bien qu'en pareil cas il y a de réels gages de sécurité. Il n'en
est pas de même pour les textes enfouis dans les cartulaires
et autres manuscrits plus ou moins récents ; il est vrai que ceux-ci,
le plus souvent, ne concernent que des faits accessoires.

En résumé, les *Epistolae vagantes*, auxquelles il faut ajouter
les actes de chancellerie, complètent le registre et servent
à éclairer quelques problèmes que le registre seul ne permettrait
pas d'élucider.

III

La correspondance de Grégoire VII, quel qu'ait été son
mode de transmission reste le document essentiel pour quiconque veut étudier le rôle personnel du pape dans la réforme
à laquelle il a attaché son nom. Le registre donne des précisions
chronologiques qui permettent de dater les actes essentiels
du gouvernement pontifical [1] et de fixer avec la plus extrême
rigueur jusqu'au début de 1081 l'itinéraire de Grégoire VII.
Les lettres du registre et les autres laissent découvrir jusque
dans ses moindres replis l'âme de Grégoire VII, trahissent les
manifestations de sa pensée sous l'impulsion simultanée des

---

[1] Depuis qu'il est acquis que le registre est le registre original de Grégoire VII,
il est impossible de changer l'ordre des lettres qu'il contient. De ce fait, la
chronologie de certains actes du pontificat sur laquelle il y avait doute, se
trouve définitivement établie. Il est, par exemple, impossible de reculer la
lettre II, 29, à Siegfried de Mayence, du 4 décembre 1074 à l'année 1073,
comme le voulaient MEYER VON KNONAU (*Jahrbücher*, t. II, p. 304 et suiv.),
HAUCK (*Kirchengeschichte Deutschlands*, t. III, p. 772, n. 5) et plusieurs autres
historiens ; l'ordre des événements de 1073 à 1075 se trouve par là très sensiblement modifié.

événements et des recherches canoniques effectuées sur son
ordre et sous sa direction.

Cette valeur psychologique de la correspondance de Grégoire VII a été fort bien mise en lumière par M. Otto Blaul
qui, dans un excellent mémoire, paru peu de temps après celui
du P. Peitz [1], a réussi à isoler parmi les bulles pontificales celles
qui appartiennent en propre à Grégoire VII. Quelques-unes
d'entre elles sont précédées de la mention *Dictatus papae*,
ce qui indique clairement qu'elles ont été écrites sous la dictée
du pape [2]. Plus souvent celui-ci a pris lui même la plume [3],
ou encore il a donné le canevas, en laissant à ses secrétaires le
soin d'imprimer une forme à sa pensée. En observant de très
près le style, les formules, les citations des diverses lettres
qui constituent le registre ou qui figurent parmi les *Epistolae
collectae* de Jaffé, M. Blaul est parvenu à dresser la liste de
celles qui sont l'œuvre du pape lui-même, de celles où l'on
retrouve son inspiration personnelle et immédiate, de celles
enfin qui ont été rédigées sur son ordre par les clercs de la
chancellerie [4]. Il semble bien qu'il n'y ait pas grand chose à
ajouter ou à retrancher de ce catalogue dressé avec la plus

---

[1] OTTO BLAUL, *Studien zum Register Gregors VII*, dans *Archiv fur Urkundenforschung*, t. IV, p. 113-228, Leipzig, 1912. Cfr aussi CASPAR, *Gregor VII in
seinen Briefen*, dans *Historische Zeitschrift*, 3e série, t. XXXIV, 1924, p. 1-30.

[2] C'est le cas des lettres I, 47 (édit. CASPAR, p. 71; édit. JAFFÉ, p. 65; PL,
CXLVIII, 326-328). — II, 31 (édit. CASPAR, p. 165, édit. JAFFÉ, p. 144; PL,
CXLVII, 385-387). — II, 37 (édit. CASPAR, p. 173; édit. JAFFÉ, p. 150; PL,
CXLVIII, 390). — II, 43 (édit. CASPAR, p. 180; édit. JAFFÉ, p. 156; PL, CXLVIII
394). — II, 55*a* (édit. CASPAR, p. 202, édit. JAFFÉ, p. 174; PL, CXLVIII, 407-408).

[3] Cfr GRÉGOIRE VII, *Registrum*, I, 50, aux comtesses Béatrix et Mathilde,
du 4 mars 1074 : « Vobis enim in talibus non aliquem vicarium in dictando
acquiro, sed me ipsum labori, licet rusticano stilo, subpono » (édit. CASPAR,
p. 77; édit. JAFFÉ, p. 71; PL, CXLVIII, 329-330).

[4] Parmi les éléments sur lesquels repose la démonstration de M. Blaul,
on peut indiquer : le ton général des lettres (dans la lettre II, 49, à Hugues de
Cluny, par exemple, le pape s'épanche dans le cœur d'un ami), l'évocation
de certains souvenirs personnels (cfr *Registrum*, I, 39 : « qui (Petrus) me ab
infantia mea sub alis suis singulari quadam pietate nutrivit et in gremio suae
clementiae fovit »), puis certains signes extérieurs, comme l'emploi du singulier
au lieu du pluriel, et la présence de citations personnelles à Grégoire VII,
telles que JÉR. XLVIII, 10 et I *Reg.*, XV, 23.

minutieuse précision et dont il y a lieu de tenir le plus grand
compte, si l'on veut saisir l'évolution des idées grégoriennes
chez Grégoire VII.

Les découvertes de M. Blaul, complétant celles du P. Peitz,
ont achevé de démontrer la valeur de la correspondance pontificale comme source de l'histoire de Grégoire VII. Dans les
affaires qui ont sollicité l'attention du Saint-Siège, le pape
est intervenu fréquemment par lui-même et dans les circonstances graves il n'a laissé à personne le soin de formuler la
doctrine ou même de tracer les directions apostoliques. La
plupart des lettres à Henri IV, à Philippe Ier, à Guillaume
le Conquérant et aux autres rois émanent de lui; c'est lui aussi
qui, le plus souvent, correspond avec ses légats pour stimuler
leur zèle ou diriger leur action, tandis qu'aux heures d'angoisse
il s'épanche dans le cœur des amis fidèles, sur le dévouement
absolu desquels il peut compter, et qui ont nom Hugues de
Cluny ou la comtesse Mathilde. En un mot, la correspondance
de Grégoire VII est en bien des cas le miroir de son âme ou
l'expression la plus autorisée de ses doctrines et de ses théories;
c'est à elle qu'il faut s'adresser avant tout pour connaître le
grand pontife qui a su imprimer à la réforme son allure décisive.

II. — LES SOURCES LITTÉRAIRES

I

Les documents littéraires n'ont qu'une importance secondaire pour l'histoire des idées grégoriennes [1]. Seule la correspondance du pape permet de suivre année par année, souvent mois par mois, l'évolution de la pensée pontificale et de définir les méthodes successives qui ont été adoptées pour assurer le succès de la réforme. Toutefois il est impossible de fixer les étapes parcourues, de déterminer la physionomie des faits qui ont influé sur les directions données à l'Église et à la chrétienté, sans avoir recours aux sources narratives. Il importe, avant de les utiliser, de rechercher quelle est la valeur des principales d'entre elles, de les classer, d'après la parenté ou la filiation qui les unit les unes aux autres, en un certain nombre

---

[1] On n'étudiera ici que les sources proprement narratives. Les œuvres polémiques qui n'ont qu'une valeur historique très faible, quand elle n'est pas nulle, feront l'objet, dans les tomes suivants, d'un examen plus approfondi. On a déjà signalé (*La Réforme Grégorienne*, t. I, p. 368 et suiv.) le peu de crédit qu'il faut attacher aux versions tendancieuses de Bonizon de Sutri, de Benzon d'Albe, de Bennon, et des autres partisans ou adversaires de Grégoire VII.

de versions, de rendre compte des motifs qui justifient la préférence accordée à celle-ci plutôt qu'à celle-là [1].

La plus ancienne version des faits auxquels Grégoire VII
a été mêlé est la version saxonne. A celle-ci se rattachent les
annales de Lambert de Hersfeld, la série des annales publiées
par Pertz sous le nom de Berthold de Reichenau, le *De bello
Saxonico* de Brun et enfin le chroniqueur ordinairement désigné
sous le nom d'Annaliste saxon.

Les annales de Lambert de Hersfeld ne concernent que les
premières années du pontificat de Grégoire VII; elles s'arrêtent
à l'année 1077, avec l'élection de Rodolphe de Souabe [2].

Leur auteur est peu connu. C'est à peine si, grâce à quelques
témoignages tardifs, l'on sait son nom [3]. De rares renseignements,
épars dans sa chronique, permettent de fixer quelques traits
de sa biographie. Lambert a révélé qu'en 1058 il entra comme
moine à l'abbaye de Hersfeld [4], que le 16 septembre de la même
année, il fut ordonné prêtre par l'archevêque de Mayence,
Liutpold, et qu'il fit aussitôt après le pèlerinage de Jérusalem [5];

---

[1] Les chroniques qui ont trait à l'histoire du pontificat de Grégoire VII
ont fait, pour la plupart, l'objet de dissertations critiques auxquelles nous
nous bornerons à renvoyer, lorsque nous n'aurons pas à modifier leurs conclusions.

[2] Sur Lambert de Hersfeld, voir : J. A. LEFARTH, *Lambert von Hersfeld,
ein Beitrag zu seiner Critik*, Göttingen, 1872; H. DELBRÜCK, *Ueber die Glaubwürdigkeit Lamberts von Hersfeld*, Bonn, 1873; E. MEYER, *Lambert von Hersfeld
als Quelle zur deutschen Geschichte in den Jahren* 1069-1077, Koenigsberg, 1877;
W. ANSFELD, *Lambert von Hersfeld und der Zehnstreit zwischen Mainz, Hersfeld
und Thuringen*, Marbourg, 1880; U. FISCHER, *Die Glaubwürdigkeit des Lambert
von Hersfeld*, Diss. Rostock, 1882; R. KUBO, *Beiträge zur Kritik Lamberts
von Hersfeld*, Diss. Halle, 1890; J. DIEFFENBACHER, *Lambert von Hersfeld als
Historiograph. Ein Beitrag zu seiner Kritik*, Diss. Heidelberg-Wurzbourg, 1890,
et *Lambertsgeschichtschreibung*, dans *Deutsche Zeitschrift für Geschichtswissenschaft*, t. VI, 1891, p. 301 et suiv.; HOLDER-EGGER, *Studien zu Lambert von
Hersfeld*, dans *Neues Archiv*. t. XIX, 1894, p. 141 et suiv., 369 et suiv.; MEYER
VON KNONAU, *Jahrbücher des deutschen Reichs unter Heinrich IV und Heinrich V*,
t. II, 1874, p. 791-853 : Excurs I, *Glaubwürdigkeit der Erzählung des Lambert
von Hersfeld*.

[3] Cfr HOLDER-EGGER, *article cité*, p. 169-182.

[4] LAMBERT DE HERSFELD, a. 1058 (MGH, SS, t. V, p. 160; édit. HOLDER-
EGGER, dans *Scriptores rerum germanicarum ad usum scholarum*, p. 73).

[5] LAMBERT DE HERSFELD, a. 1058 (MGH, SS, t. V, p. 160; édit. HOLDER-
EGGER, p. 74).

il garde sur les autres circonstances de sa vie le silence le plus absolu. On a supposé, non sans raison, qu'il avait fait ses études à l'école de Bamberg sous la direction d'Annon, qui devint archevêque de Cologne [1], mais c'est là une simple conjecture qu'autorisent tout à la fois l'admiration que Lambert a vouée à ce prélat et l'intérêt qu'il porte au diocèse de Bamberg. En tout cas, le seul fait qu'il ait passé à Hersfeld la majeure partie de son existence mérite d'être souligné. Cette riche abbaye, située sur les bords de la Fulda, était, en vertu de sa situation géographique, un merveilleux centre d'information, au moins pour les affaires d'Allemagne. On peut se demander toutefois si Lambert était encore à Hersfeld lorsque, entre 1077 et 1080, il composa ses annales. L'hostilité qu'il y manifeste envers Henri IV s'harmonise assez mal avec les liens d'amitié qui unissaient à ce prince l'abbé du monastère, Hartwig [2]. Il semble difficile qu'une chronique, où l'on a non sans raison aperçu un plaidoyer pour Rodolphe de Souabe, ait pu voir le jour dans une atmosphère aussi favorable à Henri IV, sans risquer de soulever de violentes protestations et de mettre son auteur en fort mauvaise posture. Il est donc probable que Lambert, après l'excommunication de Henri IV par Grégoire VII (1076), s'est retiré dans une autre abbaye, mais il n'en a pas moins séjourné longtemps à Hersfeld et recueilli là une foule de renseignements précieux.

Il n'y a pas lieu d'examiner ici ce que vaut la première partie des annales de Lambert de Hersfeld ni de dresser le catalogue des sources dont elles s'inspirent [3]. Seules, les cinq dernières années (1073-1077) intéressent l'histoire de Grégoire VII. Pour cette période, Lambert est certainement original et il suffira de déterminer jusqu'à quel point on peut lui prêter confiance.

---

[1] Cfr la préface de l'édition HOLDER-EGGER, p. X-XII.

[2] Hartwig fut nommé par Henri IV, en 1085, archevêque de Magdebourg, en récompense des services qu'il lui avait rendus. Cfr *Liber de unitate ecclesiae conservanda*, II, 28 (*Libelli de lite*, t. II, p. 97).

[3] Ce catalogue a été très minutieusement dressé par HOLDER-EGGER, dans la préface de son édition des annales de Lambert de Hersfeld, p. XXXVI et suiv.

Tout d'abord il n'est pas douteux que les annales de Lambert
de Hersfeld ont été composées d'un seul trait entre 1077 et
1080 [1]. Elles sont donc contemporaines des derniers événements
qu'elles rapportent, mais avec quelle exactitude reflètent-elles
la physionomie de ces événements ? C'est ce qu'il importerait
de connaître avec précision. Les nombreux érudits qui les ont
critiquées prétendent pour la plupart que Lambert commet
de nombreuses erreurs de détail et qu'en outre, pour prouver
la légitimité de l'élection de Rodolphe de Souabe, il a systé-
matiquement déformé les faits et délibérément noirci Henri IV [2].

Cette opinion peut invoquer en sa faveur de sérieux arguments. Il suffit de parcourir les annales de Lambert de Hersfeld
pour constater que le chroniqueur professe à l'égard du roi
la plus violente aversion. Il ne laisse jamais échapper une
occasion de flétrir le jeune souverain dont il souhaite et réclame
la déchéance [3]. Les raisons de cette antipathie sont d'ailleurs

---

[1] HOLDER-EGGER, dans sa préface (p. xxxiv), montre fort bien que certaines
mentions relatives à la Saxe ne peuvent se comprendre que si les annales ont
été rédigées après 1077, ce qui exclut l'hypothèse d'une composition au jour
le jour. Il prouve également (p. xxxv) que la chronique de Lambert de Hersfeld
était terminée au moment de la seconde excommunication de Henri IV et de
la reconnaissance de Rodolphe de Souabe. Nous croyons avec lui qu'elle a
vu le jour dès 1077 ou 1078.

[2] Cette thèse a été soutenue pour la première fois par Léopold RANKE,
Zur Kritik fränkisch-deutscher Reichsannalisten, dans *Abhandlungen der Akademie
der Wissenschaften zu Berlin, Philosophisch-historische Classe*, 1855. Elle a été
reprise par DELBRÜCK, plus récemment par MEYER VON KNONAU, combattue
ou atténuée par E. MEYER et W. ANSFELD dans les dissertations ou articles
cités p. 33, n. 2. Holder-Egger pense que Lambert, dans son monastère, n'a
pu être renseigné sur les propos qui s'étaient tenus dans les conciliabules
secrets entre princes, qu'il rapporte pourtant jusque dans les moindres détails ;
il en conclut qu'il n'a pas hésité à les inventer. On peut lui objecter qu'il n'est
pas sûr que Lambert soit resté à Hersfeld jusqu'à la fin de sa vie. Il a pu fort
bien rencontrer l'un des chefs saxons et tenir de lui ce qu'il a ensuite consigné
dans ses annales. Il est à remarquer en effet que, s'il s'étend longuement
sur les affaires d'Allemagne, il est beaucoup plus sobre sur celles d'Italie,
sans doute parce qu'il les connaît plus mal.

[3] Cfr LAMBERT DE HERSFELD, a. 1073 : « Sed illi (Saxones)... graves causas
afferebant quibus probarent eum sine magna christianae religionis iactura
non posse ulterius regnare » (MGH, SS, t. V, p. 201 ; édit. HOLDER-EGGER,
p. 162). Quelques lignes plus loin, à propos du colloque saxon de Gerstungen,
le 20 octobre 1073, Lambert revient encore sur la même idée en insistant

fort honorables : Lambert a été le disciple et l'ami de l'archevêque de Cologne, Annon, auquel il a voué un véritable culte
et dont la disgrâce l'a vivement affecté [1]. Il reproche aussi à
Henri IV la sentence qu'il a rendue dans l'affaire des dîmes
de Thuringe et le dommage infligé en cette circonstance à
l'abbaye de Hersfeld au profit de l'archevêque de Mayence
avec lequel elle était en conflit [2]. Enfin, il n'a pas pardonné
au roi d'avoir imposé comme évêque à l'église de Bamberg,
à laquelle il était évidemment attaché par des liens très forts,
le trop fameux Herman qui fut pour elle le pire des tyrans
et dut rendre compte à Grégoire VII de sa mauvaise administration [3].

De là, dans les annales de Lambert de Hersfeld, une critique
amère et peut être excessive de la conduite privée et du gouvernement de Henri IV, de là aussi une partialité mal contenue
en faveur de l'antiroi Rodolphe de Souabe. Tout ce qui concerne les affaires saxonnes, qui sont toujours au premier plan,
est sujet à caution ; mais faut-il admettre pour cela que le
chroniqueur a également défiguré les rapports du Saint-Siège
avec l'Allemagne et que son témoignage doit *a priori* être rejeté
pour toutes choses ? Il y aurait là, semble-t-il, une réelle éxagé-
ration.

Sans doute on peut relever çà et là dans le récit des préliminaires de la lutte du Sacerdoce et de l'Empire des inexactitudes
dont on a amplifié le nombre et grossi l'importance. On a

---

sur la gravité des fautes du roi qui doivent l'empêcher de régner « ut reprobato
rege alium qui gubernando regno idoneus esset eligerent » (MGH, SS, t. V,
p. 203 ; édit. HOLDER-EGGER, p. 165).

[1] Voir l'éloge qu'il fait d'Annon, à propos de sa mort survenue le 4 décembre
1075 (MGH, SS, t. V, p. 237 et suiv. ; édit. HOLDER-EGGER, p. 242 et suiv.).
A l'année 1073, Lambert prétend qu'Annon a renoncé au pouvoir parce qu'il
était choqué des injustices commises autour de lui : « Coloniensis archiepis-
copus, offensus his quae plurima praeter aequum et bonum fiebant in palatio,
petiit a rege vacationem deinceps dari sibi ab rerum publicarum administra-
tione » (MGH, SS, t. V, p. 192 ; édit. HOLDER-EGGER, p. 140).

[2] LAMBERT DE HERSFELD, a. 1073 (MGH, SS, t. V, p. 192-193 ; édit.
HOLDER-EGGER, p. 141-144).

[3] Cfr son récit des difficultés d'Herman avec le Saint-Siège, placé à l'année
1075 (MGH, SS, t. V, p. 279-280 ; édit. HOLDER-EGGER, p. 203-210).

reproché à Lambert de Hersfeld sa chronologie parfois erronée [1].
Faut-il s'en étonner, si l'on songe qu'il a écrit un certain temps
après les événements et en faisant appel surtout à ses souvenirs ?
On a relevé aussi d'assez graves impropriétés d'expression : [2]
à propos de l'élection de Grégoire VII, Lambert se sert du
terme de *Romani proceres* pour désigner les électeurs [3], alors
que la noblesse romaine n'a pas joué le rôle de premier plan
qui lui était autrefois dévolu à chaque changement de pontificat ;
de même, quand il narre les circonstances qui ont accompagné
l'ambassade de Grégoire VII à Henri IV, en 1074, il laisse
entendre que le roi était frappé d'anathème [4], tandis qu'il
était simplement « en dehors de la communion [5]. » Est-il indispensable de conclure que Lambert a voulu sciemment tromper
ses lecteurs ? N'a-t-il pas, dans le premier cas, confondu, sans
même s'en apercevoir, les *Romani proceres* avec le *populus* qui,
contrairement aux usages traditionnels, s'est substitué à eux
lors de l'avènement de Grégoire VII et, dans le second, n'a-t-il
pas interprété à sa façon, mais sans y mettre aucune malice,
la cessation de tous rapports entre le pape et le roi Henri jusqu'au moment où celui-ci a donné satisfaction ? On peut enfin
convenir avec certains critiques allemands que Lambert a
exagéré, dans un intérêt de parti, le sens de plusieurs manifestations de la politique pontificale. Il donne, par exemple, à l'abso-

---

[1] Il place par exemple la consécration de Grégoire VII comme pape au
2 février 1074, alors qu'elle est du 29 ou du 30 juin 1073 (Cfr *infra*, p. 88).
Il se trompe aussi quant à la date de suspension de l'évêque de Bamberg,
Herman, qui est de 1075 et non de 1074. Plusieurs historiens veulent placer
en 1075, au lieu de 1074, le concile tenu par Siegfried de Mayence, où les
clercs nicolaïtes s'insurgèrent contre les décisions de Grégoire VII sur le célibat
ecclésiastique ; nous montrerons plus loin que la chronologie de Lambert doit
être adoptée ici.

[2] Cfr notamment MEYER VON KNONAU, *Jahrbücher*, t. II, p. 841 et suiv.

[3] LAMBERT DE HERSFELD, a. 1073 (MGH, SS, t. V, p. 194; édit. HOLDER-
EGGER, p. 145).

[4] LAMBERT DE HERSFELD, a. 1074 : « Nec tamen cum rege sermonem com-
municare sepius rogati consenserunt, donec secundum ecclesiasticas leges
penitentiam professus per iudicium eorum anathemate absolveretur » (MGH,
SS, t. V, p. 215; édit. HOLDER-EGGER, p. 194).

[5] Cfr LEFARTH, *Lambert von Hersfeld*, p. 69 et suiv.

lution de Canossa une valeur conditionnelle qu'elle n'a pas en réalité[1], ce qui lui permet de justifier dans une certaine mesure l'élection de Rodolphe de Souabe par les princes allemands. Toute la fin de sa chronique converge vers ce but et n'apporte de ce fait aucune contribution vraiment utile à l'histoire du pontificat de Grégoire VII, mais il n'en est pas toujours ainsi. A plusieurs reprises, le texte de Lambert est d'accord, au moins dans ses grandes lignes, avec les documents officiels; si, pour les événements de 1076-1077, il s'est trompé sur quelques points de détail, s'il a parfois ajouté des descriptions fantaisistes, du moins n'a-t-il pas, grâce à l'utilisation des lettres de Grégoire VII, donné des faits une interprétation mensongère. On ne saurait oublier, non plus, qu'à la différence de certains polémistes qui, pour charger Henri IV, l'ont accusé d'avoir participé à l'attentat de Cenci[2], Lambert n'insinue à aucun moment que le roi ait songé à se débarrasser du pape par l'assassinat[3], ce qui prouve bien qu'il est impartial, aussi longtemps que la Saxe n'est pas en cause.

En résumé, les annales de Lambert de Hersfeld doivent être utilisées avec prudence et précaution, mais elles ne sauraient être reléguées au rang des sources purement légendaires. Version saxonne au premier chef, elles tendent à démontrer que l'élection de Rodolphe de Souabe comme roi, en 1077, est légitime, mais, malgré d'incontestables erreurs et des jugements passionnés, elles ne vont pas jusqu'à travestir de parti pris l'histoire de la papauté dans ses rapports avec la Germanie. Si leur auteur est, à n'en pas douter, partisan de la réforme grégorienne, la question religieuse a pour lui une moindre importance que la question dynastique; il l'envisage avec une réelle sérénité et, si son œuvre est un ardent plaidoyer en faveur

---

[1] LAMBERT DE HERSFELD, a. 1077 (MGH, SS, t. V, p. 259, édit. HOLDER-EGGER, p. 290).

[2] BONIZON DE SUTRI, *Liber ad amicum*, VII (*Libelli de lite*, t. I, p. 606; édit. JAFFÉ, p. 665).

[3] LAMBERT DE HERSFELD, a. 1076 (MGH, SS, t. V, p. 242; édit. HOLDER-EGGER, p. 252-253).

de Rodolphe de Souabe, elle n'est à aucun moment, le panégyrique d'Hildebrand dont il parle sans enthousiasme, avec
indifférence même, mais aussi sans cette amertume quelque
peu hostile qui percera dans les autres versions saxonnes, en
raison même de la modération dont le pape a fait preuve à
l'égard du roi de Germanie.

Lambert de Hersfeld a composé sa chronique à une heure
où l'on pouvait encore espérer que Rodolphe de Souabe, élu
roi par l'assemblée de Forchheim le 13 mars 1077, réussirait
à supplanter Henri IV et à rallier autour de lui l'unanimité
des Allemands. Les autres versions saxonnes sont au contraire
postérieures à la mort de Rodolphe (15 octobre 1080) et leur
allure va s'en ressentir.

On trouve dans les *Monumenta Germaniae Historica*, au
tome V des *Scriptores*, sous le nom de Berthold de Reichenau [1],
une compilation d'origine souabe ou saxonne, dont le texte
primitif est difficile à restituer, mais à laquelle on est aujourd'hui
d'accord pour refuser cette paternité. Le véritable Berthold
a été découvert par Waitz et publié au tome XIII des *Scriptores*
avec ce titre « *Chronici Herimanni Continuatio codicis Sangallensis,
auctore, ut dicitur, Bertholdo* [2]. » Cette continuation d'Herman
de Reichenau, qui commence avec l'année 1054, s'arrête en
1066; elle n'intéresse donc pas le pontificat de Grégoire VII.
La compilation saxonne, qui a été indûment attribuée à
Berthold, s'étend au contraire jusqu'à l'année 1080 et renferme
toutes sortes de renseignements sur la valeur desquels il est
nécessaire d'être fixé.

Deux hypothèses ont été formulées au sujet de l'auteur de
ces annales. On y a vu tour à tour l'œuvre d'un moine du nom
de Gislebert, envoyé à Rome en 1080 par Rodolphe en qualité

---

[1] *Bertholdi annales*, a. 1054-1080 (MGH, SS, t. V, p. 264-326).

[2] MGH, SS, t. XIII, p. 730-732. Sur l'attribution à Berthold de Reichenau
de cette continuation d'Herman, cfr la préface de WAITZ, en tête de cette
édition, et aussi MEYER VON KNONAU, *Jahrbücher*, t. II, p. 905-907, Excurs VIII,
Ueber die durch Pertz als Bertholdi annales editirte Geschichtsquelle.

d'ambassadeur [1], et la rédaction originelle de la chronique de Bernold de Constance [2]. La première de ces suppositions ne repose sur aucune preuve ; la seconde se heurte à toutes sortes d'impossibilités : tout d'abord le style du pseudo-Berthold ne ressemble en rien à celui de Bernold : il est moins clair, moins précis, beaucoup plus chargé. En outre, si les deux textes présentent une indiscutable parenté jusqu'à l'année 1074, à partir de cette date ils divergent complètement, au point de se contredire parfois. Les actes du concile de 1078, par exemple, sont placés par le faux Berthold en 1079 [3]. Or, Bernold ne peut avoir commis cette erreur, puisqu'il a séjourné en Italie à ce moment là, surtout si, comme le veut Schulzen, le faux Berthold représente la première rédaction de la chronique de Bernold, abandonnée par celui-ci dans un cloître italien, lorsqu'il revint en Allemagne à la fin du pontificat de Grégoire VII.

En réalité, il faut renoncer à découvrir l'auteur des annales saxonnes publiées par Pertz au tome V des *Scriptores*. Elles représentent, à notre avis, une seconde rédaction de Berthold de Reichenau, composée vers 1082, par un clerc ou un moine saxon, chaud partisan de Rodolphe de Souabe.

Si, en effet, on les compare, pour les années 1054 à 1066, au véritable Berthold, tel qu'il apparaît au tome XIII des *Scriptores*, on constate que, si les deux chroniques sont dans l'ensemble textuellement identiques, la rédaction du tome V ajoute à celle du tome XIII quelques détails nouveaux et assez gauchement intercalés qui prouvent l'antériorité de cette dernière. A l'année 1056 [4], les deux textes rapportent dans les mêmes termes la mort de l'empereur Henri III, mais entre

---

[1] Cfr H. MEYER, *Die Fortsetzer Hermanns von Reichenau*, Leipzig, 1881. Gislebert est nommé par Bernold de Constance, a. 1080 (MGH, SS, t. V, p. 436-437).

[2] Telle est la thèse développée par SCHULZEN, *De Bertholdi et Bernoldi chronicis*, Diss. Bonn, 1867, et par J. RICHTER, *Die Chroniken Bertholds und Bernolds*, Diss. Königsberg, Cologne, 1862.

[3] BERNOLD DE CONSTANCE, a. 1078 (MGH, SS, t. V, p. 435) ; PSEUDO BERTHOLD, a. 1079 (*ibid.*, t. V, p. 318).

[4] MGH, SS, t. V, p. 270, et t. XIII, p. 731.

les mots *morbo ingravescente infirmatus* et *obiit anno aetatis suae* 39, la rédaction du tome V intercale cette lourde incidente : *et bona conversione poenitentia et confessione purissima praemunitus, omnibus debitoribus suis ex corde dimisit; et totum quod non bene acquisivit, et his qui praesentes aderant reddidit ; qui autem non aderant, his per imperatricem et filium ut redderetur nominatim sollertissime disposuit; et sic totam spem in Deo ponens, o utinam feliciter,* 3 *non. octobris (obiit).* La mention de la mort est suivie de celle de la sépulture; la rédaction du tome V, après les mots *sepultus est,* ajoute : *a domno papa.* Enfin, pour terminer l'histoire de l'année 1056, elle contient ces deux mentions que ne renferme pas la rédaction du tome XIII : *Fames multas provincias afflixit. Heinricus quartus, filius Heinrici, regnavit annos* 20, *ab Augusto nonagesimus.*

Cette dernière phrase indique clairement dans quel sens s'établit la filiation des deux textes. Si la rédaction du tome XIII était une abréviation de celle du tome V, il est clair que l'évocation de la famine suivrait la mention relative à Henri IV qui est la conclusion logique de tout ce qui se rapporte à Henri III. La place anormale occupée par celle-ci suffit à prouver qu'elle est une addition, de même que l'incidente citée plus haut a tout à fait l'allure d'une interpolation. La rédaction du tome V est donc un remaniement détaillé de celle du tome XIII [1] et ce remaniement date de 1076, puisqu'au moment où il fut éxécuté, Henri IV régnait depuis 20 ans.

D'autres indices confirment cette conclusion. Si l'on poursuit la comparaison entre les deux rédactions, on note une autre divergence sur un point essentiel. La version du tome XIII des *Scriptores* est plutôt favorable à Henri IV; elle parle de l'antipape Cadalus de Parme avec beaucoup de modération et laisse même

[1] Une seule fois la version du tome XIII est plus détaillée que celle du tome V. A l'année 1059, elle porte cette mention : « Fridericus et fratres eius de Glicheberga Heinrico regi rebellant et postea illi ad deditionem veniunt » (MGH, SS, t. XIII, p. 731). Le rédacteur des annales du tome V a laissé tomber cette phrase soit par simple inadvertance, soit parce qu'il ne voulait pas rappeler le souvenir de la soumission de Frédéric et de ses frères.

subsister quelque équivoque sur sa légitimité; le rédacteur
saxon de 1076 n'a pas manqué de la modifier dans un sens
favorable à Alexandre II [1]. Un remaniement dans l'autre sens,
après 1076, c'est à dire à une date où personne ne songeait
plus à Cadalus de Parme, ne pourrait s'expliquer. Il y a donc
là une nouvelle preuve de l'antériorité de la rédaction du tome
XIII.

En résumé, les annales publiées par Pertz au tome V des
Scriptores apparaissent tout d'abord comme une seconde version
de Berthold de Reichenau qui continuait lui même Herman.
Il y a lieu de noter toutefois que la chronique de Berthold,
qui nous est parvenue par une compilation du XVIe siècle où
elle est brusquement coupée en 1066 [2], ne s'arrêtait pas là.
Il est probable qu'elle allait jusqu'en 1073 et, en rapprochant
la version remaniée de la chronique de Bernold de Constance
qui en dérive aussi, on pourrait reconstituer assez facilement
le contenu du Berthold primitif de 1066 à 1073 [3]; mais, comme

---

[1] Voir notamment l'année 1062 (MGH, SS, t. V, p. 272, et t. XIII, p. 732).

[2] Cfr la préface de Waitz (MGH, SS, t. XIII, p. 730).

[3] A partir de l'année 1067, les additions apportées à Berthold de Reichenau
par le rédacteur des *Annales* du tome V des *Scriptores* sont certainement
beaucoup plus nombreuses. On y trouve, accolés à de brèves mentions annalistiques qui doivent représenter le Berthold primitif, de véritables hors-d'œuvre
qui ralentissent l'allure de la narration : en 1067 démêlé des moines de Vallombreuse avec l'évêque de Florence, en 1069-1070-1071 long réquisitoire
contre les désordres provoqués par la simonie à Constance, en 1073 digression
assez étendue sur les affaires de Saxe. Ces développements qui ne ressemblent
en rien à des annales, ne figuraient pas dans Berthold de Reichenau. Une
comparaison avec Bernold de Constance le prouve avec évidence. On a remarqué
depuis longtemps la parenté entre Bernold et les deux rédactions de Berthold ;
mais, tandis que selon Pertz (MGH, SS, t. V, p. 266) le pseudo-Berthold aurait
copié Bernold, parce que sa chronique n'aurait été commencée qu'en 1076
et que la première rédaction de Bernold serait de 1074, Strelau *(Leben und
Werke des Mönches Bernold von Sanct-Blasien*, p. 70 et suiv.) aperçoit au contraire dans Bernold un résumé du pseudo-Berthold. En réalité, si l'on rapproche
Bernold du véritable Berthold en même temps que de la version remaniée,
on constate tout d'abord que jusqu'en 1066 il copie ou résume Berthold de
Reichenau, tel qu'il a été publié par Waitz au tome XIII des *Scriptores*, en
ajoutant seulement quelques faits dont la source est indiquée ou facile à identifier (lettres de Pierre Damien, canons du concile de 1061, traité de Lanfranc
intitulé *Liber de corpore et sanguine Domini*). Après 1066, on note une parenté
non moins évidente entre Bernold et les *Annales* (remaniement de Berthold)

il s'arrête au moment où commence le pontificat de Grégoire VII, il n'y a pas lieu de s'en préoccuper ici.

La seule chose à retenir c'est que la chronique de Berthold de Reichenau, qui continuait celle d'Herman de 1054 à 1073, a été elle-même remaniée et continuée dans une église ou une abbaye saxonne en 1076. Après une interruption de quelques années, vers 1082, le rédacteur de cette nouvelle version, chaud partisan de Rodolphe de Souabe, y a ajouté un récit très passionné des événements de 1077 à 1080 [1]. Comme cette version dérive de Berthold et le complète, le nom qui convient le mieux aux annales publiées par Pertz au tome V des *Scriptores* et qui sera toujours employé ici est celui de *Continuation de Berthold de Reichenau*.

---

publiées par Pertz au tome V des *Scriptores*, mais Bernold est toujours plus court : si l'on retrouve chez lui toutes les mentions proprement annalistiques, les digressions sur Vallombreuse, sur Constance et sur la Saxe ne figurent pas dans sa chronique ; or, s'il avait eu les *Annales* sous les yeux, il n'aurait pas laissé tomber les passages concernant Constance dont il était originaire. D'autre part, si Bernold représentait le texte primitif, le rédacteur des *Annales* l'aurait entièrement copié et surtout l'aurait utilisé jusqu'en 1074 inclusivement ; or, à partir de 1073 il y a divergence évidente. Dans ces conditions il y a tout lieu de supposer que les passages communs à Bernold et aux *Annales*, qui tous ont la forme de brèves mentions annalistiques, analogues à celles que l'on trouve de 1054 à 1066 dans Berthold de Reichenau, proviennent du Berthold primitif tel qu'il a été publié jusqu'en 1066 par Waitz au tome XIII des *Scriptores* et qui devait s'arrêter seulement à 1073. On peut voir une confirmation de cette hypothèse dans ce fait que ces passages communs témoignent d'une réelle modération à l'égard de Henri IV, pour lequel Bernold et le rédacteur des *Annales* nourrissaient une vive aversion, tandis que le vrai Berthold lui était plutôt favorable. Voir à ce sujet a. 1071 : « Heinricus rex, multas insidias passus, viriliter omnes transivit » (MGH, SS, t. V, p. 275) ; — a. 1073 : « Rodulfus, dux Alemanniae et Bertholdus, dux Carantaniae et Welf, dux Baioariae, a rege discesserunt, quia, aliis subintroeuntibus consiliariis, secum consilium apud regem non valere perspexerunt. » (*Ibid.*, t. V, p. 275).

[1] Cette version est certainement postérieure à 1080, date à laquelle elle s'arrête et elle a été écrite d'un seul jet pour les années 1076 à 1080, car Altmann de Passau y apparaît dès 1076 comme légat de Grégoire VII, alors qu'il n'a exercé cette fonction qu'en 1080 au plus tôt ; de plus, elle contient des erreurs chronologiques qui s'expliqueraient mal, si elle avait été rédigée au jour le jour. Elle ne nous est parvenue que tronquée et il y a tout lieu de supposer qu'elle a été écrite après la mort de Rodolphe de Souabe et l'élection de l'anti-roi Herman de Luxembourg, pour réchauffer le zèle des Saxons déconcertés par la disparition de leur chef, soit vers 1082.

La *Continuation de Berthold de Reichenau* représente la seconde version saxonne de l'histoire du pontificat de Grégoire VII et elle est loin d'avoir la valeur des *Annales* de Lambert de Hersfeld. Ce qui la caractérise avant tout c'est qu'elle a l'allure d'un pamphlet en faveur de Rodolphe de Souabe. Pour faire apparaître Rodolphe comme le roi légitime, l'auteur n'hésite pas à travestir la vérité; chaque fois qu'il est possible de contrôler son témoignage, on relève des erreurs voulues, destinées à accréditer une interprétation tendancieuse des événements. Sans vouloir anticiper ici sur la discussion critique des faits, on peut dès maintenant attirer l'attention sur un ou deux exemples significatifs qui trahiront la méthode du continuateur de Berthold de Reichenau. Pour justifier le coup d'état accompli par les princes allemands, lorsque en 1077, à l'assemblée de Forchheim, ils déposèrent Henri IV, roi de Germanie, et élurent à sa place Rodolphe de Souabe, le continuateur de Berthold n'hésite pas à représenter les princes comme ayant agi de concert avec les légats de Grégoire VII qui, en arrivant en Allemagne, se seraient étonnés du retard apporté à la déposition de Henri [1]. Or, quelques semaines plus tôt, le pape, à Canossa, avait restitué au prince la couronne qu'il lui avait enlevée l'année précédente, et, comme on le verra par la suite, toute la correspondance pontificale prouve que jusqu'en 1080 Grégoire VII n'a cessé de reconnaître Henri comme roi. Au lieu de reprocher au pape cette attitude bienveillante, comme l'ont fait d'autres versions saxonnes, le continuateur de Berthold a cherché à la masquer. Il en est résulté une narration qui manque tout à la fois de sincérité et de véracité. La continuation de Berthold de Reichenau doit être classée parmi les sources légendaires et son témoignage, lorsqu'il n'est confirmé par aucun autre, ne peut être enregistré.

On ne saurait accorder beaucoup plus de confiance à la

---

[1] *Continuation de Berthold de Reichenau*, a. 1077 (MGH, SS, t. V, p. 292).

troisième version saxonne originelle, constituée par le *De bello saxonico* de Brun [1].

Brun est un clerc de Magdebourg qui a vécu longtemps dans l'entourage de l'archevêque de cette ville, Werner, frère d'Annon de Cologne et ennemi juré de Henri IV [2]; sa chronique est dédiée à un autre Werner, évêque de Mersebourg, dont il fut également le familier après la mort du métropolitain de Magdebourg [3]. Elle relate l'histoire de la guerre de Saxe jusqu'au 26 décembre 1081, date à laquelle Herman de Luxembourg fut sacré roi [4]. Il est vraisemblable qu'elle a vu le jour peu de temps après cet événement, car elle est certainement antérieure à la mort d'Herman, survenue le 28 septembre 1088.

Le *De bello saxonico* a été sévèrement jugé par les historiens : Giesebrecht reproche à Brun son excessive passion [5]; Wattenbach l'accuse de passer volontairement sous silence les événements les plus importants, de dénaturer les autres, de prêter aux princes des desseins qu'ils n'ont jamais conçus [6], Martens va même jusqu'à suspecter l'authenticité des documents qu'il cite [7]. Cette dernière critique est peu fondée : on a noté plus haut, à propos du registre de Grégoire VII [8], que Brun a reproduit un certain nombre de bulles pontificales; le texte qu'il en donne a pu être contrôlé et il n'est pas altéré; dès lors a-t-on le droit de considérer comme fausses les lettres des Saxons qui alternent avec celles du pape ? Une telle affirmation serait présomptueuse, mais, sous cette réserve, on doit convenir

---

[1] *Brunonis liber de bello saxonico* (MGH, SS, t. V, p. 327-384; édit. WATTEN-BACH, dans les *Scriptores rerum germanicanum ad usum scholarum*). Sur Brun, voir MAY, *Ueber Brunos Schrift von Sachsenkrieg*, dans *Forschungen zur deutschen Geschichte*, t. XXIV, 1884, p. 341-367.

[2] Cfr BRUN, *De bello saxonico*, 52 (MGH, SS, t. V, p. 348; édit. WATTENBACH, p. 35).

[3] Cfr *Prologus* (MGH, SS, t. V, p. 329; édit. WATTENBACH, p. 1-2).

[4] BRUN, *De bello saxonico*, 131 (MGH, SS, t. V, p. 384; édit. WATTENBACH, p. 101).

[5] GIESEBRECHT, *Geschichte der Kaiserzeit*, t. III, p. 1046.

[6] WATTENBACH, *Deutschlandsgeschichtsquellen*, t. II, p. 80.

[7] MARTENS, *Gregor VII, sein Leben und Wirken*, t. II, p. 155-156.

[8] Cfr *supra*, p. 28-29.

que le témoignage de Brun reste souvent suspect. L'argument le plus fort que l'on puisse invoquer contre lui se rattache au concile romain de 1080, où Henri IV fut déposé pour la seconde fois, et que le polémiste passe entièrement sous silence. Les motifs de cette omission se comprennent fort bien : Brun a voulu laisser croire que Henri IV avait été en 1076 définitivement déposé par Grégoire VII, puis à Canossa réintégré seulement dans la communion de l'Église, si bien que, la couronne étant vacante en mars 1077, la légitimité de l'élection de Rodolphe ne pouvait susciter le moindre doute. De là pour les années 1077 à 1080, une déformation voulue des événements [1] qui enlève toute autorité à la narration de Brun. Il faut noter toutefois qu'à la différence du continuateur de Berthold de Reichenau, Brun n'a pas hésité à reprocher à Grégoire VII sa neutralité, son indifférence, sa tiédeur à l'égard des Saxons. Cette remarque n'est pas sans importance pour l'utilisation du *De bello saxonico*. Si l'on doit toujours se défier de Brun, lorsqu'il charge Henri IV ou qu'il entonne le panégyrique de Rodolphe de Souabe, il y a des chances pour qu'il ait rendu compte sous un jour plus véridique de la politique de Grégoire VII qu'il désapprouve ; d'ailleurs il s'accorde plus que le continuateur de Berthold avec le témoignage des bulles pontificales. Il est inutilisable pour l'histoire de la guerre de Saxe ; il peut être pris en considération, quand il s'agit des rapports de l'Allemagne avec le Saint-Siège, à la condition d'être soumis à la plus minutieuse critique.

Il n'y a pas d'autre version saxonne qui soit contemporaine du pontificat de Grégoire VII. Waitz a publié au tome VI des *Scriptores*, sous le nom d'*Annalista Saxo*, une chronique de forme annalistique, allant de 741 à 1139 [2], qui n'est qu'une

---

[1] Les caractères de cette déformation ont été bien mis en lumière par Martens (*Gregor VII*, t. II, p. 156 et suiv.) auquel nous renvoyons pour plus amples détails.

[2] *Chronicon quo res gestae ab initio regni Francorum 741-1139 enarrantur* (MGH, SS, t. VI, p. 542-777).

compilation d'œuvres antérieures. Le *De bello saxonico* de
Brun y a été en grande partie inséré; on y découvre, en outre,
la trace d'une autre source saxonne, impossible à identifier.
De là, pour les années 1074 à 1079, quelques détails originaux,
sur la valeur desquels il est difficile de se faire une opinion
raisonnée; comme Lambert, comme le continuateur de Berthold,
comme Brun, l' « Annaliste saxon » s'efforce de justifier le coup
d'état de Forchheim, en 1077, et pour la partialité il ne le cède
en rien à ses prédécesseurs.

En résumé, on observe entre les diverses sources saxonnes
sinon des rapports étroits, du moins une même manière d'envisager les événements. Les récits de Lambert de Hersfeld,
du continuateur de Berthold de Reichenau, de Brun, et de la
chronique qui a inspiré l'Annaliste saxon sont indépendants
et constituent autant de versions différentes, mais ces quatre
versions originelles reflètent le même point de vue et laissent
percer la même ardeur combative. Elles se distinguent seulement par une appréciation différente de la politique pontificale
que Brun critique librement, que le continuateur de Berthold
adapte à son point de vue, tandis que Lambert se confine,
semble-t-il, dans une neutralité dépourvue d'enthousiasme.
Tous relèguent au second plan la réforme grégorienne sur
laquelle ils sont assez mal informés et qui ne les intéresse que
par les répercussions qu'elle a pu avoir sur l'histoire intérieure
de l'Allemagne, objet essentiel de leurs préoccupations.

II

La chronique de Bernold de Constance [1] peut être considérée
comme la plus ancienne version romaine [2].

---

[1] BERNOLD DE CONSTANCE, *Chronicon ab O. C.*-1100 (MGH, SS, t. V, p. 385-
467).

[2] Sur Bernold, voir, outre les ouvrages déjà cités à propos de Berthold de
Reichenau : ERNST STRELAU, *Leben und Werke des Mönches Bernold von St
Blasien*, Diss. Leipzig, Iéna, 1889.

Originaire de Constance, fils de prêtre [1], mêlé de bonne heure aux polémiques qui ont accompagné la publication des décrets réformateurs, Bernold a été toute sa vie l'apologiste convaincu de l'œuvre grégorienne [2]. La science canonique dont il fit preuve dans ses premiers traités attira sur lui l'attention; pour un motif que l'on ne peut déterminer avec précision, il vint à Rome en 1079 et assista au concile tenu pendant le carême [3]. On perd ensuite sa trace jusqu'à l'année 1084, époque à laquelle on le retrouve à Constance et où il est ordonné prêtre par le légat, Eudes d'Ostie [4]. Il est probable qu'entre 1079 et 1084, il a séjourné un certain temps en Italie, mais on ignore à quel moment il a regagné l'Allemagne, pas plus qu'on ne saurait fixer la date de son entrée au monastère de Saint-Blaise, qu'il quitta en 1091 pour aller finir ses jours à Schaffouse où il mourra en 1100 [5]. Peu importe d'ailleurs : de ces quelques détails biographiques il suffira de retenir que Bernold a été en Italie, qu'il a vu Grégoire VII, vécu quelque temps dans le milieu romain; par là il se différencie très nettement des annalistes saxons, et, s'il manifeste la même aversion pour Henri IV, c'est plutôt comme grégorien que comme partisan de Rodolphe de Souabe.

Sa chronique a été composée en trois fois. L'étude du manuscrit autographe permet d'affirmer que la première partie, qui englobe les années 1054 à 1074, a été écrite d'un seul trait [6]. Ce début n'a d'ailleurs aucune originalité : après avoir copié Bède et Herman de Reichenau, Bernold s'est directement inspiré de la continuation d'Herman par Berthold à laquelle

---

[1] Un de ses contradicteurs, Alboin, lui rappelle ce caractère de sa naissance, au cours d'une polémique sur le célibat ecclésiastique (BERNOLD, *Opusc.*, I, 2, dans *Libelli de lite*, t. II, p. 12).

[2] Bernold, en même temps qu'historiographe, est polémiste. Ses opuscules réunis dans les *Libelli de Lite* (t. II, p. 1-168) seront étudiés par la suite.

[3] BERNOLD DE CONSTANCE, a. 1079 (MGH, SS, t. V, p. 435).

[4] ID., *ibid.*, a. 1084 (MGH, SS, t. V, p. 441).

[5] Sur la biographie de Bernold après 1084, cfr STRELAU, *Leben und Werke des Mönchen Bernold*, p. 8 et suiv.

[6] Cfr la préface de PERTZ dans les MGH, SS, t. V, p. 385.

il ajoute fort peu [1]. Avec l'année 1075 commence son œuvre personnelle et originale qui a été rédigée en deux temps [2]. En 1086, après son entrée au monastère de Saint-Blaise qui se place sans doute à cette date, Bernold a repris la tâche interrompue et conduit sa chronique jusqu'à cette année-là. Il avait, semble-t-il, l'intention de ne plus la continuer [3]. Pourtant, un peu plus tard, il s'est remis une troisième fois au travail, mais cette dernière partie de ses annales n'intéresse plus l'histoire de Grégoire VII [4].

Pour les événements qui ont rempli le pontificat, la chronique de Bernold est donc un texte contemporain et auquel la personnalité de son auteur confère une certaine valeur. Bernold offre, à n'en pas douter, des garanties qui faisaient défaut aux chroniqueurs saxons. Par ses voyages et par les situations qu'il a occupées il a été mêlé aux événements romains. D'autre part, il a une formation intellectuelle supérieure à celle de la moyenne des annalistes et il n'accueille pas sans les contrôler les affirmations qui lui viennent de côté et d'autre. A propos de la bataille de Bleichfeld, en 1086, il a écrit qu'il avait préféré traduire ce qu'il avait vu et entendu par lui-même plutôt que de rapporter les propos des autres [5]. Cet aveu est à retenir; il dénote un certain souci de véracité, rare chez les historiographes du XIe siècle.

Cela ne veut pas dire que la chronique de Bernold de Cons-

---

[1] Cfr *supra*, p. 42 n. 3.

[2] Suivant RICHTER (*Die Chroniken Bertholds und Bernolds*, p. 22), la chronique de Bernold aurait été écrite au jour le jour. Cette opinion a été contestée par Strelau (p. 71 et suiv.). Tout d'abord il paraît difficile que Bernold, au cours de l'existence assez mouvementée qu'il a menée jusqu'à son entrée à Saint-Blaise, ait eu le loisir d'écrire des annales, mais surtout on a relevé des erreurs chronologiques (notamment à propos de la mort de Bérenger placée en 1083) incompatibles avec l'hypothèse de Richter.

[3] Cela semble résulter de cette réflexion, placée à l'année 1086, à propos de la bataille de Bleichfeld : « Ego quoque ipse, qui haec chronica a. 1054 anno dominicae incarnationis hucusque perduxi » (MGH, SS, t. V, p. 445).

[4] Cfr pour cette dernière partie STRELAU, *op. cit.*, p. 73.

[5] BERNOLD DE CONSTANCE, a. 1086 : « De praedicto praelio non tam aliorum relata quam quae ipse vidi et audivi, ad laudem et gloriam Dei fidelibus annunciare curavi » (MGH, SS, t. V, p. 445).

tance mérite une confiance illimitée. Si Bernold a été le témoin
d'un certain nombre d'événements, il en est beaucoup d'autres
qu'il n'a connus que par ouï-dire et l'expérience prouve qu'il n'est
pas toujours à l'abri de l'erreur. A propos de Canossa, il établit
une distinction entre l'usage de la communion soi-disant rendu à
Henri IV, et celui du royaume qui lui serait demeuré interdit [1],
alors que les bulles de Grégoire VII ne font allusion à rien
de pareil [2]. De plus, s'il est moins inféodé à Rodolphe de Souabe
que les chroniqueurs saxons, il est très grégorien. Comme
il a écrit après la seconde excommunication de Henri IV et
les expéditions du roi en Italie, il ne manque aucune occasion
d'aggraver les torts de ce dernier, de même que, comme les
annalistes saxons, il transforme toujours en défaites de ses
adversaires les batailles restées indécises et exagère les succès
de ses partisans.

Ces réserves faites, il n'en reste pas moins certain que,
dans son ensemble, la version de Bernold de Constance est
plus sûre que la version saxonne. Il faut surtout noter qu'elle
ne présente avec elle, à partir de 1074, aucune parenté et qu'elle
la contredit même sur bien des points pour les années 1076
à 1080. Or, lorsque l'on peut contrôler l'une et l'autre à l'aide
des documents officiels, c'est toujours Bernold qui sort victorieux de l'épreuve [3]. Il y a là en sa faveur une présomption
qui ne saurait être négligée et qui permet, en cas de divergences
insolubles, de procéder à un choix. En d'autres termes, tandis
que les versions saxonnes ont un caractère légendaire plus
ou moins accentué, la chronique de Bernold de Constance,
tout en ayant pour but avoué de justifier par le simple exposé
des faits l'œuvre grégorienne, tout en étant sujette comme

---

[1] BERNOLD DE CONSTANCE, a. 1077 : « Non regni, set communionis tantum
concessionem vix demum extorsit (Heinricus) » (MGH, SS, t. V, p. 433).

[2] GRÉGOIRE VII, *Registrum*, IV, 12 (édit. CASPAR, p. 311-314; édit. JAFFÉ,
p. 257-258; PL, CXLVIII, 465-466).

[3] On verra plus loin que pour la légation de Géraud d'Ostie et de Hubert
de Préneste en 1074, le texte de Bernold est pleinement d'accord avec les
bulles pontificales. Bernold a plusieurs fois utilisé, comme il apparaîtra également par la suite, la correspondance de Grégoire VII.

les œuvres du même genre à des insuffisances d'information, est une source historique qui mérite d'être prise en considération.

III

Il est tout à fait remarquable que, du vivant de Grégoire VII, les partisans de Henri IV, qui se sont distingués par leur ardeur dans la polémique, n'aient pas songé, comme l'ont fait les adversaires du roi, à laisser une narration des grands événements provoqués par l'application en Allemagne des décrets réformateurs. Les trois versions saxonnes et la version pontificale, représentée par Bernold de Constance, sont contemporaines de Grégoire VII; la plus ancienne version henricienne n'apparaît que dans les premières années du XIIe siècle avec les *Annales Augustani* ou Annales d'Augsbourg [1].

Ces annales vont de 973 à 1104. Elles ont certainement vu le jour à Augsbourg, ainsi que le prouve l'abondance des faits qui concernent ce diocèse et qui viennent se grouper de bonne heure autour de la source essentielle, constituée par Herman de Reichenau [2]. On peut y distinguer trois rédactions successives : la première allant de 973 à 1000, la seconde de 1000 à 1074, la troisième de 1074 à 1104. La dernière seule intéresse l'histoire de Grégoire VII. Elle n'a pas le caractère d'une version immédiatement contemporaine. La présence de graves erreurs chronologiques, même pour la fin du XIe siècle [3], exclut l'hypothèse d'une rédaction antérieure à 1104, année à laquelle les annales d'Augsbourg s'arrêtent définitivement.

Les *Annales Augustani* sont loin d'avoir l'ampleur des annales saxonnes ou de la chronique de Bernold de Constance. Bien qu'à partir de 1074 les mentions soient sensiblement moins brèves que pour les premières années, elles n'en conservent

---

[1] *Annales Augustani*, a. 973-1104 (MGH, SS, t. III, p. 123-136); il n'y a pas lieu de faire état ici de toutes les petites annales qui n'ont aucune importance pour l'histoire de Grégoire VII.

[2] Cette origine des annales d'Augsbourg a été bien mise en lumière par HANS LOEWE, *Die Annales Augustani, eine quellenkritische Untersuchung*, Diss. Munich, 1903, p. 115-116.

[3] On en trouvera l'énumération dans LOEWE, *op. cit.*, p. 127.

pas moins la forme annalistique dont elles ne s'écartent à aucun moment. Cette sécheresse explique en partie pourquoi elles ont une allure moins belliqueuse. Sans doute, on reconnaît à certaines expressions que leur auteur appartient au parti henricien : elles accolent l'épithète de *perfidi* aux Saxons [1] et les appellent avec une amère insistance *gentem durissimam et perfidam et periuram* [2]. A l'égard de Grégoire VII elles s'expriment avec beaucoup plus de modération [3], ce qui a permis de supposer que le clerc qui les a composées et qui paraît avoir beaucoup d'animosité contre Urbain II, avait appartenu d'abord au parti de la réforme.

Grâce à cette impartialité, les *Annales Augustani* apportent à l'histoire du pontificat de Grégoire VII une contribution sans doute assez mince, mais que l'on ne saurait complètement dédaigner. On ne doit pas oublier non plus qu'Augsbourg était un excellent centre d'observation : Henri IV y a séjourné à plusieurs reprises et ses évêques, fidèles partisans du roi, ont entretenu des relations suivies avec la cour. Il n'en est que plus regrettable que le rédacteur des *Annales Augustani* ne se soit pas étendu davantage sur les faits qu'il a signalés dans sa chronique et que, par son laconisme, il n'ait pas permis de connaître comment dans un milieu franchement henricien, mais de tendances plutôt modérées, on envisageait les grands événements qui avaient inauguré sous le pontificat de Grégoire VII la lutte du Sacerdoce et de l'Empire.

IV

L'Italie n'a produit au temps de Grégoire VII aucun historien de la papauté. On ne saurait estimer comme tel Bonizon de Sutri, dont le *Liber ad amicum* ne peut prétendre être classé

---

[1] Cfr *Annales Augustani*, a. 1079 (MGH, SS, t. III, p. 129).

[2] Cfr *ibid.*, a. 1080 (MGH, SS, t. III, p. 130).

[3] Voici comment est relatée, à l'année 1080, l'histoire de l'assemblée de Brixen : « Colloquium regis in Brixen. Gregorius VII ab episcopis transalpinis et cisalpinis praesumptuose repudiatus, excommunicatur. Wicpertus, Ravennas episcopus, minus sapientum consensu Gregorio septimo superponitur » (MGH, SS, t. III, p. 130).

parmi les chroniques [1]. C'est une œuvre polémique, un panégyrique maladroit de Grégoire VII, qui a pour but de prévenir,
au lendemain de la mort du pontife, le ralliement des hésitants
et des timides à l'antipape Clément III. Sans doute, bien des
événements qui touchent de très près à la réforme grégorienne
y sont passés en revue, mais sans le moindre souci de l'exactitude. Bonizon se propose uniquement de répondre aux
questions de son « ami »; celui-ci désirait savoir tout d'abord
pourquoi l'Église, en proie à la persécution, n'obtenait pas
sa délivrance malgré les supplications qu'elle adressait au ciel,
et ensuite, si un chrétien avait le droit de prendre les armes
pour la défense des dogmes [2]. Le *Liber ad amicum* ne poursuit
aucun but historique; il a sa place parmi les pamphlets qui
feront l'objet d'études ultérieures [3].

Aucune chronique n'a vu le jour à Rome dans l'entourage
de Grégoire VII ou de ses successeurs immédiats. Comme version
contemporaine d'origine italienne, on ne peut signaler que les
Gesta archiepiscoporum Mediolanensium d'Arnulf de Milan [4]
qui, malgré leur caractère local très marqué, fournissent quelques détails précieux sur les premières années du pontificat.
Ils s'arrêtent en 1077 au lendemain de Canossa.

L'auteur est peu connu. Il appartenait à la famille d'Arnulf Ier,
archevêque de Milan de 970 à 974 [5], et bien qu'il ne le dise

---

[1] Bonizon de Sutri, *Liber ad amicum* (*Libelli de lite*, t. I, p. 568-620; édit.
Jaffé, dans les *Monumenta Gregoriana*, p. 577-689).

[2] Bonizon de Sutri, *Liber ad amicum*, I : « Queris a me, unicum a tribu-
latione quae circumdedit me praesidium : quid est, quod hac tempestate
mater aecclesia in terris posita gemens clamat ad Deum nec exauditur ad votum,
premitur nec liberatur... Est et aliud unde de veteribus sanctorum patrum
exemplis a me petis auctoritatem : si licuit vel licet christiano pro dogmate
armis decertare » (*Libelli de lite*, t. I, p. 571; édit. Jaffé, p. 603).

[3] Sur la valeur historique de Bonizon de Sutri, voir *La Réforme grégorienne*,
t. I, p. 368-370, et plus loin, à propos de divers événements, p. 73-75,
79, n. 1, 82-83.

[4] Arnulf, *Gesta archiepiscoporum Mediolanensium* (MGH, SS, t. VIII,
p. 1-31).

[5] Arnulf, *Gesta archiepiscoporum Mediolanensium*, I, 8 : « Cathedram suscepit
Arnulfus... cuius aequivocus existo, gestorum scriptor ego presentium, fratris
vero illius prenepos verus » (MGH, SS, t. VIII, p. 8).

explicitement nulle part, il fut sans doute clerc lui aussi. Le seul
événement important de sa vie dont il ait conservé le souvenir,
c'est sa participation à l'ambassade envoyée à Grégoire VII
au début de 1077, pour informer le pape du ralliement des
Milanais à l'archevêque grégorien, Atton [1].

Les *Gesta archiepiscoporum Mediolanensium* se divisent en
cinq livres. Les deux derniers concernent le pontificat de
Grégoire VII; ils ont été composés après les autres et successivement [2]. Si Arnulf ne se nommait lui-même au livre V, on
pourrait se demander s'il n'y aurait pas lieu d'attribuer la fin
des *Gesta* à un auteur différent, car elle atteste une évolution
très caractérisée. Dans les quatre premiers livres, Arnulf laisse
percer ses sympathies pour le haut clergé et l'aristocratie, tandis
qu'il réprouve les violences des Patares. A propos de la désignation d'Atton comme archevêque de Milan par les partisans
du Saint-Siège, il ne manque pas de faire ressortir que la volonté
du clergé et d'une grande partie du peuple n'a pas été respectée,
invito clero et multis ex populo [3]. Au livre IV, consacré en grande
partie à l'incendie de Milan, du 30 mars 1075, il rejette sur les
Patares la responsabilité de tous les troubles qui désolèrent
alors la cité [4]. Toutefois, si Arnulf appartient au parti aristo-
cratique, qui s'appuie sur le roi de Germanie, du moins reste-t-il
docile aux directions de l'Église romaine; s'il flétrit les Patares,
Alexandre II reste pour lui le pape légitime et Cadalus l'usurpateur [5]. Cette fidélité à la discipline ecclésiastique explique

---

[1] ARNULF, *Gesta archiepiscoporum Mediolanensium*, V, 9 : « Cui legationi ipse
ego interfui » (MGH, SS, t. VIII, p. 31).

[2] On lit en effet, au début du livre IV : « Fixum manebat in corde propositum
in gestis praesentibus amodo servare silentium... Verum tamen in me conversus,
denuo ad liquidum coepta describere commodius iudicavi, ut factorum agnita
qualitate, certius fieret inde iudicium » (MGH, SS, t. VIII, p. 26). Le début
du livre V semble aussi marquer une reprise; cfr *Gesta archiepiscoporum Mediolanensium*, V, 1 (*ibid.*, p. 29).

[3] ARNULF, *Gesta archiepiscoporum Mediolanensium*, III, 25 (MGH, SS,
t. VIII, p. 25).

[4] ID., *ibid.*, IV, 11 : « Unde iuxta meae parvitatis ingeniolum statim conicio
quod Patarini possunt perturbatores rite nuncupari; quod plane rerum probat
effectus » (MGH, SS, t. VIII, p. 28).

[5] ID., *ibid.*, III, 19 (MGH, SS, t. VIII, p. 22).

sans doute pourquoi au livre V, qui a trait aux événements de 1076, il se range délibérément du côté de Grégoire VII auquel il reprochait discrètement, au livre précédent, d'avoir soutenu Atton et condamné Godefroy [1]. La révolte de Henri IV contre l'autorité romaine, à laquelle Arnulf est pleinement soumis, a contribué pour beaucoup à cette nouvelle orientation [2]. L'attentat de Cenci qui faillit coûter la vie à Grégoire VII, n'y est pas étranger non plus [3]. Enfin, Arnulf, ami de l'archevêque Godefroy, n'a pas compris pourquoi Henri IV, dans sa lutte contre Atton, a renoncé à soutenir l'ancien prétendant et lui a substitué Tedald, dont la nomination a été l'une des principales causes de la rupture entre l'Allemagne et le Saint-Siège [4].

Arnulf apparaît donc comme un homme de juste milieu, sans parti pris, qui a sincèrement souhaité la paix. L'absolution de Canossa qui, en réconciliant Grégoire VII et Henri IV, lui permettait de rester le fils respectueux de l'Église romaine tout en donnant libre cours à ses sentiments de déférente affection envers le roi, lui a certainement causé une joie profonde [5]. Ces tendances, si rares au XIe siècle, se retrouvent dans ses *Gesta archiepiscoporum Mediolanensium* qui acquièrent par là-même une certaine autorité. D'autre part, Arnulf veut faire œuvre d'historien et non pas de polémiste ; il promet à son lecteur une simple narration des faits auxquels ont participé les rois, les évêques, ses concitoyens de Milan et ses compatriotes italiens ; il déclare en outre qu'il racontera uniquement ce qu'il a vu ou ce qu'il tient de témoins autorisés [6]. Cette

---

[1] ARNULF, *Gesta archiepiscoporum Mediolanensium*, IV, 4 (MGH, SS, t. VIII, p. 26).

[2] ID., *ibid.*, V, 7 (MGH, SS, t. VIII, p. 30).

[3] ID., *ibid.*, V, 6 (MGH, SS, t. VIII, p. 30).

[4] ID., *ibid.*, V, 5 (MGH, SS, t. VIII, p. 29-30).

[5] ID., *ibid.*, V, 8-9 (MGH, SS, t. VIII, p. 30-31).

[6] ARNULF, *Gesta archiepiscoporum Mediolanensium*, I, 1 : « Nihil a me igitur, carissime, quisquis es, praeter quod polliceor exigas, videlicet verbis prolatam communibus simplicem gestorum narrationem, quae nostri reges nostrique gessere pontifices, nostri quoque concives in urbe Mediolano vel extra, compatriotae vero nostri in regno Italico, quae ipse vidi vel quemadmodum a videntibus aut paulo ulterius audivi, prout etiam de thesauris prodeunt memoriae, cum nihil sit quod a me ultra sperare debeas » (MGH, SS, t. VIII, p. 7).

promesse il s'est efforcé de la tenir. Sa chronique milanaise
est empreinte d'une réelle modération ; si elle n'est pas, comme
on le verra, à l'abri de toute erreur, elle reste dans l'ensemble
une source digne de foi ; elle a en outre l'avantage d'être contemporaine des événements qu'elle rapporte. Il semble même
qu'Arnulf n'ait pas eu le temps de terminer la tâche qu'il s'était
assignée : le livre V s'arrête brusquement, sans aucune formule
finale, au moment de l'élection de Rodolphe de Souabe [1], sur
laquelle il eût été intéressant d'avoir l'appréciation de ce partisan
décidé de la concorde entre le Sacerdoce et l'Empire.

V

Les chroniques saxonnes, Bernold de Constance et les
Gesta archiepiscoporum Mediolanensium sont, parmi les sources
narratives qui ont trait à l'histoire du pontificat de Grégoire VII,
les seules qui soient contemporaines. Il faut attendre le début
du XIIe siècle pour rencontrer d'autres chroniques où soient
relatés les événements politiques qui ont influé sur l'évolution
de la réforme, mais la plupart n'ont pas le caractère de versions
originelles et l'on n'y trouve souvent qu'une adaptation ou
même une copie des annales saxonnes.

En Allemagne et dans les pays avoisinants, les premières
années du XIIe siècle ont été marquées par un renouveau d'activité littéraire. C'est le moment où paraissent les grandes chroniques universelles dont quelques années plus tôt l'Irlandais
Marien Scot avait fourni le prototype [2].

L'œuvre de Marien Scot n'intéresse guère le pontificat de
Grégoire VII, car la chronique proprement dite s'arrête à 1073.
Les mentions relatives aux années 1073 à 1082 ont été ajoutées
après coup [3]. On a généralement pensé que cette continuation

---

[1] ARNULF, *Gesta archiepiscoporum Mediolanensium*, V, 10 (MGH, SS, t. VIII,
p. 31).

[2] MARIEN SCOT, *Chronicon a. 22 a Chr. ad. a.* 1082 (MGH, SS, t. V, p. 481-
564).

[3] Cfr l'introduction des MGH, SS, t. V, p. 489.

avait été rédigée en 1082 par Marien Scot lui-même. Cette hypothèse suscite une sérieuse objection : si, en effet, il en était ainsi, on s'expliquerait mal les graves erreurs chronologiques que le chroniqueur a commises, à si peu de distance, sur les événements les plus sensationnels, tels que l'assemblée de Worms et le concile romain qui la suivit, placés en 1077 au lieu de 1076, ou encore la célèbre entrevue de Canossa située en 1078 au lieu de 1077 [1]. On peut dès lors se demander si les années 1073 à 1082 ne constitueraient pas plutôt une première continuation qui daterait de la fin du XIe siècle. Elle n'a d'ailleurs qu'un médiocre intérêt pour l'histoire de Grégoire VII; dotées d'une chronologie inexacte, les mentions annalistiques sont également trop brèves pour ajouter quelque chose aux autres sources.

On peut en dire autant de la chronique d'Ekkehard d'Aura [2], dont la première rédaction se place aux environs de l'année 1100, mais que son auteur a lui-même remaniée et complétée par la suite. Très originale à partir de 1089, elle n'apporte rien d'inédit sur Grégoire VII. Ekkehard s'est servi de plusieurs pièces officielles : il connaît les sentences de Worms et de Brixen [3], cite des bulles de Grégoire VII qu'il a empruntées au registre ou à Brun [4]; mais sa contribution personnelle à l'histoire du pontificat est à peu près nulle et, s'il donne quelques indications très succinctes sur le différend de Henri IV avec Rodolphe de Souabe, il semble ignorer le rôle joué par le pape et par les légats pontificaux [5].

La chronique de Hugues de Flavigny [6], quoique n'étant

---

[1] MARIEN SCOT, a. 1077 et 1078 (MGH, SS, t. V, p. 561).

[2] EKKEHARD D'AURA, *Chronicon universale ab O. C. ad a.* 1125 (MGH, SS, t. VI, p. 1-267).

[3] EKKEHARD D'AURA, a. 1076 et 1080 (MGH, SS, t. VI, p. 201 et 203-204).

[4] ID., *ibid.*, a. 1076 (MGH, SS, t. VI, p. 202).

[5] ID., *ibid.*, a. 1077-1079 (MGH, SS, t. VI, p. 202-203).

[6] HUGUES DE FLAVIGNY, *Chronicon a.* 1 *ad a.* 1102 (MGH, SS, t. VIII, p. 280-502).

pas antérieure au XIIe siècle, est au contraire une mine très riche en renseignements de toute sorte.

Originaire de Verdun, où il naquit sans doute vers 1065, Hugues a été, au cours de sa vie mouvementée, en relations avec des personnages de premier plan, tels que Hugues, abbé de Cluny, et Hugues, évêque de Die, puis archevêque de Lyon, qu'il a pu interroger à loisir. D'autre part, il a eu à sa disposition de riches archives, notamment celles de Lyon et celles de Dijon où il a vécu un certain temps dans l'intimité de Jarenton, abbé de Saint-Bénigne. De là le réel intérêt de sa chronique, commencée dans les dernières années du XIe siècle et terminée, semble-t-il, peu après 1102, date à laquelle elle s'arrête. Cette chronique est divisée en deux livres, mais le second seul a une valeur historique, le premier n'étant qu'une compilation très impersonnelle [1]. Pour rédiger le livre II, Hugues de Flavigny n'a utilisé aucune œuvre antérieure ; il ne s'est pas servi des chroniques saxonnes, si largement pillées au XIIe siècle, mais a écrit d'après ses souvenirs. Il en résulte une certaine inexactitude chronologique : le concile romain de 1075 est placé à tort en 1074 [2] et les événements de 1077-1079 ne se succèdent pas dans leur ordre véritable [3] ; Hugues ne se rappelle même pas la date de l'avènement de Grégoire VII et fait vivre encore Alexandre II en 1074 [4]. On peut également reprocher à son œuvre d'être mal composée : tout en ayant adopté la forme annalistique, le chroniqueur s'en écarte souvent pour suivre jusqu'au bout l'histoire d'un événement, quitte à revenir ensuite en arrière. Il n'en est d'ailleurs que plus vivant et excelle à faire ressortir la physionomie des hommes ou des faits. Comme il insiste surtout sur les épisodes auxquels il a été plus spécialement mêlé, on lui doit de connaître fort bien certains aspects

---

[1] Sur les sources de Hugues de Flavigny, voir R. Köpke, *Die Quellen der Chronik des Hugo von Flavigny*, dans *Archiv der Gesellschaft*, t. IX, 1847, p. 240-292).

[2] Hugues de Flavigny, II (MGH, SS, t. VIII, p. 412).

[3] Id., II (MGH, SS, t. VIII, p. 441 et suiv.).

[4] Id., II (MGH, SS, t. VIII, p. 411).

du pontificat de Grégoire VII laissés dans l'ombre par les sources contemporaines : l'histoire de la légation de Hugues de Die, des conciles tenus en Gaule pour l'application de la réforme lui sera nécessairement empruntée.

La chronique de Hugues de Flavigny offre encore un autre intérêt. Hugues a eu à sa disposition un grand nombre de documents : lettres de Grégoire VII, de Henri IV, de l'impératrice Agnès, de la comtesse Mathilde et de plusieurs évêques, actes conciliaires, collections canoniques. Ces documents, il les a parfois reproduits intégralement et en a respecté le texte [1]. Or, la plupart d'entre eux intéressent directement Grégoire VII et jettent un jour très vif sur l'histoire du pontificat.

Aussi bien, par sa richesse d'information et par son originalité, la chronique de Hugues de Flavigny est-elle l'une des plus essentielles parmi les sources narratives auxquelles il faut avoir recours pour éclairer la correspondance pontificale. Dans quelle mesure mérite-t-elle qu'on ajoute foi à la version qu'elle donne des événements ? C'est là un problème délicat qui doit, à notre avis, être résolu dans un sens favorable au chroniqueur. Hugues écrit avec un certain recul, à un moment où les passions qui avaient animé les contemporains de Grégoire VII sont moins aigües ou, tout au moins, changent de caractère. Guibert de Ravenne est mort en 1100 et c'en est fini du schisme. D'autre part, si Hugues a vécu dans l'entourage de partisans convaincus de la réforme grégorienne, il n'a rien d'un fanatique ou d'un intransigeant. Son ami, Hugues de Cluny, a conservé pour l'Empire le respect traditionnel de sa congrégation et sans cesse travaillé à la réconciliation du roi de Germanie avec le Saint-Siège ; c'est lui qui à Canossa a fléchi Grégoire VII. Hugues de Flavigny, lui-même, finira

---

[1] On peut s'en rendre compte en comparant le texte des bulles pontificales qu'il a transcrites avec le texte du registre (Cfr par exemple la seconde lettre à Herman de Metz, dans le *Registrum* VIII, 21, et chez Hugues de Flavigny, II, dans MGH, SS, t. VIII, p. 453-458). On ne relève que des variantes insignifiantes. Aussi peut-on considérer comme conforme à l'original le texte des lettres de Grégoire VII qui nous sont parvenues par l'intermédiaire de Hugues.

dans le camp impérialiste et il n'a jamais parlé de Henri IV
avec cette animosité, cette haine aveugle qui enveniment les
chroniques saxonnes. Cela ne l'empêche pas d'être très docile
à l'autorité apostolique : à l'aide d'une série de textes empruntés
aux collections canoniques de son temps, il a consacré un long
développement à prouver que les pontifes romains ne peuvent
être déposés par personne [1] et c'est seulement après la mort
de l'antipape Clément III qu'il nouera avec la royauté allemande
des relations auxquelles ses intérêts personnels n'ont peut-être
pas été entièrement étrangers. C'est un modéré et cette modération, en même temps que la scrupuleuse probité avec laquelle
il a reproduit ses sources épistolaires, est garante de son impartialité. Il y aura lieu sans doute de tenir compte, dans l'utilisation de sa chronique, des erreurs dues aux défaillances de
sa mémoire, mais ces erreurs ne sont pas voulues et, si elles
rendent nécessaire le contrôle du témoignage de Hugues de
Flavigny, elles ne permettent pas de le suspecter *a priori* comme
il arrive pour tant d'autres.

La chronique de Sigebert de Gembloux [2], postérieure de
quelques années à celle de Hugues de Flavigny, ne mérite
pas le même crédit. Sigebert, bien qu'il ait été, semble-t-il,
un moine irréprochable, compte parmi les adversaires les plus
décidés de la réforme grégorienne et son nom est mêlé à toutes
les polémiques auxquelles elle a donné lieu. On lui doit un
opuscule où il critique avec âpreté l'interdiction, imposée par
Grégoire VII aux fidèles lors du concile romain de 1074, d'assister
aux messes des prêtres mariés [3], et il a écrit une réfutation,
aujourd'hui perdue, de la lettre à Herman de Metz. Sa chronique,

---

[1] HUGUES DE FLAVIGNY, II (MGH, SS, t. VIII, p. 431).

[2] SIGEBERT DE GEMBLOUX, *Chronicon a.* 381-1111 (MGH, SS, t. VI,
p. 268-374). Sur Sigebert, voir la préface de BETHMANN, dans les MGH,
SS, t. VI, p. 268-299, et HIRSCH, *De vita et scriptis Sigeberti Gemblacensis*,
Berlin, 1841.

[3] *Epistola adversus laicorum in presbyteros coniugatos calumniam*, édit. SACKUR,
dans les *Libelli de lite*, t. II, p. 436-448.

qui se termine à la date du 13 avril 1111, avec l'accord de Pascal II et de Henri V, est elle-même à bien des égards une œuvre polémique dont il y a peu de chose à tirer pour l'histoire. Les actes réformateurs de Grégoire VII, les mesures prises à l'égard de Henri IV sont pour lui l'occasion de virulentes diatribes contre le pape, dont il soupçonne et travestit les intentions : Grégoire VII est accusé d'avoir fomenté les révoltes des Saxons [1]; à Canossa, il aurait simulé des sentiments pacifiques et, malgré l'absolution accordée à Henri IV, aussitôt envoyé la couronne à Rodolphe avec l'inscription *Petra dedit Petro, Petrus diadema Rodolpho* [2]. Ces affirmations, contredites par tous les textes sûrs, autorisent bien des réserves sur la sincérité de Sigebert de Gembloux. Son information n'est pas meilleure : Sigebert reproduit les erreurs chronologiques de la continuation de Marien Scot à laquelle il paraît avoir emprunté parfois les faits eux-mêmes [3] et, en dehors des légendes qu'il a colportées, n'enrichit l'histoire de Grégoire VII d'aucun détail nouveau. Bref, cette nouvelle version henricienne est loin d'avoir la valeur des *Annales Augustani ;* elle ne le cède en rien pour la violence et la mauvaise foi aux versions saxonnes du continuateur de Berthold de Reichenau et de Brun.

VI

Outre les annales contemporaines et les chroniques universelles, on dispose encore, pour l'histoire du pontificat de Grégoire VII, d'un certain nombre de sources italiennes tardives, sur lesquelles on peut passer rapidement parce qu'elles sont plus légendaires qu'historiques.

A Milan, la tentative d'Arnulf a été reprise dans les premières années du XIIe siècle par un autre clerc, du nom de Landulf,

[1] SIGEBERT DE GEMBLOUX, a. 1077 : « Saxones rebellant instinctu Hildebrandi papae » (MGH, SS, t. VI, p. 363).
[2] ID., a. 1077 (MGH, SS, t. VI, p. 363-364).
[3] Il place, avec Marien Scot, en l'année 1077 l'assemblée de Worms et le concile de Rome (MGH, SS, t. VI, p. 363). Cfr *supra*, p. 57.

auquel on doit une *historia Mediolanensis* [1]. Celle-ci est loin
d'avoir la valeur des *Gesta archiepiscoporum Mediolanensium*.
Écrite assez longtemps après les événements, elle fourmille
d'erreurs ; Landulf, au moment où il l'a composée, devait
être assez âgé, puisqu'il déclare avoir été témoin de ce qu'il
rapporte depuis la mort d'Héribert, soit depuis 1045 [2], et, comme
il n'a eu recours à aucune source écrite, qu'il a uniquement
consulté ses souvenirs, assez effacés sur certains points, il a
accumulé les erreurs chronologiques ; il place la mort de Rodolphe
de Souabe en 1075 et fait assister l'archevêque de Milan, Tedald,
non encore élu, au combat de l'Elster, qui aurait eu lieu cette
année-là [3]. Cette fantaisie dans la narration des faits s'accompagne de beaucoup de passion : Landulf n'a pas pour le Saint-
Siège le respect de son devancier. Le livre IV, d'ailleurs assez
bref, n'est qu'un violent réquisitoire contre Grégoire VII.
dont la mort est considérée comme un châtiment mérité [4].

On peut considérer comme également légendaire, quoique
reflétant une tendance très différente, la *Vita Mathildis*, poème
de Donizon, moine à l'abbaye de Canossa que la comtesse
Mathilde avait fondée [5]. C'est un panégyrique sans valeur de
la pieuse alliée de Grégoire VII et, à l'occasion, du pape lui-
même, mais on chercherait en vain dans ces vers enthousiastes
le moindre détail utile pour l'histoire de la réforme.

Les chroniques du Mont-Cassin doivent retenir davantage
l'attention [6]. Elles sont l'œuvre de Léon d'Ostie pour les deux
premières années du pontificat et de Pierre Diacre pour les

---

[1] *Landulfi historia Mediolanensis* (MGH, SS, t. VIII, p. 32-100). Cette
histoire de Milan s'arrête à la mort de Grégoire VII, mais on y trouve des
allusions à des événements de 1099 à 1100, ce qui prouve qu'elle ne peut être
antérieure aux premières années du XIIe siècle.

[2] LANDULF, *Historia Mediolanensis*, II, 34 : « Quae meis evenere temporibus
non per omnia, sed per aliquas particulas posteris, ut se a talibus custodiant,
eloquar » (MGH, SS, t. VIII, p. 69-70).

[3] ID., *ibid.*, IV, 1 (MGH, SS, t. VIII, p. 98).

[4] ID., *ibid.* : « Tamquam malorum poenam emeritus, interiit » (MGH, SS,
t. VIII, p. 100).

[5] DONIZON, *Vita Mathildis comitissae* (MGH, SS, t. XII, p. 348-409).

[6] *Chronica monasterii Casinensis* (MGH, SS, t. VII, p. 551-844).

autres. Déjà entre 1075 et 1080 le moine Aimé avait composé
au Mont-Cassin son *Histoire des Normands* [1], qui renferme
quelques indications assez véridiques sur les rapports du Saint-
Siège avec les États normands jusqu'en 1078 [2]. Sous l'impulsion
de l'abbé Didier, qui en 1086 devint le pape Victor III, le mouvement littéraire prit une grande intensité. C'est lui qui engagea
Léon, archiviste et bibliothécaire du monastère, plus tard cardinal-
évêque d'Ostie, à écrire l'histoire de la célèbre abbaye. Léon
ne se mit à l'œuvre, il est vrai, qu'assez longtemps après la
mort de Didier, vers 1098; il a conduit la chronique jusqu'en
1075; elle fut continuée ensuite de 1075 à 1139 par un autre
moine du Mont-Cassin, lui aussi bibliothécaire et archiviste,
Pierre Diacre.

Léon d'Ostie et Pierre Diacre ont utilisé l'histoire des
Normands d'Aimé [3]; ils ont eu l'un et l'autre à leur disposition
les riches archives du Mont-Cassin; ils ont pu enfin, dans le
monastère même dont les abbés ont été souvent mêlés au gouvernement de l'Église, recueillir de précieuses traditions orales.
Mais, si leur documentation est la même, l'interprétation diffère
et l'on a relevé plus d'une fois un contraste très accusé entre
les deux parties dont se composent les *chronica monasterii
Casinensis* [4] : Léon d'Ostie est infiniment plus consciencieux
que son continuateur, qui « a profité de sa situation pour fabri-
quer de faux diplômes en faveur des moines de l'abbaye et
raconté les événements d'une façon fantaisiste [5]. » Or, l'histoire
du pontificat de Grégoire VII est presque exclusivement
l'œuvre de Pierre Diacre et l'on devine aussitôt quel peut en être

---

[1] Aimé n'est malheureusement connu que par une traduction française de
la fin du XIIIe siècle, dont on a deux éditions, celle de CHAMPOLLION-FIGEAC,
Paris, 1835, et celle de l'abbé DELARC, Rouen, 1892.

[2] Sur la valeur d'Aimé, voir F. CHALANDON, *Histoire de la domination normande en Italie et en Sicile*, t. I, 1907, p. XXXI-XXXIV.

[3] Cfr l'introduction de Delarc, p. LXVI et suiv., où sont indiqués les passages
d'Aimé qui ont été utilisés par les chroniqueurs du Mont-Cassin.

[4] Cfr notamment CHALANDON, *op. cit.*, t. I, p. XXXIV-XXXVI, qui a consacré
de très bonnes pages à la critique des chroniques du Mont-Cassin.

[5] CHALANDON, *op. cit.*, t. I, p. XXXVI.

le caractère. Si Pierre est favorable à la réforme grégorienne, il est guidé par le souci exclusif de mettre en relief les éminents services rendus à la papauté par l'abbé du Mont-Cassin, Didier, objet au XIIᵉ siècle d'un culte un peu idolâtre que justifie dans une certaine mesure son œuvre littéraire et artistique, vraiment incomparable. Dans la chronique du Mont-Cassin le personnage principal n'est pas Grégoire VII, mais Didier. Or, Didier, s'il est le véritable instigateur de l'alliance normande qui a pu sauver le Saint-Siège en une heure critique [1], a eu quelques faiblesses que Pierre Diacre s'est appliqué à dissimuler [2]. En 1082, notamment, Didier a pris, sans avoir été sollicité par le pape, l'initiative d'une médiation entre Grégoire VII et Henri IV; il est allé trouver le roi excommunié et a eu l'audace de lui promettre qu'il le ferait couronner empereur par le pape légitime [3]. L'abbé y trouvait son compte, car Henri, réconcilié avec le prince de Capoue, Jourdain, qui était le voisin immédiat du Mont-Cassin, risquait de devenir dangereux pour l'abbaye et pour ses trésors. Il était difficile à Pierre Diacre de taire cette négociation, mais il était toujours possible de la faire tourner à la gloire de Didier. A cette fin, il a imaginé que celui-ci s'était rencontré à la cour de Henri IV avec Eudes, cardinal-évêque d'Ostie (le futur Urbain II), et qu'il avait entamé avec lui, au sujet des droits du roi de Germanie dans l'élection pontificale, une assez vive discussion au cours de laquelle Eudes aurait fait la part belle à la prérogative royale, tandis que Didier manifestait une intransigeance toute grégorienne [4]. Or, il est prouvé qu'Eudes et Didier n'ont pu se rencontrer à la cour de Henri IV [5]. Pour réhabiliter Didier, Pierre Diacre a calomnié Eudes. De même, il n'hésitera pas

---

[1] Cfr *La Réforme grégorienne*, t. I, p. 326 et suiv.

[2] Voir AUGUSTIN FLICHE, *L'élection d'Urbain II*, dans le *Moyen Age*, deuxième série, t. XIX, 1916, p. 356 et suiv.; *Le pontificat de Victor III*, dans la *Revue d'Histoire Ecclésiastique*, t. XX, 1924, p. 384 et suiv.

[3] *Chronica monasterii Casinensis*, III, 50 (MGH, SS, t. VII, p. 739-740).

[4] *Ibid.*

[5] Cfr notre article sur *L'élection d'Urbain II*, dans le *Moyen Age*, t. XIX, 1916, p. 365-367.

à placer frauduleusement Didier parmi les personnages désignés par Grégoire VII pour lui succéder, alors que le pape moribond n'a pas prononcé son nom, mais uniquement ceux de Hugues de Lyon, d'Anselme de Lucques et d'Eudes d'Ostie [1].

En résumé, la chronique du Mont Cassin, au moins pour la partie rédigée par Pierre Diacre [2], n'est qu'un panégyrique de Didier et de ses successeurs. Comme elle ne s'étend guère que sur les faits qui intéressent de près ou de loin l'histoire du monastère, elle est à reléguer au rang des sources qu'il ne faut utiliser qu'avec la plus extrême prudence.

Avec les chroniques du Mont Cassin il faut signaler encore, pour l'Italie méridionale, les sources normandes qui n'ont trait que fort accessoirement au pontificat de Grégoire VII, en particulier l'*Historia Sicula* de Geoffroy Malaterra [3] et les *Gesta Roberti Wiscardi ducis* de Guillaume de Pouille [4], dont M. Chalandon a bien mis en lumière la valeur historique [5].

VII

Les chroniques du XIIe siècle qui viennent d'être étudiées ne touchent au pontificat de Grégoire VII que par occasion. Vers le moment où elles furent écrites, le pape a trouvé son biographe en Paul de Bernried, auteur de la *Vita Gregorii VII papae* [6], qu'il termina sans doute aux environs de 1128, tandis

---

[1] Cfr les articles cités, p. 64, n. 2.

[2] Léon d'Ostie lui-même ne mérite pas toute la confiance qu'on lui accorde généralement (Cfr CHALANDON, *Histoire de la domination normande*, t. I, p. xxxiv-xxxv) et il a plusieurs fois, notamment à propos de l'abbé Frédéric de Lorraine, devenu pape sous le nom d'Étienne IX, cédé aux mêmes tendances que son continuateur. Cfr *La Réforme grégorienne*, t. I, p. 159-170.

[3] GEOFFROY MALATERRA, *Historia Sicula* (édit. MURATORI, dans les *Rerum Italicarum Scriptores*, t. V, p. 547 et suiv.).

[4] GUILLAUME DE POUILLE, *Gesta Roberti Wiscardi ducis* (MGH, SS, t. IX, p. 239-298).

[5] Cfr CHALANDON, *op. cit.*, t. I, p. xxxvi-xxxvii et xxxviii-xl.

[6] PAUL DE BERNRIED, *Vita Gregorii VII papae* (édit. WATTERICH, dans *Vitae pontificum Romanorum*, t. I, p. 474-546; AA. SS. *Maii*, t. VI, p. 113-143). Cfr JOSEPH GREVING, *Pauls von Bernried vita Gregorii VII papae, ein Beitrag zur Kenntnis der Quellen und Anschauungen aus der Zeit des gregorianischen Kirchenstreites*, dans *Kirchengeschichtliche Studien*, t. II, 1, Munster, 1893.

qu'il était retiré au monastère de Bernried, au diocèse d'Augsbourg [1].

Les *Acta Sanctorum* des Bollandistes attribuent une grande valeur à la *Vita Gregorii VII* pour le motif que Paul a fait un assez long séjour à Rome pendant le pontificat de Calixte II (1119-1124) et compulsé à cette occasion un certain nombre de documents officiels. L'utilisation de pièces d'archives imprime en effet à cette biographie une certaine autorité, mais il faut reconnaître qu'elle n'est par ailleurs qu'une vaste compilation dont, grâce à M. Greving, les divers éléments sont aujourd'hui assez bien reconstitués [2]. Paul a largement pillé tous ses

---

[1] Paul dit en effet qu'il a composé le chapitre 121, sept ans après la mort d'Ulrich de Passau qui date du 7 avril 1121.

[2] On trouvera dans GREVING, *Pauls von Bernried vita Gregorii VII papae, ein Beitrag, etc.*, p. 10 et suiv., une étude très minutieuse des sources de la *Vita Gregorii VII papae*, à laquelle nous renvoyons pour tous détails utiles. Peut-être y a-t-il lieu de reprocher à M. Greving d'avoir tiré des conclusions trop catégoriques de certaines identités d'expression qui, par suite de leur caractère vague et général, ne prouvent pas aussi péremptoirement qu'il l'avance la filiation de deux chroniques. Par exemple, d'après lui, le chapitre 50 de Paul (édit. WATTERICH, p. 501 ; AA. SS. *Maii*, t. VI, p. 123) compterait parmi ses sources les annales saxonnes que nous avons dénommées (plus haut, p. 43) *Continuation de Berthold de Reichenau* (MGH, SS, t. V, p. 281). Voici les deux textes :

Paul de Bernried	Continuation de Berthold de Reichenau
Graviterque *vulneratum* de ecclesia missa nondum *finita* violentis manibus abstraxerunt... ut furem *tractum* post dorsum cujusdam *sacrilegi* posuerunt.	Antequam post communialem orationem eucharistiatus *finiret*, ab altari rapuit, *vulneratum* cepit et in turrim suam tanquam latronem *sacrilegum* cum maximo ludibrio tractum... incarceravit.

Sans doute on retrouve dans les deux textes les mots *vulneratum, tractum, sacrilegum, finire*, mais ces analogies verbales suffisent-elles pour établir une filiation ? L'allure de la phrase est très différente chez le continuateur de Berthold, qui est plus détaillé, et il semble bien que Paul, s'il l'avait eu sous les yeux, n'eût pas laissé tomber les précisions sur l'eucharistie et sur l'incarcération dans la tour. On pourrait citer d'autres exemples du même genre. Toutefois, dans son ensemble, le catalogue des sources dressé par Greving reste, à notre avis, exact sauf sur un point : nous ne croyons pas que Paul de Bernried ait utilisé Hugues de Flavigny. Les seules analogies sérieuses qui soient signalées entre Paul et Hugues par M. Greving concernent certaines bulles de Grégoire VII qui figurent simultanément chez les deux auteurs ; or cela ne signifie rien, car Paul de Bernried a pu trouver à Rome, où il travaillait, les minutes de ces bulles que Hugues avait utilisées avant lui.

prédécesseurs : Bonizon de Sutri, Donizon et Léon d'Ostie pour les événements italiens, Bernold de Constance, Brun et le continuateur de Berthold de Reichenau pour les affaires d'Allemagne, lui ont beaucoup servi. Toutefois il n'utilise pas ces diverses sources sans discernement et il lui est arrivé plus d'une fois de les rectifier à l'aide de documents officiels, de lettres de papes ou d'autres grands personnages ecclésiastiques qui, avec les témoignages oraux qu'il a pu recueillir à Rome de la bouche de contemporains de Grégoire VII, forment comme l'armature de son œuvre. Pour les démêlés du pape avec les Normands et pour l'attentat de Cenci par exemple, il suit d'assez près le récit de Bonizon de Sutri [1], mais il en écarte les détails légendaires inventés comme à plaisir par un polémiste peu scrupuleux [2]. De même, dans sa narration de l'assemblée de Forchheim et des événements qui l'ont suivie, où l'on peut voir la partie la plus originale de son œuvre, tout en s'inspirant par moments de Bernold de Constance ou des chroniqueurs saxons, il les corrige et les rectifie sur plusieurs points [3].

Il n'est pas douteux que sur les origines du conflit de Grégoire VII avec Henri IV, Paul de Bernried apporte un certain nombre de renseignements personnels dont il est difficile de préciser l'origine [4]. Faut-il les attribuer à des sources perdues, ou Paul les tient-il simplement de personnages qu'il a pu consulter à Rome ? On éprouve quelque peine à se prononcer pour l'une ou l'autre de ces hypothèses. Il est certain que la narration du biographe de Grégoire VII n'est pas, en l'espèce,

---

[1] PAUL DE BERNRIED, *Vita Gregorii VII papae*, 45-48 (édit. WATTERICH, t. I, p. 498 et suiv.; AA. SS. *Maii*, t. VI, p. 122-123; BONIZON DE SUTRI, *Liber ad amicum*, VII (*Libelli de lite*, t. I, p. 604; édit. JAFFÉ, p. 660 et suiv.)

[2] Bonizon prétend par exemple que Hugues Candide, détaché de la cause grégorienne, serait intervenu auprès de Robert Guiscard, afin de déchaîner une expédition normande contre Rome. Paul de Bernried n'a pas reproduit cette audacieuse et fantaisiste affirmation.

[3] PAUL DE BERNRIED, *Vita Gregorii VII, papae*, 87 et suiv. (édit. WATTERICH, t. I, p. 526 et suiv.; AA. SS. *Maii*, t. VI, p. 134 et suiv.)

[4] ID., *ibid.*, 87-108 (édit. WATTERICH, t. I, p. 526 et suiv.; AA. SS. *Maii*, t. VI, p. 134 et suiv.)

rigoureusement impartiale; elle a pour but de prouver que les princes allemands avaient le droit d'élire Rodolphe de Souabe et prête aux partisans de l'antiroi une attitude conciliante que les événements ne justifient guère [1]. On verra plus loin ce qu'il faut penser de cette version des événements; mais, quelle que soit l'appréciation que l'on porte sur elle, il est indiscutable que Paul fournit des précisions chronologiques ou autres, jusque là inédites, si bien qu'il y a tout lieu de conclure à l'utilisation d'une source particulière aujourd'hui perdue. Il est probable que le moine de Bernried a trouvé à Rome une ou plusieurs lettres des légats de Grégoire VII rendant compte de l'assemblée de Forchheim et des événements qui l'avaient suivie [2]. Cela paraît d'autant plus vraisemblable qu'il a largement compulsé le registre de Grégoire VII et les archives pontificales, comme le prouve le nombre respectable d'*Epistolae vagantes* parvenues jusqu'à nous par son intermédiaire.

Aussi bien, si son œuvre est un panégyrique de Grégoire VII fatalement entaché de quelques erreurs de jugement, ce panégyrique est malgré tout de bon aloi et ne change pas de façon très sensible l'allure des événements. On peut surtout reprocher à Paul de Bernried de passer trop vite sur les faits qui paraissent contredire la thèse qu'il soutient [3], mais, cette réserve faite,

---

[1] PAUL, *Vita*, 88 (édit. WATTERICH, t. I, p. 526; AA. SS. *Maii*, t. VI, p. 134).

[2] Telle est l'opinion de SPOHR, *Ueber die politische und publizistische Wirksamkeit Gebhards von Salzbourg*, Diss. Halle, 1890, p. 63-71. Elle a été vivement combattue par Greving (*Pauls von Bernried vita Gregorii VII pape, etc.*, p. 100 et suiv.), qui fait remarquer que Paul de Bernried est très précis depuis l'assemblée d'Ulm jusqu'au couronnement de Rodolphe à Mayence. Si l'on adoptait, dit-il, l'hypothèse de Spohr, il faudrait supposer une source pour les chapitres 88-90, une autre pour le chapitre 96 et une troisième pour le chapitre 98; il vaudrait mieux, à son avis, chercher une source unique qui serait une narration perdue du prêtre Erkimbert, dont le nom a été conservé par le nécrologe de Bernold de Constance (MGH, SS, t. V, p. 391). Cette dernière hypothèse ne repose sur aucun indice précis et celle de Spohr est autrement vraisemblable, à condition d'admettre qu'il y a eu plusieurs lettres de légats au pape, ce qui n'a rien d'impossible. Il est en effet évident, que les légats ont dû rendre compte à Grégoire VII des graves événements dont ils ont été les témoins.

[3] C'est le cas, par exemple, des chapitres 99 à 107 (édit. WATTERICH, p. 533 et suiv.; AA. SS. *Maii*, t. VI, p. 636 et suiv.), où l'attitude de Grégoire VII en Allemagne de 1077 à 1080 reste dans l'ombre. Paul, qui trouvait sans doute

sa biographie de Grégoire VII a l'avantage de coordonner des témoignages épars, dont quelques-uns ont disparu, et elle reste, au total, une source qu'il faut prendre en considération, tout en y apportant les correctifs dictés par la critique.

VIII

De l'examen des diverses sources de l'histoire de Grégoire VII se dégagent quelques conclusions d'ensemble qu'il importe de définir avant de suivre l'évolution des idées grégoriennes de 1073 à 1085.

Il reste clair tout d'abord qu'aucune chronique ne saurait avoir, pour l'histoire du pontificat ainsi comprise, une valeur comparable à celle du registre et des *Epistolae vagantes*. Pour comprendre le programme d'Hildebrand et les transformations qu'il a subies, c'est avant tout au pape lui-même qu'il faut s'adresser, en fixant, à la lumière de son propre témoignage, la valeur de ses idées, en recherchant aussi d'où proviennent ces idées et à quelles sources il a été les puiser. On ne doit pas oublier toutefois que la pensée de Grégoire VII a subi le choc des faits qui ont pu la préciser ou la modifier ; on verra par la suite que l'opposition du clergé et la résistance des princes laïques l'ont conduit à transformer ses méthodes réformatrices. Il est donc nécessaire d'établir la réalité historique des faits et de mesurer la répercussion qu'ils ont pu avoir sur les tendances apportées par Grégoire VII dans le gouvernement de la société chrétienne. Aussi les sources narratives ne peuvent-elles être négligées, mais il y a lieu, au préalable, de bien fixer les conditions de leur emploi [1].

---

avec les chroniqueurs saxons que le pape avait gardé une excessive neutralité, s'est borné à reproduire les bulles qui ont trait aux affaires d'Allemagne en les reliant tant bien que mal à l'aide du *Liber pontificalis*, qui pour toute l'histoire de Grégoire VII est d'un remarquable laconisme.

[1] L'erreur de certains historiens de Grégoire VII a été précisément de ne pas déterminer la valeur des sources qu'ils ont utilisées et de reproduire avec une regrettable confiance la version de Bonizon de Sutri ou des chroniqueurs saxons. C'est le cas notamment de l'abbé Delarc qui, dans son *Saint*

De la revue qui vient d'être faite, il résulte que parmi ces sources il y en a beaucoup qui sont manifestement légendaires. Tel est le trait commun à toutes les œuvres polémiques que nous éliminerons délibérément : ni Bonizon de Sutri du côté grégorien, ni Benzon d'Albe du côté henricien, ne méritent le moindre crédit. Tel est aussi le caractère d'un bon nombre de chroniques, contemporaines ou non ; légendaire la version saxonne de Brun et du continuateur de Berthold de Reichenau, légendaire la version de Sigebert de Gembloux, légendaire aussi la version du Mont-Cassin. Ces différentes versions ne seront donc enregistrées qu'avec la plus grande défiance et, lorsqu'on sera réduit à leur unique témoignage, on ne pourra rien affirmer avec certitude. Comme œuvres vraiment historiques, on retiendra, en tenant compte des réserves signalées plus haut, pour le XIe siècle Bernold de Constance et Arnulf de Milan, pour le XIIe les *Annales Augustani*, Hugues de Flavigny, et, dans une certaine mesure, Paul de Bernried. En cas de contradiction entre les sources narratives, on s'inclinera devant celles qui paraissent mériter le plus de crédit, mais les passions ont été telles, au temps de Grégoire VII, qu'on ne peut s'aventurer dans l'exposé des faits, lorsque les sources épistolaires font défaut, qu'avec la plus extrême prudence. Fort heureusement la correspondance pontificale permet de combler bien des lacunes et de réparer beaucoup d'erreurs, en même temps qu'elle fixe la genèse des idées grégoriennes sur lesquelles on est, grâce à elle, exactement renseigné.

Grégoire VII et la réforme de l'Église au XIe siècle, transcrit pêle-mêle toutes les sources qu'il a eues sous les yeux, en essayant de les faire cadrer et de concilier les inconciliables.

CHAPITRE I

L'AVÈNEMENT DE GRÉGOIRE VII

SOMMAIRE. — I. L'élection du 22 avril 1073 : critique des différentes versions ; comment le décret de Nicolas II a été appliqué ; le rôle du roi de Germanie. — II. Le caractère d'Hildebrand : sa foi, sa piété, son humilité, sa résignation, sa charité, son amour de la paix et de la justice, sa conception de ses devoirs de pape. — III. Le programme grégorien : l'affermissement de la primauté romaine, la réforme de l'Église, l'union du Sacerdoce et de l'Empire.

I

Le pape Alexandre II est mort le 21 avril 1073 [1]. Le lendemain, Hildebrand, archidiacre de l'Église romaine, a été élevé à la dignité pontificale sous le nom de Grégoire VII.

Cette élection [2] a donné lieu à de graves divergences entre les textes. Deux versions peuvent être considérées comme originelles : l'une est celle de Grégoire VII lui-même dans plusieurs bulles qui s'échelonnent entre le 24 et le 28 avril 1073 [3]; l'autre est contenue dans le procès-verbal, en quelque sorte officiel, inséré en tête du registre pontifical [4].

Dans une lettre adressée le 24 avril 1073 à l'abbé du Mont-

---

[1] La date est donnée par Grégoire VII, *Registrum*, I, 6 (édit. CASPAR, p. 9 ; édit. JAFFÉ, p. 14 ; PL, CXLVIII, 288).

[2] Les pages qui concernent l'élection du 22 avril 1073 ont déjà paru sous ce titre : *L'élection de Grégoire VII*, dans le *Moyen-Age*, 2e série, t. XXVI, 1924-1925, p. 71-90.

[3] GRÉGOIRE VII, *Registrum*, I, 1-4 (édit. CASPAR, p. 3-7 ; édit. JAFFÉ, p. 10-13 ; PL, CXLVIII, 285-287).

[4] *Commentarius electionis Gregorii VII papae* (édit. CASPAR, p. 1-2 ; édit. JAFFÉ, p. 9-10 ; PL, CXLVIII, 283-284).

Cassin, Didier, que l'on peut considérer comme le prototype de toutes celles auxquelles il vient d'être fait allusion, Grégoire VII raconte que le peuple romain a manifesté, à la nouvelle de la mort d'Alexandre II, un calme inaccoutumé ; il ajoute ensuite :

« Après avoir pris conseil, nous avons prescrit un jeûne de trois jours, ordonné la récitation des litanies, invité à l'aumône, afin que Dieu nous aidât à décider ce qui paraîtrait le meilleur pour l'élection du pontife romain. Mais tout à coup, tandis que l'on procédait dans l'église du Sauveur à l'ensevelissement de notre seigneur pape, il s'éleva parmi le peuple un grand tumulte et un grand bruit ; on se jeta sur moi de façon insensée, sans me laisser la faculté ni le temps de parler ou de réfléchir. C'est par la violence que l'on m'a imposé ce gouvernement apostolique, trop lourd pour moi, si bien que je puis dire avec le prophète [1] : *Je suis venu dans la haute mer et la tempête m'a submergé : j'ai péniblement crié et ma gorge est devenue rauque* [2]. »

Le procès-verbal qui sert de préface au registre de Grégoire VII ne renferme aucune allusion aux faits tumultueux rapportés par les bulles. Il constate simplement que « réunis dans la basilique de Saint-Pierre-aux-Liens », les différents membres de la sainte Église romaine, « cardinaux, clercs, acolytes, sous-diacres, diacres, prêtres, en présence des vénérables évêques et abbés, avec le consentement des clercs et des moines, aux acclamations de nombreuses foules des deux sexes et de diverses conditions », ont élu Hildebrand pape sous le nom de Grégoire[4].

Ces deux versions semblent contradictoires et pourtant elles font autorité l'une et l'autre. On a pu pendant longtemps, en raison de leur opposition, rejeter comme apocryphe le procès-verbal du registre [4], mais, depuis qu'il a été prouvé que le registre est bien, sous la forme où nous l'avons conservé, le

---

[1] *Ps.* LXVIII, 3-4.
[2] GRÉGOIRE VII, *Registrum*, I, 1 (édit. CASPAR, p. 3 ; édit. JAFFÉ, p. 10-11 ; PL, CXLVIII, 285).
[3] *Commentarius electionis Gregorii VII papae* (édit. CASPAR, p. 1-2 ; édit. JAFFÉ, p. 9-10 ; PL, CXLVIII, 283-284).
[4] Telle est notamment l'opinion de MIRBT, *Die Wahl Gregors VII* (Diss. Marbourg, 1892), p. 18-21, de MARTENS, *Gregor VII, sein Leben und Wirken*, t. I, Leipzig, 1894, p. 66 et suiv., de MEYER VON KNONAU, *Jahrbücher*, t. II, p. 205, n. 32.

registre original constitué par la chancellerie pontificale du vivant
même de Grégoire VII, il est impossible de douter de l'authenticité du procès-verbal et d'éliminer un document dont il n'est pas
besoin de souligner la très grande valeur. De ce fait, le problème,
autrefois résolu, se pose à nouveau. Comment mettre d'accord
les deux textes qui émanent du pape et de son entourage ?

On peut se demander tout d'abord si en dehors d'eux il
n'existe pas d'autres versions originelles qui apporteraient
quelque lumière dans le débat. On a souvent considéré comme
telle celle de Bonizon de Sutri, dans son *Liber ad amicum*, qui
a été fidèlement reproduite par un bon nombre d'historiens
modernes [1]. Ce polémiste, qui écrivait au lendemain de la mort
de Grégoire VII, rapporte lui aussi que, pendant les funérailles
d'Alexandre II, un violent tumulte s'éleva dans l'église du
Latran où on les célébrait. La foule, dit-il, composée de clercs
et de laïques, d'hommes et de femmes, s'écrie tout-à-coup :
« Hildebrand évêque ! » Ému et blême, l'archidiacre se fraie
un chemin vers l'ambon ; il est devancé par Hugues Candide
qui harangue le peuple en ces termes : « Vous savez tous, mes
frères, que, depuis le pontificat du pape Léon, Hildebrand n'a
cessé d'exalter la sainte Église romaine et de défendre la liberté
de notre ville. Nous ne pourrions trouver pour la papauté un
candidat qui soit meilleur que lui ou qui puisse l'égaler. Choi-
sissons-le donc, car il a été ordonné dans notre église, nous le
connaissons tous, il a fait ses preuves. » Aussitôt, conclut
Bonizon, « tous les cardinaux, évêques, prêtres et lévites, ainsi
que les clercs d'ordre inférieur, s'écrient en la forme accoutu-
mée : *Saint Pierre a choisi Grégoire pour pape ;* Hildebrand est
entraîné, enlevé par le peuple, puis intronisé malgré lui à Saint-
Pierre-aux-Liens et non à Brixen [2]. »

---

[1] C'est le cas notamment de DELARC, *Saint Grégoire VII et la réforme de
l'Église au XIe siècle*, t. III, Paris, 1890, p. 1 et suiv. et de MEYER VON KNONAU,
Jahrbücher, t. II, p. 204-205.

[2] BONIZON DE SUTRI, *Liber ad amicum*, VII (*Libelli de lite*, t. I, p. 601 ;
édit. JAFFÉ, dans les *Monumenta Gregoriana*, p. 656). Les derniers mots « non
à Brixen » sont une allusion à l'élection de l'antipape Clément III qui a eu
lieu, en 1080, à Brixen.

Ce récit ne renferme aucun élément nouveau. Il est visiblement la combinaison des deux autres sources assez adroitement juxtaposées et fondues. Hildebrand est d'abord acclamé par la foule, comme dans la lettre à Didier du Mont-Cassin, puis, comme dans le procès-verbal, intronisé à Saint-Pierre-aux-Liens après ratification du vote populaire par les cardinaux et le reste du clergé. On ne peut donc reconnaître au *Liber ad amicum*, dont l'auteur a eu sans doute entre les mains le registre de Grégoire VII, le caractère de version originelle. Un seul fait y apparaît pour la première fois, l'intervention de Hugues Candide. L'explication de ce détail est aisée à découvrir : Bonizon n'a aucun souci de la vérité historique [1]; ce n'est qu'un polémiste fougueux et passionné qui ne recule jamais devant le mensonge ni la calomnie. Or Hugues Candide, après avoir été un partisan décidé de Grégoire VII [2], l'a lâchement abandonné pour devenir l'un des plus fermes soutiens de son implacable adversaire, le roi de Germanie, Henri IV; il a contribué pour une large part en 1080 à l'élection par l'assemblée de Brixen de l'antipape Clément III. Bonizon, indigné par cette trahison où il voit l'origine de tous les maux qui accablèrent les Grégoriens, a naturellement cherché à noircir Hugues en lui prêtant un rôle actif et pour ainsi dire primordial dans l'élection de 1073; l'évocation de Brixen, où Hugues s'est également dépensé en faveur du rival de Grégoire VII, souligne assez maladroitement l'intention de l'auteur et incite davantage encore à la défiance. Comme les anecdotes ainsi inventées de toutes pièces abondent chez Bonizon de Sutri [3], il n'y a aucune raison de ne pas ranger dans cette catégorie la narration d'un incident que Grégoire VII n'aurait pas manqué de signaler à ses correspondants, s'il s'était réellement produit.

[1] Cfr *La Réforme grégorienne*, t. I, 1924, p. 368-370.
[2] Cfr GRÉGOIRE VII, *Registrum*, I, 6 (édit. CASPAR, p. 9; édit. JAFFÉ, p. 15; PL, CXLVIII, 288).
[3] Cfr BOCK, *Die Glaubwürdigkeit der Nachrichten Bonithos von Sutri im Liber ad amicum und deren Verwertung in der neueren Geschichtsschreibung*, dans les *Historische Studien* de EBERING, fasc. LXXIII, Berlin, 1909, *passim*.

La version de Bonizon de Sutri appelle pourtant une remarque. Elle prouve que l'opposition indiquée plus haut entre les deux sources officielles peut être sensiblement atténuée. Bonizon n'a-t-il pas réussi à les fondre l'une dans l'autre ? Chez lui elles se complètent sans s'exclure : Grégoire VII est d'abord acclamé par la foule, puis élu par les cardinaux qui cèdent à la pression populaire. Il est fort possible que les choses se soient passées de la sorte, mais le témoignage du *Liber ad amicum* ne suffit pas pour autoriser cette hypothèse et il est nécessaire de recourir à d'autres arguments plus probants.

La plupart des textes relatifs à l'élection de Grégoire VII dérivent des bulles pontificales. Partisans et adversaires du pape réformateur insistent à l'envi sur les incidents tumultueux du Latran, les uns pour conclure au désintéressement d'Hildebrand auquel le fardeau du pontificat a été imposé malgré lui [1], les autres pour accréditer l'opinion que l'enthousiasme populaire n'a pas été spontané et que les amis de l'archidiacre l'ont savamment provoqué en répandant l'or à pleines mains [2]. L'interprétation diffère, mais sur l'événement lui-même on

---

[1] C'est le cas notamment de MANEGOLD DE LAUTENBACH, *Liber ad Gebehardum*, 14 (*Libelli de lite*, t. I, p. 336), de BERNOLD DE CONSTANCE, a. 1073 (MGH, SS, t. V, p. 276), et de BARDON, dans sa vie d'Anselme de Lucques (*ibid.*, t. XII, p. 14) ; pour eux, Hildebrand se serait dérobé aux yeux de la foule, qui réussit à découvrir sa retraite et l'intronisa de force.

[2] GUY DE FERRARE, *De scismate Hildebrandi*, II : « Testantur quidem qui fuere praesentes quod Alexandro defuncto sequenti nocte tesauros suos eduxerit multumque pecuniae per Romanos effuderit, satellitium fecerit atque ita egerit ut, Alexandro nondum humato, eligi quadam violentia omnium debuisset. Quod et factum est. Nam mane facto, calente adhuc Alexandri corpore nec sepulto, sicut nocte provisum fuerat et consultum, concursus factus est populi. Ildebrandus capitur, Ildebrandus discerpitur, Ildebrandus distrahitur, Ildebrandus eligitur » (*Libelli de lite*, t. I, p. 553). — BENON, *Gesta Romanae ecclesiae*, II, 12 : « Hildebrandus a suis militibus sine assensu cleri et populi est ordinatus » (*Ibid.*, t. II, p. 380). — BENZON D'ALBE, *Ad Heinricum*, VII, 2 : « Continuo curritur per plateas ; pecunia laxat largiendi habenas. Cuiuscunque non solum crumena, sed etiam saccus nummis bizantiis subfarcinatur, pro eo quod Folleprandus capiatur, rapiatur et quasi invitus ad sedem trahatur... Conficitur negocium : qui dicitur Legio sublimatur, demonium coronatur, cuculatus ad Capitolium pergit infulatus » (MGH, SS, t. XI, p. 672).

n'enregistre aucun désaccord. Personne ne reproche à Grégoire VII de n'avoir pas été désigné par ses électeurs naturels. Seul le cardinal Benon affirme qu'aucun cardinal n'a ratifié l'élection du 22 avril 1073 [1]. Or le témoignage de Benon est sans valeur; il émane d'un polémiste haineux qui travestit la vérité sans aucune espèce de scrupule [2] et il est infirmé par le silence des autres écrivains antigrégoriens [3] aussi bien que des assemblées schismatiques de Worms et de Brixen.

Les évêques allemands, réunis à Worms en 1076 pour déposer Grégoire VII, incriminent surtout le pape d'avoir méconnu une promesse aux termes de laquelle il s'engageait à ne jamais recevoir la dignité apostolique sans le consentement de Henri III ou de son successeur. « En outre, disent-ils ensuite, au temps du pape Nicolas il a été tenu un synode auquel ont pris part cent vingt-cinq évêques et où il a été décidé et décrété sous peine d'anathème que personne ne pourrait devenir pape sinon par l'élection des cardinaux, l'approbation du peuple, l'assentiment et l'autorité du roi [4]. » En quoi Grégoire VII a-t-il failli à ce décret ? Comme dans les lignes précédentes il n'est question que du consentement royal, il est évident que les autres dispositions du décret ne sont pas en cause; s'il avait manqué à Hildebrand « l'élection des cardinaux » ou « l'approbation du peuple, » on n'eût pas manqué d'exploiter contre lui l'une ou l'autre de ces omissions. Un tel silence est significatif. Il l'est d'autant plus qu'en 1080 la rédaction de Brixen, beaucoup moins ambi-

---

[1] BENON, *Gesta Romanae ecclesiae*, I, 2 : « Sed cardinales non subscripserunt in electione eius » (*Libelli de lite*, t. II, p. 370). — *Ibid.*, II, 12 : « In cuius electione nullus cardinalium subscripsit » (*Ibid.*, t. II, p. 380).

[2] Cfr *La Réforme grégorienne*, t. I, p. 372. Il est à noter en outre que les *Gesta Romanae ecclesiae* n'ont été composés qu'après la mort de Grégoire VII.

[3] Guy de Ferrare lui-même, qui pourtant est un partisan décidé de l'antipape Clément III, convient que les bruits répandus sur le compte de Grégoire VII ne sont pas tous fondés. Cfr *De scismate Hildebrandi*, II : « Ego vero quia rem incertam habeo, absolute de ea iudicare non possum » (*Libelli de lite*, t. I, p. 553). Au livre I, Guy déclare expressément que Grégoire VII a été « élu par le clergé, réclamé par le peuple, confirmé par le suffrage unanime des évêques et des clercs. » (*Ibid.*, t. I, p. 534).

[4] *Constitutiones et acta*, t. I, p. 108.

güe, précise l'accusation. Voici comment elle s'exprime au sujet de l'application en 1073 du décret de Nicolas II : « Tandis qu'on rappelait à Hildebrand, qui l'avait approuvé, un décret du pape Nicolas promulgué par cent vingt-cinq évêques et décidant sous peine d'anathème que quiconque oserait être pape sans l'assentiment du prince romain serait considéré non comme pape, mais comme apostat, il déclara ignorer le roi et affirma qu'il pouvait considérer comme non avenue la sentence de ses prédécesseurs [1]. » Des cardinaux il n'est pas fait mention ; il y a donc lieu de supposer que Grégoire VII a obtenu leurs suffrages unanimes.

Dès lors, malgré le peu de crédit qu'il faut accorder au *Liber ad amicum*, il est probable que Bonizon de Sutri a rendu, au moins dans ses grandes lignes, la physionomie de l'élection : Hildebrand a été acclamé par le peuple, puis élu par les cardinaux qui ne pouvaient s'insurger contre un choix aussi heureux pour l'Église. Cette conclusion suscite toutefois un grave problème qui peut se formuler ainsi : l'élection de Grégoire VII ne serait-elle pas entachée de nullité, étant donné que les formes prévues par le décret de Nicolas II n'ont pas été observées ?

Il n'est pas douteux en effet que le décret de Nicolas II qui, en 1059, avait fixé les règles à suivre lors de l'élection pontificale, n'a pas été appliqué d'une manière stricte à la mort d'Alexandre II. Aux termes de ce décret, l'évêque de Rome doit être désigné par les cardinaux-évêques, confirmé par les autres cardinaux, acclamé par le reste du clergé et par le peuple [2]. Or en 1073, tout s'est passé dans l'ordre inverse : les ovations populaires ont précédé et en quelque sorte engendré le vote des cardinaux [3]. Déjà sur ce point la législation établie par Nicolas II n'a pas été suivie.

---

[1] *Constitutiones et acta*, t. I, p. 119.
[2] Cfr *La Réforme grégorienne*, t. I, p. 313-322.
[3] Cfr E. CASPAR, *Gregor VII in seinen Briefen*, dans *Historische Zeitschrift*, t. CXXX, p. 5, qui est d'avis, lui aussi que le vote des cardinaux n'a été qu'une justification après coup des acclamations populaires et pense qu'un protocole officiel ne pouvait pas faire mention d'incidents tumultueux de nature à jeter un doute sur la légitimité de l'élection.

Du même coup l'opération préliminaire prévue par le décret, la *tractatio* des cardinaux-évêques, n'a pas eu lieu. Le procès-verbal du *Registrum* n'établit aucune distinction entre les cardinaux-évêques et les autres membres du clergé. Sans doute Bonizon de Sutri déclare qu'Hildebrand a été élu *per meliores cardinales* [1], mais faut-il traduire ce terme vague par *cardinaux-évêques*? Rien ne le prouve. Bonizon n'a pas le sens de la valeur des mots; il emploie tour à tour l'expression d'*electio per meliores cardinales* et celle d'*electio cleri* qui rappelle l'antique formule d'élection par le clergé et par le peuple, sans s'apercevoir qu'elles se contredisent. Cette confusion verbale est le reflet d'un esprit qui n'a rien de juridique. Bref le *Liber ad amicum* ne fournit en la matière aucun renseignement précis qui soit susceptible de confirmer ou de détruire la version du procès-verbal rédigé par la chancellerie pontificale.

On peut donc affirmer que, si le peuple et les cardinaux ont donné leur avis, l'ordre prescrit par le décret de Nicolas II n'a pas été respecté le 22 avril 1073, que notamment la *tractatio* des cardinaux-évêques, une des parties essentielles de la procédure, a été omise. L'élection de Grégoire VII a-t-elle dès lors été irrégulière, et, parce qu'il y a eu vice de forme, faut-il conclure avec les antigrégoriens que Grégoire VII ne doit pas être compté parmi les papes légitimes?

Il paraît difficile d'être plus sévère que les contemporains eux-mêmes. Or non seulement Grégoire VII, dont la conscience n'eût pas supporté la moindre atteinte aux canons de l'Église, n'a pas éprouvé le moindre scrupule quant à la légalité de son élection, mais, au lendemain de l'événement, aucune protestation ne s'est élevée aussi bien parmi les adversaires que parmi les partisans de la réforme de l'Église et même plus tard, lorsque fut déchaînée la grande lutte du Sacerdoce et de l'Empire, on n'a pas essayé de tirer argument des entorses données à la législation de Nicolas II. On se contentera, à une époque

---

[1] BONIZON DE SUTRI, *Liber ad amicum*, VI (*Libelli de lite*, t. I, p. 600; édit. JAFFÉ, p. 655).

assez avancée du pontificat, d'opposer à Grégoire VII une constitution de Boniface III aux termes de laquelle il fallait ménager un délai de trois jours entre la mort du pape et l'élection de son successeur, délai qui n'avait pas été observé en avril 1073 [1].

Le silence que l'on observe autour du décret de 1059 ne saurait d'ailleurs surprendre, car en 1073 son annulation n'était, semble-t-il, mise en doute par personne. On l'avait appliqué à la mort de Nicolas II et Anselme de Lucques était devenu par la volonté des cardinaux-évêques le pape Alexandre II; mais le nouveau pontife, pour triompher de l'antipape Cadalus, qu'avaient suscité contre lui la noblesse romaine et la royauté germanique évincées par le décret, avait en quelque sorte renié l'œuvre de son prédécesseur en sollicitant l'arbitrage du jeune roi Henri IV ou plus exactement de l'impératrice régente et de l'archevêque de Cologne, Annon, et accepté par là de tenir sa dignité du pouvoir temporel [2]. N'était-ce pas proclamer implicitement que le décret de Nicolas II, qui avait pour objet d'affranchir le Saint-Siège de toute tutelle laïque, était tombé en désuétude? De fait, on n'en relève plus aucune mention jusqu'en 1076; ni le procès-verbal du registre ni les bulles pontificales n'y font allusion et les règles qu'il a posées paraissent aussi inconnues du pape que de sa chancellerie.

En résumé, étant donné l'incertitude de la législation canonique en 1073, étant donné surtout l'assentiment unanime recueilli par Grégoire VII, l'élection du 22 avril, quoique non conforme à la procédure fixée par Nicolas II, ne peut être considérée comme entachée de nullité. Il n'en est pas moins curieux de noter que le pape qui a attaché son nom à la réforme de l'Église au XIe siècle a été élevé au souverain pontificat par un mouvement populaire et que, par une contradiction du

---

[1] C'est sans doute pour répondre à cette objection que Bonizon de Sutri (*Liber ad amicum*, VII, dans *Libelli de lite*, t. I, p. 601, édit. JAFFÉ, p. 656) falsifie sur un point le récit de la bulle pontificale, en insinuant qu'Alexandre II était déjà enterré au moment où Hildebrand fut acclamé.

[2] Cfr *La Réforme grégorienne*, t. I, p. 345 et suiv.

même ordre, ce farouche défenseur de la primauté romaine vis-à-vis des puissances laïques a été, semble-t-il, confirmé dans son pouvoir par le roi de Germanie.

Sur ce dernier point il y a de nouveau divergence entre les textes et l'on peut distinguer trois versions principales. La première est celle des évêques schismatiques réunis à Worms en 1076, puis à Brixen en 1080. L'assemblée de Worms a reproché à Grégoire VII de n'avoir pas tenu compte d'un serment par lequel il aurait juré à Henri III de ne pas accepter la papauté, du vivant de l'empereur et de son fils, sans le consentement soit de l'un soit de l'autre [1]. Le décret de Brixen est plus formel encore : muet sur le prétendu serment d'Hildebrand, il affirme en termes catégoriques que Grégoire VII a enfreint l'une des dispositions essentielles du décret de 1059, car, aux yeux de Nicolas II, « celui qui aurait osé devenir pape sans l'assentiment du prince romain ne devait pas être considéré comme pape, mais comme apostat [2]. » C'est ce texte qui a directement inspiré les écrivains impérialistes tels que Guy de Ferrare et Guy d'Osnabrück [3], ainsi que certains historiens du XIIe siècle, Hugues de Fleury et Guillaume de Malmesbury par exemple [4].

La seconde version est fournie par Bonizon de Sutri dans le *Liber ad amicum* :

« Le nouvel élu refléchit le lendemain aux dangers qui le menaçaient et il en conçut une profonde tristesse. Après avoir pris conseil d'hommes de foi et d'espérance, il imagina de notifier son élection au roi de Germanie (Henri IV), afin d'être délivré si possible par lui

---

[1] *Constitutiones et acta*, t. I, p. 107.

[2] *Ibid.*, t. I, p. 119.

[3] GUY DE FERRARE, *De scismate Hildebrandi*, II (*Libelli de lite*, t. I, p. 551-552); GUY D'OSNABRÜCK, *De controversia inter Hildebrandum et Heinricum imperatorem* (*ibid.*, t. I, p. 462 et suiv.). L'auteur du *De discordia papae et regis* prétend (*ibid.*, t. I, p. 459) que Henri IV, en apprenant l'élection d'Hildebrand, envoya à Rome une ambassade pour sommer Grégoire VII de déposer la papauté, mais qu'il n'obtint aucun résultat. Cette affirmation fait partie d'un récit très fantaisiste auquel on ne peut accorder la moindre valeur.

[4] HUGUES DE FLEURY, *Modernorum regum Francorum actus*, 11 (MGH, SS, t. IX, p. 391); GUILLAUME DE MALMESBURY, *De rebus gestis regum Anglorum*, III, 266 (*Ibid.*, t. X, p. 470; édit. STUBBS, dans les *Rerum Britannicarum medii aevi scriptores*, t. II, p. 325).

du fardeau de la papauté. Il lui écrivit donc pour l'informer de la
mort du pape et de sa propre élection ; il termina sa lettre en l'avertis-
sant que, si le prince donnait son assentiment, il ne supporterait pas
ses malices. Mais les choses se passèrent autrement qu'il l'avait espéré.
Le roi envoya aussitôt Grégoire de Verceil, chancelier du royaume
d'Italie, pour qu'il confirmât l'élection et assistât à la consécration.
Ainsi fut fait. La veille de la Pentecôte, Hildebrand est ordonné prêtre
et, le jour des saints Apôtres, il est consacré à leur autel suivant la
tradition [1]. »

Enfin le chroniqueur allemand, Lambert de Hersfeld, qui
représente une troisième version, rapporte qu'à la mort d'Alexandre II les Romains nommèrent Hildebrand pour lui succéder
sans consulter le roi, *inconsulto rege*. Lorsque cette nouvelle
parvint en Germanie, continue-t-il, les évêques parurent fort
inquiets ; ils craignaient que le nouveau pape ne les reprît pour
leur négligence et ils s'entendirent en vue de demander au
roi de ne pas confirmer une élection qui s'était faite sans
son ordre.

« Le roi envoya aussitôt à Rome le comte Eberhard pour demander
aux principaux des Romains pourquoi, contrairement à l'usage, ils
avaient procédé à une élection pontificale sans consulter le roi et pour
ordonner à l'élu de renoncer, s'il ne donnait satisfaction, à la dignité
qu'il avait indûment acceptée. Eberhard vint donc à Rome et fut
accueilli avec bienveillance par Grégoire VII. Il lui exposa les ordres
du roi ; Grégoire, prenant Dieu à témoin, déclara qu'il n'avait pas
ambitionné un si grand honneur, qu'il avait été élu par les Romains,
que le soin de gouverner l'Église lui avait été violemment imposé,
que cependant il ne pouvait être forcé de donner son assentiment à
son ordination avant d'avoir su par des légats autorisés que le roi et
les princes du royaume teuton avaient approuvé son élection, que pour
cette raison il avait retardé son ordination et la retarderait jusqu'à
ce qu'un message autorisé vînt lui exprimer la volonté royale. Ces
propos furent rapportés au roi qui les jugea satisfaisants et prescrivit
que l'ordination eût lieu [2]. »

---

[1] BONIZON DE SUTRI, *Liber ad amicum*, VII (*Libelli de lite*, t. I, p. 601 ; édit.
JAFFÉ, p. 656-657).

[2] LAMBERT DE HERSFELD, a. 1073 (MGH, SS, t. V, p. 194 ; édit. HOLDER-
EGGER, p. 145-146).

Cette ordination, Lambert la place non pas le 29 juin 1073 comme Bonizon, mais seulement le 2 février 1074.

Entre ces trois versions il est très délicat de procéder à un choix, car aucune d'elles n'a une autorité telle qu'elle puisse être *a priori* préférée aux trois autres. Les évêques de Worms et de Brixen ont, pour justifier la déposition de Grégoire VII, accumulé de tels mensonges qu'il est impossible de se fier à leurs affirmations, si elles ne se trouvent confirmées par ailleurs [1]. On a vu d'autre part le peu de crédit qu'il faut accorder à Bonizon de Sutri. Quant à Lambert de Hersfeld, il n'est pas toujours impartial et sa sincérité a été suspectée par certains historiens modernes [2]; en tous cas son témoignage ne peut être admis sans un sérieux contrôle. Or, les éléments d'information susceptibles de permettre ce contrôle se réduisent à fort peu de chose.

Pourtant parmi les trois sources en conflit il en est une que l'on peut éliminer de suite, c'est le *Liber ad amicum*, auquel la correspondance de Grégoire VII, muette sur la confirmation royale, apporte le plus formel démenti. Le langage que Bonizon de Sutri prête au pape est en contradiction avec une bulle adressée quelques jours après l'élection, le 6 mai 1073, à Godefroy de Lorraine et dont voici le passage essentiel :

« Au sujet du roi, vous connaissez nos pensées et nos désirs. Personne, nous le disons devant Dieu, n'est plus soucieux que nous de sa gloire présente et future, personne ne la souhaite avec un plus ardent désir. Nous nous proposons, à la première occasion, de le faire entretenir par nos légats, en termes affectueux et paternels, de ce qui a trait à la prospérité de l'Église et à l'honneur de la dignité royale. S'il nous écoute, nous serons aussi heureux de son salut que du nôtre. Or il sera certainement sauvé si, en étant juste, il prouve sa docilité à nos

---

[1] Les évêques de Worms essaient notamment de jeter une honteuse suspicion sur les rapports de Grégoire VII avec la comtesse Mathilde et lui reprochent de laisser le « sénat des femmes » gouverner l'Église. A Brixen, on accuse le pape d'être devenu abbé de Saint-Paul par simonie, d'avoir empoisonné quatre pontifes, comploté la mort d'un roi « catholique et pacifique », semé partout le scandale et la discorde.

[2] Cfr *supra*, p. 36-37.

avertissements et à nos conseils. Si, au contraire, ce que nous ne souhaitons pas, il nous rend haine pour amour, s'il méprise l'honneur qu'il a reçu de Dieu, ce n'est pas sur nous que retombera, par la volonté de Dieu, la sentence [1] : *Maudit soit l'homme qui empêche son glaive de verser le sang* [2]. »

Il n'y a rien dans ces expressions, à la fois si modérées et si fermes, qui ressemble aux propos quelque peu provocateurs attribués au nouveau pape par Bonizon de Sutri. De plus, il apparaît clairement que, le 6 mai, Grégoire VII n'a pas encore écrit à Henri IV et qu'il se propose de lui adresser non pas une bulle, mais une légation pour négocier avec lui et régler les rapports du Saint-Siège avec la Germanie. C'est là un argument très sérieux contre la véracité de la version du *Liber ad amicum*. Il en est un autre, plus péremptoire encore : en rapprochant le texte en question du passage que Jean Diacre a consacré à l'avènement de Grégoire le Grand [3], on constate que Bonizon de Sutri n'a fait que reproduire la *Vita Gregorii Magni*, en l'adaptant à l'avènement de Grégoire VII, et cette transposition enlève toute valeur à son témoignage.

Restent en présence les deux versions opposées des évêques schismatiques et de Lambert de Hersfeld.

La version Worms-Brixen dispose d'un argument qui paraît d'un grand poids : si l'affirmation qu'elle contient était mensongère, Grégoire VII et ses partisans n'auraient pas manqué de protester. Or, ils ne l'ont pas fait et c'est là, pourra-t-on dire, une présomption très forte en faveur de la non-confirmation. Cependant, si l'on observe d'un peu près l'attitude du pape en 1076 et en 1080, on constate que Grégoire VII n'a discuté aucune des allégations apportées par ses adversaires et qu'il a jugé contraire à sa dignité d'entamer avec eux une discussion qui fût sans doute restée stérile. De plus, s'il avait réellement sollicité la ratification royale, n'était-il pas plus

---

[1] JÉRÉM., XLVIII, 10.

[2] GRÉGOIRE VII, *Registrum*, I, 9 (édit. CASPAR, p. 14-15 ; édit. JAFFÉ, p. 19-20 ; PL, CXLVIII, 291-292).

[3] JEAN DIACRE, *Vita S. Gregorii Magni*, I, 39-40 (PL, LXXV, 79).

habile en 1076 et surtout en 1080 de garder le silence ? Les
événements récents n'avaient-ils pas souligné la nécessité
impérieuse de raffermir encore l'indépendance de l'Église
romaine à l'égard du pouvoir temporel ? Grégoire VII, comme
on le verra plus loin, a, au début de son pontificat, épousé un
instant les idées de Pierre Damien et des réformateurs italiens
qui préconisaient une entente étroite entre le Sacerdoce et
l'Empire, mais, dès 1075, il a dû revenir de cette illusion et
songer résolument à affranchir l'Église, à tous les degrés de la
hiérarchie, de la tutelle laïque. Or l'intervention du roi dans
l'élection pontificale n'était-elle pas la manifestation la plus
éclatante de cette tutelle ? Et puisqu'on reprochait au pape
d'avoir créé un précédent révolutionnaire, ne valait-il pas mieux,
dans l'intérêt de l'Église, laisser persister un malentendu favorable en somme au but poursuivi par le Saint-Siège ? Le silence
n'était pas seulement plus digne ; il était plus diplomatique ;
aussi ne peut-on raisonnablement en faire état en faveur de
l'hypothèse de la non-confirmation.

On peut, il est vrai, invoquer un autre argument : Henri IV
étant en 1073 excommunié pour avoir gardé près de lui, contrairement au droit canon, plusieurs conseillers excommuniés
par Alexandre II [1], comment Grégoire VII eût-il pu solliciter
d'un roi révolté contre Dieu la ratification de son élection ?
Rien n'est plus vrai. On doit remarquer toutefois que la confirmation par le roi de l'élection pontificale n'implique pas nécessairement que cette élection lui ait été notifiée par le pape.
Si les deux faits se relient l'un à l'autre chez Bonizon de Sutri,
il n'en est pas ainsi dans la chronique de Lambert de Hersfeld
où, de sa propre initiative, Henri IV procède à une enquête
qui est favorable à Grégoire VII et détermine l'adhésion du
prince, sans que celle-ci ait été requise. Cette dernière version

---

[1] Dans une lettre du 15 juin 1074, adressée à l'impératrice Agnès (*Registrum*,
I, 85), Grégoire VII s'exprime en ces termes : « Filium vestrum, Heinricum
regem, communioni ecclesiae restitui » (édit. CASPAR, p. 121 ; édit. JAFFÉ, p. 106 ;
PL, CXLVIII, 357).

ne suppose, pas plus que celle de Worms-Brixen, aucune avance
de la part du pontife au roi excommunié.

Il n'y a pas, semble-t-il, d'autres indices favorables à la
version des évêques schismatiques. En revanche, on peut faire
valoir contre elle, outre son apparition tardive, de fortes objections. Tout d'abord elle se présente comme entourée de garanties
insuffisantes ; ses auteurs sont dénués de tout scrupule ; n'est-
ce pas en effet dans le camp de ces prélats antigrégoriens que
l'on a forgé une série de textes faux, à commencer par la version
dite impériale du décret de Nicolas II, qui attribue dans l'élection
pontificale un rôle prépondérant à l'empereur [1] ? D'autre part,
la même version est en contradiction avec certains textes de
tout premier ordre.

On a cité plus haut la lettre du 6 mai 1073, dans laquelle
Grégoire VII définit sa politique à l'égard de la Germanie [2].
Elle a donné lieu à des négociations où Godefroy de Lorraine
semble avoir joué un rôle. Les vues du pontife, transmises sans
doute par son intermédiaire, ont été bien accueillies et, à une
date que l'on ne peut préciser, mais antérieure au 27 septembre
1073 [3], Henri IV écrivit au pape Grégoire, « investi par le ciel
de la dignité apostolique », pour l'assurer de ses très fidèles
sentiments, pour lui exprimer sa ferme volonté de ne plus
prêter l'oreille aux insinuations perfides de mauvais conseillers,
d'être docile aux désirs du siège apostolique, de travailler à
extirper les abus trop complaisamment favorisés [4]. Cette lettre,
pleine de déférence, prouve que Henri IV, en septembre 1073,
reconnaissait Grégoire VII comme le pape légitime et qu'il ne
songeait en aucune façon à lui reprocher de s'être passé de sa
confirmation. En un mot, du 6 juin au 27 septembre, les
rapports entre Rome et la Germanie ont tendu à un rapproche-

---

[1] Cfr *La Réforme grégorienne*, t. I, p. 322-323.
[2] Cfr *supra*, p. 82-83.
[3] Sur la date, cfr MEYER VON KNONAU, *Jahrbücher*, t. II, p. 269, n. 140
et *infra*, p. 124, n. 1.
[4] GRÉGOIRE VII, *Registrum*, I, 29a (édit. CASPAR, p. 47-49 ; édit. JAFFÉ, p. 46-
48 ; PL, CXLVIII, 312-313).

ment que scelle la lettre de Henri IV « si pleine, écrivait le pape après l'avoir reçue, de douceur et d'obéissance [1]. » Se serait-on, de part et d'autre, exprimé de la sorte, si Grégoire VII avait rompu avec l'usage séculaire qui voulait que le roi de Germanie ratifiât l'élection pontificale ?

La version des évêques schismatiques doit, en conséquence, être rejetée et déjà l'on inclinerait à considérer comme plus conforme à la réalité celle de Lambert de Hersfeld.

Lambert n'a pas été ménagé par la critique moderne. Son récit des circonstances qui ont suivi l'élection du 22 avril 1073 a été contesté pour trois raisons : il est impossible que Grégoire VII ait tenu le langage que lui prête Lambert ; il est non moins impossible que Henri IV ait envoyé à Rome Eberhard de Nellenbourg, alors sous le coup de l'anathème ; la date du 2 février 1074, donnée pour la consécration de Grégoire VII, est inexacte [2].

A vrai dire, rien de tout cela n'est bien décisif. Lambert de Hersfeld n'a pas assisté à l'entrevue du pape avec les ambassadeurs de Henri IV et il n'a pu vraisemblablement interroger ceux-ci à leur retour ; il ne connaît les propos échangés que par ouï-dire et il ne les a recueillis qu'après un certain temps écoulé ; de là de sérieuses chances de déformation, mais peut-on, pour un détail sujet à caution, rejeter l'ensemble de sa narration ? De même, en ce qui concerne la composition de l'ambassade, est-il fatal que le seigneur Eberhard, qui en est le chef, soit Eberhard de Nellenbourg, alors que ce nom était fort répandu en Allemagne ? Enfin faut-il chercher des intentions de faussaire dans l'altération de la date, sous prétexte que celle du 2 février 1074 laisse plus de temps pour les négociations ? S'il suffisait d'une simple erreur chronologique pour rendre suspecte une chronique, il est bien peu d'annalistes qui résisteraient à l'examen

---

[1] GRÉGOIRE VII, *Registrum*, I, 25 (édit. CASPAR, p. 42 ; édit. JAFFÉ, p. 42 ; PL, CXLVIII, 309).

[2] On trouvera une analyse critique des diverses dissertations dont ce passage de Lambert a été l'objet, dans l'appendice déjà cité de MEYER VON KNONAU, *Jahrbücher*, t. II, p. 842. — Cfr aussi DELARC, *Saint Grégoire VII*, t. III, p. 13-14.

critique. En tous cas, on peut dire qu'à tout prendre les charges relevées contre Lambert de Hersfeld, historien un peu partial sans doute, mais animé d'un certain souci de l'exactitude, sont moins graves que celles qui pèsent sur Bonizon de Sutri ou sur les évêques schismatiques de Worms et de Brixen.

De plus, la version de Lambert de Hersfeld s'accorde beaucoup mieux avec les textes que l'on peut glaner de côté et d'autre.

Tout d'abord, Lambert note qu'Hildebrand a été désigné par les Romains sans que le roi ait été consulté, ce qui est rigoureusement exact. Il se fait ensuite l'écho des discussions qui se sont engagées à la cour de Germanie lorsqu'y parvint, par une voie qu'il ne définit pas, la nouvelle de l'élection. Or sur ce point, son témoignage reçoit encore une confirmation éclatante : dans une lettre adressée à Grégoire VII en personne, l'abbé de Saint-Arnoul de Metz, Galon, fait part au pape des tentatives de « ce diable de Grégoire de Verceil » pour empêcher l'élection d'être ratifiée [1]. Il est donc avéré qu'il y a eu autour de Henri IV un mouvement hostile à Grégoire VII. N'est-on pas fondé à supposer que Grégoire de Verceil, chancelier de Henri IV en Italie, a immédiatement rendu compte de ce qui s'était passé à Rome le 22 avril 1073 et qu'il a suggéré au roi de ne pas accorder son assentiment ?

Suit la mission à Rome d'un comte Eberhard auquel Grégoire VII ménage un accueil bienveillant, conforme aux sentiments qu'il exprime dans la lettre à Godefroy de Lorraine. Si l'on supprime le discours, il reste que le pape aurait déclaré qu'il différerait son ordination jusqu'à ce qu'il eût reçu la confirmation royale. Telle est la donnée essentielle apportée par Lambert de Hersfeld. Elle n'a paru invraisemblable qu'à ceux qui veulent à tout prix faire de Grégoire VII un intransigeant, ennemi déterminé et aveugle de la royauté germanique et en général de tout pouvoir temporel. Or une telle opinion ne tient pas : elle est infirmée par le passé d'Hildebrand aussi bien que par ses premiers actes comme pape. Loin d'être l'adversaire

---

[1] WATTERICH, *Vitae pontificum Romanorum*, t. I, p. 741.

de l'empereur, Hildebrand, sous Étienne IX comme sous Alexandre II, a toujours cherché à s'entendre avec lui[1] et l'on vient de constater, à propos des autres versions, que son action comme pape s'était, au lendemain de son avènement, exercée aussi dans le sens de la conciliation[2].

Il est un dernier fait favorable à la version de Lambert de Hersfeld. Si le chroniqueur se trompe quant à la date de la consécration, il n'en est pas moins vrai, et sur ce point tous les critiques sont d'accord, qu'il s'est écoulé plus de deux mois entre l'élection et la consécration qui eut lieu seulement le dimanche 30 juin[3]. Pourquoi ce long délai, si le pape avait voulu se passer de la confirmation royale ? En pareil cas il eût été indiqué d'aller vite, de mettre le prince en présence du fait accompli et de rendre par là plus difficile toute tentative d'opposition. Du 22 avril au 30 juin Henri IV a eu le temps d'être informé par Grégoire de Verceil, de procéder à son enquête et de signifier au même Grégoire d'avoir à le représenter à la cérémonie de la consécration.

En un mot, la version de Lambert de Hersfeld parait devoir s'imposer de préférence aux deux autres. Grégoire VII n'a pas notifié directement son élection au roi de Germanie, mais il a, sinon reçu la confirmation royale, du moins accepté à son sacre la présence d'un représentant de Henri IV, ce qui était l'équivalent d'une confirmation. Ainsi ont été saufs « l'honneur et la révérence dus au très cher fils Henri », dont parle Nicolas II quand, dans son décret de 1059, il veut fixer la part du roi dans l'élection pontificale.

II

Il n'y a pas lieu de décrire la situation de l'Église et du Saint-

---

[1] Cfr *La Réforme grégorienne*, t. I, p. 167 et suiv., 309 et suiv., 382 et suiv.
[2] Il n'y a pas lieu d'insister davantage ici sur cet aspect de la politique d'Hildebrand qui sera examiné de plus près au chapitre II.
[3] BONIZON DE SUTRI, *loc. cit.*, donne la date du 29 juin ; celle du 30 se trouve dans le *Chronicon S. Benedicti* : « 2 Kalend. Iulii, die dominico » (MGH, SS, t. III, p. 203). En 1073, le 30 juin tombe bien un dimanche.

Siège au moment où Hildebrand ceint la tiare. Il suffira de rappeler que le pontificat d'Alexandre II (1061-1073) a marqué une interruption et même un recul dans l'œuvre réformatrice accomplie par la papauté depuis Léon IX. Au lieu de persévérer dans la voie que lui avaient tracée Étienne IX et Nicolas II, au lieu d'affirmer et de maintenir l'indépendance du Saint-Siège à l'égard du pouvoir temporel, le prédécesseur immédiat de Grégoire VII s'est laissé dominer par la royauté germanique ; il a humblement sollicité l'arbitrage de la cour impériale pour mettre fin au schisme qui avait accompagné son avènement ; il n'a pas su davantage conserver à l'Église romaine les alliances que lui avait ménagées la sagesse avisée de Nicolas II ; trop souvent aussi, pour être agréable à Henri IV et à son entourage, il a fermé les yeux sur des trafics occultes auxquels a donné lieu la nomination des évêques. Réaction césaropapiste, retour offensif des anciens abus, du nicolaïsme aussi bien que de la simonie, tel est le bilan de ces douze années de pontificat qui ont compromis les réformes ébauchées sous Nicolas II [1].

Pourtant, malgré les faiblesses de la politique du Saint-Siège, un gage d'avenir subsiste : le programme réformateur n'a cessé de se préciser et de se définir ; les vieilles méthodes italiennes et lorraines ont provoqué, au cours des vingt dernières années, des discussions ardentes et, si elles s'opposent sur certains points, du moins s'accordent-elles pour souligner la valeur de l'autorité apostolique, seule capable de mettre fin aux maux qui désolent l'Église. Hildebrand bénéficie d'une expérience théorique et pratique qui manquait à Léon IX, lorsqu'il voulut inaugurer l'action réformatrice de la papauté. Il doit à Pierre Damien, plus encore au cardinal Humbert et à Nicolas II, la plus large part des idées qu'il va faire prévaloir dans le gouvernement de l'Église et de la chrétienté. Ces idées il s'agit de les coordonner en une puissante synthèse, d'en formuler hardiment les conséquences extrêmes, de les traduire en actes, de briser les résistances très vives que suscitera

---

[1] Cfr La Réforme grégorienne, t. I, chapitre VII, p. 341-366.

probablement leur application. Hildebrand est de taille à mener
à bien cette lourde tâche. Sa prodigieuse personnalité, dont il
faut maintenant dégager les traits distinctifs, domine toute
l'histoire religieuse et politique de la fin du XIe siècle.

C'est à Grégoire VII lui-même qu'il faut demander les
éléments de son portrait, puisqu'on a l'heureuse chance
d'avoir conservé de lui un grand nombre de lettres intimes
qui sont comme le reflet fidèle de son âme [1]. L'examen
minutieux et attentif de ces lettres conduit à rectifier certains
jugements qui ont le tort d'être trop exclusivement fondés
sur les appréciations tendancieuses de ses apologistes ou de
ses ennemis [2]. Il est regrettable qu'en dehors des polémistes
et des panégyristes, personne n'ait tracé le portrait de Grégoire VII, qu'on chercherait vainement chez les chroniqueurs.
Il ne semble pas toutefois que l'attitude prise par le pape au
cours des grands événements qui se sont déroulés pendant
son pontificat vienne infirmer les conclusions qu'autorisent
ses lettres confidentielles à des amis tels que la comtesse
Mathilde, Hugues de Cluny, Herman de Metz.

Le trait dominant du caractère d'Hildebrand, c'est une foi
ardente, illuminée par une piété toute mystique. Nul n'a pu
revendiquer plus justement que lui le titre de « serviteur des
serviteurs de Dieu », dont la diplomatique pontificale fait suivre
le nom des papes. Comme Pierre Damien, comme Léon IX,
Grégoire VII a pris place parmi les saints de l'Église et tous

---

[1] Cfr supra, p. 29 et suiv.

[2] Nous avons déjà montré (La Réforme grégorienne, t. I, p. 368-370) le peu
de cas qu'il fallait faire des renseignements transmis sur Hildebrand soit par
Bonizon de Sutri, soit par les polémistes du parti henricien, tels que Benzon
d'Albe, Guy de Ferrare et le cardinal Benon. Aussi ne croyons-nous pas pouvoir
affirmer avec Hauck (Kirchengeschichte Deutschlands, 4e édit., t. III, Leipzig,
1920, p. 755 et suiv.) que Grégoire VII était laid, parce que Benzon d'Albe
(Ad Heinricum, VI, 2, dans MGH, SS, t. XI, p. 659) l'a représenté comme étant
un être repoussant, « un monstre que l'union des sexes n'avait pu concevoir »,
ni qu'il avait des goûts belliqueux, parce que Guy de Ferrare (De scismate
Hildebrandi, II; Libelli de lite, t. I, p. 554) lui a reproché d'avoir pris part à
des expéditions militaires, sur lesquelles il ne donne d'ailleurs aucun détail
précis.

les historiens s'accordent à reconnaître qu'un tel hommage lui était dû.

Chrétien et croyant, Hildebrand aperçoit en toutes choses la main de Dieu. « Ce n'est pas à l'homme, s'écrie-t-il avec le psalmiste [1], de décider quelle voie il suivra, mais il lui faut se conformer aux plans de celui qui dirige ses pas [2]. » D'autres paroles de l'Écriture, qui rappellent la dépendance de la créature par rapport à son créateur, reviennent également sous sa plume : aux évêques français il cite ce passage des Proverbes [3] : *Celui qui craint l'homme tombera aussitôt et celui qui espère en Dieu sera élevé* [4]. Aux princes espagnols il commente ces autres sentences : *Les rois règnent par moi ;* [5] *Puisque le pouvoir vous a été donné par Dieu et la force par le Très-Haut qui vous interrogera sur vos œuvres et scrutera vos pensées* [6], pour conclure que c'est en Dieu qu'il faut amasser les richesses des bonnes œuvres, construire sur des bases solides, posséder une nature meilleure et impeccable, afin de parvenir à la vie éternelle [7].

Livré à lui-même, l'homme ne peut rien ; il n'agit qu'en fonction de la volonté divine, tel est le principe tout surnaturel qui inspire les moindres actes de la politique et du gouvernement de Grégoire VII. Rien n'arrive en ce monde sans la permission de Dieu, auquel il faut reporter la source de tout acte bon et juste. En 1076, le roi de Mauritanie, Anazir, a fait un choix très heureux pour l'épiscopat ; le pape l'en félicite aussitôt, mais il s'empresse d'ajouter :

« C'est Dieu, créateur de toutes choses, qui vous a inspiré ; sans lui nous ne pouvons rien faire, ni rien penser qui soit bon ; c'est donc le

---

[1] *Ps.* XXXVI, 23.

[2] GRÉGOIRE VII, *Registrum,*.I, 39 (édit. CASPAR, p. 61 ; édit. JAFFÉ, p. 57 ; PL, CXLVIII, 320).

[3] *Prov.,* XXIX, 25.

[4] GRÉGOIRE VII, *Registrum,* II, 5 (édit. CASPAR, p. 133 ; édit. JAFFÉ, p. 117 ; PL, CXLVIII, 365).

[5] *Prov.,* VIII, 15.

[6] *Sap.,* VI, 4.

[7] GRÉGOIRE VII, *Registrum,* IV, 28 (édit. CASPAR, p. 345 ; édit. JAFFÉ, p. 285 ; PL, CXLVIII, 485).

Dieu, qui illumine tout homme venant en ce monde, qui a suggéré à votre âme cette pieuse intention [1]. »

Aussi est-ce en Dieu qu'il faut placer tout espoir de salut en ce monde et dans l'autre ; « sans la miséricorde du Christ », le succès est impossible [2].

On pourrait multiplier les exemples. La pensée de Dieu, souverain juge et souverain dispensateur, se retrouve non seulement dans les formules de la diplomatique pontificale, mais dans les exhortations et les conseils prodigués par Grégoire VII aux évêques, clercs, moines, rois, princes, seigneurs. Comme Pierre Damien, Hildebrand est hanté par la vision du jugement et de l'éternité, par la pensée qu'il devra rendre compte à Dieu de ses moindres actes. Aussi bien, persuadé qu'il ne peut rien sans l'aide de Dieu, il sollicite à tout instant le secours d'En-Haut. La foi, chez lui, détermine une piété très vive qui s'épanche surtout dans sa correspondance avec la comtesse Mathilde ou avec l'abbé Hugues de Cluny, que l'on peut considérer comme les plus intimes confidents de ses pensées.

Dans ses lettres à la comtesse Mathilde, Grégoire VII se révèle comme le plus averti et le plus délicat des directeurs de conscience. L'une d'elles est un traité de la vie chrétienne [3] : le pape recommande à la princesse qui avait sollicité quelques conseils de vie spirituelle, la dévotion au Christ, présent sous les espèces eucharistiques ; il lui rappelle la parole de saint Ambroise : « Moi qui pèche toujours, je dois avoir un remède sous la main [4], » et s'en autorise pour insister sur la nécessité de recevoir fréquemment le Créateur. Contrairement à l'opinion des Grecs qui voudraient se contenter d'une communion

---

[1] GRÉGOIRE VII, *Registrum*, III, 21 (édit. CASPAR, p. 288 ; édit. JAFFÉ, p. 236 ; PL, CXLVIII, 450-451).
[2] *Ibid.*, II, 49 (édit. CASPAR, p. 189 ; édit. JAFFÉ, p. 164 ; PL, CXLVIII, 400). Cfr aussi III, 15, d'avril 1076, à Guifred de Milan : « Sed quia in potentia divinae virtutis magis quam in homine fidem, spem et omnes cogitatus nostros collocavimus... » (édit. CASPAR, p. 277 ; édit. JAFFÉ, p. 229 ; PL, CXLVIII, 446).
[3] *Ibid.*, I, 47 (édit. CASPAR, p. 71-73 ; édit. JAFFÉ, p. 65-68 ; PL, CXLVIII, 326-328).
[4] SAINT AMBROISE, *De sacramentis*, IV, 6, 28 (PL, XVI, 446).

annuelle, il recommande la communion quotidienne, car l'Eucharistie lui apparaît comme la nourriture et l'aliment de l'âme. « Mangez chaque jour, conclut-il avec le docteur [1], le pain qui vous est utile chaque jour et vivez de telle sorte que vous soyez digne de le recevoir chaque jour [2]. »

Avec la communion fréquente le meilleur soutien de la foi est, selon Grégoire VII, la dévotion à la Vierge. On lit dans la même lettre :

« Au sujet de la mère de Dieu à laquelle je vous ai particulièrement confiée, à laquelle je vous confie encore et ne cesserai de vous confier jusqu'à ce que nous ayons le bonheur de la voir, comme nous le souhaitons, que vous dire de celle que le ciel et la terre ne cessent de louer, quoiqu'ils ne puissent élever leurs louanges aussi haut qu'elle le mérite ? Sachez seulement que, si elle est meilleure et plus sainte que toute mère, elle est encore plus clémente et plus douce envers les pécheurs et les pécheresses qui se tournent vers elle. Prenez donc la résolution de ne plus pécher et, prosternée devant elle, pleurez à ses pieds d'un cœur contrit et humilié ! Vous la trouverez, je n'en doute pas, plus prompte à vous exaucer que votre mère selon la chair et plus douce dans son amour [3]. »

Dans une autre lettre, adressée à la reine Adélaïde de Hongrie, Grégoire VII recommande également la dévotion à la Vierge « élevée au-dessus de tous les chœurs des anges, honneur et gloire de toutes les femmes, salut et noblesse de tous les élus, qui seule a mérité d'être à la fois vierge et mère, de nourrir selon la nature un Dieu et un homme [4]. »

Le programme de vie chrétienne que Grégoire VII trace à la comtesse Mathilde et à la reine Adelaïde est l'expression de sa propre piété. On sent, à travers toute sa correspondance, un besoin invincible de s'élever vers Dieu pour solliciter son appui. Sa foi, sereine et confiante, lui impose d'avoir recours à

[1] SAINT AMBROISE, *De sacramentis*, V, 4, 25 (PL, XVI, 452).
[2] GRÉGOIRE VII, *Registrum*, I, 47 (édit. CASPAR, p. 72; édit. JAFFÉ, p. 66; PL, CXLVIII, 327).
[3] *Ibid.*, I, 47 (édit. CASPAR, p. 73; édit. JAFFÉ, p. 67-68; PL, CXLVIII, 328).
[4] GRÉGOIRE VII, *Registrum*, VIII, 22 (édit. CASPAR, p. 564-565; édit. JAFFÉ, p. 467; PL, CXLVIII, 602).

la prière. Rien de plus significatif à cet égard que ses lettres à
l'abbé de Cluny, Hugues, auquel il demande de l'aider à obtenir
de Dieu l'assistance nécessaire :

« Moi, pauvre infirme, lui écrit-il le 9 mars 1074, je dois supporter,
dans ces temps si durs, le poids, si lourd pour les forces de mon âme
et de mon corps, de toutes les affaires spirituelles et temporelles;
courbé sous ce fardeau, j'éprouve chaque jour plus de crainte, car je
sais que je ne puis compter sur aucun concours, sur aucune aide parmi
les hommes du siècle. Je vous supplie donc, au nom du Dieu tout
puissant, de faire prier vos moines pour moi; si je n'obtiens, par leur
intervention et par celle des autres fidèles, l'appui divin, je ne pourrai
éviter les écueils qui se dressent devant moi, et ce qui est plus grave,
devant l'Église [1]. »

L'année suivante, le 22 janvier 1075, le pape est encore
plus pressant :

« Si cela était possible, je voudrais vous faire sentir toutes les angoisses
qui assiègent mon âme, car je suis tous les jours fatigué et bouleversé
par des travaux plus considérables. Votre amour fraternel vous pousse-
rait alors à demander à Dieu que le tout puissant Seigneur Jésus
voulût bien tendre la main au malheureux que je suis et le délivrer
de ses peines. Voilà longtemps que je le sollicite de m'enlever la vie
ou de me rendre utile à notre mère, la sainte Église. Et pourtant il
ne m'a pas arraché à mes affections et ne m'a pas non plus permis
de prodiguer à l'Église autant de services que je l'aurais souhaité...
Aussi, ballottée tous les jours entre ces douleurs et ces espérances qui
tardent trop à se réaliser, ma vie n'est à vrai dire qu'une mort continuelle. J'attends le Christ qui m'a chargé de ses chaînes et conduit
à Rome contre ma volonté. Que de fois lui ai-je dit : venez, ne différez
pas, sauvez-moi au nom de l'amour de la bienheureuse Marie et de
saint Pierre. Mais, comme la prière d'un pécheur ne saurait avoir
de crédit, je vous demande et vous adjure de faire intercéder pour moi
auprès de Dieu ceux qui par leurs vertus méritent d'être exaucés [2]. »

Le 7 mai 1078, Grégoire VII invoque encore l'appui des
moines de Cluny, afin que Dieu dirige son âme suivant sa

---

[1] GRÉGOIRE VII, *Registrum*, I, 62 (édit. CASPAR, p. 91 ; édit. JAFFÉ, p. 81-82;
PL, CXLVIII, 338).

[2] *Ibid.*, II, 49 (édit. CASPAR, p. 189-190; édit. JAFFÉ, p. 163-164; PL, CXLVIII,
400).

volonté et l'amène tranquillement « au port de sa piété ». [1] Dieu seul n'est-il pas susceptible de faire jaillir en son esprit les lumières indispensables à l'accomplissement de sa mission [2] ?

La prière n'est pas pour Grégoire VII l'unique expression de la foi et de la piété. A ses yeux elle ne peut être efficace que si elle s'accompagne d'un effort persévérant vers la divine perfection. « Je meurs en moi, confie-t-il à Hugues de Cluny en 1078, mais je vis en Jésus [3]. » Le souci constant de ce moine, parvenu à la plus haute dignité de l'Église, c'est d'imiter le Christ en pratiquant et en faisant pratiquer les vertus chrétiennes :

« Soyez, écrit-il en 1073 aux clercs carthaginois, les imitateurs de celui qui n'a pas craint pour vous d'affronter les ignominies de la croix et qui, pour vos péchés, a subi en compagnie de larrons les pires tourments... Renoncez à la malice, au mensonge, à l'envie et aux autres péchés, nous vous le demandons avec une charité fraternelle. Si les Sarrasins vous causent quelque dommage, n'ayez crainte, mais réjouissez-vous chaque fois que vous souffrirez pour Jésus-Christ, afin que vous exultiez aussi le jour où il apparaîtra dans sa gloire. Évitez, comme

---

[1] *Ibid.*, V, 21 (édit. Caspar, p. 384-385 ; édit. Jaffé, p. 317-318 ; PL, CXLVIII, 506-507).

[2] On pourrait citer beaucoup d'autres lettres qui attestent la foi de Grégoire VII en l'efficacité de la prière. Cfr notamment : *Registrum*, I, 8, du 30 avril 1073, au légat Hubert et au diacre Albert : « De cetero vos monemus ut in locis venerabilibus, ad quos veneritis, orationes pro me fieri obsecretis, quatenus omnipotens Deus, qui desiderium meum nunquam ad honorem istum anhelasse cognoscit, ad ferendum tam grave onus, quod impositum eius timore recusare non audebam, omnes facultates infirmitati meae pius impendat » (édit. Caspar, p. 13 ; édit. Jaffé, p. 18 ; PL, CXLVIII, 290) ; — I, 9, du 6 mai 1073, à Godefroy le Bossu, duc de Basse-Lorraine : « In tantum quippe commissi nobis officii consideratio nos sollicitat ut, nisi in orationibus spiritualium hominum post Deum aliqua fiducia nos sustentaret, curarum immensitate mens nostra succumberet » (édit. Caspar, p. 14 ; édit. Jaffé, p. 19 ; PL, CXLVIII, 291) ; — I, 53, du 14 mars 1074, à Herman, évêque de Metz : « Grave enim pondus gerendum suscepimus et, nisi vestris et totius christianitatis fidelium orationibus fulciamur, ferre nullatenus possumus » (édit. Caspar, p. 80 ; édit. Jaffé, p. 73 ; PL, CXLVIII, 332) ; — I, 85, du 15 juin 1074, à l'impératrice Agnès : « Licet orationes nostras nostra Deo parum commendent merita, suffragante tamen pietate Petri, cujus servi sumus, eas in conspectu Domini non omnino vacuas esse confidimus » (édit. Caspar, p. 122 ; édit. Jaffé, p. 107 ; PL, CXLVIII, 358).

[3] Grégoire VII, *Registrum*, V, 21 (édit. Caspar, p. 385 ; édit. Jaffé, p. 318 ; PL, CXLVIII, 506).

un poison, rixes et discordes. Disciples de l'humilité, revêtez cette humilité [1]. »

Imiter le Christ, c'est donc pratiquer les vertus qu'il a enseignées et dont il a lui-même donné l'exemple. De ces vertus les deux premières sont, ainsi qu'il résulte de la lettre aux Carthaginois, l'humilité et la résignation aux souffrances.

Grégoire VII, si orgueilleux et si fier quand il s'agit des intérêts de l'Église, est, en ce qui le concerne personnellement, d'une modestie à toute épreuve. Dans ses lettres intimes, il s'excuse de son indignité en des termes qui ne sentent ni l'affectation ni la convention. Au lendemain de son avènement, après avoir fait à Didier du Mont-Cassin le récit de son élection, rappelé plus haut, il conclut :

« C'est de force qu'ils m'ont élevé à ce gouvernement apostolique, beaucoup trop lourd pour mes épaules. Je puis dire avec le prophète : *Je suis venu dans la haute mer et la tempête m'a submergé ; j'ai crié avec effort et ma gorge est devenue rauque et desséchée* [2], ou bien : *La crainte et le tremblement m'ont envahi ; les ténèbres m'ont entouré* [3]... Au nom du Dieu tout puissant, je vous demande d'inviter charitablement les frères et les fils que vous élevez dans le Seigneur à prier Dieu pour moi, afin que la prière, qui aurait dû m'épargner de pareilles épreuves, me soutienne du moins, lorsque je lutte contre elles [4]. »

En 1074, s'adressant à Herman de Metz, il lui fait cet aveu où la confiance en Dieu se mêle à son propre découragement :

« Nous sommes courbés sous le poids d'un fardeau bien lourd; sans vos prières, sans celles de tous les fidèles de la chrétienté nous ne pourrions le supporter [5]. »

En 1076, lorsqu'il excommunie Henri IV, rebelle au Saint-

---

[1] GRÉGOIRE VII, *Registrum*, I, 22 (édit. CASPAR, p. 37-38; édit. JAFFÉ, p. 38; PL, CXLVIII, 305-306). Dans la lettre suivante adressée à Cyriaque de Carthage (*Registrum*, I, 23, dans édit. CASPAR, p. 39-40; édit. JAFFÉ, p. 39-41; PL, CXLVIII, 307-308), Grégoire VII félicite cet évêque d'avoir supporté le supplice du fouet et d'autres tourments sans renier sa foi.
[2] *Ps.* LXVIII, 3-4.
[3] *Ps.* LIV, 6.
[4] GRÉGOIRE VII, *Registrum*, I, 1 (édit. CASPAR, p. 3-4; édit. JAFFÉ, p. 11; PL, CXLVIII, 285). Voir plus haut, p. 71-72.
[5] *Ibid.*, I, 53 (édit. CASPAR, p. 81; édit. JAFFÉ, p. 73; PL, CXLVIII, 332).

Siège, avec un accent de réelle sincérité, il jure devant saint Pierre qu'il n'a jamais sollicité la dignité qui lui est échue :

« Saint Pierre, prince des apôtres, s'écrie-t-il, prêtez-moi, je vous prie, une pieuse attention; écoutez votre serviteur que vous avez nourri dès son enfance, que jusqu'à ce jour vous avez arraché à la main des hommes impies qui l'ont haï et le haïssent encore pour sa fidélité envers vous. Vous m'êtes témoin, ainsi que la mère de Dieu et votre frère, le bienheureux Paul, que la sainte Église romaine m'a contraint malgré moi de la gouverner et que je n'ai rien fait pour monter sur votre chaire; certes j'aurais préféré terminer ma vie en pélerinage plutôt que de prendre votre place avec des préoccupations de gloire mondaine et terrestre [1]. »

Même ton dans la lettre déjà citée de 1078, à Hugues de Cluny auquel le pape ne cache pas qu'il est assailli par des tourments de toute sorte, qu'il a grand besoin des secours de Dieu qui a attribué une trop haute mission au plus humble des pécheurs [2].

Il est permis d'affirmer que Grégoire VII a imité avec un pieux acharnement le modèle divin qu'il a sans cesse sous les yeux, comme l'indique cette lettre à Alphonse VI, roi de Castille, magnifique synthèse de son programme de vie intérieure :

« Moins nous sommes entraînés par l'orgueil, plus nous allons sûrement vers le vrai bien. L'exemple de Jésus-Christ, notre Seigneur et notre Sauveur, est là pour nous le prouver avec évidence : avec une pieuse humilité il a refusé le royaume qui lui était offert par les hommes et n'a pas voulu exercer sous leurs yeux l'apparence d'un pouvoir terrestre, lui qui est venu en ce monde pour nous conduire au royaume céleste. Nous vous conseillons, très cher fils, de vous pénétrer de ces pensées avec un fidèle empressement et de faire preuve de la plus parfaite humilité envers celui qui vous a élevé [3]. »

---

[1] GRÉGOIRE VII, *Registrum*, III, 10a (édit. CASPAR, p. 270; édit. JAFFÉ, p. 223-224; PL, CXLVIII, 790).

[2] *Ibid*, V, 21 (édit. CASPAR, p. 384-385; édit. JAFFÉ, p. 317-318; PL, CXLVIII, 506-507).

[3] *Ibid.*, VII, 6 (édit. CASPAR, p. 466-467; édit. JAFFÉ, p. 386-387; PL, CXLVIII, 550). A cette bulle et à celles qui ont été citées dans les notes précédentes on peut encore ajouter : *Registrum*, I, 9, du 6 mai 1073, à Godefroy de Lorraine : « Sentimus quantum nos suscepti honoris sarcina gravat; sub quibus, dum nostrae infirmitatis conscientia tremit, anima nostra in Christo potius dissolu-

7

L'humilité s'accompagne chez Grégoire VII d'une résignation toute chrétienne. S'il se plaint parfois de ce que le fardeau
de la papauté soit lourd pour ses épaules, il accepte la souffrance
avec courage ; pour Dieu, pour le Christ, pour l'Église il est
disposé, s'il le faut, à affronter la mort qui lui ouvrira les portes
de l'éternité. « Prêtre, serviteur du prince des apôtres contre
la volonté et le conseil des Romains, confiant en la miséricorde
du Dieu tout puissant et en votre foi catholique, je viens à vous,
écrit-il à la fin de 1076 aux évêques et aux seigneurs de Germanie, prêt à subir la mort pour la gloire de Dieu et le salut de
vos âmes, comme le Christ lui-même. C'est par de nombreuses
souffrances que nous devons, en vertu de notre fonction même,
parvenir au royaume de Dieu [1]. »

Souffrir pour le Christ, tel est l'idéal de Grégoire VII. Il
peut s'appliquer à lui-même les paroles par lesquelles, en
1075, il console la reine de Hongrie, Judith, dont les armes
n'avaient pas été heureuses :

« Vous savez, lui dit-il, que je prends une part très vive aux tribula-
tions et aux difficultés qui vous assaillent ; j'implore souvent et avec
instance la divine bonté, afin qu'elle vous accorde repos et joie, et,
si jamais le lieu ou l'occasion s'en présente, je désire vous aider aussi
de mes secours temporels. Que votre âme généreuse ne se laisse pas

---

tionis requiem quam in tantis periculis vitam cupit » (édit. CASPAR, p. 14 ;
édit. JAFFÉ, p. 19 ; PL, CXLVIII, 291) ; — I, 39, du 20 décembre 1073, aux
évêques saxons : « Testis enim mihi est conscientia mea quam imparem me
tanto ponderi iudicaverim et quanta sollicitudine nomen apostolicae dignitatis
evitare concupiverim » (édit. CASPAR, p. 61 ; édit. JAFFÉ, p. 57 ; PL, CXLVIII,
320) ; — I, 62, du 19 mars 1074, à Hugues de Cluny : « Portamus enim, quamquam infirmi, quamquam extra vires ingenii et corporis, soli tamen portamus
in hoc gravissimo tempore non solum spiritualium, sed et saecularium ingens
pondus negotiorum » (édit. CASPAR, p. 91 ; édit. JAFFÉ, p. 81 ; PL, CXLVIII,
338) ; — I, 77, du 15 avril 1074, à Béatrix et à Mathilde : « Nos quidem qui
peccatores sumus » (édit. CASPAR, p. 109 ; édit. JAFFÉ, p. 96 ; PL, CXLVIII,
349) ; — II, 49, du 22 janvier 1075, à Hugues de Cluny : « Ad me ipsum cum
redeo, ita me gravatum propriae actionis pondere invenio, ut nulla remaneat
spes salutis nisi de sola misericordia Christi » (édit. CASPAR, p. 189 ; édit. JAFFÉ,
p. 164 ; PL, CXLVIII, 400) ; — JAFFÉ-WATTENBACH, 5271, de 1084, à tous
les fidèles de la chrétienté : « Ex quo enim dispositione divina mater ecclesia
in trono apostolico me valde indignum et Deo teste invitum collocavit » (édit.
JAFFÉ, p. 574 ; PL, CXLVIII, 709).

[1] JAFFÉ-WATTENBACH, 5014 (édit. JAFFÉ, p. 544 ; PL, CXLVIII, 677).

effrayer ni déprimer par l'adversité ! Si un chagrin ou un ennui vous pèse, ayez un visage et une attitude dignes de la fermeté royale. Supportez avec patience et avec courage les peines que Dieu vous envoie, ayez confiance en votre Sauveur. Dieu pense à vous et n'abandonne jamais ceux qui espèrent en lui ; plus il aura dompté votre âme par le fouet des soucis, plus il vous prodiguera ses prochaines et fécondes consolations, car il n'ordonne rien sans cause et ne permet rien sans raison, lui qui est l'arbitre, le modérateur des rois et des empereurs [1]. »

On retrouve les mêmes pensées dans une lettre à l'archevêque de Cologne, Annon, inquiet des conséquences que pourrait avoir l'application des décrets réformateurs :

« Que si, alors que vous poursuivez votre œuvre avec fidélité et fermeté, vous vous trouvez en butte à la tribulation et à la persécution, tournez vos regards vers celui qui a dit [2] : *Ayez confiance : j'ai vaincu le monde* [3]. »

Humble et résigné, Grégoire VII est bon et charitable. « Toute la foi, a-t-il écrit, est contenue en ces deux mots, humilité et amour [4]. » Le Dieu tout-puissant, dit-il encore, a résumé toute sa loi dans le précepte de la charité [5]. » Dans une encyclique du 25 juillet 1076, il interprète ainsi cette doctrine : « Le devoir de notre charge est d'aimer les hommes, tout en détestant leurs vices, de haïr l'impiété, mais jamais les personnes [6]. » Pendant tout son pontificat Grégoire VII se conformera à ce programme : dans sa lutte avec Henri IV il n'oubliera jamais les droits de la miséricorde ; à Canossa, il se laissera attendrir par les humbles prières du roi de Germanie et, en lui accordant son pardon, commettra peut-être une faute diplomatique. A l'image de Pierre Damien, il veut, par son propre exemple, donner plus de poids à ses exhortations aux fidèles et surtout

---

[1] GRÉGOIRE VII, *Registrum*, II, 44 (édit. CASPAR, p. 181 ; édit. JAFFÉ, p. 157-158 ; PL, CXLVIII, 395).

[2] JEAN, XVI, 33.

[3] GRÉGOIRE VII, *Registrum*, II, 67 (édit. CASPAR, p. 224 ; édit. JAFFÉ, p. 188 ; PL, CXLVIII, 418).

[4] *Ibid.*, I, 71 (édit. CASPAR, p. 103 ; édit. JAFFÉ, p. 91 ; PL, CXLVIII, 345).

[5] *Ibid.*, II, 37 (édit. CASPAR, p. 173 ; édit. JAFFÉ, p. 151 ; PL, CXLVIII, 390).

[6] *Ibid.*, IV, 1 (édit. CASPAR, p. 290 ; édit. JAFFÉ, p. 239 ; PL, CXLVIII, 452).

aux princes, persuadé que la pratique de la vertu de charité
s'impose plus spécialement à ceux qui sont haut placés et
« dont l'amour et la haine rejaillissent sur un grand nombre
d'hommes [1] », davantage encore au pape, représentant de ce
Christ que la charité a contraint à « venir du ciel sur la terre
pour remédier à notre misère [2]. »

La charité n'est pas seulement le plus sacré parmi les préceptes divins; elle est encore la vertu sociale par excellence,
car elle engendre la paix et la concorde entre les princes chrétiens :

« Ce que nous désirons, écrit le pape en 1075 au roi de Germanie,
c'est la paix qui est dans le Christ, paix non seulement avec vous que
Dieu a placé dans la plus haute des situations, mais avec tous les
hommes; ce que nous souhaitons de tout notre cœur et de toute notre
âme, c'est la reconnaissance des droits de chacun [3]. »

La paix chrétienne relève donc tout à la fois de la charité

---

[1] GRÉGOIRE VII, *Registrum*, II, 70 (édit. CASPAR, p. 230; édit. JAFFÉ, p. 192;
PL, CXLVIII, 421).

[2] *Ibid.*, I, 50 (édit. CASPAR, p. 77; édit. JAFFÉ, p. 70; PL, CXLVIII, 330). —
Cfr encore *Registrum*, II, 31, du 7 décembre 1074, à Henri IV : « Si Deus
modo aliquo suae pietatis concederet ut mens mea tibi pateret, indubitanter
scio, sua largiente gratia, nullus te a mea sincera dilectione posset separare.
Attamen de illius confido misericordia, quia quandoque clarebit, quod te
sincera caritate diligam... » (édit. CASPAR, p. 165; édit. JAFFÉ, p. 144; PL,
CXLVIII, 385); — III, 20, de 1076, au clergé et au peuple de Bougie, où le
pape commente la parole du Christ (JEAN, XV, 12-13) : « *Diligite vos invicem* »
(édit. CASPAR, p. 287; édit. JAFFÉ, p. 236; PL, CXLVIII, 450); — IV, 3, du
3 septembre 1076, aux Allemands : « Monemus vos.... ut.... circa eum (Heinricum IV) non tantum iustitiam quae illum regnare prohibet, sed misericordiam,
quae multa delet scelera, ostendatis » (édit. CASPAR, p. 298; édit. JAFFÉ, p. 245-
246; PL, CXLVIII, 457); — VI, 17, du 2 janvier 1079, à Hugues de Cluny :
« Quod si nostra exhortatio apud te parum valuit et apostolicae sedis preceptum
obedientiam in te ut decet non invenit, cur gemitus pauperum, lacrimae vidua-
rum, devastatio ecclesiarum, clamor orfanorum, doloi et murmur sacerdotum
et monachorum te non terruerunt, ut illud quod apostolus dicit non post-
poneres videlicet : *Caritas non quae sua sunt quaerit* (I *Cor*, XIII, 5), et illud
in corde, ut soles, haberes : *Qui diligit proximum, legem implevit* (*Rom.*, XIII, 8) ? »
(édit. CASPAR, p. 423-424; édit. JAFFÉ, p. 351; PL, CXLVIII, 527).

[3] *Ibid.*, III, 7 (édit. CASPAR, p. 257; édit. JAFFÉ, p. 212-213; PL, CXLVIII,
435). Cfr P. RICHARD HAMMLER, *Gregors VII Stellung zu Frieden und Krieg
im Rahmen seiner Gesamtanschauung*, Diss. Greifswald, 1912, p. 14 et suiv.,
où l'on trouvera un grand nombre d'autres textes.

et de la justice [1]. Grégoire VII a travaillé à l'avènement de l'une et de l'autre [2]. S'il prêche aux princes temporels la nécessité de la miséricorde, il entend aussi leur faire respecter les « droits » de tous, clercs ou laïques. Vicaire du Christ, il est tenu de défendre la liberté de l'Église, de frapper les rebelles et les impies qui vont à l'encontre des lois de la justice divine. Quelques mois après son avènement, il écrit à Guillaume le Conquérant :

« La sainte Église romaine, que nous gouvernons malgré notre indignité et contre notre volonté, est chaque jour en butte à la persécution, aux embûches et à l'opposition perfide des hypocrites, tandis qu'elle est tiraillée en tous sens soit secrètement, soit au grand jour, par les pouvoirs laïques. Nous opposer à toutes ces tentatives..., tel est notre devoir et notre continuel souci [3]. »

En d'autres termes, le pape entend barrer la route à ceux qui font obstacle au règne de Dieu et qui cherchent à entraîner leurs frères hors des voies du salut. Lorsque au concile de Rome, en 1078, il annonce aux évêques allemands qu'il va envoyer des légats dans leur pays, il leur prescrit d'aider ses représentants à rétablir la concorde et de favoriser le parti qui a pour lui la justice, afin que celle-ci retrouve dans la paix son ancienne vigueur [4]. L'année suivante, une lettre aux fidèles de la Germanie trahit les mêmes préoccupations :

« Avec la grâce de Dieu j'ai jusqu'ici résisté à tous et ne me suis laissé guider que par la justice et par l'équité... Sachez bien qu'avec

---

[1] Cfr HEINRICH KRÜGER, *Was versteht Gregor VII unter « Iustitia » und wie wendet er diesen Begriff im einzelnen praktisch an?* Diss. Greifswald, 1910.

[2] HAUCK (*Kirchengeschichte Deutschlands*, t. III, p. 757), reconnaît que Grégoire VII avait le sentiment de la justice, mais il ajoute aussitôt que le pape se faisait illusion et que le règne du droit, tel qu'il l'envisageait, n'en était au fond que la destruction ; le pape aurait été à l'encontre du droit établi des états et des peuples. Il resterait à prouver que ce « droit établi » était moralement supérieur à celui qu'a conçu Grégoire VII et dont il a poursuivi la réalisation.

[3] GRÉGOIRE VII, *Registrum*, I, 70 (édit. CASPAR, p. 102 ; édit. JAFFÉ, p. 90 ; PL, CXLVIII, 345).

[4] *Ibid.*, V, 14a (édit. CASPAR, p. 370 ; édit. JAFFÉ, p. 306-307 ; PL, CXLVIII, 797).

l'aide de Dieu aucun homme n'a jamais pu et ne pourra jamais me détourner du droit chemin [1]. »

A la fin de sa vie, exilé, plongé dans la plus sombre détresse, il pourra se féliciter, dans une encyclique solennelle, d'avoir défendu le droit contre les entreprises des hommes du siècle et les assauts répétés des rois et des seigneurs [2].

Foi profonde, piété ardente, sentiment de sa propre indignité et confiance en Dieu, humilité qui n'exclut pas la fierté qu'il éprouve à défendre l'Église, charité, bonté, miséricorde, amour de la paix et passion de la justice, tels sont les traits principaux du caractère de Grégoire VII [3]. Il faut y joindre un sentiment très profond de ses devoirs de pape et de sa responsabilité devant Dieu.

« Nous avons reçu la mission d'évangéliser les hommes, s'écrie le saint pontife dans sa lettre du 14 mars 1074 à Herman de Metz. Malheur à nous si nous n'évangélisons pas [4] ! » Quelques semaines plus tôt il écrivait aux évêques saxons : « Je suis accablé par la crainte que le juge suprême ne me reproche ma négligence dans les devoirs de ma charge [5]. » On lit encore au début d'une lettre à Henri IV (8 janvier 1076) : « Je songe avec inquiétude aux comptes qu'il me faudra rendre au juge

---

[1] GRÉGOIRE VII, *Registrum*, VII, 3 (édit. CASPAR, p. 462-463 ; édit. JAFFÉ, p. 383 ; PL, CXLVIII, 547-548).

[2] JAFFÉ-WATTENBACH, 5271 (édit. JAFFÉ, p. 572-573 ; PL, CXLVIII, 708-709).

[3] Les historiens ont en général porté sur le caractère de Grégoire VII des jugements plus sévères. On lui a reproché par exemple d'avoir employé de mauvais moyens pour parvenir à une fin qu'il jugeait bonne, de n'avoir pas mis ses actes d'accord avec ses paroles. Cette accusation reposerait sur le fait que Grégoire VII aurait déchaîné la guerre civile en excommuniant Henri IV ; ce recours aux armes serait contraire aux idées de paix et de justice qui se manifestent dans les lettres pontificales. Mais Grégoire VII est-il personnellement responsable de la guerre civile en Allemagne ? C'est ce qui ne nous paraît pas établi. Nous aurons à revenir sur cette question dans les pages qui suivent, ainsi que sur les prétendus mensonges dont Hauck (*Kirchengeschichte Deutschlands*, t. III, p. 757) charge Grégoire VII. Sur l'interprétation de certaines paroles d'apparence belliqueuse, cfr HAMMLER, *Gregors VII Stellung zu Frieden und Krieg*, p. 51 et suiv.

[4] GRÉGOIRE VII, *Registrum*, I, 53 (édit. CASPAR, p. 80 ; édit. JAFFÉ, p. 73 ; PL, CXLVIII, 332).

[5] *Ibid.*, I, 39 (édit. CASPAR, p. 62 ; édit. JAFFÉ, p. 58 ; PL, CXLVIII, 321).

souverain pour la façon dont j'aurai rempli le ministère qui
m'a été confié par le bienheureux prince des Apôtres [1]. » Dans
une lettre du 28 juin 1077 aux rois et aux seigneurs d'Espagne,
après avoir rappelé une fois de plus les responsabilités qui lui
imcombent comme chef de l'Église, il exprime la crainte des
châtiments qu'il devra subir, si au prix d'un silence coupable
il « néglige le salut d'autrui et favorise le péché [2] ». En présence
d'un acte répréhensible, il ne peut se taire, en sûreté de conscience [3]. Évangéliser, ce n'est pas seulement prêcher la doctrine ;
c'est encore, en redressant les abus, exercer le pouvoir de
correction qui fait partie intégrante de la puissance conférée
par le Christ à saint Pierre et à ses successeurs.

                              III

Les premières bulles qui ont été écrites par Grégoire VII

---

[1] GRÉGOIRE VII, *Registrum*, III, 10 (édit. CASPAR, p. 263 ; édit. JAFFÉ, p. 218 ;
PL, CXLVIII, 439).

[2] *Ibid.*, IV, 28 (édit. CASPAR, p. 343-344 ; édit. JAFFÉ, p. 283-284 ; PL,
CXLVIII, 484).

[3] Grégoire VII est souvent revenu sur cette idée ; cfr *Registrum*, I, 75, du
13 avril 1074, à Philippe Ier, roi de France : « Quoniam licet verbum predi-
cationis abscondere et uspiam tacere non sit nobis tutum aut liberum, tamen,
quanto dignitas est amplior et persona sublimior, tanto propensiorem curam
et clamorem pro eius rectitudine nos habere convenit, admonente nos Domino
per prophetam (Is., LVIII, 1) dicentem : *Clama ne cesses quasi tuba exalta
vocem tuam* » (édit. CASPAR, p. 107 ; édit. JAFFÉ, p. 94 ; PL, CXLVIII, 348) ; —
II, 5, du 10 septembre 1074, aux évêques français : « Quoniam hoc omni ratione
confirmare possumus multo fideliorem esse qui alium de naufragio animae
suae vel invitum retrahit, quam qui peccatorum gurgite nocivo consensu
eum deperire permittit » (édit. CASPAR, p. 132 ; édit. JAFFÉ, p. 116 ; PL, CXLVIII,
364) ; — II, 66, du 29 mars 1075, à Burchard, évêque d'Halberstadt : « Nos
enim de taciturnitate nostra damnari metuimus, si conservis nostris, his maxime
qui et alios docere idonei sunt, Domini pecuniam distribuere pigritamur »
(édit. CASPAR, p. 221 ; édit. JAFFÉ, p. 186 ; PL, CXLVIII, 416) ; — III, 4, du
3 septembre 1075, à Siegfried, archevêque de Mayence : « Namque si fratres
nostros consideremus delinquere et tacemus, si denique errare et non eos ad
rectitudinis semitam monendo revocare conemur, nonne et ipsi delinquimus
et errare merito iudicamur ? » (édit. CASPAR, p. 249 ; édit. JAFFÉ, p. 208 ; PL,
CXLVIII, 432) ; — IV, I, du 25 juillet 1076, à tous les fidèles : «Melius est enim
nobis debitam mortem carnis per tyrannos, si oportuerit, subire quam nostro
silentio, timore vel commodo christianae legis destructioni consentire » (édit.
CASPAR, p. 292 ; édit. JAFFÉ, p. 240 ; PL, CXLVIII, 453).

ou rédigées sous son inspiration immédiate, attestent, de la part du nouveau pape, la volonté de gouverner par lui-même, sans négliger aucune des prérogatives accordées au siège apostolique en la personne de saint Pierre. Si l'on voulait résumer d'un mot le programme grégorien, on pourrait dire qu'il se ramène à deux articles, exercer dans sa plénitude la primauté romaine et par elle réformer l'Église.

Le lendemain de sa consécration, le 1er juillet 1073, Grégoire VII écrit aux fidèles de Lombardie pour leur demander de ne pas reconnaître l'archevêque de Milan, Godefroy, qui était sous le coup de l'excommunication et de l'anathème [1]. Les raisons par lesquelles il justifie son attitude constituent une véritable profession de foi :

« Je veux, dit-il, que vous sachiez, mes très chers frères — et beaucoup d'entre vous le savent déjà, — que j'ai été placé en cette situation pour annoncer, que je le veuille ou non, la justice et la vérité à toutes les nations, surtout à celles qui sont chrétiennes, en vertu de ces paroles du Seigneur : *Crie sans t'arrêter ; comme la trompette, enfle ta voix et dénonce à mon peuple les crimes qu'il a commis* [2], ou encore : *Si tu ne reproches pas à l'injuste son iniquité, je retirerai son âme de tes mains* [3]. »

Puis, après avoir analysé la situation religieuse de la Lombardie, le pape conclut :

« Aussi de la part du Dieu tout-puissant, du Père, du Fils et du Saint-Esprit, de la part des bienheureux princes des Apôtres, Pierre et Paul, je vous enjoins, je vous prie et je vous ordonne, mes très chers frères, de ne reconnaître en aucune façon l'hérétique Godefroy [4]. »

Tous les termes de cette bulle ont leur valeur. Le pontife romain n'est pas libre ; qu'il le veuille ou non, il doit défendre la vérité et la justice, *ut velimus nolimus, omnibus gentibus, maxime christianis, veritatem et iustitiam annunciare compellimur.* Ce n'est pas lui qui prononce la sentence ; il n'est qu'un agent

---

[1] Cfr *La Réforme grégorienne*, t. I, p. 358-359.
[2] Is., LVIII, 1.
[3] ÉZÉCH., III, 18.
[4] GRÉGOIRE VII, *Registrum*, I, 15 (édit. CASPAR, p. 23-24 ; édit. JAFFÉ, p. 26-27 ; PL, CXLVIII, 296-297).

de transmission, chargé de divulguer les décisions du Père, du Fils, du Saint-Esprit, des saints apôtres Pierre et Paul, *ex parte Dei omnipotentis, Patris, Filii et Spiritus sancti et beatorum Petri et Pauli, apostolorum principum*. Son pouvoir a une origine surnaturelle ; l'Église romaine, à la tête de laquelle il est placé, est la messagère de Dieu dont elle signifie la volonté aux évêques et aux fidèles.

L'institution divine de la primauté romaine sera énoncée en 1075 sous une forme plus dogmatique [1], mais il est à remarquer que, dès son avènement, Grégoire VII revendique hautement la puissance de lier et de délier, au nom de saint Pierre qu'il représente et avec lequel même il s'identifie [2]. Il ne fait en cela que se conformer à la tradition de l'Église, que la crise du Xe siècle avait quelque peu obscurcie, mais que dès le milieu du XIe, théologiens et polémistes s'étaient efforcés de ressusciter. Pierre Damien, lorsqu'il dédiait à Léon IX son *Livre de Gomorrhe*, affirmait avec énergie que le pape « tenait la place du Christ [3]. »

L'Église romaine, a-t-il écrit ailleurs, a été fondée par le Christ ou plus exactement « par le Verbe qui a créé le ciel et la terre »,

---

[1] Cfr en tête des propositions connues sous le nom de *Dictatus papae* (*Registrum*, II, 55a) : « Quod Romana ecclesia a solo Domino sit fundata » (édit. CASPAR, p. 202 ; édit. JAFFÉ, p. 174 ; PL, CXLVIII, 407).

[2] La plupart des bulles contiennent à cet égard des formules significatives. Cfr entre beaucoup d'autres, parmi celles de la première année du pontificat : *Registrum*, I, 10, du 1er juin 1073, à Guy, comte d'Imola : « Ad iniuriam sancti Petri cuius servi sumus » (édit. CASPAR, p. 17 ; édit. JAFFÉ, p. 21 ; PL, CXLVIII, 292) ; — 1, 13, du 30 juin 1073, à Manassès archevêque de Reims : « Ex parte beatorum apostolorum Petri et Pauli et nostra per eos auctoritate commonentes » (édit. CASPAR, p. 22 ; édit. JAFFÉ, p. 25 ; PL, CXLVIII, 296). — I, 42, du 24 janvier 1074, à Sicard, patriarche d'Aquilée : « Ideoque et vestram fraternitatem rogamus et ex parte beati Petri, apostolorum principis, admonemus » (édit. CASPAR, p. 65 ; édit. JAFFÉ, p. 61 ; PL, CXLVIII, 323) ; — I, 44, du 31 janvier 1074, à Jaromir, évêque de Prague : « Ammonemus igitur et ex parte apostolorum Petri et Pauli et nostra per eos apostolica tibi auctoritate precipimus » (édit. CASPAR, p. 68 ; édit. JAFFÉ, p. 63 ; PL, CXLVIII, 324) ; — I, 75, du 13 avril 1074, à Philippe Ier, roi de France : « Unde nobilitatem tuam ex parte beati Petri admonemus » (édit. CASPAR, p. 106 ; édit. JAFFÉ, p. 94 ; PL, CXLVIII, 348).

[3] Cfr *La Réforme grégorienne*, t. I, p. 212.

ce qui lui confère l'autorité la plus absolue [1]. C'étaient, à
peu de choses près, les termes dont se servait deux siècles plus
tôt Nicolas Ier, dans une lettre à Photius :

« Quand Jésus-Christ eut accordé à saint Pierre, prince des Apôtres,
le pouvoir de lier et de délier au ciel et sur la terre et qu'il lui eut
donné la faculté d'ouvrir les portes du royaume céleste, il daigna établir
sa sainte Église sur la fermeté de sa foi selon cette véridique parole :
*Je te le dis en vérité, tu es Pierre et sur cette pierre je bâtirai mon Église
et les portes de l'enfer ne prévaudront point contre elle et je te donnerai
les clefs du royaume des cieux...* [2]. La primauté de cette Église, comme
tout chrétien orthodoxe en est convaincu et comme je viens de l'établir surabondamment, c'est le bienheureux Pierre, prince des Apôtres
et gardien du royaume céleste, qui a justement mérité de l'obtenir [3]. »

Une lettre du même pontife aux évêques d'Occident se
rapproche encore davantage du texte de Pierre Damien dont
elle est peut-être la source. « Le pape tient la place de Jésus-
Christ dans l'Église universelle [4]. »

Cette place Grégoire VII la revendique à son tour, mais,
s'il a conscience de ses droits et de l'origine divine de son
pouvoir, il a aussi la claire vision des devoirs que sa charge
lui impose; il sait quel usage il doit faire de cette autorité qu'il
tient du Christ. C'est ce qu'il écrit à Guillaume le Conquérant,
le 4 avril 1074, dans une lettre citée plus haut :

« S'opposer à tous ces assauts, veiller attentivemment à tout cela
et à beaucoup d'autres choses encore, tel est notre devoir parmi les
hommes [5]. »

En présence des abus qui désolent l'Église, ce devoir va
prendre une forme très précise. La grande erreur qui égare
tant d'âmes, c'est ce que les théologiens appellent l' « hérésie
simoniaque » et la maladie qui ronge la société cléricale, c'est

---

[1] PIERRE DAMIEN, *Opusc.* IV (*Libelli de lite*, t. I, p. 78; PL, CXLV, 68).
Cfr *La Réforme grégorienne*, t. I, p. 228.
[2] MATTH., XVI, 18-19.
[3] JAFFÉ-WATTENBACH, 2691 (MGH, *Epistolae*, t. VI, p. 447; PL, CXIX, 785).
[4] JAFFÉ-WATTENBACH, 2716 (PL, CXIX, 813).
[5] GRÉGOIRE VII, *Registrum*, I, 70 (édit. CASPAR, p. 102; édit. JAFFÉ, p. 90;
PL, CXLVIII, 345). Voir plus haut, p. 101.

le « nicolaïsme. » Grégoire VII veut extirper l'une et guérir
l'autre :

« Tandis que presque tous, écrit-il à Lanfranc de Cantorbéry,
recherchent selon la parole de l'Apôtre [1] leur bien propre et non celui
de Jésus-Christ, les chefs des états et les puissants de ce monde, pour
satisfaire leur cupidité, ne se contentent pas d'abandonner par négligence la loi de Dieu et la justice; ils dépensent tous leurs efforts à lutter
contre elles. Ainsi se réalise sous nos yeux la parole du prophète :
*Les rois de la terre se sont levés ; les princes se sont rassemblés contre
le Seigneur et son Christ* [2].

« Quant aux évêques qui devraient être les pasteurs des âmes, ils
recherchent avec un insatiable désir la gloire du monde et les délices
de la chair; non seulement ils détruisent en eux-mêmes toute sainteté
et toute religion, mais par leur exemple ils entraînent ceux qui dépendent
d'eux à violer la loi. Vous savez combien il serait périlleux pour nous
de ne pas combattre de telles pratiques, mais vous savez aussi combien
il est difficile de résister et de refréner cette malice [3]. »

Les rois cupides, ce sont, à n'en pas douter, ceux qui mettent
les diocèses à l'encan; les prélats qui aspirent « à la gloire de
ce monde et aux délices de la chair, » ce sont les évêques simoniaques et nicolaïtes. Grégoire VII entend ramener les uns
et les autres à l'observation de la discipline ecclésiastique ;
fidèle à la tradition italienne, il veut, comme Léon IX, comme
Nicolas II, comme Alexandre II, réaliser la réforme morale
de l'Église.

---

[1] *Philipp.*, II, 21.

[2] *Ps.* II, 2.

[3] JAFFÉ-WATTENBACH, 4801 (édit. JAFFÉ, p. 521 ; PL, CXLVIII, 643-644). On
trouve quelques mois plus tard, une description analogue et peut-être plus
précise encore de l'état moral de l'Église dans une lettre à Sicard, patriarche
d'Aquilée (*Registrum*, I, 42) : « Rectores enim et principes huius mundi, singuli
quaerentes quae sua sunt, non quae Iesu Christi, dominam et matrem suam,
videlicet sponsam Christi, omni reverentia conculcata, quasi vilem ancillam
opprimunt eamque confundere, dum cupiditates suas explere valeant, nullatenus pertimescunt. Sacerdotes autem et qui regimen ecclesiae accepisse
videntur, legem Dei fere penitus postponentes et officii sui debitum Deo et
commissis sibi ovibus subtrahentes, per ecclesiasticas dignitates ad mundanam
tantum nituntur gloriam et quae spiritali dispensatione multorum utilitatibus
et saluti proficere debuissent, ea aut negligunt aut infeliciter in pompa superbiae
et superfluis sumptibus consumunt » (édit. CASPAR, p. 64-65 ; édit. JAFFÉ,
p. 60; PL, CXLVIII, 322-323).

A cet effet il compte sur l'accord du pouvoir spirituel et du pouvoir temporel, du Sacerdoce et de l'Empire, tel que l'avait prôné Pierre Damien dans le *Liber gratissimus* et dans la *Disceptatio synodalis* :

« Ainsi donc, lit-on à la fin de ce dernier traité, travaillons à élaborer un accord entre le plus élevé des sacerdoces et l'empire romain... Ces institutions, qui sont deux pour les hommes, mais une pour Dieu, le royaume et le sacerdoce, seront enflammées par les divins mystères ; les deux personnes qui les incarnent seront unies par de tels liens que, grâce à une mutuelle charité, on trouvera le roi dans le pontife romain et le pontife romain dans le roi [1]. »

En 1073, Grégoire VII s'associe à cet optimiste enthousiasme : il félicite Rodolphe, duc de Souabe, de ses efforts pour « unir dans l'unité et la concorde le Sacerdoce et l'Empire », et il fait sienne la théorie de Pierre Damien.

« De même, ajoute-t-il, que le corps humain est dirigé par les deux yeux, sa lumière temporelle, le corps de l'Église est conduit et illuminé par ces deux dignités qu'accorde une pure religion et qui constituent sa lumière spirituelle [2]. »

L'union du Sacerdoce et de l'Empire en vue de la réforme, mais sans jamais rien sacrifier de la suprématie romaine, tel va être le but plus immédiat de la politique grégorienne. Le pouvoir temporel, auquel Hildebrand accorde jusqu'à nouvel ordre sa confiance, sera appelé à concourir à l'effort de prédication qu'il va tenter, à s'associer à l'action qu'il veut exercer sur l'épiscopat et sur le clergé pour les ramener à des mœurs meilleures. Affermissement de l'autorité pontificale, réforme de l'Église, entente avec les princes temporels, tels sont les trois buts que poursuit Grégoire VII au début de son pontificat avec une foi invincible dans l'aide de Dieu et le secours de l'Apôtre.

---

[1] PIERRE DAMIEN, *Opusc.* IV (*Libelli de lite*, t. I, p. 93 ; PL, CXLV, 86-87). Cfr *La Réforme grégorienne*, t. I, p. 229.
[2] GRÉGOIRE VII, *Registrum* I, 19 (édit. CASPAR, p. 31 ; édit. JAFFÉ, p. 33 ; PL, CXLVIII, 302).

CHAPITRE II

GRÉGOIRE VII ET LES MÉTHODES ITALIENNES.
LES DÉCRETS SUR LE NICOLAÏSME ET LA SIMONIE

SOMMAIRE. — I. Les préliminaires de la réforme : influence de Pierre Damien ; l'effort de prédication ; le rôle des légats ; primauté romaine et centralisation ; les tentatives d'entente avec les princes temporels. — II. Le concile romain de mars 1074 ; l'affaire milanaise et l'excommunication de Robert Guiscard ; les décrets sur la simonie et le nicolaïsme ; l'opposition de Siegfried de Mayence et les prérogatives du siège apostolique. — III L'application des décrets réformateurs ; la réforme en Allemagne, l'opposition de Liémar de Brême, les conciles d'Erfurt et de Passau ; la réforme en France et dans le royaume anglo-normand ; les résistances politiques en Italie ; la situation de l'Église et du Saint-Siège à la fin de 1074.

I

A la fin d'un de ses traités sur le célibat ecclésiastique, Pierre Damien, s'adressant directement à Nicolas II, l'adjure avec émotion d'user de son autorité apostolique pour réprimer le nicolaïsme :

« Vous donc, lui dit-il, mon Seigneur, vénérable pape, qui tenez la place du Christ, qui succédez à saint Pierre dans la dignité ecclésiastique, ne laissez pas par une inexcusable lâcheté cette peste continuer ses ravages ; n'abandonnez pas, par connivence ou dissimulation, la bride à cette luxure débordante. Cette maladie rampe comme un serpent et propage son venin dans les membres ; il est temps que la faux évangélique l'empêche de pulluler davantage [1]. »

Quelques années plus tôt, le même Pierre Damien, dédiant

---

[1] PIERRE DAMIEN, *Opusc.* XVII, 4 (PL, CXLV, 386). Cfr *La Réforme grégorienne*, t. I, p. 212.

à Léon IX son *livre de Gomorrhe*, définissait avec plus de précision encore le rôle du Saint-Siège en matière de discipline morale :

« Puisque la papauté est, d'après la vérité même, la mère de toutes les églises, il est juste, dans les cas douteux qui concernent le salut des âmes, de recourir à elle comme à la source de la sagesse céleste ; le Saint-Siège est en effet le foyer de la discipline ecclésiastique, d'où jaillissent les rayons qui illuminent de l'éclat de la vérité le corps de l'Église tout entier [1]. »

Ces passages de Pierre Damien peuvent servir d'épigraphe à l'histoire des deux premières années du pontificat de Grégoire VII. Hildebrand, comme le solitaire de Fonte-Avellana, aperçoit dans le Saint-Siège « le foyer de la discipline ecclésiastique ». Au nom du Christ dont il tient la place, au nom de saint Pierre dont il est le successeur, il va reprendre la lutte engagée par ses prédécesseurs contre la simonie et le nicolaïsme. Ses premières bulles seront inspirées par les idées et les méthodes italiennes, telles que Pierre Damien les a exposées dans ses opuscules et dans ses lettres.

Il suffit, pour s'en rendre compte, de parcourir les instructions adressées, le 13 octobre 1073, à l'évêque d'Acqui :

« Rien, écrit le pape, ne pourra vous recommander davantage au Saint-Siège apostolique qu'un vigoureux effort pour extirper totalement de votre église, comme vous avez commencé à le faire avec un zèle digne d'éloges, l'hérésie simoniaque et pour ramener les clercs enchaînés dans les désordres d'une vie honteuse à la pratique d'une rigoureuse chasteté [2]. »

A Guillaume, évêque de Pavie, Grégoire VII tient exactement le même langage :

« Le premier but, dit-il, que nous vous assignons et dont la réalisation nous sera particulièrement agréable, c'est de lutter pour défendre avec toute la vigilance d'un pasteur le troupeau qui vous est confié

---

[1] Pierre Damien, *Opusc.* VII, *Praefatio* (PL, CXLV, 161). Cfr *La Réforme grégorienne*, t. I, p. 191.

[2] Grégoire VII, *Registrum*, I, 27 (édit. Caspar, p. 45 ; édit. Jaffé, p. 44 ; PL, CXLVIII, 311).

contre les hérésies qui, semble-t-il, pullulent et répandent leur peste dans la sainte Église. Fort de l'autorité des saints Pères, élevez-vous contre elles avec toute votre ardeur, multipliez les efforts, arrachez les clercs aux désordres d'une vie honteuse et ramenez-les à la pratique de la chasteté [1]. »

On ne peut être plus net ni plus catégorique. Et malheur aux évêques qui désertent le bon combat ou qui simplement s'endorment dans une molle inertie ; le pape les rappelle à l'ordre en des termes qui n'autorisent ni discussion ni réplique. Il écrit par exemple, le 15 novembre 1073, à Gebhard, archevêque de Salzbourg :

« Il est un point sur lequel nous croyons pouvoir accuser votre fraternité de négligence. On nous a rapporté qu'en ce qui concerne la chasteté des clercs vous aviez jusqu'à aujourd'hui différé d'obéir aux ordres du concile romain auxquel vous avez assisté [2]. Nous en sommes d'autant plus étonné et affligé que nous attendions de vous un concours attentif. Aussi, en vertu de notre autorité apostolique, nous vous ordonnons d'édicter de rigoureuses sanctions pastorales contre ceux de vos clercs qui ont une vie déshonnête, de prêcher et de faire respecter dans votre église, en exerçant constamment votre autorité et sans vous préoccuper de la faveur ou de la haine de personne, ce que l'Église romaine a décidé avec votre approbation au sujet de l'impureté cléricale [3]. »

La lutte contre la simonie et le nicolaïsme est donc au premier plan des préoccupations de Grégoire VII en 1073. Le pape compte sur un « effort de prédication » de la part de l'épiscopat. Mais l'épiscopat ne manifeste qu'un zèle médiocre pour cette

---

[1] GRÉGOIRE VII, *Registrum*, I, 28 (édit. CASPAR, p. 45 ; édit. JAFFÉ, p. 45 ; PL, CXLVIII, 311).

[2] Suivant MEYER VON KNONAU (*Jahrbücher*, t. II, p. 301, n. 200) et HAUCK (*Kirchengeschichte Deutschlands*, t. III, p. 772, n. 3), il s'agit du concile de 1063 auquel Gebhard de Salzbourg a pris part. Il se peut toutefois que Gebhard ait assisté à un des derniers synodes du pontificat d'Alexandre II. En tous cas, nous sommes d'accord avec ces deux historiens pour repousser l'opinion de F. M. MAYER (*Die östlichen Alpenländer im Investiturstreit*, Innsbrück, 1883, p. 28), qui voit là une allusion au concile de 1074 en changeant la date de la bulle, ce qui est inadmissible.

[3] GRÉGOIRE VII, *Registrum*, I, 30 (édit. CASPAR, p. 50 ; édit. JAFFÉ, p. 48 ; PL, CXLVIII, 313-314).

œuvre difficile. Afin de triompher de son apathie, Grégoire VII resserrera les liens qui l'unissent au siège apostolique. Déjà pendant le pontificat d'Alexandre II et sans doute sous l'influence d'Hildebrand, une tendance à la centralisation s'était manifestée dans le gouvernement intérieur de l'Église [1]; elle s'accentue à la fin de 1073 et au début de 1074.

Depuis Léon IX, le Saint-Siège envoyait fréquemment dans les différents pays chrétiens des légats investis d'une délégation de l'autorité pontificale et chargés de veiller à l'exécution des décrets apostoliques. Hildebrand, qui avait été légat lui-même [2], savait par expérience tout le parti qu'il pourrait tirer de cette institution tout à la fois pour affermir la primauté romaine et pour promouvoir la réforme. A peine élu, il entre en correspondance avec les évêques et les clercs chargés de missions au-dehors; en même temps qu'il leur notifie son élévation au pontificat, il s'enquiert des résultats obtenus et donne de nouvelles directives.

Au moment de la mort d'Alexandre II, l'évêque d'Ostie, Géraud, et le sous-diacre Raimbaud étaient en Gaule depuis un certain temps [3]. Dès le 30 avril 1073, Grégoire VII leur enjoint de rentrer, afin qu'il puisse examiner leur gestion et agir en conséquence [4]. Les légats ne se pressent pas d'obéir à cet ordre. Le 1er juillet, au lendemain de sa consécration à laquelle ils n'assistèrent pas [5], le pape envoie une nouvelle bulle où il manifeste sa surprise :

---

[1] Cfr *La Réforme grégorienne*, t. I, p. 363.

[2] Cfr *ibid.*, p. 381 et suiv.

[3] Grégoire VII s'étonne en effet de ce qu'ils ne soient pas encore rentrés en Italie : « Ceterum de mora vestrae reversionis miramur » (*Registrum*, I, 6, édit. CASPAR, p. 10; édit. JAFFÉ, p. 16; PL, CXLVIII, 289). — Sur cette légation cfr J. MASSINO, *Gregor VII im Verhältnis zu seinen Legaten*, Diss. Greifswald, 1907, p. 46 et suiv.

[4] GRÉGOIRE VII, *Registrum*, I, 6 : « Unde dilectionem vestram admonemus ut quantotius possitis, ad nos revertamini, quatenus et quid egeritis cognoscamus et de cetero consultius, adiuvante Deo, studere valeamus » (édit. CASPAR, p. 10; édit. JAFFÉ, p. 16; PL, CXLVIII, 289).

[5] Le fait est noté par HUGUES DE FLAVIGNY, *Chronicon*, II (MGH, SS, t. VIII, p. 411).

« Nous sommes étonnés et anxieux, écrit-il à Géraud, car vous avez contrevenu à un usage aussi constant que nécessaire, suivant lequel le légat apostolique, qui a célébré un concile dans des régions lointaines, doit revenir sans retard pour rendre compte de ses actes. Or, votre fraternité, après avoir clôturé le synode dans lequel tant d'affaires ont été traitées, n'a pas pris le chemin du retour et, sans tenir compte des nécessités ni de notre impatience, n'a pas renvoyé vers nous celui qui l'accompagnait [1]. »

Ces deux bulles laissent deviner comment Grégoire VII comprend le rôle des légats. Il ne voit en eux que des agents d'exécution dont les décisions n'ont qu'une valeur provisoire et dont toutes les initiatives doivent être dictées par le Saint-Siège. La bulle du 30 avril 1073 fixe à Géraud d'Ostie et à Raimbaud, jusque dans les moindres détails, le programme qu'ils devront remplir par la suite : ils sont chargés de travailler à la réconciliation de deux amis du pape dont la collaboration pouvait être précieuse dans l'avenir, l'abbé de Cluny, Hugues, et cet autre Hugues, surnommé Candide, qui, au dire de Bonizon de Sutri, aurait été le principal auteur de l'élection d'Hildebrand [2]; ils prépareront aussi le règlement qui présidera aux relations de l'Espagne avec le Saint-Siège dans le sens d'une étroite subordination et conformément au traité signé par Alexandre II avec le comte de Roucy, Ebles, qui avait délivré la péninsule de la domination sarrasine [3].

---

[1] GRÉGOIRE VII, *Registrum*, I, 16 (édit. CASPAR, p. 25; édit. JAFFÉ, p. 28; PL, CXLVIII, 298).

[2] Suivant Bonizon de Sutri, *Liber ad amicum*, VI (*Libelli de Lite*, t. I, p. 600; édit. JAFFÉ, p. 655), Hugues Candide avait été accusé de simonie par les Clunisiens au concile romain de 1073. Il n'est pas impossible, quel que soit le peu de crédit qu'il faille attribuer à Bonizon, que ce soit là l'origine du différend auquel fait allusion Grégoire VII, qui insiste sur la sincérité des sentiments de Hugues Candide à qui il songe à confier une légation. Cfr *Registrum*, I, 6 : « Quia vero hunc confratrem nostrum, videlicet Hugonem Candidum, in partes illas dirigi tempus et rerum competentia postulasse videbatur » (édit. CASPAR, p. 9; édit. JAFFÉ, p. 15; PL, CXLVIII, 288).

[3] Les légats semblent avoir outrepassé les limites assignées à leur activité et Géraud d'Ostie a pris de sa propre initiative un certain nombre de mesures qui pouvaient prêter à discussion, ce qui suscita les critiques du pape. Cfr *Registrum*, I, 16, du 1er juillet 1073 : « Nobis equidem gratum est quod pro negociis sanctae Romanae ecclesiae in Hyspanias profectus es, sed debuerat pruden-

Ainsi surveillés et dirigés, les légats pouvaient rendre les plus grands services au Saint-Siège en assurant une large diffusion de l'autorité romaine. Aussi, dès 1073, Grégoire VII multiplie-t-il les légations; le cardinal-prêtre Hugues Candide va remplacer le cardinal-évêque d'Ostie en Espagne [1]; le clerc Hubert et le diacre Albert sont confirmés, le 30 avril, dans les fonctions qu'ils exerçaient sous Alexandre II [2]; un mois plus tard, le 1er juin, Grégoire VII annonce au comte d'Imola la prochaine arrivée de légats pontificaux qui raffermiront dans ce diocèse l'autorité du Saint-Siège discutée et combattue par l'archevêque de Ravenne, Guibert [3].

Le renouvellement et la création de ces diverses légations ont pour but de resserrer les liens qui unissaient le Saint-Siège aux églises locales. En même temps, Grégoire VII affermit directement son pouvoir sur les métropolitains et sur les évêques.

Les métropolitains, qui par leur situation dans la hiérarchie pouvaient aspirer à quelque indépendance, s'aperçoivent dès le début du pontificat qu'ils sont de simples intermédiaires entre Rome et les évêques. Après leur intronisation, ils doivent

---

tia tua aut illum, quem tibi adiunximus, aut aliquem qui synodo interfuisset quique omnia vice tua nobis rationabiliter expedire sciret, ad nos direxisse; quatinus, perspectis omnibus, confirmanda confirmaremus, et, si qua mutanda viderentur, discreta ratione mutaremus. Licet enim in litteris tuis aliqua nobis gestorum tuorum notitia apparuerit, vobis tamen absentibus nec aliquo, qui pro vobis certa eorum quae viderit et audierit assertione respondeat, inpresentiarum posito plerisque quorum alii iniuste se excommunicatos, alii inordinate depositos, alii immerito interdictos conqueruntur, respondere causarum ambiguitate et respectu conservandae auctoritatis tuae prohibemur » (édit. CASPAR, p. 25; édit. JAFFÉ, p. 28; PL, CXLVIII, 298).

[1] GRÉGOIRE VII, *Registrum*, I, 6 (édit. CASPAR, p. 10; édit. JAFFÉ, p. 15-16; PL, CXLVIII, 289) et I, 7, du 30 avril 1073, aux princes qui veulent partir en Espagne, où on lit : « Quam ob rem dilectum filium Hugonem et cardinalem sanctae Romanae ecclesiae presbyterum in partes illas misimus, in cuius ore nostra ad vos consilia et decreta plenius apertiusque disserenda ac vice nostra posuimus » (édit. CASPAR, p. 12; édit. JAFFÉ, p. 17; PL, CXLVIII, 290).

[2] *Ibid.*, I, 8 (édit. CASPAR, p. 13; édit. JAFFÉ, p. 17-18; PL, CXLVIII, 290). La lettre ne permet pas de déterminer quels étaient ces personnages ni quel était l'objet de la légation qu'Alexandre II leur avait confiée.

[3] GRÉGOIRE VII, *Registrum*, I, 10 (édit. CASPAR, p. 16; édit. JAFFÉ, p. 20-21; PL, CXLVIII, 292). Sur cette affaire, cfr O. KOEHNCKE, *Wibert von Ravenna*, Leipzig, 1888, p. 23 et suiv.

se rendre *ad limina* pour y chercher le *pallium*, insigne de leur
dignité [1]. Cette distinction, purement honorifique, ne leur
confère aucun pouvoir, et toute initiative, non approuvée par
le pape, est sévèrement réprimée. Le 18 mars 1074, l'archevêque
de Mayence, Siegfried, reçoit une vigoureuse admonestation
pour avoir tranché de sa propre autorité un différend entre
les évêques de Prague et d'Olmütz, ses suffragants :

« Sachez bien, lui écrit Grégoire VII, que ni vous, ni aucun patriarche, ni aucun primat n'avez la permission de réformer un jugement
du Saint-Siège. Évitez de vous attribuer aucun des droits de la sainte
Église romaine ni de fomenter quoi que ce soit contre elle, car sans
son infinie clémence vous ne pouvez même pas, vous le savez bien,
demeurer sur le siège où vous êtes. C'est à nous qu'avec l'aide de Dieu
et par l'autorité du bienheureux Pierre, il appartient, comme l'a décidé
depuis longtemps le Saint-Siége, de régler selon la justice les différends
entre les évêques en question [2]. »

Aussi bien Grégoire VII cherche-t-il, dès le début de son
pontificat, à se substituer aux métropolitains en quantité d'occasions. Sans doute on ne saurait s'étonner qu'il s'érige en juge
des conflits qui peuvent survenir entre eux et leurs suffragants,
comme cela est arrivé, au début de 1074, dans la province
d'Auch où l'évêque de Tarbes, Pons, et ses confrères, qui
refusaient obéissance à leur archevêque, furent sommés de se
soumettre ou de venir exposer leurs griefs à Rome [3]. On comprend aussi qu'il impose sa sentence dans les contestations entre
l'épiscopat et les moines, qu'il soit obligé par exemple d'intervenir lui-même pour contraindre l'archevêque de Reims,
Manassès, à cesser ses vexations à l'égard de l'abbaye de Saint-

---

[1] Grégoire VII, *Registrum*, I, 24, du 24 septembre 1073 (édit. Caspar,
p. 40-41 ; édit. Jaffé, p. 41 ; PL, CXLVIII, 308) : « Antecessorum nostrorum
decrevit auctoritas nisi praesenti personae pallium non esse concedendum. »
La lettre est adressée à l'évêque de Vérone, Brunon, auquel un privilège spécial
concédait l'usage du *pallium*, mais, ce qui importe surtout, c'est que le principe
du voyage *ad limina* est très nettement posé.
[2] *Ibid.*, I, 60 (édit. Caspar, p. 88-89 ; édit. Jaffé, p. 79-80 ; PL, CXLVIII,
337).
[3] *Ibid.*, I, 55 (édit. Caspar, p. 82-83, édit. Jaffé, p. 75 ; PL, CXLVIII, 333-
334).

Rémi [1], ou qu'il prenne en Angleterre la défense du monastère
de Saint-Edmond contre l'évêque d'Elmham qui l'opprimait [2].
Il paraît plus surprenant qu'un jugement du Saint-Siège soit
nécessaire pour régler certaines affaires locales, pour rétablir
par exemple la paix entre des chapitres un peu trop âpres dans
la défense de leurs privilèges ou entre des abbés qui se querellent
pour les motifs les plus divers.

A Poitiers, les chanoines de la cathédrale, suivant un usage
traditionnel, se rendaient le jour de la Toussaint en l'église de
Saint-Hilaire où l'évêque, s'il était présent, ou, à son défaut,
le doyen ou un autre dignitaire du chapitre célébrait la messe
solennelle. En 1073, les chanoines de Saint-Hilaire imaginent
de s'opposer à l'accomplissement de cette cérémonie; l'affaire
est portée non pas devant l'évêque de Poitiers, mais devant le
pape qui donne raison aux chanoines de la cathédrale, en
arguant de certains usages romains identiques [3]. A Bordeaux,
l'abbé de Sainte-Croix ne peut réussir à se faire rendre l'église
Notre-Dame de Soulac, dont l'abbé de Saint-Sever s'est indu-
ment emparé; c'est Grégoire VII lui-même qui ordonne la
restitution, l'abbé de Saint-Sever n'ayant pas comparu devant

---

[1] Plusieurs bulles concernent cette affaire. Le 30 juin 1073, Grégoire VII
reproche à Manassès de n'avoir tenu aucun compte des ordres de son prédécesseur, qui lui avait enjoint de cesser ses mauvais procédés à l'égard de l'abbaye
de Saint-Rémi dont il dissipait les biens et à la tête de laquelle il avait placé
un abbé qui ne remplissait pas les conditions canoniques. Il le prie, en conséquence, « d'ordonner régulièrement comme abbé une personne qui puisse
convenir », et de restituer ce qu'il a pris indûment, sinon il éprouvera « la
sévérité et la colère du Saint-Siège » (*Registrum*, I, 13; édit. CASPAR, p. 21-22;
édit. JAFFÉ, p. 24-25; PL, CXLVIII, 295-296). Le même jour, le pape écrit
à Hugues de Cluny, pour qu'il veille à l'exécution de ses volontés (*Registrum*,
I, 14; édit. CASPAR, p. 22-23; édit. JAFFÉ, p. 25-26; PL, CXLVIII, 296). Devant
ces menaces, Manassès jugea opportun de s'amender et il nomma abbé de
Saint-Rémi Galon, abbé de Saint-Arnoul de Metz qui eût convenu parfaite-
ment, s'il n'avait déjà été à la tête d'un autre monastère (*Registrum*, I, 52 et 53;
édit. CASPAR, p. 78-81; édit. JAFFÉ, p. 72-74; PL, CXLVIII, 331-333).

[2] GRÉGOIRE VII, *Registrum*, I, 31, du 20 novembre 1073, à Lanfranc de
Cantorbéry, qui est prié d'obliger, au nom du pape, l'évêque d'Elmham,
Arfast, à donner satisfaction aux moines (édit. CASPAR, p. 51-52; édit. JAFFÉ,
p. 49-50; PL, CXLVIII, 314-315).

[3] *Ibid.*, I, 54 (édit. CASPAR, p. 81-82; édit. JAFFÉ, p. 74-75; PL, CXLVIII,
333).

le synode où l'avait cité le légat Géraud d'Ostie [1]. Isembard, abbé de Saint-Laumer de Blois, accomplit un pèlerinage à Jérusalem; à son retour, il trouve un autre abbé, du nom de Guy, installé à sa place; Grégoire VII ordonne à l'évêque de Chartres de rétablir Isembard, à moins que son élection n'ait été entachée de simonie, et demande à être tenu au courant de ce qui aura été fait [2].

Il semble donc que pour quantité d'affaires de minime importance l'action du pape intervienne dans la juridiction de l'ordinaire. C'est pour lui un moyen de raffermir l'autorité pontificale dont l'exercice continu peut faciliter la réalisation de ses projets. L'avenir de la réforme lui paraît, dès le début du pontificat, intimement lié aux progrès de la centralisation ecclésiastique. Dans le même but il cherche, suivant le vœu exprimé par Pierre Damien, à s'entendre avec les princes temporels dont il escompte le concours pour l'application des décrets qu'il prépare.

Le programme lorrain, tel qu'il avait été formulé par le cardinal Humbert et exécuté par Nicolas II, comportait l'affranchissement de l'Église à l'égard de toute domination temporelle. Au concile de 1059, l'investiture laïque avait été formellement prohibée : « Qu'aucun clerc ou prêtre, stipulait le sixième canon, ne reçoive en aucune façon une église des mains d'un laïque, soit gratuitement, soit pour de l'argent [3]. » En fait, ce décret n'avait pas été observé sous Alexandre II et jusqu'en 1075, Grégoire VII n'a pas songé à le remettre en vigueur. A Mâcon, l'archidiacre d'Autun, Landri, a été « élu par le consentement unanime du clergé et du peuple, avec l'assentiment du roi. » Le pape enjoint à l'évêque de Châlon-sur-Saône, Roclin, de procéder à la consécration; il s'oppose à ce que

---

[1] GRÉGOIRE VII, *Registrum*, I, 51 (édit. CASPAR, p. 77-78; édit. JAFFÉ, p. 71-72; PL, CXLVIII, 330-331).

[2] *Ibid.*, I, 32 (édit. CASPAR, p. 52-53; édit. JAFFÉ, p. 50; PL, CXLVIII, 315).

[3] JAFFÉ-WATTENBACH, 4405; MGH, in-4°, *Constitutiones et acta*, t. I, p. 547; MANSI, t. IX. c. 898. — Cfr *La Réforme grégorienne*, t. I, p. 339.

Philippe Ier reçoive simoniaquement un don d'argent à cette
occasion, mais il n'élève aucune objection de principe contre
la participation du souverain à l'élection [1]. De même, par une
lettre du 1er septembre 1073, il recommande à Anselme, élu
évêque de Lucques, de « s'abstenir de recevoir l'investiture de
son évêché de la main du roi, jusqu'au jour où le roi, après
avoir donné satisfaction à Dieu pour ses rapports avec les
excommuniés et bien réglé toute choses, pourra faire la paix
avec le pape [2]. » C'est tolérer l'investiture royale, sinon la reconnaître légitime en principe [3]. Bref rien ne permet, à cette date,
de prévoir le fameux décret par lequel Grégoire VII, rééditant
la législation de Nicolas II, interdira aux laïques toute intervention dans les élections épiscopales. Le nouveau pape, fidèle
aux méthodes qu'ont préconisées les réformateurs italiens,
espère encore gagner les princes temporels à ses idées et à son
programme, il évite de porter atteinte à leurs privilèges traditionnels et, appliquant la doctrine qu'il énonce dans la lettre
à Rodolphe de Souabe [4], il va essayer de résoudre à l'amiable
toutes les difficultés pendantes [5].

---

[1] GRÉGOIRE VII, *Registrum*, I, 35 (édit. CASPAR, p. 56-57 ; édit. JAFFÉ, p. 53 ;
PL, CXLVIII, 317-318).

[2] *Ibid.*, I, 21 (édit. CASPAR, p. 34-35 ; édit. JAFFÉ, p. 36 ; PL, CXLVIII, 304-305).

[3] Anselme de Lucques a reçu l'investiture royale et Grégoire VII a différé
sa consécration jusqu'à ce moment. Le biographe d'Anselme, Bardon, est
formel. Cfr *Vita Anselmi*, 4 : « Quod post catholicam electionem de manu
regis anulum suscepit et pastoralem baculum » (MGH, SS, t. XII, p. 14).
Cfr aussi HUGUES DE FLAVIGNY, II (*ibid.*, t. VIII, p. 411-412).

[4] Cfr *supra*, p. 108.

[5] Il résulte des textes cités dans les notes précédentes que Grégoire VII, au
début de son pontificat, ne condamne pas l'investiture laïque, mais la tolère.
C'est là un argument contre la thèse soutenue par M. STUTZ (*Die Eigenkirche
als Element des mittelalterlich-germanischen Kirchenrechtes*, Berlin, 1895, p. 40
et suiv.) pour qui la réforme grégorienne, au lieu d'avoir à son origine les
préoccupations morales que nous lui attribuons, serait avant tout une réaction
contre ce que cet historien appelle l'*Eigenkirchenrecht*, c'est à dire le régime
des églises privées qui, toujours selon lui, aurait fait son apparition en Occident après les grandes invasions (sur l'origine germanique de ce régime, cfr
PAUL FOURNIER, *La propriété des églises dans les premiers siècles du moyen-âge*,
dans la *Nouvelle revue historique du droit français et étranger*, t. XXI, p. 486
et suiv. et PAUL THOMAS, *Le droit de propriété des laïques sur les églises et le
patronage laïque au moyen-âge*, Paris, 1906, p. 28-31, qui la contestent à l'aide

La plus sérieuse de ces difficultés concernait l'affaire milanaise où le roi de Germanie s'était engagé à fond et dans un
sens nettement hostile au Saint-Siège.

Au moment où Hildebrand devient pape, Milan a deux
archevêques, Godefroy, imposé par le roi, et Atton, élu par
le parti de la réforme le 6 janvier 1072, après la mort de Guy,
que Henri IV avait contraint à se retirer devant Godefroy [1].
Entre les deux rivaux la lutte était âpre, mais, en 1073, Atton
paraissait avoir l'avantage ; Godefroy avait dû s'enfuir à Brebbia [2].
Le chef de l'opposition dite patare, Erlembaud, mit à profit ce départ pour réchauffer le zèle des partisans d'Atton, alors à Rome [3],
et pour déchaîner une violente offensive contre le parti de
Henri IV, qui était aussi celui des simoniaques et des nicolaïtes [4].

---

d'arguments très convaincants). M. Stutz a fort bien montré comment, à
l'époque féodale, l'église est devenue une propriété domaniale, au même titre
que le moulin, le four ou le pressoir, comment elle est concédée à un béné-
ficiaire, le prêtre, qui y chante la messe dans les mêmes conditions que le
tenancier agricole cultive son champ ou taille sa vigne, comment enfin le
régime des églises privées s'est étendu des paroisses aux évêchés qui se sont
transformés eux-mêmes en églises privées épiscopales, *bischöfliche Eigenkirchen*,
véritables bénéfices dont le roi investit les titulaires. Tous ces faits sont indiscutables, avec cette réserve toutefois que l'appropriation privée des églises est
un état de fait, plutôt qu'un régime juridique, car le droit canon ne porte
guère le reflet de ces usurpations (Cfr *La Réforme grégorienne*, t. I, p. 22-23).
Mais Grégoire VII s'est-il ému de cette situation et a-t-il cherché de prime
abord à y mettre fin ? Aucun texte n'autorise cette hypothèse. Les bulles qui
viennent d'être analysées ne trahissent aucune conception nouvelle de la propriété ecclésiastique ; elles décèlent uniquement des soucis d'ordre spirituel
dont M. Stutz ne tient pas assez compte : Grégoire VII, préoccupé avant tout
d'en finir avec la simonie et le nicolaïsme, nous paraît avoir plutôt, jusqu'en
1075, marché dans le sillage d'Hincmar de Reims qui, comme le montre
M. Stutz dans un autre ouvrage (*Geschichte des kirchlichen Beneficialwesens
von seinen Anfängen bis auf die Zeit Alexanders III*, t. I, 1re partie, Stuttgart,
1895, p. 280 et suiv.), admettait le régime des églises privées, tout en réservant les droits du pouvoir spirituel.

[1] Cfr *La Réforme grégorienne*, t. I, p. 358-359.
[2] ARNULF, *Gesta archiepiscoporum Mediolanensium*, IV, 5 : « Praeterea, dum
Gotefredus Brebiae solius immoraretur praesidio » (MGH, SS, t. VIII, p. 26).
[3] ID., *loc. cit.* : « Atto, propria neglecta domo ac patria, Romae degebat
tantummodo, assiduis papae mancipatus obsequiis » (*ibid.*). On trouve la même
version dans Bonizon de Sutri, *Liber ad amicum*, VI (*Libelli de lite*, t. I, p. 600 ;
édit. JAFFÉ, p. 654), qui l'a vraisemblablement empruntée à Arnulf.
[4] ID., *loc. cit.* : « Cui (Attoni) Erlembaldus apud Mediolanum totis favebat
viribus, die noctuque laborans, datis etiam ac promissis muneribus. Insuper

Telle était la situation de la Lombardie à l'avènement de Grégoire VII. La politique pontificale se distingue aussitôt par son énergie et par sa prudence; elle encourage les Patares dans leur lutte en faveur d'Atton, cherche à faire le vide autour de Godefroy excommunié, mais, en même temps, elle tend à des négociations avec le roi de Germanie dont le pape souhaite sincèrement la réconciliation avec l'Église romaine.

Il fallait tout d'abord faire comprendre aux fidèles du diocèse de Milan que Godefroy ne pouvait être considéré comme l'évêque légitime. De là, les deux bulles du 24 juin 1073 adressées l'une aux comtesses Béatrix et Mathilde [1], l'autre au nouvel évêque de Pavie, Guillaume [2], dans lesquelles le prélat désigné par Henri IV est flétri comme « simoniaque » et « excommunié [3] ». Il faut voir là le prélude de l'encyclique du 1er juillet, déjà mentionnée plus haut, où Grégoire VII trace avec la plus grande netteté la ligne de conduite à observer.

« Au nom du Dieu tout-puissant, du Père, du Fils, du Saint-Esprit et aussi des bienheureux princes des Apôtres, Pierre et Paul, nous vous prions, très chers frères, écrit-il aux fidèles lombards, nous vous supplions et nous vous ordonnons de ne reconnaître en aucune façon l'hérétique Godefroy. Par tous les moyens en votre pouvoir, résistez-lui, comme de vrais fils de Dieu; défendez en toutes choses la foi chrétienne par laquelle vous devez être sauvés; ne redoutez pas l'orgueil humain; celui qui est avec nous est supérieur à tous les autres et reste toujours invaincu [4]. »

Le pape se refuse donc à reconnaître Godefroy « qui a eu l'audace d'acheter, comme une vile servante, l'église de Milan

---

omne Gotefredi collegium flammis ac ferro persequebatur interdum, nihil intemptatum iuxta posse relinquens, praesertim cum nec regiae potestati nec suorum primum aliorumque multorum cederet ullo modo voluntati, Romana tantum fretus atque contentus fiducia » (MGH, SS, t. VIII, p. 26).

[1] GRÉGOIRE VII, *Registrum*, I, 11 (édit. CASPAR, p. 17-19; édit. JAFFÉ, p. 21-23; PL, CXLVIII, 293-294).

[2] *Ibid.*, I, 12 (édit. CASPAR, p. 19-20; édit. JAFFÉ, p. 23-24; PL, CXLVIII, 294-295).

[3] *Ibid.*, I, 11 (édit. CASPAR, p. 18; édit. JAFFÉ, p. 22; PL, CXLVIII, 293).

[4] *Ibid.*, I, 15 (édit. CASPAR, p. 24; édit. JAFFÉ, p. 27; PL, CXLVIII, 297). Voir plus haut, p. 104.

du vivant de Guy [1]. » Il évite toutefois de prononcer le nom d'Atton, sans doute afin de ne pas froisser Henri IV qu'il espère gagner à ses vues et du même coup rapprocher du Saint-Siège.

Henri IV était sous le coup de l'excommunication pour n'avoir pas voulu se séparer de conseillers eux-mêmes excommuniés [2]. D'autres accusations pesaient encore sur lui : il avait saisi des biens ecclésiastiques, vendu des évêchés et enfin désigné Godefroy comme archevêque de Milan dans un esprit de rébellion à l'égard de l'Église romaine [3]. Grégoire VII, tout en affirmant sa volonté de ne pas enfreindre les règles canoniques violées par le jeune souverain, mit beaucoup d'empressement à faire savoir qu'il était disposé à la miséricorde et au pardon. Dès le lendemain de son élection, il écrit à Godefroy le Bossu dont il connaît les relations amicales avec Henri IV :

« Au sujet du roi, voici notre pensée et nos vœux; personne, je l'atteste devant Dieu, n'est plus soucieux que nous de sa gloire présente et future, personne ne la souhaite avec un plus ardent désir. Nous nous proposons, à la première occasion, de le faire entretenir par nos légats en termes affectueux et paternels de ce qui a trait à la prospérité de l'Église et à l'honneur de la dignité royale. S'il nous écoute, nous serons aussi heureux de son salut que du nôtre [4]. »

---

[1] GRÉGOIRE VII, *Registrum*, I, 15 (édit. CASPAR, p. 24; édit. JAFFÉ, p. 26-27; PL, CXLVIII, 297).

[2] L'excommunication de Henri IV est très clairement désignée par ces mots d'une lettre du 5 juin 1074, à l'impératrice Agnès (*Registrum*, I, 85) : « Filium vestrum Heinricum regem communioni ecclesiae restitui » (édit. CASPAR, p. 21; édit. JAFFÉ, p. 106; PL, CXLVIII, 357). Quant au motif de l'excommunication, il est indiqué par la lettre I, 21 (édit. CASPAR, p. 35; édit. JAFFÉ, p. 36; PL, CXLVIII, 304) : « Donec de communione cum excommunicatis satisfaciens, rebus bene compositis, nobiscum pacem possit habere. »

[3] Ce sont là les fautes avouées par Henri IV lui-même dans la lettre où il sollicite son pardon (*Registrum*, I, 29a) : « Partim potestative nostrae et imperiosae potentiae libertate, partim etiam eorum, quorum seductile nimium secuti sumus consilia, seductoria deceptione peccavimus in coelum et coram vobis et jam digni non sumus vocatione vestrae filiationis. Non solum enim nos res ecclesiasticas invasimus, verum quoque indignis quibuslibet et symoniaco felle amaricatis et non per ostium sed aliunde ingredientibus ecclesias ipsas vendidimus et non eas, ut oportuit, defendimus » (édit. CASPAR, p. 49; édit. JAFFÉ, p. 47; PL, CXLVIII, 313). — La fin de la lettre est consacrée à l'affaire de l'archevêché de Milan.

[4] GRÉGOIRE VII, *Registrum*, I, 9 (édit. CASPAR, p. 14-15; édit. JAFFÉ, p. 19-20; PL, CXLVIII, 291).

Quelques semaines plus tard, dans une lettre du 24 juin 1073 aux comtesses Béatrix et Mathilde, les projets pontificaux prennent une forme plus concrète :

« Au sujet du roi voici quelle est notre volonté ; nous lui enverrons des hommes religieux qui, par des avertissements inspirés de Dieu, s'efforceront de le ramener à l'amour de la sainte Église romaine, notre mère et la sienne, puis de déterminer sous quelle forme il pourra recevoir l'empire [1]. »

Il semble dès lors que l'on s'achemine vers des négociations qui ont chance d'aboutir, puisque le pape entrevoit déjà la possibilité de couronner Henri IV comme empereur. Cette allusion à la dignité convoitée par le roi était de la part de Grégoire VII une attention délicate à laquelle le jeune souverain ne pouvait manquer d'être sensible. D'autres prévenances allaient s'ajouter à celle-là : le 14 septembre 1073, au cours d'un voyage dans l'Italie normande, Grégoire VII reçoit le serment vassalique du prince de Capoue, Richard. Il a soin d'introduire dans la formule déjà employée sous Alexandre II une clause aux termes de laquelle la fidélité au Saint-Siège n'excluait pas la fidélité au roi de Germanie : « Lorsque j'en serai requis par vous ou par vos successeurs, déclare le prince, je jurerai fidélité au roi Henri, étant pourtant sauve ma fidélité envers la sainte Église romaine [2]. »

Au moment où Richard de Capoue prêtait serment à Grégoire VII, la lettre de soumission de Henri IV était en route pour Rome. Le roi s'était décidé à faire amende honorable, sans doute sous l'influence des événements de Saxe qui avaient fourni à Grégoire VII une autre occasion de manifester sa bienveillance à son égard.

En avril 1073, la Saxe s'était révoltée contre l'autorité royale [3].

---

[1] GRÉGOIRE VII, *Registrum*, I, 11 (édit. CASPAR, p. 19 ; édit. JAFFÉ, p. 22 ; PL, CXLVIII, 293-294).

[2] *Ibid.*, I, 21a (édit. CASPAR, p. 36 ; édit. JAFFÉ, p. 36-37 ; PL, CXLVIII, 305).

[3] L'étude des causes qui ont déterminé la révolte de la Saxe ne saurait trouver sa place ici. On trouvera tous les textes rassemblés et critiqués dans MEYER VON KNONAU, *Jahrbücher*, t. II, Excurs III, p. 857-870.

Il est faux que le pape, comme ont essayé de l'insinuer ses ennemis [1], ait provoqué ce soulèvement [2]. Il a tenté au contraire de l'étouffer et cherché à prévenir la guerre civile qui menaçait d'ébranler le pouvoir de Henri IV en Allemagne. Le 1er septembre 1073, il écrit au duc de Souabe, Rodolphe, une lettre très habile où il découvre ses sentiments véritables :

« Nous tenons, lui-dit-il, à ce que vous sachiez que nous ne sommes animés d'aucune malveillance à l'égard du roi Henri; nous sommes ses débiteurs, depuis que nous l'avons élu roi; son père, l'empereur Henri, digne de tout éloge, nous a, parmi les Italiens qui séjournaient à sa cour, traité avec un respect particulier et, en mourant, il a confié son fils à l'Église romaine par l'entremise du pape Victor de vénérée mémoire [3]. »

Ces paroles n'impliquent-elles pas une désapprobation de la révolte de la Saxe [4] ? Il y a tout lieu de le supposer. En tous cas, Grégoire VII insiste sur son désir d'arriver, en ce qui le concerne, à une entente avec Henri et, « afin que cette concorde entre le Sacerdoce et l'Empire ne soit pas fictive », il demande à Rodolphe de venir le trouver en compagnie de l'impératrice Agnès, de la comtesse Béatrix, de l'évêque de Côme, Renaud [5].

---

[1] BENZON D'ALBE, *Ad Heinricum*, VI, *Praefatio* : « Prandellus, facciosissimus monachellus, morbidavit gentes et regna, pharmaceutians ea per plurima tempora. Inter alios denique, quos ferit mente captos, praevaluit in Saxonibus, reddens eos similes daemonibus. Exagitavit quippe illos servili ausu arripere arma adversus Christum Domini » (MGH, SS, t. XI, p. 656). — PETRUS CRASSUS, *Defensio Heinrici regis*, 6 : « Saxones... unius monachi vesaniam sequentes, contra divinas et humanas leges, contra ius gentium, contra ius civile, contra bonos mores, contra humanae vitae omnem aequitatem armata vi regni invasionem fecistis » (*Libelli de lite*, t. I, p. 444).

[2] Nous sommes pleinement d'accord à ce sujet avec MARTENS (*Gregor VII, sein Leben und Wirken*, t. I, p. 79-80).

[3] GRÉGOIRE VII, *Registrum* I, 19 (édit. CASPAR, p. 31-32; édit. JAFFÉ, p. 33; PL, CXLVIII, 302).

[4] On verra plus loin qu'après avoir fait sa paix avec Henri IV, Grégoire VII a pris ouvertement son parti dans l'affaire saxonne.

[5] GRÉGOIRE VII, *Registrum*, I, 19 (édit. CASPAR, p. 32; édit. JAFFÉ, p. 33-34; PL, CXLVIII, 302). Le même jour, le pape écrit à Renaud, évêque de Côme : « Ducem Rodulfum Longobardiam intraturum in hoc proximo septembre audivimus » (*Registrum*, I, 20; édit. CASPAR, p. 34; édit. JAFFÉ, p. 35; PL, CXLVIII, 303). Rodolphe était donc attendu en Lombardie dans le courant de septembre.

La conférence projetée n'eut pas lieu. Entre le 24 et le 27 septembre 1073 [1], Grégoire VII reçut de Henri IV une lettre qui le combla de joie. Le prince, jusque-là rebelle aux directions de la papauté, y témoignait de son sincère repentir; il regrettait les usurpations de biens ecclésiastiques et les ventes d'évêchés dont on pouvait légitimement l'incriminer, sollicitait humblement son absolution, protestait de son respect envers le siège apostolique, se déclarait prêt à donner satisfaction dans l'affaire milanaise, annonçait enfin l'arrivée prochaine d'une ambassade qui réglerait avec le pape toutes les questions litigieuses [2].

La politique de fermeté conciliante, que Grégoire VII avait suivie, était couronnée de succès; la réforme allait triompher à Milan; d'autre part des rapports réguliers et amicaux étaient désormais possibles entre la papauté et l'Allemagne, puisque tel était le vœu du roi aussi bien que du pape :

«Pour être administrés suivant les lois du Christ, écrivait Henri IV, le royaume et la sacerdoce ont toujours besoin d'un mutuel appui. Aussi est-il nécessaire d'éviter entre eux tout dissentiment et de les unir indissolublement en Jésus-Christ lui-même. C'est ainsi que se scellent dans une charité parfaite et dans la paix la concorde de l'unité chrétienne et le statut de la religion ecclésiastique [3]. »

Au moment où Henri IV rédigeait ces lignes, soit à la fin d'août soit au commencement de septembre, Grégoire VII, dans sa lettre du 1er septembre 1073 à Rodolphe de Souabe, exprimait la même idée avec des formules plus frappantes encore [4]. Il accueillit donc avec un enthousiasme non dissimulé

---

[1] La date à laquelle Grégoire VII reçut la lettre de Henri IV est assez facile à déterminer. Lorsque le pape écrit à Brunon de Vérone, le 24 septembre 1073 (*Registrum*, I, 24, édit. CASPAR, p. 40-41; édit. JAFFÉ, p. 41; PL, CXLVIII, 308), il ne l'a pas encore entre les mains, car il n'y fait aucune allusion et se borne à exprimer l'espoir d'un accord. Au contraire, le 27, il communique à Erlembaud la teneur de la lettre en question. Cfr *Registrum*, I, 25 (édit. CASPAR, p. 41-42; édit. JAFFÉ, p. 42; PL, CXLVIII, 309).

[2] GRÉGOIRE VII, *Registrum*, I, 29a (édit. CASPAR, p. 47-49; édit. JAFFÉ, p. 46-48; PL, CXLVIII, 312-313).

[3] *Ibid.*, I, 29a (édit. CASPAR, p. 48; édit. JAFFÉ, p. 46-47; PL, CXLVIII, 312).

[4] *Ibid.*, I, 19 (édit. CASPAR, p. 31; édit. JAFFÉ, p. 33; PL, CXLVIII, 302). Voir la citation plus haut, p. 108.

la soumission du roi et les protestations de respectueuse fidélité qui l'accompagnaient :

« Sachez bien, écrit-il à Erlembaud le 27 septembre 1073, que le roi Henri nous a adressé des paroles empreintes de douceur et d'obéissance, au point que, à notre connaissance, jamais ni lui ni ses prédécesseurs n'ont rien écrit de pareil aux pontifes romains [1]. »

Les méthodes italiennes triomphent ; le rêve de Pierre Damien parait pleinement réalisé.

Dans les mois qui suivent, Grégoire VII cueille les fruits de son accord avec le roi de Germanie. En Lombardie, il prie les évêques d'Acqui et de Pavie de prêter main forte à Erlembaud, « ce très courageux chevalier du Christ [2] ». Mais à Erlembaud lui-même il prodigue les conseils de modération et de prudence ; il lui enjoint notamment de se montrer charitable envers les anciens partisans de Godefroy :

« Il faut, dit-il que ceux qui, animés du regret de leur erreur, viendront chercher auprès de nous un remède salutaire, sachent qu'ils seront accueillis avec bienveillance et traités avec miséricorde [3]. »

En Allemagne, où l'affaire saxonne a mal tourné pour Henri IV, qui a été obligé de se retirer sur le Rhin et n'a pu décider les princes à une expédition immédiate contre les rebelles [4], Grégoire VII cherche à s'interposer ; il demande notamment aux évêques saxons d'éviter tout acte belliqueux jusqu'à l'arrivée des légats pontificaux qui tenteraient d'établir la paix sur des bases solides [5]. Cette intervention ne manque pas d'habileté ; le pape rend un réel service à Henri IV et, du même coup, il manifeste avec éclat la puissance pontificale :

« Vous savez, dit-il en termes impératifs aux prélats, que tout

---

[1] GRÉGOIRE VII, Registrum, I, 25 (édit. CASPAR, p. 42 ; édit. JAFFÉ, p. 42 ; PL, CXLVIII, 309).

[2] Ibid., I, 27 (édit. CASPAR, p. 44-45 ; édit. JAFFÉ, p. 44 ; PL, CXLVIII, 310-311) et I, 28 (édit. CASPAR, p. 45-46 ; édit. JAFFÉ, p. 45 ; PL, CXLVIII, 311).

[3] Ibid., I, 26 (édit. CASPAR, p. 43 ; édit. JAFFÉ, p. 43 ; PL, CXLVIII, 309).

[4] Sur ces événements, cfr MEYER VON KNONAU, Jahrbücher, t. II, p. 232-272 et 286-300).

[5] GRÉGOIRE VII, Registrum, I, 39 (édit. CASPAR, p. 61-62 ; édit. JAFFÉ, p. 57-58 ; PL, CXLVIII, 320-321).

mensonge à notre égard est un sacrilège, qu'abandonner la cause de la justice, c'est exposer son âme au naufrage... Si nous apprenons qu'un des partis est de la part de l'autre victime d'injustices ou de violences, nous lui apporterons sans aucun doute le concours et l'appui de l'autorité apostolique [1]. »

A l'égard des autres princes laïques Grégoire VII suit la même politique. Comme Henri IV, le roi de France, Philippe Ier, avait eu des torts envers l'Église.

« De tous les princes qui ont maltraité l'Église de Dieu, leur mère, à laquelle ils devaient suivant le principe du Seigneur honneur et révérence, qui ont fait preuve à son égard d'une cupidité perverse en vendant ses dignités et en voulant l'assujettir comme une servante, Philippe, roi de France, est certainement le plus coupable [2]. »

Tel est le jugement porté par le pape sur Philippe Ier, dans une lettre du 4 décembre 1073 à Roclin, évêque de Chalon-sur-Saône. Il est difficile d'être plus sévère. Pourtant, tout en opposant à la folie du roi la sagesse de son royaume, « toujours si déférent envers l'Église romaine », Grégoire VII reste disposé à l'indulgence et au pardon, d'autant plus que Philippe Ier, par l'entremise d'un de ses familiers, Aubri, s'est engagé à mener une vie meilleure et à renoncer aux pratiques simoniaques. Que le roi traduise en actes cette promesse verbale, qu'il permette notamment l'ordination au siège de Mâcon de l'archidiacre d'Autun, Landri, élu conformément aux canons avec l'assentiment royal, mais dont Philippe prétendait exiger une somme d'argent, et l'entente sera parfaite entre le pape et le roi de France [3].

Une autre difficulté avait surgi. Depuis qu'il était parvenu à sa majorité, le jeune Philippe s'était montré violent à l'égard de l'évêque de Beauvais, Guy. Il l'avait expulsé de son siège et dépouillé de son temporel, pour mettre ensuite le diocèse

---

[1] GRÉGOIRE VII, *Registrum*, I, 39 (édit. CASPAR, p. 62; édit. JAFFÉ, p. 58; PL, CXLVIII, 321).

[2] *Ibid.*, I, 35 (édit. CASPAR, p. 56; édit. JAFFÉ, p. 53; PL, CXLVIII, 317).

[3] *Ibid.*, I, 35 (édit. CASPAR, p. 56-57; édit. JAFFÉ, p. 53-54; PL, CXLVIII, 317-318). Sur les rapports de Grégoire VII et de Philippe Ier, cfr AUGUSTIN FLICHE, *Le règne de Philippe Ier, roi de France* (1060-1108), Paris, 1912, p. 389 et suiv.

en coupe réglée [1]. Les habitants de Beauvais, qui trouvaient
leur compte dans le pillage des biens ecclésiastiques, appor-
tèrent au roi un concours empressé [2]. Grégoire VII, informé
de leurs excès, les frappa d'anathème [3]. La mesure produisit
un effet immédiat. Les brebis retournèrent à leur pasteur qui
intervint pour elles auprès du pape et obtint de lui que l'excommunication fût levée (13 avril 1074) [4]. Restait le roi de France;
il n'eut plus lui aussi qu'à protester de son obéissance filiale.
Grégoire VII le pria de restituer ce qu'il avait enlevé à l'église
de Beauvais [5] et consacra lui-même Landri, dont Philippe Ier
avait renoncé à exiger une somme d'argent [6]. La paix était faite,
sans que le pape eût consenti à aucun sacrifice; la discipline
ecclésiastique était sauve et, en France comme en Allemagne,
le pouvoir temporel inclinait à un rapprochement avec le
Saint-Siège dont le prestige se trouvait fortifié.

En Angleterre les rapports du pape et du roi n'avaient cessé
d'être empreints de la plus grande cordialité. L'avènement de
Grégoire VII, qui en 1066 avait encouragé et appuyé l'expédition normande [7], ne pouvait qu'affermir l'alliance. Guillaume
le Conquérant n'était-il pas le « le roi très cher et le fils unique
de la sainte Église romaine [7] ? » N'avait-il pas témoigné du zèle

---

[1] Nous empruntons ces détails à la *Vita S. Romanae Virginis*, 10 (BOUQUET,
XIV, 29) qui aide à comprendre les bulles de Grégoire VII relatives à l'affaire
de Beauvais.

[2] Cela résulte très clairement de la bulle qui leur est adressée le 13 avril 1074,
où on lit : « Quoniam mira et hactenus inaudita fecistis, detestanda et abomi-
nanda perpetrastis et super gentes quae ignorant Deum saeviendo et inhumanas
linguas exacuendo in Deum et in dominum vestrum praesumpsistis » (*Registrum*
I, 74, édit. CASPAR, p. 105; édit. JAFFÉ, p. 93; PL, CXLVIII, 347).

[3] GRÉGOIRE VII, *Registrum*, I, 74 (édit. CASPAR, p. 105; édit. JAFFÉ, p. 93;
PL, CXLVIII, 347) : « Idcirco sancta Romana ecclesia auctoritate patrum,
sanctione canonum, in vos iacula anathematis iure contorsit. »

[4] *Ibid.*, I, 74 (édit. CASPAR, p. 105-106; édit. JAFFÉ, p. 93; PL, CXLVIII,
347).

[5] *Ibid.*, I, 75 (édit. CASPAR, p. 106-107; édit. JAFFÉ, p. 93-95; PL, CXLVIII,
348).

[6] *Ibid.*, I, 76, du 15 avril 1074 (édit. CASPAR, p. 108; édit. JAFFÉ, p. 95;
PL, CXLVIII, 349).

[7] Cfr *La Réforme grégorienne*, t. I, p. 364, n. 1.

[8] GRÉGOIRE VII, *Registrum*, I, 31 (édit. CASPAR, p. 52; édit. JAFFÉ, p. 49;
PL, CXLVIII, 314).

le plus louable en faveur de la réforme en évitant soigneusement
la simonie et en ne nommant aux évêchés que des prélats de
mœurs pures [1] ? Sans doute il était très jaloux de ses prérogatives
en matière d'élections épiscopales, mais en 1073, Grégoire VII
tolère l'investiture laïque; il n'a donc rien à reprocher à un
souverain qui collabore aussi efficacement à son œuvre et qui
travaille de son mieux à la régénération de l'Église.

En même temps que, pour assurer l'avenir de cette réforme,
objet de ses vœux, Grégoire VII recherche l'alliance des rois
de Germanie, de France et d'Angleterre, il s'efforce de grouper
autour du Saint-Siège les États italiens dont le concours peut
lui être également fort utile.

L'Italie du Sud était occupée par les princes normands.
Adversaires de la papauté au temps de Léon IX, Robert Guiscard
et Richard de Capoue étaient devenus ses vassaux, grâce à l'habile
politique de Nicolas II, admirablement secondé par l'abbé du
Mont-Cassin, Didier [2]. Toutefois les résultats obtenus avaient
été éphémères; très maladroitement, Alexandre II avait sacrifié
ses alliés italiens pour se réconcilier avec la Germanie [3], en
sorte qu'à l'avènement de Grégoire VII les rélations étaient de
nouveau assez tendues entre Rome et l'Italie normande; Robert
de Loritello, neveu de Robert Guiscard, avait pénétré sur le
territoire pontifical et s'était avancé jusqu'à Ortona [4]. Mais
Robert Guiscard, par son ambition grandissante, inquiétait
son voisin Richard de Capoue et il semblait que la papauté
pût utiliser ces divisions et ces rivalités entre les princes.

Grégoire VII ne paraît pas y avoir songé. Il a peu de goût
pour les finesses de la politique et se laisse guider par des raisons
d'un ordre plus élevé. Dans l'Italie méridionale, comme en
Allemagne et en France, il aspire uniquement à faire régner

---

[1] Sur la politique religieuse de Guillaume le Conquérant, cfr A. FLICHE,
Le règne de Philippe Ier, roi de France, p. 214 et suiv.

[2] Cfr *La Réforme grégorienne*, t. I, p. 326 et suiv.

[3] Cfr *La Réforme grégorienne*, t. I, p. 350-351.

[4] Sur les expéditions normandes dans les États pontificaux, cfr F. CHALANDON,
Histoire de la domination normande en Italie et en Sicile, t. I, p. 226 et suiv.

la paix et dans la paix à poursuivre son œuvre réformatrice avec le bienveillant appui du pouvoir temporel. C'est ainsi que, peu de temps après son avènement, le bruit ayant couru que Robert Guiscard était mort à Bari, il adressa à sa femme, Sykelgaite, une lettre dont le chroniqueur Aimé du Mont-Cassin a gardé la teneur et où, tout en exprimant ses condoléances, il offrait d'investir le jeune fils de Robert, Roger, de la succession paternelle. Il prouvait par là qu'il n'était nullement inféodé aux rivaux de Robert Guiscard et qu'il n'avait d'autre souci que de maintenir, conformément à la justice, l'équilibre de l'Italie méridionale. Le duc, qui n'avait pas succombé à la maladie dont il était atteint, fut très sensible à ce procédé; il remercia Grégoire VII de la sympathie qu'il avait témoignée aux siens et promit de lui être désormais fidèle [1].

Cet incident bizarre et inattendu allait-il amener un rapprochement entre la papauté et Robert Guiscard ? On put le croire un instant. A la fin de juillet 1073, Grégoire VII prend le chemin de l'Italie méridionale [2]. Le 2 août il est à Bénévent, où l'abbé du Mont-Cassin, Didier, devait lui ménager un entretien avec Robert Guiscard [3]. L'entrevue n'eut pas lieu. Suivant Aimé du Mont-Cassin [4], Robert redoutant un guet-apens, aurait demandé un sauf-conduit au pape qui fut froissé de cette marque de défiance. Cette raison est-elle suffisante pour justifier l'échec

---

[1] AIMÉ DU MONT-CASSIN, VII, 9 (édit. CHAMPOLLION-FIGEAC, p. 197-198).

[2] Le 9 juillet, il était encore à Albano. Cfr *Registrum*, I, 18 (édit. CASPAR, p. 29; édit. JAFFÉ, p. 30-31; PL, CXLVIII, 300-301).

[3] *Annales Beneventani*, cod. 1 : « Gregorius VII papa venit Beneventum »; cod. 3 : « Beneventum venit mense Augusto » (MGH, SS, t. III, p. 181). — *Chronicon S. Benedicti* : « Venit domnus Gregorius papa Beneventum a. d. 1073,2 die intrante mense Augusti » (*ibid.*, t. III, p. 203). — *Chronica monasterii Casinensis*, II, 36 : « Qui (Gregorius), eodem ordinationis suae anno, ad hoc monasterium perveniens, sociato sibi Desiderio, Beneventum perrexit » (*ibid.*, t. VII, p. 729). La présence de Didier aux côtés de Grégoire VII est prouvée par sa souscription à l'accord avec Landulf de Bénévent (*Registrum*, I, 18a, édit. CASPAR, p. 31; édit. JAFFÉ, p. 32; PL, CXLVIII, 301). Aimé du Mont-Cassin (VII, 9, *loc. cit.*) raconte que l'entrevue devait avoir lieu d'abord à San Germano et que l'on trouva ensuite que Bénévent conviendrait mieux. Sur tous ces événements, cfr CHALANDON, *Histoire de la domination normande en Italie*, t. I, p. 228 et suiv. et MEYER VON KNONAU, *Jahrbücher*, t. II, p. 275 et suiv.

[4] AIMÉ DU MONT-CASSIN, VII, 9 (édit. citée, *ibid.*).

de la négociation ? Il est également possible qu'avant de sceller
la réconciliation de Robert Guiscard avec l'Église romaine,
Grégoire VII ait voulu avoir des garanties, qu'il ait notamment
exigé de lui l'engagement de respecter et de faire respecter par
les siens le territoire des Abbruzzes, où avaient sévi tant de fois
au cours des dernières années les déprédations normandes, et
que le duc ait répondu de façon évasive [1]. En tous cas Robert
ne parut pas à Bénévent. C'était le premier insuccès de la politique pontificale depuis l'avènement de Grégoire VII.

L'attitude de Robert Guiscard détermina sans doute ses rivaux, normands ou autres, à se montrer très empressés envers le
Saint-Siège. Le 22 août 1073, Landulf de Bénévent profite de
la présence du pape dans sa principauté pour signer avec lui
un traité par lequel il se déclare vassal de l'Église romaine [2].
De Bénévent, Grégoire VII se rend à Capoue [3], où il reçoit de
la part du prince Richard l'accueil le plus aimable. Comme
Landulf, Richard jure fidélité au pape suivant une formule
identique à celle du serment prêté par les princes normands
à Nicolas II en 1059 [4]. En vertu de cette fidélité, il s'engage
à ne participer à aucune entreprise dirigée contre la papauté,
à aider celle-ci à « garder, acquérir et défendre les *regalia
Sancti Petri* », à respecter l'intégrité du territoire pontifical, à
veiller au maintien de la dignité apostolique entre les mains
de son titulaire actuel et, en cas de vacance, à protéger les cardinaux, afin que l'élection puisse être régulière, à remettre enfin
à Grégoire VII « toutes les églises qui sont sous sa domination ».
D'autre part il tiendra sa terre de saint Pierre et versera un
cens annuel. Il promet en outre, s'il en est requis par Grégoire

---

[1] Telle est l'opinion de M. Chalandon (*Histoire de la domination normande
en Italie*, t. I, p. 229). Elle nous paraît devoir être admise, car elle s'accorde
pleinement avec les tendances de la politique pontificale qui, tout en recherchant
l'alliance des pouvoirs temporels, ne sacrifie jamais les intérêts de l'Église et
du Saint-Siège.

[2] GRÉGOIRE VII, *Registrum*, I, 18a (édit. CASPAR, p. 31 ; édit. JAFFÉ, p. 32 ;
PL, CXLVIII, 301).

[3] Les lettres I, 19, 20 et 21, datées du 1er septembre, ont été expédiées de
Capoue (édit. CASPAR, p. 31-35 ; édit. JAFFÉ, p. 33-36 ; PL, CXLVIII, 301-304).

[4] Cfr *La Réforme grégorienne*, t. I, p. 330.

ou par ses successeurs, de jurer fidélité au roi Henri : « étant sauve pourtant sa fidélité envers la sainte Église romaine [1]. »

L'Italie méridionale subit donc l'influence de la papauté qui a resserré les liens temporels contractés au temps de Nicolas II. Toutefois, étant donné les instincts belliqueux et l'humeur versatile des princes normands, il y a peu à compter sur eux. Grégoire VII dispose d'appuis plus précieux dans l'Italie du Nord où les comtesses Béatrix et Mathilde, auprès desquelles il a joué le rôle de directeur spirituel [2], sont le plus ferme soutien de sa politique [3] :

« Quant à la comtesse Béatrix et à sa fille Mathilde, écrivait le pape à Erlembaud le 23 septembre 1073, on ne saurait douter de leur parfaite fidélité en tout ce qui touche à Dieu, à la religion et à la sainte Église [4]. »

C'est avec leur aide en effet que le pape a lutté en Lombardie contre l'intrus Godefroy et c'est par leur intermédiaire qu'il compte mener à bien les négociations avec Henri IV, que la soumission du roi rendit inutiles [5].

---

[1] GRÉGOIRE VII, *Registrum*, I, 21a (édit. CASPAR, p. 35-36; édit. JAFFÉ, p. 36-37; PL, CXLVIII, 304-305). Cette dernière clause paraît assez singulière. Grégoire VII veut-il dire par là que le prince de Capoue devra reconnaître la suzeraineté impériale, lorsque Henri IV aura été couronné ? On ne voit pas très bien comme il aurait pu concilier ses deux devoirs. Le serment prêté par Richard à Alexandre II le 2 octobre 1061 (DEUSDEDIT, *Collectio canonum*, III, 288, édit. WOLF VAN GLANVELL, p. 395-396) portait : « Nulli iurabo fidelitatem nisi salva fidelitate sanctae Romanae ecclesiae », formule à laquelle Grégoire VII substitue celle-ci : « Regi vero Heinrico, cum a te admonitus fuero vel a tuis successoribus, iurabo fidelitatem, salva tamen fidelitate sanctae Romanae ecclesiae. » Cette dernière fidélité est pourtant d'ordre temporel, puisque les deux devoirs de *consilium* et d'*auxilium* sont expressément mentionnés. Il est donc probable qu'il faut voir uniquement dans la phrase en question une attention à l'égard de Henri IV, dont Grégoire VII recherche l'alliance à cette date. Cfr *supra*, p. 120.

[2] Cfr *supra*, p. 92-93.

[3] Sur la comtesse Mathilde, voir A. OVERMANN, *Gräfin Mathilde von Tuscien*, Innsbrück 1895; E. HUDDY, *Matilda, countess of Tuscany*, Londres 1900.

[4] GRÉGOIRE VII, *Registrum*, I, 2 (édit. CASPAR, p. 42; édit. JAFFÉ, p. 42; PL, CXLVIII, 309). Cfr aussi l'éloge de Mathilde dans *Registrum*, I, 85 (édit. CASPAR, p. 122; édit. JAFFÉ, p. 107-108; PL, CXLVIII, 357-358), du 15 juin 1074, à l'impératrice Agnès.

[5] Cfr *supra*, p. 124-125.

Béatrix et Mathilde disposaient d'une grosse influence politique. Fille d'un duc lorrain et cousine de Henri IV, Béatrix avait épousé Boniface III, marquis de Toscane, assassiné en 1052, puis, en secondes noces, Godefroy de Lorraine, surnommé le Barbu. Mathilde, née en 1046, du premier lit, avait hérité des états de son père et épousé a son tour un prince lorrain, Godefroy III le Bossu [1], qui, par suite de l'influence dont il disposait dans l'empire, pouvait rendre les plus grands services au Saint-Siège. Sûr de l'alliance de Mathilde, Grégoire VII recherche, au début de son pontificat, celle de Godefroy. Or la pieuse comtesse, qui paraissait plus faite pour le cloître que pour la vie conjugale, n'avait avec son époux que de lointains rapports [2]. Pourtant par un hasard exceptionnel, Godefroy séjourna en Italie pendant les premiers mois de 1073 [3]. Le pape, le lendemain de son avènement, s'empressa de lui écrire, et de s'ouvrir à lui sous la forme la plus amicale de ses inquiétudes et de ses projets :

« Je vois, lui-dit-il, tous les soucis qui m'entourent; je sens tout le poids du fardeau qui m'est imposé; conscient de mon infirmité, je tremble et je préférerais le repos de la mort dans le Christ aux dangers de la vie. Si je considère la fonction qui m'est confiée, je me trouble au point que, sans la confiance que j'ai en Dieu d'abord, puis dans les prières de saintes personnes, mon esprit succomberait sous

---

[1] Sur Godefroy le Bossu, voir F. DIECKMANN, *Gottfried III der Bucklige*, Diss. Erlangen, 1885.

[2] La version du *Chronicon S. Huberti Andaginensis*, 25 (MGH, SS, t. VIII, p. 583), suivant laquelle Mathilde aurait, au cours de l'année 1073, fait savoir à Godefroy qu'elle était prête à reprendre avec lui des relations conjugales, est une pure légende, destinée à expliquer l'enlèvement par Godefroy de reliques appartenant au monastère de Saint-Hubert. Cfr DIECKMANN, *op. cit.*, p. 41. n. 3, et MEYER VON KNONAU, *Jahrbücher*, p. 214, n. 48.

[3] Une charte du 17 janvier 1073, est délivrée par Mathilde à Pise « una cum Gottefredo duce et marchione in palatio regis », mais, le 7 février, Mathilde est de nouveau seule « extra muros Lucensis civitatis » (COS. DELLA RENA, *Della serie degli antichi marchesi di Toscana*, t. II, p. 55-60). Il est cependant probable que Godefroy était encore en Italie au moment de l'élection de Grégoire VII, car dès le 6 mai, soit seulement quelques jours après, le nouveau pape le remercie des félicitations qu'il a reçues de lui. Pour que Godefroy ait pu, du 22 avril au 6 mai, être informé de l'élection et faire parvenir une lettre au pape, il fallait qu'il ne fût pas loin de Rome.

le faix des tracas. En raison de nos péchés, le monde entier est sous la domination de l'esprit malin ; tous, et surtout ceux qui ont de hautes fonctions dans l'Église, songent plus à la troubler qu'à la défendre ou à la glorifier avec une fidèle piété et, tandis qu'ils sont enchaînés par l'appât du gain ou de la gloire de ce monde, ils s'opposent, comme des ennemis, à toutes les entreprises favorables à la religion et à la justice de Dieu. De là notre douleur à nous qui, au milieu de si grandes difficultés, ne pouvons ni administrer comme il le faudrait l'Église universelle, ni en abandonner le gouvernement en sûreté de conscience. Aussi bien, sachant que Dieu a placé en vous les vertus de foi et de constance, animé envers vous de toute la confiance que mérite un très cher fils de saint Pierre, nous tenons à ce que vous ne doutiez pas de notre affection, très constante elle aussi, ni de nos dispositions favorables à votre égard [1]. »

La seconde partie de la bulle est consacrée aux rapports du Sacerdoce et de l'Empire [2]. Grégoire VII aperçoit en Godefroy un médiateur éventuel et c'est là sans aucun doute une des raisons pour lesquelles il attache tant de prix à son amitié. Godefroy a-t-il joué le rôle qui lui était assigné ? En l'absence de tout texte, on ne saurait l'affirmer. En tous cas, les relations du pape avec le duc de Lorraine ne tardèrent pas à se refroidir [3], tandis que la comtesse Mathilde restera pendant tout le pontificat, même aux plus mauvais jours, la très fidèle alliée du Saint-Siège.

Si, après avoir passé en revue les diverses manifestations de l'activité religieuse et politique d'Hildebrand de mai 1073 à mars 1074, on cherche à dresser le bilan des dix premiers mois du pontificat, il est nettement favorable. Le pape n'a subi qu'un seul échec dans l'Italie méridionale, et cet échec est compensé par de brillants succès. Soumission de Henri IV et de Philippe Ier aux directions du siège apostolique, solution

---

[1] GRÉGOIRE VII, *Registrum*, I, 9 (édit. CASPAR, p. 14; édit. JAFFÉ, p. 19; PL, CXLVIII, 291). Avec DIECKMANN, *Gottfried III*, p. 44, et MEYER VON KNONAU, *Jahrbücher*, p. 216, n. 49, nous ne voyons dans cette bulle aucune allusion aux difficultés conjugales de Godefroy le Bossu.

[2] Cfr *supra*, p. 121.

[3] Dès le 7 avril 1074, Grégoire VII reproche à Godefroy de ne pas avoir tenu les promesses qu'il avait faites. Cfr *Registrum*, I, 72 (édit. CASPAR, p. 103-104; édit. JAFFÉ, p. 91-92; PL, CXLVIII, 346).

des affaires de Milan et de Mâcon, rétablissement de la suzeraineté romaine sur les principautés de Bénévent et de Capoue,
alliance étroite avec les comtesses Béatrix et Mathilde, partout
affermissement de la suprématie pontificale, ce sont là autant
de résultats appréciables qui permettent d'envisager l'avenir
avec confiance. Au début de 1074, Grégoire VII peut espérer
que, dans la réalisation de ses projets de réforme de l'Église,
il ne rencontrera aucun obstacle sérieux de la part des princes
temporels. Le moment est venu de reprendre l'effort tenté
par ses prédécesseurs pour ruiner les scandaleuses pratiques
qui depuis un siècle et demi déflorent l'Église. En mars 1074,
le synode traditionnel du carême va permettre au pape de
renouveler les condamnations bien des fois portées par les
conciles romains contre le nicolaïsme et la simonie, en les
accompagnant — et ce sera là son œuvre propre — de sanctions
destinées à les rendre efficaces.

II

C'est à la fin de janvier 1074 que Grégoire VII a lancé les
convocations pour le concile qui, suivant la coutume [1], allait
se tenir à Rome pendant la première semaine du carême (9-15
mars). Deux d'entre elles ont été insérées dans le registre.
L'une est adressée aux suffragants de Milan qui reçoivent,
ainsi que les abbés de leur ressort, l'ordre formel de se rendre
à Rome pour la circonstance [2]. L'autre a pour destinataire le
patriarche d'Aquilée [3] et, bien qu'elle émane de la chancellerie
plutôt que du pape, elle révèle assez bien le but poursuivi par
Grégoire VII. On y trouve les lamentations habituelles sur l'état

---

[1] Grégoire VII a soin de souligner qu'il n'innove en rien. Il écrit aux évêques
lombards : « Non incognitum vobis esse credimus in Romana ecclesia iam-
dudum constitutum esse ut per singulos annos ad decorem et utilitatem sanctae
ecclesiae generale concilium apud sedem apostolicam sit tenendum » (*Registrum*,
I, 43, édit. CASPAR, p. 66; édit. JAFFÉ, p. 61; PL, CXLVIII, 323).

[2] GRÉGOIRE VII, *Registrum*, I, 43 (édit. CASPAR, p. 65-67; édit. JAFFÉ, p. 61-
62; PL, CXLVIII, 323-324).

[3] *Ibid.*, I, 42 (édit. CASPAR, p. 64-65; édit. JAFFÉ, p. 60-61; PL, CXLVIII,
322-323).

de l'Église; le pape déplore les usurpations commises par les
princes, les ambitions temporelles qui rongent le clergé et
l'immoralité à laquelle est en proie le peuple chrétien; après
quoi, il conclut : « Aussi, confiants en la miséricorde divine,
nous avons décidé de réunir un concile pendant la première
semaine du carême, afin qu'avec l'aide de Dieu, forts de l'avis
collectif de nos frères, nous puissions découvrir un adoucisse-
ment et un remède à de si grands dangers [1]. » Le programme
du concile est inclus dans cette phrase; il s'agit d'élaborer un
plan de réforme de l'Église, de prendre des décisions d'ensemble
qui permettront au pape de poursuivre avec plus d'autorité
l'œuvre à laquelle il entend se consacrer.

Avant de songer à l'avenir, on liquide le passé. Le concile
qui se réunit, comme il avait été convenu, pendant la première
semaine du carême, apporte une solution à l'affaire milanaise,
Henri IV avait reconnu son erreur et accepté par avance la
sentence pontificale [2]; Grégoire VII peut donc proclamer
Atton comme archevêque [3]. D'autre part il lance l'excommunication et l'anathème sur Robert Guiscard : « jusqu'au jour où
il s'amenderait. » La même peine atteint les « partisans » du
duc [4]. On connaît mal les raisons qui ont inspiré cette grave
mesure. Le pape a eu certainement de nouveaux sujets de
plainte et il y a tout lieu de supposer qu'ils se rapportaient
une fois de plus à des incursions normandes en territoire ponti-

---

[1] GRÉGOIRE VII, *Registrum*, I, 42 (édit. CASPAR, p. 65; édit. JAFFÉ, p. 60-61; PL, CXLVIII, 323).

[2] On lit dans la lettre insérée dans le *Registrum*, I, *29a* : « Et nunc in primis pro ecclesia mediolanensi, quae nostra culpa est in errore, rogamus vos ut vestra apostolica districtione canonice corrigatur et exinde ad ceteras corri- gendas auctoritatis vestrae sententia progrediatur » (édit. CASPAR, p. 49; édit. JAFFÉ, p. 47; PL, CXLVIII, 313).

[3] Le fait est formellement attesté par Arnulf dans les *Gesta archiepiscoporum Mediolanensium*, IV, 4 (MGH, SS, t. VIII, p. 26). Grégoire VII indique, lui aussi (*Registrum*, II, 30, édit. CASPAR, p. 164; édit. JAFFÉ, p. 143; PL, CXLVIII, 384), qu'Atton a été deux fois confirmé par une sentence synodale. Cette bulle étant du 7 décembre 1074, il ne peut s'agir que des conciles de 1072 et de 1074.

[4] GRÉGOIRE VII, *Registrum*, I, *85a* (édit. CASPAR, p. 123: édit. JAFFÉ, p. 108; PL, CXLVIII, 358).

fical [1]. Cet exemple pouvait donner à réfléchir aux autres souverains temporels et leur prouver que, chaque fois qu'il serait porté atteinte aux droits et aux prérogatives de l'Église romaine, le pontife régnant ne reculerait devant aucune sanction et n'hésiterait pas à manier les armes redoutables que les canons mettaient à sa disposition.

La reconnaissance d'Atton comme archevêque de Milan et l'excommunication de Robert Guiscard couronnaient la politique suivie par Grégoire VII depuis son avènement. Les décrets qu'allait promulguer le synode sont le prélude de son œuvre proprement réformatrice.

Les actes officiels du concile romain de mars 1074 sont malheureusement perdus, mais trois bulles pontificales adressées à Siegfried, archevêque de Mayence [2], à Werner, archevêque de Magdebourg [3], et à Othon, évêque de Constance [4], peuvent en tenir lieu [5]. « En vertu de mon autorité apostolique et pour

---

[1] M. CHALANDON (*Histoire de ia domination normande en Italie et en Sicile*, t. I. p. 235-237) voit une corrélation entre l'excommunication de Robert Guiscard et le projet, que caressait alors Grégoire VII, d'organiser une expédition militaire qui irait au secours de l'empire byzantin menacé par les Turcs (Cfr A. FLICHE, *Saint Grégoire VII*, p. 27-28) : « Les Normands, dit-il, étaient le principal obstacle à la réalisation de son projet. » Sans contester la vérité de cette dernière affirmation, il est impossible d'admettre que Grégoire VII, si scrupuleux et si soucieux de ses responsabilités, ait eu recours à une mesure aussi grave que l'anathème pour être agréable à l'empereur de Constantinople et se débarrasser d'un gêneur qui pouvait contrecarrer son projet. D'ailleurs Robert Guiscard, qui en prenait à l'aise avec la loi chrétienne, n'aurait rien modifié à ses intentions ni à sa politique, si le projet oriental avait été poursuivi.

[2] JAFFÉ-WATTENBACH, 4931 (édit. JAFFÉ, p. 523-524).

[3] *Ibid.*, 4932 (édit. JAFFÉ, p. 524-525).

[4] *Ibid.*, 4933 (édit. JAFFÉ, p. 525-526; PL, CXLVIII, 645-646).

[5] La plupart des historiens allemands rapportent ces trois bulles non pas au concile de 1074, mais seulement à celui de 1075, en sorte que les décrets sur la simonie et le nicolaïsme que Jaffé, Delarc (*Saint Grégoire VII*, t. III, p. 62 et suiv.), Hefele-Leclercq (*Histoire des conciles*, t. V, p. 88 et suiv.), Martens (*Gregor VII, sein Leben und sein Wirken*, t. I, p. 281), plus récemment K. Glöckner (*In wiefern sind die gegen Gregor VII, im Wormser Bischofsschreiben von 24 Januar 1076, ausgesprochenen Vorwürfe berechtigt*, Diss. Greifswald, 1904, p. 15 et suiv.) attribuent à la première assemblée, seraient contemporains du décret sur l'investiture laïque et dateraient seulement de 1075. Cfr notamment : O. MELTZER, *Papst Gregors VII Gesetzgebung*, Leipzig, 1896, p. 60 et suiv.; MEYER VON KNONAU, *Jahrbücher*, t. II, p. 456; HAUCK, *Kirchenge-*

me conformer aux sentences des saints Pères, écrit Grégoire VII à Siegfried de Mayence et à Werner de Magdebourg, j'ai considéré qu'il était du devoir de ma charge de mettre fin à l'hérésie simoniaque et d'imposer la chasteté aux clercs. »

---

schichte Deutschlands, p. 774, n. 3 et p. 777, n. 4. Voici les raisons pour lesquelles nous ne pouvons nous ranger à cet avis :

1) Les lettres à Siegfried et à Werner se rapportent beaucoup mieux à l'année 1074 qu'à l'année 1075 et celle qui a pour destinataire Othon de Constance est forcément antérieure à décembre 1074. En 1075, les relations du pape avec Siegfried de Mayence sont assez tendues ; Siegfried a été convoqué au concile et son absence, comme on le verra plus loin, a été mal interprétée ; l'archevêque devra venir à Rome aussitôt après. Or, la lettre JAFFÉ-WATTENBACH 4931 ne renferme aucune sommation, ce qui paraît invraisemblable. Il est non moins impossible que Grégoire VII ait écrit aussitôt après le concile de 1075 la lettre JAFFÉ-WATTENBACH 4932 à Werner de Magdebourg, car elle ferait double emploi avec une autre lettre à lui adressée le 29 mars 1075 (*Registrum* II, 68, édit. CASPAR, p. 225-226 ; édit. JAFFÉ, p. 189 ; PL, CXLVIII, 418-419) et qui a trait également à la chasteté cléricale. Quant à Othon de Constance, il a été cité à comparaître devant le concile de 1075 (*Registrum* II, 29, édit. CASPAR, p. 162 ; édit. JAFFÉ, p. 141 ; PL, CXLVIII, 383 ; JAFFÉ-WATTENBACH 4970, édit. JAFFÉ, p. 528-529 ; PL, CXLVIII, 655-656), mais ne s'est pas rendu à la convocation pontificale. Si la lettre JAFFÉ-WATTENBACH 4933 était seulement de mars 1075, il semblerait difficile que Grégoire VII, en lui rendant compte de ce concile, n'eût fait aucune allusion à sa situation personnelle, soit pour lui reprocher de n'être pas venu, soit pour admettre ses excuses. Mais surtout la lettre JAFFÉ-WATTENBACH 4970, qui est certainement antérieure au concile de 1075, et non moins sûrement contemporaine de la lettre II, 29 du *Registrum* (4 décembre 1074), où Othon est convoqué à Rome par l'intermédiaire de son métropolitain Siegfried, renferme des allusions très nettes aux deux lettres JAFFÉ-WATTENBACH 4931 et 4933, à Siegfried et à Othon, ainsi qu'à des décrets d'un synode antérieur qui ne peut être que celui de 1074 : « Cum enim apostolica auctoritate et veridicis sanctorum patrum sententiis incitati, ad eliminandam simoniacam heresim et praecipiendam clericorum castitatem pro nostri officii debito exarsimus, Moguntino venerabili archiepiscopo, confratri nostro, cui plures et late dispersi suffraganei sunt, hoc obedientiae munus iniunximus ; ut tam per se quam per coadiutores suos hoc Romanae ecclesiae decretum universo clero studiosius inculcaret et inviolabiliter tenendum proponeret. Tibi quoque, cui est plurimus Constantiensis ecclesiae clerus et populus amplissime dilatatus, ob eamdem causam, speciales litteras cudere bulla nostra impressas, collibuit : *quarum fultus auctoritate, tutius animosiusque praeceptis nostris obtemperares et de sanctuario Domini heresim symoniacam et fedam libidinosae contagionis pollutionem expelleres* » (édit. JAFFÉ, p. 528 ; PL, CXLVIII, 655). Ce texte est à la fois très net et très concluant, étant donné que la lettre en question est forcément contemporaine d'une autre à Siegfried de Mayence, celle-là bien datée du 4 décembre 1074, et que d'autre part le passage en italique se trouve déjà dans l'autre lettre à Siegfried JAFFÉ-WATTENBACH 4931.

2) Certaines bulles du registre font allusion, avant la réunion du concile

Les décrets conciliaires rapportés dans les mêmes formes
par les trois bulles, ne sont que la conclusion pratique de cette
phrase lapidaire :

« Quiconque a été promu par simonie, c'est à dire à prix d'argent,
à l'un des ordres sacrés ou à une charge ecclésiastique ne pourra
désormais exercer aucun ministère dans la sainte Église. Ceux qui

---

de 1075, à des décrets sur le nicolaïsme et la simonie : *Registrum*, II, 11, du
26 octobre 1074 (édit. CASPAR, p. 142-143 ; édit. JAFFÉ, p. 126 ; PL, CXLVIII,
371-372), où Grégoire VII recommande au comte Albert de Kalw et à sa femme
d'observer rigoureusement « ce qu'ils ont reçu du siège apostolique au sujet
des évêques et des prêtres simoniaques et fornicateurs » ; — II, 45, du 11 janvier 1075, à Rodolphe de Souabe (édit. CASPAR, p. 182-185 ; édit. JAFFÉ, p. 158-
160 ; PL, CXLVIII, 396-397), où il rapporte que les canons sur la simonie et
la fornication cléricale ont été souvent renouvelés par l'Église romaine depuis
le temps de Léon IX et insiste pour que l'on n'assiste pas aux offices des clercs
mariés, ce qui semble bien indiquer qu'il avait déjà renouvelé la prohibition,
car il se sert exactement des mêmes termes que dans la lettre à Othon de
Constance (JAFFÉ-WATTENBACH, 4933), où il cite les canons mêmes du concile
romain qui avait prononcé l'interdiction ; — II, 66, du 29 mars 1075, à Burchard,
évêque d'Halberstadt (édit. CASPAR, p. 221-222 ; édit. JAFFÉ, p. 185 ; PL,
CXLVIII, 416), auquel il rappelle que l'année précédente les légats ont insisté
sur la nécessité de faire observer les décrets sur le célibat ecclésiastique. De
toutes ces bulles il résulte que la législation sur la simonie et le nicolaïsme a
été non pas promulguée pour la première fois, mais renouvelée (comme cela
s'est souvent produit) au concile de 1075 et qu'elle date du concile de 1074.
   3) L'examen des chroniques aboutit à la même conclusion : Bernold de
Constance, a. 1075 (MGH, SS, t. V, p. 430-431) et Hugues de Flavigny, II
(*Ibid.*, t. VIII, p. 412) font dater les décrets l'un du concile de 1075, l'autre
de celui de 1074, mais ils ont écrit longtemps après les événements et, si leurs
chroniques ont une très réelle valeur comme sources de l'histoire de Grégoire VII, leur chronologie est parfois erronée. Lambert de Hersfeld, qui ré-
dige ses annales peu après 1077 (cfr *supra*, p. 35, n. 1), donne au contraire la
date de 1074 (MGH, SS, t. V, p. 217-218 ; édit. HOLDER-EGGER, p. 198-199).
D'autre part, d'après la continuation de Marien Scot (MGH, SS, t. V, p. 560-
564), Grégoire VII aurait, au concile de 1074, interdit aux évêques d'acheter
leurs dignités et aux clercs d'avoir des femmes, puis, devant la non observation
de ses prescriptions, il aurait, en 1075, défendu aux fidèles d'assister aux messes
des prêtres mariés. Or, Sigebert de Gembloux qui adopte ordinairement la
chronologie de Marien Scot et en reproduit les erreurs, l'a rectifié sur ce point
et place tous les décrets en 1074 : « Gregorius papa, celebrata synodo, symo-
niacos anathematizavit et uxoratos sacerdotes a divino officio removit et laicis
missam eorum audire interdixit » (*Chronicon*, a. 1074, MGH, SS, t. VI, p. 362).
Comme Sigebert s'est spécialement occupé de la question et a engagé une
polémique au sujet de la validité des messes célébrées par les prêtres mariés,
la correction qu'il apporte à Marien Scot est un indice intéressant qui paraît
confirmer les arguments tirés des lettres de Grégoire VII.

obtiennent des églises à prix d'argent perdent ces églises. Personne ne pourra désormais acheter ou vendre des églises. Ceux qui ont commis le crime de fornication ne pourront célébrer la messe ni exercer à l'autel les ordres mineurs. Nous décidons aussi que le peuple ne pourra assister aux offices de ceux qui auront méprisé nos constitutions (qui sont celles des saints Pères eux-mêmes), afin que ceux que ne peuvent corriger ni l'amour de Dieu, ni la dignité de leurs fonctions, soient humiliés par le respect humain et par le blâme du peuple [1]. »

En un mot, Grégoire VII condamne la simonie et le nico-laïsme ; il interdit aux prêtres fornicateurs de célébrer la messe et décrète la déposition des prélats qui achètent leur dignité ; il défend aux fidèles d'assister aux offices de ceux qui auront fait l'objet de l'une ou de l'autre de ces sentences.

Ces diverses mesures n'ont rien de nouveau. Elles sont la réédition pure et simple de celles qui avaient été prises par Nicolas II au concile de Latran en 1059 [2]. Dès ce moment, la déposition des évêques simoniaques a été décidée en principe. Dès ce moment aussi, il a été interdit aux nicolaïtes de célébrer l'office divin et aux fidèles d' « entendre la messe d'un prêtre manifestement connu pour avoir auprès de lui une concubine [3]. »

Il est à remarquer toutefois que, si Grégoire VII remet en vigueur la législation édictée en 1059 et déjà, semble-t-il, tombée en désuétude, il ne renouvelle pas le décret du concile de 1060 qui concernait les ordinations simoniaques et apparaissait comme une conciliation entre les théories modérées de Pierre Damien et celles, plus intransigeantes, du cardinal Humbert [4]. Il y a là une raison de plus pour ranger Grégoire VII dans le groupe des réformateurs italiens. On s'est demandé parfois si, en écartant les fidèles de la messe des simoniaques, il n'avait pas adhéré implicitement à la thèse lorraine du cardinal Humbert qui proclame la nullité des ordinations faites par des prélats qui ont acheté leur siège. Avant les historiens modernes, les polémistes de la fin du XIe siècle ont âprement discuté la ques-

---

[1] JAFFÉ-WATTENBACH, 4931 et 4932 (loc. cit.)
[2] Cfr La Réforme grégorienne, t. I, p. 335 et suiv.
[3] JAFFÉ-WATTENBACH, 4405.
[4] Cfr La Réforme grégorienne, t. I, p. 338.

tion [1]. D'après les uns, Grégoire VII, en prononçant cette interdiction, se serait rangé parmi les disciples de Humbert. D'autres, parmi lesquels Bernold de Constance, ont soutenu avec plus de raison que la mesure était uniquement d'ordre disciplinaire. De fait, si l'on examine les termes dont se sert le pape lorsqu'il communique les décisions du concile [2], il apparaît clairement que Grégoire VII veut éviter toute discussion canonique, qu'il a seulement le désir d'en finir avec les mauvais prêtres en les humiliant, en les prenant par leur faible, c'est à dire par l'orgueil et le respect humain. La question doctrinale n'est pas même effleurée; seul l'argument moral intervient [3]. Grégoire VII suit le sillage de Pierre Damien auquel

---

[1] On trouvera le résumé de ces polémiques dans plusieurs traités de Bernold de Constance, l'un des plus ardents défenseurs de la réforme en Allemagne. Cfr *Opusc.* II, IV, XIV (*Libelli de Lite*, t. II, p. 26, 89, 150). Ces traités feront plus tard l'objet d'une étude critique.

[2] JAFFÉ-WATTENBACH, 4931 : « Statuimus etiam ut... populus nullo modo eorum officia recipiat, ut qui pro amore Dei et officii dignitate non corriguntur, verecundia saeculi et obiurgatione populi resipiscant » (édit. JAFFÉ, p. 523-524; PL, CXLVIII, 646).

[3] La thèse de C. MIRBT (*Die Publizistik in Zeitalter Gregors VII*, Leipzig 1894, p. 435-437), suivant laquelle Grégoire VII aurait considéré comme nuls les sacrements des prêtres excommuniés ne nous paraît pas pouvoir être admise. Le seul texte qui constituerait un argument en sa faveur est un décret du concile du carême de 1078 ainsi conçu : « Ordinationes vero illorum qui ab excommunicatis sunt ordinati, sanctorum patrum sequentes vestigia, irritas fieri censemus » (*Registrum*, V, 14 a, édit. CASPAR, p. 372; édit. JAFFÉ, p. 308; PL, CXLVIII, 798). Or, il est à remarquer qu'à un autre concile, qui s'est tenu à Rome le 19 novembre de la même année, Grégoire VII, peut-être pour couper court aux interprétations erronées auxquelles avait donné lieu le précédent décret, a bien spécifié qu'il s'agissait des ordinations vénales, conférées soit pour de l'argent, soit à la prière de quelque homme puissant : « Ordinationes quae, interveniente precio vel precibus vel obsequio alicuius personae ea intentione impenso, vel quae non communi consensu cleri et populi secundum canonicas sanctiones fiunt et ab his ad quos consecratio pertinet non comprobantur, irritas esse diiudicamus » (*Registrum*, VI, 5b, édit. CASPAR, p. 403-404; édit. JAFFÉ, p. 333; PL, CXLVIII, 801). Cette fois les ordinations gratuites sont nettement exclues; mais, même pour les autres, n'est-ce pas forcer la pensée de Grégoire VII que de traduire, comme le fait Mirbt, *irritas* par nulles ? Cfr SALTET, *Les réordinations*, p. 208, n. 1. Bernold de Constance, *Opusc.* II (*Libelli de Lite*, t. II, p. 55 et suiv.), distingue la *réalité* du sacrement qui existe dans le cas des ordinations simoniaques et sa *vertu* qui fait défaut. Cette distinction semble bien avoir existé dans la pensée de Grégoire VII

il faut attribuer l'inspiration première des décrets de 1074. Comme l'ermite de Fonte-Avellana, il a voulu restaurer l'Église dans son ancienne pureté, en condamnant une fois de plus, les deux « hérésies » qui s'étaient dressées contre les vieilles traditions chrétiennes, la simonie et le nicolaïsme [1].

et c'est à la vertu du sacrement, non à sa réalité, que s'applique le mot *irritae*. Les autres textes allégués par Mirbt ne paraissent pas très significatifs. Le canon du concile de Gérone, en 1078 (MANSI, t. XX, c. 519-520), engage Amat d'Oléron, qui appartenait au parti intransigeant, mais non Grégoire VII. Quant à la lettre à Herman de Metz (*Registrum*, IV, 2, édit. CASPAR, p. 296; édit. JAFFÉ, p. 244; PL, CXLVIII, 455), où il est dit que les sacrements administrés par un clerc indigne portent avec eux la malédiction et non la bénédiction divine, elle n'a pas le sens théologique que lui donne Mirbt et concerne toujours, comme les passages précédemment cités, la vertu de ces sacrements. On peut en outre opposer à Mirbt deux textes qui vont à l'encontre de sa théorie. L'un est la lettre de Grégoire VII à Robert le Frison (*Registrum*, IV, 11), où l'on relève cette phrase : « Le siège apostolique a appris que, dans le pays soumis à votre domination, il y en a parmi ceux qui sont appelés prêtres qui pratiquent la fornication et ne rougissent pas néanmoins, en chantant la messe, de toucher le corps du Christ, sans songer à l'insanité dont ils font preuve en touchant à la fois le corps d'une courtisane et le corps du Christ » (édit. CASPAR, p. 310; édit. JAFFÉ, p. 255; PL, CXLVIII, 464). Puisque ces prêtres « touchent le corps du Christ », c'est que la consécration dont ils sont les auteurs est valable. L'autre texte est une bulle d'Urbain II (JAFFÉ-WATTENBACH, 5743), qui est un véritable traité sur la simonie; le pape y affirme la validité des sacrements conférés par les prêtres indignes et s'autorise de l'exemple de ses prédécesseurs, les papes Nicolas et Grégoire, qui ont recommandé aux fidèles de ne pas assister aux messes de ces prêtres, « pour enlever aux autres l'occasion de pécher et pour les rappeler à une digne pénitence ». Cette interprétation du décret grégorien est strictement conforme à celle qui a été donnée plus haut.

[1] Pour MIRBT (*Die Publizistik*, p. 335 et suiv.), trois raisons ont inspiré au pape le décret sur le célibat ecclésiastique; une raison morale : le mariage est pour le prêtre une souillure; une raison financière : la constitution de dynasties sacerdotales est un danger pour l'Église; une raison politique : Grégoire VII veut arracher le clergé à l'influence de la famille et de l'État pour l'astreindre au service exclusif de l'Église. A notre avis la première raison seule est valable et on ne voit pas que le pape se soit préoccupé des autres côtés de la question. Comme tous les réformateurs du XIe siècle, Grégoire VII ne poursuit qu'un seul but, qui est de revenir à l'ancienne tradition. Sur les moyens de restaurer cette tradition, théologiens et polémistes étaient divisés; le pape, au début de son pontificat, s'est délibérément rangé, comme on l'a vu, parmi ceux qui pensaient y parvenir par la prédication et par une entente avec les princes temporels que l'on convierait à être les auxiliaires du Saint-Siège. Les décrets du concile de 1074 ne sont que l'expression de ces tendances qui vont s'affirmer pendant quelques mois encore. Toute idée politique leur reste étrangère et c'est seulement l'échec de la réforme morale qui déterminera Grégoire VII à se rallier aux méthodes lorraines. S'il en avait été autrement, si, comme l'insinuent

Il a voulu aussi, à l'occasion de ce premier concile romain tenu sous son pontificat, fixer quels étaient les droits et les prérogatives du Saint-Siège à l'égard des métropolitains et des évêques; un conflit ecclésiastique qui traînait depuis assez longtemps en Bohême lui a permis de préciser sa théorie de la primauté romaine.

Dès les premiers jours de son pontificat Grégoire VII avait dépêché en Bohême deux légats, les cardinaux-diacres Bernard et Grégoire, qu'il avait chargés de rendre une sentence dans le débat qui s'était élevé entre les évêques de Prague et d'Olmütz au sujet de biens ecclésiastiques [1]. Les délégués du pape furent très bien accueillis par le duc de Bohême, Wratislas II [2], et, forts de cet appui ils suspendirent l'évêque de Prague, Jaromir,

---

certains historiens, le pape avait été dominé uniquement par les visées d'une politique ambitieuse, il n'aurait eu aucun avantage à s'orienter tout d'abord dans le sens d'une entente avec les rois et les princes laïques, pour briser ensuite avec eux; son intérêt eût été de reprendre immédiatement la politique de Nicolas II, en renouvelant tous les décrets de 1059, y compris celui qui condamnait l'investiture laïque. On ne voit pas qu'il ait songé à le faire avant 1075, ce qui prouve qu'il a gardé pendant deux ans l'espoir de faire triompher la réforme par la seule application des méthodes italiennes. Cfr *supra*, p. 118, n. 5.

[1] GRÉGOIRE VII, *Registrum*, I, 18 (édit. CASPAR, p. 27-28; édit. JAFFÉ, p. 29-30; PL, CXLVIII, 299-300). Cette lettre est du 9 juillet, en sorte qu'on serait tenté de se demander si Bernard et Grégoire n'avaient pas été envoyés sous Alexandre II, comme le veut MEYER VON KNONAU (*Jahrbücher*, t. II, p. 193, n. 9). Pourtant Grégoire VII appelle Bernard et Grégoire *legatos nostros* et laisse entendre, au début de la bulle, qu'il les a lui-même envoyés; en deux mois, les légats ont d'ailleurs eu le temps de faire le voyage et d'adresser à Rome des nouvelles qui ont pu parvenir au début de juillet. Il semble d'autre part que, si Bernard et Grégoire avaient été envoyés par Alexandre II, la correspondance pontificale en eût conservé le souvenir et que Grégoire VII l'eût rappelé. Alexandre II a désigné en 1071 comme légat pour la Bohême l'apocrisiaire Raoul (JAFFÉ-WATTENBACH, 4696) dont parle également Cosmas (*Chronicon Boemorum*, II, 29; MGH, SS, t. IX, p. 86). Raoul n'ayant pu en finir avec cette affaire, Grégoire VII jugea sans doute nécessaire d'envoyer en Bohême deux personnages haut placés. Cfr BRETHOLZ, *Geschichte Böhmens und Mährens bis zum Aussterben der Premgliden*, Munich, 1912, p. 149 et suiv.; MASSINO, *Gregor VII im Verhältnis zu seinen Legaten*, p. 60 et suiv.

[2] GRÉGOIRE VII, *Registrum*, I, 17 (édit. CASPAR, p. 87; édit. JAFFÉ, p. 29; PL, CXLVIII, 299) à Wratislas : « Legatos nostros... debitae caritatis benevolentia suscepistis et eos, ut vestram condecet magnificentiam, honorifice tractatis. »

frère du duc [1]. Jaromir ne voulut pas accepter ce jugement qui le privait de son temporel; Grégoire VII, par une bulle du 8 juillet 1073, confirma la décision des légats, et, comparant le prélat coupable à Simon le Magicien, révolté contre l'autorité des apôtres [2], le menaça, s'il persistait dans sa rébellion, du glaive apostolique, « afin qu'il sût et d'autres avec lui, ce que valait l'autorité du Saint-Siège [3]. »

En la circonstance, les événements prouvèrent qu'elle était peu efficace. Au début de 1074, Grégoire VII put croire un instant que, grâce à l'appui de Wratislas dont il loue, dans une bulle du 17 décembre 1073, « les sentiments de profond respect, le zèle très remarquable et la charité sans bornes, » on allait aboutir à une solution. Jaromir, sommé par les légats de se rendre à Rome, avait bien différé son voyage en alléguant la distance, mais ses explications avaient dû paraître satisfaisantes car le pape, tout en le convoquant pour le dimanche des Rameaux (13 avril), l'autorise à rentrer provisoirement dans la possession de ses biens, sinon de la dignité épiscopale [4]. Le duc Wratislas, en la circonstance, semble bien avoir prêté à Grégoire VII le concours le plus dévoué [5]. Il n'en fut pas de même du métropolitain de Jaromir, Siegfried de Mayence, qui allait chercher à se servir de son suffragant pour combattre l'influence romaine à laquelle il était hostile, mais qu'il n'osait attaquer ouvertement, de crainte de déplaire au roi de Germanie alors très soucieux, on l'a vu, de ne pas déplaire au pape.

C'est au concile romain de mars 1074 que se produisit pour

[1] Cfr la bulle de Grégoire VII citée à la note précédente et une lettre de Siegfried de Mayence à Grégoire VII dans le *Codex Udalrici*, 40 (*Monumenta Bambergensia*, p. 85).

[2] GRÉGOIRE VII, *Registrum*, I, 17 (édit. CASPAR, p. 28; édit. JAFFÉ, p. 30; PL, CXLVIII, 299-300) : « Frater vester, Jaromir, Bragensis episcopus, olim noster amicus, his nostris legatis Bernardum scilicet et Gregorium, ut auditu percepimus, in tantum rebellis exstitit ut, si ita est sicut dicitur, Symonis magi vestigia contra apostolorum principem imitatus fuisse videatur. »

[3] *Ibid.*, I, 17 (édit. CASPAR, p. 28; édit JAFFÉ, p. 30; PL, CXLVIII, 300).

[4] *Ibid.*, I, 44 (édit. CASPAR, p. 67-68; édit. JAFFÉ, p. 62-63; PL, CXLVIII, 324-325).

[5] *Ibid.*, I, 45 (édit. CASPAR, p. 68-69; édit. JAFFÉ, p. 63-64; PL, CXLVIII, 325).

la première fois l'intervention de l'archevêque de Mayence,
sous la forme d'une lettre où ce prélat, tout en assurant le pontife
romain de sa respectueuse déférence, se plaignait de l'atteinte
soi-disant portée par le pape à ses droits de métropolitain :

« D'après les décrets canoniques, il fallait d'abord porter la cause
devant nous et l'évêque, convoqué à un concile, eût dû être entendu
à l'intérieur de la province, en présence de ses confrères. Quant à moi
et à mes collègues, nous devions en référer au siège apostolique comme
à notre chef, si la cause ne pouvait ni ne devait être terminée par
nous. Notre frère et collègue dans l'épiscopat, chassé de son siège,
errant et fugitif, injustement dépouillé des biens et revenus de son
église, subit un indigne préjudice. De là pour tous nos frères et collègues un grand scandale ; le nom d'évêque avec la fonction qui l'accompagne, si saint pour Dieu et pour les hommes, souffre un outrage
intolérable [1]. »

Cette lettre de l'archevêque de Mayence donne au débat
une singulière ampleur. La question de Prague-Olmütz passe
au second plan. Il s'agit de déterminer quels sont les droits
respectifs des métropolitains et des légats pontificaux ; toute
l'organisation de la primauté romaine, telle que la conçoit
Grégoire VII, est en jeu. Aussi le pape ne laisse-t-il pas passer,
sans y répondre, l'épître de l'archevêque de Mayence. L'offensive a été vigoureusement conduite ; la riposte n'est pas moins
vive. Dès que la session du concile du carême de 1074 est close,
le 18 mars, Grégoire VII répond à Siegfried et revendique
hautement le droit de juger lui-même le différend qui mettait
aux prises les évêques de Prague et d'Olmütz :

« Des rapports fâcheux sur votre compte, écrit-il à Siegfried, sont
parvenus jusqu'à nos oreilles. Nous n'y aurions pas ajouté foi sans
la lettre que vous nous avez adressée à propos de Jaromir et de Jean,

---

[1] *Codex Udalrici*, 40 (*Monumenta Bambergensia*, p. 85-86). Cette lettre date
certainement de février 1074, car la réponse de Grégoire VII (*Registrum*, I, 60)
est du 18 mars. Les travaux de Peitz ruinent complètement toute la chronologie
proposée par MEYER VON KNONAU (*Jahrbücher*, t. II, p. 303, n. 201) et par
HAUCK (*Kirchengeschichte Deutschlands*, t. III, p. 772, n. 5), qui ont prétendu
modifier les dates des bulles de Grégoire VII à l'aide desquelles on peut fixer
celle des lettres de Siegfried. Il faut donc en revenir à l'ordre chronologique
qu'a proposé Jaffé.

évêques de Prague et d'Olmütz. Elle nous a bien fait comprendre que ce débat, déjà tant de fois porté devant le tribunal apostolique, vous vouliez l'enlever à notre jugement pour le soumettre au vôtre. Or il est clair jusqu'à l'évidence que ceux que vous consultez comprennent mal les droits de l'autorité apostolique et en font peu de cas. Aussi invitons-nous votre paternité à parcourir avec nous les traditions canoniques et les décrets des saints Pères. Vous y verrez la preuve de votre fastueuse présomption, aussi bien que de votre négligence coupable et audacieuse. »

Et, après avoir montré que Jean d'Olmütz n'a pu obtenir de son métropolitain l'examen équitable de ses griefs, ce qui a nécessité l'intervention du pape, Grégoire VII conclut :

« Avec toute notre douceur apostolique et une grande tranquillité, nous vous prions d'éviter à l'avenir des actes aussi désordonnés et irréfléchis; nous vous informons que ni vous, ni aucun patriarche ou primat, n'avez la permission de réformer les jugements apostoliques et nous vous recommandons de ne vous attribuer ni vous accorder aucun droit qui aille à l'encontre de ceux de la sainte Église romaine, sans la clémence de laquelle vous ne pouvez même pas, vous le savez, garder la place que vous occupez [1]. »

En communiquant la teneur de cette bulle au duc de Bohême, Grégoire VII ajoutait :

« Si l'archevêque de Mayence osait rendre contre vous une sentence téméraire, fort de l'avertissement préalable de l'autorité apostolique, tenez-la pour nulle jusqu'à l'arrivée d'une nouvelle légation de notre part [2]. »

C'était nettement établir que l'autorité des légats, représentants du pape, était supérieure à celle des métropolitains. Grégoire VII est décidé à briser toutes les oppositions et toutes les résistances, à en finir avec les tendances autonomistes des églises nationales qui s'étaient développées à la faveur de la crise religieuse des Xe et XIe siècles.

L'affaire de Prague se termine par une sorte de compromis [3].

---

[1] GRÉGOIRE VII, *Registrum*, I, 60 (édit. CASPAR, p. 87-89; édit. JAFFÉ, p. 78-80; PL, CXLVIII, 356-357).

[2] *Ibid.*, I, 61 (édit. CASPAR, p. 90; édit. JAFFÉ, p. 80; PL, CXLVIII, 358).

[3] *Ibid.*, I, 78 (édit. CASPAR, p. 111-112; édit. JAFFÉ, p. 98-99; PL, CXLVIII, 351-352).

Le 16 avril 1074, sous la forme d'une nouvelle lettre à Wratislas, Grégoire VII publie sa sentence, mais elle n'est pas ce que les bulles précédentes laissaient prévoir. Après avoir entendu Jaromir, le pape convient que certaines accusations portées contre lui étaient mal fondées; il l'autorise à remonter sur son siège épiscopal, ordonne au duc de lui restituer le château de Saint-Wenceslas et remet au prochain synode sa sentence définitive [1].

Peu importe d'ailleurs la solution. Ce qui domine l'affaire de Bohême, c'est l'échange de vues survenu, à l'occasion du concile du carême, entre Siegfried de Mayence et Grégoire VII, c'est l'opposition de deux doctrines adverses, c'est la volonté inébranlable du pape d'imposer partout, au nom de l'apôtre Pierre, la juridiction romaine qui seule doit faire loi dans l'Église.

III

Le concile romain de mars 1074 ne s'est pas borné à promulguer une législation réformatrice; il en a préparé l'application. Pour faire respecter les décrets sur la simonie et le nicolaïsme, pour propager la réforme à travers les différents pays de l'Occi-

---

[1] D'après Cosmas (*Chronicon Boemorum*, II, 31, dans MGH, SS, t. IX, p. 87-88), c'est la comtesse Mathilde, venue à Rome pour le concile, qui aurait obtenu la réintégration de Jaromir. L'affaire traîna d'ailleurs encore un certain temps. Jaromir paraît avoir abusé de la confiance du pape. A peine revenu dans son diocèse, il recommença à persécuter Jean d'Olmütz et commit de nouvelles usurpations. Grégoire VII exprima son indignation dans une bulle du 22 septembre 1074 (*Registrum*, II, 6) : « Quand vous êtes venu cette année au siège apostolique, lui disait-il, usant de la mansuétude de l'Apôtre, nous vous avons reçu et traité avec une bienveillance et une douceur que vous ne méritiez guère. Mais vous, suivant votre habitude, rendant le mal pour le bien, méprisant notre charité et notre autorité apostolique, vous avez osé, contre notre volonté, mettre la main sur les biens, objet du litige entre vous et Jean d'Olmütz. De plus, ce qui nous a été particulièrement pénible, vous avez menti, en disant que vous agissiez suivant notre permission » (édit. CASPAR, p. 134; édit. JAFFÉ, p. 118; PL, CXLVIII, 366). Une fois de plus, la solution de l'affaire fut ajournée au concile de l'année suivante et le duc Wratislas prié de remettre les choses en bon ordre (*Registrum*, II, 7, édit. CASPAR, p. 135-136; édit. JAFFÉ, p. 119-121; PL, CXLVIII, 367-368).

dent chrétien, le pape a nommé des légats, chargés d'exercer
en son nom et à sa place l'autorité pontificale.

Les textes ne parlent pas de légats pour l'Italie. Résidant
au centre de la péninsule, le pontife romain pouvait diriger et
surveiller lui-même l'application de ses décrets. Il n'en était
pas de même pour l'Allemagne et pour la France où sa volonté
ne pouvait se transmettre que par des intermédiaires. Aussitôt
après le concile, Grégoire VII fait partir pour la Germanie
deux évêques suburbicaires qui avaient toute sa confiance,
Géraud d'Ostie et Hubert de Préneste ; ces prélats devaient,
avec le concours de l'impératrice-mère, Agnès, absoudre
Henri IV, puis déposer les évêques simoniaques et suspendre
les clercs mariés ou concubinaires [1]. En France, il se contente
de prolonger les pouvoirs de Géraud d'Ostie qui, en revenant
d'Allemagne, ira tenir un concile à Poitiers [2]. Il semble qu'il ait
aussi chargé d'une mission en Aquitaine Amat, évêque d'Oléron [3].

---

[1] BERNOLD DE CONSTANCE, a. 1074 : « Hoc tempore legati sedis apostolicae
in Alemanniam ad regem venere pro ipsius regis moribus corrigendis » (MGH,
SS, t. V, p. 430). Bernold ajoute que le roi promit son concours « ad deponendos
simoniacos » (ibid., t. V, p. 430). — MARIEN SCOT, a. 1096 (1074) : « Unde et
de praedicta synodo legati papae missi ad Heinricum, regem Romanorum,
id est duo episcopi cum regina, regis eiusdem matre, ut et universali synodo
coram rege, communi omnium episcoporum interdictu, feminas separarent a
clericis et maxime a presbyteris » (ibid., t. V, p. 561). LAMBERT DE HERSFELD,
a. 1074 (ibid., t. V, p. 215 ; édit. HOLDER-EGGER, p. 193), fait participer à la
légation les évêques de Coire et de Côme que ne nomment pas les autres textes.
Bernold ne donne aucun nom et Marien Scot indique que les légats étaient
seulement au nombre de deux. BARDON, dans sa Vie d'Anselme de Lucques
(MGH, SS, t. XII, p. 17), ne parle que des évêques d'Ostie et de Préneste auxquels l'impératrice Agnès s'était jointe. La date donnée par Bernold et Marien
Scot est pleinement confirmée par une lettre de Grégoire VII à Hugues de
Cluny (Registrum, I, 62, édit. CASPAR, p. 90-91 ; édit. JAFFÉ, p. 81 ; PL, CXLVIII,
338-339), d'où il résulte que le 19 mars Géraud d'Ostie avait déjà quitté Rome.

[2] Cfr MANSI, t. XX, c. 447 et suiv. — Hugues de Die ne sera investi d'une
légation que l'année suivante. Sa consécration épiscopale par Grégoire VII
est seule mentionnée dans la notice qui figure à la fin du premier livre du
Registrum, I, 85a (édit. CASPAR, p. 123 ; édit. JAFFÉ, p. 108 ; PL, CXLVIII, 358).
Cfr aussi Registrum, I, 69, du 23 mars 1074 (édit. CASPAR, p. 99-100 ; édit.
JAFFÉ, p. 87-88 ; PL, CXLVIII, 343-344). Le texte de Hugues de Flavigny, II
(MGH, SS, t. VIII, p. 412) s'applique, comme on le verra plus loin, non au
concile de 1074, mais à celui de 1075.

[3] Amat est appelé legatus noster dans une bulle du 19 septembre 1074
(Registrum, II, 2 ; édit. CASPAR, p. 125 ; édit. JAFFÉ, p. 110 ; PL, CXLVIII, 360).

L'organisation de ces diverses légations est le prélude d'un effort réformateur encore plus accentué que celui qui avait marqué la première année du pontificat.

On connaît mal les incidents que suscita en Italie l'application des décrets de mars 1074. Pour Rome, on en est réduit aux narrations fantaisistes de Bonizon de Sutri, préoccupé surtout d'attribuer au futur antipape Clément III, alors archevêque de Ravenne, toutes sortes de machinations ténébreuses et purement imaginaires contre Grégoire VII [1]. Pour la Lombardie, l'ancienne citadelle du nicolaïsme, on n'est guère mieux renseigné. Les *Gesta archiepiscoporum Mediolanensium* insistent sur les violences des Patares [2], et la correspondance pontificale permet de saisir assez nettement quelle a été l'attitude observée par le pape. Grégoire VII s'efforce surtout de temporiser; par déférence pour le roi de Germanie que ses légats entretiennent de l'affaire milanaise, il s'abstient de notifier la proclamation d'Atton comme archevêque et, tout en accordant sa sympathie aux Patares et à leur chef Erlembaud, qu'il considère comme les valeureux auxiliaires du mouvement réformateur [3],

---

[1] BONIZON DE SUTRI, *Liber ad amicum*, VII (*Libelli de lite*, t. I, p. 603; édit. JAFFÉ, p. 660-661). D'après ce polémiste peu digne de foi, les prêtres mariés ou concubinaires, leurs fils et leurs proches manifestèrent à l'égard du pape une « étrange hostilité » ; ils trouvèrent un concours utile dans les laïques préposés à la garde de l'église Saint-Pierre qui multiplièrent les scandales, si bien que le pape Grégoire VII dut faire fermer la basilique. « Guibert, conclut Bonizon, se fit des amis de ces brigands ». Cette indication suffit pour enlever toute autorité au témoignage du *Liber ad amicum*, car il est fort possible que la narration qui précède soit uniquement destinée à mettre un complot à l'actif du futur rival de Grégoire VII. Il faut donc se résoudre à ignorer les détails de la lutte contre les clercs mariés ou concubinaires à Rome même.

[2] ARNULF, *Gesta archiepiscoporum Mediolanensium*, IV, 5-6 (MGH, SS, t. VIII, p. 26-27).

[3] Ses adversaires lui ont vivement reproché cette faveur témoignée aux Patares. Wenric de Trèves écrira (*Epistola sub Theoderici episcopi Virdunensis nomine composita*, 9) : « Id autem est, quod vestro vel precepto vel monitu vel assensu in partibus Italiae veneranda mysteria post sanctificationem nescio a quo mortis filio referuntur effusa, non effusa sed et proiecta, non proiecta, sed et pedibus conculcata ; quod aqua, verbo et spiritu animabus regenerandis solemniter preparata pede probent vestra iussione, sicut hoc eius qui idem ausus est, iactabunda assertione, ipsi agnovimus, ad indignam Spiritus sanctificantis iniuriam in caenum est vase evoluto dispersa » (*Libelli de lite*, t. I, p. 298-299).

il s'attache à ne rien précipiter, à éviter tout acte d'un caractère irréparable; il résiste notamment aux sollicitations des comtesses Béatrix et Mathilde qui le pressent de déposer les évêques lombards qu'il espère toujours ramener dans le droit chemin et auxquels il a interdit seulement l'exercice de leur ministère, à l'exception de la confirmation; encore a-t-il soin d'insister sur le caractère provisoire de cette mesure, destinée à lui permettre de scruter les dispositions de ces prélats dont quelques-uns peut-être sont disposés à la pénitence [1]. Bref, en Lombardie, les actes décisifs sont ajournés jusqu'à ce que l'on soit fixé sur l'issue des négociations engagées à la cour de Germanie.

Celles-ci ne tardèrent pas à prendre une tournure favorable. Les légats Géraud d'Ostie et Hubert de Préneste, que Grégoire VII avait dépêchés au-delà des monts, étaient arrivés en Allemagne un peu avant Pâques. Henri IV, qui se trouvait à Bamberg, s'avança à leur rencontre et eut une entrevue avec eux à Nuremberg, en présence de sa mère, l'impératrice Agnès [2].

---

[1] GRÉGOIRE VII, *Registrum*, I, 77 (édit. CASPAR, p. 110; édit. JAFFÉ, p. 97; PL, CXLVIII, 350), du 15 avril 1074, à Béatrix et à Mathilde : « Dionisio vero Placentino et aliis episcopis Longobardiae qui ad nos venerant, nihil de episcopali officio nisi confirmare pueros pro necessitate concessimus; sed totius negotii frena ita retinemus in manu, ut aut correctis de venia aut pertinacibus non sit desperandum de poena. Quia vero ex caritate et pro reverentia sanctae Romanae ecclesiae vos de talibus adversum nos murmurasse credimus, memores domini et patris nostri, beati Petri, apostolorum principis, qui murmurantibus adversum se discipulis non dedignatus est, vobis quoque rationem de factis nostris non inviti reddimus in eodem; quo, quanta sit vis dilectionis qua vobis astringimur, non alia vobis adhuc certiora signa dedimus. » Il semble toutefois que Béatrix et Mathilde aient continué à ne pas comprendre la mansuétude pontificale, car une bulle du 16 octobre 1074 (*Registrum*, II, 9, édit. CASPAR, p. 138; édit. JAFFÉ, p. 122; PL, CXLVIII, 369) fait allusion à des bruits fâcheux qui courent à leur sujet et auxquels Grégoire VII affirme ne pas attacher la moindre importance.

[2] LAMBERT DE HERSFELD, a. 1074 : « Rex, celebrata in Babenberg paschali solemnitate, in Nourenberg perrexit obviam legatis apostolicae sedis » (MGH, SS, t. V, p. 215; édit. HOLDER-EGGER, p. 193). Le continuateur de Berthold de Reichenau (MGH, SS, t. V, p. 277) indique également Nuremberg comme le lieu de l'entrevue. Marien Scot, a. 1096 (1074), fait remarquer que les légats ne voulurent pas rencontrer le roi à Bamberg, en raison des graves accusations qui pesaient sur l'évêque de cette ville, Herman : « Noluerunt

Il manifesta vis-à-vis d'eux une pieuse déférence et, après
avoir fait amende honorable, reçut dévotement de leurs mains
l'absolution pontificale, entouré des archevêques de Mayence
et de Brême. Ses conseillers suivirent son exemple et furent
également relevés de l'anathème qui pesait sur eux [1].

La mission de Géraud d'Ostie et de Hubert de Préneste
avait abouti au résultat que Grégoire VII recherchait depuis
plus d'un an : Henri IV était réconcilié avec l'Église et le Saint-
Siège. A vrai dire, le roi pouvait se réjouir plus encore que le
pape. Les raisons, qui avaient inspiré la lettre de septembre
1073, n'avaient fait que s'aggraver au début de 1074; à la fin
de janvier, une expédition en Saxe avait lamentablement échoué
et Henri s'était vu obligé d'en passer par les dures conditions
de ses adversaires [2]. Peut-être l'intervention de Grégoire VII
l'a-t-elle sauvé d'un désastre plus grand encore [3]. En tous
cas, pour rétablir son prestige en Allemagne, le jeune prince
désire plus que jamais la couronne impériale. A cette fin, l'appui

---

esse in pascha cum rege in civitate Bamberg ne cibum vel societatem Hermanni,
eiusdem civitatis episcopi, qui olim usurpavit episcopatum et servivit regi,
in hac pascha haberent » (*Ibid.*, t. V, p. 561).

[1] Nous adoptons la version de Lambert de Hersfeld que confirment d'ailleurs
les allusions faites par Grégoire VII dans les bulles I, 85 et II, 30 du *Registrum* :
« In eorum manus se rex ipse sub correctionis sponsione commisit, suumque
auxilium domno apostolico ad deponendos simoniacos firmissime promisit.
Ipsi etiam regis consiliarii omnes res ecclesiarum iniuste acquisitas se reddituros
coram eisdem legatis sub sacramento promississe, quippe qui eas a symoniacis
emerunt consilio suo indignos eosdem ad ecclesiasticum honorem adiuvando »
(MGH, SS, t. V, p. 215-216; édit. HOLDER-EGGER, p. 193-194). Cfr JAFFÉ-
WATTENBACH, 4999 : « Hoc idem etiam postea a confratribus et legatis nostris
Humberto, Praenestino episcopo, et Giraldo, Ostiensi episcopo, quos ad illum
misimus, in paenitentiam susceptus, in illorum manus per sacratas stolas, quas in
collo tenebant, repromittendo confirmavit » (édit. JAFFÉ, p. 537; PL, CXLVIII,
672). Suivant Lambert de Hersfeld, a. 1074 (MGH, SS, t. V, p. 215; édit.
HOLDER-EGGER, p. 194), les légats ne voulurent engager aucune conversation
avec Henri IV, avant qu'il eût été absous pour sa simonie.

[2] Sur les événements de Saxe, cfr MEYER VON KNONAU, *Jahrbücher*, t. II,
p. 286-300 et 307-339.

[3] En dehors de la lettre citée, p. 125, n. 5, on n'a aucun texte qui permette
de l'affirmer positivement, mais il paraît vraisemblable que Grégoire VII
a dû développer sa politique et poursuivre la pacification de l'Allemagne, si
nécessaire à la réalisation de la réforme.

du pape lui est indispensable et voilà pourquoi il n'hésite pas à donner les gages exigés par Grégoire VII, à promettre notamment que la réforme de l'Église n'aura pas d'auxiliaire plus dévoué que lui [1].

Le vœu le plus cher de Grégoire VII paraît réalisé et la joie du pape explose dans une lettre du 15 juin 1074 à l'impératrice Agnès, à laquelle il fait part de la très grande satisfaction qu'il éprouve à pouvoir converser directement avec Henri IV. « Tant qu'il a été en dehors de la communion, dit-il, la crainte de la vengeance divine a empêché tout entretien direct avec lui [2]. » Il en sera désormais autrement; le pontife n'aura plus besoin d'intermédiaires pour aborder celui que, dans son candide enthousiasme, il considère comme le bras droit du sacerdoce. Le 7 décembre 1074, il écrit enfin à Henri IV [3]. C'est une date dans l'histoire du pontificat.

La réforme morale de l'Église, sous la direction de l'autorité romaine, reste plus que jamais au premier rang des préoccupations de Grégoire VII. En Allemagne, de sérieux obstacles avaient surgi. Lors de l'entrevue de Nuremberg les légats, Géraud d'Ostie et Hubert de Préneste, après avoir absous Henri IV, avaient exprimé aux métropolitains allemands qui se trouvaient à la cour, Siegfried de Mayence et Liémar de

---

[1] Cfr le texte de Lambert de Hersfeld, cité p. 150, n. 1, qui se trouve pleinement confirmé par cette phrase d'une lettre de Grégoire VII à Henri IV (*Registrum*, II, 30, édit. CASPAR, p. 163; édit. JAFFÉ, p. 142; PL, CXLVIII, 384) : « Sed et illud quod piae memoriae Agnes, mater tua, imperatrix augusta, apud nos constanter testificata est idemque legati episcopi attestati sunt, symoniacam scilicet heresim funditus te de regno tuo extirpare et inveteratum morbum fornicationis clericorum toto annisu corrigere velle, vehementer nos hilaravit. »

[2] GRÉGOIRE VII, *Registrum*, I, 85 (édit. CASPAR, p. 121; édit. JAFFÉ, p. 106; PL, CXLVIII, 357) · « Quoniam illo extra communionem posito nos quidem timor divinae ultionis secum convenire prohibuit. »

[3] *Ibid.*, II, 30 et 31 (édit. CASPAR, p. 163-165 et 165-168; édit. JAFFÉ, p. 142-143 et 144-146; PL, CXLVIII, 384-385, et 385-387). Il peut paraître surprenant que Grégoire VII ait écrit deux lettres le même jour, mais elles n'ont pas le même caractère. La première émane de la chancellerie et apparaît comme un exposé des affaires à régler; la seconde, qui porte la mention *Dictatus papae*, a un caractère personnel beaucoup plus marqué et l'on sent bien, par les termes de chaude amitié qui la jalonnent, qu'elle a été dictée par Grégoire VII.

Brême, leur désir de réunir un concile qu'ils présideraient au nom du pape et où ils promulgueraient la législation élaborée au synode romain de mars 1074. Ils se heurtèrent à un refus catégorique; les deux prélats ne voulurent à aucun prix transmettre la convocation à leurs confrères, sans les avoir consultés sur l'opportunité de cette assemblée. Les légats insistèrent; ils mirent Siegfried et Liémar en demeure d'approuver leur projet ou de se rendre à Rome pour le 30 novembre, afin de s'expliquer avec le pape en personne [1]. Ce fut peine perdue; Géraud d'Ostie et Hubert de Préneste durent se retirer sans avoir rien obtenu, malgré l'appui du roi qui, au moment

---

[1] On connaît ces détails à la fois par une lettre de Liémar à Hécil, évêque d'Hildesheim (SUDENDORF, *Registrum*, t. I, 5, p. 8 et suiv.) et par une lettre de Grégoire VII à Liémar (*Registrum*, II, 28, édit. CASPAR, p. 160-161; édit. JAFFÉ, p. 140-141; PL, CXLVIII, 382-383). Il semble que la résistance de Liémar ait été plus accusée que celle de Siegfried, car, dans une lettre à Siegfried écrite au même moment (*Registrum*, II, 29, édit. CASPAR, p. 161-162; édit. JAFFÉ, p. 141-142; PL, CXLVIII, 383-384), Grégoire VII ne fait aucune allusion aux rapports de l'archevêque de Mayence avec les légats Géraud d'Ostie et Hubert de Préneste. De même, dans la bulle citée plus haut, il ne met en cause que le seul Liémar : « Legatis quippe nostris Uberto Prenestinensi et Giraldo, Ostiensi episcopis, quos ad partes illas ad id destinavimus ut, in unum archiepiscopis, episcopis, abbatibus religiosisque clericis convocatis, vice et auctoritate nostra fulti, quae corrigenda essent corrigerent, quae religioni addenda adderent, pro viribus impedisti. Ad haec ut et concilium fieret, prohibuisti. Ab eisdem etiam Romam vocatus ad institutum terminum, festivitatem scilicet sancti Andreae, non venisti » (édit. CASPAR, p. 161; édit. JAFFÉ, p. 140; PL, CXLVIII, 382-383). On ne trouve aucune mention de cet incident dans Bernold de Constance. La version de Lambert de Hersfeld, a. 1074 (MGH, SS, t. V, p. 215-216; édit. HOLDER-EGGER, p. 194-195) a été rejetée avec raison par la plupart des historiens (cfr MEYER VON KNONAU, *Jahrbücher*, t. II, p. 381, n. 93.) On y relève en effet une erreur formelle. L'épiscopat allemand se serait dressé tout entier contre les légats, ce qui est démenti par la lettre de Liémar de Brême à l'évêque d'Hildesheim. Lambert, hostile à Henri IV, a sans doute voulu montrer que Grégoire VII n'avait rien gagné à se rapprocher de ce prince. D'autre part il ajoute que le roi approuva le plan des légats, parce qu'il espérait se débarrasser ainsi de l'évêque de Worms et d'autres prélats qui lui avaient témoigné de l'hostilité pendant la guerre de Saxe. Cette supposition est toute gratuite et n'est autorisée par aucun indice textuel. Il n'y a pas lieu non plus de retenir la version de Bonizon de Sutri, *Liber ad amicum*, VII (*Libelli de lite*, t. I, p. 602; édit. JAFFÉ, p. 658), suivant laquelle Liémar aurait opposé au légat que seul l'archevêque de Mayence avait qualité pour tenir un concile; l'argument ne figure pas dans la lettre de Liémar.

de leur départ, multiplia encore les marques de respect pour le siège apostolique [1].

Cet échec détermina sans doute Grégoire VII à intervenir personnellement. On ne connaît pas avec précision la date du retour des légats à Rome. Ils y arrivèrent vraisemblablement à la fin de novembre, car il est probable que les deux lettres au roi de Germanie, datées du 7 décembre, sont de très peu postérieures à leur arrivée [2]. Toutefois le pape était, depuis quelque temps déjà, au courant des difficultés qui s'étaient dessinées et il en avait été vivement affecté. Le 15 juin il était encore tout à la joie que lui avait causée le retour au bercail de l'enfant prodigue. *Gaudemus et exultamus in Domino*, écrivait-il à l'impératrice Agnès [3]. Le 16 octobre il est déprimé; des bruits fâcheux sur le compte de Béatrix et de Mathilde se sont propagés jusqu'à ses oreilles; il sait que les métropolitains allemands résistent à l'autorité romaine; avec cela il relève de maladie; il semble qu'il ait besoin d'être rassuré, tant il a souffert dans son âme et dans son corps :

« Sachez, écrit-il à ses fidèles amies, que, contre l'espoir de notre entourage, j'ai surmonté la maladie et recouvré la santé. Je crois à vrai dire qu'il vaut mieux le déplorer que m'en réjouir. Mon âme aspirait de tout son élan, de tout son désir, à cette patrie où celui qui connaît le poids du labeur et de la douleur dispense à ceux qui sont las le repos et le rafraîchissement. Aux prises avec mes travaux habituels et avec d'infinis soucis, je ressens, pour ainsi dire à chaque heure, les douleurs et les angoisses de la femme au moment où elle

---

[1] GRÉGOIRE VII, *Registrum*, II, 30 (édit. CASPAR, p. 163; édit. JAFFÉ, p. 142; PL, CXLVIII, 384) : « Quia legatis nostris te benevolum tractabilemque prebuisti eorumque interventu quasdam res ecclesiasticas laudabiliter correxisti, nobis quoque per eos congrue salutationis et devotae servitutis exhibitionem transmisisti, gratanter accepimus. »

[2] *Ibid.*, II, 30 et 31 (édit. CASPAR, p. 163-165 et 165-168; édit. JAFFÉ, p. 142-143 et 144-146; PL, CXLVIII, 384-385, et 385-387). Les lettres II, 28-29 sont du 4 décembre. Pour la lettre II, 28, il faut corriger 2 *idus decembris* en 2 *nonas decembris*; les lettres du registre se succèdent en effet dans un ordre rigoureusement chronologique et, par ailleurs, il est invraisemblable que les deux bulles qui ont le même objet, à savoir la convocation de Liémar et de Siegfried à Rome, n'aient pas été écrites le même jour.

[3] *Ibid.*, I, 85 (édit. CASPAR, p. 121; édit. JAFFÉ, p. 106; PL, CXLVIII, 357).

enfante, tandis que de mes yeux j'assiste au naufrage de l'Église, sans pouvoir la sauver par aucun moyen. La loi et la religion chrétienne ont presque partout péri ; les Sarrasins et bien des païens sont plus attachés à leurs rites que ceux qui ont reçu le nom chrétien, auxquels le Christ a préparé dans le royaume de son père l'héritage et la gloire de la vie éternelle, qui pourtant se montrent incapables de garder les commandements de la loi divine [1]. »

Ce découragement est dû pour une large part aux déconvenues que le pape a éprouvées en Allemagne. Le jour même où il confie aux comtesses Béatrix et Mathilde les tourments qui assaillent son âme, il écrit à l'archevêque de Trèves, Udon, pour le prier de procéder, en s'adjoignant l'évêque de Metz, Herman, à une enquête sur « l'élection et la vie de l'évêque de Toul », Pibon, qu'un clerc de son diocèse, venu à Rome, avait formellement accusé de « s'être maculé de l'hérésie simoniaque » en vendant les églises, d'avoir, au dire de certains, acheté sa propre dignité, enfin de « forniquer publiquement avec une femme dont il avait eu un fils et que, suivant la rumeur publique, il avait épousée suivant le rite sacramentel en usage chez les laïques [2]. » Quelques jours plus tard, le 26 octobre, dans une lettre à Burchard, évêque d'Halberstadt, il se plaint de l'accueil qu'ont reçu ses légats en Allemagne [3], tandis que, dans une autre bulle, adressée à Albert comte de Kalw, et à sa femme Wiltrude, il flétrit les évêques qui, au lieu de jeter le bon grain dans les âmes de leurs fidèles, se laissent séduire par le démon, se révoltent contre la loi de Dieu et se vautrent dans la luxure [4].

Toutefois il ne se laisse pas abattre ; il ne doute pas de la protection divine ; il n'entend pas trahir la confiance de l'Apôtre, en abandonnant la partie. Les mêmes bulles laissent

---

[1] GRÉGOIRE VII, *Registrum*, II, 9 (édit. CASPAR, p. 138-139 ; édit. JAFFÉ, p. 122-123 ; PL, CXLVIII, 369).

[2] *Ibid.*, II, 10 (édit. CASPAR, p. 140-142 ; édit. JAFFÉ, p. 124-125 ; PL, CXLVIII, 370-371).

[3] *Ibid.*, II, 12 (édit. CASPAR, p. 143-144 ; édit. JAFFÉ, p. 126-127 ; PL, CXLVIII, 372).

[4] *Ibid.*, II, 11 (édit. CASPAR, p. 142-143 ; édit. JAFFÉ, p. 126 ; PL, CXLVIII, 371-372).

percer sa déception et jaillir sa foi en un avenir meilleur ; il
constate le mal, mais il se préoccupe de l'enrayer ; il se plaint,
mais il dicte des ordres. Il prie Béatrix et Mathilde de
venir le trouver, si, comme elles le lui ont fait penser, elles
se rendent prochainement en Allemagne [1]. Il recommande à
Albert et à Wiltrude de veiller autour d'eux à l'éxécution de
ses décrets sur la simonie et le nicolaïsme [2] ; il enjoint à l'archevêque de Trèves et à l'évêque de Metz de lui transmettre, avant
le concile du carême de 1075, les résultats de leur enquête sur
Pibon de Toul [3]. Il ne manque pas une occasion d'affirmer
que rien ne pourra le séparer de la charité du Christ [4] ; toutes ses
paroles annoncent une action encore plus rigoureuse, plus
énergique, qui atteindra tout à la fois les évêques, les princes,
les fidèles, qu'il veut entraîner d'un même élan dans les rudes
voies de la réforme.

Il s'adresse tout d'abord aux évêques. Le 18 novembre 1074,
il admoneste l'archevêque de Cologne, Annon, auquel, déjà en
avril, il reprochait son peu d'empressement à venir le trouver
ou même à lui écrire [5] :

« Nous vous prions, au nom de saint Pierre, père et seigneur
de tous les fidèles, d'imposer la loi de chasteté aux prêtres, diacres,
sous-diacres des diocèses suffragants et du vôtre, car, votre paternité
le sait bien, sans la chasteté les autres vertus ne valent rien, de même

---

[1] GRÉGOIRE VII, *Registrum*, II, 9 (édit. CASPAR, p. 139 ; édit. JAFFÉ, p. 123 ;
PL, CXLVIII, 369) : « Ad haec alteram vestrum hoc in tempore transalpina-
turam intelleximus ; sed prius, si fieri potest, ambarum colloquio uti multum
desideramus. »

[2] *Ibid.*, II, 11 (édit. CASPAR, p. 143 ; édit. JAFFÉ, p. 126 ; PL, CXLVIII, 372) :
« Vos, in puritate et constantia fidei permanentes, quae de episcopis et sacerdotibus symoniacis aut in fornicatione iacentibus ab apostolica sede accepistis,
firmiter credite et tenete. »

[3] *Ibid.*, II, 10 (édit. CASPAR, p. 141 ; édit. JAFFÉ, p. 125 ; PL, CXLVIII, 371) :
« Et vos, undique explorata veritate, quid nobis inde credendum sit, in synodo
vel ante synodum, quam in prima hebdomada quadragesimae celebraturi
sumus, per litteras vestras notificare nullatenus praetermittite. »

[4] *Ibid.*, II, 12 (édit. CASPAR, p. 144 ; édit. JAFFÉ, p. 127 ; PL, CXLVIII, 372),
à Burchard d'Halberstadt : « Nihil est quod nos a caritate Christi, ipso prote-
gente, separare possit. »

[5] *Ibid.*, I, 79 (édit. CASPAR, p. 112-113 ; édit. JAFFÉ, p. 99-100 ; PL, CXLVIII,
352).

que la chasteté perd son prix, si elle n'est accompagnée des autres vertus [1]. »

Mêmes exhortations à l'évêque de Constance, Othon, qui semblait ignorer les décrets du concile romain ; Grégoire VII lui fait parvenir, au commencement de décembre, un véritable traité sur la chasteté cléricale où l'on retrouve la plupart des théories de Pierre Damien. Le pape rappelle avec saint Paul que les fornicateurs sont assimilés par l'Apôtre à des criminels avec lesquels il n'est pas permis de prendre un repas [2] :

« Le peuple chrétien, ajoute-t-il, se partage en trois catégories : les vierges, les continents et les gens mariés. Quiconque ne figure pas dans l'une d'elles est en dehors des limites de la religion chrétienne et ne peut compter parmi les fils de l'Église. Si le dernier des laïques est manifestement enchaîné à une courtisane, nous le considérons comme un membre détaché du corps du Seigneur et nous l'éloignons du sacrement de l'autel, jusqu'à ce qu'il ait fait pénitence. Comment donc pourrait-il être le dispensateur et le ministre des sacrements celui qui, sous aucun prétexte, ne peut y participer [3] ? »

Ce sont là les idées exprimées par Pierre Damien dans les traités sur le célibat, où Grégoire VII trouvait des textes de saint Léon et de saint Grégoire qu'il n'a pas manqué de citer et de commenter à l'évêque rebelle [4].

Pierre Damien exhortait aussi les fidèles à ne pas assister à la messe des prêtres mariés. Le décret du concile de 1074 lui donne une satisfaction posthume [5] et Grégoire VII s'est empressé de faire appliquer avec la plus extrême rigueur la règle qu'il avait édictée. La lettre à Othon de Constance est

---

[1] GRÉGOIRE VII, *Registrum*, II, 25 (édit. CASPAR, p. 156-157 ; édit. JAFFÉ, p. 137-138 ; PL, CXLVIII, 380).

[2] I *Cor.*, V, 11.

[3] JAFFÉ-WATTENBACH, 4970 (édit. JAFFÉ, p. 528-529 ; PL, CXLVIII, 655-656). Cette lettre est forcément contemporaine de celle que le pape adresse, le 4 décembre 1074, à Siegfried de Mayence (cfr *supra*, p. 136, n. 2), puisqu'elle convoque Othon au concile du carême de 1075 et fait allusion aux autres suffragants de Mayence, nommés avec Othon dans la lettre à Siegfried et coupables comme lui de désobéissance aux décrets du siège apostolique.

[4] Cfr *La Réforme grégorienne*, t. I, p. 208-210.

[5] Cfr *supra*, p. 140-141.

accompagnée d'une autre bulle, destinée aux fidèles du diocèse pour les dégager de leur obéissance envers leur évêque, s'il persiste dans sa révolte contre le siège apostolique en autorisant ses clercs à garder leurs femmes auprès d'eux [1]. On lit également dans une lettre aux clercs et aux laïques du royaume de Germanie :

« Nous avons appris que certains de vos évêques tolèrent que les prêtres, diacres et sous-diacres aient des rapports sexuels avec des femmes. Nous vous enjoignons de n'obéir en aucun cas à ces clercs, de ne vous plier à aucun de leurs ordres, puisqu'eux-mêmes n'obéissent pas à ceux du Saint-Siège et ne s'inclinent pas devant l'autorité des saints Pères. Comme l'atteste la divine Écriture [2], le même châtiment atteint ceux qui commettent la faute et ceux qui y consentent [3]. »

Il ne s'agit dans ces deux textes que de désobéissance en général, mais cette désobéissance implique la non participation aux sacrements. Une lettre du 11 janvier 1075, à Rodolphe de Souabe et à Berthold de Carinthie, éclaire la pensée de Grégoire VII :

« Je me tourne, dit-il, vers tous ceux dont je connais la foi et la dévotion et voici ce que je vous demande par mon autorité apostolique : quoique puissent dire les évêques de votre entourage, n'assistez jamais aux offices de ceux qui ont été promus et ordonnés par simonie ou que vous savez coupables de fornication ; faites connaître ce désir et cet ordre à la cour du roi, à toutes les assemblées du royaume ; enfin, autant qu'il vous sera possible et même par la force, empêchez les prêtres coupables de célébrer les saints mystères. Si l'on prétend que vous vous mêlez de ce qui ne vous concerne pas, si l'on vous plaisante, répondez que vous voulez faire votre salut et celui du peuple, et envoyez ces détracteurs discuter avec nous de l'obéissance qui leur est imposée [4]. »

---

[1] JAFFÉ-WATTENBACH, 4971 (édit. JAFFÉ, p. 529-531 ; PL, CXLVIII, 656-657).

[2] Cfr *Rom.*, I, 32.

[3] JAFFÉ-WATTENBACH, 4902 (édit. JAFFÉ, p. 532 ; PL, CXLVIII, 657).

[4] GRÉGOIRE VII, *Registrum*, II, 45 (édit. CASPAR, p. 184-185 ; édit. JAFFÉ, p. 158-160 ; PL, CXLVIII, 397). Ce passage a donné lieu à de vives controverses. MIRBT (*Die Publizistik im Zeitalter Gregors VII*, p. 449-450) en conclut que Grégoire VII a permis les émeutes populaires contre les clercs simoniaques et fornicateurs, contrairement à l'opinion de CAUCHIE (*La querelle des investitures dans les diocèses de Liége et de Cambrai*, t. I, p. 115), suivant laquelle « Gré-

Plus encore que sur l'appui des fidèles et des princes, Grégoire VII compte sur l'autorité royale pour contraindre les
évêques et les clercs à l'observation de ses décrets. Dès qu'il
a la certitude que Henri IV « emploie son autorité à extirper
de son royaume l'hérésie simoniaque et à guérir la maladie
invétérée de la fornication cléricale [1] », il envoie à son « cher
fils » des instructions très précises ; il le charge de surveiller
ses évêques, de contraindre l'archevêque de Mayence et ses
suffragants à se rendre au concile romain auquel il les a convoqués [2]. L'effort de prédication se double décidément de cette
action concertée avec le roi que souhaitait Pierre Damien ;
les deux lettres du 7 décembre 1074 sont le reflet de la *Disceptatio synodalis* [3] et le pape s'empresse, peut-être un peu hâtivement, d'attribuer au jeune prince repenti les vertus que le *Liber
Gratissimus* célébrait déjà avec un enthousiasme assez irréfléchi
chez son père, l'empereur Henri III [4].

Ainsi, pendant les derniers mois de l'année 1074, dans ses
rapports avec les évêques, clercs et princes allemands Grégoire VII s'est conformé au programme des réformateurs
italiens, mais sa politique a échoué complètement.

L'attitude des métropolitains de Brême et de Mayence à
l'égard des légats pontificaux lors de l'assemblée de Nuremberg a eu une profonde répercussion dans le clergé allemand,
peu disposé à se réformer. Dès que le décret du concile romain

---

goire VII n'a nullement autorisé les simples laïques à recourir à la force. »
La vérité nous paraît être entre ces deux opinions extrêmes : dans les deux
premières bulles citées p. 157, n. 1 et 3, Grégoire VII recommande aux fidèles
de désobéir à ceux de leurs pasteurs qui n'obéiraient pas eux-mêmes au Saint-
Siège, mais il ne leur recommande en aucune façon de les expulser violemment
des églises, comme le faisaient les Patares à Milan. Toutefois il recourt aux
princes séculiers et leur enjoint de s'opposer même par la force, s'il y a lieu,
à la célébration des offices des prêtres mariés ou simoniaques, ce qui présentait
évidemment plus de garanties.

[1] GRÉGOIRE VII, *Registrum*, II, 30 (édit. CASPAR, p. 163 ; édit. JAFFÉ, p. 142 ;
PL, CXLVIII, 384). Voir plus haut, p. 151, n. 1.

[2] *Ibid.*, II, 30 (édit. CASPAR, p. 164-165 ; édit. JAFFÉ, p. 143 ; PL, CXLVIII,
385).

[3] *La Réforme grégorienne*, t. I, p. 228-229.

[4] Cfr *ibid.*, t. I, p. 227-228.

sur la continence cléricale a été connu en Allemagne, une vive opposition s'est dessinée :

« Les clercs proclamèrent que le pape était hérétique et qu'il enseignait des dogmes insensés. Il avait, disaient-ils, oublié cette parole du Seigneur : *Tous ne comprennent pas ce langage ; que celui-là comprenne qui peut comprendre*[1], et cette autre parole de l'Apôtre : *Que celui qui ne peut garder la continence se marie ; il vaut mieux se marier que se consumer de convoitise*[2]. Il voulait obliger par la force les hommes à vivre comme des anges ; en refusant à la nature de suivre son cours ordinaire, il favorisait la fornication et le dérèglement des mœurs. Si donc le pape maintenait ses décrets, ils préféraient renoncer au sacerdoce plutôt qu'au mariage et, puisque le pontife romain avait horreur des hommes, il aviserait à se procurer des anges pour gouverner l'Église de Dieu[3]. »

Cette levée de boucliers plaçait l'épiscopat dans une terrible alternative. Il fallait ou désobéir au pape ou affronter contre le clergé inférieur une lutte qui s'annonçait plutôt âpre. Liémar de Brême et Siegfried de Mayence avaient tout d'abord opté pour le premier parti et refusé aux légats pontificaux, Géraud d'Ostie et Hubert de Préneste, la collaboration qu'ils sollicitaient[4]. Liémar persévéra dans son attitude de révolte, ce qui lui valut d'être suspendu par Rome[5]. Siegfried au contraire paraît avoir reculé devant les conséquences que pouvait avoir une désobéissance prolongée et d'autant plus dangereuse que le roi de Germanie annonçait l'intention de seconder l'action réformatrice du Saint-Siège. Il prit un moyen terme ; il publia dans sa province le décret pontifical, mais en accordant à ses clercs un délai de six mois pour se conformer aux prescriptions

---

[1] MATTH., XIX, 11-12.

[2] I *Cor.*, VII, 9.

[3] LAMBERT DE HERSFELD, a. 1074 (MGH, SS, t. V, p. 218; édit. HOLDER-EGGER, p. 198-199). Lambert a placé dans la bouche des clercs les objections développées quelques années plus tôt dans le « rescrit » d'Ulric d'Imola (*Libelli de lite*, t. I, p. 254-260). Cfr AUGUSTIN FLICHE, *Ulric d'Imola. Étude sur l'hérésie nicolaïte en Italie au milieu du XIe siècle*, dans la *Revue des Sciences religieuses*, t. II, 1922, p. 127-139.

[4] Cfr *supra*, p. 151-153.

[5] GRÉGOIRE VII, *Registrum*, II, 28 (édit. CASPAR, p. 160-161; édit. JAFFÉ, p. 140-141; PL, CXLVIII, 382-383).

romaines et en les priant de s'exécuter spontanément, afin d'éviter au pape comme à lui-même la pénible nécessité de recourir à des sanctions. Lorsque le délai fut près d'expirer, en octobre 1074, il se décida, sans doute pour répondre aux instances des légats et du roi, à convoquer un concile à Erfurt. Là il mit les clercs en demeure de renoncer selon les injonctions du siège apostolique au mariage ou au sacerdoce. Aussitôt les clercs quittèrent l'assemblée, pour tenir entre eux des conciliabules où il agitèrent la question de déposer l'archevêque. Siegfried réussit pourtant à les adoucir en leur promettant d'intervenir auprès du pape, afin d'obtenir quelque tempérament à la législation si sévère que le concile romain avait édictée [1]. Il s'acquitta sans doute de sa promesse, mais ne put empêcher la confirmation des décrets de 1074 par le synode de l'année suivante [2].

---

[1] LAMBERT DE HERSFELD, a. 1074 (MGH, SS, t. V, p. 218 ; édit. HOLDER-EGGER, p. 199-200).

[2] Nous avons adopté dans ses grandes lignes la version de Lambert de Hersfeld et placé avec lui en 1074 les incidents d'Erfurt, malgré l'opinion contraire de HAUCK (*Kirchengeschichte Deutschlands*, t. III, p. 779, n. 7) et de MEYER VON KNONAU (*Jahrbücher*, t. II, p. 304), qui veulent les reporter en 1075. On peut reprocher à Lambert d'avoir dramatisé un peu les faits et retrancher de son récit quelques détails légendaires, tels que les menaces de mort proférées contre Siegfried, mais le fond de ce récit est exact et s'accorde, ainsi que la chronologie, avec les autres documents, notamment avec la correspondance échangée entre Grégoire VII et Siegfried de Mayence. Cette correspondance est un argument contre l'hypothèse de Hauck et de Meyer von Knonau qui, ayant écrit avant les derniers travaux dont le registre de Grégoire VII a été l'objet, ont voulu — ce qui est aujourd'hui inadmissible — reculer au 4 décembre 1073 la lettre II, 29 de Grégoire VII à Siegfried de Mayence. Cette lettre est bien du 4 décembre 1074 et la réponse de Siegfried, contenue dans le *codex Udalrici*, 42 (*Monumenta Bambergensia*, p. 88-91), de janvier 1075. Or cette dernière fait une allusion positive à l'envoi par l'archevêque d'une ambassade auprès du pape, ce qui est en parfaite harmonie avec les promesses que, selon Lambert, il aurait faites au concile d'Erfurt: « Maximas autem grates cum humili inclinio vestrae refero sanctitati, quod legationi nostrae tam clementer aurem inclinastis ipsosque legatos bene admisistis et melius dimisistis » (*Monumenta Bambergensia*, p. 89). D'autre part, à la fin de la lettre — et ceci confirme encore la version de Lambert de Hersfeld — Siegfried, tout en se soumettant aux décrets sur la simonie et le nicolaïsme, invite le pape à la douceur et à la clémence : « De castitate vero clericorum et de simoniaca heresi, ad summam de omnibus quae mihi mandastis, semper, prout ipsi adiuverit, obediam Deo et vobis. Erit autem apostolicae mansuetu-

Des incidents analogues à ceux d'Erfurt se sont produits à Passau. L'évêque Altmann, sincère partisan de la réforme, y promulgua les décrets sur le célibat dans un concile tenu le jour de saint Étienne, patron du diocèse (26 décembre 1074); il en prescrivit, sous peine d'anathème, la stricte observation, et rappela à ses clercs que seule la chasteté était capable de leur assurer dans l'éternité la couronne des élus. Aussitôt de vives clameurs s'élevèrent dans l'église et dégénérèrent en un tumulte indescriptible, au point que le prélat, au dire de son biographe, eût été massacré immédiatement, sans la courageuse intervention de quelques seigneurs qui l'arrachèrent aux mains des opposants [1].

Bref, en Allemagne, la publication des décrets grégoriens

---

dinis et paternae discretionis sic ad fratres ecclesiastica mandata dirigere, ut et temporum opportunitates et singulorum possibilitatem dignemini inspicere, ut et deviantibus et discolis adhibeatur disciplina quae debetur, et infirmis et opus habentibus medico compassio caritatis non negetur. Sicque examinatis negociorum causis adhibeatur iudicii censura, ut apostolicae discretionis et paternae pietatis modum non excedat iusticiae mensura » (*Monumenta Bambergensia*, p. 91). Ce langage correspond bien aux promesses d'intervention mentionnées par Lambert à propos de l'assemblée d'Erfurt. Enfin il est à remarquer que, le 4 décembre 1074, Grégoire VII écrit à la fois à Siegfried de Mayence et à Liémar de Brême. Or le ton des deux lettres est très différent; Liémar est suspendu; Siegfried encourt bien quelques reproches, *iuxta quorumdam relationem aliter quam sperabamus te egisse comperimus*, mais il est simplement invité à s'expliquer. Pourquoi cette différence de traitement? Le récit de Lambert permet de la comprendre : Siegfried s'est plié dans une certaine mesure aux exigences formulées par les légats et leur a donné satisfaction en tenant un concile. Aussi Grégoire VII ne pouvait-il lui garder rigueur comme à Liémar qui n'avait pas pris la moindre initiative et s'était renfermé dans une attitude nettement hostile. Les documents épistolaires s'accordent donc bien avec la narration de Lambert et, comme leur date n'est plus douteuse, il paraît impossible de ne pas placer en 1074 les événements d'Allemagne. C'est là un argument de plus pour attribuer au concile romain de 1074 et non à celui de 1075 les décrets sur le nicolaïsme et sur la simonie, sans quoi toute l'agitation germanique ne pourrait s'expliquer.

[1] *Vita Altmanni, episcopi Pataviensis*, 11 (MGH, SS, t. XII, p. 232-233). Ces incidents ne peuvent être que synchroniques de ceux d'Erfurt et il n'y a aucune raison de ne pas les placer en 1074. Bien entendu, il faut encore faire la part des exagérations du biographe qui a voulu mettre en relief les dangers courus par l'évêque de Passau et le zèle intrépide dont il a fait preuve en faveur de la réforme grégorienne.

sur la simonie et le nicolaïsme a suscité partout une opposition très vive, parfois même une révolte ouverte contre les décisions de Rome. Le clergé inférieur refuse de se courber sous la loi que le pape veut lui imposer et l'épiscopat, pénétré de la tradition césaropapiste, est peu disposé à accepter la subordination étroite au Saint-Siège que rêve Grégoire VII. La réforme morale de l'Église, aussi bien que la centralisation ecclésiastique, seule capable de la réaliser, semble vouée à un échec certain.

Il en est de même en France où Grégoire VII ne peut pas compter sur l'appui du pouvoir temporel qui lui est assuré, au moins provisoirement, en Allemagne.

Sans doute là aussi les rapports avec le roi se sont améliorés, sans doute les affaires de Mâcon et de Beauvais ont reçu une solution conforme aux règles canoniques et à la volonté pontificale [1], mais les espoirs que fondait Grégoire VII sur une entente avec Philippe Ier vont être presque aussitôt brutalement déçus. Dans le courant de l'été de 1074, le roi toujours avide et peu scrupuleux sur le choix des moyens de se procurer de l'argent, se déshonore par un acte de véritable brigandage : il détrousse des marchands italiens qui traversaient la France. Grégoire VII, malgré son désir d'entente, élève la voix en faveur de la morale chrétienne audacieusement outragée et, le 10 septembre, adresse à l'épiscopat français une bulle où il flétrit comme il convient les procédés du souverain :

« Votre roi, dit-il, n'est pas un roi, mais un tyran qui agit sous l'inspiration diabolique. Il a souillé sa vie de toutes les hontes et de tous les attentats ; il gouverne inutilement, comme un misérable, le royaume dont il a charge ; non seulement il laisse le peuple qui lui est confié commettre des crimes, mais par son exemple, il l'incite à se rendre coupable de péchés que l'on ne peut nommer. Il ne lui suffit pas d'avoir mérité la colère de Dieu en pillant les églises, en commettant des adultères, des rapines, des parjures et de multiples trahisons ; il a été jusqu'à dépouiller des marchands venus en France pour une

---

[1] Cfr *supra*, p. 127.

foire, fait unique et que l'on ne trouve même pas dans les légendes [1]. »

Une sanction s'imposait et Grégoire VII ne songe pas un instant à l'éluder. La bulle du 10 septembre 1074 est catégorique: les évêques français, dont le pape blâme la trop grande timidité, iront trouver le roi, lui reprocheront amicalement, mais avec fermeté, l'impiété dont il a fait preuve, le prieront de remédier à l'état de désordre où se débat son royaume et de verser une indemnité aux marchands. S'il refuse de s'amender, ils se sépareront de sa communion et de son obéissance, puis défendront de célébrer publiquement en France l'office divin. « Si ces mesures ne le ramènent pas à de meilleurs sentiments, conclut le pontife, nous proclamons hautement qu'avec l'aide de Dieu nous chercherons à arracher par tous les moyens le royaume de France à son pouvoir [2]. »

Tout en ne désespérant pas de regagner Philippe Ier par des moyens pacifiques, Grégoire VII ne pouvait se faire d'illusions : l'alliance qu'il eût souhaitée avec le roi de France était gravement compromise et avec elle l'application des décrets réformateurs. D'ailleurs Philippe ne se laisse pas impressionner par les menaces pontificales; il ne verse aucune indemnité. Bientôt Grégoire VII se lasse d'attendre; le 13 novembre 1074, il presse le duc d'Aquitaine, Guillaume VI, dont il connaissait le dévouement à l'Église et au Saint-Siège, d'agir sur le roi de concert avec les autres seigneurs du royaume, afin qu'il donne satisfaction aux marchands :

« Si le roi acquiesce à vos avis, nous le traiterons avec la charité que nous lui devons. Si au contraire il persévère dans ses desseins pervers, si par la dureté de son cœur impénitent il s'attire la colère

---

[1] GRÉGOIRE VII, *Registrum*, II, 5 (édit. CASPAR, p. 130-131 ; édit. JAFFÉ, p. 114-115; PL, CXLVIII, 363).

[2] *Ibid.*, II, 5 (édit. CASPAR, p. 129-133 ; édit. JAFFÉ, p. 113-117; PL, CXLVIII, 362-365). — Sur l'interprétation à donner à cette dernière phrase, cfr MARTENS, *Gregor VII, sein Leben und Wirken*, t. II, p. 32-33. Nous ne croyons pas que Grégoire VII ait songé à une action militaire contre la France. Tout au plus pense-t-il, en cas de résistance prolongée du roi, à délier ses vassaux et ses sujets du serment de fidélité, comme il le fera pour Henri IV. Cfr *Registrum*, II, 18 et 32, où le pape précise sa pensée.

de Dieu et de saint Pierre, avec l'aide de Dieu et suivant ce qui est dû à sa malice, dans un synode romain nous le séparerons du corps et de la communion de la sainte Église, lui et quiconque lui rendra l'honneur et l'obéissance dûs à un roi [1]. »

En même temps qu'il fait pression sur les grands feudataires, Grégoire VII sollicite le concours du haut clergé. Dans une lettre à Manassès de Reims, en date du 8 décembre 1074, il traite Philippe Ier de loup rapace, de tyran inique, ennemi de Dieu et de l'Église, mais il laisse poindre son désir de pardonner et d'oublier :

« Que votre paternité sache que, si Philippe accorde les réparations que la justice exige, nous nous en réjouirons sans aucun doute et nous nous répandrons en actions de grâces envers Dieu, comme pour une brebis que nous avions perdue et qui est enfin retrouvée. Si au contraire le roi n'agit pas ainsi, il s'attirera la haine de Dieu et de la sainte Église romaine. Quant à nous, qui présidons aux destinées de celle-ci, nous nous engageons à nous opposer à lui de toutes nos forces et par tous les moyens possibles [2]. »

Philippe Ier finira par donner satisfaction, mais l'épisode des marchands italiens a révélé au pape son caractère cupide et son immoralité dénuée de tous scrupules. Sa vénalité le contraint fatalement à pratiquer et à favoriser la simonie ; sa proverbiale sensualité ne le porte pas à se choquer des désordres de la vie cléricale. Il n'y a rien à attendre de lui ; il risque de combattre la réforme plutôt que d'aider à sa réalisation. Tout au plus Grégoire VII peut-il escompter en France le concours de quelques rares feudataires, tels que Guillaume d'Aquitaine. Quant à l'épiscopat, il ne vaut pas mieux que l'épiscopat allemand et son opposition aux directions romaines ne sera ni moins violente ni moins irrespectueuse.

---

[1] GRÉGOIRE VII, *Registrum*, II, 18 (édit. CASPAR, p. 150-151 ; édit. JAFFÉ, p. 132-133 ; PL, CXLVIII, 376-377). Guillaume venait de prouver sa docilité aux lois de l'Église en se séparant de sa femme qui lui était unie par des liens de consanguinité. Cfr GRÉGOIRE VII, *Registrum*, II, 2 et 3 (édit. CASPAR, p. 125-126 et 126-128 ; édit. JAFFÉ, p. 109-110 et 111-112 ; PL, CXLVIII, 359-360 et 360-361).

[2] *Ibid.*, II, 32 (édit. CASPAR, p. 168-169 ; édit. JAFFÉ, p. 146-147 ; PL, CXLVIII, 387).

On ne sait pas dans quelles conditions ont été promulgués en France les décrets de 1074. Dans la bulle où il annonce au comte et aux fidèles de Die qu'il a consacré Hugues comme évêque (23 mars 1074), Grégoire VII déclare qu'il a confié à ce prélat la mission de combattre la simonie, mais il ne pense, semble-t-il, qu'à la seule église de Die [1]. Hugues n'a inauguré ses fonctions de légat qu'un peu plus tard. D'ailleurs l'attitude de Philippe Ier dans l'affaire des marchands italiens ne pouvait permettre aucune négociation avec lui en vue de la promulgation en France des décrets de la réforme.

Un seul texte a trait à l'application de ces décrets : c'est l'une des vies de saint Gautier, abbé de Saint-Martin de Pontoise. Elle n'a qu'une faible autorité et on ne peut lui accorder qu'un assez mince crédit [2]. D'après cette source, un concile aurait été convoqué à Paris pour examiner la décision du pape qui interdisait la célébration de la messe aux prêtres simoniaques et, comme tous ceux qui se trouvaient là, évêques, abbés, clercs, étaient d'avis de ne pas obéir à un ordre qu'ils jugeaient insensé, saint Gautier aurait élevé une protestation énergique, qui lui valut d'être emmené en prison par les soldats du roi [3].

On ne peut accepter ce récit qu'avec toutes sortes de réserves. Cependant la bulle du 10 septembre 1074 flétrit la tiédeur de l'épiscopat français. Grégoire VII l'accuse de négligence ; les évêques sont comparés à « des chiens incapables d'aboyer et muets » qui laissent dévorer sous leurs yeux et sans intervenir le troupeau du Seigneur ; la menace de la déposition est agitée [4]. Cela semble indiquer que, si la *Vita sancti Galterii Pontisarensis* a, pour exalter son héros, dramatisé les incidents du concile

---

[1] GRÉGOIRE VII, *Registrum*, I, 69 (édit. CASPAR, p. 99-100 ; édit. JAFFÉ, p. 87-89 ; PL, CXLVIII, 343-344).

[2] Il s'agit en effet non pas de la première vie publiée par les Bollandistes (AA. SS. *Aprilis*, t. I, p. 757-767) qui a été rédigée peu après 1114 par un disciple du saint, mais d'une seconde vie plus récente (*ibid.*, t. I, p. 754-757) et dont le caractère légendaire est déjà accusé.

[3] *Vita S. Galterii, primi abbatis Pontisarensis* (AA. SS. *Aprilis*, t. I, p. 755 ; BOUQUET, t. XIV, p. 74).

[4] GRÉGOIRE VII, *Registrum*, II, 5 (édit. CASPAR, p. 131-132 ; édit. JAFFÉ, p. 113-117 ; PL, CXLVIII, 365).

de Paris, les prélats français avaient à Rome la réputation
d'être plus dociles à la volonté du roi qu'à celle du pape [1].
On ne pouvait compter sur eux pour faire prévaloir la réforme.

Dans le royaume anglo-normand la situation est quelque
peu différente. Le roi Guillaume et la reine Mathilde sont
prêts à seconder l'action réformatrice du Saint-Siège [2]; l'épiscopat est animé des mêmes dispositions; c'est uniquement
du clergé inférieur que viendra l'opposition.

Ici également on est assez mal renseigné sur les circonstances
qui ont entouré la promulgation des décrets grégoriens. L'historien normand Orderic Vital parle d'un concile tenu à Rouen
sous la présidence de l'archevêque Jean, assisté de ses suffragants Odon de Bayeux, Hugues de Lisieux, Robert de Séez,
Michel d'Avranches, Gilbert d'Evreux et où l'on aurait décidé
qu'à l'avenir il serait interdit d'acheter les abbayes, les archi-
diaconés et les paroisses; il ne fut pas question des évêchés,
de crainte d'offenser le roi que l'on ne pouvait suspecter de
simonie [3]. D'autre part le même Orderic raconte, en un autre
passage de son *Historia ecclesiastica*, qu'au cours d'un synode

---

[1] On ne connaît toutefois qu'un seul cas de désobéissance formelle au Saint-
Siège et encore ne se rattache-t-il pas à la promulgation de la réforme; c'est
celui de l'évêque de Poitiers, Isembert. Il avait été suspendu par les légats
pontificaux pour sa désobéissance (cfr *supra*, p. 116); mais, au lieu de s'amender,
il avait accentué son attitude de révolte et persécuté les chanoines de Saint-
Hilaire de Poitiers malgré les avertissements qu'il avait reçus (cfr *Registrum*,
I, 73, édit. CASPAR, p. 104-105; édit. JAFFÉ, p. 92-93; PL, CXLVIII, 346-347).
Lors d'un concile tenu à Poitiers pour ratifier la séparation du comte Guillaume VI avec son épouse, il avait fait irruption avec une troupe armée, maltraité le légat Amat d'Oléron et l'archevêque de Bordeaux, Gozlin, qui prési-
daient l'assemblée. Grégoire VII le convoqua à Rome pour le 30 novembre
(*Registrum*, II, 2; édit. CASPAR, p. 125-126; édit. JAFFÉ, p. 109-110; PL, CXLVIII
359-360). Toutefois avant cette date, la comparution d'Isembert fut ajournée
au concile du carême, mais le pape maintint provisoirement l'interdit autrefois
lancé par Géraud d'Ostie et chargea l'archevêque de Bordeaux, Gozlin, et le
duc d'Aquitaine, Guillaume VI, de l'exécution de la sentence (*Registrum*, II,
23 et 24, édit. CASPAR, p. 155-156; édit. JAFFÉ, p. 136-137; PL, CXLVIII,
379-380).

[2] Cfr *Registrum*, I, 70 et 71 (édit. CASPAR, p. 100-102 et 102-103; édit. JAFFÉ,
p. 89-90 et 91; PL, CXLVIII, 344-345 et 345-346).

[3] ORDERIC VITAL, *Historia ecclesiastica*, IV, 9 (édit. LEPRÉVOST, t. II, p. 237)
Cfr MANSI, t. XX, c. 398.

réuni à Rouen, l'archevêque Jean somma les clercs impudiques de renoncer à leurs concubines sous peine d'anathème et qu'il faillit être lapidé à cette occasion [1]. S'agit-il de deux conciles différents ou le chroniqueur a-t-il parlé à deux reprises de la même assemblée ? Il est difficile de se prononcer, par suite de l'absence de toute indication chronologique. On sait toutefois par une chronique de Rouen [2] qu'un de ces synodes se tint au cours de l'année 1074, en sorte que deux faits restent acquis : les décrets du concile romain de 1074 ont été promulgués à Rouen et celui qui concernait le célibat ecclésiastique a suscité de la part du clergé inférieur une opposition assez vive, qui ressemble à celle des clercs allemands au concile d'Erfurt et des clercs français au concile de Paris.

En résumé, dans les trois royaumes chrétiens d'Occident la réforme grégorienne, telle qu'elle a été définie au concile romain de mars 1074, a reçu un assez mauvais accueil. En Allemagne, en France, dans l'État anglo-normand, les clercs avec une remarquable unanimité repoussent la loi du célibat ecclésiastique que le Saint-Siège prétend remettre en vigueur. Si la plupart des prélats normands se montrent prêts à entrer dans les vues du pontife, l'épiscopat français manifeste une tiédeur qui confine à la lâcheté, par crainte de représailles de la part d'un roi absolu et autoritaire ; quant aux évêques allemands, ils redoutent avant tout l'intervention constante de la papauté dans les affaires religieuses de leur pays et l'un d'entre eux, très haut placé, se révolte ouvertement contre Rome. Parmi les souverains temporels, seul Guillaume le Conquérant est acquis à la réforme ; Philippe Ier fait peu de cas des directions pontificales ; Henri IV, parce qu'il a besoin actuellement du pape pour affermir sa situation en Allemagne et ceindre la couronne impériale, consent à accorder un concours provisoire

---

[1] ORDERIC VITAL, *Historia ecclesiastica*, IV, 2 (édit. LEPRÉVOST, t. II, p. 170).
[2] *Chronicon Rotomagense*, a. 1074 : « Hoc anno congregatum est concilium in Rotomagensi urbe, praesidente Willermo, Anglorum rege et Normannorum principe, et Joanne archiepiscopo cum suis suffraganeis (BOUQUET, t. XII, p. 784).

et instable. Il semble donc, à la fin de 1074, après les conciles
d'Erfurt, de Paris et de Rouen que la réforme de l'Église, telle
que l'a conçue Grégoire VII au début de son pontificat, soit
condamnée à l'échec et cela parce que l'autorité du successeur de Pierre, malgré les efforts de Léon IX, de Nicolas II
et de Grégoire VII lui-même, n'est pas encore suffisamment
raffermie sur les différentes églises de la chrétienté.

Il est à remarquer en effet que l'opposition qui s'est manifestée vis-à-vis de la réforme est dirigée davantage encore
contre la primauté romaine. Liémar de Brême s'est insurgé contre
la prétention manifestée par les légats de présider un concile
allemand beaucoup plus que contre la prescription du célibat
ecclésiastique. Cité à Rome, il a refusé de s'y rendre [1]. Au même
moment, Cunibert, évêque de Turin, et Guillaume, évêque
de Pavie, invités à comparaître devant le concile romain qui
devait se tenir pour la Saint-André (30 novembre), se dérobent
eux aussi [2], et il semble que par suite de ces diverses défections
le synode, désormais sans objet, n'ait pas eu lieu. Le prestige
de l'autorité pontificale est atteint.

A ces graves préoccupations viennent se joindre pour Grégoire VII d'autres soucis, d'ordre politique. C'est sans doute
dans les derniers mois de l'année 1074 qu'il faut placer, à Rome
même, les origines de l'opposition de Cenci, fils de l'ancien
préfet de Rome, Étienne, autrefois partisan décidé de Cadalus,
mais qui, après la mort de l'antipape, avait fait sa paix avec
le Saint-Siège. Il semble que cette réconciliation ait été plus
apparente que réelle et que Cenci ait profité du désarroi causé
par la maladie du pape pour entretenir à Rome une certaine
agitation [3].

---

[1] Cfr *supra*, p. 152.

[2] GRÉGOIRE VII, *Registrum*, II, 33 à Lambert de Turin (édit. CASPAR, p. 169-
170; édit. JAFFÉ, p. 147-148; PL, CXLVIII, 387-388) et II, 35 (édit. CASPAR,
p. 171; édit. JAFFÉ, p. 149; PL, CXLVIII, 389). Dans cette bulle, la date du
30 novembre n'est pas positivement indiquée; mais, comme la lettre est du
16 décembre et que Guillaume est incriminé de n'être pas venu *ad constitutum
terminum*, il ne saurait y avoir le moindre doute.

[3] Nous ne sommes malheureusement renseignés sur ces faits que par BONIZON

Si la situation de Rome donne au pape quelques sujets d'inquiétude, celle de l'Italie n'est pas de nature à le satisfaire. L'excommunication de Robert Guiscard a accentué la tension avec les Normands, tandis qu'au nord Godefroy de Lorraine se dérobe de plus en plus aux sollicitations pontificales.

Au cours de l'année 1074, la politique italienne de Grégoire VII est intimement liée à ses projets orientaux [1]. Depuis le pontificat de Léon IX, l'église de Constantinople est séparée de celle de Rome par le schisme. Le pape souhaite vivement la ramener à l'obédience du Saint-Siège et il voit clairement que le meilleur moyen de préparer les Byzantins à reconnaître l'autorité apostolique, c'est de les aider à repousser les Barbares qui menaçaient l'empire. De là sa lettre du 9 juillet 1073 à l'empereur Michel VII [2], de là surtout ses efforts pour organiser une expédition dont Godefroy le Bossu serait le chef avec Guillaume, comte de Bourgogne, Raymond IV de Saint Gilles et Amédée II de Savoie [3]. Ce dernier projet ne pouvait que déplaire à Robert Guiscard qui aspirait à dominer la Méditerranée orientale et il est vraisemblable qu'il le détermina à reprendre ses incursions en territoire pontifical [4]. L'excommunication, prononcée contre lui au concile de mars 1074 et à laquelle il fut sans doute assez indifférent, n'eut, semble-t-il, aucun résultat. Aussi Grégoire VII, qui

---

DE SUTRI, *Liber ad amicum*, VII (*Libelli de lite*, t. I, p. 603-604; édit. JAFFÉ, p. 661-662) et par PAUL DE BERNRIED, *Vita Gregorii VII papae*, 45-46 (édit. WATTERICH, t. I, p. 498-499; AA. SS. *Maii*, t. VI, p. 124), qui n'a fait que reproduire Bonizon. Celui-ci attribue naturellement un rôle dans ces événements à Guibert de Ravenne, ce qui est invraisemblable. Cfr KOEHNCKE, *Wibert von Ravenna*, p. 2, et MEYER VON KNONAU, *Jahrbücher*, t. II, p. 423. La seule chose certaine, c'est que Cenci a été l'ennemi de Grégoire VII, puisqu'il tentera un peu plus tard de l'assassiner.

[1] L'étude détaillée de la politique orientale de Grégoire VII ne saurait trouver sa place dans ce volume exclusivement consacré à la réforme grégorienne. Cfr AUGUSTIN FLICHE, *Saint Grégoire VII*, p. 27 et suiv.

[2] GRÉGOIRE VII, *Registrum*, I, 18 (édit. CASPAR, p. 29-30; édit JAFFÉ, p. 31-32; PL, CXLVIII, 300-301).

[3] Cfr notamment GRÉGOIRE VII, *Registrum*, I, 46, et II, 37 (édit. CASPAR, p. 69-71 et 172-173; édit. JAFFÉ, p. 64-65 et 150-151; PL, CXLVIII, 325-326 et 390).

[4] Cfr *supra*, p. 135-136.

songeait à se rendre en personne à Constantinople [1], ne voulut-il pas laisser Rome à la merci d'un coup de main ; il songea dès lors à utiliser l'armée des chevaliers lorrains et français qui devait secourir l'empire byzantin, pour soumettre l'Italie méridionale [2].

Son plan échoua complètement. Personne n'entendit son appel et les chefs se dérobèrent, à commencer par Godefroy le Bossu auquel le pape reprocha en des termes plutôt âpres de lui avoir manqué de parole :

« Où est, lui écrivait-il le 7 avril 1074, le secours que vous promettiez ? Où sont les chevaliers que vous deviez nous conduire pour honorer et aider saint Pierre ? Mais puisque vous n'avez pas tenu vos engagements envers saint Pierre, nous qui, malgré notre indignité, sommes son vicaire, nous nous considérons aussi comme délié envers vous de toute obligation, autre que celle de veiller sur vous comme chrétien [3]. »

La défection de Godefroy le Bossu devait avoir une fâcheuse répercussion sur les rapports de Grégoire VII avec les Normands. Il fallut en effet agir sans lui. Les comtesses Béatrix et Mathilde dépêchèrent bien à Grégoire VII trente mille hommes et le prince Gisulf lui apporta un concours intéressé, mais les Pisans, qui formaient la plus large part du contingent de Mathilde, avaient de vieilles rancunes contre Gisulf qui les avait autrefois rançonnés. Aussi, lorsque les forces pontificales se trouvèrent réunies à Monte-Cimino le 12 juin 1074, il se produisit une véritable mutinerie à la suite de laquelle Gisulf se retira, tandis que Béatrix et Mathilde, menacées par une révolte dans leur états, rappelaient leurs troupes [4].

---

[1] Cela résulte très clairement d'un passage de la lettre du *Registrum*, II, 31, du 7 décembre 1074, à Henri IV (édit. CASPAR, p. 167 ; édit. JAFFÉ, p. 146 ; PL, CXLVIII, 386) : « Quia si illuc, favente Deo, ivero, post Deum tibi Romanam ecclesiam relinquero. »

[2] GRÉGOIRE VII, *Registrum*, I, 49 (édit. CASPAR, p. 75-76 ; édit. JAFFÉ, p. 69-70 ; PL, CXLVIII, 329).

[3] GRÉGOIRE VII, *Registrum*, I, 72 (édit. CASPAR, p. 103-104 ; édit. JAFFÉ, p. 91-92 ; PL, CXLVIII, 346).

[4] AIMÉ DU MONT-CASSIN, VII, 12 et suiv. (édit. CHAMPOLLION-FIGEAC, p. 201 et suiv.).

Grégoire VII se trouva dès lors dans une situation difficile et même quelque peu ridicule. Avant de partir pour Monte-Cimino, il avait solennellement invité Robert Guiscard à venir à Bénévent pour y recevoir ses ordres. Guiscard très habilement ne se déroba pas à la convocation et c'est le pape qui ne parut pas, peut-être empêché par les événements de Monte-Cimino, plus vraisemblablement parce qu'il craignait de ne pas être assez fort pour faire exécuter ses volontés, s'il ne pouvait convaincre son interlocuteur [1]. Les négociations continuèrent pourtant. Le 16 novembre 1074, Grégoire VII écrit à Béatrix et à Mathilde :

« Sachez que Robert Guiscard nous a envoyé à plusieurs reprises des légats suppliants, qu'il désire nous donner des gages de fidélité tels que nul ne doit ni ne peut se lier à un seigneur par des obligations plus fortes. Pourtant nous avons des raisons évidentes pour différer ; nous attendons les avis de la Sagesse d'En-Haut et les inspirations de l'Apôtre [2]. »

Ces raisons de différer se rattachent au projet oriental auquel Grégoire VII ne renoncera qu'à la fin de l'année 1074, après avoir vainement essayé d'y gagner Henri IV [3]. Mais Henri IV est trop préoccupé de la situation intérieure de l'Allemagne pour s'en éloigner. Il faut donc renoncer au rêve caressé pendant dix-huit mois et constater tristement que ce rêve, quelque peu chimérique, a fait manquer une occasion de rétablir la paix dans l'Italie du sud.

Ce sont là de nouvelles déceptions qui s'ajoutent à beaucoup d'autres. L'année 1074 n'a donné aucun des résultats attendus ; l'Église d'Occident ne veut pas de la réforme ; l'épiscopat est peu docile aux suggestions du successeur de Pierre dont il entend limiter les interventions ; les princes chrétiens n'acceptent les directions romaines que dans la mesure où elles s'accordent

---

[1] AIMÉ DU MONT-CASSIN, VII, 14 (édit. CHAMPOLLION-FIGEAC, p. 203.)

[2] GRÉGOIRE VII, *Registrum*, II, 9 (édit. CASPAR, p. 139 ; édit. JAFFÉ, p. 123 ; PL, CXLVIII, 369).

[3] *Ibid.*, II, 31 (édit. CASPAR, p. 165-168 ; édit. JAFFÉ, p. 144-146 ; PL, CXLVIII, 385-387).

avec leurs intérêts propres ; la politique orientale n'a abouti à rien et son résultat le plus clair a été d'entraîner la défection de Godefroy de Lorraine, d'indisposer Robert Guiscard qui voit dans le Saint-Siège un adversaire de ses grands projets ; la situation politique n'est pas meilleure que la situation religieuse.

De là chez Grégoire VII, au début de 1075, une évidente lassitude qui se traduit dans une lettre du 22 janvier à son ami et confident, Hugues de Cluny :

« Je suis assailli, écrit le pape, par une immense douleur et par une tristesse universelle. L'Église d'Orient, sous l'inspiration du démon, abandonne la foi catholique et à travers ses membres l'antique ennemi exerce ses ravages... Si maintenant par les yeux de l'esprit je porte mes regards vers l'occident, vers le midi ou vers le nord, c'est à peine si je trouve quelques évêques dont l'élection et la vie soient régulières, qui dans le gouvernement du peuple chrétien soient guidés par l'amour du Christ et non par l'ambition temporelle. Parmi les princes séculiers je n'en connais point qui préfèrent l'honneur de Dieu au leur et la justice au lucre. Quant à ceux au milieu desquels je vis, Romains, Lombards et Normands, ils sont pires que les Juifs et les païens. Et si je reviens à moi-même, je me sens tellement accablé de mon propre poids que je ne trouve aucun espoir de salut sinon dans la miséricorde du Christ [1]. »

Il est impossible de brosser un tableau plus saisissant de la situation dramatique où se débattent l'Église et le Saint-Siège. Plus que personne, Grégoire VII a conscience de l'inanité de ses efforts, mais, si découragé et si pessimiste qu'il soit, il ira de l'avant, fort du secours d'En-Haut. Les méthodes italiennes n'ont pas porté les fruits qu'il escomptait d'elles. Le moment n'est-il pas venu d'abandonner le sillage d'Alexandre II pour marcher dans celui de Nicolas II, en reconnaissant que le programme de Pierre Damien se heurte, dès qu'on veut l'appliquer, à l'égoïsme farouche de l'épiscopat aussi bien qu'à l'indifférence ou à l'hostilité des princes, et en se ralliant aux méthodes lorraines dont le Saint-Siège n'a fait, de 1059 à 1061, qu'une bien courte et peu décisive expérience ?

---

[1] GRÉGOIRE VII, *Registrum*, II, 49 (édit. CASPAR, p. 188-190 ; édit. JAFFÉ, p. 163-165 ; PL, CXLVIII, 399-401).

CHAPITRE III

GRÉGOIRE VII ET LES MÉTHODES LORRAINES
LE DÉCRET SUR L'INVESTITURE LAÏQUE
ET LES « DICTATUS PAPAE »

SOMMAIRE. — I. Le concile romain de février 1075 ; mesures disciplinaires ; renouvellement des décrets sur le nicolaïsme et la simonie ; le décret sur l'investiture laïque, son caractère et sa place dans la réforme grégorienne ; application simultanée des méthodes italienne et lorraine à partir de 1075. — II. Les *Dictatus papae*, leur but et leur caractère ; la théorie du pouvoir pontifical ; pourquoi Grégoire VII l'énonce en 1075 ; influence des Fausses Décrétales et de Nicolas Ier ; l'effort canonique et l'application de la doctrine ; comment la réforme romaine se superpose à la réforme italienne et à la réforme lorraine.

I

Dès le 16 octobre 1074, dans une lettre à l'archevêque de Trèves, Udon, Grégoire VII annonce son intention de tenir un concile à Rome pendant la première semaine du carême de l'année 1075 [1]. Plusieurs convocations officielles partent le 4 décembre 1074 : Liémar, archevêque de Brême, qui n'avait pas paru à Rome où il était attendu le 30 novembre, est sommé de venir se justifier au mois de février [2]. Siegfried, archevêque

---

[1] GRÉGOIRE VII, *Registrum*, II, 10 (édit. CASPAR, p. 141 ; édit. JAFFÉ, p. 125 ; PL, CXLVIII, 371) : « Et vos undique explorata veritate, quid nobis inde credendum sit, in synodo vel ante synodum, quam in prima ebdomada quadragesimae celebraturi sumus, per litteras vestras notificare nullatenus praetermittite. »

[2] *Ibid.*, II, 28 (édit. CASPAR, p. 160-161 ; édit. JAFFÉ, p. 140-141 ; PL, CXLVIII 382-383).

de Mayence, est également appelé à comparaître devant le nouveau synode, ainsi que plusieurs de ses suffragants, Othon de Constance, Werner de Strasbourg, Henri de Spire, Herman de Bamberg, Embrich d'Augsbourg, Adalbéron de Wurzbourg [1]. Au début de janvier 1075, Grégoire VII invite encore Guibert, archevêque de Ravenne [2], et Hugues, évêque de Die [3].

Comme le prouvent les lettres de convocation, le concile, dans la pensée de Grégoire VII, a d'abord un but disciplinaire; il instruira le procès des prélats qui ont osé négliger ou enfreindre les ordres du pape et, par la rigueur de ses jugements, fera comprendre à tous que les décisions de l'Église romaine doivent être partout observées. Puis, les questions de personnes une fois réglées, il confirmera et complétera la législation promulguée l'année précédente, mais il imprimera une orientation nouvelle au mouvement de réforme, et juxtaposera aux méthodes italiennes jusque-là suivies les méthodes lorraines, préconisées par le cardinal Humbert de Moyenmoutier.

Le concile se réunit du 22 au 28 février 1075 [4]. On n'a malheureusement pas conservé le recueil complet de ses actes. Une brève notice, insérée dans le registre, indique seulement les peines disciplinaires qui ont atteint soit les évêques allemands et italiens, soit les princes temporels [5]. Quelques renseignements épars dans les chroniques et les bulles permettent de la compléter sur les points essentiels.

Ce qui donne au concile de 1075 une réelle originalité par rapport à ceux qui l'ont précédé, c'est le nombre des sanctions édictées contre les évêques rebelles à la volonté du Saint-Siège.

---

[1] GRÉGOIRE VII, *Registrum*, II, 29 (édit. CASPAR, p. 161-162; édit. JAFFÉ, p. 141-142; PL, CXLVIII, 383-384).

[2] *Ibid.*, II, 42 (édit. CASPAR, p. 179; édit. JAFFÉ, p. 155-156; PL, CXLVIII, 394).

[3] *Ibid.*, II, 43 (édit. CASPAR, p. 179-180; édit. JAFFÉ, p. 156; PL, CXLVIII, 394).

[4] *Ibid.*, II, 52a (édit. CASPAR, p. 196; édit. JAFFÉ, p. 170; PL, CXLVIII, 787) : « Celebravit ipse domnus Gregorius papa Romae synodum a VI Kalendas martii usque in II Kalendas praedicti mensis. »

[5] *Ibid.*, II, 52a (édit. CASPAR, p. 196-197; édit. JAFFÉ, p. 170; PL, CXLVIII, 787). Cette notice n'est bien qu'un extrait d'actes conciliaires, car elle débute par ces mots : « In qua (synodo) inter decreta quae ibi gesta sunt. »

Deux prélats italiens qui n'avaient pas répondu à la convocation pontificale, Guillaume de Pavie et Cunibert de Turin, sont suspendus; Denis de Plaisance est déposé pour avoir persévéré dans sa désobéissance et dans sa déloyauté à l'égard du Saint-Siège, malgré les efforts du pape pour le ramener à de meilleurs sentiments, et tous ceux qui lui ont juré fidélité sont déliés de leur serment [1]. Les évêques allemands sont, eux aussi, durement traités. Liémar de Brême est suspendu pour son « orgueilleuse désobéissance » et en outre frappé d'excommunication [2]. Cet exemple s'imposait; Liémar, après avoir refusé son concours aux légats pontificaux, avait accentué sa révolte en contestant le droit du pape de le citer à Rome et de le juger hors la présence des évêques de la province, en traitant Grégoire VII d'« homme dangereux, » qui veut imposer à tous une volonté tyrannique [3]. Werner de Strasbourg, Henri de Spire, Herman de Bamberg sont eux aussi suspendus, ce dernier sous condition, car on lui accorde pour comparaître un délai qui finissait à Pâques, soit le 12 avril [4]. Les autres suffragants de Mayence, également

---

[1] GRÉGOIRE VII, *Registrum*, II, 52*a* (édit. CASPAR, p. 196-197; édit. JAFFÉ, p. 170; PL, CXLVIII, 787) : « Item in Longobardia Guilielmum Papiensem et Cunibertum Taurinensem suspendit, Dionisium Placentinum deposuit. » Pour Denis de Plaisance quelques renseignements sont fournis par la bulle du 3 mars 1075, qui annonce sa déposition à ses diocésains (*Registrum*, II, 54, édit. CASPAR, p. 198-199; édit. JAFFÉ, p. 172-173; PL, CXLVIII, 406).

[2] *Ibid.*, II, 52*a* (édit. CASPAR, p. 196; édit. JAFFÉ, p. 170; PL, CXLVIII, 787) : « Lemarum, Bremensem archiepiscopum, pro inobedientia superbiae suae ab episcopali officio et a corpore et sanguine Domini interdixit. »

[3] Après avoir reçu la bulle du 4 décembre 1074 (cfr *supra*, p. 159), Liémar a écrit à son ami, l'évêque d'Hildesheim, Hécil, une lettre très violente dont voici le passage essentiel : « Nunc dominus papa, multum iratus pro furore legatorum illorum et in ira (terribili) suggestione me Romam ad hanc proximam synodum, quae in prima septimana XLae celebrabitur, vocat, ab officio episcopali suspendit dum veniam ad ipsum, quod fieri debere ulli episcoporum nisi iudicio fratrum in plena synodo non putabam. Periculosus homo vult iubere quae vult episcopis, ut villicis suis, quae si non fecerunt venient, aut sine iudicio suspenduntur » (SUDENDORF, *Registrum*, Iéna, 1849, t. I, p. 8).

[4] GRÉGOIRE VII, *Registrum*, II, 52*a* (édit. CASPAR, p. 196; édit. JAFFÉ, p. 170; PL, CXLVIII, 787) : « Guarnerium Strazburgensem ab episcopali et sacerdotali officio suspendit. Heinricum Spirensem suspendit. Herimannum Babenbergensem, si ante pascha non venerit satisfacturus, similiter suspendit. » — Henri de Spire est mort le jour même où fut rendue la sentence qui le condamnait;

convoqués et tous absents, ont été épargnés. Othon de Constance a réussi à se disculper ; s'il est appelé à Rome pour le 1er novembre 1075 [1], c'est uniquement pour être entendu dans son procès avec l'abbé Ekkehard de Reichenau et non pour se justifier des soupçons qui pesaient sur lui [2]. Grégoire VII a dû abandonner aussi l'action engagée à la fin de l'année précédente contre l'évêque de Toul, Pibon, que le synode provincial de Trèves, convoqué par l'archevêque Udon, avait absous en accompagnant sa sentence de commentaires plutôt désobligeants pour le pontife romain [3].

---

cfr BERNOLD DE CONSTANCE, a. 1075 (MGH, SS, t. V, p. 430). Le cas d'Herman de Bamberg était particulièrement délicat. Ses premiers démêlés avec le Saint-Siège remontaient au pontificat d'Alexandre II qui l'avait mandé à Rome en 1070, pour examiner les conditions quelque peu suspectes de son élection (cfr La Réforme grégorienne, t. I, p. 360). Herman réussit à se faire absoudre ; le fait est attesté par Lambert de Hersfeld, a. 1070 (MGH, SS, t. V, p. 176 ; édit HOLDER-EGGER, p. 111-112), très hostile à Herman et qui dramatise beaucoup les choses ; il résulte aussi des bulles de Grégoire VII, avec lequel de nouvelles difficultés ne tardèrent pas à se produire. Lorsque Herman, évêque de Metz, vint à Rome en 1074, au moment de Pâques, Grégoire VII le chargea de procéder à une enquête sur son collègue (Registrum, I, 84, édit. CASPAR, p. 119-120 ; édit. JAFFÉ, p. 105 ; PL, CXLVIII, 356-357). On ne connaît pas les résultats de cette enquête, mais elle fut sans doute peu favorable à Herman qui fut convoqué au concile romain de février 1075 avec les autres suffragants de Mayence (cfr supra, p. 174). Il ne vint pas et écrivit au pape pour s'excuser. Sa lettre se trouve dans le codex Udalrici, 43 (Monumenta Bambergensia, p. 91-93). Elle est très déférente dans la forme ; Herman se plaint de toutes les jalousies qui se sont déchaînées contre lui, puis il allègue la nécessité où il se trouve de se rendre en Bourgogne pour diverses affaires, et de là à Saint-Jacques de Compostelle, afin d'accomplir un vœu. Il y a lieu, pour tout ce qui concerne Herman, de modifier la chronologie donnée par Meyer von Knonau (Jahr-bücher, t. II, p. 373 et suiv.), qui repose sur une erreur initiale déjà signalée à propos de la lettre II, 29, du registre de Grégoire VII, que cet historien place en décembre 1073 (au lieu de 1074). Il est dès lors obligé d'admettre que l'affaire d'Herman, malgré le silence des textes, est venue une première fois devant le concile de 1074, mais qu'elle n'y fut l'objet d'aucune sentence, sans quoi la lettre I, 84, du 12 juin 1074, ne s'expliquerait pas. En réalité cette lettre est la première qui ait trait à l'affaire de Bamberg ; elle met en mouvement la procédure par une enquête qui détermine ensuite la convocation d'Herman au concile de 1075 (et non de 1074).

[1] GRÉGOIRE VII, Registrum, II, 60 (édit. CASPAR, p. 214-215 ; édit. JAFFÉ, p. 180-181 ; PL, CXLVIII, 412).

[2] Cfr. supra, p. 156.

[3] On a conservé la réponse d'Udon de Trèves à la lettre II, 10 ; elle a été publiée par SUDENDORF, Registrum, t. I, p. 6-8. Il y est dit que les évêques

Aucun évêque français n'a été condamné par le concile de 1075, mais le roi Philippe Ier fut mis en demeure de donner les satisfactions requises l'année précédente [1]. A cet effet, on décida qu'une ambassade pontificale se rendrait en France et que, si le prince ne s'amendait pas, il serait excommunié [2]. Ce n'était pas une vaine menace. Au même concile, l'anathème lancé contre Robert Guiscard a été renouvelé et étendu à son neveu, Robert de Loritello, coupable lui aussi d'empiétements sur le territoire pontifical [3]. Grégoire VII n'hésite donc pas à user vis à vis des princes temporels des armes dont il dispose. La sentence qui frappe les princes normands est un avertissement pour le roi de France aussi bien que pour les cinq conseillers du roi de Germanie qui, pour avoir continué à vendre les églises, sont invités à se justifier à Rome avant le Ier juin [4].

Tel est le premier aspect sous lequel apparaît dans l'histoire le concile romain de février 1075. Il est un tribunal devant lequel ont été cités tous ceux qui, à un titre quelconque, se sont plus ou moins gravement insurgés contre les décisions de l'Église romaine. Jamais, depuis l'avènement de Léon IX, autant de condamnations, dont certaines définitives, n'ont été prononcées et c'est là ce qui donne au synode du carême de 1075 une

---

de la province se sont indignés des expressions employées par Grégoire VII pour désigner Pibon, à savoir *episcopus, immo exepiscopus, lupus.*

[1] Cfr. *supra*, p. 163-164.

[2] GRÉGOIRE VII, *Registrum*, II, 52a (édit. CASPAR, p. 196; édit. JAFFÉ, p. 170; PL, CXLVIII, 787) : « Philippus, rex Francorum, si nuntiis papae ad Gallias ituris de satisfactione sua et emendatione securitatem non fecerit, habeatur excommunicatus. » On n'a malheureusement aucun renseignement sur l'ambassade annoncée. Il paraît probable que Philippe Ier accorda assez vite aux marchands italiens les dédommagements qu'exigeait le pape, car non seulement l'excommunication ne fut pas prononcée contre lui, mais les relations devinrent pendant quelque temps meilleures entre le Saint-Siège et le roi de France.

[3] *Ibid.*, II, 52a (édit. CASPAR, 197; édit. JAFFÉ, p. 170; PL, CXLVIII, 787) : « Robertum, ducem Apuliae, iam anathematizatum, et Robertum de Loritello, invasores bonorum sancti Petri, excommunicavit. »

[4] *Ibid.*, II, 52a (édit. CASPAR, p. 196; édit. JAFFÉ, p. 170; PL, CXLVIII, 787) : « In qua (synodo) inter cetera decreta quae ibi gesta sunt quinque de familia regis Teutonicorum, quorum consilio ecclesiae venduntur, a liminibus sanctae ecclesiae separavit, ita ut, si abinde usque ad Kalendas Iunias Romam non venirent et satisfacerent, excommunicati haberentur. »

importance décisive. Grégoire VII n'a encore rien innové;
il a gouverné l'Église et la chrétienté suivant les mêmes principes
que son prédécesseur, Alexandre II, mais il veut montrer que
la primauté romaine, solennellement affirmée par les bulles
pontificales, ne se réduit pas à de simples formules de chancellerie, qu'elle est une réalité vivante qui s'impose à tous,
évêques et clercs, rois et simples fidèles. Les suspensions, dépositions, excommunications prononcées par le concile prouveront
à tous ceux qui hésitent à se courber devant l'autorité du
successeur de Pierre que le pape les brisera, s'ils n'obéissent
à sa législation.

Les décrets de 1074 sur le nicolaïsme et la simonie ont été
renouvelés en 1075, à l'exception de celui qui concernait les
offices des clercs mariés [1]. Grégoire VII promulgua ensuite
le fameux décret sur l'investiture laïque. Malheureusement
la notice, insérée dans le registre et qui a trait uniquement
aux questions de personnes, n'en a pas conservé le texte qui
est difficile à restituer. La seule version détaillée se trouve
dans la chronique de Hugues de Flavigny [2], mais elle ressemble

---

[1] On a vu plus haut, p. 136, n. 2, que certains chroniqueurs et avec eux
plusieurs historiens modernes attribuent seulement au concile de 1075 les
décrets sur le nicolaïsme et la simonie. Nous n'avons pas à revenir ici sur les
raisons qui nous ont inspiré un avis différent. Il faut remarquer toutefois, —
et c'est là ce qui explique les contradictions des chroniques, — que Grégoire VII
a jugé opportun de faire confirmer par le concile de 1075 les décrets de l'année
précédente. Cette assemblée étant beaucoup plus nombreuse (cfr. *Registrum*,
II, 52a : « Ubi interfuit archiepiscoporum, episcoporum, et abbatum multitudo
atque diversi ordinis clericorum et laicorum copia »), c'était leur conférer une
plus grande autorité. Il résulte toutefois d'une lettre à Sicard, patriarche d'Aquilée, en date du 23 mars 1075 (*Registrum*, II, 62), que l'interdiction d'assister
à la messe des clercs mariés n'a pas été renouvelée. Voici en effet le texte de
cette lettre; on constatera qu'il diffère, par cette omission, de celui des bulles
de l'année précédente : « Decrevimus enim quod, si quis eorum ordinum
qui sacris altaribus administrant, presbyter scilicet, diaconus et subdiaconus,
uxorem vel concubinam habet, nisi illis omnino dimissis dignam penitentiam
agant, sacris altaribus penitus administrare desistant nec aliquo ecclesiae beneficio potiantur sive potitis fruantur, qui vero symoniace, videlicet per interventum pecuniae sunt promoti, ut absque ulla spe recuperationis deponantur,
apostolica censura statuimus » (édit. CASPAR, p. 217; édit. JAFFÉ, p. 182-183;
PL, CXLVIII, 413-414).

[2] HUGUES DE FLAVIGNY, II (MGH, t. VIII, p. 412).

trop à un autre décret sur l'investiture rendu au concile de
1080 pour qu'on puisse la considérer comme authentique.
Une autre rédaction, due à Arnulf de Milan [1], est beaucoup
plus brève, mais s'accorde mieux avec les instructions données
par Grégoire VII à Hugues de Die le 12 mai 1077, en vue
de l'application de la législation nouvelle [2]. D'après cette bulle,
il semble que Grégoire VII se soit borné à étendre aux
évêchés et aux abbayes le sixième canon du concile du
Latran (1059), qui visait les églises privées et était ainsi conçu :
« Qu'aucun clerc ou prêtre ne reçoive en aucune façon une
église des mains d'un laïque, soit gratuitement soit pour de
l'argent [3]. » Ce qui rend cette hypothèse très vraisemblable,
c'est que Grégoire VII, au début de son pontificat, a eu pour
programme exclusif non pas de formuler des règles canoniques
nouvelles, mais d'appliquer strictement celles qui avaient été
posées par ses prédécesseurs et qui trop souvent étaient restées
enfouies dans les recueils conciliaires ou dans les registres
pontificaux [4].

---

[1] ARNULF, *Gesta archiepiscoporum Mediolanensium*, IV, 7 (MGH, SS, t. VIII,
p. 27).

[2] GRÉGOIRE VII, *Registrum*, IV, 22 (édit. CASPAR, p. 330-334; édit. JAFFÉ,
p. 272-275; PL, CXLVIII, 476-478).

[3] JAFFÉ-WATTENBACH, 4405 : « Ut per laicos nullo modo quilibet clericus
aut presbyter obtineat ecclesiam nec gratis nec precio » (MGH, série in-4°,
Constitutiones et acta, t. I, p. 547; MANSI, t. XIX, c. 898). Cfr *La Réforme
grégorienne*, t. I, p. 339.

[4] Voici le texte du décret tel que le donne Hugues de Flavigny, II : « Si
quis deinceps episcopatum vel abbatiam de manu alicuius laicae personae susceperit, nullatenus inter episcopos vel abbates habeatur, nec ulla ei ut episcopo
vel abbati audientia concedatur. Insuper ei gratiam beati Petri et introitum
ecclesiae interdicimus, quoadusque locum quem sub crimine tam ambitionis
quam inobedientiae, quod est scelus idolatriae, cepit, non deserit. Similiter
etiam de inferioribus aecclesiasticis dignitatibus constituimus. Item, si quis
imperatorum, ducum, marchionum, comitum vel quilibet secularium potes-
tatum aut personarum investituram episcopatus vel alicuius ecclesiasticae
dignitatis dare praesumpserit, eiusdem sententiae vinculo se astrictum sciat »
(MGH, SS, t. VIII, p. 412). Ce texte est mot pour mot celui du décret conciliaire
du 7 septembre 1080 qui a été transcrit dans le registre de Grégoire VII
(*Registrum*, VII, 14*a*, édit. CASPAR, p. 480; édit. JAFFÉ, p. 398-399; PL, CXLVIII
813-814). Aussi MEYER VON KNONAU (*Jahrbücher*, t. II, p. 451, n. 7) pense-t-il
que le passage de Hugues de Flavigny s'applique au concile de 1080 et non
à celui de 1075, comme le veulent DELARC (*Saint Grégoire VII*, t. III, p. 135),

Quelle que soit la teneur exacte du décret de février 1075, il reste certain que Grégoire VII a interdit aux évêques de recevoir leur charge des mains d'un laïque et aux métropolitains de consacrer ceux qui auraient accepté dans de telles conditions le « don de l'épiscopat ». Toutefois les termes de ce décret sont assez vagues et peuvent donner lieu à des interprétations

---

HEFELE-LECLERCQ (*Histoire des conciles*, t. V, p. 128-129), HAUCK (*Kirchengeschichte Deutschlands*, t. III, p. 777) et la plupart des historiens. MARTENS (*Gregor VII, sein Leben und Wirken*, t. I, p. 283) hésite à se prononcer, mais, s'il fait des réserves sur la teneur exacte du décret, il ne doute pas de la promulgation d'un décret sur l'investiture au concile de 1075, ce qui est d'ailleurs l'avis de Meyer von Knonau. Nous nous rallions pleinement à cette dernière opinion. Arnulf, qui a écrit ses *Gesta archiepiscoporum Mediolanensium* avant le concile de 1080 et même avant celui de 1078, qui a lui aussi promulgué un décret sur l'investiture, est formel : « Papa, habita Romae synodo, palam interdicit regi ius deinde habere aliquod in dandis episcopatibus omnesque laicas ab investituris ecclesiarum summovet personas » (MGH, SS, t. VIII, p. 27). Cfr aussi LANDULF, *Historia Mediolanensis* (*ibid.*, t. VIII, p. 98) et BERNOLD DE CONSTANCE, *De damnatione schismaticorum*, 42 (*Libelli de lite*, t. II, p. 45). D'autre part on trouve plusieurs allusions au décret dans la correspondance de Grégoire VII, tout d'abord dans une bulle du 8 janvier 1076 (*Registrum*, III, 10), où le pape cherche à rassurer Henri IV sur le caractère des mesures qui ont été prises au concile tenu à Rome « hoc anno » (édit. CASPAR, p. 265-266; édit. JAFFÉ, p. 220-221; PL, CXLVIII, 441). Bien que dans cette bulle le décret sur l'investiture ne soit pas spécialement nommé, on ne peut douter que c'est de lui qu'il s'agit. Il est d'ailleurs explicitement désigné dans la lettre du 12 mai 1077 à Hugues de Die (*Registrum*, IV, 22). En informant le légat que Gérard de Cambrai a reçu son évêché des mains de Henri IV, le pape lui rapporte que Gérard a donné comme excuse qu'il ignorait l'existence du dit décret ; « se neque decretum nostrum de prohibitione hujuscemodi acceptionis nec ipsum Heinricum regem a nobis excommunicatum fuisse aliqua certa manifestatione cognovisse » (édit. CASPAR, p. 330-331; édit. JAFFÉ, p. 272-273; PL, CXLVIII, 476). Dans la même lettre le pape demande à Hugues, pour éviter le retour de semblables incidents, de promulguer le décret : « Si igitur divina clementia huic nostrae dispositioni effectum dederit, inter caetera quae tua fraternitas agenda suscepit, hoc attentissime perpendat et exequi studeat, ut congregatis omnibus et in conventu residentibus manifesta et personanti denuntiatione interdicat, ut, conservanda deinceps in promovendis episcopis canonica et apostolica auctoritate, nullus metropolitanorum aut quivis episcoporum alicui, qui a laica persona donum episcopatus susceperit ad consecrandum illum imponere manum audeat, nisi dignitatis suae honore officioque carere et ipse velit. Similiter etiam, ut nulla potestas aut aliqua persona de huiusmodi honoris donatione vel acceptione ulterius se intromittere debeat; quod si presumpserit, eadem sententia et animadversionis censura, quam beatus Adrianus papa in octava synodo de huiusmodi praesumptoribus et sacrae auctoritatis corruptoribus statuit atque firmavit, se astrictum ac ligatum fore cognoscat » (édit. CASPAR, p. 333; édit. JAFFÉ, p. 274-275; PL, CXLVIII, 477-478). Le

différentes. Le pape enlève aux princes laïques l'investiture
des évêchés, abbayes et églises, mais s'agit-il uniquement de
la fonction spirituelle ou à la fois de celle-ci et des biens
temporels attachés à cette fonction ? On a pu soutenir que la
prohibition de Grégoire VII n'excluait pas tout droit d'intervention de la part des princes laïques, que le pape, tout en
déclarant *irritas* les investitures faites par eux et en réservant
aux métropolitains la collation des biens ecclésiastiques tels
que les dîmes, avait toléré que le pouvoir temporel continuât
à conférer les droits régaliens en échange de l'hommage et du
serment de fidélité [1]. A vrai dire, le texte des décrets de 1078
et de 1080, qui reproduisent celui de 1075, ne paraît pas de
prime abord autoriser une telle interprétation : il est interdit

---

texte de la lettre à Hugues de Die ressemble à celui du décret promulgué
au concile du 19 novembre 1078 (*Registrum*, VI, 5b), qui est ainsi conçu :
« Decernimus ut nullus clericorum investituram episcopatus vel abbatiae vel
ecclesiae de manu imperatoris vel regis vel alicuius laicae personae, viri vel
feminae, suscipiat. Quod si presumpserit, recognoscat investituram illam
apostolica auctoritate irritam esse et se usque ad condignam satisfactionem
excommunicationi subiacere » (édit. CASPAR, p. 403 ; édit. JAFFÉ, p. 332-333 ;
PL, CXLVIII, 800). Il est probable que l'affaire de Cambrai a décidé Grégoire VII à promulguer à nouveau le décret, mais celui-ci existait déjà et son
attribution au concile de 1075 n'est pas douteuse.

[1] Telle est la thèse soutenue par A. SCHARNAGL, *Der Begriff der Investitur
in den Quellen und der Litteratur des Investiturstreites*, Stuttgart, 1908, p. 62 et
suiv. D'après lui, c'est seulement Pascal II qui, le premier, à propos du conflit
survenu entre le roi d'Angleterre, Henri Ier, et saint Anselme de Cantorbéry,
aurait défendu aux clercs de recevoir d'un laïque les biens ecclésiastiques,
ratifiant ainsi la résistance de l'archevêque qui ne voulait pas faire hommage
au roi ; il aurait étendu cette prohibition à l'Allemagne. On peut se demander
si, au contraire, Pascal II n'a pas voulu par là rétablir la véritable tradition
grégorienne quelque peu battue en brèche pendant le pontificat d'Urbain II
et protester contre les tendances qui s'étaient fait jour en France sous l'impulsion d'Yves de Chartres (cfr AUGUSTIN FLICHE, *Le règne de Philippe Ier*, p. 439-
440). Yves reconnaît que pour leurs biens temporels les églises dépendent des
rois et concède que l'investiture laïque ne viole pas les principes de l'Église,
à condition qu'il soit entendu qu'elle ne communique pas de pouvoirs
spirituels. On chercherait en vain une thèse semblable chez Grégoire VII ou
chez le cardinal Humbert pour qui la juridiction temporelle de l'évêque est
inhérente à son pouvoir spirituel, comme le corps à l'âme. Cfr *Adversus
simoniacos* III, 2 (*Libelli de lite*, t. I, p. 199 ; PL, CXLIII, 1142). La même
idée se retrouve encore chez Pierre Damien dans sa lettre I, 13, aux chapelains
du duc Godefroy (PL, CXLIV, 218-223). Cfr *La Réforme grégorienne*, t. I, p. 30
et 232-233.

de recevoir une église ou une abbaye *de manu alicuius laicae personae*, sans qu'aucune distinction soit établie entre les biens et la fonction, entre le spirituel et le temporel. Peut-être Grégoire VII a-t-il tacitement permis à l'évêque nouvellement élu de prêter au roi le serment de fidélité et l'hommage pour les terres sur lesquelles celui-ci prétendait conserver le « domaine éminent »[1], mais ce serment et cet hommage ne donnent au roi aucun droit de regard sur l'élection. Quels que soient les tempéraments envisagés ou apportés par le pape dans l'application du décret de 1075, la législation grégorienne considère l'Église comme un bloc dont on ne peut rien distraire. Au fond, la question des biens ecclésiastiques intéresse peu Grégoire VII[2]. Ce qui lui importe avant tout, c'est d'avoir un

---

[1] Ce qui pourrait faire incliner vers cette hypothèse, c'est que dans la lettre III, 10 du *Registrum*, où Grégoire VII justifie auprès de Henri IV le décret du concile romain de 1075, il lui laisse très clairement entendre qu'il est disposé à y apporter des tempéraments : « Attamen, ne haec supra modum tibi gravia aut iniqua viderentur, per tuos fideles tibi mandavimus, ne pravae consuetudinis mutatio te commoveret, mitteres ad nos quos sapientes et religiosos in regno tuo invenire posses, qui si aliqua ratione demonstrare vel astruere possent, in quo salvo aeterni regis honore et sine periculo animarum nostrarum promulgatam sanctorum patrum possemus temperare sententiam, eorum consiliis condescenderemus » (édit. CASPAR, p. 266 ; édit. JAFFÉ, p. 221 ; PL, CXLVIII, 441). De ce passage il résulte d'une part que le décret de 1075 restreignait fortement les droits du pouvoir temporel, ce qui implique, semble-t-il, que celui-ci perdait l'investiture des biens ecclésiastiques et des droits régaliens aussi bien que de la fonction, et d'autre part que Grégoire VII admet la possibilité d'un compromis qui sauvegarderait les droits légitimes du roi.

[2] Nous avons déjà noté (p. 118, n. 5) qu'à notre avis M. STUTZ (*Die Eigenkirche als Element des mittelalterlich-germanischen Kirchenrechtes*, p. 40 et suiv.) attribuait sur ce sujet à Grégoire VII des conceptions qu'il n'a développées nulle part, alors que dans toutes ses bulles, avant comme après février 1075, éclatent des préoccupations morales et religieuses dont cet historien ne tient pas suffisamment compte. A l'appui de sa thèse, M. Stutz ne cite que la décision du concile de 1078 qui, en renouvelant la condamnation de l'investiture laïque, assimile les églises inférieures aux évêchés (cfr *supra*, p. 179, n. 4). Nous ne croyons pas qu'il soit permis d'affirmer, en s'appuyant sur ce seul texte qui représente en réalité la fusion des canons de 1059 (cfr *supra*, p. 179) et de 1075, que c'est tout le régime de la propriété ecclésiastique qui est en cause. En réalité, Grégoire VII, en 1075, pose seulement un principe, affirmé avant lui par le cardinal Humbert et consacré par Nicolas II dans son décret de 1059 sur l'élection pontificale, celui de l'indépendance du pouvoir spirituel à l'égard du pouvoir temporel : c'est, à ses yeux, le seul moyen d'en finir avec la simonie. Pratiquement, la proclamation

épiscopat indépendant du pouvoir temporel et tout acquis à la réforme, c'est d'empêcher l'intrusion dans le corps de l'Église des Liémar de Brême et des Herman de Bamberg, c'est de supprimer l'ingérence laïque, à un degré quelconque, dans les élections épiscopales, y compris le traditionnel *consensus* que les canons accordaient autrefois au roi. Cette mesure a déjà par elle-même un caractère radical et indique une orientation nouvelle dans la réforme de l'Église; Grégoire VII, sans abandonner le programme italien ni renoncer à la prédication, adhère au programme lorrain, tel qu'il avait été défini par le cardinal Humbert de Moyenmoutier [1].

---

de ce principe aura sa répercussion sur le régime des biens ecclésiastiques et elle soulèvera des problèmes juridiques dont la solution s'élaborera peu à peu; mais, en 1075, le régime des biens n'est que très indirectement en cause et aucun texte ne permet d'affirmer que Grégoire VII, en promulguant son décret sur l'investiture, ait voulu transférer des rois au Saint-Siège le domaine éminent des évêchés. Cette tendance n'apparaîtra que plus tard. M. IMBART DE LA TOUR nous paraît avoir pleinement raison contre Stutz et les historiens allemands qui se sont inspirés de lui, quand il écrit (*Les élections épiscopales*, p. 410): « Lisant dans un traité d'Honorius d'Autun, un écrivain du XIIᵉ siècle, ce passage que «le pape a le droit de conférer l'investiture de tous les évêchés », quelques historiens en concluent que le pape a voulu s'ériger en *suzerain* universel des évêques en devenant haut-propriétaire des terres de l'Église. Si cette thèse était vraie, la législation canonique eût assurément innové sur ce point. Nous aurions une théorie grégorienne du droit de propriété. Mais on est en droit de se demander si le passage d'Honorius d'Autun exprime bien les idées des papes du XIᵉ siècle et si l'investiture qu'il reconnaît au pape est bien l'investiture féodale ou l'investiture canonique. » Le concile romain de 1078 interdira à l'évêque de donner en bénéfice les biens de l'Église sans le consentement du pape, si l'évêque a été consacré par lui, du métropolitain ou du collège épiscopal, dans le cas contraire; mais, comme le remarque encore très justement M. Imbart de la Tour (*op. cit.*, p. 410-411), cette interdiction «ne suffit pas par elle-même à prouver que le pape se considérât comme haut-propriétaire des évêchés dont il a sacré l'évêque »; elle n'est pas « une application de la théorie féodale relative à l'abrègement du fief», mais bien « le rappel de la défense canonique faite à tout titulaire d'un évêché d'aliéner le domaine sans autorisation préalable. »

[1] Le décret sur l'investiture laïque est en effet, comme déjà celui de 1059, la conclusion pratique du passage de l'*Adversus simoniacos*, III, 6, cité t. I, p. 300-301. C'est là uniquement qu'il faut chercher la source des décrets de Nicolas II et de Grégoire VII. Il n'est pas nécessaire à notre avis de faire intervenir l'influence des Pères et notamment de saint Augustin, comme le veulent JOH. LANGE (*Das Staatensystem Gregors VII auf Grund des augustinischen Begriffs von der « libertas ecclesiae »*, Diss. Greifswald, 1915, p. 24 et suiv.) et F. BERNHEIM

On peut se demander quelles raisons ont inspiré cette évolution qui, en somme, a été assez brusque. Au début de son pontificat, Grégoire VII reconnaît les droits du roi dans l'élection
épiscopale [1]. Plus récemment, le 22 décembre 1074, préoccupé
de donner un évêque à Fermo, il admet encore la participation
du roi à la nomination du nouveau titulaire [2]. Il est fort probable
que la résistance opposée à la réforme par le clergé allemand,
le mépris affiché par le roi Philippe Ier à l'égard des instructions
pontificales l'ont déterminé à s'armer d'une législation plus
efficace qui, en paralysant par avance toute tentative simoniaque, donnerait à l'Église un épiscopat moins embourbé
dans les soucis du siècle, plus détaché des biens temporels,
plus fidèle à l'accomplissement de ses devoirs pastoraux, plus
docile aux impulsions du siège apostolique. Le décret sur
l'investiture laïque est la conclusion logique et presque fatale
des doléances qui remplissent la lettre du 22 janvier 1075, à
Hugues de Cluny [3].

En ce début de l'année 1075, la situation de l'Église d'Occident
peut en effet, comme l'indique Grégoire VII dans la bulle en
question, se ramener à deux traits primordiaux : pas d'évêques

---

(*Mittelalterliche Zeitanschauungen in ihrem Einfluss auf Politik und Geschichtschreibung*, t. I, *Die Zeitanschauungen*, Tubingue, 1918, p. 213 et suiv.)
M. CASPAR (*Gregor VII in seinen Briefen*, dans *Historische Zeitschrift*, t.
CXXX, p. 30) ne veut pas admettre de filiation entre le cardinal Humbert et
Grégoire VII, sous prétexte que Grégoire VII, dans sa correspondance, ne
reproduit aucun passage du traité *Adversus simoniacos* et ne cite pas les
textes sur lesquels Humbert appuie sa démonstration. Cet argument ne nous
paraît pas convaincant. Nulle part dans ses lettres, Grégoire VII n'a exposé
une théorie de l'investiture, analogue à son exposé doctrinal de la suprématie
du sacerdoce dans les lettres à Herman de Metz ; les rares bulles qui concernent la question n'ont trait qu'à l'application pratique du décret de 1075
(cfr *supra*, p. 179, n. 4).

[1] Cfr *supra*, p. 118.
[2] GRÉGOIRE VII, *Registrum*, II, 38, au comte, au clergé et au peuple de
Fermo (édit. CASPAR, p. 174 ; édit. JAFFÉ, p. 151, PL, CXLVIII, 391) : « Con-
siderantes ergo necessitatem viduatae ecclesiae, procurationem totius episcopatus interim ei commisimus, donec, divina providente clementia, cum nostra
sollicitudine tum regis consilio et dispensatione idonea ad regendam ecclesiam
et episcopalem dignitatem persona repperiatur. »
[3] Cfr *supra*, p. 172.

« dont l'élection et la vie soient régulières »; chez les princes séculiers aucun souci des droits de Dieu [1]. Entre ces deux calamités n'y a-t-il pas corrélation? Les évêques ne sont-ils pas simoniaques et nicolaïtes, parce que les princes qui les nomment méprisent la loi divine en vendant les dignités ecclésiastiques à des clercs tarés, pour lesquels la charge pastorale n'est qu'une source de revenus destinés à alimenter les plus honteuses passions? Aussi longtemps qu'un Philippe Ier et même un Henri IV investiront des dignités ecclésiastiques, les « loups rapaces » risqueront de s'introduire dans la bergerie et d'y dévorer le troupeau. Si les élections au contraire appartiennent exclusivement au clergé et au peuple, l'argent et l'intrigue perdront leur pouvoir, il deviendra plus difficile aux mauvais bergers de se glisser dans l'Église. Le décret de Nicolas II sur l'élection pontificale a libéré le siège apostolique, en barrant pour jamais la route aux papes issus de la volonté impériale. Pourquoi la législation prévue pour le siège de Rome ne s'étendrait-elle pas à tous les évêchés de la chrétienté désormais affranchis de toute influence temporelle? N'est-ce pas là pour la réforme que Grégoire VII veut imposer au clergé et à la société laïque le plus sûr gage d'avenir?

L'examen même de la situation de l'Église au début de 1075, après les déboires éprouvés dans l'application des décrets sur le nicolaïsme et sur la simonie, a sans doute déterminé l'adhésion de Grégoire VII au programme lorrain. Ce n'est toutefois qu'une adhésion de principe. Le pape, en cas de difficultés avec les souverains laïques, avec le roi de France en particulier, veut pouvoir s'appuyer sur une décision conciliaire, opposer, quand il le faudra, aux prétentions royales la législation romaine; mais, que les souverains n'entravent pas l'action réformatrice du Saint-Siège, qu'ils respectent les droits du clergé et du peuple, qu'il s'abstiennent de toute pression ou même de toute recommandation en faveur de personnages

---

[1] Grégoire VII, *Registrum*, II, 49 (édit. Caspar, p. 189; édit. Jaffé, p. 164; PL, CXLVIII, 400).

connus pour leur vie déréglée, qu'ils évitent surtout de recevoir
des candidats cadeaux et présents, et le pape est prêt à faire
fléchir la rigueur des principes, à retarder l'application des
décrets pontificaux qui interdisent aux clercs de recevoir les
églises de la main d'une personne laïque, à tolérer un état de
fait dont la morale n'a pas à souffrir particulièrement. Le décret
sur l'investiture laïque ne sera jamais promulgué en Angleterre
où Guillaume le Conquérant est tout acquis à la réforme. En
Allemagne, où Grégoire VII laisse entendre à Henri IV qu'il
est prêt à négocier un compromis [1], et en France, il ne sera
pas exécuté immédiatement, mais seulement le jour où le pouvoir temporel aura prouvé par des choix regrettables qu'il ne
voulait pas sortir de l'ornière simoniaque [2].

En un mot le décret de février 1075, qui prohibe l'investiture
laïque, est surtout un décret de principe dont la papauté pourra
faire usage, si, au cours de l'année qui commence, de nouveaux
incidents viennent à se produire; c'est une arme préventive
destinée à frapper, le cas échéant, les souverains endurcis
dans l'hérésie simoniaque; mais Grégoire VII n'est guère
pressé de s'en servir. Le pape ne renonce nullement à l'application des méthodes italiennes qui gardent ses préférences;
sa correspondance, dans les mois qui ont suivi le concile romain
de février 1075, témoigne d'un suprême effort pour obliger les
évêques à exécuter dans leurs diocèses la législation sur le
nicolaïsme et sur la simonie.

La lettre à Sicard d'Aquilée, qui attire l'attention du patriarche sur ce point [3], n'est pas un fait isolé. Pendant tout le mois
de mars 1075, Grégoire VII multiplie les encouragements, les
objurgations, les menaces. Le 3, il écrit aux fidèles de l'église
de Lodi, pour les féliciter de leur ardeur à combattre « la

---

[1] Cela résulte du passage de la lettre III, 10 du *Registrum* qui a été cité
p. 182, n. 1.
[2] La promulgation solennelle du décret sur l'investiture dans ces deux pays
remonte seulement à 1077 (cfr *Registrum*, IV, 22, lettre à Hugues de Die,
édit. CASPAR, p. 333-334; édit. JAFFÉ, p. 274-275; PL, CXLVIII, 477-478).
Cfr. aussi *supra*, p. 179, n. 4.
[3] Cfr *supra*, p. 178, n. 1.

détestable hérésie simoniaque » et la « fornication des prêtres » avec le concours de leur évêque, Opizon, qui a sollicité à cet effet l'appui du Saint-Siège [1]. Le 23 au contraire, il reproche à l'évêque de Liège, Dietwin, d'avoir vendu les prébendes et les dignités ecclésiastiques, en même temps qu'il l'exhorte à contraindre les clercs à la chasteté, « afin qu'il ne soit pas condamné pour son silence avec ceux qui agissent mal [2]. » Le 25, c'est l'abbé de Saint-Denis, Yves, qui est convoqué à Rome pour se justifier de l'accusation de simonie qui pèse sur lui [3]. Le 29, trois bulles partent pour l'Allemagne : elles ont pour destinataires Burchard, évêque d'Halberstadt, Annon, archevêque de Cologne, Werner, archevêque de Magdebourg, et toutes trois sont relatives au même objet, l'extirpation du nicolaïsme parmi les clercs :

« Vous n'ignorez pas, je le suppose, mon très cher frère, écrit le pape à Burchard, les décrets du Saint-Siège sur la chasteté sacerdotale, que ses lettres et ses légats, du temps de nos prédécesseurs et du nôtre, ont partout promulgués. L'année dernière, nos confrères de l'épiscopat, envoyés dans votre pays, ont été vous trouver et en notre nom vous ont recommandé une obéissance plus attentive sur ce point. Nous ne croyons pourtant pas superflu de vous écrire directement sur le même sujet, en vertu de la parole de l'Apôtre : *Frères, il ne m'en coûte pas de vous écrire les mêmes choses et pour vous c'est nécessaire* [4]... Aussi, mon très cher frère, nous vous exhortons instamment et nous vous ordonnons de par notre autorité apostolique de suivre fidèlement les directions transmises par nos légats et plus nettement confirmées par cette lettre, d'arracher l'ivraie qui a poussé dans le champ du Seigneur et de garder le bon grain, d'étendre votre bienveillante protection sur les clercs chastes et religieux, de reprendre paternellement les luxurieux et les incontinents, d'écarter des saints autels ceux qui vous paraissent incorrigibles [5]. »

---

[1] GRÉGOIRE VII, *Registrum*, II, 55 (édit. CASPAR, p. 200-201 ; édit. JAFFÉ, p. 173-174 ; PL, CXLVIII, 407).

[2] *Ibid.*, II, 61 (édit. CASPAR, p. 215-216 ; édit. JAFFÉ, p. 181-182 ; PL, CXLVIII, 412-413).

[3] *Ibid.*, II, 64 (édit. CASPAR, p. 219 ; édit. JAFFÉ, p. 184 ; PL, CXLVIII, 415).

[4] *Philip.*, III, 1.

[5] GRÉGOIRE VII, *Registrum*, II, 66 (édit. CASPAR, p. 221-222 ; édit. JAFFÉ, p. 185-187 ; PL, CXLVIII, 416-417).

Annon de Cologne reçoit lui aussi l'ordre de « prêcher et d'imposer la chasteté aux clercs selon les décrets des Pères et l'autorité des canons, » de réunir ses suffragants en un concile où seront promulguées les lois canoniques sanctionnées par l'autorité du Saint-Siège, de leur dire à cette occasion « quelle est l'importance de la vertu de chasteté et combien elle est nécessaire aux divers degrés de la hiérarchie ecclésiastique », de leur rappeler aussi, par la même occasion, qu'il est interdit de vendre les églises et de recevoir de l'argent pour l'imposition des mains [1]. A Werner de Magdebourg enfin, le pape commente la parole du prophète : *Je vous ai établi sur les nations et sur les royaumes, afin que vous arrachiez, que vous détruisiez, que vous dispersiez, que vous dissipiez, que vous édifiez, que vous plantiez* [2], et il conclut une fois de plus à la nécessité de faire prévaloir parmi les clercs la règle du célibat [3]. Dans le courant de l'été, le 3 septembre 1075, il adressera à Siegfried de Mayence un suprême avertissement pour qu'il impose, comme Annon, au clergé de sa province l'observation la plus stricte des décrets sur le nicolaïsme [4]. Il s'obstine enfin à compter sur l'appui du roi de Germanie, Henri IV, que, le 20 juillet 1075, il félicite de « résister courageusement aux simoniaques, » et « d'aider à faire pratiquer par les clercs la chasteté qui convient aux esclaves du Seigneur [5]. »

Toutes ces bulles prouvent à l'évidence que, malgré la promulgation du décret sur l'investiture laïque, qui n'y est pas une seule fois mentionné, Grégoire VII ne renonce pas à réaliser la réforme morale de l'Église et à y intéresser le pouvoir temporel. S'il reconnaît la valeur du programme lorrain, si même il le dépasse en supprimant, théoriquement au moins, le *consensus*

---

[1] GRÉGOIRE VII, *Registrum*, II, 67 (édit. CASPAR, p. 223-225 ; édit. JAFFÉ, p. 187-188 ; PL, CXLVIII, 417-418).

[2] JÉRÉM., I, 10.

[3] GRÉGOIRE VII, *Registrum*, II, 68 (édit. CASPAR, p. 225-226 ; édit. JAFFÉ, p. 189 ; PL, CXLVIII, 418-419).

[4] *Ibid.*, III, 4 (édit. CASPAR, p. 248-250 ; édit. JAFFÉ, p. 207-209 ; PL, CXLVIII, 431-433).

[5] *Ibid.*, III, 3 (édit. CASPAR, p. 246 ; édit. JAFFÉ, p. 205 ; PL, CXLVIII, 430).

royal pour les élections épiscopales [1], il ne renonce pas pour cela
aux méthodes italiennes, auxquelles les autres viennent seulement se juxtaposer [2]. Jusqu'à la fin de son pontificat, il s'efforcera
d'agir directement sur les évêques que ses légats auront mission
de surveiller et de diriger. De là, au même moment, une vigoureuse tentative pour établir sur des bases plus solides l'exercice
de la primauté romaine.

II

L'affaiblissement de l'autorité romaine avait entraîné au
Xe siècle et au début du XIe l'asservissement de l'Église par les
princes temporels, engendré par contre-coup la simonie et le
nicolaïsme [3]. Le grand mérite de Grégoire VII est d'avoir

---

[1] Grégoire VII, dans la lettre où il commente à Henri IV les mesures prises
par le concile romain (*Registrum*, III, 10), paraît persuadé qu'il n'a fait que
revenir à la tradition primitive : « Nous n'avons, dit-il, rien innové, rien ajouté,
mais nous avons pensé qu'il fallait renoncer aux erreurs passées, revenir à
la première et unique règle de la discipline ecclésiastique, reprendre le chemin
tant de fois parcouru » (édit. CASPAR, p. 266; édit. JAFFÉ, p. 220; PL, CXLVIII,
441). En réalité Grégoire VII renchérit sur ses prédécesseurs immédiats en
ce sens qu'il interdit toute ingérence laïque dans les élections épiscopales;
on ne trouve pas dans le décret sur l'investiture laïque la vague formule de
déférence envers le roi, que Nicolas II avait laissé subsister dans le décret
de 1059 sur l'élection pontificale (cfr *La Réforme grégorienne*, t. I, p. 314).
[2] Aussi est-il impossible de voir dans le décret sur l'investiture laïque
une provocation à l'égard de Henri IV. MIRBT (*Die Publizistik in Zeitalter
Gregors VII*, p. 499 et suiv., et p. 536 et suiv.) et, après lui, HAUCK (*Kirchengeschichte Deutschlands*, t. III, p. 777) estiment que le pape a voulu arracher
au roi tout pouvoir sur le haut clergé et, à la différence de SCHARNAGL (cfr.*supra*,
p. 181, n. 1), sur les biens de l'Église. En réalité, si Grégoire VII veut subordonner l'épiscopat au Saint-Siège, ce n'est pas par ambition politique, mais
uniquement pour réaliser la réforme morale et religieuse. Il n'est pas douteux
que le pape a essayé et essaie encore au début de 1075 de s'entendre avec
Henri IV. D'autre part, s'il avait eu l'intention, en février 1075, d'engager la
lutte avec lui, il eût été bien maladroit d'apaiser le conflit qui venait de surgir
entre Henri IV et les Saxons (cfr *supra*, p. 125), de se priver par l'excommunication de Robert Guiscard d'un allié éventuel, de risquer de mécontenter
Guillaume le Conquérant et de menacer Philippe Ier. Ce sont là autant de
preuves des intentions exclusivement réformatrices de Grégoire VII; le décret
sur l'investiture n'est pas une fin, mais beaucoup plutôt un moyen, auquel
le pape a recours après avoir vainement essayé des autres.
[3] Cfr l'Introduction du tome I de *La Réforme grégorienne*, p. 1-38.

saisi, plus clairement que les Italiens et même que les Lorrains,
la filiation de ces diverses crises les unes par rapport aux autres;
il a fort bien vu notamment que l'indépendance de l'Église
à l'égard du pouvoir temporel aurait été davantage assurée, si
le pouvoir du pape n'avait pas quelque peu sombré dans la
tourmente. Les diverses oppositions qu'il a rencontrées au
cours de l'année 1074, soit de la part des évêques allemands,
soit du côté du roi de France, ont pu achever de le convaincre
de la nécessité d'imposer à l'Église et aux laïques l'autorité
du Saint-Siège, seule capable de réaliser la réforme. Le meilleur
moyen pour y parvenir n'était-il pas d'en établir l'origine
surnaturelle et divine, de prouver qu'elle était marquée du
sceau du Christ, de souligner la perpétuité des pouvoirs accordés
à saint Pierre par le Maître en personne? Tel est le but des
propositions fameuses insérées dans le registre sous le nom de
Dictatus Papae[1], qui définissent les droits et prérogatives du
pontife romain[2].

Les *Dictatus papae* se présentent sous la forme d'un recueil

---

[1] GRÉGOIRE VII, *Registrum*, II, 55a (édit. CASPAR, p. 201-208; édit. JAFFÉ,
p. 174-176; PL, CXLVIII, 407-408).

[2] Sur les *Dictatus papae*, cfr F. ROCQUAIN, *Quelques mots sur les « dictatus
papae »*, dans *Bibliothèque de l'École des Chartes*, t. XXIII, 1872, p. 378-385;
S. LOEWENFELD, *Der Dictatus papae Gregors VII und eine Ueberarbeitung
desselben in 12 Jahrhundert*, dans *Neues Archiv*, t. XVI, 1891, p. 193-202;
E. SACKUR, *Der Dictatus papae und die Kanonessammlung des Deusdedits*, dans
Neues Archiv, t. XVIII, 1893, p. 135-153; MARTENS, *Gregor VII, sein Leben
und Wirken*, t. II, Excurs III: *Der dictatus papae*, p. 314 et suiv.; H. KULOT,
*Die Zusammenstellung päpstlicher Grundsätze (Dictatus papae) im Registrum
Gregorii VII in ihrem Verhältnis zu den Kirchenrechtssammlungen der Zeit*,
Diss. Greifswald, 1907; PEITZ, *Das Originalregister Gregors VII*, Excurs III:
Der Dictatus papae J, II 55a. Geschichte seiner Exegese, p. 265 et suiv.; BLAUL,
*Studien zum Register Gregors VII, 5 Sonderuntersuchung: Der dictatus papae
II, 55a*, Diss. Strasbourg, 1911, p. 29 et suiv. Nous renvoyons à Peitz pour
l'analyse de toutes les opinions antérieures sur l'attribution des *Dictatus papae*
à Deusdedit ou à tel autre personnage ecclésiastique. Aujourd'hui en effet,
depuis qu'il est prouvé que le registre contenu dans le manuscrit du Vatican
est bien le registre original, l'attribution à Grégoire VII ne saurait plus faire
aucun doute. De même, toutes les discussions quant à la date deviennent
caduques elles aussi: les *Dictatus papae* qui figurent dans le registre entre les
lettres III, 55 du 3 mars 1075, et III, 56, du 4 mars, sont contemporains du
concile romain de février 1075.

de vingt-sept propositions très brèves qui tendent à définir les pouvoirs du pontife romain. Voici ces propositions :

1. – L'Église romaine a été fondée par le Seigneur seul.

2. – Seul, le pontife romain mérite d'être appelé universel.

3. – Seul, il peut déposer ou absoudre les évêques.

4. – Son légat, dans un concile, commande à tous les évêques, même s'il est de rang inférieur, et seul il peut prononcer une sentence de déposition.

5. – Le pape peut déposer les absents.

6. – On ne peut rester sous le même toit que ceux qui ont été excommuniés par lui.

7. – Seul, il peut, suivant les circonstances, établir de nouvelles lois, réunir de nouveaux peuples, transformer une collégiale en abbaye, diviser un évêché riche et unir des évêchés pauvres.

8. – Seul, il peut user des insignes impériaux.

9. – Le pape est le seul homme dont tous les princes baisent les pieds.

10. – Il est le seul dont le nom soit prononcé dans toutes les églises.

11. – Son nom est unique dans le monde.

12. – Il lui est permis de déposer les empereurs.

13. – Il lui est permis, quand la nécessité l'exige, de transférer un évêque d'un siège à un autre.

14. – Il peut, où il veut, ordonner un clerc de n'importe quelle église.

15. – Celui qui a été ordonné par lui peut gouverner une autre église, mais non combattre; il ne doit pas recevoir d'un autre évêque un grade supérieur.

16. – Aucun synode ne peut être appelé général sans son ordre.

17. – Aucun texte canonique n'existe en dehors de son autorité.

18. – Sa sentence ne doit être réformée par personne et seul, il peut réformer celles de tous.

19. – Il ne doit être jugé par personne.

20. – Personne ne peut condamner une décision du siège apostolique.

21. – Les causes importantes de toute église doivent lui être rapportées.

22. – L'Église romaine n'a jamais erré, et comme l'atteste l'Écriture, ne pourra jamais errer.

23. – Le pontife romain, s'il a été ordonné canoniquement, devient indubitablement saint par les mérites de saint Pierre, sur la foi de saint Ennodius, évêque de Pavie, d'accord en cela avec

de nombreux Pères, comme on peut le voir dans le décret du bienheureux pape Symmaque.

24. – Sur son ordre et avec son autorisation il est permis aux sujets d'accuser.

25. – Il peut, en dehors d'une assemblée synodale, déposer et absoudre les évêques.

26. – Celui qui n'est pas avec l'Église romaine n'est pas considéré comme catholique.

27. – Le pape peut délier les sujets du serment de fidélité fait aux injustes.

Tels sont les *Dictatus papae*. On pourrait les comparer aux tables des matières des collections canoniques. Il semble bien que Grégoire VII ait voulu tracer aux auteurs de recueils futurs une sorte de canevas sur lequel viendraient se greffer des extraits de l'Écriture et des Pères, des conciles et des Décrétales. C'est en effet à cette date qu'a dû commencer le grand travail de recherches textuelles qui s'épanouira dans les grandes collections de la fin du pontificat. Celle d'Anselme de Lucques a vu le jour vers 1083, celle de Deusdedit sous le pontificat de Victor III (1086-1087)[1]. Il a bien fallu huit à dix ans pour réunir et classer les matériaux d'ordre divers qu'elles renferment. Or, entre ces recueils et les *Dictatus papae* on a constaté des rapports très étroits, au point que l'on a cru parfois que les propositions de Grégoire VII avaient été extraites des recueils où on les retrouve entourées de nombreuses citations [2]. Depuis les découvertes du P. Peitz, cette hypothèse a dû être abandonnée et, comme les recueils canoniques antérieurs à 1075 s'enferment dans un cadre beaucoup moins large que les *Dictatus papae* [3], il y a tout lieu de supposer que Grégoire VII

---

[1] Cfr PAUL FOURNIER, *Les collections canoniques romaines de l'époque de Grégoire VII*, dans *Mémoires de l'Académie des Inscriptions et Belles-Lettres*, t. XLI, 1918, p. 298-299 et 329-330.

[2] Telle est notamment la thèse développée par KULOT, *Die Zusammenstellung*, p. 39 et suiv.

[3] Le P. PEITZ a comparé notamment les *Dictatus papae* à la *Collection en 74 titres* étudiée par M. P. Fournier sous le titre de : *Le premier manuel canonique de la réforme du XIe siècle*, dans les *Mélanges d'archéologie et d'histoire publiés par l'École française de Rome*, t. XIV, 1894, p. 148-223 (cfr *La Réforme grégorienne*, t. I, p. 149-150), et il y retrouve la source de huit propositions

a voulu dans ces formules lapidaires préciser sa doctrine sur l'Église romaine, en laissant à ses auxiliaires le soin de les étayer à l'aide de textes empruntés aux Pères et plus encore aux Décrétales.

Les *Dictatus papae* condensent toute une théorie du pouvoir pontifical que précisent et éclairent les commentaires qu'en a donnés Grégoire VII dans certaines bulles rédigées sous son inspiration directe. Le moment est venu de dégager les éléments essentiels de cette théorie qui, jusque là épars, se coordonnent ici en une lumineuse et formidable synthèse.

Dès le lendemain de son avènement, Grégoire VII a proclamé avec la plus rigoureuse netteté que le pouvoir conféré à saint Pierre et transmis par lui à ses successeurs était d'origine divine [1]. Cette affirmation il la renouvelle en tête des *Dictatus papae*. « L'Église romaine a été fondée par le Seigneur seul [2]. » Il veut dire par là que le Christ a accordé spécialement à saint Pierre le pouvoir de lier et de délier [3], en vertu des paroles de l'Écriture qu'il se plaît à rappeler dans sa correspondance [4] : *Pierre, pais mes brebis* [5]. — *Les clefs du royaume des cieux te sont confiées ; tout ce que tu lieras sur la terre sera lié dans le ciel ; tout ce que tu délieras sur la terre sera délié dans le ciel* [6]. — *J'ai prié pour toi, Pierre, afin que ta foi ne défaille pas, et toi, t'étant*

(cfr Peitz, *op. cit.*, p. 281-284), mais il y en a beaucoup d'autres qu'il est impossible de rattacher à cette source et jusqu'ici on ne connaît aucune collection canonique dont les *Dictatus papae* puissent être considérés comme le résumé ou la table des matières.

[1] Cfr *supra*, p. 103 et suiv.

[2] *Dictatus papae*, 1 (édit. Caspar, p. 200; édit. Jaffé, p. 174; PL, CXLVIII, 407).

[3] Grégoire VII, *Registrum*, II, 70 (édit. Caspar, p. 230; édit. Jaffé, p. 193; PL, CXLVIII, 421) : « Omnipotens Deus qui beato Petro potestatem ligandi atque solvendi principaliter tribuit. »

[4] Voir notamment : *Registrum*, III, 10, du 10 janvier 1076, à Henri IV (édit. Caspar, p. 264-265; édit. Jaffé, p. 219; PL, CXLVIII, 440); — III, 18, de mai 1076, à Siméon, évêque de Burgos (édit. Caspar, p. 284; édit. Jaffé, p. 233-234; PL, CXLVIII, 448-449); — IV, 2, du 25 août 1076, à Herman de Metz (édit. Caspar, p. 294-295; édit. Jaffé, p. 243; PL, CXLVIII, 454-455).

[5] Jean, XXI, 27.

[6] Matth., XVI, 19.

repenti un jour, affermis tes frères [1]. » Sur Pierre le Seigneur
a donc édifié son Église [2], et « depuis ce jour par l'intermédiaire
de Pierre le pouvoir que lui a conféré le Christ est passé à ceux
qui lui ont succédé ou qui lui succéderont sur sa chaire jusqu'à
la fin du monde en vertu d'un principe divin et d'un droit
héréditaire [3]. » Successeur de Pierre et comme tel supérieur
à tous les autres évêques, en raison même de la prééminence
de Pierre sur les autres disciples, Grégoire VII s'identifie avec
l'Apôtre qui par sa bouche parle, légifère, juge et condamne [4].

---

[1] Luc, XXII, 32.

[2] Grégoire VII, *Registrum*, IX, 35 (édit. Caspar, p. 622 ; édit. Jaffé, p. 511 ;
PL, CXLVIII, 635) : « Super quem (Petrum) etiam ecclesiam edificavit,
commendans ei oves suas pascendas. »

[3] *Ibid.*, IX, 35 (édit. Caspar, p. 622-623 ; édit. Jaffé, p. 511 ; PL, CXLVIII,
635) : « Ex quo tempore principatus ille et potestas per beatum P. successit
omnibus suam cathedram suscipientibus vel usque in finem mundi suscepturis,
divino privilegio et iure hereditario. » — Cfr aussi *Registrum*, III, 10 (édit.
Caspar, p. 265 ; édit. Jaffé, p. 219 ; PL, CXLVIII, 440) : « In cuius sede et
apostolica amministratione dum nos, qualescunque peccatores et indigni, divina
dispositione vicem suae potestatis gerimus. » — IV, 28 (édit. Caspar, p. 343 ;
édit. Jaffé, p. 283 ; PL, CXLVIII, 484) : « Ad cuius dispensationis officium
quoniam secundum voluntatem Dei quanquam inviti et indigni constituti
sumus, creditum nobis ministerium valde pertimescimus. »

[4] On a déjà relevé dans les premières bulles quelques expressions significatives à cet égard. Par la suite, Grégoire VII tend encore davantage à s'effacer
devant l'Apôtre et dans les formules de la diplomatique pontificale le terme
de saint Pierre devient synonyme de celui de pape. Voici quelques exemples
contemporains des *Dictatus papae : Registrum*, II, 15 du 11 novembre 1074,
à Humbert, archevêque de Lyon, et à ses suffragants d'Autun et de Mâcon :
« Quodsi vos, immo beatum Petrum et eius per nos administrata monita con-
tempserint... Sin vero nec pro huiusmodi districtione voluerint resipiscere et
illatas beato Petro iniurias, utpote privilegia eius transgressi,... digna respuerint
satisfactione emendare » (édit. Caspar, p. 148 ; édit. Jaffé, p. 130-131 ; PL,
CXLVIII, 375) ; — II, 18, du 13 novembre 1074, à Guillaume VI, comte de
Poitiers : « Te quoque sanctum Petrum et nos pure diligentem » (édit. Caspar,
p. 150 ; édit. Jaffé, p. 132 ; PL, CXLVIII, 376) ; — II, 34, du 13 décembre 1074,
à Renier : « Pro amore sancti Petri ac nostro » (édit. Caspar, p. 170 ; édit.
Jaffé, p. 148 ; PL, CXLVIII, 388) ; — II, 60, du 13 mars 1075, à Othon, évêque
de Constance : « Quasi per manum beati Petri et nostram firma pax posita
atque condicta teneatur » (édit. Caspar, p. 215 ; édit. Jaffé, p. 180 ; PL, CXLVIII,
412) ; — II, 69, du 9 avril 1075, à Cunibert, évêque de Turin : « Decuerat
te, frater Karissime, pro reverentia quam beato Petro apostolorum principi
et magistro universalis ecclesiae debes » (édit. Caspar, p. 226 ; édit. Jaffé,
p. 190 ; PL, CXLVIII, 419) ; — II, 71, du 14 avril 1075, à Wratislas II de Bohême :
« Rogamus tamen ut pro caritate et reverentia beati Petri, apostolorum principis,

Aussi bien, puisque le Christ a promis à Pierre l'assistance divine, est-ce le Saint-Esprit qui dicte et inspire tous les actes du pape [1], ce qui revient à proclamer son infaillibilité : « L'Église romaine n'a jamais erré et, comme l'atteste l'Écriture, ne pourra jamais errer [2]. »

De cette proposition découlent toutes les autres. Parce qu'institué par Dieu et tenant son pouvoir de Dieu seul, le pontife romain est dirigé par l'Esprit-Saint, donc infaillible ; parce qu'infaillible, il est le seul juge qui ne puisse être jugé par personne et dont les sentences soient irréformables [3] : « Sachez bien, écrivait déjà Grégoire VII à Siegfried de Mayence, le 18 mars 1074, à propos de l'affaire Prague-Olmütz [4], que ni vous ni aucun patriarche ou primat n'avez le pouvoir de réformer les sentences apostoliques [5]. » Parce qu'infaillible aussi, le pape exerce sur l'Église et sur la chrétienté laïque un pouvoir absolu et illimité en même temps qu'universel [6].

---

cuius presidia humiliter postulavit... Non pigeat itaque nobilitatem tuam in hoc nostras preces audire beatumque Petrum in hoc debitorem facere » (édit. CASPAR, p. 231 ; édit. JAFFÉ, p. 194 ; PL, CXLVIII, 422) ; — II, 72, du 15 avril 1075, aux Bohémiens : « Tamen quia verba nostra ex reverentia beati Petri constat vos carius atque avidius recipere, ipsa vestra audiendi aviditas, quae ab aliis dari possunt, nos documenta dare compellit ; ut tanto sollicitius vobis debitum reddamus exhortationis, quanto beatum Petrum in eadem nostra exhortatione devotius adtenditis » (édit. CASPAR, p. 233 ; édit. JAFFÉ, p. 195 ; PL, CXLVIII, 423) ; — III, 9, du 8 décembre 1075, aux suffragants de Milan : « Eam quam beato Petro, apostolorum principi, debetis obedientiam » (édit. CASPAR, p. 262 ; édit. JAFFÉ, p. 217 ; PL, CXLVIII, 438).

[1] On lit par exemple dans l'encyclique du 1er juillet 1078 aux Allemands (*Registrum*, VI, 1, édit. CASPAR, p. 389 ; édit. JAFFÉ, p. 321 ; PL, CXLVIII, 509) : « Iudicio enim sancti Spiritus decrevimus et precipimus. » — Cfr aussi VI, 14, du 30 décembre 1078, à Welf, duc de Bavière (édit. CASPAR, p. 418 ; édit. JAFFÉ, p. 346 ; PL, CXLVIII, 523) : « Perpendite quid sanctus Spiritus per nos licet indignos dignatus est in sancta synodo hoc in anno Romae in quadragesima celebrata statuere. »

[2] *Dictatus papae*, 22 (édit. CASPAR, p. 207 ; édit. JAFFÉ, p. 175 ; PL, CXLVIII, 408).

[3] *Dictatus papae*, 18 et 19 (édit. CASPAR, p. 206 ; édit. JAFFÉ, p. 175 ; PL, CXLVIII, 408).

[4] Cfr *supra*, p. 142-146.

[5] GRÉGOIRE VII, *Registrum*, I, 60 (édit. CASPAR, p. 88 ; édit. JAFFÉ, p. 79 ; PL, CXLVIII, 337).

[6] *Dictatus papae*, 2 (édit. CASPAR, p. 202 ; édit. JAFFÉ, p. 174 ; PL, CXLVIII, 407). Grégoire VII est revenu souvent sur cette idée et dans plusieurs bulles

Les *Dictatus papae* ne se bornent pas à établir l'origine divine de la puissance pontificale avec toutes les conséquences qui en découlent; ils en déterminent aussi les caractères et les différents aspects avec une minutie et une précision toutes nouvelles.

Le pape est tout d'abord le maître souverain de l'Église. Il a non seulement le droit d'évoquer devant lui toutes les causes qui lui paraissent d'une gravité particulière ou que les tribunaux épiscopaux n'auraient pas réussi à terminer, mais il entend légiférer pour toutes les églises. Quoiqu'à maintes reprises Grégoire VII se soit défendu d'avoir innové en matière de discipline, il n'en proclame pas moins son droit d'« établir de nouvelles lois [1] ». De plus le pape, gardien de l'organisation religieuse, peut à son gré créer des diocèses, modifier les circonscriptions de ceux qui existent déjà, soit pour les réunir, soit pour les scinder. S'il lui est permis de transformer les institutions, à plus forte raison a-t-il tout pouvoir sur les personnes; il dépose les prélats de sa propre autorité, sans avoir recours à aucun concile et sans même entendre les intéressés; s'il le juge nécessaire, il les transfère d'un siège à un autre et ordonne qui il lui plaît. Hors sa présence, les évêques ne peuvent prendre de décisions d'un caractère général; le légat pontifical, partout où il se trouve, a la première place, quel que soit son rang dans la hiérarchie, même si, n'étant que simple clerc, il préside une assemblée épiscopale [2].

Il y a dans cet ensemble de propositions, ainsi rapprochées

---

il rappelle que l'Église romaine est mère commune de toutes les églises, et de tous les fidèles. Cfr par exemple : *Registrum*, I, 29 (édit. Caspar, p. 46; édit. Jaffé, p. 45-46; PL, CXLVIII, 312); — III, 9 (édit. Caspar, p. 263, édit. Jaffé, p. 218; PL, CXLVIII, 439); — IV, 27 (édit. Caspar, p. 342; édit. Jaffé, p. 282; PL, CXLVIII, 483); — IV, 28 (édit. Caspar, p. 343; édit. Jaffé, p. 283; PL, CXLVIII, 484); — V, 10 (édit. Caspar, p. 361; édit. Jaffé, p. 299; PL, CXLVIII, 495); — V, 13 (édit. Caspar, p. 366; édit. Jaffé, p. 303; PL, CXLVIII, 498); — VI, 30 (édit. Caspar, p. 443; édit. Jaffé, p. 367; PL, CXLVIII, 536); — VII, 5 (édit. Caspar, p. 464; édit. Jaffé, p. 385; PL, CXLVIII, 549).

[1] *Dictatus papae*, 7 (édit. Caspar, p. 203; édit. Jaffé, p. 174; PL, CXLVIII, 408).

[2] *Dictatus papae*, 3-5, 6, 13-16, 21, 25 (édit. Caspar, p. 202-207; édit. Jaffé, p. 174-176; PL, CXLVIII, 407-408).

et coordonnées, tout un programme de gouvernement de l'Église. Ce programme, dont on ne saurait assez souligner l'expression ferme et neuve, constitue l'apport personnel d'Hildebrand dans la réforme grégorienne. Si Grégoire VII ne peut revendiquer l'idée première ni des décrets sur le nicolaïsme et la simonie, ni de celui qui interdit l'investiture laïque, en revanche aucun des Prégrégoriens n'a esquissé ni même conçu la centralisation ecclésiastique telle que la revèlent les *Dictatus papae*. On chercherait en vain dans les œuvres de Pierre Damien et du cardinal Humbert ou dans la *Collection en 74 titres* cet exposé systématique des droits du pape sur l'Église; sans doute on y trouvera solennellement proclamé le principe de la primauté romaine, mais Grégoire VII est le premier réformateur qui ait osé faire jaillir de ce principe une série de concepts pratiques pour le gouvernement de la société ecclésiastique.

Le gouvernement de la société laïque s'inspire des mêmes principes. Le cardinal Humbert avait énoncé la thèse de la supériorité du Sacerdoce sur l'Empire :

« De même que l'âme domine le corps et lui commande, de même la dignité sacerdotale est supérieure à la dignité royale comme le ciel à la terre. Pour que tout soit en ordre, le sacerdoce doit, comme l'âme, déterminer ce qu'il faut faire, puis le royaume, comme la tête, commandera à tous les membres et les dirigera où il faut. Aussi les rois doivent-ils suivre les ecclésiatiques et rechercher l'utilité de l'Église et de la patrie; l'un des pouvoirs instruira le peuple; l'autre le dirigera [1]. »

Mais Humbert n'était pas sorti du domaine de la théorie pure; Grégoire VII n'hésite pas à formuler toutes les conséquences pratiques qui en découlent. Au cours de son conflit avec Philippe Ier, il a menacé le roi de l'excommunication et de la déposition [2]. En 1075, il proclame dans les *Dictatus papae* que le pape peut priver de leur couronne les empereurs et délier les sujets du serment de fidélité qu'ils auraient prêté aux rois

---

[1] *Adversus simoniacos*, III, 21 (*Libelli de lite*, t. I, p. 225-226; PL, CXLVIII, 1175). Cfr *La Réforme grégorienne*, t. I, p. 304-305).

[2] Cfr *supra*, p. 163-164.

injustes [1]. C'est ainsi qu'il comprend la supériorité du pouvoir spirituel sur le pouvoir temporel. Au moment où il adhère au programme lorrain, il le dépasse et, avec une implacable logique, il en déduit des conclusions que ni Wason de Liège ni Humbert de Moyenmoutier n'avaient osé entrevoir.

La centralisation ecclésiastique et la théorie grégorienne de l'État sont donc contenues en germe dans les *Dictatus papae* qui résument sous une forme saisissante tout le programme pontifical. Ce programme a été suggéré au pape par les circonstances qui ont démontré l'insuffisance des méthodes italiennes et même des méthodes lorraines. La résistance des évêques allemands, qui ont voulu empêcher les légats pontificaux d'exercer leur mission et de tenir le concile ordonné par le pape, a prouvé la nécessité d'une centralisation plus rigoureuse et plus effective dans l'organisation de l'Église. L'attitude de Philippe Ier, rebelle aux directions morales de la religion chrétienne, a été pour beaucoup dans la formation des idées qui hantent l'esprit de Grégoire VII dès 1075. Ce n'est donc pas par hasard que les *Dictatus papae* ont condensé à cette date les théories grégoriennes. Cette sorte de codification est l'aboutissement logique et inévitable des graves événements qui, en 1074, ont contrarié l'action du Saint-Siège et contraint le pape à renoncer aux méthodes jusque là utilisées, pour leur substituer son propre système, ou tout au moins à déduire des principes antérieurs une conception singulièrement plus forte de l'autorité pontificale [2].

---

[1] *Dictatus papae*, 12 et 27 (édit. CASPAR, p. 204 et 208; édit. JAFFÉ, p. 175 et 176; PL, CXLVIII, 408).

[2] C'est ainsi que doit s'expliquer selon nous l'origine des *Dictatus papae* dont les seuls événements de l'année 1074 ont suscité l'apparition. Il n'est donc pas nécessaire de faire appel à l'hypothèse, d'ailleurs ingénieuse, de Loewenfeld, à laquelle paraît se rallier Peitz (*Das Originalregister Gregors VII*, p. 280-281), suivant laquelle les *Dictatus papae* auraient pour objet de réfuter une théorie césaropapiste, analogue à celle qui se dégagera plus tard de la collection de Farfa. On ne trouve aucune trace d'un effort canonique ou polémique dans ce sens avant 1076, et même avant 1080; mais, en revanche, comme on l'a vu dans les pages qui précèdent, il y a eu de terribles résistances à l'exercice de l'autorité romaine, qui ont prouvé à Grégoire VII la nécessité

La pensée de Grégoire VII a donc rapidement évolué au contact des faits qui lui ont paru se dresser contre la doctrine traditionnelle de l'Église. Cette doctrine le pape l'a étudiée à fond et en a fait sa nourriture intellectuelle. Avant d'être élevé au siège apostolique, il demandait déjà à Pierre Damien de grouper en un faisceau solide et compact les textes canoniques susceptibles de justifier les exigences de l'Église romaine [1]. Ce simple projet indique suffisamment de quel côté s'orientaient ses préoccupations. De fait, il n'est aucune proposition des *Dictatus papae* à laquelle on ne puisse assigner une source précise [2], et, si l'on cherche à grouper ces diverses sources, on constate qu'elles se rattachent presque exclusivement aux Décrétales, vraies ou fausses. Tandis qu'il se heurte, impuissant et désarmé, à l'opposition du haut clergé en Allemagne et qu'en France il éprouve la méprisante indifférence du pouvoir temporel, Grégoire VII parcourt fiévreusement les bulles de ses prédécesseurs et le recueil du pseudo-Isidore ; il y trouve tous les éléments d'une théorie de la primauté romaine qui va se faire jour dans les *Dictatus papae*.

Le recueil des Fausses Décrétales, connu sous le nom de pseudo-Isidore et composé vers 850 dans le province de Tours, a été très répandu en Occident à partir de la seconde moitié du Xe siècle [3]. La *Collection en 74 titres* subit son influence et pour justifier la primauté romaine, pour établir le pouvoir judiciaire du Saint-Siège, son privilège de n'être jugé par personne, son droit de casser en appel les sentences des évêques, pour définir les relations qui doivent exister entre l'autorité sacerdotale et la puissance royale, elle fait appel au pseudo-Anaclet et au pseudo-Zéphyrin aussi bien qu'à Gélase Ier, à

---

d'une théorie du pouvoir pontifical, fondée sur son origine surnaturelle et divine.

[1] Cfr *La Réforme grégorienne*, t. I, p. 354.

[2] Il suffira pour s'en rendre compte, de parcourir les excellentes notes critiques de l'édition Caspar, qui rendent un très réel service à cet égard.

[3] Sur le pseudo-Isidore, cfr PAUL FOURNIER, *Étude sur les Fausses Décrétales*, dans la *Revue d'histoire ecclésiastique*, t. VII, 1906, p. 33, 301, 543, 761, et suiv.

Saint Léon et à Nicolas Ier [1]. Grégoire VII, à son tour, a puisé chez le pseudo-Isidore aussi bien que dans les décrétales authentiques de ses prédécesseurs la plupart des éléments de la doctrine contenue dans les *Dictatus papae* [2]. Quand il affirme avec Pierre Damien que « l'Église romaine a été fondée par le Seigneur » [3], il ne fait que reprendre la formule du pseudo-Anaclet [4]. Quand il proclame son infaillibilité [5], il reproduit à peu de chose près un passage d'une lettre du pseudo-Lucius aux églises de Gaule et d'Espagne [6]. De même encore, la préface des Fausses Décrétales réserve au pape seul le droit de convoquer des conciles généraux [7], et Grégoire VII, à son tour, écrit : « Aucun concile ne peut être appelé général sans l'ordre du pape [8]. »

Le pseudo-Isidore n'est pas la source unique des *Dictatus papae*. On y retrouve aussi l'influence de Gélase Ier qui, avant Grégoire VII, a déclaré que « sans le consentement du Saint-Siège personne ne pouvait être condamné et qu'il fallait son consentement pour que celui qui était condamné pût être considéré comme tel [9] », celle de l'auteur du traité *De recipiendis et non recipiendis libris*, qui est à l'origine de la proposition condamnant les textes canoniques non approuvés par le Saint-

---

[1] Cfr PAUL FOURNIER, *Le premier manuel canonique de la réforme du XIe siècle*, dans les *Mélanges d'archéologie et d'histoire publiés par l'École française de Rome*, t. XIV, p. 157-158.

[2] Grégoire VII s'est directement reporté au pseudo-Isidore, car si pour quelques propositions, il a pu l'utiliser par l'intermédiaire de la *Collection en 74 titres*, il y en a d'autres, notamment les *Dictatus* 16 et 22, qui n'apparaissent pas dans le recueil en question.

[3] *Dictatus papae*, 1 (édit. CASPAR, p. 202; édit. JAFFÉ, p. 174; PL, CXLVIII, 407). Cfr PIERRE DAMIEN, *Disceptatio synodalis* (*Libelli de lite*, t. I, p. 78; PL, CXLV, 68).

[4] PSEUDO-ANACLET, 34 : « Haec vero apostolica sedes... a domino et non ab alio constituta » (édit. HINSCHIUS, *Decretales pseudo-isidorianae*, p. 84).

[5] *Dictatus papae*, 22 (édit. CASPAR, p. 207; édit. JAFFÉ, p. 175; PL, CXLVIII, 408).

[6] PSEUDO-LUCIUS, 8 (édit. HINSCHIUS, p. 179).

[7] PSEUDO-ISIDORE, *Praefatio* (édit. HINSCHIUS, p. 18).

[8] *Dictatus papae*, 16 (édit. CASPAR, p. 205; édit. JAFFÉ, p. 175; PL, CXLVIII, 408).

[9] JAFFÉ-WATTENBACH, 611. Cfr *Dictatus papae*, 3 (édit. CASPAR, p. 202; édit. JAFFÉ, p. 174; PL, CXLVIII, 407).

Siège [1], celle de Grégoire le Grand [2] qui a sans doute inspiré
le *Dictatus* 15, plus encore celle de Nicolas Ier que l'on peut
considérer, on l'a déjà noté [3], comme le précurseur de Grégoire VII au IXe siècle. Nicolas Ier est en effet le seul pape de la
période carolingienne qui ait osé, en ce temps de césaropapisme,
affirmer avec une netteté toute grégorienne que « le pape tient
la place de Jésus-Christ dans l'Église universelle, car la Providence divine l'a mis à la tête de celle-ci [4] », et déduire de cette
doctrine une série de conséquences pratiques qui annoncent
les *Dictatus papae*. Pour lui déjà, c'est auprès du Saint-Siège,
« tête de toutes les églises » que celles-ci viennent chercher,
pour s'y conformer, la règle parfaite et les dispositions qui
intéressent la discipline particulière et les institutions ecclésiastiques [5]. C'est au Saint-Siège aussi que revient le pouvoir
de juger en appel toutes les causes et d'intervenir dans les
cas douteux que l'autorité épiscopale serait impuissante à
résoudre [6].

Ainsi, avant Grégoire VII, Nicolas Ier a songé à la centralisation ecclésiastique sans avoir eu le temps ni le loisir de l'organiser.
Il a également osé défendre les prérogatives pontificales en face
du pouvoir impérial, mais entre le langage assez fier qu'il a
tenu en certaines circonstances et l'affirmation retentissante,
lancée par Grégoire VII en 1075, selon laquelle le pape peut
déposer l'empereur et délier les sujets du serment de fidélité,
il y a de la marge. Nicolas Ier, fidèle interprète de la pensée
de Gélase Ier [7], s'est borné à rappeler que l'empereur « avait

---

[1] *Dictatus papae*, 17 (édit. CASPAR, p. 205 ; édit. JAFFÉ, p. 175 ; PL, CXLVIII,
408).

[2] GRÉGOIRE LE GRAND, *Epist.* V, 35 (édit. EWALD, t. I, p. 316 ; PL, LXXVII,
762).

[3] Cfr *supra*, p. 106.

[4] JAFFÉ-WATTENBACH, 2716 (PL, CXIX, 813). Cfr. aussi JAFFÉ-WATTENBACH,
2720 (PL, CXIX, 821 ; MGH, série in-4°, *Epistolae*, t. VI, p. 365).

[5] *Ibid.*, 2691 (PL, CXIX, 786 ; MGH, série in-4°, *Epistolae*, t. VI, p. 447).

[6] Cfr notamment JAFFÉ-WATTENBACH, 2723 (PL, CXIX, 826-833 ; MGH,
série in-4°, *Epistolae*, t. VI, p. 355-362) ; JAFFÉ-WATTENBACH, 2791 (PL, CXIX,
925 ; MGH , série in-4°, *Epistolae*, t. VI, p. 638-639).

[7] C'est en effet la lettre 12 de Gélase Ier (JAFFÉ-WATTENBACH, 662) où est

reçu le glaive de Pierre, » que la possession de l'empire lui était
« confirmée par le siège apostolique » et qu'au jour de son
couronnement c'était le pape qui lui avait placé la couronne
sur la tête [1]; mais il n'a jamais déduit de là qu'il avait le droit
de lui enlever glaive, empire et couronne. Grégoire VII, au
contraire, ne reculera pas devant cette conséquence extrême.
Dès 1075, il exprime, dans les *Dictatus papae*, quelle est sa
thèse en cette matière et cette thèse il n'hésitera pas à la faire
passer dans la pratique [2].

Rétablir l'harmonie entre les faits et la doctrine, tel sera le
but poursuivi par Grégoire VII. Le pouvoir de lier et de délier
n'est pas pour lui une simple formule théologique; il doit
être une réalité quotidienne. Toutefois, pour qu'il en soit
ainsi, il importe que la doctrine se précise et qu'elle ne puisse
être mise en discussion par personne. Aussi le pape veut-il
qu'à l'avenir sur chacune des propositions qu'il a énoncées
l'on puisse placer une série de références canoniques. La
doctrine de la primauté romaine a pris une telle ampleur que
la *Collection en 74 titres* est désormais insuffisante. Insuffisant
aussi le *Capitulare* d'Atton qui, entrepris sans doute pendant
le séjour d'Atton à Rome lors de la crise milanaise [3], contient
bien « l'ensemble des principes fondamentaux chers aux réfor-

---

affirmée nettement la supériorité du pouvoir pontifical sur le pouvoir impérial
que l'on peut considérer comme l'origine première des expressions de Nicolas Ier
et, par son intermédiaire, de Grégoire VII, sur les rapports du spirituel et du
temporel. Nous aurons l'occasion de revenir plus loin sur cette question.

[1] JAFFÉ-WATTENBACH, 2774 (PL, CXIX, 914-915; MGH, *Epistolae*, t. VI,
p. 305.)

[2] Aux sources indiquées des *Dictatus papae*, il faut ajouter le passage du
Contra Iulianum haeresis Pelagianae defensorem, I, 13 (PL, XLIV, 648) de saint
Augustin, qui a été intercalé dans le registre entre les fol. 80 et 81, mais écrit de
la même main que les parties voisines (cfr PEITZ, *Das Originalregister*, p. 29).
Il a sans doute été placé là comme pièce justificative; mais, si l'on constate
une parenté réelle entre ce passage et certaines des propositions grégoriennes,
il ne peut suffire à les expliquer toutes et il est très loin d'avoir comme source
des *Dictatus papae* l'importance des décrétales vraies ou fausses.

[3] Cfr *supra*, p. 119. Sur le *Capitulare* et son attribution à Atton, sa date
et son contenu, cfr PAUL FOURNIER, *Les collections canoniques de l'époque de
Grégoire VII*, dans les *Mémoires de l'Académie des Inscriptions et Belles-Lettres*,
t. XLI, 1918, p. 288-294.

mateurs du XIᵉ siècle ¹ », sans être encore cette vaste compilation
que rêve Grégoire VII. Le moment est venu d'entreprendre
un travail de recherches beaucoup plus vaste. C'est peu après
le concile romain de 1075 que cette lourde tâche a été confiée
à Anselme de Lucques et à Deusdedit, dont les recueils canoniques seront comme l'illustration saisissante des *Dictatus papae*.
Grâce à eux, le pape, — et c'est là une de ses préoccupations
essentielles ², — pourra prouver qu'il est d'accord avec la tradition
de l'Église. Il n'en sera que plus fort pour appliquer la règle
dans toute sa rigueur, pour frapper sévèrement ceux qui vien-

---

¹ PAUL FOURNIER, *Les collections canoniques*, dans recueil cité, p. 293.

² On trouve la trace de cette préoccupation dans un certain nombre de bulles
contemporaines des *Dictatus papae*. Cfr *Registrum*, II, 33, du 12 décembre 1074, à
Cunibert, évêque de Turin : « Si vero his nostris litteris inobædiens fueris, quod
sancti patres in huiusmodi negociis fecerunt nos facere et locum illum auctoritate beati Petri defendere compelles » (édit. CASPAR, p. 169-170; édit. JAFFÉ,
p. 148; PL, CXLVIII, 388); — II, 50, du 24 janvier 1075, à Sanche Iᵉʳ, roi
d'Aragon : « Et quia venerandi canones ad sacerdotii gradum tales provehi
contradicunt, probare eos non satis cautum fore putavimus, ne quicquam
a nobis contrarium sanctis patribus in exemplum et auctoritatem posteris
relinquatur. Solet enim sancta et apostolica sedes pleraque considerata ratione
tolerare, sed nunquam in suis decretis et constitutionibus a concordia canonicae
traditionis discedere » (édit. CASPAR, p. 191 ; édit. JAFFÉ, p. 166; PL, CXLVIII,
401); — II, 66, du 29 mars 1075, à Burchard, évêque d'Halberstadt : « Denique
novit fraternitas tua quas proponimus regulas a sanctis patribus esse prefixas
tantoque venerabilius observandas, quanto constat non suo libitu, sed Spiritus
sancti promulgasse afflatu » (édit. CASPAR, p. 222; édit. JAFFÉ, p. 186; PL,
CXLVIII, 416); — II, 67, du 29 mars 1075, à Annon, archevêque de Cologne :
« Novit enim fraternitas tua, quia precepta haec non de nostro sensu excul-
pimus, sed antiquorum patrum sanctiones, Spiritu sancto predictante, prolatas
officii nostri necessitate in medium propalamus » (édit. CASPAR, p. 223; édit.
JAFFÉ, p. 187; PL, CXLVIII, 417); — III, 10, du 8 janvier 1076, à Henri IV :
« Videntes ordinem christianae religionis multis iam labefactatum temporibus
et principales ac proprias lucrandarum animarum causas diu prolapsas et sua-
dente diabolo conculcatas, concussi periculo et manifesta perditione dominici
gregis ad sanctorum patrum decreta doctrinamque recurrimus, nichil novi,
nichil adinventione nostra statuentes, sed primam et unicam ecclesiasticae
disciplinae regulam et tritam sanctorum viam relicto errore repetendam et
sectandam esse censuimus » (édit. CASPAR, p. 265-266; édit. JAFFÉ, p. 220;
PL, CXLVIII, 441). — Sur le travail de recherches canoniques entrepris
sous la direction de Grégoire VII et les préoccupations du pape en cette
matière, voir Paul FOURNIER, *Un tournant de l'histoire du droit* (1060-1140),
dans la *Nouvelle Revue historique de droit français et étranger*, t. XL, 1917,
p. 129 et suiv.

draient à enfreindre les décisions du siège apostolique, expression
de la volonté même de Dieu et de l'apôtre Pierre.

Ce qui caractérise en effet le pontificat de Grégoire VII à
partir de 1075, c'est que le pape entend être obéi. Trop de fois
les décrets du siège apostolique sont restés lettre morte. Il est
temps de les exécuter et de briser toute tentative d'insubordina-
tion à leur égard, qu'elle provienne des évêques, ou des rois,
des clercs ou des laïques. Il ne suffit pas de formuler les principes
de la centralisation ecclésiastique et de la supériorité de la puissance apostolique sur la puissance royale, ni d'en prouver, à
l'aide d'arguments canoniques, la légitimité; il faut encore en
surveiller et en diriger l'application. Ce sera là, avec les préoccupations doctrinales qui ont été signalées, le constant souci
de Grégoire VII. Avec le carême de l'année 1075, la réforme
de l'Église entre dans une nouvelle phase : elle ne s'inspire
plus seulement des méthodes italiennes et lorraines; elle est
encore et par-dessus tout romaine.

CHAPITRE IV

LA CENTRALISATION ECCLÉSIASTIQUE

I

Le programme grégorien, tel qu'il a été défini en 1075, comporte avant tout la centralisation ecclésiastique sans laquelle l'autorité du Saint-Siège ne peut s'exercer avec efficacité. Pour réaliser la réforme et pour faire respecter les décrets pontificaux par les évêques, par les clercs, par les laïques, il est indispensable de resserrer les liens qui unissent à Rome les diocèses de la chrétienté.

Avant 1075, deux rouages permettaient à la papauté d'agir sur les églises locales : les conciles généraux ou provinciaux et les légats envoyés par le pontife romain dans les différents pays pour préparer ou surveiller l'application des décisions apostoliques. Grégoire VII va utiliser cette double institution, mais en la fortifiant et en la perfectionnant, en même temps qu'il s'efforcera d'affaiblir le pouvoir des primats, métropolitains, évêques.

Depuis le pontificat de Léon IX, il était de règle de tenir chaque année à Rome un concile au moment du carême [1]. Grégoire VII reste fidèle à cet usage qui, comme à ses prédécesseurs, en 1074 et en 1075 lui permet de promulguer les décrets réformateurs [2]. Jusqu'à la fin de son pontificat, il se conformera à la tradition : chaque année, lorsque les circonstances le permettront [3], il réunira à Rome, au début du carême, un synode où il renouvellera, en la complétant, la législation réformatrice et où il rendra des sentences contre les évêques qui ne s'y seront pas conformés.

Ces assemblées n'ont pas toutes la même importance et il est difficile de fixer la composition exacte de chacune d'elles. Le nombre des personnes convoquées a varié. Le clergé de Rome et les évêques suburbicaires y ont régulièrement paru ; l'élément étranger a été, suivant les circonstances, plus ou moins représenté. En 1074, l'appel du pape atteint, entre autres, le patriarche d'Aquilée et ses suffragants, ainsi que tous les suffragants de Milan [4]. En 1075, c'est surtout l'épiscopat allemand, rebelle aux directions pontificales, qui est sommé de comparaître [5]. Pour les années qui suivent, on a conservé quelques indications numériques qui prouvent que d'assez nombreux prélats d'outremonts ont dû se rendre à l'appel de Grégoire VII. En 1076, suivant Paul de Bernried, cent dix évêques sont présents [6]. En février 1078, il y en a également une centaine [7]. Aux évêques

---

[1] Cfr *La Réforme grégorienne*, t. I, p. 132, 150 et suiv.

[2] Cfr *supra*, p. 136 et suiv., 178 et suiv.

[3] Il n'y a pas eu de concile de carême en 1077, l'année de Canossa, ni pendant les dernières années du pontificat (1082-1085), en raison du siège de Rome par Henri IV, puis de l'exil de Grégoire VII.

[4] GRÉGOIRE VII, *Registrum*, I, 42 et 43 (édit. CASPAR, p. 64-65 et 65-67 ; édit. JAFFÉ, p. 60-61 et 61-62 ; PL, CXLVIII, 322-323 et 323-324).

[5] Cfr *supra*, p. 173-174.

[6] PAUL DE BERNRIED, *Vita Gregorii VII papae*, 68 (édit. WATTERICH, *Vitae pontificum romanorum*, t. I, p. 511 ; AA. SS. *Maii*, t. VI, p. 127).

[7] GRÉGOIRE VII, *Registrum*, V, 14a : « Anno ab incarnatione Domini millesimo septuagesimo octavo... celebravit ipse domnus Gregorius papa synodum ubi interfuerunt archiepiscopi et episcopi diversarum urbium fere numero centum » (édit. CASPAR, p. 368 ; édit. JAFFÉ, p. 305 ; PL, CXLVIII, 795).

se joignent de simples clercs, des abbés et même des laïques [1]. Bref, le concile romain groupe, autour du pape, tous les représentants de la chrétienté. De là l'expression de *concilium generale*, de *synodus universalis*, dont se sert la chancellerie pontificale pour le désigner [2].

Tous les synodes tenus à Rome à partir de 1076 ont été intimement mêlés à la lutte du sacerdoce et de l'empire, mais les incidents qu'elle y a soulevés ne doivent pas faire oublier qu'ils ont, pour la plupart, continué l'œuvre des assemblées de 1074 et de 1075 en promulguant des décrets réformateurs. La législation sur le nicolaïsme et la simonie a été renouvelée par le concile du 19 novembre 1078; malheureusement le registre n'a pas conservé le texte du canon 11, relatif aux simoniaques, ni celui du canon 12, qui concerne le célibat ecclésiastique [3]; le canon 28 est ainsi conçu :

«Si un évêque, cédant à des prières ou à un don d'argent, tolère dans son diocèse la fornication des prêtres, diacres, sous-diacres, ou le crime d'inceste, ou encore qu'il ne punisse pas, avec l'autorité que lui confère sa fonction, cette faute, lorsqu'il aura vu qu'elle avait été commise, qu'il soit suspendu [4].»

Le même concile a, comme on l'a déjà noté [5], repris le décret sur l'investiture laïque en lui donnant la forme suivante :

«Nous avons appris que, dans beaucoup d'endroits, malgré les

[1] GRÉGOIRE VII, *Registrum* II, 52a (1075) : «Ubi interfuit archiepiscoporum, episcoporum et abbatum multitudo atque diversi ordinis clericorum et laicorum copia» (édit. CASPAR, p. 196; édit. JAFFÉ, p. 170; PL, CXLVIII, 787). — *Registrum*, V, 14a (1078) : «Nec non et abbatum ac diversorum clericorum et laicorum innumerabilis multitudo» (édit. CASPAR, p. 368; édit. JAFFÉ, p. 305; PL, CXLVIII, 795). — Même formule dans VII, 14a de 1080 (édit. CASPAR, p. 480; édit. JAFFÉ, p. 398; PL, CXLVIII, 813).

[2] GRÉGOIRE VII, *Registrum*, I, 43 (édit. CASPAR, p. 66; édit. JAFFÉ, p. 61; PL, CXLVIII, 323). — VI, 22 (édit. CASPAR, p. 434; édit. JAFFÉ, p. 359; PL, CXLVIII, 530). — VIII, 13 (édit. CASPAR, p. 533; édit. JAFFÉ, p. 443; PL, CXLVIII, 687).

[3] L'indication de ces canons figure dans la table placée en tête des actes du concile (*Registrum*, VI, 5b, édit. CASPAR, p. 401; édit. JAFFÉ, p. 331; PL, CXLVIII, 799).

[4] GRÉGOIRE VII, *Registrum*, VI, 5b (édit. CASPAR, p. 405-406; édit. JAFFÉ, p. 335; PL, CXLVIII, 802).

[5] Cfr *supra*, p. 181.

statuts des saints Pères, l'investiture des églises a été donnée par des laïques, que de ce fait sont résultés beaucoup de troubles au cours desquels la religion chrétienne a été outragée ; en conséquence, nous interdisons à tous les clercs de recevoir l'investiture d'un évêché, d'une abbaye, d'une église, des mains de l'empereur, du roi, d'une personne laïque quelconque, homme ou femme. Si cette prescription n'est pas respectée, en vertu de l'autorité apostolique, cette investiture sera sans effet et celui qui en aura été l'objet sera excommunié jusqu'à ce qu'il ait donné satisfaction [1]. »

Ce décret réapparaît encore une fois au concile de 1080 à peu près dans les mêmes termes [2] ; mais, outre qu'il est bien spécifié qu'il s'applique aussi aux « dignités inférieures [3] », il s'accompagne d'une prescription qui vise plus directement les laïques irrespectueux des décisions pontificales :

« Si un empereur, roi, duc, marquis, comte ou quelque autre personne séculière ose investir d'un évêché ou d'une autre dignité ecclésiastique, cette personne est liée par la même sentence (l'excommunication). De plus, si elle ne donne pas satisfaction et ne rend pas à l'Église une liberté qui lui appartient en propre, elle devra encourir la vengeance divine pendant la vie présente, tant en son corps qu'en ses autres biens, afin que son âme soit sauvée lors de la venue du Seigneur [4]. »

Ces divers décrets se rattachent très directement à ceux de 1074 et 1075. D'autres, qui répondent au même but, se sont greffés sur eux. La question des ordinations simoniaques a été, on l'a déjà noté, traitée aux deux conciles romains de 1078 [5]. Le concile de 1080 a complété le décret sur l'investiture laïque en fixant la procédure pour les élections épiscopales : à la mort de l'évêque, « sur l'instance de l'évêque visiteur, envoyé par le siège apostolique ou métropolitain, » le clergé et le peuple, « avec le consentement du siège apostolique ou métropolitain, »

---

[1] GRÉGOIRE VII, *Registrum*, VI, 5*b*, c. 8 (édit. CASPAR, p. 403 ; édit. JAFFÉ, p. 332-333 ; PL, CXLVIII, 800).

[2] *Ibid.*, VII, 14*a*, c. 1 (édit. CASPAR, p. 480 ; édit. JAFFÉ, p. 398-399 ; PL, CXLVIII, 813-814).

[3] *Ibid., loc. cit.* : « Similiter etiam de inferioribus dignitatibus constituimus ».

[4] *Ibid.*, VII, 14*a*, c. 2 (édit. CASPAR, p. 480-481 ; édit. JAFFÉ, p. 399 ; PL, CXLVIII, 814).

[5] Cfr *supra*, p. 140. n. 1.

élira le successeur selon Dieu ; si cette élection est entachée
d'un vice quelconque, elle sera considérée comme nulle et le
pouvoir d'élire sera remis « au siège apostolique ou métropolitain [1] ».

Ce dernier décret mérite d'attirer l'attention. On ne peut le
lire sans être frappé de la tendance qu'il dénote de la part du
Saint-Siège : le pape cherche à se substituer au métropolitain
et même aux électeurs ; depuis 1075 la centralisation a fait de
rapides progrès et, tout en poursuivant la réalisation de la
réforme, les conciles romains ont travaillé, sous l'impulsion de
Grégoire VII, à l'accentuer pour le plus grand profit de l'autorité
pontificale.

L'œuvre des conciles romains ne se limite pas à la promulgation de décrets [2]. Ces assemblées ont encore contribué au
gouvernement de l'Église en jugeant les évêques et les clercs
rebelles aux directions pontificales. Il n'en est pas un qui n'ait
prononcé d'anathèmes, de suspensions, de dépositions. En
1076, ont été excommuniés Siegfried, archevêque de Mayence,
les évêques lombards qui sont également suspendus, puis
Bérenger, évêque d'Agde, Herman, évêque de Vienne, Pons,
évêque de Grenoble, Étienne, évêque du Puy [3]. Au carême de
1078, Tedald, archevêque royal de Milan, et Guibert, archevêque de Ravenne, sont suspendus de toutes fonctions épiscopales et sacerdotales, le cardinal Hugues Candide et l'archevêque
de Narbonne, Guifred, excommuniés, tandis que l'évêque
de Crémone, Arnoul, est, pour sa simonie, déposé à tout jamais
et frappé d'anathème, et que Roland de Trévise se voit exclu

---

[1] GRÉGOIRE VII, *Registrum*, VII, 14a, c. 6 (édit. CASPAR, p. 482 ; édit. JAFFÉ,
p. 400-401 ; PL, CXLVIII, 816).

[2] Il y aurait encore lieu de signaler le décret du concile des 27 février-3 mars
1078, interdisant les rapports avec les excommuniés (*Registrum*, V, 14a, c. 15-16,
édit. CASPAR, p. 372-373 ; édit. JAFFÉ, p. 308-309 ; PL, CXLVIII, 798) et le
décret du concile du 19 novembre de la même année prescrivant aux laïques
de payer les dîmes ecclésiastiques, quand bien même le roi ou l'évêque les
leur aurait remises (*Registrum*, VI, 5b, c. 16, édit. CASPAR, p. 404-405 ; édit.
JAFFÉ, p. 334 ; PL, CXLVIII, 801).

[3] GRÉGOIRE VII, *Registrum*, III, 10a (édit. CASPAR, p. 268-269 ; édit. JAFFÉ,
p. 222-223 ; PL, CXLVIII, 789-790).

de l'accès à l'épiscopat [1]. En 1079, autre série d'excommunications prononcées ou renouvelées contre les archevêques de Narbonne et de Milan, contre les évêques de Bologne, Fermo, Camerino et Trévise [2]. En 1080, renouvellement des sentences d'excommunication et de déposition contre Tedald de Milan, Guibert de Ravenne, Roland de Trévise; Pierre de Rodez, qui avait usurpé l'archevêché de Narbonne, est frappé de la même peine [3]. En 1081 enfin, Grégoire VII confirme, au concile romain, l'excommunication et la déposition lancées contre les archevêques d'Arles et de Narbonne [4].

Les conciles romains ont donc exercé un pouvoir de discipline en même temps qu'ils ont participé à la législation de l'Église. Par là, ils ont été un instrument de centralisation, en ce sens qu'ils ont, conformément à la théorie de la primauté romaine, évoqué ou jugé en appel les causes que les conciles nationaux ou provinciaux ne pouvaient terminer. Ces conciles eux aussi ont eu leur place dans le gouvernement de l'Église, mais leur histoire est intimement mêlée à celle des légats pontificaux qui les ont convoqués, dirigés, inspirés, et auprès desquels ils ont joué le rôle que les conciles romains ont tenu à l'égard du pape.

L'institution des légats n'est pas nouvelle. De bonne heure la papauté a confié des missions temporaires dans les pays lointains à des évêques ou à de simples clercs, désignés sous le nom de « vicaires apostoliques », qui terminaient, au nom du pape, les affaires les plus importantes. Dès le début de la période grégorienne, les légats sont devenus un des rouages les plus importants de l'administration pontificale : Pierre Damien, Humbert, Hildebrand lui-même ont été investis de

---

[1] GRÉGOIRE VII, *Registrum*, V, 14a (édit. CASPAR, p. 369; édit. JAFFÉ, p. 305-306; PL, CXLVIII, 795-796).

[2] *Ibid.*, VI, 17a (édit. CASPAR, p. 429; édit. JAFFÉ, p. 355; PL, CXLVIII, 813).

[3] *Ibid.*, VII, 14a (édit. CASPAR, p. 481 ; édit. JAFFÉ, p. 399; PL, CXLVIII, 814-815).

[4] *Ibid.*, VIII, 20a (édit. CASPAR, p. 544; édit. JAFFÉ, p. 452; PL, CXLVIII, 821).

cette fonction [1]. Sous Grégoire VII, l'institution prend un caractère nouveau : à côté des légats temporaires, on voit apparaître, de bonne heure, des légats permanents qui gouvernent, au nom du pape, un territoire assez étendu [2].

Sans doute Grégoire VII ne renonce pas aux missions temporaires. Il recourt à elles, chaque fois qu'il y a une négociation importante à conduire ou une affaire délicate à régler. Pendant les premières années de son pontificat il les a multipliées [3] et, le jour où il aura dans certains pays des « vicaires » permanents, il ne renoncera pas à ce procédé de gouvernement dont ses prédécesseurs avaient usé avant lui. Les légats ainsi institués jouissent dans sa plénitude de l'autorité du Saint-Siège [4]. Dans les *Dictatus papae* il est dit qu'ils doivent présider les conciles, même s'ils ne sont que simples clercs, et qu'ils peuvent déposer les évêques [5]. Une bulle du 2 janvier 1075, qui institue comme légats dans la marche de Fermo Gépizon et Maurus, abbés l'un de Saint-Boniface, l'autre de Saint-Sabas à Rome, spécifie en ces termes le rôle et les attributions des légats :

« Comme il nous est impossible, écrit le pape, d'aller régler par nous-même des affaires aussi nombreuses et aussi diverses, nous vous avons envoyé nos chers fils de la sainte Église romaine, Gépizon, abbé de Saint-Boniface, et Maurus, abbé de Saint-Sabas, qui représenteront notre autorité auprès de vous et qui avec l'aide de Dieu règleront par procuration tout ce qui concerne votre église. Vous

[1] Cfr *La Réforme grégorienne*, t. I, p. 180-187, 267-280, 381-382.
[2] Sur les légations au temps de Grégoire VII, cfr ALBERT GROSSE, *Der Romanus legatus nach der Auffassung Gregors VII*, Diss. Halle, 1901 ; J. MASSINO, *Gregor VII im Verhältnis zu seinen Legaten*, Diss. Greifswald, 1907.
[3] Cfr *supra*, p. 112 et suiv.
[4] Grégoire VII le note toujours avec le plus grand soin. Voir, entre autres exemples, *Registrum*, IV, 23, du 31 mai 1077, au cardinal-diacre Bernard et à Bernard, abbé de Saint-Victor de Marseille, légats en Allemagne : « Quocirca monemus vos et ex parte beati Petri precipimus, ut fulti auctoritate huius nostri precepti nostraque vice ab eodem apostolorum principe accincti... » (édit. CASPAR, p. 335 ; édit. JAFFÉ, p. 276 ; PL, CXLVIII, 478). Quelques lignes plus loin dans la même bulle, le pape insiste encore sur le fait que les légats détiennent, à sa place, l'autorité de saint Pierre : « nostra vice, immo beati Petri auctoritate. »
[5] Cfr *supra*, p. 196.

souvenant de la divine parole exprimée dans l'Évangile : *Qui vous écoute m'écoute ; qui vous méprise me méprise,* [1] respectueux, comme vous l'êtes, de nous-même et plus encore de saint Pierre dont ils sont les messagers, vous les recevrez avec la vénération et la charité qui leur sont dues ; en toutes choses qui se rapporteront à leur légation ou à d'autres nécessités, vous leur prêterez une fidèle obéissance et vous leur donnerez votre assentiment. En outre, s'il arrive qu'ils soient obligés, en raison des affaires qui leur incombent ou qui relèvent plus spécialement de la compétence de l'un d'eux, de se séparer et d'aller chacun de leur côté vers des régions différentes, vous devez écouter celui qui viendra vers vous comme nous-même et lui témoigner la déférence que vous manifesteriez en notre présence [2]. »

Dans une autre bulle relative à la même légation, qui a pour destinataires le clergé et le peuple de Montefeltre et de Gubbio, le pape résume sa pensée sous une forme plus brève et plus saisissante : « En toutes choses, ayez confiance en eux et obéissez-leur [3]. »

Confiance et obéissance, tel est le double mot d'ordre. Dès que le légat paraît au nom du pape dans un diocèse, l'autorité de l'ordinaire s'efface devant la sienne et toutes les décisions prises par lui ont force de loi ; il est par excellence l'agent de la centralisation romaine.

Les affaires confiées aux légats temporaires sont d'ordre très divers [4]. Certains d'entre eux ont été chargés de missions

---

[1] Luc, X, 16.

[2] Grégoire VII, *Registrum*, II, 40 (édit. Caspar, p. 177 ; édit. Jaffé, p. 154 ; PL, CXLVIII, 392-393).

[3] *Ibid.*, II, 41 (édit. Caspar, p. 178 ; édit. Jaffé, p. 155 ; PL, CXLVIII, 393-394). — Cfr aussi, *Registrum*, V, 2, de septembre 1077, aux habitants de la Corse, lors de l'envoi du légat Landulf de Pise : « Cui vos oboedire et unanimiter assistere volumus, ammonentes et apostolica auctoritate precipientes ut eum cum omni caritate et honore suscipientes, talem sibi reverentiam exhibeatis, qualem ex constitutione sanctorum patrum his exhiberi oportet, quos sancta et apostolica sedes in partem suae sollicitudinis assumendos quibusque vicem Romani pontificis committendam esse previdet » (édit. Caspar, p. 350 ; édit. Jaffé, p. 289 ; PL, CXLVIII, 488).

[4] Il ne saurait être question ici de retracer l'histoire de chacune de ces légations temporaires. Nous renvoyons pour cela à Massino, *Gregor VII*, p. 42, nous proposant uniquement de définir quels ont été les pouvoirs des légats et quel a été leur rôle dans l'œuvre de centralisation entreprise par Grégoire VII.

diplomatiques, comme Géraud d'Ostie et Hubert de Préneste [1], comme plus tard Bernard, abbé de Saint-Victor de Marseille. D'autres ont eu à régler des affaires de discipline ecclésiastique pour lesquelles l'intervention du Saint-Siège était jugée nécessaire. En 1075, Gépizon et Maurus sont envoyés à Montefeltre et à Gubbio afin d'y surveiller des élections épiscopales et, au cas où ils ne trouveraient personne sur place pour exercer les fonctions devenues vacantes, ils ordonneront des candidats de leur choix [2]. Ils sont également chargés de faire restituer les biens ecclésiastiques, enlevés à l'église de Pesaro par suite de l'imprudence et de la négligence de l'évêque Michel [3]. Ils doivent enfin convoquer à Rome un certain Renier qui avait tué son frère et omis de faire pénitence pour ce crime abominable, qui, en revanche, songeait à contracter un second mariage « sans même réfléchir au salut de son âme [4]. »

De même, le moine Teuzon a été commis pour trancher le différend survenu entre deux compétiteurs à l'évêché de Dol, Joel et Evenus [5]. De même encore, à Aquilée, des légats, dont les bulles n'ont pas conservé les noms, vont examiner si toutes les règles canoniques ont été observées dans l'élection du successeur du patriarche Henri [6]. En Espagne enfin, le cardinal Richard doit « s'occuper de causes ecclésiastiques [7]. »

Cette dernière légation a, comme on le voit, un caractère

[1] Cfr supra, p. 147 et suiv.

[2] GRÉGOIRE VII, Registrum, II, 41 (édit. CASPAR, p. 178; édit. JAFFÉ, p. 154-155; PL, CXLVIII, 393-394).

[3] Ibid., II, 46 (édit. CASPAR, p. 185-186; édit. JAFFÉ, p. 160-161; PL, CXLVIII, 397-398).

[4] Ibid., II, 48 (édit. CASPAR, p. 188; édit. JAFFÉ, p. 162-163; PL, CXLVIII, 399).

[5] Ibid., IV, 17, du 21 mars 1077 (édit. CASPAR, p. 322-323; édit. JAFFÉ, p. 264-266; PL, CXLVIII, 470-471) et V, 22, du 22 mai 1078 (édit. CASPAR, p. 385-386; édit. JAFFÉ, p. 318-319; PL, CXLVIII, 507).

[6] Ibid., V, 5 et 6 (édit. CASPAR, p. 352-354 et 354-355; édit. JAFFÉ, p. 291-293 et 293-294; PL, CXLVIII, 490-491 et 491-492).

[7] Ibid., VII, 6 (édit. CASPAR, p. 465-467; édit. JAFFÉ, p. 385-387; PL, CXLVIII 549-551).

plus général que les autres et il en est parfois ainsi. Tantôt
le légat est délégué par le pape pour examiner une affaire particulière, tantôt au contraire il va, au nom du siège apostolique,
inspecter un diocèse ou un pays et réalise ou propose les réformes
urgentes. Tel est le cas des états lointains où les légats ont été
investis d'un pouvoir général de direction et de correction.
En Pologne, par exemple, Grégoire VII, trouvant que les évêques
jouissaient « d'une liberté et d'une indépendance peu conformes
aux règles canoniques et aux décrets des Pères », dépêche des
légats pour organiser l'Église, créer des évêchés et des paroisses,
faire observer partout les « statuts des saints Pères [1]. »

On voit par ces exemples que les légats jouissent de pouvoirs
très étendus, mais ils doivent aussi, — et c'est en cela qu'ils
apportent à la centralisation un concours fort utile, — constamment rendre compte de leur mission. Au début du pontificat,
Géraud d'Ostie s'est fait rappeler impérieusement à l'ordre
pour avoir négligé d'informer le pape de certaines décisions
prises en son nom [2]. Plus tard, Pierre d'Albano et Ulric de
Padoue, lors de leur légation en Allemagne en 1079, seront
réprimandés pour « n'avoir pas eu suffisamment sous les yeux »
les ordres du pape [3]. La même année, en Angleterre, Hubert
sera vertement tancé pour avoir trop tardé à rentrer en Italie [4].

Grégoire VII exerce sur ses représentants une surveillance
continuelle et, de Rome, ne cesse de les diriger, de contrôler
ou de rectifier tous leurs actes. C'est d'ailleurs à des personnages
de l'Église romaine qu'il s'adresse souvent pour tenir sa place
au dehors : Géraud d'Ostie, Hubert de Préneste, Pierre d'Albano, plus tard Eudes d'Ostie étaient cardinaux-évêques ; Hugues
Candide appartenait aux cardinaux-prêtres ; Bernard, qui sera
légat en Allemagne, aux cardinaux-diacres. Plus souvent encore,

[1] GRÉGOIRE VII, *Registrum*, II, 73, du 20 avril 1075 (édit. CASPAR, p. 233-235 ;
édit. JAFFÉ, p. 196-198 ; PL, CXLVIII, 423-425).
[2] Cfr *supra*, p. 112-113.
[3] JAFFÉ-WATTENBACH, 5137 (édit. JAFFÉ, p. 557 ; PL, CXLVIII, 694).
[4] GRÉGOIRE VII, *Registrum*, VII, 1 (édit. CASPAR, p. 458-460 ; édit. JAFFÉ,
p. 379-381 ; PL, CXLVIII, 545-546).

Grégoire VII utilise des clercs ou des moines : tel l'abbé de Saint-Victor de Marseille, Bernard, qui paraît avoir joui, plus que personne, de la confiance du pape, si l'on en croit la lettre écrite par celui-ci, au lendemain de son décès, aux moines placés sous son autorité (2 novembre 1079) :

« Sa mort n'a été plus péniblement ressentie par personne que par nous qui connaissions tout le prix de sa collaboration lors de ses légations *a latere*. Nous savons bien que, s'il vivait encore, il en résulterait avec l'aide de Dieu un grand bien pour la sainte Église en même temps que le salut de beaucoup d'hommes, et cela non seulement au-delà des Alpes, mais également en Italie. Aussi l'angoisse, vous le devinez facilement, étreint notre esprit à la vue d'un fardeau qui dépasse nos forces, alors que nous sommes privés de son appui et que nous n'apercevons personne ou du moins presque personne qui puisse le remplacer [1]. »

Le successeur de Bernard à Saint-Victor, Richard, s'acquitta pourtant du même office et fut chargé lui aussi de missions temporaires [2]. Parmi les moines, Grégoire VII a encore utilisé son ami Hugues de Cluny, qu'il pria en certaines circonstances de tempérer le zèle excessif de son légat permanent en Gaule, Hugues de Die [3]. Il a également désigné des séculiers, comme le sous-diacre Hubert [4], et même, en une circonstance assez mal connue, associé à Pierre d'Albano un laïque, le prince de Salerne, Gisulf [5].

---

[1] GRÉGOIRE VII, *Registrum*, VII, 8 (édit. CASPAR, p. 469; édit. JAFFÉ, p. 389; PL, CXLVIII, 552).

[2] *Ibid.*, VII, 6 et 7 (édit. CASPAR, p. 465-467 et 468; édit. JAFFÉ, p. 385-387 et 388; PL, CXLVIII, 549-551 et 551).

[3] *Ibid.*, V, 20 (édit. CASPAR, p. 383-384; édit. JAFFÉ, p. 317; PL, CXLVIII, 505-506); — IX, 31 (édit. CASPAR, p. 617-618; édit. JAFFÉ, p. 507; PL, CXLVIII, 630-631); — IX, 34 (édit. CASPAR, p. 621-622; édit. JAFFÉ, p. 510; PL, CXLVIII, 634-635).

[4] *Ibid.*, V, 19 (édit. CASPAR, p. 382-383; édit. JAFFÉ, p. 315; PL, CXLVIII, 504-505); — V, 22 (édit. CASPAR, p. 385-386; édit. JAFFÉ, p. 318-319; PL, CXLVIII, 507); — VI, 7 (édit. CASPAR, p. 407-408; édit. JAFFÉ, p. 337; PL, CXLVIII, 516); — VII, 1 (édit. CASPAR, p. 458-460; édit. JAFFÉ, p. 379-381; PL, CXLVIII, 545-546).

[5] *Ibid.*, VIII, 23 (édit. CASPAR, p. 565-567; édit. JAFFÉ, p. 468-469; PL, CXLVIII, 602-603).

Les légats temporaires ont eu un rôle très important en certaines circonstances difficiles. Ils ont aidé le pape à faire saisir par les évêques et par les rois toute la valeur de l'autorité romaine. Toutefois leur action était de trop courte durée pour pouvoir être réellement efficace. Du jour où, pour assurer le succès de la réforme, Grégoire VII voulut resserrer les liens de la hiérarchie ecclésiastique, il dut imaginer autre chose. Tout en continuant à recourir à des missions temporaires pour diriger des négociations diplomatiques ou pour organiser les diocèses lointains dont il connaît mal les ressources, il va créer dans certains pays des légats permanents qui, choisis parmi les évêques de la région, seront ses « vicaires » et régleront en son nom une multitude d'affaires. La création de ces légats est une première forme de l'application des *Dictatus papae*. Dès 1075, Hugues de Die est institué comme légat en Gaule[1]; en 1077, le pape lui adjoint pour la Gaule Narbonnaise, la Gascogne et aussi l'Espagne[2], Amat d'Oléron qui depuis 1074 exerçait une mission temporaire en Aquitaine. La même année, par une bulle du 1er septembre, Landulf de Pise est placé à la tête de la Corse[3]; en 1080, Altmann de Passau sera désigné

---

[1] D'après Hugues de Flavigny, Hugues de Die aurait été désigné comme légat dès 1074 (MGH, SS, t. VIII, p. 412), mais comme sa désignation est rattachée à l'application des décrets grégoriens, y compris celui qui concerne l'investiture laïque, il est probable qu'il y a là une confusion chronologique. La bulle du 23 mars 1074 (*Registrum*, I, 69), où il est question de la consécration de Hugues comme évêque de Die, ne fait allusion à aucune légation et c'est seulement à propos du concile romain des 14-20 février 1076 que dans le registre Hugues est nommé pour la première fois comme légat : « Cetera quae in legatione nostra statuit » (édit. CASPAR, p. 269; édit. JAFFÉ, p. 223; PL, CXLVIII, 790). Aussi adhérons-nous à l'opinion de LÜHE (*Hugo von Die und Lyon*, p. 34) suivant laquelle la désignation de Hugues serait contemporaine du concile de 1075.

[2] JAFFÉ-WATTENBACH, 5042 (édit. JAFFÉ, p. 547; PL, CXLVIII, 681). Cette bulle n'est pas datée, mais elle est forcément contemporaine de celle du 28 juin 1077, adressée aux princes espagnols auxquels est annoncée la venue prochaine d'Amat, que le pape a désigné comme légat pour l'Espagne (*Registrum*, IV, 28, édit. CASPAR, p. 343-347; édit. JAFFÉ, p. 286; PL, CXLVIII, 486).

[3] GRÉGOIRE VII, *Registrum*, V, 2 (édit. CASPAR, p. 349-350; édit. JAFFÉ, p. 289; PL, CXLVIII, 487-488).

pour l'Allemagne [1]; en 1081, Anselme de Lucques deviendra vicaire du pape en Lombardie [2].

Parmi toutes ces légations, les mieux connues sont celles de Hugues de Die et d'Amat d'Oléron. Celle de Landulf de Pise se ramène à peu de chose; Altmann de Passau a été tellement débordé par les affaires politiques qu'il n'a eu que peu de loisirs pour se consacrer au gouvernement de l'Église d'Allemagne; quant à Anselme de Lucques, il n'inaugure qu'assez tard ses fonctions et dans des circonstances toutes particulières : Grégoire VII, assiégé dans Rome par Henri IV, est dans l'impossibilité de communiquer avec les églises de la chrétienté; il juge nécessaire d'avoir en Lombardie quelqu'un sur qui il puisse se reposer en toute confiance du soin de maintenir dans l'obédience romaine cette région toujours en proie aux plus vives passions religieuses, mais il n'échangera pas de lettres avec son légat qu'il abandonne à ses propres initiatives [3]. Au contraire avec Hugues de Die et Amat d'Oléron il a entretenu une correspondance suivie qui, complétée à l'aide des

---

[1] Altmann est formellement désigné comme représentant du pape en Allemagne dans *Registrum* IX, 10 (1081) : « Quia vicem nostram in Teutonicis prudentiae tuae commissimus » (édit. CASPAR, p. 587; édit. JAFFÉ, p. 484; PL, CXLVIII, 614). En 1079 il n'est pas encore investi de cette fonction, car Grégoire VII ne lui donne pas ce titre dans une lettre à Rodolphe de Souabe, où il est placé sur le même rang que l'évêque de Metz (JAFFÉ-WATTENBACH 5108; édit. JAFFÉ, p. 554; PL, CXLVIII, 691). C'est donc vraisemblablement à l'occasion de sa venue à Rome, lors du concile du carême de 1080, qu'il a été désigné.

[2] On n'a pas la bulle de Grégoire VII désignant l'évêque de Lucques comme légat en Lombardie; mais le biographe d'Anselme, qui a laissé de sa vie une narration bien informée et sincère, est très catégorique : « Potestatem ac vicem suam ei dominus papa commisit per omnem Langobardiam ubi catholici episcopi non haberentur » (MGH, SS, t. XII, p. 20).

[3] M. MASSINO (*Gregor VII im Verhältnis zu seinen Legaten*, p. 32 et suiv.) compte parmi les légations permanentes celle de Richard de Saint-Victor en Espagne. Nous ne partageons pas cet avis. Sans doute, Richard a longtemps séjourné en Espagne, puisqu'on l'y trouve dès le printemps de 1078 (*Registrum*, V, 21, édit. CASPAR, p. 384; édit. JAFFÉ, p. 317; PL, CXLVIII, 506) et qu'il y était encore en avril 1081 (*Registrum*, IX, 6, édit. CASPAR, p. 549-551; édit. JAFFÉ, p. 479-481; PL, CXLVIII, 611-612); mais Richard n'est pas, comme Altmann de Passau, comme Hugues de Die, comme Anselme de Lucques, un évêque du pays dont l'autorité est superposée à celle de ses collègues; il vient du dehors, comme les légats temporaires.

indications très précieuses fournies par Hugues de Flavigny, permet de saisir comment il concevait le rôle des légats permanents, ses meilleurs auxiliaires dans l'œuvre de centralisation ecclésiastique. La légation de Hugues de Die et d'Amat d'Oléron est donc la légation type qui peut servir d'exemple dans l'étude des rouages de l'organisation grégorienne [1].

Tout d'abord, il est à remarquer que les circonscriptions des deux légats ne sont pas nettement délimitées. Sans doute la bulle de 1077 assigne plus spécialement à l'activité d'Amat d'Oléron la Gaule Narbonnaise, la Gascogne et l'Espagne [2], tandis que Hugues de Die aurait été chargé du reste de la Gaule. En réalité les deux légats agissent de concert : Amat interviendra à Tours qui, faisant partie de la Lyonnaise, aurait dû relever de l'autorité de Hugues [3], tandis que Hugues, en 1078, présidera un concile à Poitiers [4], alors que l'Aquitaine paraissait être davantage du ressort d'Amat.

Quoiqu'il en soit de la délimitation géographique de leurs pouvoirs, Amat d'Oléron et Hugues de Die ont gouverné les églises de Gaule et ils les ont gouvernées suivant les méthodes grégoriennes. De même que le pape tient chaque année à Rome, au moment du carême, un concile qui est à la fois assemblée législative et tribunal, de même les légats vont réunir une série de synodes locaux qui leur permettront de transmettre aux évêques la législation romaine et aussi de juger les infractions à la loi, quitte pour les cas graves à adresser un rapport au

[1] Sur Hugues de Die, cfr M. WIEDEMANN, *Gregor VII und Erzbischof Manasses I von Reims*, Leipzig, 1884; W. MEVS, *Zur Legation des Bischofs Hugo von Die unter Gregor VII*, Diss. Greifswald, 1887; W. LÜHE, *Hugo von Die und Lyon*, Diss. Strasbourg, 1898. — Sur Amat d'Oléron, cfr MAX FAZY, *Notice sur Amat d'Oléron, archevêque de Bordeaux et légat du Saint-Siège*, dans *Bibliothèque de la Faculté des Lettres de Paris*, fasc. 34, 1908, p. 77-142; DEGERT, *Amat d'Oléron*, dans la *Revue des questions historiques*, t. LXXXIV, 1908, p. 33 et suiv. — Cfr aussi AUGUSTIN FLICHE, *Le règne de Philippe Ier, roi de France*, p. 357 et suiv.

[2] Cfr *supra*, p. 216.

[3] Cfr une lettre de l'archevêque de Tours, Raoul, dans BOUQUET, t. XIV p. 671.

[4] Cfr une lettre de Hugues de Die dans PL, CLVII, 509-511.

pape qui prononcera en dernier lieu. C'est autour de ces conciles que converge toute l'activité des légats pontificaux.

Dès que sa légation a été définie par la bulle du 28 juin 1077, Amat d'Oléron se met à l'œuvre. Il tient, le 6 décembre 1077, à Bésalu, un premier concile auquel assistent les évêques d'Agde et de Carcassonne ; l'archevêque de Narbonne, Guifred, y est excommunié et les abbés simoniaques du comté de Bésalu sont déposés [1]. En 1078, le légat préside à Gérone une importante assemblée qui introduit en Espagne la législation romaine sur le nicolaïsme et la simonie : les clercs ne pourront désormais se marier ou avoir des concubines, sous peine d'être exclus des rangs du clergé, et les fils, issus de telles unions, n'hériteront en aucun cas de la fonction paternelle. D'autre part, tous ceux qui ont acheté leur charge sont excommuniés et le resteront jusqu'au jour où ils auront donné leur démission ; les églises qu'ils ont consacrées le seront à nouveau [2].

En France, les décrets réformateurs sont aussi promulgués dans des conciles. Hugues de Flavigny a conservé le souvenir de trois synodes tenus par Hugues de Die en 1075 à Anse, puis en 1076 à Dijon et à Clermont-Ferrand [3]. Il y a été question surtout du nicolaïsme et de la simonie. Le décret sur l'investiture laïque n'a été notifié que l'année suivante, au concile d'Autun [4].

A partir de 1078, l'action des légats entre dans une nouvelle phase. Après avoir signifié à l'épiscopat français la législation réformatrice, il leur en faut surveiller l'application. A cet effet, ils multiplient les conciles, assaillent les évêques d'avertissements comminatoires, bientôt suivis de sanctions plus ou moins rigoureuses.

En 1079, Amat quitte l'Espagne et, sur l'ordre du pape,

---

[1] MANSI, t. XX, c. 491.

[2] ID., t. XX, c. 517-520.

[3] ID., t. XX, c. 481 et suiv. — Cfr. HUGUES DE FLAVIGNY, II (MGH, SS, t. VIII, p. 413).

[4] ID., t. XX, c. 483 et suiv. — Cfr. HUGUES DE FLAVIGNY, II (MGH, SS, t. VIII, p. 415). — On a cité plus haut, p. 179, n. 4, la bulle du 12 mai 1077 (*Registrum*, IV, 22), par laquelle Grégoire VII ordonne à Hugues de Die de réunir un concile et d'y promulguer le décret sur l'investiture laïque.

paraît brusquement en Bretagne où il réunit un concile pour
y traiter la question des fausses pénitences [1]. Au retour, sans
doute au début de 1080, il visite la province de Tours [2]. En
octobre 1080, il préside à Bordeaux un concile auquel assistent,
outre l'archevêque Gozlin et les suffragants de la province,
Guillaume, archevêque d'Auch, et Raoul, archevêque de Tours,
avec leur suffragants, y compris les évêques bretons; l'autre
légat français, Hugues de Die, paraît également à cette assemblée [3]. En janvier 1081, nouveau synode à Saintes, où Hugues
est encore aux côtés d'Amat; on s'y occupe du débat entre les
églises de Tours et de Dol et l'on suspend tous les évêques
de Normandie [4]; puis, toujours accompagné de Hugues, Amat
tient, en 1081, un concile à Issoudun [5] et un autre à Meaux [6].
Malheureusement on connaît mal l'histoire de ces assemblées.
Il en est de même, en novembre 1082, du concile de Charroux [7],
présidé par Amat d'Oléron qui, après la mort de Grégoire VII,
restera investi de ses fonctions.

La légation de Hugues de Die a été beaucoup plus fertile
en incidents que celle d'Amat d'Oléron. Le caractère impérieux
de Hugues y a contribué, mais il faut tenir compte aussi de
la ténacité de l'épiscopat français et de l'opposition du roi
qui empêchera le légat de réunir des conciles dans le domaine
royal.

Lors du synode d'Autun, en 1077, Hugues avait tenu à

---

[1] GRÉGOIRE VII, *Registrum*, VII, 10 (édit. CASPAR, p. 471-472; édit. JAFFÉ,
p. 391-392; PL, CXLVIII, 553-554).
[2] Cfr une lettre d'Amat d'Oléron à Raoul, archevêque de Tours, dans
BOUQUET, t. XIV, p. 670.
[3] MANSI, t. XX, c. 527. — Sur la date de ce concile, voir FAZY (*Notice
sur Amat d'Oléron*, p. 32 et suiv.), qui prouve qu'il n'y a eu qu'un concile à
Bordeaux et non pas deux, comme on l'a cru parfois (Cfr LÜHE, *Hugo von
Die*, p. 61-62).
[4] ID., t. XX, c. 571. Cfr aussi *Registrum*, IX, 5 (édit. CASPAR, p. 579; édit.
JAFFÉ, p. 478; PL, CXLVIII, 610). Degert (*article cité*, p. 70) a prouvé, contre
Fazy (*op. cit..*, p. 110) et Lühe (*op. cit.*, p. 62), que la sentence contre les
évêques normands date du concile de Saintes et non de celui de Bordeaux.
[5] ID., t. XX, c. 571-572.
[6] ID., t. XX, c. 577.
[7] ID., t. XX, c. 581.

faire quelques exemples, destinés à émouvoir ceux qui étaient
peu scrupuleux sur les moyens d'accéder aux dignités ecclésiastiques : l'évêque de Noyon, coupable de simonie, avait
dû donner sa démission, celui d'Auxerre, ordonné avant l'âge
canonique, accepter d'être déposé ; les archevêques de Bordeaux
et de Reims, pour n'avoir pas comparu, furent l'un interdit,
l'autre suspendu [1]. L'année suivante (1078), pour compléter
cette œuvre d'épuration, Hugues convoque un nouveau concile
à Poitiers. Il s'agissait cette fois de juger l'archevêque simoniaque
de Tours, Raoul, très protégé par le roi de France, et quelques
évêques du domaine royal, coupables de la même faute. Comme
Philippe Ier se trouvait indirectement visé, Hugues avait eu
soin de choisir comme lieu de réunion une ville d'Aquitaine ;
le titulaire de ce fief lointain, Guillaume VI, passait pour un
fils dévoué de l'Église et d'autre part il semblait que l'hostilité
de Philippe fût momentanément calmée. Or, tandis que le roi
prodiguait au légat des paroles rassurantes, il écrivait au comte
de Poitiers et aux évêques aquitains qu'il les considérerait
comme coupables de lèse-majesté, si le concile avait lieu. Cette
perfidie produisit les effets attendus : Guillaume VI et les
évêques n'osèrent se dérober aux injonctions royales ; les portes
de l'église, où se tenait l'assemblée, furent forcées et les serviteurs du duc, introduits au dire du légat par l'archevêque de
Tours, vinrent jeter le trouble. Hugues garda son sang-froid :
il suspendit le métropolitain en question, ainsi que celui de
Reims avec ses suffragants ; la même sentence atteignit les
archevêques de Sens et de Bourges, et l'évêque de Rennes.
Enfin le synode promulgua dix canons, en tête desquels figurait
l'interdiction de l'investiture laïque ; la simonie et la fornication
cléricale furent, bien entendu, condamnées à nouveau [2].

Ce demi-succès ne put qu'enhardir le légat et l'encourager
à persévérer. On ne connaît pas de concile pour l'année 1079,

---

[1] MANSI, t. XX, c. 488. Cfr la lettre de Hugues de Die à Grégoire VII dans
BOUQUET, t. XIV, p. 461.

[2] Tous ces détails sont donnés par une lettre de Hugues de Die à Grégoire VII,
qui constitue un véritable procès-verbal du concile (PL, CLVII, 509-511).

mais en 1080, une assemblée, qui offre bien des analogies avec celle de Poitiers, se tient à Lyon. Il s'agit cette fois de juger l'archevêque de Reims, Manassès, également protégé par Philippe Ier, et dont l'élection, au dire de Guibert de Nogent, avait été simoniaque [1]. En outre, depuis son avènement, en 1070, ce prélat s'était constamment signalé par ses mauvaises mœurs, par son âpreté à piller les biens d'Église, par sa dédaigneuse indifférence à l'égard des légats [2]. Convoqué en 1077, à la demande des clercs de Reims, devant le concile d'Autun, il s'était abstenu de comparaître [3] et avait fait directement sa soumission au Saint-Siège. Il obtint ainsi son absolution, moyennant un serment d'obéissance aux légats dont une bulle du 9 mars 1078 a conservé le texte [4], mais il oublia vite ses promesses : dès le 22 août 1078, Grégoire VII est obligé de lui rappeler le respect qu'il doit aux représentants du pape [5] et, le 3 janvier 1080, il le somme de comparaître devant le concile de Lyon [6]. Manassès essaie encore une fois de se dérober à la sentence qui le menace [7], mais en vain ; il est déposé et une bulle du 17 avril 1080 confirme la sentence synodale [8].

Dans cette même année 1080, Hugues de Die tient encore

---

[1] GUIBERT DE NOGENT, *De vita mea*, I, 11 (édit. BOURGIN, p. 30; PL, CLVI, 853).

[2] Voir notamment les lettres de Galon, abbé de Saint-Arnoul de Metz, *Epist.* 2 et 3 (PL, CL, 875-879). Il semble aussi, d'après une bulle de Grégoire VII (*Registrum* II, 56, édit. CASPAR, p. 209-210; édit. JAFFÉ, p. 176-177; PL, CXLVIII, 408-409), que Manassès ait été le complice de l'évêque de Châlons, Roger, qui avait pillé des biens d'Église. Cfr AUGUSTIN FLICHE, *Le règne de Philippe Ier, roi de France*, p. 417 et suiv.

[3] Cfr *supra*, p. 221.

[4] GRÉGOIRE VII, *Registrum*, V, 17 (édit. CASPAR, p. 379; édit. JAFFÉ, p. 313; PL, CXLVIII, 503).

[5] *Ibid.*, VI, 2 (édit. CASPAR, p. 391-394; édit. JAFFÉ, p. 322-325; PL, CXLVIII, 511-512).

[6] *Ibid.*, VII, 12 (édit. CASPAR, p. 475-477; édit. JAFFÉ, p. 394-396; PL, CXLVIII, 555-557).

[7] Hugues de Flavigny, II, auquel on doit une narration du concile de Lyon, prétend même que Manassès chercha à corrompre l'incorruptible légat Hugues de Die (MGH, SS, t. VIII, p. 421-422).

[8] GRÉGOIRE VII, *Registrum*, VII, 20 (édit. CASPAR, p. 495-496; édit. JAFFÉ, p. 411-412; PL, CXLVIII, 563).

un concile à Avignon et dépose l'archevêque d'Arles, Aicard [1],
puis il se rend à Rome et assiste au synode du carême [2]. Il
prend part ensuite aux assemblées de Bordeaux et de Saintes,
où il assiste Amat d'Oléron [3]. Il préside enfin, en 1081, un
concile à Meaux où Ursion, évêque de Soissons, est déposé et
Arnoul, abbé de Saint-Médard, élu à sa place [4]. On connaît
moins bien son activité conciliaire pendant les dernières années
du pontificat de Grégoire VII. Élu archevêque de Lyon en 1082,
à la mort de Gebuin [5], il paraît avoir résidé assez souvent dans
son diocèse, sans abdiquer pour cela la direction générale de
l'Église de France.

Tel a été le rôle administratif de Hugues de Die. Il a exercé
sur tous les diocèses du nord et de l'est de la France une autorité
absolue ; il a été vraiment en toutes circonstances le « vicaire »
du pape [6], l'ouvrier de la centralisation ecclésiastique. Par
là-même il s'est rendu très impopulaire. On a conservé un
formidable réquisitoire dirigé contre ses méthodes de gouvernement : c'est la lettre adressée par les clercs de Cambrai à ceux
de Reims en 1078 [7]. Les légats romains y sont flétris pour leurs
interventions importunes qui n'épargnent personne, ni les
métropolitains, qu'ils excommunient, ni les évêques, qu'ils
déposent, ni même le roi, dont ils ne respectent pas le pouvoir ;
leurs intentions sont suspectées : on les accuse de cacher
sous le couvert de la religion de vaines ambitions, de ne pas
se montrer insensibles aux présents, d'être des imposteurs
avec lesquels on s'arrange toujours en y mettant le prix. L'épiscopat joint sa protestation à celle du clergé inférieur. En cette
même année 1078, Manassès, archevêque de Reims, s'est

---

[1] Mansi, t. XX, c. 554. Cfr Hugues de Flavigny, II (MGH, SS, t. VIII,
p. 422).

[2] Cfr Grégoire VII, *Registrum*, VII, 17 (édit. Caspar, p. 492 ; édit. Jaffé,
p. 407-408 ; PL, CXLVIII, 560).

[3] Cfr *supra*, p. 220.

[4] Mansi, t. XX, c. 573.

[5] Hugues de Flavigny, II (MGH, SS, t. VIII, p. 460).

[6] C'est l'expression dont se sert Grégoire VII, notamment dans *Registrum*,
V, 23 (édit. Caspar, p. 388 ; édit. Jaffé, p. 320 ; PL, CXLVIII, 508).

[7] Bouquet, t. XIV, p. 778.

plaint des atteintes portées par les légats pontificaux aux privilèges de son église [1]. En 1079, le même prélat refusera de se
rendre à Lyon où Hugues l'avait cité, sous prétexte que Lyon
n'est pas en France, que la région entre Reims et Lyon est
troublée par la guerre, que l'abbé Hugues de Cluny, commis
par le pape à l'examen de sa cause, n'a pas été convoqué, qu'il
lui est impossible, dans le bref délai dont il dispose, de trouver
les six évêques de vie irréprochable requis par le légat [2].

Il y a donc eu dans le clergé français, autour de 1078-1079,
un mouvement d'opposition très marqué à l'égard des méthodes
grégoriennes. La centralisation ecclésiastique, dont les légats
ont été les instruments, a été âprement combattue, mais le
pape la défend avec fermeté et modération tout à la fois.

Pour ne pas compromettre l'institution, il était urgent de
tempérer le zèle, parfois excessif, des représentants pontificaux
qui, dans leur ardeur à imposer la règle, ont agi sans ménagement
à l'égard des personnes. Grégoire VII s'y est employé de toute
son âme. Rien de plus curieux que la bulle du 9 mars 1078
par laquelle il casse les sentences du concile que Hugues de Die
venait de réunir à Poitiers, et restitue leur dignité aux évêques
déposés ou suspendus. Le pape reproche à son légat d'avoir
oublié que « c'est la coutume de l'Église romaine de tolérer
certaines choses, d'en taire certaines autres, d'obéir à une
discrète modération plutôt que d'observer la rigueur des canons».
Or, Hugues n'a-t-il pas frappé Manassès au mépris « de la
gravité et de la douceur habituelles à l'Église romaine », suspendu
Hugues de Besançon pour son absence, alors que ses clercs
avaient omis de lui faire parvenir la lettre de convocation,
condamné un peu vite Richer de Sens qui a promis de recon-
naitre à l'avenir la juridiction du légat, Geoffroy de Chartres,
Richard de Bourges et enfin Raoul de Tours qui n'a pas trouvé
d'accusateurs légaux [3] ?

---

[1] BOUQUET, t. XIV, p. 611.
[2] ID., t. XIV, p. 789.
[3] GRÉGOIRE VII, *Registrum*, V, 17 (édit. CASPAR, p. 378-380; édit. JAFFÉ,
p. 313-314; PL, CXLVIII, 502-503).

Ainsi, en une circonstance solennelle, Grégoire VII a pris
le parti des accusés contre leur juge inexorable. Ce n'est pas la
seule fois qu'il ait agi de la sorte. En 1081, Amat d'Oléron
et Hugues de Die ont suspendu les évêques et abbés de
Normandie pour n'être pas venus au concile de Saintes [1].
Grégoire VII les rétablit tous, et, de nouveau, il reproche
à ses légats de « n'avoir pas tempéré par leur sagesse la
rigueur des canons », de s'être laissé entraîner par une périlleuse
précipitation, de n'avoir pas pris en considération les
raisons invoquées par les évêques qui alléguaient l'insécurité
du voyage et la crainte du roi de France, au risque d'aliéner à
l'Église le roi d'Angleterre qui sans doute, en certaines circonstances,
n'avait pas fait preuve d'« autant d'esprit religieux
qu'on eût pu le souhaiter », mais qui du moins ne vendait pas
les églises, contraignait les clercs à quitter leur femmes et les
laïques à restituer les dîmes injustement usurpées [2].

Grégoire VII s'est donc toujours réservé le droit de juger en
dernier ressort les causes examinées par ses légats et dans
certains cas il n'a pas hésité à casser leurs sentences. En outre,
pour réprimer leur ardeur intempestive, il a placé à côté d'eux
des légats temporaires dont il connaissait la modération. Hugues
de Cluny a été désigné pour juger Manassès de Reims, en même
temps que l'évêque de Die [3]. Il est encore intervenu dans l'affaire
de Thérouanne : Hugues de Die étant très mal vu en Flandre
(la lettre des clercs de Cambrai en est une preuve), Grégoire VII
pensa que sa sentence serait mieux accueillie, si elle était
contresignée par l'abbé de Cluny :

« Puisque, écrivait-il à Robert, comte de Flandre, l'archevêque
de Lyon, en qui j'ai d'ailleurs toute confiance, vous est suspect, pour
ne grever d'aucun soupçon la procédure de cette affaire, nous avons
décidé de lui associer le grave et illustre abbé de Cluny [4]. »

---

[1] Cfr *supra*, p. 220.
[2] GRÉGOIRE VII, *Registrum*, IX, 5 (édit. CASPAR, p. 579-580; édit. JAFFÉ,
p. 478-479; PL, CXLVIII, 610-611).
[3] Cfr *supra*, p. 224.
[4] GRÉGOIRE VII, *Registrum*, IX, 34 (édit. CASPAR, p. 621; édit. JAFFÉ, p. 510;
PL, CXLVIII, 634-635).

En d'autres occasions, c'est Richard, abbé de Saint-Victor, qui a assisté Hugues de Die [1].

Grégoire VII a donc tenu à entourer les décisions prises en son nom de toutes les garanties possibles, mais il n'entend pas pour cela limiter l'autorité de ses légats en qui il voit les auxiliaires indispensables de sa volonté réformatrice. S'il se réserve le droit d'examen, il exige du moins l'obéissance la plus absolue à leur égard. On trouve une preuve curieuse de ces dispositions du pape dans le serment qu'il imposa en 1076 à Robert, évêque de Chartres, et dont voici le texte :

« Moi, Robert, en présence de Dieu, du bienheureux Pierre, prince des Apôtres, dont le corps repose ici, je m'engage à ce qui suit : à quelque moment qu'un légat du Saint-Siège, envoyé par Grégoire, actuellement pontife romain, mon maître, ou par l'un de ses successeurs, vienne à moi, dans les limites que me fixera ce légat, je me démettrai, sans protester, de l'évêché de Chartres et je m'emploierai loyalement à faire en sorte que cette église ait un pasteur selon la volonté de Dieu [2]. »

De même, en 1078, le pape contraint Manassès de Reims à promettre par serment que, « si le pape Grégoire ou son successeur veut qu'il se justifie en présence d'un légat de ce qui lui est reproché », il obéira à cet ordre [3]. Quelques mois ne s'étaient pas écoulés que l'archevêque contestait à nouveau la juridiction de Hugues de Die par une argumentation quelque peu sophistique : il avait promis, disait-il, de rendre compte de sa conduite au pontife romain lui-même ou à des légats également romains, mais non à des « ultramontains [4] », ce à quoi Grégoire VII répondit, le 22 août 1078 : « Vous voulez donc dire que vous reconnaissez seulement des légats nés à Rome, élevés dès leur enfance dans l'Église romaine ou promus à une

[1] GRÉGOIRE VII, *Registrum*, IX, 22 (édit. CASPAR, p. 603-605; édit. JAFFÉ, p. 496-498; PL, CXLVIII 623-624); — JAFFÉ-WATTENBACH, 5241 (édit. JAFFÉ, p. 570; PL, CXLVIII, 701).
[2] *Ibid.*, III, 17a (édit. CASPAR, p. 282; édit. JAFFÉ, p. 232-233).
[3] *Ibid.*, V, 17 (édit. CASPAR, p. 379; édit. JAFFÉ, p. 313; PL, CXLVIII, 503).
[4] Cfr BOUQUET, t. XIV, p. 611.

dignité quelconque de cette même Église [1] », mais Osius, évêque de Cordoue, n'a-t-il pas représenté le pape au concile de Nicée, Cyrille d'Alexandrie à celui d'Ephèse et Syagrius d'Autun, simple suffragant de Lyon, n'a-t-il pas présidé, au nom de saint Grégoire le Grand, un concile général en Gaule ?

Ainsi Grégoire VII a vigoureusement maintenu l'institution des légats permanents malgré les critiques qu'elle a soulevées. Il y trouvait tout avantage : l'autorité apostolique, grâce à elle, pouvait s'exercer de façon plus continue et plus efficace, à la condition toutefois que l'évêque à qui elle était déléguée fût digne de la confiance pontificale. Tel a été le cas d'Altmann de Passau et d'Anselme de Lucques, d'Amat d'Oléron et de Hugues de Die. Ce dernier a été, à coup sûr, l'un des meilleurs ouvriers de l'œuvre grégorienne. Avant de le désigner comme successeur possible, Grégoire VII a contribué en 1082 à son élection comme archevêque de Lyon [2]. Celle-ci pouvait être fort utile au Saint-Siège, en plaçant l'une des plus hautes dignités de l'Église des Gaules entre les mains d'un serviteur particulièrement dévoué et fidèle.

II

A l'extension de l'autorité des légats, voulue et méthodiquement poursuivie par Grégoire VII, correspond un affaiblissement notable des pouvoirs locaux.

Au milieu du XIᵉ siècle ces pouvoirs locaux se ramènent dans l'Église d'Occident, à trois : le primat, le métropolitain, l'évêque. L'autorité des deux premiers va être pratiquement annihilée ; le troisième conservera, théoriquement au moins, tous ses droits, mais sera soumis à un contrôle incessant.

A l'avènement de Grégoire VII, il n'y a guère qu'en France que le primat jouisse de réelles prérogatives [3]. En 876, le

---

[1] GRÉGOIRE VII, *Registrum*, VI, 2 (édit. CASPAR, p. 391-394 ; édit. JAFFÉ, p. 322-325 ; PL, CXLVIII, 510-512).

[2] ID., *ibid.*, IX, 18 (édit. CASPAR, p. 598-599 ; édit. JAFFÉ, p. 492-493 ; PL, CXLVIII, 620).

[3] En Angleterre, l'archevêque de Cantorbéry porte le titre de primat, mais

pape Jean VIII, au concile de Pontion, avait conféré à l'archevêque de Sens, Anségise, la primauté des Gaules et de Germanie
et attaché à cette dignité un certain nombre de droits effectifs :
vicaire apostolique, le primat, « chaque fois que des nécessités
d'ordre ecclésiastique l'exigeraient », devait tenir la place du
pape, « soit qu'il s'agît de convoquer un synode, soit qu'il y
eût d'autres affaires à suivre en Gaule et en Germanie » ; il
devait également publier les décrets du siège apostolique,
rendre compte des événements un peu marquants, afin que
le pape pût, sur ses suggestions, décider lui-même pour les
« affaires plus importantes ou plus délicates [1]. »

Ces prérogatives, qui leur étaient conférées par la bulle
de Jean VIII, certains archevêques de Sens, successeurs d'Anségise, également investis de la primatie, en ont fait usage.
C'est comme primat que Séguin, en 991, a dirigé les débats
du concile de Saint-Basle de Verzy où les évêques français
esquissèrent à l'égard du Saint-Siège une tentative de rébellion,
qu'ils essayèrent de justifier en alléguant la présidence de
l'archevêque de Sens [2]. Il n'est donc pas surprenant qu'animé
du désir de restaurer dans sa plénitude la primauté romaine,
inquiet d'une opposition qui aurait pu se colorer d'une apparence
de légalité, Grégoire VII ait songé, à la suite des événements
de 1077-1078 [3], à renforcer la centralisation en affaiblissant les
pouvoirs du primat. Le danger était d'autant plus grand qu'il
était de tradition de confier la primatie des Gaules et de
Germanie à l'archevêque de Sens, c'est à dire à un prélat du
domaine royal, susceptible de subir la volonté dominatrice
de Philippe Ier dont les fâcheuses dispositions à l'égard du

---

il n'y a en dehors de lui qu'un seul métropolitain, l'archevêque d'York. De
même, en Espagne, l'archevêque de Tolède exerce la primatie sur celui de
Tarragone. En Afrique, le titre de primat est conféré à l'archevêque de Carthage,
mais il est l'équivalent de celui de métropolitain, car deux évêques seulement
sont placés sous la juridiction de ce prélat. Cfr GRÉGOIRE VII, *Registrum*, III, 19
(édit. CASPAR, p. 285 ; édit. JAFFÉ, p. 234-235 ; PL, CXLVIII, 449).

[1] JAFFÉ-WATTENBACH, 3032.
[2] Cfr *La Réforme grégorienne*, t. I, p. 13-14.
[3] Cfr *supra*, p. 220-221.

Saint-Siège et de la réforme grégorienne n'étaient que trop connues.

Une planche de salut s'offrait à Grégoire VII. S'il avait été d'usage depuis deux siècles de conférer la primatie aux archevêques de Sens, aucune bulle pontificale ne l'attachait spécialement à ce siège métropolitain. C'était en vertu de privilèges personnels qu'Anségise et ses successeurs l'avaient exercée. Aucun texte ne s'opposait à ce qu'elle fût transférée à un autre dignitaire plus malléable et moins inféodé au roi de France. Du même coup, il serait possible d'en modifier du tout au tout le caractère.

Le 19 avril 1079, Grégoire VII accorde à l'archevêque de Lyon, Gebuin, le titre de primat des Gaules et de Germanie [1], mais cette primatie ne ressemble en rien à celle dont Jean VIII avait investi Anségise deux siècles plus tôt. Elle s'exerce seulement sur les quatre provinces qui, à la fin de l'empire romain, portaient le nom de Lyonnaise et qui étaient devenues les provinces ecclésiastiques de Lyon, Rouen, Tours et Sens. En outre, si les métropolitains de ces provinces doivent obéir à l'archevêque de Lyon, Grégoire VII a soin de réserver les droits du siège apostolique qui pourra toujours évoquer, pour les juger, les affaires les plus importantes [2].

Les commentaires qui accompagnent ces dispositions en précisent le caractère. La primatie sénonaise, au temps de Jean VIII, se doublait d'un « vicariat apostolique » qui faisait du primat le représentant permanent du pape en Gaule. Or, le vicaire apostolique, en 1079, c'est le légat pontifical. Aussi Grégoire VII a-t-il soin de spécifier, en s'appropriant un passage

---

[1] GRÉGOIRE VII, *Registrum*, VI, 34 (édit. CASPAR, p. 447-449; édit. JAFFÉ, p. 370-372; PL, CXLVIII, 538-539), et VI, 35 (édit. CASPAR, p. 450-452; édit. JAFFÉ, p. 372-374; PL, CXLVIII, 539-540).

[2] *Ibid.*, VI, 34 (édit. CASPAR, p. 448-449; édit. JAFFÉ, p. 371; PL, CXLVIII, 539) : « Provincias autem illas, quas vobis confirmamus, dicimus Lugdunensem, Rotomagensem, Turonensem et Senonensem, ut hae videlicet provinciae condignam oboedientiam Lugdunensi ecclesiae exhibeant et honorem quem Romani pontifices reddendum esse scriptis propriis prefixerunt, humiliter et devote persolvant, salva in omnibus apostolicae sedis reverentia et auctoritate. »

du pseudo-Isidore [1], que la primatie lyonnaise, plus limitée
dans l'espace que la primatie sénonaise, l'est aussi dans ses
attributions, qu'elle constitue simplement dans la hiérarchie
ecclésiastique un rouage supplémentaire, emprunté à l'ancienne
administration impériale sur laquelle s'est calquée l'organisation
ecclésiastique :

« La division en provinces est très antérieure au Christ ; elle a été
ensuite renouvelée par les apôtres et notre prédécesseur le pape
Clément. A la tête des provinces, où siégeaient autrefois les primats
de la loi du siècle et où résidait le premier pouvoir administratif,...
dans les cités ou les lieux les plus célèbres, les lois divines et ecclésiastiques ont décidé qu'il y aurait des patriarches ou des primats
qui, sous des noms différents, ont les mêmes attributions, auprès
de qui les évêques peuvent, en cas de nécessité, se réfugier ou faire
appel et qui seuls peuvent porter le titre de primats ; les autres cités
métropolitaines, dotées de fonctionnaires de moindre importance,
avaient cependant leurs métropolitains qui obéissaient aux susdits
primats, suivant l'ordre autrefois adopté par les lois séculières et
ceux-ci portaient le titre non de primats mais de métropolitains ou
d'archevêques ; quoique chaque métropole soit chef-lieu de province
et qu'elle ait son évêque métropolitain, analogue au métropolitain
séculier d'autrefois, il a été décidé pourtant qu'elle relèverait aussi
du primat devant lequel iraient les affaires importantes..., étant sauve
l'autorité du siège apostolique [2]. »

---

[1] Pseudo-Anaclet, 26 (édit. Hinschius, p. 79).

[2] Grégoire VII, *Registrum*, VI, 35 (édit. Caspar, p. 451-452 ; édit. Jaffé,
p. 373-374 ; PL, CXLVIII, 540). — Ce passage du pseudo-Anaclet, incorporé
dans la bulle de Grégoire VII, est précédé d'un préambule où le pape, une fois
de plus, affirme sa volonté de revenir à l'ancienne discipline, de remettre
chaque chose à sa place, de rétablir les divers degrés de la hiérarchie, tels qu'ils
étaient autrefois, ce qui est, à son avis, le meilleur moyen d'affermir la paix.
Bernheim (*Die Zeitanschauungen*, t. I, p. 208, 223 et suiv.) et R. Hammler
(*Gregors VII Stellung zu Frieden und Krieg*, Diss. Greifswald, 1912, p. 17)
en ont tiré cette conclusion que Grégoire VII avait traduit ici certaines idées
de saint Augustin. M. Hammler rapproche notamment les expressions dont
se sert Grégoire VII, *dum reverentiam minores potioribus exhiberent et potiores
minoribus dilectionem impenderent*, de la formule augustinienne *ordo pacis, quo
aliis alii subiecti sunt* (*De civitate Dei*, XIX, 15). Cette comparaison est peut-
être un peu forcée et l'expression de Grégoire VII est, à notre avis, la conclusion du passage du pseudo-Isidore qui suffit à l'expliquer, sans qu'il faille
chercher une filiation augustinienne. D'autre part, même en admettant celle-ci
sous une forme directe ou indirecte, il est clair que les théories de saint Augustin

En un mot, Grégoire VII imagine de calquer l'organisation religieuse sur l'organisation provinciale de l'empire romain : Lyon, chef-lieu de la Lyonnaise première, aura à sa tête un primat, tandis que les chefs-lieux des Lyonnaises seconde, troisième et quatrième, Rouen, Tours et Sens, n'auront que des métropolitains, subordonnés, comme jadis les métropolitains séculiers, au primat. Au fond la fausse décrétale d'Anaclet a fourni un prétexte pour bouleverser la vieille organisation qui risquait toujours de faire du primat un chef d'Église nationale. Au Xe siècle, le primat sénonais présidait les conciles nationaux et transmettait à Rome leurs décisions, en même temps qu'il y promulguait les décrets du Saint-Siège. Désormais cette tâche incombe aux légats pontificaux ; le primat n'est plus qu'un tribunal d'appel, superposé à celui des métropolitains et, comme le pape saisit ses représentants de toutes les causes ayant quelque importance, ce rouage se rouillera sans jamais fonctionner. Au fur et à mesure que le pouvoir du légat grandit, au point d'absorber tous les autres, celui du primat tend à devenir insignifiant [1].

L'archevêque de Lyon, Gebuin, pour qui Grégoire VII avait établi ce privilège primatial, s'en aperçut bien vite. Peu de temps après son élévation à la plus haute dignité de l'Église de France, Amat d'Oléron entreprend la visite de la province de Tours et mande devant lui l'archevêque Raoul sur lequel

---

sur la paix ne peuvent intervenir ici que comme justification théologique d'un acte purement administratif qu'ont inspiré non pas des considérations plus ou moins philosophiques, mais les nécessités d'ordre pratique qui ont été indiquées plus haut.

[1] LÜHE (*Hugo von Die und Lyon*, p. 21-23) a noté avec raison le caractère très vague de la bulle du 19 avril 1079. Pourtant, il se refuse à admettre avec Yves de Chartres (*Epist.* 60) que le primat ne soit au fond qu'un métropolitain comme les autres, car il a, dit-il, d'autres métropolitains sous sa juridiction. Or, cette juridiction n'est définie nulle part avec précision. On ne voit pas que Gebuin ait visité les diocèses des métropolitains de Rouen, Tours et Sens, ni qu'il ait tenu des conciles dans leurs provinces. Ce rôle est dévolu au légat qui seul veille à l'observation des règles ecclésiastiques. D'ailleurs, pour éviter tout conflit, Grégoire VII s'arrangera pour installer le légat Hugues sur le siège primatial de Lyon.

pesaient quelques soupçons [1]. N'était-ce pas empiéter sur les
attributions du primat ? Gebuin esquisse une protestation
des plus timides ; il écrit non pas à Amat, mais à Raoul, pour
lui manifester sa surprise, et, après avoir affirmé qu'il n'entendait « ni laisser porter atteinte à la dignité de l'église de Lyon,
ni par ailleurs contrevenir aux ordres formels du siège apostolique », il n'ose même pas revendiquer le droit de juger Raoul ;
il insiste seulement sur le fait qu'Amat exerce une légation
sur le territoire assigné à Hugues de Die, alors que le pape,
au cours d'un récent voyage à Rome, ne l'a pas informé de cette
éventualité et lui a seulement recommandé « d'aider l'évêque de
Die dans la fidélité du bienheureux Pierre et en toutes choses [2]. »

Ainsi le débat porte non pas sur les droits du primat, mais
sur les empiètements d'un légat dans une circonscription qui
n'était pas la sienne. Quelque temps après, Gebuin pria Raoul
de venir lui rendre les devoirs qu'il avait envers son primat [3],
ce qui semblait indiquer des intentions plus énergiques. Raoul
s'est-il rendu à son invitation ? Ce qui est certain, c'est que l'archevêque de Tours, après avoir confié ses hésitations à son
suffragant, l'évêque du Mans, Arnaud [4], se rendit docilement
à l'appel du légat pontifical [5].

Cet incident, survenu au lendemain même de la création de
la primatie lyonnaise, souligne le caractère de l'institution.
Pour prévenir toute résistance, Grégoire VII s'arrangera,
en 1081, pour faire du légat Hugues de Die un archevêque
de Lyon [6]. Dès lors primatie et vicariat apostolique se confon-
dront en la même personne et, comme Hugues est beaucoup
trop autoritaire pour tolérer la moindre protestation, un nouveau
pas, très décisif, sera fait vers la centralisation [7].

---

[1] Cfr *supra*, p. 221. Voir aussi la lettre d'Amat d'Oléron dans BOUQUET,
t. XIV, p. 670.

[2] BOUQUET, t. XIV, p. 671.

[3] ID., t. XIV, p. 672-673.

[4] ID., t. XIV, p. 671-672.

[5] Cfr *supra*, p. 220.

[6] Cfr *supra*, p. 223.

[7] Il ne semble pas que l'établissement par Grégoire VII de la primatie lyon-

Les métropolitains vont avoir, pendant les dernières années du pontificat de Grégoire VII, un sort assez analogue à celui du primat des Gaules et de Germanie. Ils verront sinon disparaître, du moins s'atténuer leurs privilèges traditionnels, confirmation des évêques suffragants, présidence des conciles provinciaux, surveillance générale de la province et droit de casser les sentences rendues dans son ressort.

Tout d'abord Grégoire VII entend les subordonner étroitement à l'autorité pontificale. Il exige qu'ils viennent chercher à Rome le *pallium*, insigne de leur fonction. « Le *pallium*, écrit-il dès le début de son pontificat, ne peut être concédé qu'à une personne présente [1]. » L'archevêque de Rouen, Guillaume, élu en 1079, a été, pour avoir tardé à faire sa visite *ad limina*, l'objet de sévères admonestations et il dut renoncer à exercer les prérogatives inhérentes à sa fonction, notamment à consacrer les églises et les évêques, jusqu'au jour où il eut reçu le *pallium* des mains du pape [2].

Grégoire VII ne se contente pas d'exiger des métropolitains qu'ils prennent contact avec le Saint-Siège; il tend de plus en plus à se substituer à eux.

L'archevêque avait un rôle dans les élections épiscopales de sa province. Le concile romain de 1080 prévoit, on l'a déjà noté [3], que le pape pourra, en pareil cas, exercer à sa place

---

naise ait suscité l'opposition immédiate des autres métropolitains, en particulier de celui de Sens qui se trouvait particulièrement atteint. Peut-être ont-ils espéré un moment que le primat servirait de contrepoids au légat, mais l'attitude timide de Gebuin, puis la promotion de Hugues de Die au siège archiépiscopal de Lyon ont dû dissiper leurs illusions. L'archevêque de Sens fera valoir ses droits, lorsqu'Urbain II aura renouvelé la primatie lyonnaise; le différend entre Lyon et Sens sera porté en 1095 devant le concile de Clermont-Ferrand qui donnera tort à Richer, mais Richer ne voudra pas s'incliner; ses successeurs continueront sa résistance, très appuyés par les rois de France qui tiendront d'autant plus à la primatie sénonaise que Lyon était terre d'empire. Cfr AUGUSTIN FLICHE, *Le règne de Philippe Ier, roi de France*, p. 350 et suiv.

[1] GRÉGOIRE VII, *Registrum*, I, 24 (édit. CASPAR, p. 40-41; édit. JAFFÉ, p. 41; PL, CXLVIII, 308).

[2] *Ibid.*, IX, 1 (édit. CASPAR, p. 568-569; édit. JAFFÉ, p. 469-470; PL, CXLVIII, 603-604).

[3] Cfr *supra*, p. 208-209.

les prérogatives qui lui étaient jusque là reconnues. En cas
d'élection viciée par exemple, le pouvoir d'élire sera « transféré
au Saint-Siège ou au métropolitain ». Il y a là une innovation
grave : si Grégoire VII n'ose encore supprimer les pouvoirs
du métropolitain, il entend les partager avec lui. Une application curieuse de cette nouvelle règle a été faite, en 1081 ou
1082 [1], à Meaux, par Hugues de Die qui nomma évêque de
cette ville Robert, abbé de Rebais, au cours d'un concile tenu
sous sa présidence, mais en l'absence de l'archevêque de Sens.
Celui-ci s'empressa d'excommunier le nouvel élu qui n'en
resta pas moins titulaire du siège [2]. C'était un précédent de
conséquence, qui se renouvellera plus d'une fois sous les
pontificats suivants.

Les autres pouvoirs du métropolitain ont eu un sort semblable.
Se réunit-il un concile provincial de quelque importance, un
légat survient toujours à point pour en diriger les débats. En
France, il n'y a guère que la Normandie qui ait le privilège
d'avoir ses assemblées ecclésiastiques présidées par l'archevêque
de Rouen [3]. Ailleurs on voit parfois des synodes qui groupent
un nombre important de personnes, mais, hors la présence
d'Amat d'Oléron ou de Hugues de Die, ils n'ont pris que
des décisions assez insignifiantes [4]. Comme le primat, le métro-

---

[1] Sur la date du ou des conciles de Meaux en 1081 et en 1082, cfr Lühe,
Hugo von Die und Lyon, p. 150-153.

[2] Clarius, *Chronicon S. Petri Vivi Senonensis*, a. 1082 (Duru, *Bibliothèque
historique de l'Yonne*, t. II, p. 511) : « Hoc anno XIV Kal. novembris obiit
Walterius Meldensis et, in sequenti septimana, Hugo, Diensis episcopus,
Romanae ecclesiae legatus, congregavit concilium in eadem urbe et ordinavit
episcopum in eadem urbe Robertum, abbatem ecclesiae Resbacensis. Quod,
quia sine praesentia et assensu Richerii archiepiscopi et coepiscoporum eius
factum est, excommunicaverunt eum. »

[3] Il y eut notamment en 1080 un concile solennel à Lillebonne, où vinrent
tous les évêques et abbés de la Normandie, ainsi que le roi Guillaume ; mais
ni l'un ni l'autre des légats pontificaux en France ne fit la moindre apparition.
Pourtant la situation de l'église normande fut envisagée dans son ensemble
et d'importantes décisions ont été prises. Cfr Orderic Vital, *Historia ecclesiastica*, V, 5 (édit. Leprévost, t. II, p. 315).

[4] Nous avons étudié ailleurs ces conciles provinciaux. Cfr *Le règne de Philippe Ier, roi de France*, p. 364-365.

politain tend à devenir un rouage inutile dans la hiérarchie
ecclésiastique. En est-il de même de l'évêque qui en forme le
troisième échelon ?

De l'épiscopat Grégoire VII a une très haute idée. Soucieux
de n'investir de cette lourde charge que des clercs qui en soient
vraiment dignes, il sait faire la différence entre les « mercenaires
qui, à l'approche du loup, craignant pour eux-mêmes, non pour
leurs brebis, prennent la fuite en abandonnant leur troupeau »
et les « pasteurs qui aiment leurs brebis, restent auprès d'elles
lorsqu'un péril est imminent et n'hésitent pas à sacrifier pour
elles leur propre vie [1]. » Pour remplir ce rôle protecteur, point
n'est besoin pour l'évêque d'une illustre naissance ; mieux
vaut qu'il réunisse en lui toutes les vertus chrétiennes, qu'il
soit, comme cet Yves, abbé de Saint-Melaine, que Grégoire VII
désigne en 1076 pour l'évêché de Dol, « sage, de bonnes mœurs
et religieux [2]. » Aussi importe-t-il de veiller au recrutement
épiscopal. Le décret sur l'investiture laïque a supprimé l'ingérence des princes temporels qui avaient accaparé le pouvoir
d'élire, mais ce pouvoir n'a pas toujours été rendu au clergé
et au peuple. Le Saint-Siège a essayé à son tour d'intervenir,
de faire de la candidature officielle ou de désigner lui-même
le titulaire du siège vacant ; c'est là un curieux aspect de l'œuvre
centralisatrice poursuivie par Grégoire VII à partir de 1075.

Dès 1076, le pape trouve une occasion de créer un précédent
gros de conséquences. L'évêque de Dol, Joel, s'était emparé
de son siège en comblant de présents le comte Alain, puis,
joignant le nicolaïsme à la simonie, il avait eu l'audace de se
marier publiquement et, plus tard, de donner comme dot
aux filles nées de cette union illicite les biens et les revenus de
son église. Ces divers forfaits lui valurent d'être déposé par le
Saint-Siège [3]. Le clergé et le peuple de Dol élurent, pour lui

---

[1] GRÉGOIRE VII, *Registrum*, III, 4 (édit. CASPAR, p. 248 ; édit. JAFFÉ, p. 207-
208 ; PL, CXLVIII, 432).
[2] *Ibid.*, IV, 4 (édit. CASPAR, p. 301 ; édit. JAFFÉ, p. 248 ; PL, CXLVIII, 458).
[3] JAFFÉ-WATTENBACH, 5005 (édit. JAFFÉ, p. 541-542 ; PL, CXLVIII, 674-
675).

succéder, un tout jeune homme, Gelduin, qu'ils dépêchèrent
au pape pour qu'il le consacrât. Grégoire VII s'y refusa, sous
prétexte que Gelduin n'avait pas l'âge canonique, mais, « afin
de ne pas laisser plus longtemps sans pasteur » la malheureuse
église, il désigna lui-même comme évêque de Dol Yves, abbé
de Saint-Melaine [1]. Guillaume le Conquérant protesta et, pour
lui être agréable, Grégoire VII consentit à un supplément
d'enquête sur les raisons qui avaient provoqué la déposition
de Joel [2], mais il ne laissa pas discuter son propre choix et
finalement Yves restera évêque.

Ainsi le pape prétend nommer l'évêque, lorsque le candidat
du clergé et du peuple ne peut être agréé par lui pour une raison
canonique. En une autre circonstance, on le voit encore tenter
d'imposer son choix.

En 1079, le siège d'Arles est vacant par suite de la déposition
d'Aicard que Hugues de Die confirmera au concile d'Avignon [3].
Grégoire VII écrit aux clercs et aux fidèles. Il leur annonce
qu'il leur envoie Léger, évêque de Gap, afin qu'ils examinent
avec lui la situation, qu'ils choisissent « une personne selon
Dieu, que nous recommande notre vicaire Hugues, évêque
de Die » ou, s'ils ne peuvent trouver parmi eux quelqu'un
qui soit digne d'une si haute fonction, qu'ils promettent de
prendre pour pasteur celui que le pape leur enverra après
l'avoir par avance consacré et revêtu du *pallium*. Grégoire VII
ajoute :

« Vous devez penser que cette élection selon la grâce de Dieu fera
de vous des brebis du Christ et que vous ne pouvez vivre en sécurité
de conscience, si vous n'avez personne qui tienne la place du Christ
et vous défende avec une prudence continue contre les attaques de
votre perfide ennemi [4]. »

---

[1] GRÉGOIRE VII, *Registrum*, IV, 4 et 5 (édit. CASPAR, p. 300-301 et 301-303 ;
édit. JAFFÉ, p. 247-248 et 248-250 ; PL, CXLVIII, 458 et 458-460) ; JAFFÉ-
WATTENBACH 5005 (*loc. cit.*).

[2] *Ibid.*, IV, 17, du 31 mars 1077 (édit. CASPAR, p. 322-323 ; édit. JAFFÉ, p. 264-
266 ; PL, CXLVIII, 470).

[3] HUGUES DE FLAVIGNY, II (MGH, SS, t. VIII, p. 422). Cfr *supra*, p. 223.

[4] GRÉGOIRE VII, *Registrum*, VI, 21 (édit. CASPAR, p. 432-434 ; édit. JAFFÉ,
p. 358-359 ; PL, CXLVIII, 529-530).

Bref, Grégoire VII, aussi clairement que possible, cherche à imposer aux électeurs l'élu de son choix, en même temps qu'il met comme condition à l'élection l'approbation du légat pontifical. On a déjà noté que la législation élaborée par le concile de Rome en 1080 tend à restreindre la liberté des électeurs en même temps que les privilèges du métropolitain [1].

Ces divers exemples prouvent que la suppression de l'investiture laïque n'a pas toujours eu pour conséquence le retour à l'ancien usage. A plusieurs reprises, le pape a essayé de peser sur les électeurs qui ont perdu une partie de leurs anciennes prérogatives.

Quel qu'ait été le mode d'élection, l'évêque est l'objet d'une surveillance continuelle de la part du Saint-Siège. Il est appelé fréquemment à Rome et reçoit de durs reproches, s'il tarde à venir. Annon de Cologne, pour n'avoir pas répondu à une convocation pontificale, a été accusé de tiédeur envers le Saint-Siège [2]; pour la même raison, Lanfranc de Cantorbéry fut soupçonné d'avoir cédé à la crainte du roi, alors que son affection pour l'Église romaine eût dû l'emporter sur tout autre sentiment [3]. Lanfranc persista pourtant dans son abstention et s'attira cette sèche réprimande :

« Par orgueil ou par négligence, lui écrivit Grégoire VII, et en abusant de notre patience, vous avez différé ce voyage. Vous n'alléguez même pas d'excuse canonique. La fatigue ou la difficulté de la route ne saurait en tenir lieu; tout le monde sait que des malades ou des infirmes, qui peuvent à peine se lever de leur lit, mais qui sont enflammés par l'amour de saint Pierre, trouvent le moyen de venir *ad limina*. Aussi, en vertu de notre autorité apostolique, nous vous ordonnons de laisser là tout prétexte, toute vaine crainte, et d'être à Rome dans un délai de quatre mois après réception de cette lettre, soit pour la Toussaint [4]. »

---

[1] Cfr *supra*, p. 233.

[2] GRÉGOIRE VII, *Registrum*, I, 79 (édit. CASPAR, p. 112-113; édit. JAFFÉ, p. 99-100; PL, CXLVIII, 352).

[3] *Ibid.*, VI, 30 (édit. CASPAR, p. 443-444; édit. JAFFÉ, p. 366-367; PL, CXLVIII 535-536).

[4] *Ibid.*, IX, 20 (édit. CASPAR, p. 600-601; édit. JAFFÉ, p. 494; PL, CXLVIII, 621-622).

Si le ton est aussi impératif vis-à-vis d'un des plus hauts dignitaires de l'Église d'Occident, on devine dans quel état de dépendance sont placés de simples évêques. Grégoire VII les convoque pour des motifs d'ordre variable : en 1074 Isembert de Poitiers est mandé à Rome pour s'expliquer sur ses démêlés avec les chanoines de Saint-Hilaire [1], Roger de Châlons pour recevoir son absolution [2], Guillaume de Pavie pour rendre compte du mariage contracté par sa sœur Mathilde avec le marquis Azzon, que l'on croyait entaché de consanguinité [3]. A plus forte raison, quand l'évêque est suspecté de simonie ou de nicolaïsme, il doit comparaître sans retard devant le pape ou devant son légat et, s'il se récuse, il est suspendu ou déposé [4].

Enfin l'évêque voit lui échapper un bon nombre d'affaires qui autrefois étaient soumises à la juridiction de l'ordinaire et qui maintenant sont évoquées par le pape ou par ses légats. Il perd notamment tout pouvoir sur les réguliers qui, par l'exemption, relèvent directement du pape. Grégoire VII de plus en plus tend à considérer toutes les questions d'ordre monastique comme étant de son ressort exclusif. De même qu'il cherche à s'immiscer dans les élections épiscopales, il lui est arrivé, en certains cas, de nommer lui-même les abbés. En 1079, les moines de Déols avaient mis à leur tête un certain Gautier que le concile romain venait d'excommunier ; le pape cassa la sentence et désigna à sa place l'archevêque de Vienne, Warmond, sans même consulter les moines ni l'archevêque de Bourges dont relevait l'abbaye de Déols [5]. Grégoire VII exerce aussi sur les réguliers une surveillance

---

[1] GRÉGOIRE VII, *Registrum*, I, 73 (édit. CASPAR, p. 104-105 ; édit. JAFFÉ, p. 92-93 ; PL, CXLVIII, 346-347). Cfr *supra*, p. 166, n. 1.

[2] *Ibid.*, I, 56 (édit. CASPAR, p. 83-84 ; édit. JAFFÉ, p. 75-76 ; PL, CXLVIII, 334).

[3] *Ibid.*, I, 57 (édit. CASPAR, p. 84-85 ; édit. JAFFÉ, p. 76-77 ; PL, CXLVIII, 334-335) et II, 35 (édit. CASPAR, p. 171 ; édit. JAFFÉ, p. 149 ; PL, CXLVIII, 389).

[4] Cfr *supra*, p. 209-210.

[5] GRÉGOIRE VII, *Registrum*, VI, 27 et 28 (édit. CASPAR, p. 439 et 440-441 ; édit. JAFFÉ, p. 364 et 364-366 ; PL, CXLVIII, 533 et 533-534).

générale et n'hésite pas, s'il y a lieu, à subordonner, au nom
de son autorité pontificale, un monastère à un autre monastère ;
c'est ce qu'il a fait par exemple, en 1081, pour l'abbaye de
Montmajour qui fut rattachée par lui à Saint-Victor de
Marseille [1].

Les moines échappent totalement à la direction de l'évêque,
tandis que l'action de celui-ci sur ses propres clercs est singulièrement diminuée, parce que surveillée, dirigée, au besoin con-
trecarrée par celle des légats. Le vieil adage *in episcopo ecclesia
est* reste théoriquement vrai, mais pratiquement il commence
à perdre de sa valeur. Sous l'impulsion de Grégoire VII, le
principal foyer de l'énergie catholique est à Rome, d'où il
rayonne sur le monde chrétien.

III

L'affermissement de l'autorité pontificale et l'affaiblissement
des pouvoirs locaux, si caractéristiques de l'œuvre grégorienne,
ont pour but d'assurer le succès de la réforme de l'Église que
Grégoire VII n'a jamais perdue de vue et vers laquelle con-
vergent toutes ses pensées.

Le pape a continué, après 1075, la lutte contre le nicolaïsme
avec la même ardeur méthodique qu'au début de son pontificat.
Au lendemain du concile de février, il rappelle aux prélats
allemands quels sont leurs devoirs à ce sujet [2]. A plusieurs
reprises, il leur renouvellera ses avertissements :

« Nous vous prions, écrit-il à Siegfried de Mayence le 3 septembre
1075, de faire, comme vous en avez déjà reçu l'ordre, une enquête
minutieuse sur l'hérésie simoniaque et sur la fornication cléricale,
de punir selon la loi les fautes passées et de les extirper jusque dans
leurs racines, d'interdire formellement pour l'avenir de telles pratiques [3]. »

---

[1] GRÉGOIRE VII, *Registrum*, IX, 6 (édit. CASPAR, p. 581-583 ; édit. JAFFÉ,
p. 479-481 ; PL, CXLVIII, 611-612).
[2] Cfr *supra*, p. 186-188.
[3] GRÉGOIRE VII, *Registrum*, III, 4 (édit. CASPAR, p. 250 ; édit. JAFFÉ, p. 209 ;
PL, CXLVIII, 433).

Le 19 mars 1078, il exhorte en des termes presque iden-tiques l'évêque de Spire, Hozmann :

« Corrigez selon les règles pastorales les clercs qui ne vivent pas dans l'état de chasteté. Soyez désormais aussi vigilant et zélé que vous avez été négligent et oisif, afin qu'au terme de votre vie Dieu puisse être pour vous clément et miséricordieux [1]. »

Plus encore que sur l'épiscopat, le pape compte sur les laïques pour faire observer ses décrets. En juillet 1075, il félicite Henri IV de ses efforts pour imposer aux clercs la loi de chasteté [2]. Le 10 novembre 1076, il écrit à Robert le Frison, comte de Flandre :

« Nous avons su que dans les pays soumis à votre domination ceux qui sont appelés prêtres ne rougissent pas, quoique fornicateurs, de toucher à la messe le corps et le sang du Christ; ils ne saisissent pas quelle est leur folie, quel est le crime dont ils se rendent coupables en touchant à la fois le corps d'une courtisane et le corps du Christ... La parole de la Sainte Écriture : *les mauvais prêtres sont la ruine du peuple* [3], se trouve de nos jours lumineusement justifiée. Plusieurs de ceux qu'on appelle évêques non seulement ne défendent pas la justice, mais par mille moyens l'empêchent de luire au grand jour. De tels hommes ne sont pas des évêques, mais des ennemis du Christ. Aussi bien, puisqu'ils n'ont cure d'obéir au siège apostolique, refusez-leur vous-même toute obéissance [4]. »

Une lettre du même jour à la comtesse Adèle, veuve de Bau-douin V et nièce du Frison, est encore plus expressive :

« On se demande autour de vous, nous a-t-on dit, si les prêtres, lévites ou autres ministres de l'autel qui ont vécu dans la fornication doivent participer aux saints mystères. Au nom de l'autorité des saints Pères, nous vous répondons qu'en aucune façon les ministres fornicateurs ne doivent célébrer la messe; bien plus, il faut les chasser du chœur jusqu'à ce qu'ils produisent de dignes fruits de pénitence [5]. »

[1] GRÉGOIRE VII, *Registrum*, V, 18 (édit. CASPAR, p. 381-382; édit. JAFFÉ, p. 315; PL, CXLVIII, 504).

[2] *Ibid.*, III, 3 (édit. CASPAR, p. 246; édit. JAFFÉ, p. 205-206; PL, CXLVIII, 430).

[3] Cfr GRÉGOIRE LE GRAND, *Epist.* IX, 218 (édit. EWALD, t. II, p. 208; PL, LXXVII, 1031).

[4] GRÉGOIRE VII, *Registrum*, IV, 11 (édit. CASPAR, p. 310-311; édit. JAFFÉ, p. 255-256; PL, CXLVIII, 464-465).

[5] *Ibid.*, IV, 10 (édit. CASPAR, p. 309; édit. JAFFÉ, p. 254-255; PL, CXLVIII, 463-464).

Cette interdiction est encore renouvelée dans une bulle du 25 mars 1077, adressée à Geoffroy, évêque de Paris :

« Nous vous prions, écrit le pape, de signifier au nom de l'autorité apostolique à tous vos confrères et collègues dans l'épiscopat en France qu'ils aient à interdire le ministère de l'autel aux prêtres qui ne veulent pas s'arracher aux hontes de la fornication. Vous-même, ne cessez de prêcher dans ce sens en tout lieu et en toute assemblée. Si vous rencontrez des évêques tièdes, rebelles ou ayant l'audace d'ordonner et d'officier tout en commettant de tels crimes, vous interdirez à tout le peuple de la part du bienheureux Pierre et au nom de notre autorité apostolique d'assister à leurs offices, afin qu'ainsi confondus ils soient forcés de purifier leur vie pour revenir à l'observation de la chasteté et d'une religieuse continence [1]. »

En résumé, Grégoire VII n'a pas cessé un instant, malgré les soucis qui l'accablaient, de mener le combat contre les clercs mariés et concubinaires suivant les méthodes proposées par Pierre Damien, dont l'influence ne s'est pas démentie un seul instant au cours du pontificat [2].

[1] GRÉGOIRE VII, *Registrum*, IV, 20 (édit. CASPAR, p. 328-329; édit. JAFFÉ, p. 270-271; PL, CXLVIII 475). — Ces textes prouvent que Grégoire VII ne s'est à aucun moment désintéressé de la question du célibat ecclésiastique, contrairement à l'affirmation de HAUCK qui a écrit (*Kirchengeschichte Deutschlands*, t.III, p. 802, n. 2): « Il est évident que depuis 1075 la lutte contre le nicolaïsme était reléguée au second plan ». Cfr aussi MIRBT, *Die Publizistik in Zeitalter Gregors VII*, p. 288.

[2] On peut en trouver un curieux exemple dans le règlement imposé par le pape aux chanoines réguliers pour compléter les dispositions prises au concile de 1059. Le texte en a été publié par Dom Germain Morin dans *Études, textes, découvertes, contributions à la littérature et à l'histoire des douze premiers siècles*, Maredsous, t. I, 1913, p. 457-465. Grégoire VII abrège les leçons de l'office; en revanche il augmente le nombre des jours de jeûne et d'abstinence : la semaine de Pâques et celle de la Pentecôte sont les seules où l'on puisse user d'aliments gras les jours autres que le vendredi; la Pentecôte est suivie d'un carême, dit des saints Apôtres, après lequel il faut encore jeûner le vendredi, faire maigre les mercredi, vendredi et samedi jusqu'à la Saint-Martin; pendant l'avent et pendant le carême, on jeûne tous les jours. Ce jeûne est, en principe, un jeûne au pain et à l'eau; Grégoire VII ne tolère qu'exceptionnellement l'usage du vin et des légumes. La règle stipule encore la vie en commun, à toutes les heures du jour et de la nuit; le dortoir sera commun et éclairé, le réfectoire également commun avec lecture spirituelle pendant le repas; communs aussi les biens, afin d'appliquer dans toute sa rigueur la doctrine du Maître : *Je ne suis pas venu faire ma volonté, mais la volonté de Celui qui m'a envoyé* (JEAN, V, 30). Enfin le chanoine régulier ne s'absentera jamais plus

La lutte contre « l'hérésie simoniaque » a été tout aussi âpre et dirigée suivant les mêmes méthodes. La lettre du 19 mars 1078 à Hozmann de Spire n'a pas trait qu'au nicolaïsme :

« Nous avons lieu, écrit le Pape, de vous accuser d'une négligence excessive ; vous ne vous préoccupez guère de bannir la vénalité de votre église. Aussi, en vertu de notre autorité apostolique, nous vous prions de déposer tous ceux qui doivent leur dignité à la simonie, nous vous défendons de vendre à l'avenir les fonctions d'archidiacre, d'archiprêtre et toutes autres ayant un caractère spirituel. Souvenez-vous du précepte [1] : *Vous avez reçu gratuitement ; donnez gratuitement* [2]. »

Quelques mois auparavant, exhortant les chanoines de Lucques qui eux aussi se laissaient aller à leur fâcheux penchant pour la simonie, Grégoire VII s'exprimait en ces termes :

« Souvenez-vous de ce que nous vous avons répété tant de fois quand nous étions au milieu de vous : ne préférez pas aux vertus de l'âme les biens de la terre qui doivent périr, montrez-vous obéissants et cessez d'acquérir des prébendes à l'encontre des décrets apostoliques, si vous ne voulez pas encourir de nouvelles excommunications [3]. »

On ne connaît pas dans le détail les incidents qu'a suscités la lutte contre le nicolaïsme, car elle atteint surtout le clergé inférieur et, par suite, ne donne pas lieu à des interventions directes du Saint-Siège. En revanche la simonie, qui est le péché épiscopal par excellence, a provoqué de retentissantes sanctions.

L'une d'elles est de très peu postérieure au concile romain de 1075 et c'est l'évêque de Bamberg, Herman, qui en est l'objet.

---

d'un jour ; il ne prendra aucun repas dans une maison où habitent des femmes ; il aura des vêtements simples, incapables d'attirer l'attention. Ce sont là toutes les prescriptions prévues par Pierre Damien qui se souciait davantage de la discipline du corps que de la récitation des heures canoniales et voulait imposer avant tout aux moines comme aux clercs trois obligations essentielles : le jeûne, la vie en commun et la renonciation à tout déplacement. Cfr *La Réforme grégorienne*, t. I, p. 196 et suiv.

[1] MATTH, X, 8.

[2] GRÉGOIRE VII, *Registrum*, V, 18 (édit. CASPAR, p. 381 ; édit. JAFFÉ, p. 315 ; PL, CXLVIII, 504).

[3] *Ibid.*, V, 1 (édit. CASPAR, p. 348 ; édit. JAFFÉ, p. 288 ; PL, CXLVIII, 487).

Convoqué au concile, Herman n'avait pas comparu [1]. Malgré les avertissements de son clergé, il était resté à Bamberg, attendant les événements [2]. Le concile lui accorda, malgré son absence injustifiée, un nouveau délai jusqu'à Pâques, mais le délai expira sans qu'il se fût présenté. Grégoire VII voulut en finir : le dimanche après Pâques (12 avril 1075), il s'enquit auprès de Siegfried, archevêque de Mayence, d'Adalbéron, évêque de Wurtzbourg, et d'Herman, évêque de Metz, alors présents à Rome, des circonstances qui avaient entouré l'avènement d'Herman. Siegfried avoua qu'Herman était simoniaque et ses collègues confirmèrent cette allégation. Le pape décida que l'évêque de Bamberg pourrait, s'il le voulait, venir à Rome pour y être jugé. Sinon, l'archevêque de Mayence signifierait aux clercs du diocèse la condamnation de leur pasteur et leur prescrirait d'éviter tous rapports avec lui [3].

Entre temps Herman, sans doute au courant du voyage de l'archevêque de Mayence, s'était mis en route, mais il n'avait osé aller jusqu'à Rome [4]. Il était resté à deux journées de marche, se contentant d'envoyer un émissaire qu'il avait chargé de corrompre l'entourage pontifical. Il ne réussit qu'à augmenter l'irritation du pape [5]. Il parvint toutefois à gagner à lui Poppon,

---

[1] Cfr supra, p. 175.

[2] Cfr la lettre des clercs de Bamberg à l'évêque d'Augsbourg dans le Codex Udalrici, 44 (Monumenta Bambergensia, p. 93-97).

[3] Codex Udalrici, 44 (Ibid., p. 94-95); — GRÉGOIRE VII, Registrum, II, 76 (édit. CASPAR, p. 239-240; édit. JAFFÉ, p. 200-201; PL, CXLVIII, 427).

[4] Le détail est donné à la fois par la lettre des clercs de Bamberg et par Grégoire VII, dans Registrum, III, 3 (édit. CASPAR, p. 247; édit. JAFFÉ, p. 206; PL, CXLVIII, 431). — Suivant Lambert de Hersfeld, a. 1075 (MGH, SS, t. V, p. 222; édit. HOLDER-EGGER, p. 208), Herman et Siegfried seraient partis ensemble. Meyer von Knonau (Jahrbücher, p. 464, n. 26) rejette cette version et nous croyons qu'il a raison. Si Herman et Siegfried avaient voyagé ensemble, les clercs de Bamberg auraient signalé le fait et d'autre part on comprendrait mal le rôle de Siegfried qui, en présence de Grégoire VII, a nettement accusé Herman d'être parvenu à l'épiscopat par simonie.

[5] GRÉGOIRE VII, Registrum, III, 1, 2 et 3 (édit. CASPAR, p. 242-247; édit. JAFFÉ, p. 203-207; PL, CXLVIII, 427-431). — Nous croyons avec HEFELE-LECLERCQ (Histoire des conciles, t. V, p. 124, n. 3) et MEYER VON KNONAU (Jahrbücher, t. II, p. 466, n. 30), que telle est bien l'interprétation qu'il faut donner à ce passage de la bulle III, 3, du registre : «Symoniacus ille Herimannus...,

doyen du chapitre, et les autres clercs de son église qui l'avaient accompagné en leur annonçant qu'il allait se retirer dans une abbaye [1]. Ralliés à leur évêque, ces représentants de l'église de Bamberg se rendirent à Rome ; ils ne purent obtenir un nouvel examen de la cause, mais, simulant un oubli, ils ne rapportèrent pas la sentence de condamnation [2], en sorte que l'affaire resta en suspens. Grégoire VII ne se laissa pas fléchir. Le 20 juillet 1075, il annonça aux clercs de Bamberg que Herman était « irrévocablement déposé de l'épiscopat » et privé de l'exercice de ses fonctions sacerdotales jusqu'au jour où il aurait comparu à Rome et accepté une pénitence proportionnée à tous les maux qu'il avait faits à son église [3]. Il pria en même temps l'archevêque de Mayence, Siegfried, et le roi de Germanie, Henri IV, de procéder à l'élection d'un nouvel évêque [4]. Cet ordre ne fut pas exécuté avec beaucoup de diligence : le pape dut insister auprès du souverain [5] qui enfin, le 30 novem-

---

cum propius Romam accessisset, in itinere substitit et, premittens nuntios suos cum copiosis muneribus, noto sibi artificio innocentiam nostram et confratrum nostrorum integritatem pactione pecuniae attemptare atque, si fieri posset, corrumpere molitus est. Quod ubi preter spem evenit, iam de damnatione sua securior festinanter retrocessit. » Il faut évidemment traduire « *quod ubi preter spem evenit* » par : « Cette tentative échoua contre son attente » et non pas : « Cette tentative réussit au-delà de toute attente », comme le veulent GIESEBRECHT (*Geschichte der deutschen Kaiserzeit*, 4ᵉ édit., t. III, p. 335, 1131) et BEYER (*Die Bamberger Constanzer und Reichenauer Händel unter Heinrich IV*, dans *Forschungen zur deutschen Geschichte*, t. XXII, p. 530 et suiv.)

[1] *Codex Udalrici*, 44 (*Monumenta Bambergensia*, p. 95).

[2] Grégoire VII a reproché (*Registrum*, III, 1, édit. CASPAR, p. 242-243 ; édit. JAFFÉ, p. 203 ; PL, CXLVIII, 429) aux clercs de Bamberg d'avoir laissé à Rome la sentence de condamnation de leur évêque au lieu de l'emporter et de la publier. Les clercs disent, dans la lettre du *Codex Udalrici* citée à la note précédente, qu'ils reçurent du pape l'ordre de publier l'excommunication, si Herman ne comparaissait pas à Rome. Il n'y a pas contradiction absolue entre ces deux textes : les clercs affirment avoir reçu la sentence, mais non l'avoir emportée et publiée.

[3] GRÉGOIRE VII, *Registrum*, III, 1 (édit. CASPAR, p. 242-244 ; édit. JAFFÉ, p. 203-204 ; PL, CXLVIII, 427-429).

[4] *Ibid.*, III, 2 (édit. CASPAR, p. 244-245 ; édit. JAFFÉ, p. 204-205 ; PL, CXLVIII, 429-430) et III, 3 (édit. CASPAR, p. 246-247 ; édit. JAFFÉ, p. 205-207 ; PL, CXLVIII, 430-431).

[5] *Ibid.*, III, 7 (édit. CASPAR, p. 258-259 ; édit. JAFFÉ, p. 214 ; PL, CXLVIII, 436).

bre, installa sur le siège de Bamberg un certain Robert, prieur
d'un monastère de Goslar, que Lambert de Hersfeld et Brun
ont sévèrement jugé, sans doute parce qu'il comptait parmi
les partisans les plus dévoués de Henri IV en Saxe [1]; Herman
se retira dans un monastère [2]. Ce débat mouvementé se termi-
nait par l'éclatante soumission d'un des prélats les plus simoniaques de la chrétienté occidentale.

A partir de 1076, les rapports de Grégoire VII avec l'épiscopat
allemand et italien ont surtout un caractère politique. La question
de la simonie n'est le plus souvent qu'un aspect de la lutte du
Sacerdoce et de l'Empire. Les prélats hostiles à la réforme sont
en même temps de chauds partisans de Henri IV. Aussi est-ce
plutôt en France que l'on peut étudier les péripéties de la lutte
sans merci livrée par le pape et par ses légats aux évêques
simoniaques.

Le premier épisode se place à Orléans. Ce siège était occupé
depuis 1068 par un évêque du nom de Renier dont la vénalité
était notoire. En avril 1076, deux griefs étaient plus spécialement
retenus contre lui : il avait dépouillé les chanoines de Sainte-
Croix et vendu une partie de leurs biens, comme il le faisait
d'ailleurs pour tous les offices ecclésiastiques; d'autre part il
continuait à entretenir des rapports avec un clerc du nom

---

[1] LAMBERT DE HERSFELD, a. 1075 : « Igitur profectus (rex) Babenberg, Ruo-
pertum, Goslariensem praepositum, in nativitate sancti Andreae apostoli pro
eo ordinari fecit episcopum, virum pessimae existimationis in populo, eo quod
regi familiarissimus et omnibus eius secretis semper intimus fuisset, et omnium
quae rex perperam et praeter regiam magnificentiam in republica gessisset,
potissimus incentor extitisse putaretur » (MGH, SS, t. V., p. 236; édit.
HOLDER-EGGER, p. 240). BRUN, De bello saxonico, 15 : « Episcopatus alii datur,
non qui vita et sapientia sit episcopatus dignior, sed qui regis flagitiorum
maior in omnibus fuisset assentator » (MGH, SS, t. V, p. 334; édit. WAT-
TENBACH, p. 10). Cfr aussi BERNOLD DE CONSTANCE, a. 1075 (MGH, SS, t. V,
p. 430), et les Annales Augustani, a. 1075 (Ibid., t. III, p. 128-129).
[2] LAMBERT DE HERSFELD, a. 1075 : « Herimannus, Babenbergensis episcopus,
comperto quod alius in locum eius subrogatus esset episcopus, cum omnis
iam ei spes adempta esset recuperandae dignitatis suae, nec ad eludendam
Romani pontificis sententiam ullum ultra pareret diverticulum, in monasterium
cui nomen est Suarza secessit » (MGH, SS, t. V, p. 237; édit. HOLDER-EGGER,
p. 242).

d'Euvrard, excommunié par le Saint-Siège. Ces fautes contre
la discipline valurent à ce singulier pasteur une véhémente
apostrophe de Grégoire VII qui le somma de restituer aux
chanoines de Sainte-Croix ce qu'il leur avait dérobé et de venir
à Rome avant le 1er novembre 1076 pour y rendre compte de
la façon dont il gouvernait son église [1]. L'archevêque de Sens,
Richer, fut chargé de veiller à l'exécution des décisions pontificales et d'excommunier l'évêque simoniaque, s'il n'obéissait
pas [2].

Renier ne parut pas à Rome et n'allégua pas la moindre
excuse. Grégoire VII signala son abstention à Richer dès le
2 novembre et lui fit tenir une copie de la bulle qu'il avait
adressée au prélat rebelle aux ordres du Saint-Siège. Il y aura
lieu, ajoutait-il, de s'informer si Renier l'a bien reçue, et, si
elle lui est parvenue, de le suspendre et de l'excommunier, à
moins qu'il ne fût en danger de mort. Très préoccupé de l'état
du diocèse d'Orléans, Grégoire VII demande à Richer de venir
en conférer avec lui, d'emmener si possible à Rome Renier
et ses victimes, afin d'en finir avec cette malheureuse affaire [3].

Renier ne s'émut toujours pas. Un an après, les choses en
étaient au même point. L'évêque avait même aggravé son cas
en officiant pontificalement, malgré l'interdiction et l'excommunication qui pesaient sur lui. En outre, certains bruits fâcheux
couraient sur son compte : l'on disait qu'il s'était emparé de
son église, sans qu'il y eût eu élection par le clergé et par le
peuple et sans qu'il eût atteint l'âge requis pour l'épiscopat,
qu'il vendait la cléricature, les archidiaconats, les abbayes [4].
Devant une impiété aussi notoire, Grégoire VII décida d'agir

---

[1] GRÉGOIRE VII, *Registrum*, III, 17 (édit. CASPAR, p. 279-280 ; édit. JAFFÉ,
p. 231-232 ; PL, CXLVIII, 447-448).
[2] *Ibid.*, III, 16 (édit. CASPAR, p. 278-279 ; édit. JAFFÉ, p. 230-231 ; PL, CXLVIII
446-447).
[3] *Ibid.*, IV, 9 (édit. CASPAR, p. 307-308 ; édit. JAFFÉ, p. 253-254 ; PL, CXLVIII,
462-463).
[4] Tous ces détails sont donnés par les lettres du *Registrum*, V, 8 et 9 (édit.
CASPAR, p. 358-359 et 360-361 ; édit. JAFFÉ, p. 296-297 et 297-298 ; PL, CXLVIII,
493-494 et 494-495).

énergiquement : il prescrivit à Richer, archevêque de Sens, à Richard, archevêque de Bourges, et à leurs suffragants de se réunir dans la ville qui leur conviendrait le mieux pour conférer au sujet de Renier, en invitant le coupable à comparaître devant eux. Si dans un délai de quarante jours Renier ne se justifiait pas, il y aurait lieu de promulguer la sentence de condamnation et de déposition prononcée contre lui, puis de nommer à sa place le clerc Sancion, dont le nom avait été mis en avant par les évêques de la province [1].

Grégoire VII signifia cette décision à Renier le jour même où il la communiqua aux autres prélats, soit le 6 octobre 1077 [2]. Fidèle à son attitude, Renier n'y attacha aucune importance. Aussi, conformément aux instructions pontificales, dans les derniers jours de l'année 1077, le clergé et le peuple d'Orléans désignèrent Sancion comme évêque et envoyèrent au pape le procès-verbal d'élection [3]. Le 29 janvier 1078, Grégoire VII approuva leur choix, mais, comme les clercs dépêchés à Rome avaient donné des renseignements peu favorables sur Sancion, il voulut procédér à un supplément d'information, afin, disait-il, « d'éviter jusqu'aux apparences de la précipitation »; en attendant le résultat de cette enquête, il autorisait les Orléanais à rendre à Sancion les honneurs dus à un évêque [4].

L'affaire traîna en longueur. Grégoire VII eut la faiblesse d'accorder de nouveaux délais à Renier qui en profita pour faire main basse sur les vases sacrés et les ornements de son église [5]. A cette nouvelle, le pape se répandit en amères récri-

---

[1] GRÉGOIRE VII, *Registrum*, V, 8 (édit. CASPAR, p. 358-359; édit. JAFFÉ, p. 296-297; PL, CXLVIII, 493-494).

[2] *Ibid.*, V, 9 (édit. CASPAR, p. 360-361 ; édit. JAFFÉ, p. 297-298; PL, CXLVIII 494-495).

[3] *Ibid.*, V, 14, du 29 janvier 1078, au clergé et au peuple d'Orléans : « Litteras a vobis delatas apostolicam sedem accepisse non ignorare vos credimus, quibus electio episcopalis, facta in Sanzone, ecclesiae vestrae clerico, intimabatur » (édit. CASPAR, p. 367; édit. JAFFÉ, p. 304; PL, CXLVIII, 499).

[4] *Ibid.*, V, 14 (édit. CASPAR, p. 367-368; édit. JAFFÉ, p. 304-305; PL, CXLVIII, 499-500).

[5] *Ibid.*, V, 20, du 24 avril 1078, à Renier (édit. CASPAR, p. 383 ; édit. JAFFÉ, p. 316; PL, CXLVIII, 505) : « Inter caetera namque, quae olim perversa mente

minations : il rappela à Renier toute la patience dont l'Église
romaine avait fait preuve à son endroit et lui reprocha d'avoir
répondu à sa miséricorde en accumulant les iniquités. Ordre
lui fut donné, par bulle du 24 avril 1078, de se justifier devant
le concile qui allait se tenir sous la présidence de Hugues de
Die, de Hugues de Cluny, et d'un sous-diacre de l'Église romaine,
Roger [1].

Cette fois encore, Renier réussit à éluder une condamnation
définitive, on ne sait au juste dans quelles circonstances. Le
5 mars 1079, Grégoire VII annonce au clergé et au peuple
d'Orléans l'envoi de légats, qu'il ne désigne pas autrement,
pour juger Renier et rendre une sentence au nom de l'autorité
apostolique, en même temps que pour confirmer l'élection
de Sancion [2].

Aucun texte n'indique l'issue du débat, mais il est certain
que, malgré le désir du pape, Sancion ne devint pas évêque,
au moins pour le moment. En 1076, il sera de nouveau choisi
par le clergé et par le peuple, mais ne pourra encore prendre
possession du siège épiscopal [3].

A la même époque, Grégoire VII eut aussi à intervenir dans
deux affaires de simonie, à Chartres et au Puy.

A Chartres, un moine du nom de Robert s'était emparé de
l'église « avec une ambition répréhensible » et, malgré les
avertissements de Hugues de Die, malgré le serment qu'il
avait prêté à Rome en avril 1076 et par lequel il s'engageait
à se démettre si le légat lui en intimait l'ordre [4], refusait éner-

---

egisti, ut vulneri vulnera infligeres, sicut nobis insinuatum est pene cuncta
ecclesiae tibi commissae ornamenta, pallia videlicet, calices, turibula, planetas
et caetera sacrata Deo non ad utilitatem Dei et praefatae ecclesiae, non in
adiutorium pauperum et captivorum, sed ad libitum tuum et inanem gloriam
atque superbiam distraxisti. »

[1] GRÉGOIRE VII, *Registrum*, V, 20 (édit. CASPAR, p. 383-384; édit. JAFFÉ
p. 316-317; PL, CXLVIII, 505-506).

[2] *Ibid.*, VI, 23 (édit. CASPAR, p. 435-436; édit. JAFFÉ, p. 360; PL, CXLVIII,
530-531).

[3] Cfr YVES DE CHARTRES, *Epist*, 51, 53, 54 (PL, CLXII, 62 et suiv.).

[4] GRÉGOIRE VII, *Registrum*, III, 17a (édit. CASPAR, p. 282-283; édit. JAFFÉ,
p. 232-233).

giquement d'abandonner son siège[1]. Par une bulle du 4 mars 1077, Grégoire VII enjoignit au clergé et au peuple de Chartres de ne plus lui obéir et de procéder sans retard à une nouvelle élection[2]. Le métropolitain de Chartres, Richer, archevêque de Sens, reçut lui aussi l'ordre d'ouvrir immédiatement la procédure nécessaire et, dès que les opérations auraient été terminées, de les compléter sans retard par la consécration[3].

L'élection eut lieu et Geoffroy fut désigné, mais, comme il n'avait pas l'âge canonique, Hugues de Die l'excommunia et le déposa[4]. D'autre part, Philippe Ier intrigua en faveur d'un autre candidat :

« Vous apprendrez, écrit Grégoire VII à Hugues de Die à la fin de 1077, que Philippe, roi de France, nous a fait demander par deux fois d'approuver et d'ordonner comme évêque de Chartres Robert, moine de Sainte-Euphémie en Calabre, qui, cette année même, pendant que je me trouvais en Lombardie, est allé en France. A son retour, Robert m'a dit qu'il avait refusé l'épiscopat que lui offrait le roi, qu'il n'avait rien voulu faire et qu'il ne ferait rien sans mon conseil. Deux clercs de la dite église sont venus avec lui et voici ce qu'ils m'ont rapporté et affirmé : presque tous les suffrages des personnes les plus importantes et les meilleures de l'église de Chartres allaient à Robert, mais il n'y a pas eu d'élection à proprement parler. »

Grégoire VII, insuffisamment informé pour se prononcer,

---

[1] GRÉGOIRE VII, *Registrum*, IV, 14 (édit. CASPAR, p. 318 ; édit. JAFFÉ, p. 261 ; PL, CXLVIII, 468) : « Robertus monachus, qui ecclesiam vestram nefanda ambitione occupavit, in terribili culpa periurii se obligavit, cum episcopatum illum haud dubie a nostro legato commonitus, sicut supra corpus beati Petri, apostolorum principis, iuraverat, dimittere noluit et alia, quae in eodem sacramento tenebantur, infregit. »

[2] *Ibid.*, IV, 14 (édit. CASPAR, p. 317-318 ; édit. JAFFÉ, p. 261-262 ; PL, CXLVIII 467-468).

[3] *Ibid.*, IV, 15 (édit. CASPAR, p. 319 ; édit. JAFFÉ, p. 262-263 ; PL, CXLVIII, 468-469).

[4] *Ibid.*, V, 11 : « Pervenit enim ad aures nostras te excommunicasse et inrecuperabiliter deposuisse quendam iuvenem illuc indigne appositum pro episcopo » (édit. CASPAR, p. 364 ; édit. JAFFÉ, p. 301 ; PL, CXLVIII, 497). Nous croyons, avec MEVS (*Zur Legation des Bischofs Hugo von Die*, p. 34) et LÜHE (*Hugo von Die und Lyon*, p. 51, n. 2), qu'il s'agit ici de Geoffroy, non pas de Robert qui ne pourrait être désigné sous le vocable de *quendam* et dont le cas était réglé.

renvoya l'affaire à l'examen du légat [1]. Lors du concile romain
du carême de 1078, il reconnut provisoirement Geoffroy comme
évêque de Chartres, sous réserve que son cas serait examiné
à nouveau par Hugues de Die qui déciderait en dernier ressort [2].
La sentence du légat ne fut pas favorable à Geoffroy qui fut
excommunié et déposé par Hugues comme simoniaque. Il
alla se plaindre à Rome, escorté de son confrère de Paris, également nommé Geoffroy : le procès, disait-il, était entaché
d'irrégularité et les droits de la défense avaient été méconnus.
Grégoire VII accueillit la requête des évêques avec l'équitable
bienveillance qu'il a toujours manifestée en pareilles circonstances et il pria Hugues de lui fournir des explications [3]. Hugues
semble avoir été assez embarrassé pour obéir à l'ordre du pape
et Grégoire VII annula sa sentence ; il prescrivit aux clercs et
aux fidèles de Chartres d'obéir comme par le passé à Geoffroy [4].

Ces quelques exemples font ressortir la très grande modération de Grégoire VII. Il ne faudrait pas conclure que le pape
n'ait jamais sévi. Lorsque la simonie est évidente, Grégoire VII
ne recule pas devant les sanctions les plus rigoureuses et n'hésite
pas à leur imprimer un caractère irréparable. L'année même
où il cherche à faire prévaloir à Chartres une solution concilia-
trice et où, à Orléans, il redoute de condamner Renier sur des
informations insuffisantes et contradictoires, il confirme l'excommunication et la déposition de l'évêque simoniaque du
Puy, Étienne, que le légat Hugues de Die avait « séparé du
sein de la sainte Église », et interdit toute offrande à Notre-

---

[1] GRÉGOIRE VII, *Registrum*, V, 11 (édit. CASPAR, p. 363-365 ; édit. JAFFÉ,
p. 301-302 ; PL, CXLVIII, 497-498).

[2] *Ibid.*, V, 17 (édit. CASPAR, p. 380 ; édit. JAFFÉ, p. 314 ; PL, CXLVIII, 503).

[3] *Ibid.*, IX, 15 (édit. CASPAR, p. 594-595 ; édit. JAFFÉ, p. 489-490 ; PL, CXLVIII
618-619). La lettre est datée *Lateranis 2 nonas decembris*, mais sans indication
d'indiction. Jaffé veut qu'elle soit du 4 décembre 1081 ; cela semble peu probable, bien qu'elle figure dans le livre IX (cfr l'Introduction, p. 13 et suiv.).
MEVS (*Zur Legation*, p. 32 et suiv.) et LÜHE (*op. cit.*, p. 49 et suiv.) ont proposé
1077 ; nous préférons pour notre part la fin de 1078 ; cette bulle et la suivante
forment en effet comme l'épilogue du concile romain du 9 mars 1078.

[4] *Ibid.*, IX, 16 (édit. CASPAR, p. 595-597 ; édit. JAFFÉ, p. 490-491 ; PL,
CXLVIII 619).

Dame du Puy jusqu'au jour où l'élection d'un nouveau pasteur aurait remis l'ordre dans ce diocèse troublé [1].

Dans l'affaire de Reims, Grégoire VII a fini également par se rendre à l'avis de son légat, mais non sans avoir usé de tous les ménagements et de tous les délais qu'exigeait sa conscience délicate et scrupuleuse.

Il a déjà été question, à propos des conciles français de 1077-1080, des rapports du métropolitain de Reims avec Hugues de Die [2]. Les premiers démêlés de Manassès avec le Saint-Siège remontent à 1074. A cette date, l'archevêque persécutait Galon, abbé de Saint-Arnoul de Metz, provisoirement chargé de la direction du monastère de Saint-Rémi à Reims et qui ne pouvait suffire à cette double tâche. Pour ramener la paix, le pape déchargea Galon du gouvernement de Saint-Rémi [3], mais un nouvel incident surgit dès l'année suivante. Le 4 mars 1075, Grégoire VII, en termes d'ailleurs très mesurés, accuse Manassès de négligence, de manquement à ses devoirs de métropolitain, pour avoir laissé l'évêque de Châlons, Roger, piller les biens de son église et ne l'avoir pas contraint à restituer ce qu'il avait injustement usurpé [4]. L'archevêque de Reims fut bientôt accusé lui-même de simonie et, de ce fait, suspendu par Hugues de Die au concile d'Autun, en 1077 [5]. Son esprit, fécond en ressources, ne se laissa pas prendre au dépourvu. Il offrit d'aller à Rome se justifier devant le pape en personne [6]. Il s'y rendit en effet et réussit à se disculper. Tandis que Hugues de Die le condamnait de nouveau au concile de Poitiers, il jurait sans la moindre hésitation, en présence du pontife romain,

---

[1] Grégoire VII, *Registrum*, IV, 18 et 19 (édit. Caspar, p. 324 et 325-326; édit. Jaffé, p. 266 et 267; PL, CXLVIII, 471-472 et 472-473).

[2] Cfr *supra*, p. 222.

[3] Grégoire VII, *Registrum*, I, 52 (édit. Caspar, p. 78-80; édit. Jaffé, p. 72-73; PL, CXLVIII, 331-332). Cfr aussi Galon, *Epist.* 2 (PL, CL, 875-877).

[4] *Ibid.*, II, 56 (édit. Caspar, p. 209-210; édit. Jaffé, p. 176-177; PL, CXLVIII, 408-409).

[5] Hugues de Flavigny, II (MGH, SS, t. VIII, p. 415).

[6] Sudendorf, *Registrum*, t. I, p. 13, n. 9. — Sur l'authenticité et la date de cette lettre, cfr Lühe, *Hugo von Die und Lyon*, p. 48, n. 1.

que, s'il n'avait pas paru à Autun, ce n'était nullement par orgueil, mais bien parce qu'il n'avait pas été convoqué par un envoyé spécial du Saint-Siège ou par une bulle [1]. Il promit de s'expliquer à l'avenir devant le légat, chaque fois qu'il en serait prié, de restituer les trésors, ornements et autres dépouilles de l'église de Reims et de ne jamais plus les aliéner [2].

Ce serment ne fut pas tenu. Dès le 22 août 1078, Grégoire VII reproche à Manassès de manquer de respect aux légats pontificaux [3]. En 1079, il le convoque devant le concile qui doit se réunir l'année suivante à Lyon [4] et auquel l'archevêque s'abstient de comparaître [5], puis il confirme la sentence de déposition rendue par cette assemblée. Pourtant « contre l'usage de la sainte Église et sous le coup d'une excessive miséricorde », il autorise Manassès à se justifier avant la Saint-Michel, soit à Rome, soit en présence de Hugues de Die et de Hugues de Cluny, en prenant comme témoins les évêques de Soissons, Laon, Cambrai et Châlons ou « d'autres semblables » et en se préparant à cet acte solennel par une retraite à Cluny où à La Chaise-Dieu [6].

Une fois de plus, cet ordre laissa l'archevêque indifférent. Au lieu de restituer leurs biens aux clercs lésés par lui, comme l'exigeait la bulle pontificale, il envahit et pilla les domaines de l'église de Reims [7]. Ce défi au Saint-Siège devait entraîner sa déposition définitive. Aussi, le 27 décembre 1080, Grégoire VII

[1] HUGUES DE FLAVIGNY, II (MGH, SS, t. VIII, p. 415).
[2] GRÉGOIRE VII, Registrum, V, 17 (édit. CASPAR, p. 378; édit. JAFFÉ, p. 313; PL, CXLVIII, 502-503).
[3] Ibid., VI, 2 (édit. CASPAR, p. 391-394; édit. JAFFÉ, p. 322-325; PL, CXLVIII, 510-512).
[4] JAFFÉ-WATTENBACH, 5147 (édit. JAFFÉ, p. 560; PL, CXLVIII, 695-696).
[5] Cfr supra, p. 222.
[6] GRÉGOIRE VII, Registrum, VII, 20 (édit. CASPAR, p. 495-496; édit. JAFFÉ, p. 411-412; PL, CXLVIII, 563).
[7] Ibid., VIII, 17, aux clercs de l'église de Reims (édit. CASPAR, p. 539; édit. JAFFÉ, p. 448; PL, CXLVIII, 590) : « Verum, sicut ipsi scitis, non solum huic diffinitioni non obedivit, sed ad contemptum interdictionis nostrae, ecclesiam vestram invadere ac impudenti devastatione confundere presumpsit, utpote quam non per hostium, ut pastor, sed aliunde ut fur et sevissimus predo intravit. »

prie les clercs rémois d'élire un nouveau pasteur [1] et ordonne aux évêques suffragants de ne plus obéir à Manassès, mais de lui résister dans la mesure de leurs forces et de reconnaître le métropolitain qui allait être désigné à sa place [2]. Il avertit également le comte de Roucy, Ebles II [3], et le roi de France Philippe Ier qu'il supplie de retirer son amitié à Manassès [4].

On répondit avec plus ou moins d'empressement à l'appel du pape. Cependant les nobles, clercs et habitants de Reims chassèrent Manassès qui s'enfuit auprès du roi de Germanie, Henri IV, excommunié comme lui [5]. En 1081, Hélinand, évêque de Laon, fut élu archevêque, mais bientôt déposé parce qu'il cumulait deux évêchés, et Renaud, trésorier de l'église de Tours, entra en possession du siège métropolitain [6]. Le dernier mot restait au pape qui avait fait preuve, peut-être par égard pour le roi de France [7], d'une mansuétude plus grande que jamais tout en ne cédant pas sur les points essentiels.

Tandis qu'il luttait contre Manassès, Grégoire VII se trouvait aux prises dans le midi de la France avec un autre simoniaque, l'archevêque de Narbonne, Guifred. Le concile romain de 1078 renouvela à l'égard de ce prélat, depuis longtemps révolté contre la loi canonique, l'excommunication plusieurs fois prononcée et l'accompagna d'une « déposition irrévocable [8] ». Grégoire VII, on ne sait pour quels motifs, éprouva un vif chagrin de cette

---

[1] GRÉGOIRE VII, *Registrum*, VIII, 17 (édit. CASPAR, p. 538-539; édit. JAFFÉ, p. 447-448; PL, CXLVIII, 590-591).

[2] *Ibid.*, VIII, 19 (édit. CASPAR, p. 540-541; édit. JAFFÉ, p. 449-451; PL, CXLVIII, 592).

[3] *Ibid.*, VIII, 18 (édit. CASPAR, p. 539-540; édit. JAFFÉ, p. 448-449; PL, CXLVIII, 591-592).

[4] *Ibid.*, VIII, 20 (édit. CASPAR, p. 542-543; édit. JAFFÉ, p. 451-452; PL, CXLVIII, 593-594).

[5] GUIBERT DE NOGENT, *De vita sua*, I, 11 (édit. BOURGIN, p. 31-32; PL, CLVI, 853-854).

[6] *Annales Remenses et Colonienses*, a. 1085 (MGH, SS, t. XVI, p. 732).

[7] Cfr la lettre *Registrum*, VIII, 20, dont le ton est particulièrement amical à l'égard de Philippe Ier.

[8] GRÉGOIRE VII, *Registrum*, V, *14a* (édit. CASPAR, p. 370; édit. JAFFÉ, p. 306 PL, CXLVIII, 796) : « Renovamus etiam excommunicationem a predecessoribus nostris factam super Guifredum, archiepiscopum Narbonensem, et absque ulla recuperationis spe ab episcopali officio eum submovemus. »

sentence; il essaya de ramener Guifred à de meilleurs sentiments par l'intermédiaire de son frère Bérenger, évêque de Gérone [1], mais Bérenger ne réussit pas dans la mission qui lui était confiée et l'excommunication fut renouvelée au concile de février 1079 [2].

Comme à l'ordinaire, la vacance du siège de Narbonne donna lieu à de violentes compétitions. Pierre, évêque de Rodez, s'en empara par simonie et fut excommunié au concile romain, le 7 mars 1080 [3]. Grégoire VII nomma à sa place Dalmatius, mais il éprouva quelques difficultés à faire ratifier son choix par le clergé, le vicomte et les fidèles du diocèse qu'il dut menacer « de la colère de Dieu et de la vengeance de saint Pierre », s'ils ne mettaient plus d'empressement à reconnaître le pasteur que le Siège apostolique avait désigné pour gouverner leur église [4]. Pierre semble avoir résisté un certain temps et

---

[1] Grégoire VII Registrum, VI, 16 (édit. Caspar, p. 422-423; édit. Jaffé, p. 350; PL, CXLVIII, 526): « Age ergo et, fraterna caritate succensus, illum ex nostrae fiducia admonitionis aggredere, commemorans illi et preteritos longevae aetatis excessus et propinquum iam sibi divinae ultionis imminere iudicium, si forte possis eum ab ipso mortis aeternae limine revocare et de salute fratris non solum cordis gaudium, verum etiam maximum aeternae retributionis a divina largitate premium promereri. »

[2] *Ibid.*, VI, 17a (édit. Caspar, p. 429; édit. Jaffé, p. 355; PL, CXLVIII, 813).

[3] *Ibid.*, VII, 14a : « Et Petrum, olim Rotonensem episcopum, nunc autem Narbonensis ecclesiae invasorem, pari sententia damnamus » (édit. Caspar, p. 481; édit. Jaffé, p. 399; PL, CXLVIII, 815).

[4] Jaffé-Wattenbach, 5192. Jaffé date cette bulle du 23 décembre 1080. Nous la croyons antérieure à la lettre à Raymond IV de Saint-Gilles et à son fils Bertrand (*Registrum*, VIII, 16), qui est datée de ce jour-là. En effet, au moment où fut écrite cette dernière lettre, les habitants de Narbonne avaient accepté Dalmatius comme évêque et il s'agissait seulement d'expulser Pierre, ainsi qu'il résulte de ce passage : « Itaque saluti vestrae precipue providentes, rogamus et ex parte beati Petri precipimus vobis ut Narbonensi ecclesiae, jam ex longo tempore a membris diaboli pervasae prompte subvenientes, fratrem nostrum Dalmatium archiepiscopum, quem tandem canonice et secundum Deum electum et ordinatum meruit accipere, modis omnibus studeatis adiuvare. Illi vero pervasori, qui non per ostium ut pastor, sed aliunde ut fur et latro ingressus, oves Christi mactat et perdit, immo diabolo tradit, modis quibus potestis resistite, si gratiam omnipotentis Dei desideratis obtinere » (édit. Caspar, p. 537-538; édit. Jaffé, p. 447; PL, CXLVIII, 589-590). La lettre au vicomte, clergé, et peuple de Narbonne a au contraire pour but de leur faire ratifier le choix de Dalmatius que Grégoire VII avait lui-même désigné :

il fallut recourir à l'aide du comte de Toulouse, Raymond IV de Saint-Gilles, et de son fils Bertrand, pour rétablir l'ordre dans un diocèse depuis longtemps troublé [1].

Les dernières luttes que Grégoire VII eut à soutenir pour la réforme de l'Église se sont déroulées dans le diocèse de Thérouanne [2].

A vrai dire, elles ont duré pendant une bonne partie du pontificat, car, dès 1076, le pape dénonce à Robert Ier, comte de Flandre, en même temps que les clercs fornicateurs, « les voleurs et les brigands qui pénètrent dans la bergerie autrement que par la porte [3]. » Il pensait sans doute au vieil évêque Drogon, interdit par Hugues de Die au concile de Poitiers en 1078 [4]. Drogon ne survécut guère à cette censure. Il mourut dans l'année et eut pour successeur un certain Hubert, personnage peu recommandable qui admettait le mariage des clercs et refusait la sépulture en terre sainte aux partisans du célibat ecclésiastique [5]. Devenu évêque par simonie [6], Hubert fut mandé à Rome, au moment du concile du carême de 1080 [7]. Il ne vint pas et ne fit parvenir aucune excuse canonique. Grégoire VII, selon son indulgence habituelle, ne le déposa pas immédiate-

---

« Sed condolentes necessitati et periculo vestro, bonum et legalem pastorem vobis preficiendum censuimus... Admonemus itaque prudentiam vestram ut eum, quem Romana ecclesia vobis legaliter constituit, honeste et cum benevolentia recipiatis et ei sicut spirituali patri et archiepiscopo obedientiam et reverentiam impendatis » (édit. JAFFÉ, p. 563; PL, CXLVIII, 697-698).

[1] GRÉGOIRE VII, *Registrum*, VIII, 16 (édit. CASPAR, p. 537-538; édit. JAFFÉ, p 446-447; PL, CXLVIII, 589-590).

[2] Sur l'affaire de Thérouanne, cfr A. GIRY, *Grégoire VII et les évêques de Thérouanne*, dans la *Revue historique*, t. I, 1876, p. 387-409, dont la chronologie a été heureusement rectifiée par LÜHE (*Hugo von Die und Lyon*, p. 78, n. 5).

[3] GRÉGOIRE VII, *Registrum*, IV, 11 (édit. CASPAR, p. 310; édit. JAFFÉ, p. 256; PL, CXLVIII, 464).

[4] HUGUES DE FLAVIGNY, II (MGH, SS, t. VIII, p. 420). Cfr *supra*, p. 221.

[5] C'est Grégoire VII lui-même qui en fait grief à Hubert dans une lettre publiée dans DUCHET, *Additions et corrections au recueil des manuscrits de Saint-Omer*, p. 15. Cfr GIRY, article cité de la *Revue historique*, t. I, 1876, p. 397.

[6] GRÉGOIRE VII, *Registrum*, VII, 16 (édit. CASPAR, p. 490; édit. JAFFÉ, p. 406; PL, CXLVIII, 559-560).

[7] DUCHET, *op. cit.*, p. 15.

ment, mais lui accorda un dernier délai, en le priant de se justifier devant Hugues de Die [1]. Hubert ne bougea pas ; ses diocésains, troublés par l'avertissement du Saint-Siège, cherchèrent à se débarrasser de lui ; au cours d'une échauffourée il fut blessé et se retira à l'abbaye de Saint-Bertin [2].

L'accusation de simonie lancée contre Hubert n'est pas étayée de preuves formelles [3]. Il n'en est pas de même pour son successeur, Lambert, auquel Grégoire VII a reproché d'avoir acheté son évêché [4]. On sait par ailleurs que ce personnage a été installé de force [5] sur son siège par le comte de Flandre, Robert Ier, et par le roi de France, Philippe Ier. Or, il est peu probable qu'ils aient été l'un et l'autre tout à fait désintéressés. Grégoire VII écrivit d'ailleurs à Robert le Frison pour lui exprimer sa stupeur :

« Vous ne devez, lui dit-il, préférer la faveur d'aucun mortel à la grâce de Celui auquel vous devez la vie, le salut et la dignité dont vous jouissez. Nous avons appris que, respectueux de la fidélité que vous avez contractée envers le roi Philippe, vous en étiez venu à cette périlleuse aventure, mais nous vous ordonnons, de la part du Dieu tout puissant, de ne témoigner ni obéissance ni respect à Lambert, s'il est arrivé à l'épiscopat par des moyens répréhensibles, et nous vous prions de le chasser de ce siège criminellement acheté et envahi. Il ne convient pas en effet que vous vous considériez comme astreint par votre serment à commettre une si grave faute, car il est plus dangereux d'offenser celui par qui l'on jure que celui à qui l'on jure, c'est à dire Dieu plutôt que l'homme [6]. »

On ne connaît pas la réponse de Robert le Frison à cette

---

[1] GRÉGOIRE VII, *Registrum*, VII, 16 (édit. CASPAR, p. 490-491 ; édit. JAFFÉ, p. 406 ; PL, CXLVIII, 559-560).

[2] *Gesta abbatum S. Bertini Sithiensium*, II, 51 (MGH, SS, t. XIII, p. 646).

[3] Cfr GIRY, article cité de la *Revue historique*, t. I, p. 398, qui la conteste.

[4] JAFFÉ-WATTENBACH, 5188 : « Sacrilego Lamberto, qui publice Tarvanensem episcopatum mercatus est, contra voluntatem clericorum illi ecclesiae imposito, immo ab eis omnino iampridem repudiato » (édit. JAFFÉ, p. 567 ; PL, CXLVIII, 639).

[5] *Gesta abbatum S. Bertini Sithiensium*, II, 52 : « Albertus (lire : Lambertus) de Belle, rogatu suorum, vi regia comitisque maioris Roberti violentia intrusus » (MGH, SS, t. XIII, p. 646).

[6] JAFFÉ-WATTENBACH, 5242 (édit. JAFFÉ, p. 567 ; PL, CXLVIII, 639).

bulle qui lui fut adressée sans doute au début de 1082 [1]. En tous cas, elle fut négative, car, peu après, Grégoire VII revient à la charge avec insistance et s'efforce de rassurer la conscience du prince sur les conséquences de l'acte qu'il considérait comme un parjure :

« Sachez bien, lui dit-il, que vous n'êtes pas tenu de garder la fidélité envers un roi de la terre, lorsqu'il est prouvé que par là vous offensez votre Seigneur et votre Créateur [2]. »

Cet appel resta aussi vain que le précédent. Robert n'essaya pas de s'entendre avec Hugues de Die, devenu archevêque de Lyon, comme le lui demandait le pape, et fit même un assez mauvais accueil aux porteurs de la bulle [3]. Dès lors, Grégoire VII n'eut qu'à laisser jouer la procédure canonique. Lambert fut cité devant le concile qui allait se réunir à Meaux sous la présidence des légats Hugues de Die et Amat d'Oléron [4]. Entre temps, l'évêque intrus aggrava son cas en se saisissant de cinq clercs qui voulaient porter à Rome les griefs qu'ils nourrissaient contre lui et en les faisant emprisonner. Aussi fut-il excommunié par le concile [5].

Il ne tint aucun compte de cette décision et se fit consacrer à la fois diacre, prêtre et évêque par des prélats suspendus, puis, avec l'appui du comte Robert, il chercha à rentrer dans

---

[1] Les bulles relatives à l'affaire de Thérouanne sont difficiles à dater, car elles n'ont pas été insérées dans le registre, ou elles font partie du livre IX qui n'observe plus l'ordre chronologique. Toutefois, comme dans la seconde lettre à Robert (JAFFÉ-WATTENBACH, 5250) Grégoire VII fait allusion à la récente nomination de Hugues de Die comme archevêque de Lyon, on peut penser que les premières lettres de Grégoire VII se placent au début de 1082.
[2] JAFFÉ-WATTENBACH, 5250 (édit. JAFFÉ, p. 468-469; PL, CXLVIII, 639-640).
[3] GRÉGOIRE VII, *Registrum*, IX, 35 (édit. CASPAR, p. 623; édit. JAFFÉ, p. 512; PL, CXLVIII, 636) : « Duas epistolas nostras tam superbe spreverit, ut portitoribus earum contumeliosa verba et tanto principi multum indigna protulerit. »
[4] Cfr *supra*, p. 220 et 223.
[5] GRÉGOIRE VII, *Registrum*, IX, 35 (édit. CASPAR, p. 623; édit. JAFFÉ, p. 512; PL, CXLVIII, 535-536) : « Lamberto pseudoepiscopo a nobis et a legatis nostris H. Lugdunensi archiepiscopo, et A. episcopo in Meldensi concilio excommunicato tum pro aliis nefariis, tum pro eo quod quinque clericos, ad Romanam synodum ire et de malicia eius querimoniam volentes facere, captione pessima afflixit. »

sa cité qu'il avait abandonnée. A son approche, le clergé et le
peuple fermèrent les portes de la cathédrale et placèrent devant
elles, suspendue à un crucifix, la sentence qui le condamnait.
Lambert saisit le crucifix « avec une violence diabolique »,
si bien qu'il lui arracha la main droite. Les gens du comte
forcèrent l'entrée de l'église à coups de hache, blessèrent
plusieurs clercs, mirent les autres en fuite, pillèrent les maisons
de ceux qui ne voulaient pas reconnaître le pseudo-évêque,
tandis que Robert prononçait le bannissement de tous les
opposants et confisquait leurs biens [1]. A cette nouvelle, Grégoire VII intervint de nouveau. Il écrivit au comte une lettre
assez sèche où il demandait justice pour les clercs bannis ou
dépouillés [2]. En même temps il pria les évêques de Cambrai,
Noyon et Amiens d'unir leurs efforts aux siens et leur enjoignit
d'excommunier Robert, si dans un délai de quarante jours
il refusait d'abandonner Lambert, de faire pénitence et d'accorder
de justes réparations à ceux qui avaient été lésés [3].

A la suite de ces incidents, une nouvelle élection eut lieu.
On commença par désigner, à la demande de l'archidiacre
Arnoul, le clerc R. (on ne connaît pas son nom exact), puis,
Arnoul s'étant ravisé, les électeurs reportèrent leurs suffrages
sur Gérard. Ces tergiversations inquiétèrent encore Grégoire VII
qui chargea Hugues de Die de procéder à une enquête [4]; mais,
entre temps, par un de ces coups de théâtre fréquents dans les
affaires de simonie, Lambert rentra un moment en scène.

Deux chevaliers, chargés sans doute d'expulser l'évêque
pour faire place à son successeur, se laissèrent aller à toutes
sortes de violences contre lui. Ils lui arrachèrent la langue,
lui coupèrent l'extrémité des doigts, pillèrent en même temps

---

[1] Tel est le récit de Grégoire VII lui-même dans *Registrum*, IX, 35 (édit.
CASPAR, p. 623; édit. JAFFÉ, p. 512; PL, CXLVIII, 635-636).

[2] JAFFÉ-WATTENBACH, 5247 (édit. JAFFÉ, p. 569-570; PL, CXLVIII, 640-
642).

[3] GRÉGOIRE VII, *Registrum*, IX, 35 (édit. CASPAR, p. 622-627; édit. JAFFÉ,
p. 511-516; PL, CXLVIII, 635-638).

[4] *Ibid.*, IX, 13 (édit. CASPAR, p. 591-592; édit. JAFFÉ, p. 487; PL, CXLVIII,
616-617).

les ornements, les châsses et les croix [1]. Le comte et Lambert
jugèrent l'occasion excellente pour tenter une réconciliation
avec Grégoire VII. Ils essayèrent de l'apitoyer et prétendirent,
du même coup, que Lambert n'avait pas reçu l'avis de sa
convocation devant le concile de Meaux qui l'avait condamné [2].
Très ému, Grégoire VII commença par absoudre Lambert [3],
puis il ordonna à Hugues de Die de reprendre le procès, et,
afin d'éviter tout soupçon de partialité, de s'associer l'abbé
de Cluny, Hugues; il pria également le légat de « tempérer
la rigueur des canons en raison des souffrances endurées [4]. »
Le pape pardonna en même temps au comte [5] et écrivit aux
chevaliers une lettre assez dure dans laquelle il les priait de
comparaître devant ses légats et d'accepter avec humilité la
pénitence qui leur serait imposée [6].

La révision du procès ne fut pas favorable à Lambert qui,
sans doute incertain sur le sort de Grégoire VII assiégé dans
Rome par Henri IV, chercha à se ménager des appuis du côté
de l'antipape. On a conservé dans le registre une dernière
sommation au comte de Flandre, qui date de la fin de l'année
1083 et où le pape reproche à Robert de continuer à soutenir
Lambert, alors que celui-ci, déclinant l'audience qui lui avait
été offerte, « s'est de la plante des pieds au sommet de la tête
souillé de l'anathème de Guibert de Ravenne. » Cette attitude

---

[1] *Gesta abbatum S. Bertini Sithiensium*,II, 53 (MGH, SS, t. XIII, p. 646). —
Vita B. Joannis, Morinorum episcopi (ibid., t. XV, p. 1142). — GRÉGOIRE VII,
Registrum, IX, 31 (édit. CASPAR, p. 617-618; édit. JAFFÉ, p. 506-507; PL,
CXLVIII, 630-631).

[2] GRÉGOIRE VII, *Registrum*, IX, 33, à Hugues de Die : « Negat siquidem
prefatus episcopus sibi notum esse quod eum synodalis per te sententia damp-
naverit vel excommunicaverit seu ad synodum ullam vocaverit » (édit. CASPAR,
p. 620; édit. JAFFÉ, p. 509; PL, CXLVIII, 633).

[3] GRÉGOIRE VII, *Registrum*, IX, 33 : « Unde nos... compassi multis laboribus
ipsius, eum absolvimus » (*Supra, loc. cit.*)

[4] *Ibid.*, IX, 33 (édit. CASPAR, p. 619-620; édit. JAFFÉ, p. 508-509; PL, CXLVIII
633-634).

[5] *Ibid.*, IX, 34 (édit. CASPAR, p. 621-622; édit. JAFFÉ, p. 510-511; PL, CXLVIII
634-635).

[6] *Ibid.*, IX, 31 (édit. CASPAR, p. 617-618; édit. JAFFÉ, p. 506-507; PL, CXLVIII
630-631).

devait rendre sa déposition irrévocable [1]. Lambert disparaît de
l'histoire à la fin de 1083.

De l'examen de ces divers procès on peut déduire quelques
conclusions générales. Il ressort tout d'abord que Grégoire VII
s'est servi de la centralisation ecclésiastique pour faire aboutir
la réforme de l'Église, qu'il a eu, après comme avant 1075,
la volonté très arrêtée d'en finir avec la « peste simoniaque ».
A cette fin, il a usé des armes qu'il a forgées lors des premiers
conciles romains, mais il a évité toute précipitation excessive
qui eût discrédité son œuvre. En bien des circonstances, il a
tempéré le zèle de ses légats ; parfois même il les a désarmés,
pour laisser l'accusé bénéficier du doute, tellement sa conscience
craintive a peur de commettre une erreur ou une iniquité.
Très jaloux de sa propre autorité, il entend juger par lui-même
en dernier ressort, accueille tous les appels, multiplie les
enquêtes et contre-enquêtes, instruit à nouveau les procès qui
ont déjà reçu une solution, mande à Rome les coupables pré-
sumés qui aiment mieux avoir à faire à lui qu'à ses légats et
abusent parfois de sa mansuétude, puis finalement il prononce
sa sentence, en essayant de faire la part de la justice et celle de
la miséricorde qui plus d'une fois l'a emporté. Si l'on ne peut le
taxer de faiblesse, il faut convenir aussi que ce pontife qu'on a
fait passer pour dur, hautain, intransigeant, inexorable, est avant
tout, — ses actes le prouvent autant que sa correspondance, —
pénétré de charité chrétienne. Il veut exercer dans sa plénitude
l'autorité romaine, mais la rigueur des principes n'exclut pas
la modération envers les personnes. Personne n'eût songé à
le critiquer, s'il avait formulé contre un Manassès de Reims
ou un Renier d'Orléans une condamnation immédiate, s'il
n'avait pas absous Lambert de Thérouanne, s'il n'avait manifesté à l'égard de tant de coupables endurcis cette bonté
naturelle qui jaillissait spontanément d'une âme modelée sur

---

[1] GRÉGOIRE VII, *Registrum*, IX, 36 (édit. CASPAR, p. 628-629; édit. JAFFÉ,
p. 517-518; PL., CXLVIII, 641). Sur la date, cfr édit. CASPAR, p. 628, n. 6.

celle du Maître, dont Grégoire VII a voulu être non seulement
le représentant, mais la vivante incarnation.

Par cette modération, Grégoire VII a puissamment justifié
la centralisation qu'il a cru devoir développer dans l'intérêt
même de la réforme et contribué aussi à faire aimer la discipline
romaine. S'il y a eu sur certains points des résistances qui
visent les abus de pouvoir des légats plutôt que l'autorité
apostolique elle-même [1], souvent aussi on a fait appel, pour
trancher des controverses, à la justice pontificale qui ne s'exerce
pas seulement à l'égard des évêques simoniaques ou des clercs
nicolaïtes, mais qui est fréquemment sollicitée par les victimes
de toute oppression, qu'il s'agisse de moines persécutés par les
évêques [2], ou de clercs qui ont eu à subir les vexations des

[1] Cfr *supra*, p. 223-224.
[2] On voit par exemple Hubert, abbé de Pouthières, se plaindre à Rome
de tous les « malheurs » et de toutes les « angoisses » que lui causent les clercs
de Langres. Grégoire VII lui fait un accueil paternel et charge l'archevêque
de Lyon, les évêques d'Autun et de Langres d'examiner l'affaire (*Registrum*,
II, 15; édit. CASPAR, p. 147-148; édit. JAFFÉ, p. 130-131; PL, CXLVIII, 375).
L'exemption, dont jouissaient de nombreuses abbayes, a été la cause principale
de ces différends entre séculiers et réguliers : l'évêque et l'abbé se disputent
constamment certaines prérogatives et obligent le pape à intervenir; ainsi
Frotier, évêque de Nimes, ne peut prendre son parti de ne pouvoir, par suite
de l'exemption accordée à l'abbaye de Saint-Gilles par le Saint-Siège, pénétrer
dans le monastère et y faire prévaloir ses avis; il lance, sans en avoir le droit,
des sentences d'excommunication contre l'abbé et les moines; Grégoire VII
doit le rappeler à l'observation des décrets de ses prédécesseurs (*Registrum*,
I, 68; édit. CASPAR, p. 97-99; édit. JAFFÉ, p. 87; PL, CXLVIII, 342-343).
De même Thierry, évêque de Verdun, prétend imposer aux moines de
Saint-Mihiel certains usages nouveaux; les moines refusent; ils sont frappés
d'interdit; ils s'adressent au pape qui charge l'archevêque de Trèves, Udon,
et ses deux suffragants, Herman de Metz et Pibon de Toul, de faire une
démarche auprès de Thierry, de lui représenter qu'il a manqué de respect
au Saint-Siège, de le sommer de lever l'interdit et, s'il s'y refuse, de le
lever eux-mêmes au nom de l'autorité apostolique (*Registrum*, I, 81 ;
édit. CASPAR, p. 115-116; édit. JAFFÉ, p. 101-102; PL, CXLVIII, 353-354).
A Liège, l'abbé de Saint-Laurent, Wolbodon, a été chassé de son monastère par l'évêque Henri; il va se plaindre à Rome, mais, de son côté, l'évêque
dénonce la conduite de l'abbé; Grégoire VII, très embarrassé, demande à
l'évêque de Metz, Herman, de procéder à une enquête et de rendre la sentence
en son nom (*Registrum*, IV, 21; édit. CASPAR, p. 329-330; édit. JAFFÉ, p. 271;
PL, CXLVIII, 475-476). En Provence, des clercs et des laïques ont « d'une
main sacrilège saisi, dispersé et pillé contre le droit et l'honnêteté » des biens
qui appartenaient à l'abbaye exempte de Saint-Pierre de Montmajour; l'inter-

seigneurs laïques [1]. L'appel direct à Rome tend à se développer et cet usage permettra aux successeurs de Grégoire VII de resserrer encore les liens de la centralisation qui, déterminée par les nécessités de la réforme de l'Église, deviendra assez vite un des traits caractéristiques du gouvernement romain.

Bref, Grégoire VII, pour assurer le succès de son œuvre, a engagé l'administration ecclésiastique dans des voies nouvelles. Si l'évolution de l'Église vers une organisation plus fortement centralisée s'annonce dès le temps de Léon IX, c'est entre 1075 et 1085 qu'a été donné le coup de barre qui décidera de l'avenir. La doctrine si fortement énoncée dans les *Dictatus papae* a été mise aussitôt en pratique et son application est peut-être la page la plus originale de l'histoire du pontificat.

---

vention pontificale est encore sollicitée et Grégoire VII ordonne la restitution immédiate sous peine d'excommunication, en même temps qu'il prononce des peines sévères contre ceux qui, dans l'avenir, se rendraient coupables d'une usurpation de ce genre (*Registrum*, VI, 32 ; édit. Caspar, p. 444-445 ; édit. Jaffé, p. 367-368 ; PL, CXLVIII, 536-537).

[1] En 1074, l'archevêque de Tours, Raoul, se plaint à Rome de ce qu'un certain Lanzelin, du diocèse de Sens, l'ait attaqué au cours d'un voyage, dépouillant ou blessant certaines personnes de sa suite, tuant même un de ses parents ; Grégoire VII prie aussitôt Richer, archevêque de Sens, d'exiger satisfaction de Lanzelin et, s'il résiste, de le frapper de peines canoniques (*Registrum*, II, 20 ; édit. Caspar, p. 152-153 ; édit. Jaffé, p. 134 ; PL, CXLVIII, 377-378). Le même jour (15 novembre 1074), il écrit à Hugues, chevalier de Sainte-Maure, que l'archevêque de Tours l'accuse de retenir injustement des biens appartenant à son église et lui ordonne, sous peine d'excommunication, de donner satisfaction ou de venir à Rome avec un délégué de l'archevêque (*Registrum*, II, 22 ; édit. Caspar, p. 154 ; édit. Jaffé, p. 135 ; PL, CXLVIII, 378-379). Ce sont là deux exemples curieux qui prouvent que l'intervention pontificale s'étend à des faits assez insignifiants. On peut en citer un autre qui se place en 1079 à Liège : l'évêque Henri, qui se rendait à Rome, est dépouillé par le comte Arnoul de Chiny et obligé de jurer, sous la menace, qu'il ne réclamera pas la restitution des biens qui lui ont été dérobés, qu'il sollicitera même du pape l'absolution du forfait, mais Grégoire VII ne l'entend pas ainsi : il délie l'évêque du serment qui lui a été extorqué par la force, prie l'évêque de Verdun, Thierry, de réunir un concile, d'y convoquer Arnoul, de l'obliger à rendre ce qu'il a injustement acquis et de lui imposer une pénitence, sans laquelle il serait excommunié (*Registrum*, VII, 13 et 14 ; édit. Caspar, p. 477-478 et 478-479 ; édit. Jaffé, p. 396-397 et 397-398 ; PL, CXLVIII, 557-558 et 558).

CHAPITRE V

SUPRÉMATIE ROMAINE ET CÉSAROPAPISME
LES ORIGINES DU GOUVERNEMENT SACERDOTAL

SOMMAIRE. — I. Grégoire VII et Henri IV : l'application du décret sur l'inves-
titure laïque ; les causes de la rupture ; rôle du haut clergé allemand et des
conseillers excommuniés, l'affaire de Milan, la lettre du 8 décembre 1075.
— II. Le conflit du Sacerdoce et de l'Empire : l'assemblée de Worms, le
concile romain du 14 février 1076, excommunication et déposition de
Henri IV, l'opposition de la suprématie romaine et du césaropapisme. — III.
De Rome à Canossa : effet produit en Allemagne par la sentence de
Grégoire VII ; l'incident d'Utrecht ; la lettre de Henri IV et la théorie de
la monarchie de droit divin ; attitude de Grégoire VII ; rôle des princes,
les négociations de Tribur-Oppenheim ; la *promissio* de Henri IV ; l'absolution de Canossa, en quoi elle est une affirmation de la suprématie romaine.
—IV. La première lettre à Herman de Metz (25 août 1076), en quoi elle
marque une étape dans l'histoire des idées grégoriennes ; le principe du
gouvernement sacerdotal ; influence de saint Grégoire le Grand et de saint
Ambroise.

I

La plupart des propositions énoncées dans les *Dictatus
papae* concernent les évêques et les clercs. Pourtant il en est
quelques-unes qui définissent les droits du pape à l'égard des
princes laïques. Dès 1075, Grégoire VII a catégoriquement
affirmé que le pontife romain peut déposer les empereurs et
délier les sujets du serment de fidélité qu'ils prêtent aux rois [1].
C'était pour ceux-ci un grave avertissement et, comme par
ailleurs le pape, lors du concile romain de février 1075, avait

---

[1] Cfr *supra*, p. 197-198.

prouvé aux évêques en révolte contre l'autorité du Saint-Siège
qu'il ne reculait pas devant les plus rigoureuses sanctions, il
devenait clair que, si les rois s'insurgeaient à leur tour contre
ses prescriptions, il saurait user des armes dont il se croyait
en droit de disposer.

Or, une grave occasion de conflit entre la papauté et les
princes temporels se dessinait en cette année 1075. Pour en
finir avec la simonie et le nicolaïsme, Grégoire VII, rallié aux
idées lorraines, a promulgué un décret condamnant l'investiture laïque. S'il veut l'appliquer, il est sûr de soulever contre
lui l'opposition unanime des féodaux qui prétendent avoir
la propriété éminente des biens ecclésiastiques, qui assimilent
l'évêque à un simple vassal.

En Allemagne surtout, où l'Église est très riche, où les
évêques et les abbés, grands propriétaires terriens, disposent
de domaines étendus, le roi, qui a réussi à garder pour lui la
nomination de tous les dignitaires ecclésiastiques, ne peut
renoncer à cette prérogative sans risquer d'amoindrir gravement
sa puissance toujours menacée par la féodalité laïque et héréditaire. Du jour où Grégoire VII voudra exécuter le décret de
février 1075, le conflit entre le « Sacerdoce » et l' « Empire »
est fatal [1].

Ce conflit, Grégoire VII ne le souhaite pas. S'il tient à déli-
miter strictement son pouvoir et à se prémunir contre les
attaques possibles, il ne cherche pas, on l'a vu, à entrer en lutte
contre les puissances temporelles. Pour rester en bons termes
avec elles, il acceptera les sacrifices et les compromis qui ne
seront pas incompatibles avec la loi dont le successeur de Pierre
est le gardien, mais il n'est pas le maître des circonstances qui
l'entraîneront à prononcer à certaines heures de redoutables
sentences et l'obligeront à préciser, à développer, à justifier

---

[1] Sur les origines du conflit avec Henri IV, cfr R. FRIEDRICH, *Studien sur Wormser Synode von 24 Januar und ihrer Vorgeschichte*, Diss. Greifswald, 1905; H. SIELAFF, *Studien über Gregors VII Gesinnung und Verhalten gegen König Heinrich IV in den Jahren* 1073-1080, Diss., Greifswald, 1910.

la doctrine formulée dans les *Dictatus papae* sous la forme d'un saisissant schéma.

Pour le moment, il ne cherche querelle à personne et ne requiert pas la publication immédiate du décret sur l'investiture dans les différents États chrétiens. Il tente un suprême effort pour exterminer nicolaïsme et simonie [1]; que cet effort réussisse et le terrible décret n'aura aucune raison de se produire au grand jour, surtout si les souverains secondent l'action réformatrice du Saint-Siège.

Aussi, pendant quelques mois, rien n'est-il changé aux rapports de Grégoire VII avec le roi de Germanie. Henri IV continue, comme il l'avait fait jusque là, à nommer les évêques, Hozmann à Spire [2], Henri à Liège [3]; il évite d'ailleurs de recevoir à cette occasion le moindre présent. A Bamberg, il aide Grégoire VII à se débarrasser du fameux Herman; mais, le 30 novembre 1075, il nomme lui-même son successeur, Robert, prieur de Goslar [4]. Contre ces diverses nominations, toutes contraires au décret sur l'investiture laïque, le pape n'élève aucune objection. Les nouveaux élus reçoivent sans difficulté la consécration de leurs métropolitains. Il y a plus : Grégoire VII remercie Henri IV de l'appui qu'il lui prête dans sa lutte contre la simonie et le nicolaïsme.

« Parmi toutes les œuvres méritoires par lesquelles se manifeste votre zèle pour le bien, lui écrit-il le 20 juillet 1075, il en est deux, mon très cher fils, qui vous recommandent davantage à votre sainte mère, l'Église romaine. C'est d'une part votre virile résistance aux

---

[1] Cfr *supra*, p. 186-188.

[2] BERNOLD DE CONSTANCE, a. 1075 (MGH, SS, t. V., p. 430) indique que le prédécesseur de Hozmann, Henri, est mort le 26 février 1075; par conséquent Hozmann n'a pu être nommé qu'après le décret sur l'investiture. D'ailleurs Grégoire VII lui a reproché plus tard d'avoir reçu son évêché des mains de Henri IV. Cfr *Registrum*, V, 18, du 19 mars 1078 (édit. CASPAR, p. 381; édit. JAFFÉ, p. 314; PL, CXLVIII, 504) : « Quia in susceptione Spirensis ecclesiae veremur te contra decretum apostolicae sedis virgam de manu regis scienter ac temerarie suscepisse, episcopale officium hactenus te agere non concessimus. »

[3] *Chronicon S. Huberti Andaginensis*, 28 (MGH, SS, t. VIII, p. 587).

[4] Cfr *supra*, p. 244-245.

simoniaques et d'autre part l'approbation formelle que vous donnez au célibat des clercs, en l'accompagnant d'un effort efficace en vue de sa réalisation [1]. »

Cette bulle ne renferme pas la moindre allusion au décret sur l'investiture laïque. Pourtant des négociations à son sujet furent engagées pendant l'été de 1075.

Il est vraisemblable que Henri IV fut mis au courant de la nouvelle législation par Siegfried de Mayence, venu à Rome peu après le concile, au moment de Pâques [2]. Toutefois, comme aucune notification officielle ne s'était produite, le roi continua à nommer les évêques, tout en affichant un zèle antisimoniaque et antinicolaïte qui prouverait au pape l'inutilité de son décret. Malgré tout il était inquiet de l'avenir et chercha à provoquer une explication. Après sa victoire du 9 juin 1075 sur les Saxons [3], il envoya une ambassade à Grégoire VII avec une lettre ainsi conçue :

« Que votre Sainteté sache, mon Père, que presque tous les princes de mon royaume préfèrent être témoins de notre discorde plutôt que de notre entente mutuelle dans la paix. Aussi je vous adresse en secret des messagers que je sais honorables et religieux, qui souhaitent par dessus-tout, j'en suis sûr, de nous voir unis dans une bienfaisante concorde. Ce que je vous mande là, je veux que personne ne le sache hormis vous, ma mère, ma tante Béatrix et sa fille Mathilde. Lorsque, avec l'aide de Dieu, je reviendrai de l'expédition de Saxe, je vous enverrai d'autres ambassadeurs, les plus intimes et les plus sûrs que je pourrai trouver, par l'entremise desquels je vous exprimerai l'affection et le respect que je porte au bienheureux Pierre et à vous [4]. »

---

[1] GRÉGOIRE VII, *Registrum*, III, 3 (édit. CASPAR, p. 246; édit. JAFFÉ, p. 205-206; PL, CXLVIII, 430).

[2] Cfr *supra*, p. 243.

[3] Sur les opérations de Henri IV en Saxe, cfr MEYER VON KNONAU, *Jahrbücher*, t. II, p. 495 et suiv.

[4] Cette lettre est reproduite par Grégoire VII dans la bulle III, 5, du *Registrum* (édit. CASPAR, p. 251; édit. JAFFÉ, p. 210; PL, CXLVIII, 433-434). Dans la même bulle, Grégoire VII déclare que l'ambassade est arrivée à Rome *ante mensem augustum*; comme elle n'était pas là le 20 juillet, puisque le pape n'y fait aucune allusion dans la bulle III, 3, la date de sa venue peut être définie avec précision et se place dans les derniers jours du mois. On a généralement

Lorsque cette lettre parvint au pape, il était malade et absent de Rome [1]. Il revint dans sa capitale pendant le mois d'août et rédigea sa réponse [2]. Le ton en est tout à fait amical : Grégoire VII affirme, à son tour, son désir de paix et de concorde; il remercie Henri IV d'avoir confié le soin de négocier à des hommes animés des meilleures intentions; il se déclare prêt à « lui ouvrir avec l'aide du Christ le sein de l'Église romaine, » à le « recevoir comme un frère ou un fils, » à lui prêter main forte en toute circonstances, à la condition toutefois qu'il ne dédaigne pas « de tendre une oreille favorable aux avertissements relatifs à son salut et d'offrir à son créateur, comme il convient, l'honneur et la gloire qu'il aura pu acquérir »; il le félicite de

---

interprété la lettre de Henri IV comme destinée à amorcer une négociation en vue de son couronnement comme empereur. Cfr MEYER VON KNONAU, *Jahrbücher*, t. II, p. 566-567. Il n'est pas impossible que le roi ait désiré la couronne impériale, mais ce désir ne transparaît pas dans les textes et il résulte de la lettre III, 10 du registre que la négociation amorcée par Henri IV se rapportait, au moins en partie, à la question de l'investiture. Voici en effet ce qu'écrit Grégoire VII à la fin de 1075 : « Attamen, ne haec supra modum gravia aut iniqua viderentur, per tuos fideles tibi mandavimus ne pravae consuetudinis mutatio te commoveret, mitteres ad nos quos sapientes et religiosos in regno tuo invenire posses; qui, si aliqua ratione demonstrare vel adstruere possent in quo, salvo aeterni regis honore et sine periculo animarum nostrarum promulgatam sanctorum patrum possemus temperare sententiam, eorum consiliis condescenderemus » (édit. CASPAR, p. 266; édit. JAFFÉ, p. 221; PL, CXLVIII, 441). Les fidèles auxquels il est fait allusion au début sont les évêques venus à Rome pour le concile ou plus vraisemblablement Siegfried de Mayence et les clercs qui l'accompagnaient. Dans la lettre citée dans III, 5, Henri IV fait allusion à cette ambassade qu'il n'envoya jamais.

[1] GRÉGOIRE VII, *Registrum*, III, 7 (édit. CASPAR, p. 256-257; édit. JAFFÉ, p. 212; PL, CXLVIII, 435) : « Quando litteras tuae magnitudinis accepi, longe ab Urbe maxime causa infirmitatis aberamus, cum quibus necessarium erat tractare, quid vestrae legationi ad plenum sicut oportet responderem. » Le registre permet de noter la présence de Grégoire VII à Laurentum le 20 juillet. (Cfr III, 1 et 2). Le 3 septembre il était revenu à Rome (cfr III, 4).

[2] Cette bulle n'est pas datée et on ne peut tirer du registre aucune indication chronologique pour cette période (cfr *supra*, p. 8 et suiv.). Elle est certainement antérieure au 11 septembre, car dès ce moment Grégoire VII conçoit quelques inquiétudes au sujet de Henri IV. Cfr *Registrum*, III, 5 (édit. CASPAR, p. 251-252; édit. JAFFÉ, p. 209-211; PL, CXLVIII, 433-434). Nous pensons avec MEYER VON KNONAU (*Jahrbücher*, t. II, p. 570, n. 8) qu'elle est du 3 septembre, c'est à dire du même jour que la lettre III, 4, à Siegfried de Mayence, et que le même courrier a dû emporter l'une et l'autre.

ses succès sur les Saxons, dus au « jugement de Dieu », et
s'en réjouit pour la paix de l'Église [1].

Une entente reste possible et même probable. Henri IV semble
disposé à négocier. Grégoire VII n'oppose pas la moindre
intransigeance, n'élève aucune objection contre les nominations
épiscopales faites à l'encontre du décret sur l'investiture laïque,
reste fidèle à la doctrine qu'il n'a cessé de professer sur les
rapports des deux pouvoirs. Et pourtant, cinq mois plus tard,
la rupture est consommée.

Les causes qui ont acheminé vers elle sont extrêmement
confuses et les sources relatives aux événements de la fin de
1075 présentent bien des obscurités. Les premiers symptômes
d'un refroidissement dans les rapports du pape et du roi de
Germanie remontent au 11 septembre 1075. Ce jour là, Grégoire VII répond à une lettre malheureusement perdue des
comtesses Béatrix et Mathilde, elles-mêmes chargées par
Godefroy le Bossu de transmettre certaines propositions de
Henri IV. Il paraît très surpris de cette communication qui
ne s'accorde guère avec la lettre qu'il a reçue du roi à la fin de
juillet et dont il transmet une copie à ses fidèles alliées. Il est
vrai que depuis ce moment des faits nouveaux se sont produits :
un messager de Henri IV est arrivé qui a informé les deux
autres, ceux qui avaient apporté la lettre et étaient restés à
Rome, du retard de l'ambassade projetée, quoique, disait-il,
aucun changement ne se fût manifesté dans les intentions
du prince :

« Mais maintenant, continue Grégoire VII, ce projet, à notre grand
étonnement, a été modifié et le roi veut traiter publiquement ce qu'il
avait décidé de négocier secrètement. Cela ne donne-t-il pas à
entendre qu'il repousse cette paix, puisqu'il est disposé à la dévoiler
à ceux-là mêmes auxquels il voulait la cacher, parce qu'ils préféraient
être témoins de notre discorde plutôt que de notre mutuelle entente [2] ? »

---

[1] GRÉGOIRE VII, *Registrum*, III, 7 (édit. CASPAR, p. 256-259; édit. JAFFÉ,
p. 212-214; PL, CXLVIII, 435-436).

[2] *Ibid.*, III, 5 (édit. CASPAR, p. 251-252; édit. JAFFÉ, p. 209-211; PL, CXLVIII,
433-434). Cette bulle est une preuve de plus que les négociations engagées
entre le pape et le roi ont trait beaucoup plus à l'investiture qu'au couronnement

Aussi le pape écarte-t-il ce nouveau dessein qui lui semble contraire « à l'honneur et à l'intérêt de saint Pierre », suspectant le rôle de Godefroy dont les promesses lui paraissent toujours sujettes à caution [1].

Cette bulle, par les allusions peu explicites qu'elle renferme, laisse supposer que, par l'intermédiaire de Godefroy de Lorraine, puis des comtesses Béatrix et Mathilde, Henri IV amorça avec le Saint-Siège une nouvelle négociation qui paraissait contredire celle qu'il conduisait directement. Grégoire VII s'est demandé si le prince ne jouait pas un double jeu et il a préféré rester sur ses positions premières, causer en tête à tête avec le roi, sans mêler à la conversation, comme le voulait Henri IV, les évêques et les princes allemands dont il avait des raisons de se défier.

Il paraît toutefois invraisemblable que cette divergence sur une question de forme, dont l'importance nous échappe, ait suffi pour provoquer la rupture. On ne peut concevoir que Henri IV, sur le simple refus opposé à Godefroy le Bossu, ait brusquement modifié son attitude et pris l'offensive, alors que le pape, en fermant les yeux sur les récentes nominations épiscopales, lui laissait clairement entendre que le décret de février 1075 était susceptible d'amendement. D'autre part, on ne voit pas qu'à la suite de la démarche de Béatrix et de Mathilde, Grégoire VII ait pris quelque mesure capable de froisser Henri IV et aucun des polémistes antigrégoriens ne lui a reproché d'avoir pendant cette période manifesté une attitude hostile au roi. Il est donc probable que le revirement de ce dernier est dû à l'influence de son entourage, notamment du haut clergé allemand, exaspéré par les rigoureuses sanctions du concile romain de 1075 et par la recrudescence de l'action réformatrice engagée depuis le début du pontificat.

Il semble bien que le rôle de Siegfried de Mayence ait été particulièrement décisif. Lorsqu'il était venu à Rome pour le règlement de l'affaire de Bamberg [1], l'archevêque avait été prié de réunir ses suffragants et d'examiner avec eux ce que l'on pouvait tenter contre les prélats simoniaques [2]. Rentré dans son diocèse, il ne pensa qu'à éluder l'ordre qu'il avait reçu. A la fin de juillet ou au commencement d'août [3], il écrivit au pape pour lui exposer ses objections et lui demanda d'ajourner la convocation du synode provincial : le roi était en guerre avec les Saxons et les Thuringiens sur lesquels il avait remporté un éclatant triomphe, mais les vaincus ne voulaient pas reconnaître leur défaite et préparaient un nouveau soulèvement; comment dès lors les évêques pourraient-ils se rendre à un concile, surtout ceux qui étaient en mauvais termes avec le roi [4]?

Grégoire VII ne se rendit pas à ces fallacieuses raisons. Le 3 septembre 1075, il répondit à Siegfried que, si ses arguments étaient valables aux yeux des hommes, ils ne pouvaient être invoqués devant Dieu :

« Voici donc, concluait-il, ce que nous ordonnons à votre paternité : faites avec soin une enquête sur l'hérésie simoniaque et sur la fornication des clercs, comme le Saint-Siège vous l'a prescrit : punissez tous les coupables suivant les lois, coupez et taillez ce mauvais arbre jusque dans ses racines, afin qu'il ne puisse refleurir parmi vous [5]. »

---

[1] Cfr supra, p. 266.

[2] Cela ressort de la lettre adressée par Siegfried à Grégoire VII en juillet ou août (Codex Udalrici, 45) : « Itaque indixit auctoritas vestrae sanctae paternitatis ut, statuta die collectis fratribus, ex apostolicae legationis mandato concilium debeamus celebrare; et quicquid in provincia aut in regno nostro vel per symoniacam heresim vel quomodocumque contra regulam ecclesiasticae rectitudinis perperam gestum aut male usurpatum vel temere presumptum occurrerit, iudicio fratrum recidere non differamus falsa iustitia » (Monumenta Bambergensia, p. 98).

[3] Grégoire VII a reçu la lettre de Siegfried entre le 30 juillet et le 3 septembre, date de sa réponse à l'archevêque. D'autre part, les allusions qui sont faites à la situation intérieure de l'Allemagne indiquent clairement que la lettre a dû partir dans les derniers jours de juillet ou les premiers d'août.

[4] Codex Udalrici, 45 (Monumenta Bambergensia, p. 97-100).

[5] GRÉGOIRE VII, Registrum, III, 4 (édit. CASPAR, p, 249-250; édit. JAFFÉ, p. 209; PL, CXLVIII, 433). — On ne sait pas exactement dans quelle mesure Siegfried a obéi à cet ordre. Le continuateur de Berthold de Reichenau, a. 1075 (MGH, SS, t. V, p. 278), parle d'un concile tenu à Mayence en août, au cours duquel Siegfried aurait donné lecture de la lettre pontificale. Or, si ce synode

Cette correspondance donne à penser que Siegfried de
Mayence, peu zélé pour l'introduction de la réforme grégorienne
en Allemagne, n'a pas dû user de son influence dans le sens
de la conciliation. D'autre part, les conseillers laïques, excommuniés au concile de février 1075 et avec lesquels Henri IV
n'avait pas rompu, ont dû éprouver envers Grégoire VII de
vives rancunes et chercher à se venger en poussant le jeune
roi, très jaloux de son autorité, à résister aux directions romaines.
L'affaire milanaise allait être l'occasion directe de la rupture.

La lutte entre partisans et adversaires de la réforme avait
en Lombardie redoublé d'âpreté et de violence. Le lundi saint,
30 mars 1075, la ville de Milan avait été en grande partie
consumée par un incendie qui anéantit la cathédrale et plusieurs
autres églises [1]. Bonizon de Sutri prétend que l'on fit courir le
bruit que le feu avait été allumé par les Patares [2]. En tous cas
ce fâcheux incident contribua à mettre l'exaspération à son
comble : le samedi suivant des troubles se produisirent, à la
suite desquels Erlembaud périt assassiné [3]. Personne parmi
les Patares n'était capable de le remplacer comme chef. Sa
disparition rendit courage à ses adversaires qui se retournèrent
vers Henri IV [4]. Ils envoyèrent une ambassade en Germanie

a eu lieu, il ne peut se placer avant le mois d'octobre et il faudrait lire 16
kal. novembris au lieu de 16 *kal. septembris*, mais cette chronique contient tant
d'indications erronées, que, devant le silence des autres textes, on ne peut
enregistrer cette mention que sous toutes réserves.

[1] ARNULF, *Gesta archiepiscoporum Mediolanensium*, IV, 8 (MGH,SS, t. VIII,
p. 27). Cfr aussi BONIZON DE SUTRI, *Liber ad amicum*, VII (*Libelli de lite*, t. I,
p. 604-605; édit. JAFFÉ, p. 662-663).

[2] BONIZON DE SUTRI, *loc. cit.*

[3] ARNULF, *Gesta archiepiscoporum Mediolanensium*, IV, 9-10 (MGH, SS,
t. VIII, p. 28). Cfr aussi LANDULF, *Historia Mediolanensis*, III, 30 (*Ibid.*, t. VIII,
p. 96-97). Bonizon de Sutri (*loc. cit.*) prétend que le meurtre d'Erlembaud
a été le résultat d'une conjuration fomentée par Henri IV, mais rien n'autorise
cette opinion. Le jour exact de la mort d'Erlembaud n'est indiqué par aucune
des sources. Il y a tout lieu de penser, avec MEYER VON KNONAU (*Jahrbücher*,
t. II, p. 478, n. 43), qu'il doit se placer peu après Pâques.

[5] Avec GIESEBRECHT (*Kaiserzeit*, t. III, p. 1139) et MEYER VON KNONAU
(*Jahrbücher*, t. II, p. 479, n. 45), nous rejetons la version de Bonizon de Sutri
qui, toujours préoccupé de noircir le futur antipape, attribue à Guibert de
Ravenne un rôle important dans ces négociations.

pour solliciter la désignation d'un nouvel archevêque et le
roi, bien qu'il eût formellement reconnu Atton [1], se décida,
après bien des hésitations, à nommer un diacre de l'église de
Milan, qui se trouvait alors auprès de lui, Tedald. Milan fit
à Tedald un accueil triomphal et les suffragants le sacrèrent
avec empressement [2], malgré la défense du pape [3].

C'était là une provocation évidente. Grégoire VII avait pu
fermer les yeux lors de la désignation de Hozmann à Spire
et de Henri à Liège, parce que ces deux sièges étaient vacants
et que le roi avait fait des choix admissibles. A Milan il en est
autrement : un archevêque est en fonctions, Atton, que le concile
romain de mars 1074 a officiellement proclamé comme tel.
Il est donc impossible de reconnaître Tedald.

« Vous n'ignorez pas, écrit le pape à l'intrus (7 décembre 1076),
que la chaire épiscopale, sur laquelle vous vous êtes assis, a reçu avant
vous un autre titulaire. Tant que celui-ci n'aura pas été exclu pour
de justes motifs, la discipline canonique et ecclésiastique ne vous
permet ni à vous ni à aucune autre personne de prendre sa place [4]. »

Et le pontife, qui s'exprime d'ailleurs en un langage très
mesuré, de convoquer Tedald au concile du prochain carême
où il examinera la situation religieuse du diocèse de Milan [5].

L'attitude de Henri IV dans cette affaire a été préméditée,

---

[1] Cfr *supra*, p. 135 n. 2.
[2] Nous avons suivi la version d'Arnulf, *Gesta archiepiscoporum Mediolanen-sium*, V, 5 (MGH, SS, t. VIII, p. 29-30). Il n'y a aucune raison de lui préférer celle de Bonizon de Sutri, *Liber ad amicum*, VII (*Libelli de lite*, t. I, p. 605-606; édit. JAFFÉ, p. 664-665), qui veut que Tedald ait été élu par les Milanais et qu'il soit ensuite parti pour l'Allemagne solliciter l'investiture royale; Grégoire VII dit explicitement (*Registrum*, III, 9) que c'est le roi qui a nommé Tedald (*in Mediolanensem ecclesiam posuit*). Arnulf ne donne pas la date de cette nomination, mais dans son récit elle se place après la victoire de Henri IV sur les Saxons et la mort de Godefroy le Bossu. Elle est certainement postérieure au 11 septembre, puisque Grégoire VII n'y fait aucune allusion dans la lettre III, 5, à Béatrix et à Mathilde, et antérieure au 8 décembre, date de la lettre III, 8, mais la consécration n'eut lieu que plus tard.
[3] GRÉGOIRE VII, *Registrum*, III, 9, du 8 décembre 1075 (édit. CASPAR, p. 261-263; édit. JAFFÉ, p. 216-218; PL, CXLVIII, 438-439).
[4] *Ibid.*, III, 8 (édit. CASPAR, p. 259-261; édit. JAFFÉ, p. 215-216; PL, CXLVIII, 436-438).
[5] ID., *ibid.*

car la désignation de Tedald n'est pas un fait isolé. En Allemagne, le roi a fait pour l'évêché de Bamberg un choix des plus
douteux[1]. En Italie, il prend également sur lui de nommer comme
évêques de Fermo et de Spolète des personnes inconnues du
pape [2]. A Cologne enfin, Annon étant mort le 4 décembre 1075,
il lui donne pour successeur un chanoine de Goslar, Hidulf,
personnage peu recommandable [3]. Toutes ces nominations
attestent de sa part la volonté de conserver la libre disposition
des évêchés et d'en pourvoir ses créatures. Peut-être Grégoire VII
les eût-il ratifiées sans l'affaire milanaise; celle-ci est l'écueil
fatal contre lequel vient se briser sa politique de conciliation
et d'entente. Il ne peut en conscience reconnaître Tedald,
puisque Milan a déjà un pasteur. Le 8 décembre 1075, il
écrit [4] à Henri IV.

Cette lettre est tout à la fois un réquisitoire, un plaidoyer
et un exposé doctrinal. Grégoire VII reproche vivement à
Henri IV de ne pas s'être séparé de ses conseillers excommuniés,
ce qui le prive de la grâce divine et apostolique jusqu'à ce qu'il
ait donné satisfaction, d'avoir par ses lettres et par ses ambassades humblement protesté de sa filiale soumission au Saint-

---

[1] Cfr supra, p. 244-245.

[2] GRÉGOIRE VII, Registrum, III, 10 (édit. CASPAR, p. 264; édit. JAFFÉ, p. 219;
PL, CXLVIII, 264) : « Et nunc quidem, ut vulnus vulneri infligeres, contra
statuta apostolicae sedis tradidisti Fimanam et Spoletanam ecclesiam, si tamen
ab homine tradi ecclesia aut donari potest, quibusdam personis nobis etiam
ignotis; quibus non licet, nisi probatis et ante bene cognitis, regulariter manum
imponere. »

[3] Vita Annonis, archiepiscopi Coloniensis, 8 (MGH, SS, t. XI, p. 487).

[4] GRÉGOIRE VII, Registrum, III 10 (édit. CASPAR, p. 263-267; édit. JAFFÉ,
p. 218-222; PL, CXLVIII, 439-442). — Avec FLOTO (Kaiser Heinrich IV und
sein Zeitalter, Stuttgart, 1885, t. II, p. 71) et MEYER VON KNONAU (Jahrbücher,
t. II, p. 577), nous croyons que cette lettre est du 8 décembre 1075 et non du
8 janvier 1076. Adopter la première de ces deux dates ne change en rien sa
place dans le registre et il y a bien des raisons de supposer que le registrator
a écrit par distraction ianuarii au lieu de decembris. Il paraît improbable que
cette bulle ne soit pas du même jour que les deux précédentes qui ont trait
aussi à l'affaire de Milan. De plus elle annonce à Henri IV l'arrivée prochaine
des légats; or, comme on le verra, les légats sont arrivés à Goslar le 1er janvier
1076. Enfin, l'assemblée de Worms, qui déposa Grégoire VII, est du 24 janvier,
ce qui la rapprocherait trop de la bulle, si celle-ci était du 8 janvier.

Siège tout en désobéissant aux canons apostoliques, notamment dans l'affaire de Milan, et aussi en procédant, à Fermo et à Spolète, à des nominations contraires aux décrets pontificaux.

Au réquisitoire s'ajoute un plaidoyer. Le pape rappelle dans quelles conditions il a réuni le concile du carême, comment, en présence de tous les désastres subis par l'Église et par la religion chrétienne, il a été amené, afin d'arracher au péril et à la perdition le troupeau du Seigneur, à « revenir aux décrets et à la doctrine des saints Pères », comment, « pour que ce décret ne parût pas au roi trop lourd ou trop inique », il lui a fait dire amicalement par ses fidèles de lui envoyer des ambassadeurs « sages et religieux » avec lesquels il pourrait examiner quels tempéraments conformes à la loi canonique on pourrait y apporter.

Ainsi les deux attitudes du roi et du pape s'opposent en un saisissant contraste. Après les avoir définies, Grégoire VII se déclare prêt à tenter un suprême effort de conciliation, mais, pour bien faire ressortir les limites dans lesquelles il pourra s'exercer, il expose sur quelles bases doivent être établis suivant lui les rapports du Saint-Siège avec le roi et c'est là surtout ce qui doit retenir l'attention dans la bulle du 8 décembre 1075 :

« Il aurait convenu, écrit le pape, que votre dignité royale, puisque vous confessez être fils de l'Église, témoignât plus de respect envers le prince de l'Église, c'est à dire le bienheureux Pierre, prince des Apôtres. »

Et, à cette occasion, Grégoire VII reprend, en la commentant et en la justifiant par les paroles mêmes de l'Écriture, la doctrine des *Dictatus papae*. Pierre a reçu le pouvoir de lier et de délier : *Pais mes brebis*[1]. — *Tout ce que tu lieras sur la terre sera lié dans le ciel*[2].

« Aussi bien, puisque nous, si pécheur et si indigne que nous soyons, nous sommes installés sur son siège et chargés de l'administration apostolique, que nous tenons sa place et exerçons son pouvoir, tout

---

[1] JEAN, XXI, 17.
[2] MATTH., XVI, 19.

ce que vous nous écrivez ou nous faites dire de vive voix, c'est lui-même
qui le reçoit. »

Manquer de respect au pape, c'est manquer de respect à
saint Pierre et à Dieu, et Grégoire VII conclut :

« Aussi votre Altesse veillera dans ses paroles et dans ses ambassades
à éviter toute discordance avec le siège apostolique. Si elle veut faire
son salut, elle ne peut, suivant la foi chrétienne et la constitution
de l'Église, refuser obéissance non pas à nous, mais au Dieu tout-
puissant, car le Seigneur a dit à ses apôtres et à ses successeurs : *Qui
vous écoute m'écoute ; qui vous méprise me méprise* [1]. Celui qui veut
exécuter fidèlement les ordres de Dieu ne peut mépriser les nôtres,
quand ils interprètent les décisions des saints Pères et il doit les
accueillir, comme s'ils venaient de la bouche de l'Apôtre lui-même.
Si le Seigneur, par respect pour la chaire de Moïse, a prescrit à ses
apôtres d'observer les pratiques des scribes et pharisiens, à plus
forte raison les fidèles doivent-ils accueillir avec respect la doctrine
évangélique dont le Christ est la somme et le fondement, lorsqu'elle
est interprétée par ceux qui ont qualité pour la prêcher. »

Sans doute cet exposé doctrinal n'a-t-il en lui-même rien de
nouveau ; il est l'expression de la tradition de l'Église et on
le retrouverait sous une forme à peu près identique dans
certaines lettres, déjà citées [2], de Nicolas Ier qui sont vraisemblablement la source de la pensée de Grégoire VII. Ce qui en fait
l'importance dans l'histoire des idées grégoriennes, c'est moins
son contenu que l'occasion qui le provoque. Il ne s'adresse
pas à des évêques ou à de simples fidèles, mais à un prince,
que le pape invite « à reconnaître le pouvoir du Christ » et
« à ne pas paralyser la liberté de l'Église que par un mariage
céleste il a daigné se donner comme épouse. » Il a pour but
immédiat d'étendre la primauté romaine sur les princes laïques
aussi bien que sur les évêques et les clercs, en signifiant au roi
que personne, si haut placé qu'il soit, ne peut se soustraire au
pouvoir de lier et de délier conféré par le Christ à l'Apôtre
et à ses successeurs, que les ordres du Saint-Siège doivent

---

[1] Luc, X, 16.
[2] Cfr *supra*, p. 201-202.

être exécutés, comme s'ils venaient de saint Pierre en personne.
Le temps n'est plus où Henri III faisait et défaisait les papes
sans susciter de ceux-ci la moindre protestation : en face du
césaropapisme impérial se dressent les revendications pontificales. Dès lors, la lutte du Sacerdoce et de l'Empire devient
fatale.

II

Henri IV allait donner immédiatement au pape l'occasion
de préciser ce qu'il entendait par ce pouvoir de lier et de délier,
dont la lettre du 8 décembre 1075 lui rappelait l'impérieuse
existence.

La bulle pontificale fut portée en Allemagne par les ambassadeurs de Henri IV, Radbod, Adalbert et Odescalk qui étaient
restés à Rome pour attendre des ordres [1]. Ils arrivèrent à Goslar,
où se trouvait le roi, le 1er janvier 1076 [2]. Ils avaient mission,
en remettant l'*epistola commonitoria* à son destinaire, d'en
préciser le sens. Ils inviteraient le roi à faire pénitence pour
ses fautes, « susceptibles d'entraîner, suivant les prescriptions
des lois divines et humaines, non seulement l'excommunication
jusqu'à totale satisfaction, mais la déposition comme roi sans
espoir de récupération »; ils lui représenteraient notamment
que, s'il ne se séparait pas des excommuniés qui l'entouraient,
cette sanction était inévitable, tout en insistant sur la joie avec
laquelle le pape l'accueillerait à nouveau dans le giron de la
sainte Église, s'il consentait « à recevoir les avertissements du
Siège apostolique et à corriger sa vie [3]. »

---

[1] GRÉGOIRE VII, *Registrum*, III, 10 (édit. CASPAR, p. 267; édit. JAFFÉ, p. 222;
PL, CXLVIII, 442) : « Denique super his, quae in epistolis tuis visa ac cognita
reticemus, non antea tibi certa responsa dabimus, donec legati tui Radbodi,
Adelpreth et Uodescalki, quos his adiunximus, ad nos reversi, super his, quae
illis tecum agenda commisimus tuam nobis plenius aperiant voluntatem. »

[2] BERNOLD DE CONSTANCE, a. 1076 : « Quae legatio in octavis Domini ad
regem pervenit » (MGH, SS. t. V, p. 431).

[3] JAFFÉ-WATTENBACH, 4999 (édit. JAFFÉ, p. 538; PL, CXLVIII, 672). Cfr aussi
BERNOLD DE CONSTANCE, a. 1076 (MGH, SS, t. V, p. 432) qui résume la bulle
pontificale. Le récit de Lambert de Hersfeld, a. 1076 (*Ibid.*, t. V, p. 241; édit.
HOLDER-EGGER, p. 251) est en grande partie légendaire; de même celui du

A cette suprême mise en demeure Henri IV va répondre
en déchaînant froidement le conflit. A la fin de 1075, tout semble
lui sourire. En Allemagne, il a achevé de dompter l'opposition
saxonne et imposé à ses adversaires, le 25 octobre, une capitu-
lation totale [1]; il sait d'autre part que le haut clergé persiste
dans son hostilité à l'égard du pape et qu'il le suivra avec
enthousiasme, s'il se révolte contre l'autorité romaine. En
Italie, les Patares sont désorganisés par la mort de leur chef
Erlembaud. A Rome même, il peut espérer certains appuis :
le 25 décembre 1075, Grégoire VII a failli être victime d'un
attentat organisé par Cenci, cet ancien partisan de Cadalus,
que l'on avait obligé quelque temps auparavant à démanteler
la tour d'où il commandait le pont du Tibre, mais il a été délivré
par les Romains qui lui manifestèrent à cette occasion le plus
fidèle attachement [2].

Henri IV ne peut donc compter sur un mouvement antigré-
gorien à Rome. Il s'est également aliéné l'Italie normande par

---

continuateur de Berthold de Reichenau, a. 1076 (MGH, SS, t. V, p. 280),
qui connait lui aussi la lettre de Grégoire VII, mais y ajoute un certain nombre
d'erreurs.

[1] Sur les événements de Saxe, nous renvoyons, comme toujours, à MEYER
VON KNONAU, *Jahrbücher*, t. II, p. 512 et suiv.

[2] Sur l'attentat de Cenci, cfr ARNULF, *Gesta archiepiscoporum Mediolanensium*, V, 6 (MGH, SS, t. VIII, p. 30); LAMBERT DE HERSFELD, a. 1076 (*Ibid.*,
t. V, p. 242; édit. HOLDER-EGGER, p. 252-253 ;) BERNOLD DE CONSTANCE, a. 1076
(MGH, SS, t. V, p. 431-432); CONTINUATEUR DE BERTHOLD DE REICHENAU,
a. 1076 (*Ibid.*, t. V., p. 281); BONIZON DE SUTRI, *Liber ad amicum*, VII (*Libelli
de lite*, t. I, p. 606; édit. JAFFÉ, p. 665); PAUL DE BERNRIED, *Vita Gregorii VII
papae*, 45 (édit. WATTERICH, *Vitae pontificum romanorum*, t. I, p. 500; AA. SS.
Maii, t. VI, p. 124). MEYER VON KNONAU (*Jahrbücher*, t. II, p. 587, n. 178)
adopte la version de Bonizon, en raison des précisions chronologiques et géo-
graphiques qu'elle donne. Cette raison ne nous paraît pas valable, Bonizon
étant capable d'inventer ces précisions. Aussi préférons-nous les versions plus
succinctes d'Arnulf et de Bernold. Il n'y a d'ailleurs entre les différentes
versions que des divergences insignifiantes, sauf en ce qui concerne les complices de Cenci, parmi lesquels le continuateur de Berthold de Reichenau
aperçoit Henri IV, et Bonizon de Sutri Guibert de Ravenne. Nous ne croyons
pas, malgré l'avis de KOEHNCKE (*Wibert von Ravenna*, p. 27, n. 9) et de MEYER
VON KNONAU (*op. cit.*, t. II, p. 589), qu'il faille chercher des complices à Cenci.
Bonizon de Sutri fait intervenir Guibert dans tous les mouvements qui se
dessinent contre Grégoire VII et son témoignage n'a ici, comme ailleurs, aucune
autorité.

une maladresse. Pour isoler la papauté, il avait cherché à s'entendre avec Robert Guiscard et tenté une démarche auprès de lui par l'intermédiaire du comte Eberhard et de Grégoire, évêque de Verceil. Guiscard repoussa ces avances qui ne lui semblaient pas entièrement désintéressées et ne réussirent qu'à l'inquiéter sur les ambitions italiennes du roi de Germanie. Il jugea même prudent, pour parer à toute menace, de se réconcilier, sous les auspices de l'abbé du Mont-Cassin, Didier, avec son voisin et rival, Richard de Capoue [1]. Bref, comme l'a fort bien dit M. Chalandon, « tous les Normands comprirent qu'ils devaient s'unir pour résister à l'empereur dont la venue était annoncée comme imminente [2]. » Il y avait là une force que Grégoire VII, s'il réussissait à sauvegarder les droits et la dignité du Saint-Siège, pourrait opposer à Henri IV, au cas où la tension dégénérerait en guerre ouverte [3].

Henri IV n'a donc rien à espérer de l'Italie péninsulaire ; mais que vaut l'Italie péninsulaire à côté de l'Allemagne et de la Lombardie qui se groupent autour de lui avec la ferme volonté de s'affranchir de l'autorité apostolique ? Grâce à elles, il peut sans crainte céder aux avis d'Eberhard, d'Ulric de Godesheim et des trois autres conseillers excommuniés au concile romain de février 1075, venger son amour-propre blessé, défendre la théorie césaropapiste en face de la doctrine romaine, montrer à Grégoire VII qu'il ne se laisse pas intimider par les *Dictatus papae*, infliger à Hildebrand le

---

[1] AIMÉ DU MONT-CASSIN, VII, 27 (édit. CHAMPOLLION-FIGEAC, p. 216-217).

[2] CHALANDON, *Histoire de la domination normande en Italie et en Sicile*, t. I, p. 243.

[3] M. CHALANDON (*op. cit.*, t. I, p. 243) pense que Didier, lorsqu'il a travaillé à la paix normande, a été l'agent de Grégoire VII. Cela n'est pas prouvé, le pape n'ayant jamais manifesté beaucoup d'enthousiasme pour une alliance où Didier voyait au contraire le gage le plus sûr de la tranquillité de son monastère. C'est seulement après la rupture avec Henri IV que, dans une lettre à l'archevêque d'Acerenza, en date du 14 mars 1076, Grégoire VII laissera percer son intention de pardonner à Robert Guiscard, « s'il veut obéir à l'Église romaine comme un fils » (*Registrum*, III, 11, édit. CASPAR, p. 271-272 ; édit. JAFFÉ, p. 225-226 ; PL, CXLVIII, 442-443).

sort de son maître Grégoire VI, jadis déposé par Henri III [1].

Le jour de la Septuagésime (24 janvier 1076), évêques et
princes se réunissent à Worms, sur la convocation du roi,
en une solennelle assemblée [2]. A vrai dire, les laïques n'ont
généralement pas répondu à l'appel, à l'exception de Godefroy
de Lorraine, mais tout l'épiscopat allemand est accouru avec
un enthousiasme chargé de fiel. Siegfried de Mayence et Udon
de Trèves sont là avec tous leurs suffragants [3]. Tandis que
les délibérations commencent, surgit le cardinal Hugues Candide
qui venait d'abandonner Grégoire VII et qui, si l'on en croit
Lambert de Hersfeld, a joué un rôle de tout premier plan [4].

Il n'y a pas lieu de retracer ici l'histoire de l'assemblée de
Worms. Il importe seulement de noter les décisions qui y ont

---

[1] Cfr *La Réforme grégorienne*, t. I, p. 106 et suiv.

[2] LAMBERT DE HERSFELD, a. 1076 : « Quae legatio regem vehementer per-
movit. Statimque abiectis cum gravi contumelia legatis, omnes qui in regno
essent episcopos et abbates Wormaciae dominica septuagesimae convenire
praecepit » (MGH, SS, t. V, p. 241 ; édit. HOLDER-EGGER, p. 252). — BERNOLD
DE CONSTANCE, a. 1076 : « Unde rex in septuagesima apud Wormatiam colloquio facto et alio in Longobardia apud Placentiam, omnes quos potuit obedientiam praedicto papae exhibendam abiurare fecit » (MGH, SS, t. V, p. 432-
433).

[3] On trouvera la liste des membres du concile dans la lettre adressée par
les évêques à Grégoire VII, à l'issue de l'assemblée (MGH, *Constitutiones et
acta publica regum et imperatorum*, t. I, p. 106-108).

[4] LAMBERT DE HERSFELD, a. 1076 : « Commode quoque conficiendis tantis
rebus intervenit quidam ex cardinalibus Romanis Hugo cognomine Blancus,
quem ante paucos dies propter ineptiam eius et mores inauditos papa de sta-
tione sua amoverat, deferens secum de vita et institutione papae scenicis fig-
mentis consimilem tragediam : scilicet unde oriundus, qualiter ab ineunte aetate
conversatus, quam perverso ordine sedem apostolicam occupaverit, quae ante
episcopatum, quae post acceptum episcopatum memoratu quoque incredibilia
flagitia commiserit » (MGH, SS, t. V, p. 242; édit. HOLDER-EGGER, p. 253).
MEYER VON KNONAU (*Jahrbücher*, t. II, p. 626) remarque que toutes ces accusations se retrouvent dans la lettre des évêques à Grégoire VII, mais Lambert
n'a-t-il pas utilisé cette lettre et mis sur le compte de Hugues Candide toutes
les accusations qu'elle renferme ? La présence du cardinal n'est pas mentionnée
par Bernold de Constance ; elle l'est, en revanche, par BONIZON DE SUTRI,
Liber ad amicum, VII (*Libelli de lite*, t. I, p. 606; édit. JAFFÉ, p. 666) et par
PAUL DE BERNRIED, *Vita Gregorii VII papae*, 66 (édit. WATTERICH, *Vitae pontificum romanorum*, t. I, p. 510; AA. SS. *Maii*, t. VI, p. 127), qui dérive de
Bonizon. Il est donc très difficile de se faire une opinion sur le rôle qu'a joué
le renégat de la cause grégorienne.

été prises, parce qu'elles ont influé très directement sur l'évolution des idées grégoriennes. Elles sont renfermées dans trois documents essentiels, une lettre des évêques à Hildebrand et deux lettres de Henri IV, l'une au pape, l'autre aux Romains [1].

Les évêques accumulent des griefs variés : Grégoire VII est accusé d'avoir détruit la paix de l'Église, allumé un vaste incendie qui de Rome s'est propagé en Italie, en Germanie, en Gaule et en Espagne, de ne reconnaître comme évêques et comme prêtres que ceux qui ont su le gagner par d'indignes flatteries, de s'arroger une puissance inouïe aux dépens de l'épiscopat en prétendant juger toutes les affaires qui relèvent de la juridiction de l'ordinaire. Des questions personnelles interviennent ensuite : Hildebrand aurait usurpé son pouvoir parce qu'il aurait autrefois promis à Henri IV et juré en plusieurs circonstances de ne jamais devenir pape, parce qu'il se serait insurgé contre le décret de Nicolas II, pourtant rédigé sous sa propre inspiration. Pour conclure, chaque évêque dut souscrire la déclaration suivante :

« Moi, N....., évêque de N....., je notifie à Hildebrand que dès ce moment je lui refuse soumission et obéissance, que je ne le reconnaîtrai plus comme pape et ne lui donnerai plus ce titre [2]. »

La lettre de Henri IV a un caractère un peu différent. Le roi reproche au pape de s'être toujours conduit en ennemi envers lui, d'avoir essayé de lui enlever la dignité qui lui était échue par héritage et tenté de s'emparer du « royaume d'Italie. » Obligé par là d'adhérer à la juste sentence des évêques, il enjoint à Grégoire VII, déchu de la dignité pontificale, d'abandonner « le siège de la ville dont le patriciat a été confié au roi de Germanie par la volonté de Dieu et par les serments des Romains [3]. »

Cette lettre est communiquée, sans longs commentaires, aux Romains eux-mêmes que Henri IV prie de contraindre

---

[1] On trouvera ces divers textes dans les *Constitutiones et acta*, t. I, p. 106-110.

[2] *Constitutiones et acta*, t. I, p. 109.

[3] *Ibid.*, t. I, p. 109-110.

Hildebrand à abdiquer, tout en lui laissant la vie sauve, et d'élire sans délai un nouveau pape [1].

Les trois textes qui viennent d'être analysés constituent une réponse aux *Dictatus papae*. Si l'on en élimine les accusations calomnieuses, inspirées par la colère ou par la haine, on peut y voir une réfutation des principes grégoriens : les évêques reprochent au pape l'excessive centralisation qu'il a imprimée au gouvernement de l'Église ; Henri IV le blâme d'avoir voulu lui enlever la dignité royale. Or, dans les *Dictatus papae*, Grégoire VII a tout à la fois marqué son intention de subordonner beaucoup plus rigoureusement à Rome les églises locales et proclamé son droit de déposer l'empereur. L'épiscopat allemand et le roi étaient fondés à se croire menacés en théorie, sinon en fait, l'application de la doctrine en ayant tempéré l'extrême rigueur [2].

Quoi qu'il en soit, la sentence de Worms est l'expression du vieux césaropapisme impérial qui se regimbe contre la théorie grégorienne de la suprématie romaine. Pour la première fois, les deux systèmes s'affrontent et se dressent en face l'un de l'autre. Au cours des semaines qui vont suivre, les événements vont se précipiter et rendre le conflit inévitable [3].

---

[1] *Constitutiones et acta*, t. I, p. 109.

[2] MARTENS (*Gregor VII, sein Leben und Wirken*, t. I, p. 89) prétend que dès 1075 Grégoire VII a songé à la déposition de Henri IV. Il fait état à ce sujet non seulement des lettres du pape qu'il interprète dans ce sens, mais aussi du témoignage de Bonizon de Sutri qui attribue l'assemblée de Worms uniquement à l'orgueil conçu par Henri IV à la suite de sa victoire sur les Saxons, de Bernold de Constance et de Paul de Bernried qui s'abstiennent de tout commentaire. Nous ne pouvons nous ranger à cet avis : Bernold, pour cette période, est très sobre de détails et se contente de brèves mentions annalistiques ; l'avis de Bonizon ne signifie rien. Quant aux lettres de Grégoire VII, dont nous avons cité de larges extraits, elles manifestent le désir d'une entente ; même l'ultimatum du 8 décembre laisse encore percer un espoir de réconciliation (cfr *supra*, p. 273-276). R. FRIEDRICH (*Studien zur Wormser Synode*, p. 28-29) pense que Grégoire VII attendait un autre effet de son ultimatum et qu'il espérait que le roi céderait à ses injonctions. En réalité, Grégoire VII n'a jamais douté de son droit de déposer l'empereur et les rois et il a fait savoir à Henri IV jusqu'où pouvait aller sa puissance de lier et de délier, mais cela ne veut pas dire qu'il ait souhaité avoir recours aux armes dont il se croyait en droit d'user.

[3] Il est à remarquer qu'à Worms il n'a pas été question de l'investiture

Au lendemain de l'assemblée de Worms, Grégoire VII n'est plus considéré comme pape par l'épiscopat allemand qui dénie à ses actes toute valeur canonique [1]. Il s'agissait maintenant de faire le vide autour de lui. On envoya en Italie, pour solliciter l'adhésion des prélats lombards, peu dociles eux aussi à l'autorité romaine, les évêques de Spire et de Bâle, Hozmann et Burchard, accompagnés du comte Eberhard, l'homme de confiance de Henri IV. Leur mission s'accomplit sans la moindre difficulté. Une assemblée, analogue à celle de Worms, se tint à Plaisance ; elle confirma la décision du 24 janvier 1076, puis Roland, clerc de Parme, fut chargé d'aller à Rome notifier

laïque ni des complications auxquelles elle a donné lieu, ce qui prouve qu'à l'origine de la lutte du Sacerdoce et de l'Empire, il y a des intérêts d'un ordre beaucoup plus général et que Henri IV veut surtout résister à la prétention du Saint-Siège de diriger la société laïque suivant les méthodes appliquées dans le gouvernement intérieur de l'Église.

[1] Les chroniqueurs on très nettement saisi cette conséquence de l'assemblée de Worms. — Cfr LAMBERT DE HERSFELD, a. 1076 : « Sententiam promulgaverunt (episcopi) quod papa esse non possit nec ullam iuxta privilegium Romanae sedis ligandi aut solvendi potestatem habeat vel aliquando habuerit » (MGH, SS, t. V, p. 242). — BERNOLD DE CONSTANCE, a. 1076 : « Omnes quos potuit obedientiam papae abiurare fecit » (MGH, SS, t. V, p. 433). — BERNOLD, *De damnatione scismaticorum* : « Post multas Romani pontificis blasphemias, hoc singuli sua subscriptione confirmaverant ut nollent deinceps huiusmodi criminoso subesse vel aliquam obedientiam exhibere » (*Libelli de lite*, t. II, p. 50). — CONTINUATEUR DE BERTHOLD DE REICHENAU, a. 1076 : « Quos pene omnes debitam beato Petro et apostolicae sedis presuli Gregorio obedientiam abnegare eique palam unumquemque ex nomine suo specialiter scripto, inprimis autem sui ipsius praenotato, inita in idipsum conspiratione abrenuntiare coegerat » (MGH, SS, t. V, p. 282). — BRUN, *De bello saxonico*, 65 : « Coegit (Heinricus) eos Hildebrando, qui Romanus pontifex vocaretur et non esset, subiectionem et obedientiam interdicere ; et hoc ut post nullus eorum posset negare, fecit unumquemque eorum nomine suo praenotato manu propria abnegationem Hildebrando chartis singulis inscribere hoc modo... » (*Ibid.*, t. V, p. 351 ; édit. WATTENBACH, p. 41). — *Annales Augustani*, a. 1076 : « Discordia fedissima inter papam et regem, inter episcopos et duces, inter clericos et laicos. Papa propter zelum Dei respuitur » (MGH, SS, t. III, p. 129). — MARIEN SCOT, a. 1099 (1077) : « Vurmatiae... decretum est ut bannum Ildebrandi papae nullus curaret nec papa esset » (*Ibid.*, t. V, p. 561). — SIGEBERT DE GEMBLOUX, a. 1076 : « Omnia decreta Hildebrandi papae irrita esse debere... eumque papatu abdicandum esset iudicaret » (*ibid.*, t. VI, p. 363). — Il résulte de tous ces textes que pour l'épiscopat allemand, à partir du 24 janvier 1076, Grégoire VII cesse d'être pape, mais la question de sa succession n'est pas posée, en sorte que la situation est assez anormale, les évêques se gardant bien de dire à qui ils reconnaissent le pouvoir de gouverner l'Église.

au concile, convoqué à l'occasion du carême, la sentence de déposition rendue contre Grégoire VII par l'épiscopat allemand et lombard [1].

Le synode romain se réunit en effet à la date habituelle. Malheureusement ses actes n'ont pas été conservés et les documents officiels se réduisent aux quelques pièces insérées dans le registre de Grégoire VII. Toutefois les différentes versions laissées par les chroniqueurs concordent suffisamment pour que l'on puisse restituer la physionomie de cette assemblée sans précédent dans l'histoire. Dès le premier jour, le 14 février 1076, Roland de Parme fut introduit; avant même que Grégoire VII eût pris la parole, il signifia brutalement la sentence de Worms et somma les clercs de se rendre auprès du roi pour la Pentecôte, afin de recevoir un pape de ses mains. D'unanimes protestations s'élevèrent aussitôt et l'on eût fait un mauvais parti à Roland, si Grégoire VII, en le couvrant de sa personne, ne lui avait sauvé la vie [2].

---

[1] BERNOLD DE CONSTANCE, a. 1076 (MGH, SS, t. V, p. 433); CONTINUATEUR DE BERTHOLD DE REICHENAU, a. 1076 (Ibid., t. V, p. 284); BRUN, De bello saxonico, 65 (Ibid., t. V, p. 351; édit. WATTENBACH, p. 41); ARNULF, Gesta archiepiscoporum Mediolanensium, V, 1-7 (MGH, SS, t. VIII, p. 31); DONIZON, Vita Mathildis, I, v. 1288 et suiv. (Ibid., t. XII, p. 377); Vita Anselmi episcopi Lucensis, 14 (Ibid., t. XII, p. 19); MANEGOLD DE LAUTENBACH, Liber ad Gebehardum, 25 (Libelli de lite, t. I, p. 358). — Cfr aussi la lettre de l'impératrice Agnès à Altmann de Passau, citée par Hugues de Flavigny, II (MGH, SS, t. VIII, p. 435).

[2] Sur ce concile, voir les sources citées à la note précédente. L'épisode relatif à Roland de Parme figure dans BERNOLD DE CONSTANCE, De damnatione scismaticorum, III, 12 (Libelli de lite, t. II, p. 51) et aussi chez le continuateur de Berthold (MGH, SS, t. V, p. 282) et chez BRUN, De bello saxonico, 68 (Ibid., t. V, p. 353; édit. WATTENBACH, p. 44). Dans sa chronique, Bernold indique aussi que Grégoire VII a sauvé Roland et ses acolytes : « Sed missi eius turpissime in sinodo tractati vix a Romanis, adiuvante papa, evaserunt » (MGH, SS, t. V, p. 433). Les Annales Augustani, qui représentent la plus ancienne version henricienne, rapportent l'incident, mais suppriment l'intervention de Grégoire VII (Ibid., t. III, p. 29). Cette intervention n'est pas mentionnée non plus dans la lettre de l'impératrice Agnès à Altmann de Passau : « Legati filii mei regis venerunt in synodum et coram omnibus dixerunt apostolico ex parte filii mei, ut surgeret et dimitteret sedem apostolicam, quam non canonice, sed rapina adeptus esset. Qui statim a Romanis capti sunt » (MGH, SS, t. VIII, p. 435). Il semble que le silence d'Agnès soit un argument contre l'authenticité de l'anecdote. Il est toutefois permis de penser que l'impératrice a été informée par des adversaires de Grégoire VII qui se sont gardés de signaler

L'accueil fait par le concile à Roland de Parme indiquait clairement au pape qu'il pouvait sans danger opposer à la sentence de Worms les sanctions prévues par les *Dictatus papae* [1]. Il fit d'abord lire les canons, puis laissa tomber ces graves paroles :

« Bienheureux Pierre, prince des apôtres, inclinez vers moi, je vous en supplie, une oreille favorable ; écoutez votre serviteur que vous avez nourri depuis son enfance, que jusqu'à ce jour vous avez arraché de la main des impies qui l'ont haï et le haïssent encore pour sa fidélité envers vous. Vous m'êtes témoin et avec vous ma souveraine, la mère de Dieu, ainsi que le bienheureux Paul, votre frère parmi tous les saints, que votre sainte Église romaine m'a contraint malgré moi à la gouverner et que je suis monté sur votre siège par d'honnêtes moyens. J'aurais certes préféré finir ma vie sous l'habit monastique plutôt que de tenir votre place par souci de gloire mondaine et avec l'esprit du siècle. Aussi je crois que c'est par votre grâce et non à cause de mes mérites que le peuple chrétien, qui m'a été spécialement confié, m'obéit, car le pouvoir de lier et de délier dans le ciel et sur la terre m'a été remis par Dieu sur votre demande, pour que je l'exerce à votre place. Fort de votre confiance, pour l'honneur et la défense de l'Église, de la part du Dieu tout puissant, Père, Fils et Saint-Esprit, par votre pouvoir et par votre autorité, j'interdis au roi Henri, fils de l'empereur Henri, qui par un orgueil insensé s'est élevé contre votre Église, de gouverner le royaume d'Allemagne et d'Italie, je délie tous les chrétiens du serment qu'ils ont contracté envers lui, et défends à qui que ce soit de le reconnaître comme roi. Il est convenable en effet que celui qui veut diminuer l'honneur de votre Église perde l'honneur qu'il semble posséder. Aussi bien, puisque, comme chrétien, il a refusé d'obéir, qu'il n'est pas revenu au Seigneur qu'il a abandonné en ayant des rapports avec les excommuniés, en accumulant les iniquités, en méprisant les avertissements que, vous en êtes témoin, je lui ai adressés pour son salut, en se séparant de votre

---

ce geste charitable, assez conforme à ce que l'on sait du caractère du pape. LAMBERT DE HERSFELD, a. 1076 (MGH, SS, t. V, p. 242-243 ; édit. HOLDER-EGGER, p. 254-255) mentionne simplement la notification de la sentence de Worms et ne dit rien des incidents auxquels elle a donné lieu.

[1] BRUN, *De bello saxonico*, 68 (MGH, SS, t. V, p. 353 ; édit. WATTENBACH, p. 44) prétend qu'à la suite de ces scènes violentes les débats du concile furent ajournés au lendemain, tandis que, suivant le continuateur de Berthold de Reichenau, a. 1076 (MGH, SS, t. V, p. 282), après l'expulsion de Roland, le silence se serait rétabli et le concile aurait immédiatement statué sur le cas de Henri IV. Il est impossible, devant le silence des autres sources, de départager ces deux chroniqueurs dont l'information laisse également à désirer.

Église et en tentant de la diviser, à votre place je le lie par le lien
de l'anathème, afin que tous les peuples de la terre sachent que sur
cette pierre le Fils du Dieu vivant a bâti son Église et que les portes
de l'enfer ne prévaudront point contre elle [1]. »

Il y a lieu de s'arrêter sur ce texte dont l'importance est
décisive dans l'histoire de la réforme grégorienne.

Il est d'abord une affirmation doctrinale qui n'ajoute, il est
vrai, qu'assez peu aux *Dictatus papae* : en vertu de son pouvoir
de lier et de délier, Grégoire VII se considère comme investi
par saint Pierre lui-même, devant lequel il s'efface, du droit
de déposer les souverains temporels et de délier leurs sujets
du serment de fidélité. Il est même à remarquer que la déposition
précède l'excommunication. Par cette sentence si catégorique,
si tranchante, Grégoire VII se distingue de ses prédécesseurs,
dont aucun n'a étendu pratiquement aux affaires du siècle la
puissance conférée par le Christ à saint Pierre.

Ce qui est encore plus nouveau, c'est le fait même d'avoir
osé « interdire à Henri IV de gouverner l'Allemagne. » Grégoire
VII ne se borne pas à revendiquer un droit ; ce droit il l'exerce.
Comme en 1075, les idées dites grégoriennes ne se laissent pas
confiner dans les hautes sphères de la théologie, mais elles
se traduisent en actes ; elles ne se contentent pas de revêtir
l'aspect de formules doctrinales ou de concepts juridiques,
elles pénètrent la réalité quotidienne. En 1075, Grégoire VII
a frappé les évêques rebelles à l'autorité romaine ; en 1076, il
promulgue une sentence analogue contre un roi qui refuse
de se plier aux directions apostoliques. Entre les sanctions
du concile romain de février 1075 et celle, plus grave encore,
du synode de l'année suivante, la corrélation est évidente. La
seconde, comme les premières, est l'expression de la suprématie
romaine que tous doivent reconnaître et respecter, réguliers
et séculiers, clercs et laïques, évêques et rois.

En un mot, que l'on envisage la condamnation de Henri IV

---

[1] GRÉGOIRE VII, *Registrum*, III, 6* et 10*a* (édit. CASPAR, p. 252-254 et 270-
271 ; édit. JAFFÉ, p. 223-224 ; PL, CXLVIII, 790).

du point de vue du droit ou de celui des faits, elle a son originalité propre et permet de définir l'apport personnel de Grégoire VII dans le mouvement auquel il a attaché son nom :
elle est tout à la fois l'affirmation et l'expression de cette suprématie romaine, bien des fois revendiquée par les papes, mais
qui jamais n'avait aussi directement atteint la société laïque.
On a souvent vu dans la déposition de Henri IV par le concile
romain de 1076 la réponse nécessaire à la censure dont Grégoire VII avait été l'objet à Worms. En réalité, il est vraisemblable
que, si la provocation inique dont l'assemblée henricienne s'est
rendue coupable à l'égard du pape a pu la hâter, elle se serait
produite malgré tout, tellement elle est dans la logique du caractère et de la pensée de Grégoire VII. Scrupuleux à l'excès, le
pape se serait certainement considéré comme coupable devant
Dieu, s'il n'avait retranché Henri IV de la communion des
fidèles pour ses rapports avec les excommuniés et sa désobéissance aux ordres du Saint-Siège. Sûr de son droit qu'il a, dès
1075, proclamé dans les *Dictatus papae*, convaincu que celui
qui est le gardien des règles canoniques ne peut se dispenser
de les appliquer, il se croit tenu en conscience, après avoir usé
de tous les ménagements et multiplié les efforts en vue d'une
réconciliation qu'il n'a cessé d'appeler de ses vœux, de recourir
aux sanctions annoncées et prévues.

Ainsi s'explique la grave décision prise par le concile romain.
Il reste à en déterminer le caractère exact.

Grégoire VII interdit à Henri IV « de gouverner le royaume
d'Allemagne et d'Italie. » Est-ce pour un temps limité ou pour
toujours ? En d'autres termes s'agit-il d'une déposition définitive
ou d'une suspension temporaire ? Le pape ne précise pas autrement, mais sa conception du droit canon, aussi bien que les
textes où il a exprimé sa pensée à ce sujet, permet d'affirmer
que la sentence n'a qu'un caractère provisoire, que du jour
où Henri IV aura sollicité et accompli les pénitences prévues
par l'Église, il sera tout à la fois admis à participer aux sacrements et à gouverner son royaume. Excommunication et déposition sont inséparables ; la seconde est à bien des égards la

conséquence de la première ; puisqu'il est défendu d'avoir
des rapports avec celui qui est sous le coup de l'anathème,
comment celui-ci pourrait-il gouverner et avoir des relations
quelconques avec ses administrés ? D'autre part, il semble
que si l'interdiction de régner sur l'Allemagne et l'Italie avait
été définitive, Grégoire VII n'eût pas manqué de souligner
le fait par l'expression *absque spe recuperationis* dont il se sert
pour signifier aux évêques simoniaques qu'ils ne pourront
jamais recouvrer leur dignité. Enfin il est à remarquer que dans
la bulle qui communique aux fidèles de la chrétienté la sentence
par laquelle « le bienheureux Pierre a lié le roi par l'anathème »,
le pape leur demande « d'implorer instamment la divine miséricorde pour qu'elle incline à la pénitence le cœur des impies [1] ».
C'est admettre que la pénitence peut entraîner l'absolution
et, du même coup, la réintégration dans la dignité royale.
De plus, dans une lettre adressée aux Allemands le 7 septembre
1076, Grégoire VII déclare que Henri IV a été « lié par l'anathème et déposé *(depositus)* de la dignité royale, » mais il suffit
d'examiner le contexte pour se rendre compte qu'anathème
et déposition peuvent être levés par une sentence d'absolution :

« Puisque nous ne sommes animés contre lui, Dieu en est témoin,
ni par l'orgueil séculier, ni par les vaines passions du monde, mais par
l'amour et le respect du Saint-Siège et de l'Église Romaine, mère de
toutes les autres, nous vous prions et nous vous ordonnons en notre
Seigneur Jésus, mes très chers frères, de l'accueillir avec bienveillance, s'il revient à Dieu de tout son cœur, et d'user à son égard non
pas de la justice qui l'empêche de régner, mais de la miséricorde qui
efface bien des crimes. »

Après quoi, Grégoire VII insiste encore sur la question des
mauvais conseillers et demande que, si le roi donne satisfaction
sur ce point et sur les autres, on s'empresse de l'en informer,
afin qu'il prenne des mesures en conséquence :

« Si au contraire, ce que nous ne souhaitons pas, il ne revient pas
à Dieu, que l'on trouve, avec l'aide de Dieu pour gouverner le royaume

---

[1] GRÉGOIRE VII, *Registrum*, III, 6 (édit. CASPAR, p. 255 ; édit. JAFFÉ, p. 211-
212 ; PL, CXLVIII, 435).

quelqu'un qui promette sous la foi d'un serment sûr et indubitable
ce que nous avons prescrit et toutes autres choses nécessaires à la
religion chrétienne et au salut de l'empire [1]. »

Cette bulle dissipe tous les doutes : Henri IV est suspendu
jusqu'au jour où il recevra l'absolution, mais, s'il persiste à
ne pas vouloir solliciter son pardon, la suspension se trans-
formera en une déposition irrémédiable, l'Allemagne ne pouvant
se passer de roi indéfiniment [2].

Il semble donc qu'en excommuniant et en déposant Henri IV,
Grégoire VII ait voulu avant tout faire une manifestation
doctrinale, commenter par ce sévère avertissement adressé
au jeune souverain les propositions énoncées dans les *Dictatus
papae*, prouver à tous, rois et évêques, combien il est grave de
se révolter contre l'autorité du Saint-Siège. C'est pour cela
que la sentence rendue contre Henri s'accompagne d'autres
censures atteignant les prélats qui ont contribué, comme complices, à la rébellion de l'Allemagne contre la papauté : Siegfried, archevêque de Mayence, « qui s'est efforcé de séparer
de la sainte Église romaine, leur mère spirituelle, les évêques
et abbés du royaume teuton », est excommunié et suspendu.
Suspendus aussi les signataires de la lettre de Worms qui ont

---

[1] GRÉGOIRE VII, *Registrum*, IV, 3 (édit. CASPAR, p. 297-300; édit. JAFFÉ,
p. 245-247; PL, CXLVIII, 456-458).

[2] Nous nous rangeons à l'opinion de MARTENS (*Gregors VII Massnahmen
gegen Heinrich IV*, dans *Zeitschrift für Kirchenrecht*, t. XVII, 1882, p. 211
et suiv.; *Gregor VII, sein Leben und Wirken*, t. I, p. 97), contre GIESEBRECHT
(*Die Kaiserzeit*, t. III, p. 1134), MEYER VON KNONAU (*Jahrbücher*, t. II, p. 640,
n. 32), MIRBT (*Absetzung Heinrichs IV durch Gregor VII in der Publizistik
seiner Zeit*, dans *Kirchengeschichtliche Studien zu Ehren von Hermann Reuter*,
Leipzig, 1890, p. 104 et suiv.), HAUCK (*Kirchengeschichte Deutschlands*, t. III,
p. 796, n. 1). Hauck admet, comme nous, que la déposition peut prendre
fin avec l'absolution. Dès lors n'est-ce pas une simple suspension? En tous
cas il paraît certain — on le verra dans les pages qui suivent — que Grégoire VII
n'a pas pressé les Allemands de nommer un nouveau roi. On peut en conclure
qu'il espère fermement que Henri IV sollicitera son pardon. A cet égard il
y a une très grande différence entre la suspension de 1076 et la déposition
de 1080 qui a immédiatement un caractère définitif, sans doute parce que
Henri IV est retombé dans ses erreurs passées. La situation du roi peut être
comparée à celle des évêques qui sont tantôt suspendus, tantôt déposés définitivement.

« consenti et souscrit au schisme ». Quant à ceux qui n'ont
pas « spontanément consenti », ils ont jusqu'au 1er août pour
donner satisfaction. Enfin les évêques lombards, dont le cas
est plus grave, parce qu'ils ont « conspiré par serment contre
le bienheureux Pierre, prince des Apôtres », sont à la fois suspendus et excommuniés [1].

III

Le concile de février 1076 est une éclatante affirmation de
la suprématie romaine. Au nom de cette primauté romaine, un
an plus tard, à Canossa, Grégoire VII absoudra Henri IV.
C'est là une étape nouvelle dans la réalisation du programme
grégorien et, comme toujours, elle correspond à de nouvelles
précisions dans la doctrine : la première lettre à Herman de
Metz, le 25 août 1076, est en relation étroite avec les événements
qui se déroulent au cours de l'année [2].

Au lendemain de l'assemblée de Worms, Henri IV a éprouvé
une série de déconvenues qui ont affaibli sa situation. La première est la mort de Godefroy le Bossu, duc de Basse-Lorraine,
qui périt assassiné le 21 février 1076 [3]. Or Godefroy, après de

---

[1] GRÉGOIRE VII, *Registrum*, III, 10a (édit. CASPAR, p. 268-269 ; édit. JAFFÉ,
p. 222-223 ; PL, CXLVIII, 789-790). L'excommunication est également prononcée contre Bérenger, évêque d'Agde, pour avoir eu des rapports avec Guifred, archevêque de Narbonne, qui était excommunié, contre Herman, évêque
de Vienne, déposé pour simonie, parjure, sacrilège, et apostasie, contre Didier et
les clercs de Romans qui ont eu, eux aussi, des rapports avec les excommuniés,
contre l'abbé et le comte de Saint Gilles (sans doute en raison des désordres
de l'abbaye, qui fut ensuite rattachée à Cluny), contre Humbert Ier, comte
de Beaujolais, pour attaques contre l'église de Lyon, contre Étienne, évêque
simoniaque du Puy, et Pons, évêque de Grenoble.
[2] GRÉGOIRE VII, *Registrum*, IV, 2 (édit. CASPAR, p. 293-297 ; édit. JAFFÉ,
p. 241-245 ; PL, CXLVIII, 453-456).
[3] *Chronicon S. Huberti Andaginensis*, 31 (MGH, SS, t. VIII, p. 588) ; *Annales
Laubienses*, a. 1076 (*Ibid.*, t. IV, p. 21) ; *Annales S. Jacobi Leodiensis*, a. 1076
(*Ibid.*, t. XVI, p. 639) ; *Annales Leodienses, Continuatio*, a. 1076 (*Ibid.*, t. IV,
p. 29) ; LAMBERT DE HERSFELD, a. 1076 (*Ibid.*, t. V, p. 243 ; édit. HOLDER-
EGGER, p. 255-256) ; BRUN, *De bello saxonico*, 78 (MGH, SS, t. V, p. 361 ; édit.
WATTENBACH, p. 60-61) ; BERNOLD DE CONSTANCE, a. 1076 (MGH, SS, t. V,
p. 433). -

longues hésitations, avait de plus en plus penché vers le roi [1] ;
il apparaissait comme le futur chef de l'armée qui irait à Rome
pour expulser Grégoire VII et installer l'antipape qui devait
être désigné au jour de la Pentecôte. D'autre part, de nouvelles
préoccupations surgissent du côté de la Saxe. Sans doute,
Henri IV a réussi à mettre la main sur ses principaux adversaires
et les a répartis dans son royaume sous la garde de serviteurs
sur la fidélité desquels il croyait pouvoir se reposer. Or, l'évêque
de Metz, Herman, chargé de la surveillance d'un de ces groupes
de prisonniers, rend, dans le courant d'avril ou de mai, la
liberté à tous ceux qu'il détenait. Un peu plus tard, en juin,
Burchard évêque d'Halberstadt, Werner, archevêque de Magdebourg, un autre Werner, évêque de Mersebourg, Bennon,
évêque de Meissen, le comte Magnus parviennent à leur tour
à s'évader [2]. Ces chefs audacieux et énergiques, en rendant
courage aux opposants un moment déconcertés et désorganisés,
serviront la cause de Grégoire VII en même temps que celle
de la Saxe.

Le pape va également bénéficier de l'émotion produite en
Allemagne par la sentence d'excommunication lancée contre
Henri IV au concile de Rome. A Worms, les évêques allemands
n'ont pas eu le temps ni la liberté de réfléchir : sommés par
Henri IV de rédiger la formule d'insoumission et de désobéissance, ils ne pouvaient opposer un refus, sans encourir de graves
dangers. Rentrés dans leurs diocèses, ils ont pu méditer à loisir
sur les conséquences de leur acte, sur les inconvénients qu'il
y aurait pour eux, au cas où le pape finirait par l'emporter, à
rompre définitivement avec le successeur de Pierre, chef

---

[1] Cfr *supra*, p. 269. Dans la lettre III, 5, du *Registrum*, à Béatrix et à Mathilde
(édit. CASPAR, p. 252; édit. JAFFÉ, p. 210-211; PL, CXVIII, 434), on lit :
« De consilio vero, quod expetistis a nobis, quid vobis sit respondendum Gote-
fredo, nescimus, cum ille aperte infregerit quod vobis iuramento promisit nec
certum quicquam de ipsius promissionibus credere valeamus. »

[2] LAMBERT DE HERSFELD, a. 1076 (MGH, SS, t. V, p. 244-246; édit. HOLDER-
EGGER, p. 257-258); BRUN, *De bello saxonico*, 80 et suiv. (MGH, SS, t. V,
p. 362; édit. WATTENBACH, p. 61 et suiv.). Cfr MEYER VON KNONAU, *Jahrbücher*,
t. II, p. 671 et suiv.

suprême de l'Église universelle. La prudence s'imposait : elle
commandait d'éviter tout contact avec le roi, d'observer dans
la retraite et dans l'abstention la tournure qu'allaient prendre
les événements, en évitant toute compromission trop ostensible.

Dans la seconde quinzaine de mars, les nouvelles du concile
de Rome se répandent en Germanie. C'est à Utrecht que
Henri IV apprend, le samedi saint (26 mars 1076), qu'il est
excommunié et déposé. Auprès de lui se trouvent l'évêque de
la ville, Guillaume, un de ses plus chauds partisans, et deux
prélats également favorables à sa cause, Pibon de Toul et Thierry
de Verdun. D'un commun accord, on décide que Pibon lira à
la messe pontificale du lendemain, qui était le jour de Pâques,
une sentence d'excommunication contre « le faux moine Hildebrand », mais dans la nuit du samedi au dimanche, Pibon,
pris de peur, quitte secrètement Utrecht et Thierry l'escorte
dans sa fuite. Guillaume d'Utrecht hérite de la lourde mission
à laquelle ses deux confrères avaient préféré se dérober ; il
promulgue l'anathème royal contre le pape et l'accompagne
d'un commentaire acerbe où Grégoire VII est traité successivement de parjure, d'adultère et de faux apôtre [1].

La défection subite des deux évêques de Toul et de Verdun,
qui ne pouvaient passer pour de chauds partisans de Grégoire VII,
ne paraît pas avoir beaucoup ému le roi. Cédant à la colère
que suscite chez lui la sentence pontificale, il riposte par une
nouvelle lettre, où il reprend la plupart des accusations formulées à Worms. Toutefois, à côté d'accents de colère et de haine,
on trouve dans cette épître, plus violente encore que celles qui
l'ont précédée, un embryon de théorie politique. A l'illégalité
du pouvoir de Grégoire VII, « parvenu au sacerdoce par l'argent,
par la faveur et par la force », Henri IV oppose la « légitimité

---

[1] Nous avons suivi le récit de Hugues de Flavigny, II (MGH, SS, t. VIII,
p. 458), malgré la grave confusion chronologique qu'il renferme (tous ces
événements sont placés en 1080). Cfr aussi MEYER VON KNONAU, *Jahrbücher*,
t. II, p. 662. Hugues de Flavigny raconte que la foudre tomba sur la cathédrale
d'Utrecht le jour même où la sentence fut prononcée et que l'évêque Guillaume
mourut quelques semaines plus tard ; le chroniqueur voit là un jugement
de Dieu.

de la puissance du roi » issue de la « volonté de Dieu », en sorte
qu'Hildebrand, — ce sera là un argument cher aux polémistes
antigrégoriens, — en déposant le roi, a osé attenter à un pouvoir
établi par Dieu. La conclusion est la même qu'à Worms :
« Nous, Henri, roi par la grâce de Dieu, nous vous clamons
avec tous les évêques : Descendez, descendez, puisque vous
êtes condamné à tout jamais [1]. »

Dès lors la situation devient nette ; les principes sont engagés
dans le conflit aussi bien que les personnes. Au concile de
février 1076, Grégoire VII a jeté les bases du gouvernement
sacerdotal romain qui régit la société laïque comme la société
ecclésiastique ; le roi lui oppose la monarchie de droit divin, in-
dépendante de toute puissance spirituelle. A Rome, Grégoire VII
revendique en toutes choses et pour tous les hommes le pouvoir
de lier et de délier, héritage de l'Apôtre ; à Utrecht, Henri IV
affirme que personne, pas même le pape, ne peut attenter
à son autorité qui a sa source en Dieu. Les deux thèses, qui
vont s'affronter et se combattre pendant la lutte du Sacerdoce
et de l'Empire, sont définies et formulées ; aux canonistes et
aux polémistes il appartiendra désormais de les défendre et
de les justifier.

Pour le moment, les évêques et les princes allemands ont
à opter entre le pape et le roi qui les incarnent l'une et l'autre.
Leurs préférences se dessinent aussitôt ; ils suivront l'exemple
donné par Pibon de Toul et Thierry de Verdun : ils se rangeront
du côté du pontife romain et toutes les tentatives de Henri IV
pour les ressaisir vont aboutir à un échec.

Conformément à ses projets, le roi convoque une assemblée
d'évêques allemands à Worms pour la Pentecôte (15 mai 1076).
On a conservé la lettre qu'il fit parvenir à différents prélats

---

[1] *Constitutiones et acta*, t. I, p. 110-111. Avec Mirbt (*Die Wahl Gregors VII*,
p. 13, n. 1) et Meyer von Knonau (*Jahrbücher*, t. II, p. 662, n. 71) contre
Martens (*Gregor VII, sein Leben und Wirken*, p. 94), nous croyons que cette
lettre date seulement du 27 mars et qu'elle n'a pas été écrite, comme on l'a
pensé longtemps, au moment du concile de Worms. S'il en était ainsi, elle
ferait double emploi avec celle qui a été citée p. 280 ; elle témoigne d'ailleurs
d'une plus grande animosité, que les circonstances suffisent à expliquer.

pour les prier de s'y rendre [1]. Elle est plus modérée dans la forme que les épitres enflammées de Worms et d'Utrecht. Le souverain, visiblement inquiet des défections qui se sont produites, s'efforce de flatter les évêques aux conseils desquels il attache, dit-il, le plus grand prix [2]; il se contente d'allusions voilées à la déposition de Grégoire VII [3] et évite avec soin de laisser entrevoir l'élection éventuelle, pourtant décidée à Worms, d'un antipape [4]. Il maintient sans doute qu'Hildebrand n'est pas un pontife légitime, mais, au lieu de rééditer les griefs personnels sur la valeur desquels on commençait à être fixé, il développe la théorie des deux pouvoirs qui déjà s'esquissait dans la lettre que d'Utrecht il adressait à Grégoire VII :

« Pour tout ramener à quelques points, dit-il, Hildebrand a usurpé pour lui, à l'insu de Dieu, le royaume et le sacerdoce. En cela il a méprisé l'ordre de Dieu qui a voulu que ces deux choses, le sacerdoce et le royaume, ne fussent pas confondues en une seule, mais séparées en deux. Le Sauveur, au cours de sa passion, s'est exprimé clairement sur l'utilité des deux glaives. Comme on lui disait : *Seigneur voici deux glaives*, il répondit : *Cela suffit* [5]. Il a enseigné par là qu'il fallait porter dans l'Église le glaive spirituel et le glaive charnel à l'aide desquels on couperait toute chose nuisible, que tous les hommes devaient être contraints par le glaive sacerdotal à l'obéissance au roi après Dieu, par le glaive royal tout à la fois à la lutte contre les ennemis

---

[1] *Constitutiones et acta*, t. I, p. 111-113.

[2] Voici le début de la lettre : « In maximis negotiis maximis maximorum opus est consiliis, qui et facultatem habeant exterius et voluntate non careant interius, ut rei, qui bene cupiunt, bene consulere et velint et possint. Quia in cuiuslibet rei profectum nec facultas sine voluntate nec voluntas sine facultate proderit. Quod ubicunque tu, fidelissime, ut arbitramur, equaliter possides » (*Constitutiones et acta*, t. I, p. 112).

[3] « Et ne diutius notati nomine te suspendamus, accipe quem dicimus : Hildebrandum scilicet, monachum habitu quidem, dictum apostolicum, non pastoris cura, sed invasoris violentia apostolicae sedis praesidentem et de sede pacis catholicae unicae pacis vinculum dissipantem, ut tibimet ipsi in promptu est scire » (*Constitutiones et acta*, t. I, p. 112).

[4] L'objet de la convocation est ainsi défini : « Ut in pentecosten Wormatia venias et ibi plura, quorum pauca docet cartula, cum ceteris principibus audias et quid agendum sit doceas; rogatus per dilectionem coepiscoporum, monitus per ecclesiae utilitatem, obligatus per vitae nostrae et regni totius honorem » (*Constitutiones et acta*, t. I, p. 113).

[5] Luc, XXII, 38.

du Christ et à l'obéissance au sacerdoce, afin que la charité fût le ciment
de l'un et de l'autre, que le royaume ne fût pas privé de l'honneur du
sacerdoce ni le sacerdoce de l'honneur du royaume. Cet ordre de Dieu
vous savez, si vous voulez le savoir, comment la folie d'Hildebrand
l'a confondu [1]. »

La thèse césaropapiste se précise : en vertu de l'ordre de
Dieu, le sacerdoce ne peut rien contre le royaume ni le royaume
contre le sacerdoce. Donc Grégoire VII n'avait pas le droit
de suspendre Henri IV ni de délier ses sujets du serment de
fidélité. On pouvait se demander toutefois si, au nom de ces
principes, Henri IV était investi du pouvoir, qu'il s'était
accordé à Worms, de déposer le pape. Jamais à court d'arguments, le roi affirme gravement — et la polémique antigrégorienne reprendra ce thème — que son pouvoir est légitime,
tandis que celui de Grégoire VII ne l'est pas :

« Il (Hildebrand) a voulu me priver du royaume, moi que Dieu
a appelé à ce royaume (alors qu'il ne l'a pas appelé au sacerdoce),
parce qu'il a vu que je voulais régner par Dieu et non par lui, parce
qu'il ne m'a pas créé roi [2]. »

Tel est le moyen trouvé par Henri IV pour éluder les conséquences de la thèse grégorienne, fondée sur la doctrine
de la suprématie romaine qu'il se garde de discuter et auquel
il oppose simplement la théorie de l'intangibilité du pouvoir
royal qui procède directement de Dieu, sans aucun intermédiaire.

Il ne semble pas que les évêques allemands aient été convaincus par les arguments du roi, ni que celui-ci ait récolté
de son exposé juridique, succédant aux invectives personnelles,
tout le succès qu'il en attendait. Très peu d'évêques vinrent à
Worms, si bien qu'il fallut ajourner l'assemblée au 29 juin et
la transférer à Mayence [3].

---

[1] *Constitutiones et acta*, t. I, p. 113 .
[2] *Ibid.*, t. I, p. 113 .
[3] On est très mal renseigné sur ces événements. Bernold de Constance ne
mentionne aucun fait relatif à l'Allemagne jusqu'à l'assemblée d'Oppenheim.
On est donc réduit à Lambert de Hersfeld, a. 1076 (MGH, SS, t. V, p. 246;

Cette carence de l'épiscopat allemand était un mauvais son de cloche, d'autant plus que les défections se multipliaient: Herman de Metz, qui avait libéré les prisonniers saxons, s'était délibérément rangé du côté du pape [1], entraînant avec lui son métropolitain, Udon de Trèves, qui partit pour Rome, où il fit sa soumission [2]. Dans ces conditions, l'assemblée de Mayence ressembla à celle de Worms : les trois métropolitains rhénans y parurent, — Udon avec la permission du pape, — mais on n'aboutit à rien [3]. Comme d'autre part l'opposition saxonne se réveille, il est clair que Henri IV, s'il veut conserver sa couronne, n'a plus qu'une ressource : faire pénitence et obtenir son absolution, renoncer au césaropapisme et reconnaître la suprématie romaine, telle que la conçoit Grégoire VII.

Or le pape, depuis le synode de février, a déclaré à plusieurs reprises qu'il était prêt à pardonner au pécheur, si celui-ci donnait au Saint-Siège les satisfactions requises par les canons de l'Église. Guidé par des motifs d'ordre religieux, préoccupé avant tout d'exercer dans sa plénitude le pouvoir de lier et de délier conféré par le Christ à l'apôtre Pierre et à ses successeurs, il n'a qu'un désir, celui de prononcer avec la même solennité la sentence d'absolution qui sera, elle aussi, la manifestation sensible du droit de la suprématie romaine.

Aussi, dès le mois de février 1076, en communiquant à la chrétienté la décision du concile, il demande à tous les fidèles de prier Dieu, pour qu'il « incline à la pénitence le cœur des

---

édit. HOLDER-EGGER, p. 263), qui est d'ailleurs assez succinct, au continuateur de Berthold de Reichenau (MGH, SS, t. V, p. 284), dont le récit concorde, dans les grandes lignes, avec celui de Lambert. Un diplôme de Henri IV (STUMPF, 2792) permet de constater que les chroniqueurs n'ont pas exagéré l'abstention des évêques allemands : n'étaient venus à Worms que les archevêques de Cologne et de Mayence, les évêques de Bamberg et de Zeitz, le nouvel évêque d'Utrecht, Conrad.

[1] HUGUES DE FLAVIGNY, II (MGH, SS, t. VIII, p. 461).

[2] Le renseignement est donné par Lambert de Hersfeld, a. 1076 (MGH, SS, t. V, p. 246; édit. HOLDER-EGGER, p. 263). Ce qui en prouve l'exactitude, c'est que Udon n'était pas à Worms le 15 mai.

[3] LAMBERT DE HERSFELD, a. 1076 (MGH, SS, t. V, p. 246; édit. HOLDER-EGGER, p. 263).

impies [1] ». Quelques semaines plus tard, dans une lettre à un chevalier de Milan, Guifred, il précise ses intentions :

« On a de plusieurs côtés cherché à scruter nos projets au sujet de la paix à conclure avec le roi de Germanie. Voici ce que nous avons répondu : nous voulons faire la paix avec Henri, si lui-même entend la sceller avec Dieu, si, conformément à nos avertissements, il revient sur les mesures qu'il a prises pour le plus grand péril de la sainte Église et pour sa propre perte [2]. »

L'encyclique du 25 juillet 1076 est plus catégorique encore : après avoir énuméré les raisons qui dans le passé l'ont porté à sévir, le pape, envisageant l'avenir, ajoute :

« Puisqu'il est de notre devoir d'aimer les hommes et non pas leurs vices, de résister aux impies, afin qu'ils s'amendent, de haïr l'impiété et non pas ceux qui la commettent, par l'autorité du bienheureux Pierre, prince des apôtres, nous vous prions et nous vous ordonnons, mes très chers frères, de travailler à arracher le roi aux mains du démon, à le décider à faire pénitence, afin que nous puissions, avec l'aide de Dieu, le guider par une charité fraternelle, le rappeler dans le sein de notre commune mère qu'il s'est efforcé de diviser, de telle façon cependant qu'il ne puisse par aucune fraude accabler à nouveau la religion chrétienne et fouler à ses pieds la sainte Église [3]. »

Pénitence et absolution, afin de ramener au bercail la brebis égarée, tel est le programme de Grégoire VII. Il ne s'écarte pas de la voie où l'a engagé sa conscience de pape :

« Dieu nous est témoin, s'écrie-t-il, qu'aucune pensée séculière ne nous soulève contre les mauvais princes et les impies, mais uniquement la considération de notre charge et le pouvoir du siège apostolique, qui chaque jour nous étreint [4]. »

---

[1] GRÉGOIRE VII, *Registrum*, III, 6 (édit. CASPAR, p. 255 ; édit. JAFFÉ, p. 212 PL, CXLVIII, 435). — Sur la date, cfr édit. CASPAR, p. 254, n. 1.

[2] *Ibid.*, III, 15 (édit. CASPAR, p. 277 ; édit. JAFFÉ, p. 229 ; PL, CXLVIII, 445-446). Cette bulle n'est pas datée, mais elle est certainement de la fin de mars ou du début d'avril, car Grégoire VII y fait allusion aux ouvertures qui lui ont été faites récemment par les Normands et dont il est question dans la lettre III, 11, du 16 mars 1076.

[3] *Ibid.*, IV, 1 (édit. CASPAR, p. 290-291 ; édit. JAFFÉ, p. 239 ; PL, CXLVIII 452).

[4] *Ibid.*, IV, 1 (édit. CASPAR, p. 292 ; édit. JAFFÉ, p. 240 ; PL, CXLVIII, 453). Le 3 septembre, s'adressant plus spécialement aux Allemands, Grégoire VII

Dans les négociations qui vont s'ouvrir il n'aura d'autre souci que d'interpréter la volonté de l'Apôtre, en conciliant les nécessités de la justice divine avec les élans de sa charité.

Aussitôt le concile terminé, Grégoire VII par une encyclique notifie à tous les fidèles de la chrétienté la condamnation de Henri IV [1], puis il attend les événements. Dans le courant de mai, il voit apparaître à Rome l'archevêque de Trèves, Udon [2], qui le met sans doute au courant de ses propres perplexités et de celles d'un bon nombre de ses confrères dans l'épiscopat. Le pape peut pressentir un revirement dans le haut clergé allemand ; il se propose aussitôt d'exploiter ces dispositions plus favorables et remet sans doute à Udon une nouvelle bulle destinée à la Germanie [3].

Cette lettre est un plaidoyer qui repose sur l'histoire même des rapports du Sacerdoce et de l'Empire depuis 1073 :

« Nous avons appris, écrit le pape, que certains d'entre vous doutent de la légitimité de l'excommunication que nous avons prononcée contre le roi, qu'il se demandent si notre sentence est juste et si elle a été légalement rendue après tous les débats voulus. Aussi avons-nous

---

écrira encore : « Dieu m'est témoin que mon attitude n'a été dictée ni par l'orgueil qui anime les hommes du siècle ni par aucun sentiment de vaine cupidité, mais bien par le souci de maintenir les droits du Saint-Siège et de l'Église universelle, notre mère » (édit. CASPAR, p. 298; édit. JAFFÉ, p. 245; PL, CXLVIII, 457).

[1] Cfr supra, p. 295-296.

[2] Cfr supra, p. 295.

[3] JAFFÉ-WATTENBACH, 4999 (édit. JAFFÉ, p. 535-540; PL, CXLVIII, 671-674). Cette lettre nous est parvenue par Brun, De bello saxonico, 72 (MGH, SS, t. V, p. 354-356; édit. WATTENBACH, p. 46-50), par Hugues de Flavigny, II (MGH, SS, t. VIII, p. 439-440), par Paul de Bernried, Vita Gregorii VII papae, 78 (édit. WATTERICH, Vitae pontificum Romanorum, t. I, p. 517-521; AA. SS. Maii, t. VI, p. 130). Brun la donne comme ayant suivi d'assez près le concile romain de février 1076, non longo tempore transacto. L'expression est vague, mais autorise la date de mai. GIESEBRECHT (Die Kaiserzeit, t. III, p. 1143) prétend relever des contradictions entre cette bulle et celle du registre à propos des conseillers de Henri IV; il a été réfuté par DÖBERL (Zum Rechtfertigungsschreiben Gregors VII an die deutsche Nation von Sommer 1076, Programm des Koenigl-Ludwigs-Gymnasium in München, 1890-1891), qui fait ressortir l'identité entre les motifs d'excommunication donnés par cette bulle et ceux qui sont contenus dans les autres, notamment dans la lettre, IV, 3. Cfr aussi MEYER VON KNONAU, Jahrbücher, t. II, p. 696, n. 48, 697, n. 121, 701, n. 130.

résolu d'établir en toute vérité et selon notre conscience comment
nous avons été amené à excommunier le roi, non pas tant pour produire
au grand jour et une par une les causes trop connues de notre sentence
que pour donner satisfaction à ceux qui croient que nous avons saisi
le glaive spirituel avec témérité et en obéissant davantage à l'impulsion
de notre âme qu'à la crainte de Dieu et au zèle de la justice [1]. »

Et après avoir récapitulé ses efforts pour parvenir à une
entente, il conclut :

« Si l'un de vous pense que cette sentence est injuste ou déraisonnable,
tout en étant disposé à ouvrir son intelligence à l'inspiration des saintes
règles, qu'il veuille bien les parcourir avec nous et qu'après ce patient
examen il acquiesce non pas à notre décision, mais à celle de l'autorité
divine et des saints Pères. Nous ne croyons pas qu'il y ait un seul
fidèle connaissant les statuts de l'Église qui n'ose sinon se prononcer
publiquement en notre faveur, du moins penser au fond de son cœur
que nous avons agi selon le droit [2]. »

Il est fort probable que cette lettre a contribué à hâter l'évolution de l'épiscopat allemand. Malheureusement les faits
sont mal connus, car les sources dignes de foi gardent un
mutisme désespérant et l'on ne peut accorder qu'un crédit
limité aux versions saxonnes dont les tendances intéressées
transparaissent trop souvent. Le continuateur de Berthold de
Reichenau prétend qu'aussitôt après l'assemblée de Mayence [3],
Henri IV fut abandonné par l'archevêque de cette ville, Siegfried, et aussi par les évêques de Constance, Cambrai, Liège,
Münster, Spire, Utrecht, qui cherchèrent à faire leur paix avec
Grégoire VII [4]. Ces défections sont vraisemblables, sans être
absolument certaines. En tous cas, à la fin de l'été, Grégoire VII devient plus pressant. Le 3 septembre 1076, il adresse
à l'épiscopat allemand une nouvelle encyclique :

« Au nom du Seigneur Jésus, écrit-il je vous prie et vous conjure,
mes très chers frères, d'accueillir le roi avec bienveillance, s'il revient

[1] JAFFÉ-WATTENBACH, 4999 (édit. JAFFÉ, p. 535-536; PL, CXLVIII, 671).
[2] Ibid., 4999 (édit. JAFFÉ, p. 539; PL, CXLVIII, 673).
[3] Cfr supra, p. 295.
[4] CONTINUATEUR DE BERTHOLD DE REICHENAU, a. 1076 (MGH, SS, t. V, p. 286).

à Dieu de tout son cœur, et de pratiquer envers lui non pas seulement
la justice qui l'empêche de régner, mais aussi la miséricorde qui
efface bien des crimes. Souvenez-vous, je vous en supplie, de notre
humaine condition et de notre commune fragilité; n'oubliez pas que
son père et sa mère, de noble et pieuse mémoire, n'ont pas eu de votre
temps leurs pareils pour gouverner le royaume [1]. »

Toutefois six mois ont passé depuis le concile romain;
Henri IV ne manifeste aucun repentir et garde auprès de lui
ses mauvais conseillers, en sorte qu'il faut bien envisager
— et c'est en cela que cette bulle diffère des précédentes —
s'il n'y aurait pas lieu, dans un délai qui n'est pas encore fixé,
de donner à l'Allemagne un nouveau souverain [2].

Au moment où Grégoire VII rédigeait cette bulle, un nouvel
élément entrait en jeu, les princes qui, jusque là confinés
dans l'abstention, jugent le moment propice pour en finir avec
la tyrannie de Henri IV et pour satisfaire à leurs ambitions.
Dans le courant de septembre 1076 [3], les chefs de l'opposition,
Rodolphe de Souabe, Welf de Bavière, Berthold de Carinthie,
les évêques Adalbéron de Wurzbourg, Adalbert de Worms,
Altmann de Passau se rencontrent à Ulm; sans agiter encore
la question du nouveau roi, ils décident qu'une assemblée
plus vaste se réunira à Tribur le 16 octobre [4]. Cette assemblée
de Tribur a lieu à la date fixée, mais il est très difficile de
savoir ce qui s'y est exactement passé. Tout ce que l'on peut
affirmer, c'est que, tandis que les princes discutaient à Tribur,
Henri IV se trouvait tout à côté, à Oppenheim; c'est aussi
qu'un légat de Grégoire VII, Cadalus, apporta la lettre du
7 septembre et que, conformément aux instructions qu'il avait

[1] GRÉGOIRE VII, *Registrum*, IV, 3 (édit. CASPAR, p. 298; édit. JAFFÉ, p. 245-246; PL, CXLVIII, 457).
[2] *Ibid.*, IV, 3 (édit. CASPAR, p. 299; édit. JAFFÉ, p. 246-247; PL, CXLVIII, 457). Cfr *supra*, p. 287-288.
[3] Sur la date, cfr LUDWIG, *Regesta episcoporum Constantiensium*, t. I, p. 65.
[4] BERNOLD DE CONSTANCE, *Apologia pro Gebehardo*, 5 (*Libelli de lite*, t. II, p. 110); LAMBERT DE HERSFELD, a. 1076 (MGH, SS, t. V, p. 250-251, édit. HOLDER-EGGER, p. 273-274); CONTINUATEUR DE BERTHOLD DE REICHENAU, a. 1076 (MGH, SS, t. V, p. 286 et 293).

reçues, il se préoccupa d'abord d'obtenir la soumission du roi [1].

Henri IV se rendit compte qu'il fallait en passer par la
volonté du pape et que, en présence de toutes les défections
qui se produisaient autour de lui [2], la seule chance qu'il eût
de conserver sa couronne était de solliciter l'absolution pontificale, comme l'avaient fait déjà un bon nombre d'évêques
et d'abbés qui avaient participé à l'assemblée de Worms [3].

---

[1] Bernold de Constance, a. 1076, signale l'accord survenu à la fin des négociations et la présence de Cadalus comme légat du pape : « Frater Kadalaus,
ex seculari milicia conversus, ad Opinheimense colloquium legationem papae
detulit, quam eidem multum egrotanti papa in remissionem omnium peccatorum imposuit. Expleta igitur legatione, frater Kadalaus, suscepto monachi
habitu, sub evangelica perfectione requievit in pace » (MGH, SS, t. V, p.
433). Les versions saxonnes sont beaucoup plus détaillées et le plus souvent
erronées. Tout d'abord, suivant Lambert de Hersfeld, a. 1076 (MGH, SS,
t. V, p. 252; édit. HOLDER-EGGER, p. 276-277) et Brun, De bello saxonico, 88
(MGH, SS, t. V, p. 363-364; édit. WATTENBACH, p. 64), Grégoire VII aurait
été représenté à Tribur-Oppenheim non par Cadalus, mais par Altmann,
évêque de Passau, auquel Lambert adjoint le patriarche d'Aquilée, Sicard,
« missi a Romano pontifice, ut palam omnibus per Gallias contestarentur
iustis de causis excommunicatum esse regem Heinricum et ad eligendum
alium (regem) apostolici consensus et auctoritatis suffragium pollicerentur ».
Il résulte de cette phrase que les légats auraient eu mission de rendre définitive
la déposition de Henri IV et de préparer l'élection d'un nouveau roi. Cette
version est inadmissible, car elle va à l'encontre des instructions données
par Grégoire VII dans la lettre du 3 septembre 1076 dont Lambert donne
une interprétation frauduleuse ; le pape recommande au contraire « d'accueillir
le roi avec bienveillance » et n'admet la possibilité d'une élection que « si le
roi ne revient pas à Dieu » (cfr supra, p. 288). Précisément parce que Grégoire VII
souhaite au fond de son âme une réconciliation avec Henri IV, il n'a pas
désigné comme légat Altmann de Passau qui était inféodé à l'opposition ; on
ne voit pas d'ailleurs les services qu'un évêque allemand eût pu rendre comme
agent de liaison avec Rome ; les négociations d'un caractère politique ont
toujours été jusqu'en 1080 confiées à des légats a latere. La version saxonne
ne saurait donc être préférée à celle de Bernold de Constance. Elle est d'ailleurs un tissu de contradictions : les princes veulent nommer un nouveau
roi et cependant ils négocient avec Henri IV, ce qui est invraisemblable.

[2] BERNOLD DE CONSTANCE, a. 1076 : « Iam omnes pene principes regni a
communione Heinrici se sequestraverunt » (MGH, SS, t. V, p. 433). — MARIEN
SCOT, a. 1099 (1077) : « Inde causa quasi iusta primates regni quasi excommunicato contradicunt regi, temptantes eum proicere regno » (Ibid., t. V, p. 561).

[3] Le continuateur de Berthold (cfr loc. cit. supra, p. 299, n. 3) indique comme
ayant été absous par le légat les archevêques de Mayence et de Trèves, les
évêques de Strasbourg, Verdun, Liège, Utrecht, Spire, Bâle, Constance. Il semble difficile qu'Udon n'ait été absous qu'à cette date, si réellement il avait été
déjà à Rome, comme le veut Lambert de Hersfeld (Cfr supra, p. 295, n. 2).

Il fit donc remettre au légat, dans le courant d'octobre, une lettre pour le pape, connue sous le nom de *Promissio*, et qui est ainsi conçue :

« Sur le conseil de nos fidèles, je promets d'observer en toutes choses l'obéissance qui est due au Saint-Siège et à vous, le pape Grégoire ; pour avoir tenté de diminuer les prérogatives de votre siège et de votre fonction, j'aurai soin de donner pieusement toutes satisfactions. Comme on m'a attribué de plus graves desseins contre ce même siège et contre vous, au moment convenable je prouverai mon innocence avec l'aide de Dieu ou j'accomplirai la pénitence que j'aurai méritée, mais il convient aussi que votre sainteté ne dissimule pas les bruits répandus à son sujet et qui font scandale dans l'Église, qu'elle écarte tout soupçon à cet égard, afin que par votre sagesse la tranquillité soit maintenue dans l'Église universelle aussi bien que dans le royaume [1]. »

La lettre au pape est accompagnée d'une autre, désignée sous le nom d'*Edictum*, qui s'adresse aux princes. Henri IV

---

[1] La *promissio* se trouve dans le *Codex Udalrici*, 52 (*Monumenta Bambergensia*, p. 110-111). Le texte en est mal établi. La dernière phrase, telle quelle figure dans la version du *Codex Udalrici*, semble être une insulte pour Grégoire VII et l'on a proposé (cfr HEFELE-LECLERCQ, *Histoire des conciles*, t. V, p. 182-183) des modifications qui paraissent assez difficiles à admettre. Elles ne sont d'ailleurs pas rigoureusement indispensables. Il est possible que Henri IV, en faisant allusion aux calomnies colportées à Worms contre Grégoire VII, ait essayé d'invoquer une circonstance atténuante et de « prouver son innocence » ou tout au moins de préparer la preuve, afin de pouvoir alléguer un jour qu'il avait été mal informé. Peut-être n'a-t-il pas vu tout ce que ses paroles contenaient de désobligeant pour le pape. Sans doute le continuateur de Berthold de Reichenau affirme que le texte de la *promissio* a subi des modifications : « Abhinc litteras iuxta quod condixerant inter se compositas et in praesentia eorum sigillatas, quas tamen deinceps ipse clam alteravit et ad libitum suum mutavit, per Trevirensem episcopum Romam papae praesentandas transmisit » (MGH, SS, t. V, p. 286). On sait que ce témoignage saxon n'a pas grande valeur et il ne saurait nous amener à conclure que le texte de la *promissio*, tel que nous l'avons, n'est pas le texte authentique. Que l'on conserve ou non la dernière phrase, on ne saurait assez insister sur le caractère volontairement très vague du document. Henri IV se garde de reprendre un par un les griefs du pape et les désigne sous le terme général de *graviora*. GFRÖRER (*Papst Gregorius und sein Zeitalter*, Schaffouse, 1859-1861, t. VII, p. 548) donne à ce dernier mot un sens un peu forcé et veut y voir une allusion à la participation de Henri IV à l'attentat de Cenci, ce qui est inadmissible. Cfr MARTENS, *Gregor VII, sein Leben und Wirken*, t. I, p. 106-107, où les choses sont remises au point.

s'y déclare prêt à « changer sa première sentence contre un
avis plus salutaire, » à obéir au siège apostolique, à faire pénitence, en même temps qu'il invite ceux qui ont été, comme
lui, frappés d'anathème à solliciter leur absolution [1].

On a déjà remarqué le caractère très vague de ces deux
documents [2]. Dans la sentence d'excommunication et dans les
bulles qui l'ont suivie, Grégoire VII a formulé contre le roi
un certain nombre de griefs précis. Henri IV n'y fait aucune
allusion. Il ne promet même pas de renvoyer ses mauvais conseillers, tels que le comte Eberhard et Ulric de Godesheim,
qui ont peut-être collaboré à la rédaction de la *promissio*
et de l'*edictum*. Il espère peut-être que le légat, touché de son
repentir, le réconciliera avec l'Église et décevra l'espoir des
princes, ardemment préoccupés de lui donner un successeur.

S'il a fait ce calcul, il a dû être déçu lui-même. Grégoire VII
s'était personnellement réservé le pouvoir d'absoudre le roi [3].
Aussi fut-il décidé d'un commun accord entre Henri IV, le
légat et les princes, que l'on offrirait au pape de venir en Allemagne au début de l'année suivante pour y présider une grande
assemblée qui se tiendrait à Augsbourg le jour de la Chandeleur
et où, après avoir entendu successivement les accusateurs et
l'accusé, il prononcerait la sentence définitive de condamnation
ou d'absolution [4].

On ne sait comment Grégoire VII fut informé de la solution
proposée [5]. Il ne pouvait manquer de l'accueillir avec faveur :

---

[1] *Codex Udalrici*, 53 (*Monumenta Bambergensia*, p. 111).

[2] Cfr MARTENS, *Gregor VII*, t. I, p. 105 et suiv.

[3] Cfr *supra*, p. 296.

[4] BERNOLD DE CONSTANCE, a. 1076 : « Mense igitur octobri colloquium
apud Openheim a principibus regni colligitur, cui legatio sedis apostolicae
interfuit. Ibi Heinricus in purificationem sanctae Mariae tunc proximam se
praesentandum domno papae apud Augustam firmissime promisit. Nam et
illuc domnum apostolicum ipse cum principibus regni invitavit » (MGH, SS,
t. V, p. 433). Cette version est pleinement d'accord avec les lettres JAFFÉ-
WATTENBACH, 5013 et 5014. Les chroniqueurs saxons racontent que, jusqu'à
l'arrivée du pape, Henri IV devait se retirer à Spire et y vivre en simple particulier, mais on ne peut comme toujours adopter leur témoignage que sous
toutes réserves.

[5] Suivant le continuateur de Berthold de Reichenau, a. 1077 (MGH, SS,

l'assemblée d'Augsbourg ne serait-elle pas l'apothéose de la suprématie romaine et le pape n'apparaîtrait-il pas, conformément
à ce qu'il avait toujours rêvé, comme le juge suprême, l'arbitre
souverain qui définit où est la justice et tranche, au nom de
l'Apôtre, les conflits entre laïques aussi bien qu'entre clercs ?
Grégoire VII put croire son programme un instant réalisé et
il se prépara aussitôt à se rendre à Augsbourg. Dès qu'il eut
reçu communication du message des princes, il organisa son
voyage : le 8 janvier 1077 il serait à Mantoue, prêt à passer les
Alpes avec l'escorte que l'on devait envoyer au-devant de
lui [1]. Les Romains semblent avoir tout fait pour retenir le pape ;
ils n'y réussirent pas et, dans une seconde lettre, qui date sans
doute de la fin de décembre 1076, Grégoire VII annonce aux
Allemands qu'il est résolu à braver tous les dangers pour accomplir sa mission, tellement il compte sur « les bénédictions de
Celui par la grâce duquel il lui a été dit le jour de son ordination,
auprès du tombeau de saint Pierre : tout ce que vous bénirez
sera béni et tout ce que vous lierez sur la terre sera lié dans le
ciel [2]. »

Henri IV ne tenait nullement à ce que le pape vînt en Allemagne et il a certainement essayé de le persuader que ce voyage
était inutile [3]. Ce fut en vain. Au jour fixé, malgré l'avis de ses
conseillers, Grégoire VII quitta Rome, mais, lorsqu'il arriva
au voisinage des Alpes, l'escorte annoncée par les princes n'était

---

t. V, p. 287), la soumission de Henri IV aurait été portée par Udon de Trèves
que devancèrent Pibon de Toul et Hozmann de Spire, soi-disant envoyés
à Rome par Altmann de Passau pour y recevoir l'absolution des mains du pape.
Or Udon revenait à peine de Rome. Il est beaucoup plus probable que Cadalus,
accompagné sans doute d'ambassadeurs du roi, a été rendre compte de sa
mission à Grégoire VII.

[1] JAFFÉ-WATTENBACH, 5013 (édit. JAFFÉ, p. 542-543; PL, CXLVIII, 676-
677).

[2] *Ibid.*, 5014 (édit. JAFFÉ, p. 543-544; PL, CXLVIII, 677).

[3] Cela résulte clairement de ce passage de la lettre JAFFÉ-WATTENBACH, 5013 :
« Quot et quantas colluctationes cum nunciis regis habuerimus et quibus ratio-
nibus dictis eorum obviaverimus, quidquid his litteris deesse videtur, latores
eorum plenius indicabunt » (édit. JAFFÉ, p. 542 ; PL, CXLVIII, 677). — Suivant
le continuateur de Berthold de Reichenau, a. 1077 (MGH, SS, t. V, p. 289),
l'abbé de Cluny, Hugues, aurait fait une démarche dans ce sens.

pas là. Afin d'éviter de tomber dans un guet-apens, toujours possible, il dut s'arrêter [1]. Ce retard allait sauver Henri IV.

Le roi avait tout intérêt à empêcher la réunion de l'assemblée d'Augsbourg où ses adversaires ne manqueraient pas de faire des révélations accablantes qui risquaient de rendre sa déchéance définitive [2]. Pour éviter ce danger, il imagina un plan de salut fort habile : il devancerait les princes en allant lui-même en Italie, où, grâce à une pénitence habilement simulée et entourée d'une mise en scène théâtrale, il forcerait en quelque sorte la miséricordieuse clémence du pape, lui arracherait l'absolution qui ferait de lui à nouveau un catholique romain et, ce qui était plus important, un roi. Aussi, un peu avant Noël, il quitta l'Allemagne dans le plus grand secret et, par Besançon et Genève, gagna le Mont-Cenis d'où, par Turin, il descendit en Lombardie [3].

En apprenant l'arrivée de Henri IV, Grégoire VII s'était réfugié au château de Canossa, situé au sud-ouest de Reggio, qui appartenait à la comtesse Mathilde et lui offrait une parfaite sécurité [4]. Suivant Lambert de Hersfeld, le roi aurait essayé de sonder les intentions du pape par l'intermédiaire de sa

---

[1] JAFFÉ-WATTENBACH, 5019 : « Et pervenisse quidem potuissemus, si ducatum eo tempore, eo loco, quo constitutum erat, ex vestra parte habuissemus » (édit. JAFFÉ, p. 545 ; PL, CXLVIII, 679).

[2] Comme le remarque fort bien MARTENS (Gregor VII, sein Leben und Wirken, t. I, p. 116), Henri IV était très libre : il n'avait en somme promis ni au pape, ni aux princes de rester en Allemagne, en sorte que personne ne pouvait lui reprocher d'avoir été de mauvaise foi. Seul BONIZON DE SUTRI (Liber ad amicum, VIII dans Libelli de lite, t. I, p. 610 ; édit. JAFFÉ, p. 671) prétend que Henri IV aurait fait serment de ne pas quitter l'Allemagne.

[3] Sur le voyage du roi, le récit le plus dramatique est celui de Lambert de Hersfeld, a. 1077 (MGH, SS, t. V, p. 255 ; édit. HOLDER-EGGER, p. 285 et suiv.), inspiré en grande partie du livre XXI de Tite-Live, relatif au passage des Alpes par Hannibal (Cfr à ce sujet MEYER VON KNONAU, Jahrbücher, t. II, p. 751, n. 8). Cfr aussi BERNOLD DE CONSTANCE, a. 1077 (MGH, SS, t. V, p. 433) ; CONTINUATEUR DE BERTHOLD DE REICHENAU, a. 1077 (Ibid., t. V, p. 287) ; Annales Augustani, a. 1077 (Ibid., t. III, p. 129) ; HUGUES DE FLAVIGNY, II (Ibid., t. VIII, p. 414).

[4] LAMBERT DE HERSFELD, a. 1077 : « Igitur papa, dum in Gallias properaret, ex insperato audiens regem iam esse intra Italiam, hortante Mathilda, in castellum quoddam munitissimum, quod Canusium dicitur, divertit » (MGH, SS, t. V, p. 257 ; édit. HOLDER-EGGER, p. 288).

belle-mère, Adelaïde de Savoie, du marquis d'Este, Azzon, de Hugues, abbé de Cluny, et de Mathilde elle-même qui tour à tour sollicitèrent le pape d'absoudre le roi [1]. Il n'est pas impossible que cette négociation préliminaire ait été tentée, mais, si elle a eu lieu, elle a complètement échoué et il a fallu, pour ébranler le pape, recourir à d'autres moyens plus capables d'agir sur son cœur.

Le 25 janvier, Henri IV arrive devant Canossa, accompagné d'une escorte peu nombreuse, afin de prévenir tout soupçon. Il y fut, dit une bulle de Grégoire VII que l'on peut considérer comme la version officielle de l'événement, trois jours devant la porte, sans aucun insigne royal, nu-pieds, dans le costume de pénitent, ne cessant d'implorer la miséricorde apostolique, tellement qu'il « émut jusqu'au fond de l'âme ceux qui furent témoins de cette conduite ou qui en eurent l'écho. » L'entourage pontifical intercéda en faveur du prince ; la comtesse Mathilde et Hugues de Cluny, qui se trouvaient là, se montrèrent stupéfaits de la « dureté inaccoutumée » du pape et allèrent jusqu'à l'accuser de « cruauté tyrannique ». Pendant trois jours, Grégoire VII résista, puis, « vaincu par la persévérance du repentir », il reçut Henri IV « dans la grâce de la communion et dans le sein de l'Église ». Il l'obligea seulement à prêter un serment que contresignèrent l'abbé de Cluny, les comtesses Mathilde et Adélaïde, les princes et les évêques présents, parmi lesquels les cardinaux-évêques Hubert de Préneste et Géraud d'Ostie, les cardinaux-prêtres Pierre de Saint-Chrysogone et Conon de Sainte-Anastasie, les cardinaux-diacres Grégoire et Bernard, le sous-diacre Humbert, puis, du côté du roi, Liémar, archevêque de Brême, Grégoire, évêque de Verceil, Bennon II, évêque d'Osnabrück (28 janvier 1077) [2].

[1] LAMBERT DE HERSFELD, a. 1077 (MGH, SS, t. V, p. 258; édit. HOLDER-EGGER, p. 290). Comme ces personnages ont assisté à l'entrevue de Canossa, il est fort possible que Henri IV les ait envoyés tout d'abord comme ambassadeurs pour négocier un accord, mais il est également possible que leur présence ait fait imaginer à Lambert cet épisode.

[2] GRÉGOIRE VII, *Registrum*, IV, 12 (édit. CASPAR, p. 311-314; édit. JAFFÉ, p. 257-258; PL, CXLVIII, 465-466). Les chroniqueurs ont ajouté toutes

On a conservé, annexé à la lettre de Grégoire VII aux princes allemands, le texte de ce serment. Le roi promet, dans les limites qui seront fixées par le pape, de « faire justice selon sa sentence ou accommodement selon son conseil » sauf « obstacle certain » qui ne pourrait être d'ailleurs que momentané, d'accorder un sauf-conduit à Grégoire VII, s'il veut venir au-delà des monts ou ailleurs, de répondre de sa sécurité et de celle de sa suite, de prévenir toute tentative dirigée contre lui [1].

Ce serment ressemble singulièrement à celui d'Oppenheim et les historiens ont pu avec raison en souligner le caractère très vague [2]. De fait, il ne porte que sur un point particulier : Henri IV s'engage à laisser le pape venir en Allemagne et à veiller sur lui, au cas où il entreprendrait le voyage ; il convient, en termes assez alambiqués, que l'absolution qu'il va revecoir ne le dégage pas de l'obligation de se justifier des accusations portées contre lui par ses sujets, mais il ne prend pas l'engagement explicite de comparaître devant l'assemblée d'Augsbourg et a soin de réserver le cas de force majeure. Il ne promet pas davantage de renvoyer ses mauvais conseillers ni de reconnaître à l'avenir le pouvoir du Saint-Siège dans sa plénitude ; à plus forte raison, de l'investiture laïque et de l'affaire de Milan il n'est fait aucune mention. Bref, Grégoire VII n'obtient aucune garantie. De plus, Henri IV, réconcilié avec l'Église, recouvre sa couronne par la même occasion ; quand il se présentera devant le pape, assisté des princes, il ne sera plus le pécheur

---

sortes de détails plus ou moins légendaires qu'il est inutile de reproduire ici. Il y a seulement lieu de noter une divergence importante entre la version pontificale qui a été reproduite ici et la version saxonne, telle qu'elle figure chez LAMBERT DE HERSFELD, a. 1077 (MGH, SS, t. V, p. 260; édit. HOLDER-EGGER, p. 294), et chez BRUN, De bello saxonico, 90 (MGH, SS, t. V, p. 365; édit. WATTENBACH, p. 66-67). Ces deux chroniqueurs prétendent que l'absolution de Henri IV fut conditionnelle ; il semble qu'ils aient voulu justifier ainsi l'élection de Rodolphe de Souabe qui les intéressait plus spécialement. Le texte de la lettre IV, 12, du Registrum n'autorise pas cette interprétation.

[1] GRÉGOIRE VII, Registrum, IV, 12a (édit. CASPAR, p. 314-315; édit. JAFFÉ, p. 258-259; PL, CXLVIII, 466-467).

[2] Cfr MARTENS, Gregor VII, sein Leben und Wirken, t. I, p. 122-123; MEYER VON KNONAU, Jahrbücher, t. II, p. 760 et suiv.

qui vient solliciter humblement son pardon et confesser ses
fautes; il paraîtra en roi (il prend ce titre dans le serment de
Canossa) qui vient rendre compte de sa conduite. D'ailleurs,
à supposer que l'assemblée solennelle prévue à Tribur ait
réellement lieu, comment le pape pourrait-il se déjuger et
prononcer une sentence de condamnation contre celui qu'à
Canossa il avait réconcilié avec Dieu?

En résumé, avant Canossa, Henri IV était sûr de perdre sa
couronne; après Canossa, il a toutes chances de la conserver.
Dans sa lutte avec le Saint-Siège et avec les princes, il a réussi
par un trait de génie à gagner la partie qui, quelques mois
auparavant, paraissait perdue pour lui.

A cet égard, Grégoire VII a eu tort d'ouvrir les portes du
château et de ne pas tenir jusqu'au bout; d'un geste il a perdu
tous les avantages péniblement accumulés au cours de l'année
1076, mais le geste est sublime et cela il n'est aucun historien
sérieux qui ne consente à le reconnaître. «En cet instant, écrit
Hauck, le pontife a agi avec grandeur; pour se conduire avec
rectitude il a compromis tous ses plans [1]. » On ne peut que

[1] HAUCK, *Kirchengeschichte Deutschlands*, t. III, p. 809. On lit encore chez
cet historien : « Canossa n'a pas été une victoire pour Grégoire, car il a permis
à son adversaire de marcher de nouveau sur un terrain solide. » MEYER VON
KNONAU (*Jahrbücher*, t. II, p. 762) porte une appréciation identique, en insistant
sur le fait que Henri IV est relevé de l'excommunication, qu'il est de nouveau
reconnu par le pape, qu'il a droit aux honneurs et aux insignes de la royauté.
MARTENS (*Gregor VII, sein Leben und Wirken*, t. I, p. 133-136) réfute longuement l'opinion traditionnelle soutenue par VOIGT (*Hildebrand als Papst Gregorius VII*, Weimar, 2e édit. 1846, p. 434 et 448), par MANITIUS (*Deutsche Geschichte unter den sächsischen und salischen Kaisern*, Stuttgart, 1889, p. 561)
et GIESEBRECHT (*Die Kaiserzeit*, t. III, p. 402-403), suivant laquelle Grégoire VII
aurait triomphé. A son avis, Canossa est un échec dont la responsabilité incombe
surtout aux princes et que Grégoire VII a essayé de compenser en produisant
un effet moral, mais, ajoute-t-il avec raison, Henri IV a du être enchanté de
s'en tirer à si bon compte et sans avoir cédé sur les points essentiels. — Sur
Canossa, cfr encore F. BRAUN, *Die Tage von Canossa unter Heinrich IV, eine
Untersuchung und Beurtheilung dieser historischen Partei auf Grund der einschlägischen Geschichtsquellen*, Marbourg, 1873; P. B. CASOLI, *Canossa e Legnano,
narrazioni storiche*, Modène, 1877; J. HULL, *Canossa und seine Bedeutung für
die Gegenwart*, Berlin 1877; C. SICKINGEN, *Canossa im Lichte der Wahrheit,
eine populär-historische Studien*, Kempten, 1880; O. DELARC, *Saint Grégoire VII*,
t. III, p. 253 et suiv.

souscrire à ce jugement : si Grégoire VII avait tenu, il aurait laissé la réputation d'un politique énergique, d'un diplomate tenace et retors ; en pardonnant, il a prouvé qu'il était un grand pape et un vrai chrétien. Canossa est son apothéose, parce qu'il y apparait dépouillé de toute idée terrestre et enveloppé de l'auréole de la sainteté, parce que, emporté par l'élan d'une charité surnaturelle, il assure le triomphe de la miséricorde divine sur la justice humaine. La justice exigeait que le coupable fût puni, que le roi qui avait vécu en marge de la loi chrétienne, tyrannisé ses sujets et lancé au pape le plus insolent défi, parût en accusé devant le tribunal de ses pairs et reçût en plein visage la sentence de condamnation. Les princes en avaient ainsi décidé à Tribur et le pape avait confirmé leur sentence, mais à Canossa la miséricorde l'emporte sur la justice : elle relève le pécheur prosterné dans l'attitude suppliante du pénitent, le ramène dans le temple qu'il a brutalement quitté et l'y accueille comme l'enfant prodigue de retour au foyer paternel. Grégoire VII est en cette heure décisive l'incarnation vivante de cette miséricorde divine. Et voilà pourquoi il n'a jamais été plus grand.

Jamais aussi, plus qu'à ce moment solennel, il n'a davantage exalté cette autorité spirituelle qu'il exerce au nom du Christ et de l'apôtre Pierre. A Canossa comme à Rome, en février 1076, il reste étranger à toute considération d'ordre politique et n'obéit qu'à des préoccupations d'ordre canonique ; à Rome il a lié, à Canossa il délie le pécheur qui multiplie les marques extérieures du repentir. Henri IV, en cet instant dramatique, a reconnu le pouvoir de lier et de délier, qui dicte tous les actes du gouvernement et de la politique de Grégoire VII. Aux yeux du pape, c'est là un grand résultat. Le césaropapisme impérial s'est incliné devant la suprématie romaine : tel est pour Grégoire VII le sens profond de l'épisode de Canossa et, à cet égard, Canossa n'est plus une défaite, mais un succès que les conditions dans lesquelles il a été remporté devaient rendre assez éphémère.

IV

Il y a, au cours du pontificat de Grégoire VII, un rapport constant entre les faits et la doctrine qui se précise et s'amplifie sous l'impulsion des événements. La résistance du clergé à la réforme et la révolte de Philippe Ier contre les lois les plus élémentaires de la morale chrétienne sont à l'origine des *Dictatus papae*; entre le concile romain de février 1076 et l'entrevue de Canossa en janvier 1077, la pensée du pape se cristallise dans une bulle tout à fait curieuse qui marque une étape dans l'histoire des idées grégoriennes, la lettre à Herman de Metz, du 25 août 1076 [1].

Cette lettre est une réponse aux objections derrière lesquelles s'abritaient certains évêques timorés qui, par crainte du roi, n'osaient faire leur soumission au pape. « Il ne faut pas, disaient-ils, que le roi soit excommunié » *regem non oportet excommunicari*. C'était là sans doute une conséquence des théories soutenues par Henri IV dans ses lettres à Hildebrand [2]; le roi, d'origine divine et par suite intangible, ne devait-il pas être à l'abri des anathèmes pontificaux, réservés aux simples mortels? Il n'était pas possible de laisser passer, sans y répondre, une pareille assertion qui tendait à limiter le pouvoir universel de lier et de délier conféré par le Christ à l'Apôtre. Grégoire VII, au nom de saint Pierre [3], va esquisser la doctrine de la suprématie absolue du Saint-Siège, dont il avait posé le principe dans les *Dictatus papae* et qui se formulera définitivement, en 1081, dans la seconde lettre à Herman de Metz [4].

Pour justifier l'excommunication et la déposition de Henri IV,

---

[1] GRÉGOIRE VII, *Registrum*, IV, 2 (édit. CASPAR, p. 293-297; édit. JAFFÉ, p. 241-245; PL, CXLVIII, 453-456).

[2] Cfr *supra*, p. 293-294.

[3] *Ibid.*, IV, 2 (édit. CASPAR, p. 293; édit. JAFFÉ, p. 241; PL, CXLVIII, 454) : « De aliis autem rebus, super quibus me interrogasti, utinam beatus Petrus per me respondeat qui saepe in me, qualicunque suo famulo, honoratur vel iniuriam patitur. »

[4] *Ibid.*, VIII, 21 (édit. CASPAR, p. 544-563; édit. JAFFÉ, p. 453-467; PL, CXLVIII, 594-601).

trois arguments sont successivement développés : un argument
historique, puis deux arguments d'ordre dogmatique ou théologique.

Grégoire VII invoque tout d'abord les précédents créés
par ses prédécesseurs dont plusieurs, en des circonstances
analogues, ont légiféré ou agi comme lui : Zacharie a « déposé
le roi des Francs et délié ses sujets du serment de fidélité qu'ils
lui avaient juré [1]. » Saint Grégoire « dans son registre a non
seulement excommunié les rois et les ducs qui iraient à l'encontre de ses ordres, mais jugé qu'il fallait les priver de leur
dignité [2]. » Saint Ambroise enfin « a excommunié Théodose
et lui a interdit de demeurer dans l'Église à la place des prêtres [3]. »

L'argument historique est suivi d'un argument dogmatique,

---

[1] Cet argument est tout à fait inadéquat. Zacharie a été consulté « au sujet
des rois qui existaient alors chez les Francs et qui portaient le nom de roi
sans avoir l'autorité royale » ; il a répondu « qu'il valait mieux appeler roi celui
qui avait le pouvoir que celui qui en était dépourvu » et, conformément à ce
principe, « commandé en vertu de son autorité apostolique que Pépin fût
élevé à la royauté ». En résumé, prié de donner son avis sur un cas particulièrement délicat, il a légitimé, au nom de l'Église et du Saint-Siège, la déposition d'un souverain incapable de régner et reconnu celui qui exerçait effectivement le pouvoir. La déposition du dernier Mérovingien n'a donc pas été
prononcée par le pape *ratione peccati* et elle ne s'accompagne pas, comme
pour Henri IV, d'une excommunication. Il y a là une preuve de la faiblesse
de l'argument historique que l'on retrouvera bien souvent chez les polémistes
contemporains de Grégoire VII, à quelque parti qu'il appartiennent.

[2] Il y a là sans doute une allusion à la lettre XIII, 11, du registre de Grégoire
le Grand : « Si quis vero regum, sacerdotum, iudicum atque saecularium
personarum hanc constitutionis nostrae paginam agnoscens, contra eam venire
temptaverit, potestatis honorisque sui dignitate careat et... a sacratissimo
Domini corpore et sanguine Dei alienus fiat » (édit. EWALD, t. II, p. 378;
PL, LXXVII, 1266).

[3] Grégoire VII a évidemment connu la lettre 51 de saint Ambroise (PL,
XVI, 1160) et peut-être aussi l'oraison funèbre de Théodose, 27-28 (*Ibid.*,
XVI, 1394); mais, comme le remarque très justement CASPAR (p. 294, n. 4),
il a dû se servir aussi de Théodoret, V, 18 (édit. PARMENTIER, Leipzig, 1911,
p. 307), ou plutôt de la traduction de Cassiodore dont la *Tripartite* suit ici
textuellement le récit de Théodoret (*Historia Tripartita*, IX, 30; PL, LXIX,
1145); celui-ci est seul à parler d'excommunication. En réalité, saint Ambroise,
lorsqu'il apprit la nouvelle du massacre de sept mille Thessaloniciens, refusa
de célébrer les saints mystères devant l'empereur Théodose, responsable de
ce carnage, jusqu'à ce qu'il eût fait pénitence, ce à quoi Théodose se prêta
volontiers. L'analogie avec Henri IV n'est donc que fort lointaine.

tiré de l'universalité du pouvoir de l'Église romaine. La lettre
à Herman de Metz est ici le commentaire de certaines propositions des *Dictatus papae* :

« On a prétendu, écrit le pape, que Dieu, lorsqu'il a confié son Église
à saint Pierre par la parole *Pais mes brebis* [1], a voulu excepter les rois.
Pourquoi ne pas soutenir ou plutôt ne pas avouer en rougissant que
Dieu, qui a remis spécialement à saint Pierre le pouvoir de lier et
de délier au ciel et sur la terre, n'a fait exception pour personne ?
Celui qui affirme ne pouvoir être enchaîné par l'Église doit déclarer
aussi ne pouvoir être absous par elle ; dans ces conditions il se sépare
du Christ [2]. »

Bref la puissance de lier et de délier s'étend à tous, aux rois,
comme aux simples mortels. D'autre part, si elle n'excepte
personne, elle peut aussi revêtir les formes les plus différentes :

« Que si le Saint-Siège, en vertu du pouvoir qui lui a été confié
par Dieu, peut connaître des choses spirituelles, pourquoi ne connaî-
trait-il pas des affaires du siècle ? De quel tronc sont-ils donc
membres les rois et les princes de ce siècle, qui préfèrent leur gloire
et leurs revenus temporels à la justice de Dieu, qui, en négligeant
d'honorer Dieu, recherchent leur bien propre, votre charité ne l'ignore
pas. De même que ceux qui préfèrent Dieu à eux-mêmes et qui
obéissent à ses lois plutôt qu'à celles des hommes sont les membres
du Christ, de même ceux dont nous avons parlé plus haut sont les
membres de l'Antéchrist. Si les clercs, quand il le faut, sont jugés,
pourquoi les séculiers ne sont-ils pas repris eux aussi de leurs mauvaises actions [3] ? »

Peut-être sur ce point la pensée pontificale est-elle moins
nette. On la devine pourtant : les rois qui, par vaine gloire ou
par ambition, désobéissent aux lois de l'Église, se détachent
du Christ et deviennent « les membres de l'Antéchrist », qu'il
faut couper, arracher, retrancher. Comment les hommes pourraient-ils reconnaître pour chefs, même temporels, ces représentants de l'Antéchrist ? Henri IV est l'un d'eux et c'est pour

---

[1] JEAN, XXI, 17.
[2] GRÉGOIRE VII, *Registrum*, IV, 2 (édit. CASPAR, p. 294-295 ; édit. JAFFÉ,
p. 242 ; PL, CXLVIII, 454-455).
[3] *Ibid.*, IV, 2 (édit. CASPAR, p. 295 ; édit. JAFFÉ, p. 242-243 ; PL, CXLVIII,
455).

cela que ses sujets sont déliés du serment de fidélité. Il est à
remarquer toutefois que Grégoire VII prétend juger les rois
uniquement *ratione peccati*, et qu'il n'est nullement question
dans la lettre à Herman de Metz de placer le pape au sommet
de la hiérarchie féodale. Grégoire VII ne s'arroge sur les
souverains aucune suzeraineté; il revendique exclusivement le
droit de juger leurs actes par rapport à la loi divine et d'accom-
pagner les sanctions spirituelles de peines temporelles, mais
il n'a aucunement l'intention de s'immiscer dans leur politique
ni dans leur gouvernement dont ils doivent seulement rendre
compte à Dieu et à son vicaire, le pape.

Tel est le caractère premier de la théorie du gouvernement
sacerdotal. Elle dérive d'une idée fort ancienne, celle de la supériorité du sacerdoce :

« On pense parfois que la dignité royale l'emporte sur la dignité
épiscopale. Il suffit de se reporter à leur origine, pour voir combien
elles diffèrent l'une de l'autre. L'une a été inventée par l'orgueil
humain, l'autre par la divine piété. Celle-là tend sans cesse vers une
vaine gloire, tandis que celle-ci aspire à la vie céleste. Voyez plutôt
ce qu'écrit à leur sujet le bienheureux pape Anastase à l'empereur
du même nom [1] et ce qu'a dit le bienheureux Ambroise dans son
livre pastoral : «Si on veut, dit-il, comparer l'honneur et l'élévation
de l'évêque à la splendeur royale et au diadème des princes, l'écart
sera plus grand qu'entre le plomb et l'or [2].» L'empereur Constantin
le savait bien, quand, se trouvant au milieu d'évêques, il prenait
non la première, mais la dernière place, convaincu que Dieu résiste
aux orgueilleux et accorde sa grâce aux humbles [3]. »

Le pouvoir de l'évêque, et, à plus forte raison, du pape,
est donc supérieur à celui du roi. Aussi le pape peut-il non
seulement excommunier le roi, mais encore le déposer de sa
dignité temporelle qui représente quelque chose d'inférieur.
Si cette conclusion n'est pas clairement formulée dans la
lettre à Herman de Metz, elle apparaîtra en pleine lumière,

---

[1] JAFFÉ-WATTENBACH, 744 (PL, LXVII, 313).

[2] SAINT AMBROISE, *De dignitate sacerdotali*, 2 (PL, XVII, 569).

[3] GRÉGOIRE VII, *Registrum*, IV, 2 (édit. CASPAR, p. 295-296; édit. JAFFÉ,
p. 243; PL, CXLVIII, 455).

quelque temps après Canossa, dans une lettre aux Allemands :

« Si le Saint-Siège absout et juge pour les choses célestes et spirituelles, il doit le faire, à plus forte raison, pour celles de la terre et du
siècle [1]. »

Au cours du premier conflit qui inaugure en 1076 la lutte du
Sacerdoce et de l'Empire, les idées grégoriennes ont revêtu un
caractère nouveau. Jusque là, Grégoire VII, fidèle à la tradition
de ses prédécesseurs, a surtout cherché à affirmer la suprématie romaine; la lettre à Herman de Metz continue cet effort,
mais, ce qui en fait la réelle originalité, c'est qu'elle renferme
une théorie du pouvoir temporel qui auparavant n'a été que
brièvement indiquée dans les *Dictatus papae*. Jusqu'au concile
romain de février 1076, Grégoire VII, pour éviter les froisse-
ments et les heurts, a évité de proclamer trop haut la supériorité du sacerdoce; il a préféré insister, comme l'avait fait
Pierre Damien, sur les services que le pouvoir temporel était
susceptible de rendre à l'Église et à la chrétienté, lorsqu'il
s'accordait avec le pouvoir spirituel. La lettre à Herman de
Metz est un manifeste d'un genre nouveau : elle tend à
prouver que le pape, supérieur aux rois comme aux évêques
en vertu de l'institution divine du Saint-Siège, doit diriger
la société laïque comme la société ecclésiastique, qu'il peut
connaître des causes séculières et recourir à des sanctions
temporelles aussi bien que spirituelles. C'est là l'essence de
ce qui a été souvent appelée théocratie et qu'il est plus exact
de dénommer gouvernement sacerdotal [2].

D'où vient cette doctrine ? Les citations qui émaillent le texte
de la bulle sont significatives. Grégoire VII invite l'évêque de
Metz à se reporter au « registre de saint Grégoire, » et c'est

---

[1] GRÉGOIRE VII, *Registrum*, IV, 24 (édit. CASPAR, p. 338; édit. JAFFÉ, p. 279;
PL, CXLVIII, 480).

[2] Nous préférons cette expression à celle de « théocratie » dont on se sert
constamment et que nous avons nous-même utilisée ailleurs pour désigner la
théorie grégorienne de l'État. Strictement, « théocratie » veut dire gouvernement direct du peuple de Dieu par Dieu lui-même ou au moyen d'un intermédiaire qui n'est qu'un instrument. La conception grégorienne des rapports du
Saint-Siège avec les états chrétiens s'applique à un tout autre objet.

à l'interprétation du grand pontife, placé par l'Église au rang
de ses docteurs, qu'il doit une bonne part de ses idées. Toutefois,
si la justification de la proposition des *Dictatus papae*, suivant
laquelle le pape peut déposer les rois, est empruntée à une
formule de saint Grégoire le Grand dont Hildebrand a peut-
être dépassé la pensée [1], la théorie de la supériorité du sacerdoce,
qui fait justice des prétentions césaropapistes, provient de saint
Ambroise que l'on doit considérer comme la source essentielle
de la lettre à Herman de Metz. Sans doute l'idée en elle-même
n'est pas absolument nouvelle et les réformateurs lorrains l'ont
déjà entrevue. Dès le Xe siècle, Rathier de Liège déclare que
les évêques, détenteurs du Saint-Esprit, ont reçu de Dieu
le pouvoir de lier et de délier, qu'ils sont supérieurs à tous les
hommes, y compris le roi [2], en même temps qu'il revendique
pour le Saint-Siège une puissance universelle et illimitée [3]. Plus
tard, le cardinal Humbert, comparant les deux pouvoirs à l'âme
et au corps, affirme catégoriquement que « la dignité sacerdotale
est supérieure à la dignité royale comme le ciel à la terre [4]. »
Rathier et Humbert, que Grégoire VII a certainement connus,
ont probablement subi, avant lui, l'influence des idées ambro-
siennes, mais celle-ci est beaucoup plus nette encore dans
la lettre à Herman de Metz. Non seulement saint Ambroise
est cité, non seulement le pape emprunte au *De dignitate sacerdotali* la comparaison entre le pouvoir du roi, dont le plomb
est l'image, et celui de l'évêque qui a l'éclat de l'or, mais toute
la bulle porte le reflet des idées et des actes de l'évêque de
Milan [5]. Cité par Valentinien II à comparaître devant le consis-
toire, pour rendre compte de son refus de livrer aux Ariens

[1] Cfr *supra*, p. 310, n. 2.
[2] RATHIER DE LIÈGE, *Praeloquia*, III, 11 (PL, CXXXVI, 225). Cfr *La Réforme
grégorienne*, t. I, p. 88.
[3] RATHIER DE LIÈGE, *Epist.* 5, (PL, CXXXVI, 65). — Cfr *La Réforme grégorienne*, t. I, p. 90.
[4] HUMBERT, *Adversus simoniacos*, III, 21 (*Libelli de lite*, t. I, p. 225; PL,
CXLVII, 1175). Cfr *La Réforme grégorienne*, t. I, p. 305 et suiv.
[5] Sur les doctrines politiques de saint Ambroise, voir P. BATIFFOL, *Le
siège apostolique* (359-451), Paris, 1924, p. 51 et suiv.

la basilique portienne, Ambroise oppose un refus catégorique au nom de ce principe : « En matière de foi, les évêques ont l'habitude de juger les empereurs chrétiens et non les empereurs de juger les évêques [1]. » Même doctrine dans le *Sermo contra Auxentium*, où se trouve la formule fameuse : « L'empereur est dans l'Église et non pas au-dessus de l'Église. » D'ailleurs « rien n'est plus honorable à un empereur que d'être appelé fils de l'Église [2]. » Saint Ambroise affirme donc d'une façon très positive que l'empereur ne peut se dispenser de l'obéissance aux lois de l'Église et que les évêques ont le droit de le juger. Lorsque Grégoire VII veut contraindre Henri IV à se séparer de ses conseillers excommuniés et à se conformer aux lois édictées par le Saint-Siège, lorsqu'au concile romain de février 1076 il le juge et le condamne, il ne fait en somme que reprendre et appliquer la théorie ambrosienne suivant laquelle les empereurs sont fils de l'Église, *intra ecclesiam, non supra ecclesiam* [3].

---

[1] SAINT AMBROISE, *Epist.* 21 (PL, XVI, 1004).

[2] ID., *Sermo contra Auxentium*, 36 (*Ibid.*, XVI, 1018).

[3] A notre avis l'idée grégorienne de la supériorité du sacerdoce se rattache beaucoup plus au *ius sacerdotale* de saint Ambroise que, comme le veut BERNHEIM (*Mittelalterliche Zeitanschauungen in ihrem Einfluss auf Politik und Geschichtsschreibung*, t. I, p. 215-216), à l'idée augustinienne de la *libertas ecclesiae*. Dans la lettre à Herman de Metz, Grégoire VII ne cite pas une fois saint Augustin, tandis qu'il fait appel à deux reprises à l'autorité de saint Ambroise. De plus, il n'est pas question ici de la « liberté de l'Église », qui a pu être en cause lors des décrets sur l'élection pontificale et sur l'investiture laïque, mais de la prééminence du pouvoir spirituel sur le temporel, ce qui est assez différent. Nous aurons à revenir, à propos de la seconde lettre à Herman de Metz (1081), sur la théorie grégorienne de l'origine du pouvoir temporel à peine esquissée ici dans ces deux phrases : « Ex eorum principiis colligere possunt quantum a se utraque differunt. Illam quidem superbia humana repperit, hanc divina pietas instituit ». Quand Grégoire VII emploie ces termes *superbia humana repperit*, il ne songe pas à condenser une thèse philosophique, mais, utilisant les termes de la lettre de Grégoire le Grand qu'il cite plus loin, *superbis Deus resistit* (GRÉGOIRE LE GRAND, *Epist.*, V, 36, édit. EWALD, t. I, p. 318; PL, LXXVII, 766), il songe seulement à flétrir l'orgueil de Henri IV. Il n'y a donc pas lieu d'épiloguer sur le mot *superbia* et il ne faut pas oublier que Grégoire VII n'est pas un philosophe et un théologien, mais avant tout un homme d'action, beaucoup moins préoccupé de systématiser sa pensée que de la traduire par des actes. Cfr E. WEINERT, *Die Bedeutung der « superbia »*

La lettre à Herman de Metz apparaît donc avant tout comme une adaptation médiévale des idées de saint Ambroise. Toutefois, si l'évêque de Milan a proclamé la supériorité du sacerdoce et s'il a refusé de célébrer le saint sacrifice devant Théodose, il n'a pas menacé l'empereur de la déposition. Grégoire VII, en ne reculant pas devant cette suprême sanction, qu'il place, on vient de le remarquer, sous le patronage assez vague de saint Grégoire, dépasse sensiblement tous les théoriciens antérieurs des rapports du spirituel et du temporel. Personne, avant lui, n'a songé à se demander ce qui arriverait au cas où un roi se révolterait contre les lois canoniques et contre l'autorité apostolique. La véritable originalité de la doctrine grégorienne est tout à la fois de poser le problème, d'en apporter la justification canonique, de le résoudre pratiquement. Le principe du gouvernement sacerdotal a pu être entrevu par saint Ambroise et saint Grégoire, plus tard par Rathier de Liège et par le cardinal Humbert, mais la prépondérance de la puissance laïque l'a enveloppé, jusqu'au xi\ :sup:`e` siècle, d'une brume opaque d'où Grégoire VII le fait jaillir en 1076. De 1077 à 1081 il va en préciser les contours et, avant de l'exposer sous une forme dogmatique définitive, l'appliquer dans ses rapports avec les princes temporels.

und « humilitas » in den Briefen Gregors VII, Diss. Greifswald, 1920 ; HEINLEIN, Die Bedeutung der Begriffe Superbia und Humilitas bei Papst Gregor I im Sinne Augustins, Diss. Greifswald, 1921.

CHAPITRE VI

LA SUBORDINATION DES ROYAUMES CHRÉTIENS AU SAINT-SIÈGE

SOMMAIRE. — I. Suprématie romaine et gouvernement sacerdotal : la conception grégorienne du pouvoir temporel ; comment Grégoire VII entend la subordination du pouvoir temporel au pouvoir spirituel ; les directions morales du Saint-Siège ; la suprématie romaine s'accompagne-t-elle d'une suzeraineté féodale ? — II. Gouvernement sacerdotal et fidélité : l'État pontifical ; les États vassaux ; le sens des mots *fidelitas* et *servitium* dans la correspondance de Grégoire VII ; le cens et le « *patrocinium beati Petri* ». — III. Les interventions pontificales en Espagne, Croatie-Dalmatie, Danemark, Norvège, Pologne, Bohême, Angleterre ; leur caractère et leur signification. — IV. Le Sacerdoce et l'Empire ; l'élection de Rodolphe de Souabe à l'assemblée de Forchheim, comment Grégoire VII veut imposer l'arbitrage pontifical ; légations et conciles romains en 1078 et 1079 ; le concile du 7 mars 1080, et la seconde excommunication de Henri IV ; la proclamation de Rodolphe de Souabe comme roi de Germanie.

I

La théorie des deux pouvoirs exposée par Grégoire VII dans la lettre à Herman de Metz, tout en étant le fruit des événements de 1076, n'est pourtant pas une thèse de circonstance ; on la retrouve dans toutes les manifestations de l'activité pontificale. L'année même de Canossa, dans une bulle adressée aux rois d'Espagne, Grégoire VII affirme que l'Église romaine est « la mère des églises et des nations [1]. » Ce rapprochement est très suggestif et si l'on étudie les rapports du pape avec les « nations », on constate qu'il leur imprime les

---

[1] GRÉGOIRE VII, *Registrum*, IV, 28 (édit. CASPAR, p. 343 ; édit. JAFFÉ, p. 283 ; PL, CXLVIII, 484).

mêmes directions qu'à ses relations avec les « églises ». « Fils
de l'apôtre Pierre », comme il l'écrit au roi de Danemark,
Harold Hein, les princes temporels n'échappent pas au pouvoir
de lier et de délier [1]; par suite, comme les évêques, ils subi-
ront le contrôle incessant de l'autorité romaine, devront obéir
docilement à ses impulsions et rendre compte de leur administration. C'est en cela que consistera pratiquement le gouvernement sacerdotal dont les principes ont été posés dans
la lettre à Herman de Metz. Il va de pair avec la centralisation
ecclésiastique et poursuit le même but, à savoir la réforme de
l'Église et de la chrétienté où le pape veut faire régner la loi
du Christ. Comme les évêques, les princes ont contrecarré
l'œuvre du Saint-Siège; sur eux aussi il est nécessaire d'établir,
dans sa plénitude, la suprématie romaine et telle est la lourde
tâche à laquelle Grégoire VII va s'astreindre, depuis que les
méthodes italiennes ont prouvé leur insuffisance.

Si, au nom de la prééminence de l'Apôtre, Grégoire VII
veut subordonner plus étroitement les rois au siège apostolique,
il n'entend pas pour cela amoindrir leur autorité temporelle. Du
pouvoir royal il se fait une haute idée et ne doute pas de son
origine divine. Peu après son avènement, il écrit à Adélaïde,
comtesse de Turin :

« Le Seigneur vous a concédé votre dignité et votre puissance, pour
que vous puissiez les employer à son service [2]. »

C'est aussi le Seigneur qui a « transféré le pouvoir du royaume »
à Geisa, duc de Hongrie [3]. A Harold Hein, roi de Danemark,
Grégoire VII rappelle la parole de l'Écriture [4] : *Ce roi règne
par moi* [5], ou déclare encore que « la divine Providence lui a
confié le soin de régner [6]. »

[1] Grégoire VII, *Registrum*, V, 10 (édit. Caspar, p. 362 ; édit. Jaffé, p. 299-300 ; PL, CXLVIII, 496).
[2] Id., *ibid.*, I, 37 (édit. Caspar, p. 59 ; édit. Jaffé, p. 55 ; PL, CXLVIII, 319).
[3] Id., *ibid.*, II, 70 (édit. Caspar, p. 230 ; édit. Jaffé, p. 193 ; PL, CXLVIII, 421).
[4] *Prov.*, VIII, 15.
[5] Grégoire VII, *Registrum*, V, 10 (édit. Caspar, p. 362 ; édit. Jaffé, p. 300 ; PL, CXLVIII, 496).
[6] Id., *ibid.*, VII, 21 (édit. Caspar, p. 497 ; édit. Jaffé, p. 412 ; PL, CXLVIII, 564).

Une lettre du 8 mai 1080, à Guillaume le Conquérant, tout en étant pénétrée de la même doctrine, fait intervenir une idée nouvelle. Si la dignité royale, comme la dignité sacerdotale, est d'origine divine, elle n'est pourtant pas l'égale de celle-ci et se place à un degré au-dessous :

« Votre prudence n'ignore pas, nous le croyons, que parmi les dignités de ce monde il y en a deux qui, par une dispensation de Dieu, sont supérieures aux autres : ce sont la dignité apostolique et la dignité royale, destinées à conduire les hommes. De même que, pour faire voir en divers moments à des yeux de chair la beauté du monde, Dieu a disposé deux flambeaux plus éclatants que les autres, le soleil et la lune, de même, afin que l'homme, que par un effet de sa bonté il avait créé à son image, ne risquât pas d'errer et d'être entraîné vers la mort, il lui a donné, pour le guider dans ses divers devoirs, la dignité apostolique et la dignité royale. Entre elles toutefois la religion chrétienne a maintenu une telle distance que c'est après Dieu par le soin de l'Apôtre qu'est gouvernée la dignité royale [1]. »

Ainsi les rois ont été institués par Dieu comme les papes, mais Dieu les a placés au-dessous des papes, en sorte qu'en vertu de cette subordination ils doivent obéir à leurs ordres et suivre leurs directions.

Quelle doit être la nature de cette subordination et de cette obéissance ? La même bulle donne à ce sujet quelques curieuses indications :

« La dignité apostolique et pontificale, écrit Grégoire VII, représentera les rois chrétiens, ainsi que tous les autres devant le divin tribunal et rendra compte à Dieu de leurs fautes. »

De là cette conclusion :

« Si donc, au jour terrible du jugement, je dois vous représenter devant le juste juge qui ignore le mensonge et qui est le créateur de toutes les créatures, que votre sagesse juge elle-même si je ne dois ou ne peux veiller très attentivement à votre salut et si vous, en vue de votre salut et pour posséder la terre des vivants, vous ne pouvez et vous ne devez m'obéir sans retard [2]. »

---

[1] GRÉGOIRE VII, *Registrum*, VII, 25 (édit. CASPAR, p. 505-506 ; édit. JAFFÉ, p. 419 ; PL, CXLVIII, 568-569).

[2] ID., *ibid.*, VII, 25 (édit. CASPAR, p. 506 ; édit. JAFFÉ, p. 419 ; PL, CXLVIII, 569).

La pensée de Grégoire VII est très claire : responsable devant Dieu du salut des rois comme de celui des évêques, clercs et fidèles, le pape doit veiller à ce qu'ils ne s'écartent pas des voies du salut, à ce qu'ils ne risquent pas de se priver de la récompense éternelle en gouvernant contrairement à la loi de Dieu dont il leur indiquera les prescriptions. C'est donc uniquement du point de vue surnaturel, *ratione peccati*, qu'il surveillera et contrôlera leur gestion. Cette idée n'est d'ailleurs pas nouvelle et l'on ne peut lire la lettre à Guillaume le Conquérant sans penser immédiatement à la bulle célèbre où Gélase Ier expose quels doivent être les rapports des pouvoirs spirituel et temporel[1]. Grégoire VII ne l'avait pas utilisée dans la première lettre à Herman de Metz, toute pénétrée de l'influence ambrosienne. Ici la filiation est évidente ; Gélase distingue déjà les deux pouvoirs et invoque, comme raison de la subordination de l'Empire au Sacerdoce le fait que les pontifes « devront au jugement divin rendre compte pour les rois eux-mêmes [2]. »

La nécessité de veiller au salut du roi, telle est la raison d'être du gouvernement sacerdotal. Le gage du salut c'est un gouvernement conforme aux lois de la morale chrétienne, c'est à dire tout imprégné de justice et de charité [3]. La doctrine grégorienne n'a jamais varié sur ce point. « Ne cessez en toutes choses, écrivait le pape à Guillaume le Conquérant dès 1074, de vous efforcer d'être juste [4], » et quelques années plus tard, il le félicitera de « se recommander à Dieu et aux hommes » en chérissant la justice et en manifestant une grande promptitude pour la rendre à tous [5]. De même il déclare à Harold Hein,

---

[1] JAFFÉ-WATTENBACH, 632.

[2] GÉLASE Ier : « Duo quippe sunt, imperator auguste, quibus principaliter mundus hic regitur, auctoritas sacrata pontificum et regalis potestas. In quibus tanto gravius pondus est sacerdotum, quanto etiam pro ipsis regibus hominum in divino reddituri sunt examine rationem. »

[3] Cfr H. KRÜGER, *Was versteht Gregor VII unter « Iustitia » und wie wendet er diesen Begriff im einzelnen praktisch an*, Diss. Greifswald, 1910, p. 38 et suiv.

[4] GRÉGOIRE VII, *Registrum*, I, 70 (édit. CASPAR, p. 101 ; édit. JAFFÉ, p. 89 ; PL, CXLVIII, 344).

[5] ID., *ibid.*, IV, 17 (édit. CASPAR, p. 323 ; édit. JAFFÉ, p. 265 ; PL, CXLVIII, 471).

roi de Danemark, que parmi toutes les vertus qu'il doit cultiver
se placent tout d'abord, avec le respect du sacerdoce, la justice
et la miséricorde [1]. De même encore, dans une lettre du 25
février 1079 à Centullus, comte de Béarn, énumérant les signes
auxquels se reconnaît le bon prince, il aperçoit en lui « le serviteur de la justice, le défenseur des pauvres, l'apôtre de la paix [2]. »
Il apprendra enfin à Inge, roi de Suède, que le meilleur moyen
d'acquérir l'éternité, c'est de gouverner son royaume avec un
esprit de concorde et de justice [3].

Au pape dès lors il appartient d'observer que ces vertus
chrétiennes soient pratiquées par tous, mais plus spécialement
par ceux qui sont haut placés. C'est là une des formes de ce
devoir de prédication et de correction qui incombe par-dessus
tout à l'Église romaine. Aussi Grégoire VII est-il pour les rois
un véritable directeur de conscience. Il leur trace avec un soin
jaloux leurs devoirs d'état et leur prodigue les plus affectueux
conseils sur le moyen de bien gouverner leurs sujets. Il écrit
aux princes espagnols, le 28 juin 1077 :

« Nous n'avons pas ici de cité permanente, mais nous cherchons
à atteindre la cité future, dont Dieu est l'artisan et le fondateur. Vous
savez et vous voyez chaque jour combien chancelante et fragile est
la vie des mortels, combien est fallacieux et décevant l'espoir des
choses présentes. Que nous le voulions ou non, nous courons chaque
jour vers notre fin; au milieu des dangers, nous ne pouvons prévoir
l'instant, peut être tout proche, de notre mort, et ce n'est jamais
pour longtemps que nous verrons ce que nous acquérons ou possédons
dans la vie présente ou dans le siècle. Aussi bien, pensez toujours à
votre destinée,... songez au compte qu'il vous faudra rendre de vos
actions, prémunissez-vous contre les périls futurs. N'usez pas de
vos armes, de vos ressources, de votre puissance pour vous glorifier
dans le siècle, mais employez les à l'honneur et au service du roi
éternel. Gouvernez, administrez de telle façon que votre amour de

---

[1] GRÉGOIRE VII, *Registrum*, VII, 21 (édit. CASPAR, p. 498; édit. JAFFÉ, p. 413;
PL, CXLVIII, 564).

[2] ID., *ibid.*, VI, 20 (édit. CASPAR, p. 432; édit. JAFFÉ, p. 357; PL, CXLVIII,
528).

[3] ID., *ibid.*, VIII, 11 (édit CASPAR, p. 530; édit. JAFFÉ, p. 491; PL, CXLVIII,
585).

la vertu et de la droiture soit un sacrifice agréable à Dieu, afin que vous puissiez espérer en celui qui donne le salut aux rois [1] et qui a toute puissance pour nous arracher au péril de la mort [2]. »

La crainte de Dieu et de ses jugements est donc pour les rois le commencement de la sagesse. Elle s'accompagnera de l'amour du Christ qui les aidera à « rendre la justice, à défendre la liberté de la foi chrétienne et de la religion. » Tel est le thème de l'épître aux rois espagnols que l'on peut considérer comme un modèle de ces lettres de direction spirituelle écrites par Grégoire VII aux souverains temporels. A l'autre extrémité de l'Europe, le pape suggère les mêmes réflexions graves aux souverains du Danemark, de la Norvège, de la Bohême et en tire les mêmes conclusions pratiques :

« Ayez soin, écrit-il à Suein, le 25 janvier 1075, d'administrer selon Dieu le royaume qui vous est confié. Accompagnez en vous le nom du roi de la possession bienséante des vertus qui lui conviennent, afin de montrer aux sujets soumis à votre pouvoir que la justice règne toujours dans votre cœur. Vous savez combien chancelante et trompeuse est la gloire de ce monde. Vous savez que notre corps est chaque jour plus proche de sa fin et que, bon gré mal gré, la mort n'épargne personne. Vous savez que les rois comme les pauvres ne sont que poussière et cendre, que tous il nous faudra passer par le jugement et combien est-il plus redoutable pour nous, prêtres, pour vous autres aussi, rois, qui avez à rendre compte non seulement de vos actes, mais de ceux de vos sujets [3]. »

Au successeur de Suein, Harold Hein, Grégoire VII tient le même langage : tantôt il l'exhorte à la prière et à l'aumône [4], tantôt il l'invite à donner l'exemple à ses sujets, à travailler, comme il convient au roi et au sage, à sa perfection morale, afin de « diriger avec convenance ses pas vers les biens qui ne

---

[1] *Ps.* CXLIII, 46.

[2] GRÉGOIRE VII, *Registrum*, IV, 28 (édit. CASPAR, p. 345 ; édit. JAFFÉ, p. 285 PL, CXLVIII, 485). — Cfr aussi *Registrum*, VII, 6 (édit. CASPAR, p. 465-467 ; édit. JAFFÉ, p. 385-387 ; PL, CXLVIII, 549-551), où se retrouvent les mêmes idées sous une forme presque identique.

[3] ID., *ibid.*, II, 51 (édit. CASPAR, p. 193 ; édit. JAFFÉ, p. 167 ; PL, CXLVIII, 403).

[4] ID., *ibid.*, V, 10 (édit. CASPAR, p. 361-363 ; édit. JAFFÉ, p. 298-301 ; PL, CXLVIII, 495-496).

passent pas et qui n'abandonnent jamais celui qui les possède [1]. »
En Norvège, Grégoire VII supplie également Olaf III de bien
gouverner :

« Pensez, lui dit-il, à votre vocation et, attentif à cette parole de
l'Évangile [2] : *Ils viendront de l'Orient et de l'Occident et avec Abraham,
Isaac et Jacob se reposeront dans le royaume des cieux*, ne tardez pas,
hâtez-vous, courez. Vous êtes aux dernières limites du monde, mais si
vous vous hâtez et si vous courez, dans le royaume du ciel vous serez
associé aux premiers arrivés. Que votre course soit foi, amour et
désir, que votre voyage consiste à méditer sur la vanité et sur la gloire
du monde, source de plus d'amertume que de joie. Usez de tout
votre pouvoir pour venir en aide aux opprimés, pour protéger les
veuves, les orphelins ; ne vous contentez pas d'aimer la justice, défen-
dez-la de toutes vos forces [3]. »

En Bohême, les échos de la même doctrine parviennent aux
oreilles de Wratislas II :

« Ne préférez pas votre gloire à celle de Dieu ni l'orgueil à la justice...
Rappelez-vous que les richesses qui sont en votre pouvoir ne vous
ont pas été données pour récompenser vos mérites, mais pour qu'il
en soit fait bon usage [4]. »

Ce sont donc toujours les mêmes conseils qui reviennent
sous la plume pontificale. Grégoire VII se considère comme
responsable devant Dieu du gouvernement des rois, fils de
l'Apôtre et soumis à son pouvoir de lier et de délier. Afin de
ne pas encourir les reproches du Très Haut, il entend les diriger
comme il le fait pour les évêques ; il leur prêche la foi et la
charité, les exhorte à la justice et à la paix. C'est donc d'un point
de vue théologique et surnaturel qu'il les surveille, sans chercher
à s'immiscer dans les affaires proprement politiques, sans avoir
d'autre préoccupation que d'exercer sur eux la puissance qu'il

---

[1] GRÉGOIRE VII, *Registrum*, VII, 5 (édit. CASPAR, p. 464-465 ; édit. JAFFÉ,
p. 384-385 ; PL, CXLVIII, 549).
[2] MATTH., VIII, 11.
[3] GRÉGOIRE VII, *Registrum*, VI, 13 (édit. CASPAR, p. 417 ; édit. JAFFÉ, p. 345 ;
PL, CXLVIII, 522-523).
[4] ID., *ibid.*, VII, 11 (édit. CASPAR, p. 473-474 ; édit. JAFFÉ, p. 392-393 ; PL,
CXLVIII, 554-555).

tient du Christ et de les astreindre à pratiquer dans toute sa rigueur la loi divine.

Les lettres de direction spirituelle adressées aux rois d'Angleterre, d'Espagne, de Danemark, de Norvège, précisent ainsi la doctrine esquissée dans la lettre à Herman de Metz. Elles prouvent que le gouvernement sacerdotal de Grégoire VII est une forme de la suprématie romaine, qu'il a pour but d'établir le pouvoir de Dieu sur les rois par l'intermédiaire du pape, gardien de la loi de Dieu, qu'il vise exclusivement à ménager le triomphe à l'intérieur des États de la morale sociale chrétienne et des vertus évangéliques. Mais n'est-il que cela ? Le pape ne poursuit-il pas un but temporel, en même temps que la réforme de l'Église et de la chrétienté ? Ne rêve-t-il pas, s'adaptant au cadre féodal, d'imposer, avec la primauté apostolique, la suzeraineté du Saint-Siège aux états chrétiens et de les diriger au temporel comme au spirituel ?

II

Il n'est pas douteux que Grégoire VII a exercé sur certains états une autorité temporelle. Lorsqu'il devient pape en 1073, il trouve le Saint-Siège en possession d'un domaine, analogue au domaine royal des rois de France, sur lequel il exerce sa justice immédiate et perçoit les droits régaliens [1]. Ce domaine comprend, outre la ville de Rome et la campagne romaine, la marche de Fermo, le duché de Spolète, la Sabine, Bénévent, la Campanie et la province maritime [2]. Ces territoires sont administrés par des recteurs [3], qui rendent la justice au nom du

---

[1] On lit dans le serment de Robert Guiscard (*Registrum*, VIII, 1*a*, édit. CASPAR, p. 514-515; édit. JAFFÉ; p. 427; PL, CXLVIII, 574) : « Sanctae R. ecclesiae tibique adiutor ero ad tenendum, adquirendum et defendendum regalia sancti Petri eiusque possessiones pro meo posse contra omnes homines... Terram sancti Petri... nec invadere nec adquirere quaeram. »

[2] On trouve cette énumération, à propos de l'excommunication des Normands, dans *Registrum*, V, 14*a* (édit. CASPAR, p. 371; édit. JAFFÉ, p. 307; PL, CXLVIII, 797-798), et sous une forme à peu près identique, *ibid.*, VII, 14*a* (édit. CASPAR, p. 481; édit. JAFFÉ, p. 399; PL, CXLVIII, 815).

[3] GRÉGOIRE VII, *Registrum*, VII, 14*a* (édit. CASPAR, p. 481; édit. JAFFÉ,

pape et lèvent les redevances. Bénévent a une situation spéciale :
le Saint-Siège avait définitivement annexé la ville au temps
de Léon IX [1], mais avait confié le soin de l'administrer à Landulf
qu'une constitution du 12 août 1073 subordonna étroitement
à l'autorité pontificale, en lui interdisant notamment de ne rien
aliéner ni de rien inféoder des territoires qui lui étaient confiés
sans la permission du pape [2]. Landulf apparaît donc comme
un vassal sur lequel le suzerain a gardé un pouvoir très réel.

Des inféodations du même genre s'étaient produites du
côté du nord. L'archevêque de Ravenne, si l'on en juge par
le serment que prêta Guibert à Alexandre II en 1070, exerçait
sur son diocèse une autorité temporelle en même temps que
spirituelle, car il fait hommage au pape, lui jure fidélité, lui
promet *auxilium et consilium* [3]. Il avait même des vassaux, tels
que le comte d'Imola, dont Grégoire VII, au début de son
pontificat, lui disputa la suzeraineté [4].

A l'ouest de l'exarchat, Grégoire VII a réalisé une acquisition
très importante, celle des états de la comtesse Mathilde dont
l'héritage devait donner lieu par la suite à tant de contestations.
On n'a malheureusement pas conservé l'acte de donation qui
fut renouvelé en 1102, mais cette confirmation rappelle en termes
si nets la donation primitive qu'on ne peut concevoir le moindre
doute à cet égard [5]. Pendant un séjour à Rome, probablement

---

p. 399, PL, CXLVIII, 815) : « Si quis illorum adversus habitatores terrarum
aliquam iustam causam habuerit, prius a nobis vel a rectoribus seu ministris
inibi constitutis iustitiam requirat. »

[1] Cfr *La Réforme grégorienne*, p. 267-268.

[2] GRÉGOIRE VII, *Registrum*, I, 18a (édit. CASPAR, p. 30-31 ; édit. JAFFÉ, p. 32 ;
PL, CXLVIII, 301).

[3] Le serment a été inséré dans la collection canonique de Deusdedit, IV, 423
(édit. WOLF VAN GLANVELL, p. 599).

[4] GRÉGOIRE VII, *Registrum*, I, 10 (édit. CASPAR, p. 16-17 ; édit. JAFFÉ, p. 20 ;
PL, CXLVIII, 292).

[5] Voici le texte de la donation de 1102 : « Tempore domini Gregorii VII papae
in Lateranensi palatio, in capella sanctae Crucis, in praesentia Centii Fraja-
pane, Gratiani, Centii Franculini et Alberici de Petri Leonis, Cice et Beneincasa
fratris eius et Uberti de Tascio et aliorum plurium, ego Mathilda, Dei gratia
comitissa, pro remedio animae meae et parentum meorum dedi et optuli
ecclesiae sancti Petri per interventum domini Gregorii VII papae omnia bona
mea iure proprietario, tam quae tunc habueram quam ea quae in antea acqui-

en 1079 ou 1080 [1], la fidèle alliée de Grégoire VII, veuve depuis 1076 de Godefroy le Bossu, a institué le Saint-Siège comme son héritier *iure proprietario* de tous les biens qu'elle possédait, alleux et fiefs, en deçà et au delà des monts. Naturellement elle en conserva la jouissance et le gouvernement, mais, à sa mort, l'État pontifical devait se trouver très arrondi du côté du nord.

Grégoire VII a également rétabli l'autorité effective du Saint-Siège sur la Corse, autrefois rattachée au territoire pontifical [2]. Une bulle du 16 septembre 1077 affirme que cette île appartient à l'Église romaine *iure proprietatis*. Toutefois le pape constate avec amertume que ses occupants n'ont pendant longtemps témoigné à saint Pierre ni fidélité, ni obéissance, qu'ils se sont dérobés à tout service et il émet le vœu que la « justice » du bienheureux Pierre y soit enfin reconnue [3]. En 1078, Grégoire VII nomma comme vicaire en Corse Landulf de Pise, mais il eut soin de réserver les droits du Saint-Siège, *salvo iure et honore Romanae ecclesiae* [4].

Les textes ne sont pas moins formels pour la Sardaigne. Il

---

situra eram, sive iure successionis sive alio quocumque iure ad me pertinerent, et tam ea quae ex hac parte montis habebam, quam illa quae in ultramontanis partibus ad me pertinere videbantur, omnia, sicut dictum est, per manum domini Gregorii VII papae, Romanae ecclesiae dedi et tradidi et cartulam inde fieri rogavi » (MGH, *Constitutiones et acta*, t. I, p. 654-655).

[1] La date a été discutée. OVERMANN (*Gräfin Mathilde von Tuscien, ihre Besitzungen, Geschichte ihres Gutes von 1115 bis 1230, und ihre Regesten*, Innsbruck, 1895, p. 143-144 et 239-240) a prouvé que cette donation devait se placer entre le 17 septembre 1079 et le 26 mars 1080. Cfr aussi MEYER VON KNONAU, *Jahrbücher*, t. II, p. 259, n. 47.

[2] Sur la Corse, cfr DOVE, *Corsica und Sardinien in den Schenkungen an die Päpste*, dans *Sitzungsberichte der bayerischen Akademie*, 1894, p. 223 et suiv.

[3] GRÉGOIRE VII, *Registrum*, V, 4 (édit. CASPAR, p. 351-352; édit. JAFFÉ, p. 290-291; PL, CXLVIII, 489) : « Scitis... insulam, quam inhabitatis, nulli mortalium nullique potestati nisi sanctae Romanae ecclesiae ex debito vel iuris proprietate pertinere, et quod illi, qui eam hactenus violenter nichil servitii, nichil fidelitatis, nichil penitus subiectionis aut oboedientiae beato Petro exhibentes, tenuerunt, semetipsos crimine sacrilegii et animarum suarum gravi periculo obligaverunt. » Cfr aussi VI, 12 (édit. CASPAR, p. 415; édit. JAFFÉ, p. 341; PL, CXLVIII, 520).

[4] ID., *ibid.*, VI, 12 (édit. CASPAR, p. 413-415; édit. JAFFÉ, p. 341-343; PL, CXLVIII, 520-521).

résulte d'une bulle du 5 octobre 1080 que, si elle était provisoirement aliénée, elle était pourtant propriété du Saint-Siège.
Par cette lettre Grégoire VII informe Orzoccor, comte de Caglia-
ri, que les Normands, les Toscans et les Lombards ont reven-
diqué la possession de cette île, qu'ils ont promis, si leurs
prétentions étaient reconnues, d'en laisser la moitié « à l'usage
du pape » et d'être ses vassaux pour l'autre moitié, mais qu'il
n'a acquiescé à aucune de ces demandes [1]. Il résulte de ce passage
que la Sardaigne, au temps de Grégoire VII, relevait de Rome,
mais qu'elle était gouvernée, au moins en partie, par des comtes
dont la situation à l'égard du pape devait être assez semblable
à celle de Landulf de Bénévent.

En dehors des terres sur lesquelles il exerce directement
ou par l'intermédiaire de petits seigneurs sa souveraineté, le
Saint-Siège, lors de l'avènement de Grégoire VII, a encore
en Italie des états vassaux : ce sont les principautés normandes.
Sous le pontificat de Nicolas II (1059-1061), Robert Guiscard,
désireux de légitimer le coup de force auquel il devait son
pouvoir et de prendre place parmi les souverains légitimes,
s'est adressé au pape et a reconnu sa suzeraineté ; son voisin,
Richard de Capoue, a imité son exemple [2]. Alexandre II, en
se rapprochant de l'Allemagne et en infligeant un démenti
officiel à la politique de son prédécesseur, s'est brouillé avec
ses vassaux [3], si bien qu'au début du pontificat de Grégoire VII
la situation est assez tendue. Robert Guiscard ravage le territoire pontifical. Richard de Capoue, au contraire, renouvelle
son serment de fidélité au Saint-Siège [4] ; il s'engage à être

---

[1] GRÉGOIRE VII, *Registrum*, VIII, 10 (édit. CASPAR, p. 529 ; édit. JAFFÉ,
p. 440 ; PL, CXLVIII, 584) : « Praeterea nolumus scientiam tuam latere nobis
terram vestram a multis gentibus esse petitam : maxima servitia, si eam permit-
teremus invadi, fuisse promissa, ita ut medietatem totius terrae nostro usui
vellent relinquere, partemque alteram ad fidelitatem nostram sibi habere.
Cumque hoc non solum a Normannis, et a Tuscis ac Longobardis, sed etiam
a quibusdam ultramontanis crebro ex nobis esset postulatum, nemini in ea
re unquam assensum dare decrevimus. »
[2] Cfr *La Réforme grégorienne*, t. I, p. 329-330.
[3] Cfr *ibid.*, t. I, p. 351-352.
[4] Cfr *supra*, p. 130-131.

« fidèle à la sainte Église romaine, au siège apostolique et à son seigneur Grégoire, » promet de ne rien tenter contre eux *in consilio vel in facto*, de les aider à garder, acquérir, défendre les *regalia sancti Petri*, de soutenir au besoin le pape régnant contre ceux qui voudraient le chasser du trône pontifical; il paiera enfin une pension annuelle pour la terre de saint Pierre qu'il tient du successeur de l'Apôtre [1].

Ce serment, qui n'est d'ailleurs que la réédition d'une formule antérieure à Grégoire VII, est bien un acte d'hommage; les obligations vassaliques de *consilium* et d'*auxilium* y sont indiquées avec une remarquable précision et l'on prévoit une redevance annuelle, une *pensio*, pour les terres que le vassal tient en fief de son suzerain : Richard est bien un fidèle, un vassal, de l'Église romaine [2]. Lorsque, le 29 juin 1080, Robert Guiscard, réconcilié avec Grégoire VII, se proclamera à nouveau son vassal, il jurera fidélité suivant les mêmes formules [3], et Grégoire VII, comme suzerain, lui donnera l'investiture des terres que lui avaient déjà concédées Nicolas II et Alexandre II [4]. En outre Robert, en reconnaissance de sa fidélité, *ad recognitionem fidelitatis*, s'engagera à verser chaque année au pape douze deniers de monnaie de Pavie [5].

On peut donc affirmer sans la moindre hésitation que Grégoire VII a exercé une domination temporelle en Italie, mais il est à remarquer qu'elle n'a pas été créée par lui; elle lui préexistait et ne peut être considérée comme une application de la théorie grégorienne des rapports du Sacerdoce avec les royaumes chrétiens formulée pour la première fois en 1075.

---

[1] GRÉGOIRE VII, *Registrum*, I, 21a (édit. CASPAR, p. 35-36; édit. JAFFÉ, p. 36-37; PL, CXLVIII, 304-305).
[2] Sur l'équivalence des deux termes au XIe siècle, cfr F. LOT, *Fidèles et vassaux*, p. 247.
[3] GRÉGOIRE VII, *Registrum*, VIII, 1a (édit. CASPAR, p. 514-515; édit. JAFFÉ, p. 426-427; PL, CXLVIII, 574-575).
[4] ID., *ibid.*, VIII, 1b (édit. CASPAR, p. 516; édit. JAFFÉ, p. 428; PL, CXLVIII, 575).
[5] ID., *ibid.*, VIII, 1c (édit. CASPAR, p. 516-517; édit. JAFFÉ, p. 428; PL, CXLVIII, 576).

D'autres états, en dehors de l'Italie, avaient également reconnu, avant l'arrivée d'Hildebrand à la papauté, la suzeraineté pontificale. Les princes chrétiens de l'Espagne, après avoir chassé les Musulmans, ont essayé eux aussi d'entrer dans le cadre féodal, en se plaçant sous la dépendance du Saint-Siège, si bien que, dans une de ses premières bulles, adressée aux princes français qui s'apprêtaient à reconquérir sous la direction d'Ebles de Roucy les régions encore occupés par les infidèles, Grégoire VII n'hésite pas à affirmer que « le royaume d'Espagne a autrefois appartenu à saint Pierre » et que, malgré la longue domination des païens, « il continue à ne relever de personne autre que du seul siège apostolique [1]. » Par cette lettre du 30 avril 1073, le pape concède aux croisés la jouissance des terres qu'ils reprendront aux Musulmans, à la condition qu'ils reconnaissent qu'elles leur viennent *ex parte sancti Petri*. On n'a malheureusement pas conservé le pacte intervenu entre Alexandre II et Ebles de Roucy [2], auquel fait allusion la bulle de Grégoire VII, mais il est probable qu'il devait ressembler à celui par lequel, quelques années plus tôt, les princes normands de l'Italie du Sud avaient prêté hommage au Saint-Siège.

Quoi qu'il en soit, Grégoire VII a maintenu sur l'Espagne le domaine éminent de l'Église romaine. Dans une lettre du 28 juin 1077, adressée à tous les rois, comtes et princes espagnols, il précise la nature des liens qui unissent le pays à la papauté. « En vertu d'antiques coutumes [3], écrit-il, le royaume d'Espagne a été livré au bienheureux Pierre *in ius et proprietatem* », mais les Sarrasins l'ont envahi pendant de trop nombreuses années et ont « interrompu le service *(servitium)* qu'il rendait à saint

---

[1] GRÉGOIRE VII, *Registrum*, I, 7 (édit. CASPAR, p. 11 ; édit. JAFFÉ, p. 16-17 ; PL, CXLVIII, 289). Cfr aussi JAFFÉ-WATTENBACH, 4691. — Voir à ce sujet LANGE, *Staatensystem Gregors VII, auf Grund des augustinischen Begriffs der libertas ecclesiae*, Diss. Greifswald, 1915, p. 55.

[2] La lettre de Grégoire VII étant postérieure d'une semaine seulement à l'élection pontificale, il est évident que la convention est intervenue sous Alexandre II.

[3] Il faut voir là sans doute une allusion à la fausse donation de Constantin.

Pierre.» Il y a plus : le souvenir des biens et de la propriété
du Saint-Siège s'est peu à peu effacé; il importe donc que les
princes chrétiens reviennent à la tradition et aident saint Pierre
à recouvrer «sa justice et son honneur [1].»

Le Saint Siège revendique aussi, au temps de Grégoire VII,
la suzeraineté de la Hongrie, en vertu d'un lien féodal remontant
à Silvestre II (999-1003), dont le roi Étienne Ier aurait reconnu
la suzeraineté. Bien qu'il y ait lieu de douter de l'authenticité
de cette donation [2], sans doute inventée par les rois de Hongrie
pour échapper à la suzeraineté impériale et à l'étreinte germanique, il est certain qu'au XIe siècle, on n'avait pas le moindre
doute à son sujet, — Henri III lui-même aurait reconnu que la
Hongrie était vassale du Saint-Siège [3] — et c'est sur elle que
s'appuie Grégoire VII pour protester, en 1074, contre l'hommage prêté par le roi Salomon à Henri IV : «Vous avez, lui
écrit-il, diminué et aliéné le droit et l'honneur de saint Pierre,
en recevant, comme nous l'avons appris, son royaume en
bénéfice du roi de Germanie [4].» C'est une occasion pour le
pape d'affirmer à nouveau que «le sceptre du royaume de
Hongrie est un bénéfice de la majesté apostolique et non pas
royale [5].» L'emploi du mot *beneficium* est ici tout à fait caracté-

---

[1] GRÉGOIRE VII, *Registrum*, IV, 28 (édit. CASPAR, p. 345-346; édit. JAFFÉ,
p. 286; PL, CXLVIII, 485-486).

[2] Cfr PAUL FABRE, *Étude sur le «Liber censuum» de l'Église romaine*, Paris, 1892,
p. 117; LANGE, *Staatensystem Gregors VII*, p. 76 et suiv.

[3] Ce fait, admis par MEYER VON KNONAU (*Jahrbücher*, t. II, p. 432), a été
contesté par Otto MEINE (*Gregors VII Auffassung von Fürstenamte im Verhältnis
zu den Fürsten seiner Zeit*, Diss. Greifswald, 1907, p. 31). Le passage de la
lettre de Grégoire VII (*Registrum*, II, 13, édit. CASPAR, p. 145; édit. JAFFÉ,
p. 128; PL, CXLVIII, 373) du 28 octobre 1074 est formel et donne des précisions que le pape n'aurait pu inventer : «Praeterea Heinricus, piae memoriae
imperator, ad honorem sancti Petri regnum illud expugnans, victo rege et
facta victoria, ad corpus beati Petri lanceam coronamque transmisit et pro gloria
triumphi sui illuc regni direxit insignia quo principatum dignitatis eius attinere
cognovit.»

[4] Henri IV avait aidé Salomon à recouvrer sa couronne et lui avait demandé,
en échange, de reconnaître sa suzeraineté. Cfr LAMBERT DE HERSFELD, a. 1074
(MGH, SS, t. V, p. 216; édit. HOLDER-EGGER, p. 197).

[5] GRÉGOIRE VII, *Registrum*, II, 13 (édit. CASPAR, p. 145; édit. JAFFÉ, p. 128;
PL, CXLVIII, 373).

ristique : il prouve que, dans la pensée du pape, la Hongrie est bien un fief apostolique.

Le roi Salomon ne voulut pas s'incliner et Grégoire VII, sans hésiter, reconnut le duc Geisa, qui s'était emparé de la couronne :

« Sachez, lui écrivit-il, le 23 mars 1075, que le royaume de Hongrie, comme d'autres très nobles royaumes, doit être dans un état de liberté propre et ne pas être soumis au roi d'un autre royaume, mais à la sainte mère de tous, à l'Église romaine qui traite ses sujets non pas comme des esclaves, mais comme des fils. Aussi bien, puisque votre parent (Salomon) a, au prix d'une usurpation, obtenu sa souveraineté du roi de Germanie et non du pontife romain, il a empêché le jugement divin. Puisque donc le royaume est entre vos mains, nous vous exhortons à vous montrer plein de sollicitude envers les églises, à manifester votre zèle envers la religion et à faire preuve à l'égard des légats de l'Église romaine, quand ils viendront vers vous, d'une obéissance qui vous attirera l'intercession du bienheureux Pierre en cette vie et dans l'autre [1]. »

Par la suite, il semble que les liens vassaliques qui unissaient la Hongrie au Saint-Siège se soient affaiblis. En 1077, Ladislas ayant succédé à Geisa, Grégoire VII fit prier le nouveau roi, par l'archevêque de Gran, d'envoyer des légats à Rome, pour y manifester son obéissance, mais il emploie à cette occasion le terme très vague de *devotio* et il n'est aucunement question, dans sa lettre, d'hommage du royaume au pontife romain [2]. Une autre bulle, du 21 mars 1079, tout en attestant d'excellents rapports entre Grégoire VII et Ladislas, ne fait pas non plus allusion à la suzeraineté du Saint-Siège sur la Hongrie ; le pape demande simplement au roi de « servir le bienheureux Pierre, ainsi que l'exige le pouvoir religieux » et d'obéir au successeur de l'Apôtre « comme il convient à un fils libéral [3]. » L'introduction du mot « pouvoir religieux » *(religiosa potestas)* est assez curieuse et l'on serait tenté de se demander si Grégoire VII,

[1] GRÉGOIRE VII, *Registrum*, II, 63 (édit. CASPAR, p. 218-219; édit. JAFFÉ, p. 183-184; PL, CXLVIII, 414).
[2] ID., *ibid.*, IV, 25 (édit. CASPAR, p. 340; édit. JAFFÉ, p. 279-281 ; PL, CXLVIII, 481-482).
[3] ID., *ibid.*, VI, 29 (édit. CASPAR, p. 441; édit. JAFFÉ, p. 365-366; PL, CXLVIII, 534).

éclairé sur la valeur de la donation d'Étienne Ier à Silvestre II, n'aurait pas jugé opportun de se contenter, pour la Hongrie, de l'obéissance requise de tous les rois, fils de l'Apôtre.

En plus de l'Italie normande, de l'Espagne et de la Hongrie, on peut noter comme états vassaux du Saint-Siège au temps de Grégoire VII, la Croatie-Dalmatie et le royaume de Kiev. La suzeraineté pontificale, dans ces deux pays, n'est pas antérieure au pontificat de Grégoire VII, mais, dans l'un comme dans l'autre, elle a été sollicitée par les souverains eux-mêmes et le pape s'est borné à acquiescer au vœu qui lui était exprimé. On ne saurait donc apercevoir aucun lien entre le serment de fidélité prêté au pape par Swonimir, duc de Croatie-Dalmatie, ou par Dmitri, roi de Kiev, et les tentatives contemporaines de Grégoire VII pour établir sur les états chrétiens la suprématie absolue du Saint-Siège. Une fois de plus, gouvernement sacerdotal et suzeraineté pontificale se développent parallèlement sans se pénétrer.

On a conservé l'acte par lequel Swonimir, duc de Croatie et de Dalmatie, en échange de la couronne royale qui lui fut remise par le légat pontifical en 1076, prêta serment de fidélité au Saint-Siège :

« Moi, Démétrius, appelé Swonimir, dit-il, par la providence de Dieu duc de Croatie et de Dalmatie, obtenant mon pouvoir de vous, seigneur Gépizon, comme légat apostolique de notre seigneur pape Grégoire, investi et établi roi de Croatie et de Dalmatie par l'élection synodale et unanime du clergé et du peuple, en recevant l'étendard, l'épée, le sceptre et la couronne, je vous promets solennellement d'accomplir sans rien y changer tous les ordres que je recevrai de votre sainteté ; j'observerai en toutes choses la foi envers le siège apostolique, et tout ce que dans ce royaume le siège apostolique, aussi bien que ses légats, aura décidé ou décidera je l'exécuterai. »

Swonimir s'engage en outre à prêter le serment de fidélité et à payer chaque année un tribut [1]. Trois ans plus tard, dans

---

[1] On trouvera le serment de Swonimir dans DEUSDEDIT, *Collectio canonum*, III, 278 (édit. WOLF VON GLANVELL, p. 383-385) et dans MURATORI, *Antiquitates italicae medii aevi*, t. V, p. 840.

une bulle du 4 octobre 1079, Grégoire VII se plaisait à rappeler que c'était le Saint-Siège qui avait remis la couronne au roi de Croatie-Dalmatie et à affirmer que toute tentative dirigée contre ce prince serait considérée comme une offense au siège apostolique [1].

Le cas du royaume de Kiev est identique. Le 17 avril 1075, Grégoire VII écrit au roi Dmitri :

« Votre fils, en visitant la demeure des Apôtres, est venu nous trouver. Comme il voulait obtenir le royaume par un don de saint Pierre et le recevoir de nos mains, après avoir témoigné au bienheureux Pierre, prince des Apôtres, la fidélité qui lui était due, il nous a adressé une pieuse prière. »

Le pape a demandé au jeune prince s'il avait l'assentiment paternel et reçu une réponse affirmative. Il conclut :

« Nous lui avons remis de la part de saint Pierre le gouvernement de votre royaume... Votre sérénité nous trouvera toujours prêt, chaque fois qu'elle sollicitera dans une nécessité le secours du Saint-Siège, à satisfaire aussitôt à ses demandes [2]. »

Sans doute il n'est pas question ici d'obligations vassaliques à proprement parler ; les mots de *consilium* et d'*auxilium* ne sont pas prononcés, mais la formule *per manus* peut indiquer qu'il s'agit d'un serment de fidélité et la cérémonie décrite par Grégoire VII ressemble, à ne pas s'y tromper, à l'hommage féodal : Dmitri tient son royaume de saint Pierre et reconnaît le pape pour suzerain.

De l'examen de ces divers actes d'hommage on peut conclure que Grégoire VII a exercé sur quelques états une véritable suzeraineté, généralement sollicitée par les princes eux-mêmes, mais que cette suzeraineté, antérieure à la proclamation du gouvernement sacerdotal, n'est en aucune façon une extension temporelle de la suprématie spirituelle que le pape prétend exercer

---

[1] GRÉGOIRE VII, *Registrum*, VII, 4 (édit. CASPAR, p. 463-464 ; édit. JAFFÉ, p. 384 ; PL, CXLVIII, 548).
[2] ID. *ibid.*, II, 74 (édit. CASPAR, p. 236-237 ; édit. JAFFÉ, p. 198-199 ; PL, CXLVIII, 425-426).

comme successeur de l'apôtre Pierre et au nom de laquelle il contraint les rois à lui rendre compte de leurs actes *ratione peccati*. D'ailleurs le nombre d'états qui relèvent par une convention féodale du Siège apostolique au temps de Grégoire VII, si l'on s'en tient à la liste qui a été dressée, est assez restreint, mais n'y a-t-il pas lieu d'allonger cette liste ? Dans les bulles relatives au Danemark, à la Bohême, à l'Angleterre, on voit apparaître les mots de *fidelitas*, de *servitium*, d'*auxilium*, d'autres encore qui font partie du vocabulaire féodal. Ne faut-il pas en conclure que Grégoire VII a cherché à placer ces divers états sous la suzeraineté pontificale et que, dès lors, il aurait travaillé au développement de cette institution qui lui est antérieure sans doute, mais dont il aurait cherché à se servir pour courber les princes chrétiens sous le joug spirituel et temporel du Saint-Siège ?

Pour résoudre ce problème particulièrement délicat, il importe, avant d'examiner les cas d'espèce, de déterminer quel est le sens exact dans la correspondance de Grégoire VII des mots *fidelis* et *fidelitas* sur lesquels roule en somme tout le débat. Ces mots reviennent souvent dans les bulles pontificales ; aussi il suffit d'examiner quelques-unes d'entre elles pour constater qu'ils n'ont pas toujours la même signification, qu'ils ont tantôt un sens féodal, tantôt un sens que l'on peut appeler théologique.

Une bulle du 12 avril 1080 concerne la plainte qu'adresse à Rome l'abbé de Saint-Géraud d'Aurillac, au sujet de certaines personnes qui détenaient injustement les bénéfices du monastère à elles concédés par les prédécesseurs de l'abbé *sub fidelitate et hominio*. Parmi les envahisseurs, un certain Bérenger, comte de Sarlat, refusait à l'abbé « service et fidélité », *servitium et fidelitatem*, à moins que le bénéfice, dont il jouissait frauduleusement, ne fût encore augmenté sur la propriété de l'Église. En vertu de son autorité apostolique, Grégoire VII prescrit à tous ceux qui ont reçu de l'église un bénéfice, *beneficium*, de manifester envers l'abbé soumission et fidélité, *subiectionem et fidelitatem*, et d'acquitter le service qu'ils doivent en raison du bénéfice qu'ils ont reçu de lui, *servitium pro beneficio*[1].

Le sens du mot *fidelitas* et des termes qui s'y rattachent, tels que *beneficium, hominium, servitium*, ne saurait ici faire l'objet d'aucun doute : l'abbé Géraud a des vassaux qui ont reçu de lui des terres en bénéfice, qui pour ces terres lui prêtent hommage et acquittent les services féodaux.

Les deux mots de *beneficium* et de *fidelitas* sont encore associés dans une bulle du 6 mai 1074 qui interdit de recevoir en bénéfice de l'abbé Robert les biens de l'abbaye de Reichenau et de prêter serment de fidélité à ce même Robert[2]. Dans une lettre du 17 septembre 1077 au clergé et au peuple d'Aquilée, ce sont les mots de *fidelitas* et de *servitium* qui sont accouplés : il s'agit de l'élection du patriarche qui n'a pas été faite conformément aux règles canoniques ; tout en formulant ses réserves, le pape se défend de vouloir « contredire ou empêcher en rien tout ce qui concerne le service et la fidélité dûs au roi[3]. » A ces exemples enfin on peut ajouter les formules d'hommage citées plus haut à propos des états vassaux[4] ; elles prouvent que Grégoire VII est familier avec la terminologie féodale, mais il se trouve que cette terminologie côtoie la terminologie traditionnelle de l'Église qui se sert des mêmes termes, ou tout au moins de certains d'entre eux, pour désigner les liens qui unissent les évêques et les « fidèles » à leur chef et à leur pasteur.

Les encycliques solennelles sont adressées à « tous les fidèles de saint Pierre, *omnibus fidelibus sancti Petri*[5] et il ne saurait

[1] GRÉGOIRE VII, *Registrum*, VII, 19 (édit. CASPAR, p. 494-495 ; édit. JAFFÉ, p. 409-411 ; PL, CXLVIII, 562).

[2] GRÉGOIRE VII, *Registrum*, I, 82 : « Simili modo omnibus, qui a saepefato Roberto pro defendenda eius nequitia aut exhibenda sibi fidelitate bona abbatiae in beneficia adepti sunt, sub anathematis districtione et animadversione interdicimus » (édit. CASPAR, p. 118 ; édit. JAFFÉ, p. 103 ; PL, CXLVIII, 355).

[3] ID. *ibid.*, V, 5 (édit. CASPAR, p. 353 ; édit. JAFFÉ, p. 292 ; PL, CXLVIII, 490).

[4] Cfr *supra*, p. 328, 332, 333.

[5] Cfr à titre d'exemple, *Registrum*, I, 15 (édit. CASPAR, p. 23 ; édit. JAFFÉ, p. 26 ; PL, CXLVIII, 296) : « Gregorius episcopus, servus servorum Dei, omnibus fidelibus sancti Petri, apostolorum principis, maxime in Langobardia

être question dans ce cas très général d'un lien vassalique : les fidèles de saint Pierre, c'est l'ensemble du monde chrétien, ce sont, si l'on préfère, ceux qui reconnaissent la primauté conférée par le Christ à l'apôtre Pierre et transmise par Pierre à ses successeurs ou encore qui veulent « se compter parmi les brebis que le Christ a confiées au bienheureux Pierre [1], » qui par la foi chrétienne sont devenus les fils d'adoption de Dieu [2], qui sont décidés à « défendre la foi chrétienne [3]. »

Ce sens du mot *fidelis* se retrouve, avec des applications plus particulières, dans un bon nombre de bulles. Le 15 juin 1074, Grégoire VII félicite l'impératrice Agnès du zèle qu'elle déploie en faveur de la paix entre le Sacerdoce et l'Empire ; à ce propos il prononce le nom de la comtesse Mathilde, très attachée à Agnès par « l'affection de la fidélité [4]. » Le 17 avril 1075, dans une lettre au duc de Hongrie, Geisa, il s'excuse de sa brièveté, à laquelle suppléeront oralement les porteurs de la lettre, dans la « fidélité » desquels il a pleine confiance [5]. Dans le premier cas le mot fidélité n'a même pas un sens théologique, mais

---

commorantibus salutem et apostolicam benedictionem ». — II, 37 (édit. CASPAR, p. 173 ; édit. JAFFÉ, p. 150 ; PL, CXLVIII, 390) : « Gregorius... omnibus fidelibus sancti Petri, maxime ultramontanis, salutem... »

[1] GRÉGOIRE VII, *Registrum*, III, 6 (édit. CASPAR, p. 254 ; édit. JAFFÉ, p. 211 ; PL, CXLVIII, 434) : « Gregorius... omnibus qui cupiunt se annumerari inter oves quas Christus beato Petro commisit. »

[2] GRÉGOIRE VII, *Registrum*, I, 49 (édit. CASPAR, p. 75 ; édit. JAFFÉ, p. 69 ; PL, CXLVIII, 329) : Vos per fidem, in qua per Christum in adoptionem filiorum Dei uniti estis. »

[3] GRÉGOIRE VII, *Registrum*, I, 49 (édit. CASPAR, p. 75 ; édit. JAFFÉ, p. 69 ; PL, CXLVIII, 329) : « Gregorius... omnibus christianam fidem defendere volentibus salutem et apostolicam benedictionem ». — IV, 1 (édit. CASPAR, p. 289 ; édit. JAFFÉ, p. 238 ; PL, CXLVIII, 451) : « Gregorius... omnibus in Christo fratribus, episcopis videlicet, abbatibus atque sacerdotibus, ducibus etiam, principibus atque militibus, omnibusque christianam fidem et beati Petri honorem re vera diligentibus. »

[4] GRÉGOIRE VII, *Registrum*, I, 85 (édit. CASPAR, p. 122 ; édit. JAFFÉ, p. 107 ; PL, CXLVIII, 358) : Quod autem de filia vestra Mathildi nos rogastis, gratanter accepimus, collaudantes sanctitatem vestram, quod tanta vobis de salute illius cura est, quae quidem in vos omni desiderio et fidelitatis affectu cor et animam suam effundit... »

[5] GRÉGOIRE VII, *Registrum*, II, 70 (édit. CASPAR, p. 230 ; édit. JAFFÉ, p. 193 ; PL, CXLVIII, 421) : « Quae autem hic minus scripsimus, horum portitoribus tibi dicenda relinquimus, quia de illorum fidelitate satis confidimus. »

seulement le sens que lui donne l'usage courant. Dans le second il sert par analogie à désigner les bons serviteurs du Saint-Siège ; il en est de même dans une lettre à Anazir, roi de Mauritanie, que Grégoire VII fait porter par deux de ses familiers, Aubri et Cenci, sur la fidélité de qui il sait pouvoir compter [1]. Le terme de fidélité tend ainsi à devenir synonyme de docilité, soumission, obéissance, auxquels il lui arrive d'être associé [2]. On est « fidèle à Dieu et à saint Pierre [3] », à l'image du pape qui, au concile de 1076, a proclamé sa fidélité au prince des Apôtres, fidélité qui évidemment ne saurait ressembler à une vassalité quelconque [4].

De ces exemples que l'on pourrait multiplier, il résulte que, dans la correspondance de Grégoire VII, les mots *fidelis* et *fidelitas* tantôt gardent leur sens traditionnel et théologique, tantôt désignent avec précision les liens de vassal à suzerain. C'est donc le contexte qui, le plus souvent, permettra de déterminer de quelle fidélité il s'agit. En général, lorsque le pape ou la chancellerie pontificale font allusion à la fidélité féodale, le mot *fidelitas* est accompagné d'autres expressions également significatives : dans la bulle pour Saint-Géraud d'Aurillac, aussi bien que dans celles pour Reichenau et pour Aquilée, les termes concomitants de *beneficium*, de *servitium*, d'*hominium*

---

[1] GRÉGOIRE VII, *Registrum*, III, 21 (édit. CASPAR, p. 288 ; édit. JAFFÉ, p. 237 ; PL, CXLVIII, 452) : « Quos magnificentiae tuae commendantes rogamus, ut eam caritatem, quam tibi tuisque omnibus semper impendere desideramus, eis pro amore nostro et recompensatione fidelitatis predictorum virorum impendere studeas. »

[2] Il en est ainsi dans une lettre à l'évêque de Gérone, Bérenger (*Registrum*, VI, 16, édit. CASPAR, p. 421 ; édit. JAFFÉ, p. 348 ; PL, CXLVIII, 525) : « paratum esse te dicis in oboedientia et fidelitate beati Petri ».

[3] GRÉGOIRE VII, *Registrum*, VII, 3, du 1er octobre 1079, aux Allemands (édit. CASPAR, p. 463 ; édit. JAFFÉ, p. 383 ; PL, CXLVIII, 548) : « Vos itaque, si re vera et in caritate non ficta, fideles Dei atque sancti Petri estis. » — VIII, 7 (édit. CASPAR, p. 525 ; édit. JAFFÉ, p. 436 ; PL, CXLVIII, 581) : « Vos ergo ; qui Deum timetis et beati Petri fidelitatem tenetis. »

[4] GRÉGOIRE VII, *Registrum*, III, 10a (édit. CASPAR, p. 270 ; édit. JAFFÉ, p. 223-224 ; PL, CXLVIII, 790) : « Beate Petre, apostolorum princeps, inclina, quesumus, pias aures tuas nobis et audi me, servum tuum, quem ab infantia nutristi et usque ad hunc diem de manu iniquorum liberasti qui me pro tua fidelitate oderunt et odiunt. »

ne laissent subsister aucun doute; de même dans les serments
de fidélité des princes normands de l'Italie méridionale ou dans
celui de Swonimir, roi de Croatie-Dalmatie, les obligations de
consilium et d'*auxilium* sont clairement indiquées. Au contraire
la fidélité d'ordre purement spirituel est dépourvue d'attributs
aussi précis. Il y a pourtant des exceptions et il y a lieu d'envisager certains cas où l'on trouve, à côté des mots *fidelis* ou *fidelitas*,
ceux de *beneficium* et de *servitium*, mais qui ont eux-mêmes
le sens général de bienfait et de service, sans qu'il s'y attache
aucune idée de fief ni de redevance féodale.

En 1074, Grégoire VII écrit à l'archevêque de Brême, Liémar,
à propos de sa révolte envers le Saint-Siège et lui reproche
d'avoir été *immemor suscepti beneficii* ou plutôt « ingrat », pour
avoir « oublié la promesse par laquelle il s'était canoniquement
engagé à être fidèle à l'Église romaine, à l'aimer et à lui obéir
de tout son cœur [1]. » Le mot *beneficium*, n'a pas ici le sens de
bénéfice, mais celui de bienfait, puisque *immemor suscepti
beneficii* apparaît comme équivalent d'*ingratus* et pourtant il
voisine avec celui de *fidelis* qui, pour caractériser les rapports
d'un évêque avec le Saint-Siège, ne peut être pris dans son sens
féodal. Il en est de même dans la lettre du 8 décembre 1075
où, s'adressant à Henri IV en personne, Grégoire VII emploie
tour à tour les expressions de *fidelis devotio, auxilium, beneficium*, suivant leur acception usuelle [2].

Le mot *servitium* appelle des remarques analogues : il désigne
tantôt le service de Dieu, tantôt le service du vassal à l'égard
du suzerain. Dans les exemples cités plus haut, c'est le second

---

[1] GRÉGOIRE VII, *Registrum*, II, 28 (édit. CASPAR, p. 160; édit. JAFFÉ, p. 140;
PL, CXLVIII, 382) : « Quia suscepti beneficii, quo te sancta Romana ecclesia
voluit honestare, te immemorem, immo ingratum potius cognovimus, oblitum
etiam promissionem canonicamque obligationem, qua sanctae Romanae
ecclesiae fidelem te diligere eique ex corde oboedire, canonice obligasti. »

[2] GRÉGOIRE VII, *Registrum*, III, 10 (édit. CASPAR, p. 267; édit. JAFFÉ, p. 221-
222; PL, CXLVIII, 441) : « Te monemus ut... Deo omnipotenti et beato Petro,
a quibus et tua mereatur amplificari gloria, auxilium tuae virtutis fideli devo-
tione exhibere incipias. Quod nimirum pro collata tibi ex hostibus tuis victoria
nunc te permaxime illis debitum fore cognoscere debes, ut, dum te memo-
rabili prosperitate laetificant, ex concessis beneficiis devotiorem videant. »

sens qui l'emporte, mais il n'en est pas toujours ainsi. Par
exemple, le 19 mars 1074, Grégoire VII apprend à son ami
Hugues de Cluny qu'il a envoyé l'évêque d'Ostie, Géraud,
comme légat au-delà des monts *in servitio sancti Petri* [1]. Ce
« service de saint Pierre » n'a rien de féodal, puisqu'il s'agit
d'un évêque qui va représenter le Saint-Siège. Il en est ici
du service de saint Pierre comme du « service de Dieu » ou
du « service du roi éternel », dont il est question dans les lettres
à Adélaïde de Turin [2] ou aux princes espagnols [3].

On retrouve la même expression, avec le même sens, dans
des lettres adressées non plus à des évêques, mais à des laïques.
Le 10 septembre 1074, Grégoire VII félicite le duc d'Aquitaine,
Guillaume VI, de la promptitude qu'il manifeste « au service
de saint Pierre [4] ». Sans doute il s'agit bien ici d'un concours
militaire, en vue de l'expédition que projette Grégoire VII
en Orient [5], mais ce concours est tout spontané et l'on ne peut
concevoir que le pape ait pu exercer une suzeraineté quelconque sur un haut feudataire français, vassal du roi Philippe Ier,
sans provoquer un conflit dont on n'aperçoit nulle part aucune
trace. De même, lorsque pour le même motif Grégoire VII
demande au comte de Bourgogne, Guillaume Ier, « d'accourir
avec ses armées au service de saint Pierre » et de venir « défendre
la liberté de l'Église romaine » [6], il ne saurait être question
d'une obligation vassalique. Le service que Grégoire VII

---

[1] GRÉGOIRE VII, *Registrum*, I, 62 (édit. CASPAR, p. 90-91 ; édit. JAFFÉ, p. 81 ;
PL, CXLVIII, 338) : « Quoniam cum prefatum episcopum (Giraldum) in
servitio sancti Petri ultra montes ad regem misimus. »

[2] GRÉGOIRE VII, *Registrum*, I, 37 (édit. CASPAR, p. 59 ; édit. JAFFÉ, p. 55 ;
PL, CXLVIII, 319) : « Ad hoc enim tibi a Domino et honoris dignitas et
potentiae amplitudo concessa est, ut in suo suorumque servitio expendatur. »

[3] GRÉGOIRE VII, *Registrum*, IV, 28 (édit. CASPAR, p. 345 ; édit. JAFFÉ, p. 285 ;
PL, CXLVIII, 485) : « Arma vestra, opes, potentias non ad secularem pompam
tantum; sed ad honorem et servitium aeterni regis vertite. »

[4] GRÉGOIRE VII, *Registrum*, II, 3 (édit. CASPAR, p. 128 ; édit. JAFFÉ, p. 112 ;
PL, CXLVIII, 361) : « Quod autem ad servitium sancti Petri promptam vos
habere voluntatem mandastis gratanter accepimus. »

[5] Cfr *supra*, p. 169-170.

[6] GRÉGOIRE VII, *Registrum*, I, 46 (édit. CASPAR, p. 70 ; édit. JAFFÉ, p. 64 ;
PL, CXLVIII, 326).

attend du duc d'Aquitaine et du comte de Bourgogne est du même ordre que celui qu'il espère de Rodolphe de Souabe, vassal de Henri IV, à qui il recommande quelques semaines après son avènement de « croître toujours dans la fidélité de saint Pierre [1]. »

Ainsi parmi les princes laïques, quelques-uns, en vertu de conventions formelles, ont été les vassaux du Saint-Siège, astreints à toutes les obligations requises en pareil cas ; d'autres n'ont été que des fidèles au sens théologique du mot. Ces derniers peuvent être assimilés à certains égards aux évêques et contractent à l'égard du pontife romain des devoirs analogues ; des uns comme des autres le pape peut exiger la plus complète soumission. Dans certains cas, il a demandé aux évêques de prêter serment d'obéissance au siège apostolique [2]. Des laïques ont prêté des serments analogues : dans la lettre à Guillaume Ier, comte de Bourgogne, le pape rappelle qu'un certain nombre de seigneurs « fidèles de saint Pierre » ont promis de partir pour l'Orient « en levant les armes au ciel [3]. » Telle n'est pas la forme habituelle du serment de fidélité qui se jure, comme on l'a vu pour les princes normands et pour le roi de Kiev, *per manus* et non pas *manibus ad coelum extensis*. Au reste, cette formule *per manus* s'applique même au serment épiscopal. C'est en mettant sa main dans celle du pape, *manum tuam manui nostrae dando*, que l'évêque du Puy, en 1070, jure obéissance à l'Église romaine au spirituel et, sans contracter à

---

[1] GRÉGOIRE VII, *Registrum*, I, 19 (édit. CASPAR, p. 32 ; édit. JAFFÉ, p. 34 ; PL, CXLVIII, 302) : « Quapropter prudentiam tuam rogamus ut in fidelitate beati Petri semper studeas crescere. »

[2] Cfr *supra*, p. 226.

[3] GRÉGOIRE VII, *Registrum*, I, 46 (édit. CASPAR, p. 70 ; édit. JAFFÉ, p. 64-65 ; PL, CXLVIII, 326) : « Unde memores nobilitatis vestrae fidei, rogamus et admonemus strenuitatis vestrae prudentiam, quatinus preparetis vestrae militiae fortitudinem ad succurrendum Romanae ecclesiae libertati, scilicet, si necesse fuerit, veniatis huc cum exercitu vestro in servitio sancti Petri. Et hoc idem rogamus vos monere comitem sancti Egidii et socerum Riccardi, Capuani principis, et Amideum, filium Adeleite, caeterosque quos cognoscitis sancti Petri esse fideles et qui similiter manibus ad coelum extensis promiserunt. »

son égard la moindre obligation vassalique [1] : il y a là une preuve de plus de l'incertitude qui vient d'être relevée dans le sens des termes en usage à la chancellerie pontificale.

Bref, l'emploi des mots *fidelis*, *fidelitas*, *servitium*, l'usage du serment, lorsque celui-ci n'est pas accompagné de l'hommage, n'impliquent pas nécessairement des relations de vassal à suzerain [2]. Il importe donc pour les états dont on n'a conservé aucun acte reconnaissant positivement la suzeraineté apostolique, de définir avec toute la précision possible la signification de ces divers termes.

Il sera non moins nécessaire d'examiner le caractère des redevances. On a soutenu que, pour les états comme pour les monastères, « le cens a toujours représenté la reconnaissance d'un droit supérieur de propriété [3] ». Cette thèse peut prêter à discussion. On verra plus loin [4] que Guillaume le Conquérant a consenti à payer au Saint-Siège des redevances, sans se considérer comme astreint par ce seul fait à des obligations vassaliques, ce qui semble prouver que le paiement d'un cens à Rome n'implique pas forcément la reconnaissance de la suzeraineté pontificale. D'ailleurs l'expression de *census* n'apparaît que rarement dans la correspondance de Grégoire VII ; la Bohême est le seul état dont la redevance soit ainsi qualifiée [5]. Les États vassaux, comme les principautés normandes de l'Italie méridionale et la Dalmatie-Croatie, payent une *pensio* [6]. Pour les autres le vocabulaire varie, si bien qu'il faut se garder de conclusions trop hâtives et étudier les cas d'espèce.

---

[1] GRÉGOIRE VII, *Registrum*, I, 80 (édit. CASPAR, p. 114 ; édit. JAFFÉ, p. 100 ; PL, CXLVIII, 352).

[2] Le sens de ces diverses expressions est tellement flottant que Henri IV, lorsqu'il se soumet à Grégoire VII en 1073 (cfr *supra*, p. 124) s'engage à lui demander *consilium et auxilium*.

[3] PAUL FABRE, *Étude sur le « Liber censuum » de l'Église romaine*, p. 117.

[4] Cfr *infra*, p. 345-348.

[5] GRÉGOIRE VII, *Registrum*, II, 7 (édit. CASPAR, p. 136 ; édit. JAFFÉ, p. 119 ; PL, CXLVIII, 367). Le mot figure aussi dans la lettre IX, 3, à Altmann de Passau et à Guillaume de Hirschau, sur laquelle nous avons formulé toutes sortes de réserves (voir l'Introduction, p. 18-25). Il s'applique également au Danemark, dans une bulle d'Alexandre II (JAFFÉ-WATTENBACH, 4495).

[6] Cfr *supra*, p. 328 et 332.

Celui du Danemark doit retenir tout d'abord l'attention, car peu de pays ont eu avec le Saint-Siège des rapports aussi affectueux. Dès le 28 avril 1073, Grégoire VII a notifié son avènement au roi Suein II [1], avec lequel il avait toujours entretenu les plus cordiales relations [2]. En raison même de ces souvenirs, il lui fait demander, au début de 1075, s'il peut compter sur son secours, au cas où la sainte Église romaine aurait besoin d'un appui militaire et lui fait entrevoir la possibilité d'établir un de ses fils comme duc d'une « province très riche et voisine de la mer [3]. » Ce concours éventuel Grégoire VII le sollicite; il ne l'exige pas comme d'un vassal : Suein n'est pas désigné sous le nom de *fidelis* et ce serait singulièrement forcer le sens du mot *auxilium* que d'y voir ici l'expression d'un devoir féodal.

D'autres bulles permettent de mieux saisir le caractère des rapports du Danemark avec le Saint-Siège au temps de Grégoire VII. Une lettre à Suein, en date du 20 avril 1075, rappelle qu'au temps d'Alexandre II le roi avait sollicité le patronage, *patrocinium*, du bienheureux Pierre [4]. Faut-il traduire *patrocinium* par suzeraineté ? Le contexte ne semble pas l'autoriser, car il est singulièrement vague : dans un court préambule, Gré-

---

[1] GRÉGOIRE VII, *Registrum*, I, 4 (édit. CASPAR, p. 7; édit. JAFFÉ, p. 13; PL, CXLVIII, 287).

[2] GRÉGOIRE VII, *Registrum*, II, 51 (édit. CASPAR, p. 192; édit. JAFFÉ, p. 167; PL, CXLVIII, 402) : « Cum adhuc in ordine diaconatus eramus, saepe dilectionis tuae litteras et legatos accepimus in quibus magnificentiae tuae promptum erga nos animum fore intelleximus. »

[3] GRÉGOIRE VII, *Registrum*, II, 51 (édit. CASPAR, p. 194; édit. JAFFÉ, p. 168; PL, CXLVIII, 403) : « Preterea, si sancta Romana mater ecclesia contra profanos et inimicos Dei tuo auxilio in militibus et materiali gladio opus habuerit, quae spes de te habenda sit, itidem tua certa legatione cognoscere cupimus. Est etiam non longe a nobis provincia quaedam opulentissima juxta mare, quam viles et ignavi tenent heretici; in qua unum de filiis tuis, si eum, sicut quidam episcopus terrae tuae in animo tibi fore nuntiavit, apostolicae aulae militandum dares cum aliquanta multitudine eorum, qui sibi fidi milites essent, ducem ac principem et defensorem christianitatis fieri optamus. »

[4] GRÉGOIRE VII, *Registrum*, II, 75 (édit. CASPAR, p. 238; édit. JAFFÉ, p. 200; PL, CXLVIII, 426) : « Quia vero apud antecessorem nostrum beatae memoriae Alexandrum quaedam expetisti, quibus beatum Petrum debitorem faceres, immo tibi et regno tuo nobile patrocinium eius acquireres, per eosdem legatos mandes utrum eadem voluntas sit an fuerit passa defectum, aut, quod magis optamus, susceperit augmentum. »

goire VII oppose la déférence traditionnelle des rois pour le
Saint-Siège à l'attitude de révolte que la plupart d'entre eux
observent actuellement à son égard et il félicite Suein de « manifester envers la mère de toutes les églises le respect qui lui est
dû » ; il lui demande aussi « s'il est quelque chose qui lui manque
et que l'autorité de l'Église romaine puisse justement lui
dispenser [1]. » De fidélité, d'hommage, de redevances, il n'est
pas question. Dès lors peut-on assimiler un état qui recourt
au *patrocinium* de l'Apôtre à ceux qui, comme l'Espagne et
la Hongrie, sont placés *in ius et proprietatem beati Petri* ?

Suein II meurt en 1077 ; Harold Hein lui succède et, dès
le 6 novembre de cette année, Grégoire VII lui écrit pour
l'inviter à s'inspirer, dans ses rapports avec le Saint-Siège,
des exemples du feu roi [2]. Après avoir vanté les diverses vertus
de Suein et exprimé l'espoir que, malgré quelques vices fâcheux,
il aura, « avec l'aide des apôtres auxquels il est resté fidèle »,
fléchi la miséricorde divine, il invite le nouveau souverain à
manifester envers l'Église romaine « la foi et l'amour, *fidem
et dilectionem*, » dont son père a fait preuve envers elle, à se
montrer ainsi le « fils de l'apôtre Pierre [3], » à bien gouverner
son royaume, à être le défenseur des pauvres, des orphelins
et des veuves, à prêter à l'Église secours et protection, *auxilium
et tuitionem*, à envoyer à Rome des ambassadeurs, par lesquels le
pape pourra « avoir plus ample connaissance du salut du corps
et de l'âme » du roi. Rien n'indique encore ici que Grégoire VII
veuille exercer à l'égard du roi de Danemark les prérogatives
du suzerain : le mot *dilectio*, accouplé à celui de *fides*, en précise
le sens théologique, et on a là une preuve de plus que le terme

[1] GRÉGOIRE VII, *Registrum*, II, 75 (édit. CASPAR, p. 237-238 ; édit. JAFFÉ,
p. 199-200 ; PL, CXLVIII, 426).
[2] GRÉGOIRE VII, *Registrum*, V, 10 (édit. CASPAR, p. 361-363 ; édit. JAFFÉ,
p. 298-301 ; PL, CXLVIII, 495-497).
[3] GRÉGOIRE VII, *Registrum*, V, 10 (édit. CASPAR, p. 362 ; édit. JAFFÉ, p. 299 ;
PL, CXLVIII, 496) : « Nunc vero, fili karissime, apostolica te invitatione monemus, ut patris tui fidem et dilectionem, quam erga apostolicam gessit ecclesiam,
corde prospicias, fide intendas, mente advertas, et sic te filium Petri apostoli
exhibeas ; quatenus, sereno te vultu conspiciens, in hereditatem superni regni,
in locum piae retributionis, ut dignam sobolem, introducat. »

d'*auxilium* ne revêt pas toujours dans les bulles grégoriennes son acception féodale. Il faut donc renoncer à faire du Danemark un état vassal du Saint-Siège qui n'exerce sur lui qu'une vague protection, en échange de laquelle il a peut-être reçu des dons en argent [1].

Le cas de la Bohême est plus délicat. Le 22 septembre 1074, Grégoire VII écrit au duc Wratislas II :

« Votre messager nous est arrivé ; il nous a porté l'expression de votre grande piété et de votre fidélité *(magnae devotionis et fidelitatis)* ; il nous a aussi fidèlement remis ce que vous avez envoyé au bienheureux Pierre sous le nom de cens, à savoir cent marcs d'argent. Nous avons volontiers accepté ce don... Le bienheureux Pierre, que vous aimez et devant lequel vous humiliez votre puissance si élevée, vous ménagera sans aucun doute une large récompense pour cette rétribution et vous comblera de sa protection *(munimine)* aussi bien en ce monde que dans le siècle futur [2]. »

Cette *magna devotio et fidelitas* dont Wratislas fait preuve à l'égard du pape peut être comparée à la *fides et dilectio*, requises de Harold Hein, la fidélité envers l'Apôtre étant une forme de la piété. D'autre part, le don d'argent n'est pas présenté comme une conséquence obligatoire et nécessaire de la fidélité (les deux membres de la phrase sont indépendants l'un de l'autre) ; de plus il a un caractère spontané. Enfin on ne trouve dans la correspondance avec le duc de Bohême aucune trace d'envois analogues, ce qui paraît bien indiquer qu'il s'agit d'un présent exceptionnel, non d'une redevance régulière. Et, comme Grégoire VII n'a jamais fait allusion à ce qu'il appelle ailleurs *ius et proprietas beati Petri* en ce qui concerne la Bohême, vassale de l'empire, il y a sans doute lieu de ranger la Bohême parmi les États qui, en reconnaissant solennellement la suprématie romaine et en aidant le pape de leurs subsides, tiennent à affirmer leur caractère chrétien, sans créer pour cela des liens de vassalité.

---

[1] Nous adoptons donc l'opinion de LANGE (*Staatensystem Gregors VII auf Grund des augustinischen Begriffs der libertas ecclesiae*, p. 69) contre MEINE (*Gregors VII Auffassung vom Fürsteramt*, p. 60-61).

[2] GRÉGOIRE VII, *Registrum*, II, 7 (édit. CASPAR, p. 135-136 ; édit. JAFFÉ, p. 119-120 ; PL, CXLVIII, 367).

En Angleterre, Guillaume le Conquérant, comte de Normandie, avant d'entreprendre la conquête du royaume en 1066, a sollicité l'avis d'Alexandre II qui, en lui donnant son approbation, lui envoya l'étendard de saint Pierre [1]. Faut-il voir là un acte de suzeraineté? Il est difficile de l'affirmer. Guillaume le Conquérant n'a pas fait hommage au pape de sa nouvelle conquête et on ne trouve chez aucun chroniqueur une allusion quelconque à un acte analogue à celui de Robert Guiscard et des princes normands de l'Italie du Sud. Très absolu et très jaloux de son indépendance, le Conquérant a voulu simplement légitimer son coup de force en consultant, comme l'avait fait autrefois Pépin le Bref avant son usurpation, la suprême autorité religieuse du monde, afin d'opposer ce patronage à ceux qui oseraient contester son droit [2]; du même coup, il s'est engagé à laisser le pape percevoir les anciennes redevances dont l'Angleterre, depuis un temps immémorial, s'acquittait envers le Saint-Siège, « en reconnaissance du service que Rome lui avait rendu en lui apportant la foi [3]. »

Ces redevances Alexandre II, puis Grégoire VII qui les réclame dès 1074 [4], ont-ils essayé de les assimiler à la *pensio* que payent

---

[1] ORDERIC VITAL, *Historia ecclesiastica*, III, 11 : « Ab Alexandro papa consilium requisivit. Papa vero, auditis rebus quae contigerant, legitimo duci favit, audacter arma sumere contra periurum praecepit et vexillum sancti Petri apostoli, cuius meritis ab omni periculo defenderetur, transmisit » (édit. LEPRÉVOST, t. II, p. 122-123).

[2] Telle est l'opinion de Paul Fabre (*Étude sur le « Liber censuum » de l'Église romaine*, p. 136, n. 5), qui estime que l'envoi de l'étendard de saint Pierre lors de la conquête n'est pas le signe d'une investiture; « c'est simplement, dit-il, un *vexillum victoriae, velut suffragium*. »

[3] JAFFÉ-WATTENBACH, 4552 : « Novit prudentia tua Anglorum regnum, ex quo nomen Christi ibi clarificatum est, sub apostolorum principis manu et tutela extitisse, donec quidam membra mali capitis effecti, zelantes superbiam patris sui Satanae, pactum Dei abjecerunt et Anglorum populum a via veritatis abverterunt... Nam, ut bene nosti, donec Angli fideles erant, pie devotionis respectu ad cognitionem religionis annualem pensionem apostolicae sedi exhibebant, ex qua pars Romano pontifici, pars ecclesiae sanctae Mariae, quae vocatur scola Anglorum, in usum fratrum deferebatur. » Cfr PAUL FABRE, *op. cit.*, p. 123.

[4] GRÉGOIRE VII, *Registrum*, I, 70 (édit. CASPAR, p. 102; édit. JAFFÉ, p. 90; PL, CXLVIII, 345) : « Rebus vero sancti Petri, quae in Anglia colliguntur, sic te ut tuis invigilare admonemus, sic liberalitati tuae ut tua committimus, ut

les principautés normandes d'Italie ou le royaume de Croatie-Dalmatie ? Rien ne l'indique : le mot de *cens* n'est même pas prononcé, comme dans la lettre d'Alexandre II à Suein II de Danemark ou dans celle de Grégoire VII à Wratislas II de Bohême ; jamais non plus dans la correspondance échangée il n'est question de *ius et proprietas beati Petri*, ce qui constitue une présomption sérieuse contre l'existence d'un lien féodal entre l'Angleterre et le Saint-Siège.

Le seul argument que l'on puisse sérieusement invoquer en faveur d'un lien de ce genre est la fameuse lettre par laquelle Guillaume le Conquérant refuse le serment de fidélité qu'un légat pontifical aurait exigé de lui. Pour en comprendre la réelle valeur, il est nécessaire de retracer les circonstances à la suite desquelles elle a été rédigée.

En 1079, les rapports, jusque-là excellents, entre le Saint-Siège et l'Angleterre, ont subi quelque altération. Grégoire VII se plaint de ce que Guillaume le Conquérant ne permette pas aux évêques anglais d'accomplir leur voyage *ad limina ;* il reproche en particulier à Lanfranc, archevêque de Cantorbéry, d'avoir cédé trop facilement à la crainte et lui enjoint d'aller trouver le roi, de lui ouvrir les yeux, de lui faire saisir toute la gravité de son interdiction, afin que désormais il n'empêche aucun prélat anglais d'aller à Rome [1]. Quelques mois plus tard, le 23 septembre 1079, dans une lettre au légat Hubert, Grégoire VII exprime les mêmes griefs :

« Aucun roi, même païen, dit-il, n'a osé tenter à l'égard du siège apostolique l'acte que celui-ci n'a pas rougi de commettre, car aucun d'eux n'a empêché, comme il vient de le faire, les évêques et archevêques de se rendre *ad limina* [2]. »

Toutefois, s'il formule cette lourde accusation, il reproche

---

pium et propitium debitorem Petrum repperias et eum tibi ex debito subvenire admoneas, quem sibi multa te tribuisse non latebit. »

[1] GRÉGOIRE VII, *Registrum*, VI, 30, du 25 mars 1079 (édit. CASPAR, p. 443-444 ; édit. JAFFÉ, p. 366-367 ; PL, CXLVIII, 535-536).

[2] GRÉGOIRE VII, *Registrum*, VII, 1 (édit. CASPAR, p. 459 ; édit. JAFFÉ, p. 380 ; PL, CXLVIII, 545).

au légat Teuzon, qui le représentait en Angleterre avec Hubert, d'avoir outrepassé ses instructions et « prononcé contre le roi d'Angleterre des paroles qu'il ne lui avait pas prescrites [1]. »

Quelles sont ces paroles ? La bulle de Grégoire VII ne les définit pas autrement ; mais, étant donné que la lettre par laquelle Guillaume le Conquérant refuse de prêter serment de fidélité au Saint-Siège est certainement de 1079 [2], il y a tout lieu de supposer que les légats, inquiets de l'attitude du roi, exigèrent sa soumission en termes impératifs et lui demandèrent de promettre par serment d'être fidèle à saint Pierre, ce que Guillaume, interpréta comme un signe de vassalité. De là, sa lettre à Grégoire VII :

« Très Saint Père, votre légat Hubert m'a signifié de votre part que j'eusse à vous prêter serment de fidélité à vous et à vos successeurs et que je fusse plus exact dans l'envoi d'argent que mes prédécesseurs avaient coutume d'adresser à l'Église romaine. De ces deux réclamations, j'admets l'une et je repousse l'autre. Je me refuse à prêter le serment, parce que je ne l'ai point promis et que mes prédécesseurs, que je sache, ne l'ont point prêté, aux vôtres. Quant à l'argent, il n'a pas été exactement perçu ces trois dernières années, parce que j'ai eu affaire en France, mais maintenant que je suis de retour en Angleterre, je m'empresse de vous envoyer par votre légat ce que j'ai trouvé prêt à mon arrivée et pour le reste je vous l'expédierai en temps voulu par les envoyés de notre féal archevêque Lanfranc [3]. »

Guillaume le Conquérant refusa donc de jurer fidélité au

---

[1] GRÉGOIRE VII, *Registrum*, VII, 1 (édit. CASPAR, p. 459; édit. JAFFÉ, p. 380; PL, CXLVIII, 545), au légat Hubert : « Significasti autem nobis Teuzonem quasi ex parte nostra legatum adversus Anglicum regem verba fecisse. Quae noveris ex nobis mandata non esse. »

[2] Cette date est indiquée par ces mots : « L'argent n'a pas été perçu ces trois dernières années, parce que j'ai eu affaire en France. » Or, c'est en 1077 que se place la révolte de Robert Courteheuse et sa tentative contre Rouen, suivie d'une guerre d'escarmouches à laquelle prend part le roi de France Philippe Ier et qui se termine seulement en février 1079, après le siège de Gerberoy ; cfr AUGUSTIN FLICHE, *Le règne de Philippe Ier, roi de France*, p. 275-281. La lettre a donc été écrite au printemps de 1079, après la paix avec Robert Courteheuse et Philippe Ier, ce qui cadre fort bien avec les indications données par les bulles de Grégoire VII.

[3] La lettre de Guillaume le Conquérant a été publiée, parmi les œuvres de Lanfranc, *Epist.* 7 (PL, CL, 517).

Saint-Siège, mais quel est le caractère de cette fidélité? Rien
ne l'indique. D'autre part, on a vu que Grégoire VII avait
désavoué son légat pour les paroles menaçantes qu'il aurait
adressées au roi [1]. Dès lors on peut se demander si la lettre
de Guillaume ne serait pas le résultat d'un formidable malentendu créé par Hubert et Teuzon qui, à propos de l'affaire des
évêques, se seraient servis d'expressions qui défiguraient la
pensée pontificale. Si le pape avait réellement exigé l'hommage
féodal, il est peu probable qu'il se fût incliné devant un pareil
refus et les lettres de 1080 n'auraient pas manqué de traiter
la question de la suzeraineté pontificale sur laquelle au contraire
elles sont muettes [2]. Il est donc permis de conclure que Gré-

---

[1] Cfr *supra*, p. 346-347. D'après Guillaume le Conquérant, c'est Hubert qui
aurait sollicité le serment. Suivant la bulle de Grégoire VII citée plus haut,
Hubert se serait déchargé sur Teuzon auquel il aurait reproché son attitude
trop cassante. Cette divergence de détail n'a, à notre avis, aucune importance.

[2] On a pu voir une allusion à la suzeraineté pontificale (Cfr édit. CASPAR,
p. 501, n. 3) dans ce passage de la lettre VII, 23, du *Registrum* (édit. CASPAR,
p. 501; édit. JAFFÉ, p. 416; PL, CXLVIII, 566-567): « Plura tibi adhuc exhor-
tando scriberem, sed quia tales misisti qui me satis de tua prudentia, honestate,
iustitia simul cum filio nostro Huberto laetificaverunt, sapienti viro satis esse
dictum iudicavi, sperans quia omnipotens Deus supra quam dicimus in te
et per te ad honorem suum dignabitur operari. Quae vero in litteris minus
sunt, legatis tuis viva tibi voce dicenda commissimus. » Cfr BROOKE, *Pope
Gregory VII's demand for Fealty from William the Conqueror*, dans *English historical review*, t. XXVI, 1911, p. 225 et suiv.; LANGE, *Staatensystem Gregors VII*,
p. 56 et suiv. Il faut reconnaître que l'allusion au débat de 1079, si allusion
il y a, est bien vague et que Grégoire VII peut tout aussi bien songer aux difficultés qu'il a éprouvées de la part du roi dans ses relations avec l'épiscopat
anglais. La lettre du 19 avril 1080, à notre avis, prouve uniquement qu'à
cette date des ambassadeurs de Guillaume le Conquérant se trouvaient à Rome,
que ces ambassadeurs ont rassuré le pape sur les intentions du roi et que
Grégoire VII s'est contenté de cette démarche qui était de nature à dissiper
tous les malentendus. Guillaume est resté le serviteur fidèle de l'Église romaine
et a résisté aux sollicitations dont il a été l'objet de la part des ennemis du Saint-
Siège, si bien que Grégoire VII a pu écrire à Hugues de Die, sans doute dans
le courant de l'année 1081 (*Registrum*, IX, 5, édit. CASPAR, p. 579-580; édit.
JAFFÉ, p. 478; PL, CXLVIII, 610): « Rex Anglorum, licet in quibusdam non
ita religiose sicut optamus se habeat, tamen in hoc quod ecclesias Dei non
destruit neque vendit et pacem iustitiamque in subditis suis moderari procurat
et quia contra apostolicam sedem rogatus a quibusdam inimicis crucis Christi
pactum inire consentire noluit, presbyteros uxores, laicos decimas quas detine-
bant etiam iuramento dimittere compulit, ceteris regibus se satis probabiliorem
ac magis honorandum ostendit. » Si vraiment Hubert, en 1079, avait requis

goire VII, préoccupé de maintenir l'autorité romaine sur le
haut clergé anglais et de toucher des revenus qui lui sont plus
nécessaires que jamais, a cherché à obtenir de Guillaume le
Conquérant une manifestation de déférence envers le Saint-
Siège, assez analogue à celles que les rois de Danemark ont
plusieurs fois consenties, que les légats Hubert et Teuzon
ont mal transmis son désir, si bien que le roi s'est froissé, mais
dès 1080 l'incident est clos et les bonnes relations, un moment
interrompues, reprennent comme autrefois, sans que Grégoire VII songe le moins du monde à placer l'Angleterre sous
le *ius beati Petri*[1].

Il paraît donc difficile d'apercevoir dès le temps de Grégoire VII les débuts de la politique qui, aux XIIᵉ et XIIIᵉ siècles
tendra à grouper sous la suzeraineté pontificale les divers
États chrétiens[2]. Sans doute, dès la seconde moitié du XIᵉ siècle,

---

l'hommage au nom du pape et que Guillaume le Conquérant l'eût refusé,
Grégoire VII eût-il si facilement pardonné? Il est clair que la restriction du
début s'applique à la question des voyages *ad limina* des évêques, toujours
pendante en 1081. Cfr *supra*, p. 346.

[1] Nous nous séparons donc sur ce point de Paul FABRE (*Le « Liber Censuum »
de l'Église romaine*, p. 135 et suiv.) A notre avis les textes cités par cet auteur
pour la fin du XIᵉ siècle et le début du XIIᵉ ne sont guère probants. Sous
Urbain II (JAFFÉ-WATTENBACH, 5351), il n'est question que de redevances
pécuniaires, mais non d'hommage et, si Pascal II fait allusion à la *fidelitas
erga se debita*, ce peut être encore au sens romain. C'est seulement à partir
du règne de Henri II que l'on trouve des formules vraiment significatives
telles que celle-ci (FABRE, *op. cit.*, p. 139, n. 1) : « Quantum ad feudatarii iuris
obligationem vobis duntaxat obnoxius teneor et astringor. »

[2] On a vu (Introduction, p. 18-25) que la lettre de Grégoire VII à Guillaume
de Hirschau et à Altmann de Passau (*Registrum*, IX, 3), généralement considérée comme une tentative pour établir la suzeraineté pontificale sur l'Allemagne, soulevait de trop graves difficultés quant à l'exactitude de son texte
pour que l'on pût en tirer argument. A supposer qu'elle n'ait pas été interpolée,
on peut remarquer que la fidélité requise par Grégoire VII est «celle qui convient à un chrétien, *fideliter sicut christianum* », c'est à dire celle dont il a été
question p. 336; d'autre part le serment *per manus*, exigé d'Herman de Luxembourg n'est pas forcément, comme on l'a noté p. 340, un serment féodal. Ce
qui semble bien prouver que Grégoire VII n'a pas songé pour l'Allemagne à
requérir la fidélité féodale, c'est que, dans la lettre de 1076 (*Registrum*, IV, 3)
citée p. 287-288, où est envisagée, à la suite de la première excommunication de
Henri IV, l'éventualité de l'élection d'un nouveau roi, le pape demande seulement que l'on impose à l'élu des princes la promesse de respecter la primauté

des royaumes et des principautés ont sollicité cette suzeraineté, d'autres ont eu recours au patronage de l'Apôtre, mais ce sont là des situations de fait qui ne sont reliées par aucune idée directrice, que la papauté a favorisées parce qu'elle y trouvait certains avantages financiers, mais que rarement elle a elle-même provoquées. Au surplus, si l'on examine le caractère des interventions de Grégoire VII dans les affaires des royaumes chrétiens, qu'ils soient placés sous la suzeraineté ou sous le patronage du Saint-Siège, ou qu'ils aient conservé leur entière indépendance, on constate qu'elles ne visent jamais des questions d'ordre temporel, mais qu'elles ont uniquement pour but de favoriser la diffusion de la réforme, de resserrer les liens qui unissent les évêques à Rome ou encore de maintenir la paix entre les princes comme à l'intérieur des états. En passant en revue quelques-unes d'entre elles, on constatera une fois de plus que le gouvernement sacerdotal, tel que le conçoit Grégoire VII, ne poursuit la réalisation d'aucun rêve de domination temporelle, mais qu'il vise uniquement à faire respecter les règles édictées par le droit canon et la morale évangélique, expression de cette loi de Dieu dont le pape, vicaire du Christ et successeur de l'Apôtre, est garant et dépositaire.

III

Il est très curieux de constater que même dans ses rapports avec les États vassaux du Saint-Siège, Grégoire VII obéit surtout à des préoccupations d'ordre spirituel et ecclésiastique.

Les relations avec l'Italie normande ont subi trop de heurts pour qu'il soit possible d'en tirer parti. En revanche la correspondance du pape avec les princes espagnols permet de suivre son effort en vue de la réalisation de la réforme religieuse dans la péninsule ibérique. Dès le 19 mars 1074, au lendemain du premier concile romain, Grégoire VII écrit simultanément

romaine telle qu'il la comprend, et de se plier aux exigences du gouvernement sacerdotal, mais il n'est pas question de liens plus précis et plus positifs.

à Sanche II, roi d'Aragon [1], à Alphonse VI, roi de Léon, et à
Sanche IV, roi de Navarre [2], pour les exhorter à gouverner
en rois très chrétiens, fils soumis de l'Apôtre, pour les inviter
à réparer tout le mal qu'ont fait en Espagne la « folie des Pris-
cillianistes » et la « perfidie des Ariens », plus tard les invasions
wisigothique et sarrasine, pour leur demander enfin de favoriser
le rétablissement en Espagne de la liturgie romaine. Les interventions ultérieures gardent le même caractère : le 24 janvier
1075, Grégoire VII écrit à Sanche d'Aragon au sujet d'une
nomination épiscopale ; il saisit cette occasion pour lui rappeler
que les fils de concubines ne peuvent jamais parvenir à l'épiscopat [3]. Les bulles du 28 juin 1077 et du 15 octobre 1079,
adressées l'une à tous les princes espagnols [4], l'autre plus
spécialement à Alphonse VI, roi de Léon [5], recommandent de
favoriser la mission des légats, d'Amat d'Oléron et de Frotaire,
abbé de Saint Pons de Thomières, en 1077, du cardinal-prêtre
Richard en 1079. Le but religieux poursuivi par le pape
apparaît en pleine lumière et Grégoire VII a bien soin de
souligner que la dépendance temporelle de l'Espagne vis-à-vis
du Saint-Siège ne doit servir qu'à l'extension de la foi et de
la doctrine :

« Vous n'ignorez pas, lit-on au début de la lettre du 28 juin 1077,
que le Siège saint et apostolique est la mère universelle de toutes
les églises que le Dieu de clémence a prédisposées à la connaissance
de son nom dans la foi de notre Seigneur et Sauveur Jésus-Christ,
à l'aide de la doctrine évangélique et apostolique. Il doit veiller sur
elles et leur témoigner une perpétuelle sollicitude, en leur dispen-
sant ses enseignements et ses avertissements salutaires, qu'il s'agisse

[1] GRÉGOIRE VII, Registrum, I, 63 (édit. CASPAR, p. 91-92 ; édit. JAFFÉ, p. 82-83 ;
PL, CXLVIII, 339).
[2] GRÉGOIRE VII, Registrum, I, 64 (édit. CASPAR, p. 92-94 ; édit. JAFFÉ, p. 83-84 ;
PL, CXLVIII, 339-340).
[3] GRÉGOIRE VII, Registrum, II, 50 (édit. CASPAR, p. 190-192 ; édit. JAFFÉ,
p. 165-166 ; PL, CXLVIII, 401-402).
[4] GRÉGOIRE VII, Registrum, IV, 28 (édit. CASPAR, p. 343-347 ; édit. JAFFÉ,
p. 283-287 ; PL, CXLVIII, 483-488).
[5] GRÉGOIRE VII, Registrum, VII, 6 (édit. CASPAR, p. 465-467 ; édit. JAFFÉ,
p. 385-387 ; PL, CXLVIII, 549-551).

de les aider ou à conserver la foi catholique ou à connaître et à observer la justice [1]. »

Voilà comment Grégoire VII comprend ses relations avec
ses vassaux dans ce pays que la même bulle proclame propriété
du Saint-Siège [2]; il ne se soucie que d'étendre le règne de Dieu,
sans se laisser effleurer par la moindre ambition temporelle.

Le serment de Swonimir, roi de Croatie-Dalmatie, trahit les
mêmes tendances [3]. Si le souverain déclare tenir son royaume
du Saint-Siège et prend de ce fait un certain nombre d'engagements financiers ou politiques, il promet aussi, outre l'obéissance aux ordres des légats pontificaux, de cultiver la justice,
de défendre les églises, de veiller à ce que les évêques, prêtres,
diacres et sous-diacres vivent « chastement et régulièrement »,
de protéger les pauvres, les veuves et les orphelins, de poursuivre l'annulation des unions illicites, d'empêcher le commerce
des esclaves. Ici encore le pape se sert du pouvoir que lui donne
le droit féodal pour contraindre Swonimir à travailler à l'extension de la réforme de l'Église, dont la pensée se retrouve dans
tous les actes du gouvernement pontifical. Loin de se traduire
par des ambitions politiques, son programme de gouvernement
utilise dans un but spirituel les avantages d'ordre temporel
assurés à la papauté par ses prédécesseurs.

A plus forte raison les mêmes directives se retrouvent-elles
dans les relations avec les états simplement « protégés par le
bienheureux Pierre. »

Tel est le cas du Danemark où, dès le début de son pontificat,
Grégoire VII se propose d'envoyer des légats pour régler,
d'accord avec le roi, l'organisation ecclésiastique du pays; mais
Géraud d'Ostie et Hubert de Préneste, chargés de cette mission,
n'osent s'aventurer à travers l'Allemagne du nord [4] et il faut

---

[1] GRÉGOIRE VII, *Registrum*, IV, 28 (édit. CASPAR, p. 343 ; édit. JAFFÉ, p. 283 ;
PL, CXLVIII, 484).

[2] Cfr *supra*, p. 329.

[3] Cfr *supra*, p. 332.

[4] Cfr SCHUMANN, *Die päpstlichen Legaten in Deutschland, zur Zeit Heinrichs IV
und Heinrichs V* Diss. Marbourg, 1912, p. 23 et suiv.

demander à Suein d'envoyer à Rome de « fidèles messagers » qui rapporteront les instructions pontificales [1].

D'autres interventions en Danemark sont plus curieuses ; elles montrent l'idée de suprématie en action et aident à définir les caractères du contrôle que la papauté, au temps de Grégoire VII, prétend exercer sur les états chrétiens. En 1078, les frères de Harold Hein projettent de contraindre le roi à partager son royaume avec eux ; ils organisent une véritable conjuration avec l'appui du roi de Norvège, Olaf III. Dès qu'il est informé de leurs projets, Grégoire VII écrit à Olaf :

« On nous a rapporté, dit-il, que les frères du roi de Danemark ont été trouver votre Excellence, afin qu'avec l'aide de vos forces et de vos troupes, ils puissent contraindre leur frère à partager son royaume avec eux. Ce dessein doit porter préjudice au dit royaume ; il tournera à la confusion du peuple chrétien et à la destruction des églises, chaque jour menacées par la cruauté des païens qui sont proches, et il portera la désolation ; n'est-ce pas le Christ, la vérité même, qui enseigne dans l'Évangile [2] : *Tout royaume divisé contre lui-même sera dévasté et la maison tombera sur la maison ?* Aussi nous supplions votre Éminence de ne pas donner son assentiment ni son concours à personne en ce pays, afin que cette faute ne retombe pas sur vous et que la perte de ce royaume ne suscite pas contre vous et contre votre propre royaume la colère du Seigneur. Toutefois nous vous conseillons d'intervenir auprès du roi de Danemark, afin qu'il ménage un accueil charitable à ses frères, qu'il leur attribue dans la mesure du possible des biens et des honneurs ; ainsi ils seront à l'abri de la nécessité et il ne sera porté aucune atteinte à l'organisation et au prestige du royaume [3]. »

Le gouvernement sacerdotal se traduit ici par une intervention diplomatique en faveur de la paix. On voit également Grégoire VII lutter contre la persistance en Danemark de certains usages païens. Une autre lettre à Harold Hein le montre très préoccupé de superstitions qui avaient cours dans le

---

[1] GRÉGOIRE VII, *Registrum*, II, 51 (édit. CASPAR, p. 192-194 ; édit. JAFFÉ, p. 167-168 ; PL, CXLVIII, 402-403).

[2] LUC., XI, 17.

[3] GRÉGOIRE VII, *Registrum*, VI, 13 (édit. CASPAR, p. 417 ; édit. JAFFÉ, p. 344-345 ; PL, CXLVIII, 522).

royaume; on y croyait encore à l'astrologie et aux sorcières !
Le pape demande au roi de combattre ce double fléau :

« Si vous persistez, dit-il, dans ces fautes, sans aucun doute votre
bonheur se changera en calamité; vous serez contraint de subir encore
une fois le joug de ceux qui vous ont dominé et que vous avez
vaincus, mais qui vous domineront à nouveau et auxquels vous serez
incapable de résister davantage. Si au contraire vous vous montrez
obéissant envers le bienheureux Pierre, vous pourrez obtenir, nous
en avons la confiance, le pardon de vos péchés et la bénédiction
apostolique [1]. »

Dans le royaume voisin de Norvège, Grégoire VII poursuit
également la diffusion de la foi chrétienne. La bulle du 15
décembre 1078 n'a pas seulement pour but de dissuader Olaf III
d'intervenir en Danemark; elle est aussi un exposé doctrinal
et un appel à l'évangélisation du pays :

« Nous vous écrivons, dit le pape, pour vous fortifier dans la foi
au Christ Jésus qui, selon la volonté de Dieu, le Père éternel, et avec
la coopération de l'Esprit Saint, s'est fait homme pour le salut du monde,
est né d'une Vierge, a réconcilié par sa mort le monde avec Dieu,
effacé nos péchés par la Rédemption contenue dans son sang et qui,
après avoir vaincu la mort, nous a vivifiés en lui et ressuscités par
l'espérance vivante pour l'héritage inaliénable sans contamination
ni souillure. En lui résident le salut et la vie, pourvu que nous ayons
confiance en sa miséricorde, pourvu que nous gardions jusqu'au
bout une pieuse espérance, persuadés avec l'apôtre Paul [2] que la
plénitude de la divinité habite corporellement en lui [3]. »

Pour conclure, Grégoire VII demande au roi de Norvège
d'envoyer à Rome quelques clercs afin qu'il puisse « les instruire
dans la science et la doctrine du Christ Jésus » et aider ainsi les
habitants des pays scandinaves à « croître dans la vertu de Dieu
et à obtenir la récompense éternelle [4] ».

En Pologne, l'évangélisation est plus avancée qu'en Danemark

---

[1] GRÉGOIRE VII, *Registrum*, VII, 21 (édit. CASPAR, p. 497-498; édit. JAFFÉ,
p. 412-414; PL, CXLVIII, 563-565).
[2] *Coloss.*, II, 9.
[3] GRÉGOIRE VII, *Registrum*, VI, 13 (édit. CASPAR, p. 415-418; édit. JAFFÉ,
p. 341-343; PL, CXLVIII, 521-523).
[4] ID., *ibid.*

et en Norvège, mais il y a lieu d'organiser l'Église. Grégoire VII trouve que les évêques, privés d'une direction métropolitaine, en prennent trop à leur aise avec les règles canoniques et les « décrets des saints Pères »; il s'inquiète du petit nombre des paroisses et, pour remédier à cette situation, dépêche des légats au duc Boleslas II qu'il prie de collaborer de tout son pouvoir à « l'édification du corps du Christ ». Cet effort religieux s'accompagne d'une intervention qui relève à la fois de la morale et de la diplomatie ; le pape prie Boleslas de restituer « pour l'amour de Dieu et de saint Pierre » l'argent qu'il a pris au roi des Russes[1].

En Bohême, la correspondance du pape avec le duc Wratislas II a trait tout d'abord au conflit des évêques de Prague et d'Olmütz[2], pour lequel une sentence pontificale est intervenue le 2 mars 1075 : on devait partager en deux parts égales les biens contestés et chacun garderait son lot en toute tranquillité jusqu'au jour où l'on pourrait éclaircir une situation très embrouillée et où une sentence définitive pourrait être rendue[3]. Plus tard Grégoire VII interdira l'emploi du slave dans la liturgie[4]. Il a enfin agi en Bohême, comme en Danemark, en faveur de la paix : en 1075 il a demandé à Wratislas de laisser son neveu Frédéric jouir de la possession du bénéfice que son père lui avait laissé et que le duc avait confisqué ou de lui en remettre un autre qui lui permît de vivre honorablement[5]. Wratislas a été moins docile aux directions pontificales que les autres souverains des pays lointains : en 1080, Grégoire VII lui reproche d'avoir des rapports avec les excommuniés et il en profite pour lui communiquer quelques-unes de ces graves

---

[1] Grégoire VII, *Registrum*, II, 73 (édit. Caspar, p. 233-235; édit. Jaffé, p. 196-198; PL, CXLVIII, 423-425).

[2] Cfr *supra*, p. 142-146.

[3] Grégoire VII, *Registrum*, II, 53 (édit. Caspar, p. 197-198; édit. Jaffé, p. 171-172; PL, CXLVIII, 405-406).

[4] *Ibid.*, VII, 11 (édit. Caspar, p. 474-475; édit. Jaffé, p. 393-394; PL, CXLVIII, 555).

[5] *Ibid.*, II, 71 (édit. Caspar, p. 231-232; édit. Jaffé, p. 193-194; PL, CXLVIII, 422).

réflexions qui reviennent souvent dans les lettres aux rois de la terre :

« Ne préférez pas, lui écrit-il, votre gloire à celle de Dieu, ni l'argent à la justice... Rappelez-vous que les richesses qui sont en votre pouvoir ne vous ont pas été données pour récompenser vos mérites, mais pour qu'il en soit fait bon usage... Nous voulons ou plutôt nous ordonnons à votre Excellence d'avoir sans cesse sous les yeux ces conseils et ces ordres, de les relire et de les méditer souvent, non que vous ne puissiez les retrouver sous une forme plus élégante dans les écrits des saints, mais parce qu'ils vous sont plus spécialement destinés par nous ou plutôt par le bienheureux Pierre [1]. »

En Angleterre, Grégoire VII a plusieurs fois félicité Guillaume le Conquérant de s'être conformé dans son gouvernement aux maximes pontificales [2]. Là aussi il s'est gardé de toute intervention dans les affaires politiques, mais il a cherché, comme dans les autres royaumes chrétiens, à diriger de très près les métropolitains et les évêques. Il en résulta, à certaines heures, un refroidissement sensible dans les rapports entre le pape et le roi, notamment lorsque celui-ci empêcha l'archevêque de Cantorbéry, Lanfranc, d'entreprendre son voyage *ad limina* [3], mais Guillaume le Conquérant s'est montré dans son gouvernement si soucieux « de ne pas vendre les églises, de contraindre les clercs à la chasteté, de faire régner la paix et la justice parmi ses sujets, de ne pas céder aux suggestions des ennemis du Christ, qui ont essayé de le dresser contre l'autorité apostolique [4], » qu'il lui a été beaucoup pardonné.

L'analyse des interventions pontificales dans les divers états chrétiens confirme la conclusion apportée par l'étude des relations juridiques du Saint-Siège avec ces états. Pour assurer le succès de la réforme de l'Église et le triomphe de la morale chrétienne, Grégoire VII a surveillé de très près le gouverne-

---

[1] GRÉGOIRE VII, *Registrum*, VII, 11 (édit. CASPAR, p. 474-475; édit. JAFFÉ, p. 393-394; PL, CXLVIII, 555).

[2] Cfr *supra*, p. 127-128, 166.

[3] Cfr *supra*, p. 346.

[4] GRÉGOIRE VII, *Registrum*, IX, 5 (édit. CASPAR, p. 579-580; édit. JAFFÉ, p. 478; PL, CXLVIII, 610). Cfr *supra*, p. 348, n. 2.

ment des rois et des princes laïques, mais il ne s'est jamais laissé guider par des considérations d'ordre temporel. Les conseils qu'il donne aux rois ressemblent beaucoup à ceux qu'il prodigue aux évêques, lorsqu'il veut les subordonner plus étroitement au siège apostolique. Le gouvernement sacerdotal, comme l'œuvre de centralisation ecclésiastique, ne vise qu'à asseoir partout la juridiction romaine et par elle à réformer la société, en contraignant les évêques et les rois, les clercs et les laïques, à remplir, suivant la justice et la charité, les devoirs de leur état.

IV

Cet effort de Grégoire VII s'est étendu, de 1077 à 1080, à l'Allemagne où le pape a essayé de jouer le rôle d'arbitre souverain, de juge suprême dans les querelles intestines qui ont divisé le pays et y ont déchaîné la guerre civile, mais, s'il a réussi à subordonner à l'autorité romaine les royaumes lointains, il s'est heurté en Germanie à une opposition formidable dont il n'a pu triompher [1].

Après Canossa, la paix semblait rétablie entre Grégoire VII et Henri IV. Le roi avait reconnu le pouvoir de lier et de délier dont le Christ avait investi le successeur de Pierre; il avait promis d'obéir au Saint-Siège et de comparaître, dès qu'il serait convoqué, devant l'assemblée que Grégoire VII devait venir présider en Allemagne [2]. Aussi le pape se préoccupe-t-il immédiatement de mettre à exécution le projet auquel Henri, par deux fois, à Tribur et à Canossa, avait donné son assentiment.

---

[1] Il n'y a pas lieu d'étudier à nouveau les interventions en France qui toutes se rattachent à la réforme et qui ont mis parfois le roi Philippe Ier en cause. Cfr *supra*, p. 162 et suiv. Grégoire VII s'est rendu compte très vite qu'il ne pouvait obtenir de ce côté rien de positif; l'affaire des marchands italiens en 1074 le lui avait suffisamment prouvé. Aussi ne relève-t-on que quelques protestations d'amitié sans grande portée. Cfr *Registrum*, VIII, 20 (édit. CASPAR, p. 542; édit. JAFFÉ, p. 451; PL, CXLVIII, 593-594).

[2] Cfr *supra*, p. 306-307.

« Afin que nous puissions, écrit-il aux princes, avec l'aide de Dieu, réaliser la paix de l'Église et la concorde du royaume, nous voulons, dès qu'il sera opportun, venir dans votre pays. Nous tenons à ce que vous sachiez de façon certaine que toute l'affaire est suspendue pour le moment, en sorte que notre arrivée et l'unanimité de vos avis s'imposent plus que jamais [1]. »

Les princes ne comprirent rien à ce langage. La nouvelle de l'absolution de Canossa, survenue au moment où l'on préparait fiévreusement l'assemblée d'Augsbourg, avait semé le désarroi. Sans doute le pape, qui avait eu soin de ne pas couper court à la procédure engagée, persistait-il dans son dessein de venir en Allemagne, mais grâce à une réconciliation prématurée, il allait permettre à Henri IV de paraître devant l'assemblée d'Augsbourg non plus en pénitent qui sollicite un pardon miséricordieux, mais en roi et en fils de l'Église. Grégoire VII avait modifié la situation du tout au tout : les princes le comprirent et décidèrent, tout en gardant à l'égard du pape l'attitude la plus déférente, d'agir immédiatement au mieux de leurs intérêts.

Une première réunion eut lieu à Ulm, au milieu de février 1077, pour examiner la situation, mais la décision définitive fut réservée à une autre assemblée qui devait se tenir le 13 mars à Forchheim [2]. On ne perdit pas contact avec le pape dont un messager, du nom de Rapoton, avait apporté la bulle relatant l'entrevue de Canossa. On chargea Rapoton, qui retournait à Rome, de transmettre les vœux unanimes que l'on formait pour le voyage pontifical. On ajoutait toutefois que Grégoire VII ferait bien de solliciter « l'approbation et l'aide de Henri IV [3]. »

---

[1] GRÉGOIRE VII, *Registrum*, IV, 12 (édit. CASPAR, p. 313 ; édit. JAFFÉ, p. 258 ; PL, CXLVIII, 466).
[2] PAUL DE BERNRIED, *Vita Gregorii VII papae*, 88 (édit. WATTERICH, t. II, p. 526 ; AA. SS. *Maii*, t. VI, p. 133) ; LAMBERT DE HERSFELD, a. 1077 (MGH, SS, t. V, p. 262 ; édit. HOLDER-EGGER, p. 301) ; CONTINUATEUR DE BERTHOLD DE REICHENAU, a. 1077 (MGH, SS, t. V, p. 291). Sur cette assemblée et sur les événements qui suivent, cfr MEYER VON KNONAU, *Jahrbücher*, t. II, p. 771 et suiv.
[3] JAFFÉ-WATTENBACH, 5019 : « Inter haec, vestra consilia expectantes, tandem per filium nostrum Rapotonem, quem ad vos misimus, hoc vos velle et postu-

Cette restriction était significative. On était au milieu de février et il était impossible au pape de mener à bien avant le 13 mars les négociations qu'on lui suggérait. Si les princes avaient réellement voulu sa présence à Forchheim, il lui auraient envoyé une escorte au lieu d'un messager. Au fond, ils se défient des conceptions toutes théologiques de Grégoire VII et, puisque le pontife, uniquement soucieux d'exercer son pouvoir de lier et de délier, n'a pu être, comme ils l'avaient un moment espéré, l'instrument providentiel de leurs desseins, ils préfèrent se passer de lui et le mettre en présence du fait accompli.

Grégoire VII ne peut que s'incliner. La situation de l'Italie septentrionale ne lui permet pas d'atteindre les passages des Alpes sans courir les plus grands risques. Sans doute çà et là le parti de la réforme regagne du terrain ; à Milan, l'archevêque institué par le roi, Tedald, est, aussitôt après Canossa, abandonné par le peuple [1], mais, par ailleurs, la présence de Henri IV en Lombardie avive l'ardeur combative des évêques schismatiques [2]. Denis de Plaisance n'hésite pas, par exemple, à emprisonner les légats Géraud d'Ostie et Anselme de Lucques, qu'il a saisis à leur retour de Milan où ils étaient allés rétablir l'orthodoxie [3]. S'il sort de Canossa, Grégoire VII peut redouter un pareil sort. Il faut donc renoncer, au moins pour le moment, au voyage d'Allemagne et se contenter d'envoyer à Forchheim deux légats, le cardinal diacre Bernard et un autre Bernard, abbé de Saint-Victor, qui essaieront de prévenir l'irréparable et de faire ajourner toute décision jusqu'à la venue du pape [4].

---

lare cognovimus : si quo modo ad partes vestras transire possimus, atque id, ut cautius, fieri possit, cum regis consilio et adiutorio agere studeamus » (édit. JAFFÉ, p. 546 ; PL, CXLVIII, 680).

[1] ARNULF, *Gesta archiepiscoporum Mediolanensium*, V, 9 (MGH, SS, t. VIII, p. 31).

[2] JAFFÉ-WATTENBACH, 5019 : « De rege vero, ut in his, quae nobis promisit, simpliciter aut obedienter ambulaverit, non multum laetari possumus, praesertim cum ex eius praesentia pessimi quique contra nos et apostolicam sedem plus audaciae quam terroris pro perpetrata iniquitate habeant » (édit. JAFFÉ, p. 546 ; PL, CXLVIII, 680).

[3] BERNOLD DE CONSTANCE, a. 1077 (MGH, SS, t. V, p. 433) ; *Vita Anselmi episcopi Lucensis*, 17 (*Ibid.*, t. XII, p. 18).

[4] On n'a sur ces événements, en dehors de la bulle pontificale qui est à la

Dans la bulle qui fut communiquée à l'assemblée de Forchheim, Grégoire VII s'exprimait ainsi :

« Voici notre volonté et notre désir : avec l'assentiment du roi ou sans cet assentiment, si la chose est possible, nous viendrons vers vous pour le bien général et pour le salut de tous. Si nous ne le pouvons, empêchés par les efforts des méchants et des pécheurs, nous ne cesserons, quoiqu'absents, de prier avec insistance le Dieu tout puissant, pour qu'il affermisse vos cœurs et votre foi, pour qu'en toutes choses il inspire vos décisions et vos actes, pour qu'il vous aide à défendre avec un indomptable courage la liberté de la religion chrétienne, à disposer et à poursuivre ce qui vous paraîtra le plus propre à assurer dans l'ordre de Dieu et pour votre plus grand bien la paix et la gloire de votre très noble royaume [1]. »

Il était difficile d'être plus vague, mais les légats avaient des instructions précises. Ils demandèrent aux princes d'attendre autant que possible l'arrivée du pape pour disposer du royaume [2].

---

base de notre récit, que les versions assez contradictoires de Paul de Bernried, *Vita Gregorii VII papae*, 89-90 (édit. WATTERICH, t. I, p. 526 et suiv; AA. SS. *Maii*, t. VI, p. 133 et suiv.) et de Lambert de Hersfeld, a. 1077 (MGH, SS, t. V, p. 262 ; édit. HOLDER-EGGER, p. 302-303). La dernière est uniquement inspirée par le désir de légitimer l'élection de Rodolphe de Souabe ; le chroniqueur saxon prétend en effet que Henri IV aurait été prié par le pape de se rendre à Forchheim et qu'il aurait opposé une fin de non recevoir, en alléguant qu'il n'était encore jamais venu en Italie depuis son avènement, qu'il ne pouvait donc se retirer aussi vite sans risquer de blesser les fidèles populations qui, pendant longtemps, l'avaient attendu avec la plus vive impatience, pour lui ménager ensuite le plus enthousiaste accueil ; la carence de Henri IV expliquerait le coup d'état des princes. Paul de Bernried est beaucoup plus près de la lettre JAFFÉ-WATTENBACH, 5019. Il ajoute toutefois un détail digne d'être noté : Grégoire VII aurait fait demander un sauf-conduit à Henri IV et se serait heurté à un refus ; il aurait aussitôt envoyé à Forchheim un nouveau légat chargé de faire connaître aux princes l'attitude du roi. Il paraît peu vraisemblable que Grégoire VII ait eu le temps de conduire cette négociation, étant donné les dates très rapprochées des événements. D'autre part, aucune version de l'assemblée de Forchheim ne fait allusion à la présence de légats autres que les deux Bernard auxquels Grégoire VII écrira dès la fin de mars.

[1] JAFFÉ-WATTENBACH, 5019 (édit. JAFFÉ, p. 546 ; PL, CXLVIII, 680).

[2] PAUL DE BERNRIED, *Vita Gregorii VII papae*, 93 : « Facto igitur conventu apud Forchheim, praefati legati litteras apostolicas in medium protulerunt quam parum dominus papa de promissione regis laetatus fuerit, cum adversarii ecclesiae plus audaciae quam terroris ex praesentia regis acciperent. Ad hoc, aiebant, eum petere ut novi regis electionem de qua audierat in adventum

Évêques et princes répondirent à cette invitation en déposant Henri IV et en élisant roi de Germanie Rodolphe de Rheinfelden, duc de Souabe et beau-frère de Henri IV [1].

Ce coup d'état des princes plaçait Grégoire VII dans une situation délicate. Henri IV, dès qu'il sut ce qui s'était passé à Forchheim, demanda au pape de lui prêter son appui contre l'usurpateur. Quant à Rodolphe, il s'excusa d'avoir saisi malgré lui le gouvernement du royaume et se déclara prêt à obéir en toutes choses au Saint-Siège [2]. Pour lequel des deux prétendants Grégoire VII allait-il se prononcer? Henri IV, depuis

eius differrent, si hoc sine periculo fieri posse perpenderent » (édit. WATTERICH, t. I, p. 529; AA. SS. *Maii*, t. VI, p. 134).

[1] Il ne paraît pas douteux que l'élection de Rodolphe n'était nullement désirée par Grégoire VII et que les princes ont agi contrairement aux indications des légats. On ne saurait en effet préférer à la version de Paul de Bernried la version saxonne, telle qu'elle est donnée par BRUN (*De bello saxonico*, 91) et à laquelle se rallie Giesebrecht (*Die Kaiserzeit*, t. III, p. 1154) : « Aderat etiam legatus apostolici qui cuncta quae de regno nostrates utiliter disposuerunt apostolicae sublimitatis auctoritate firmaret » (MGH, SS, t. V, p. 365; édit. WATTENBACH, p. 67-68). Cfr aussi LAMBERT DE HERSFELD, a. 1077 (MGH, SS, t. V, p. 262-263; édit. HOLDER-EGGER, p. 303) qui veut lui aussi faire légitimer l'élection de Rodolphe par l'assentiment des représentants du Saint-Siège. Le continuateur de Berthold de Reichenau. a. 1077 (MGH, SS, t. V, p. 292) va plus loin encore : les légats auraient exprimé leur stupéfaction en constatant que Henri IV n'était pas encore déposé. Cette version est inadmissible, parce que contraire aux indications fournies par les lettres de Grégoire VII. En 1080, le pape affirmera encore que Rodolphe a été élu *sine suo consilio* (*Registrum*, VII, 14a, édit. CASPAR, p. 484; édit. JAFFÉ, p. 402; PL, CXLVIII, 817). En outre, l'attitude observée par Grégoire VII de 1077 à 1080 prouve clairement qu'il considérait Henri IV comme roi jusqu'à la promulgation de sa propre sentence. Aussi n'y a-t-il pas lieu de tenir compte des versions saxonnes qui veulent avant tout justifier le coup d'état des princes que les légats ont été impuissants à prévenir. MARTENS (*Gregor VII, sein Leben und Wirken*, t. I, p. 142) pense avec raison que l'assemblée de Forchheim a porté une grave atteinte au prestige de la papauté.

[2] GRÉGOIRE VII, *Registrum*, VII, 14a (édit. CASPAR, p. 484-485; édit. JAFFÉ, p. 402; PL, CXLVIII, 817) : « Qui rex Rodulfus, festinanter ad me misso nuntio, indicavit se coactum regni gubernacula suscepisse, tamen sese paratum michi omnibus oboedire.... Interea Heinricus cepit me precari ut illum contra predictum Rodulfum adiuvarem. » La même version est donnée par Paul de Bernried, *Vita Gregorii VII papae*, 98 (édit. WATTERICH, *Vitae pontificum Romanorum*, t. I, p. 532; AA. SS. *Maii*, t. VI, p. 135) et par le continuateur de Berthold de Reichenau, a. 1077 (MGH, SS, t. V, p. 292) qui ajoute que Rodolphe offrit à Grégoire VII de lui envoyer une escorte pour le conduire en Allemagne.

qu'il avait reçu l'absolution pontificale, semblait peu pressé
d'exécuter ses promesses et songeait surtout à affermir sa situation en Lombardie; d'autre part l'élection de Rodolphe ressem-
blait à un défi, étant donné que les légats en avaient demandé
l'ajournement. De là pour le pape un cruel embarras; de là
aussi une attitude qui peut paraître hésitante et maladroite,
si on la juge du point de vue politique, mais qui réflète la
constante préoccupation de ne pas faillir à une mission d'origine
surnaturelle et divine.

Rien de plus curieux à cet égard que les deux bulles du
31 mai 1077, adressées l'une aux légats en Allemagne, Bernard
cardinal-diacre, et Bernard, abbé de saint-Victor de Marseille [1],
l'autre aux fidèles de la Germanie [2], et où se déploie avec une
solennelle majesté le programme pontifical, dicté par saint
Pierre en personne [3] :

« Les deux rois sollicitent notre aide ou plutôt l'aide du siège
apostolique sur lequel nous sommes assis malgré notre indignité.
Nous, confiant en la miséricorde du Dieu tout puissant et en l'aide
du bienheureux Pierre, nous sommes prêt, avec votre avis à vous qui
craignez Dieu et aimez la foi chrétienne, à décider de la justice de
l'une ou l'autre cause et à porter secours à celui qui doit régner en
toute justice [4]. »

Et le pape a soin de marquer qu'en proclamant ainsi quel
est le roi véritable, il n'outrepasse pas ses pouvoirs; le principe
fondamental de la suprématie pontificale, tel qu'il le formulait
l'année précédente dans la lettre à Herman de Metz [5], reçoit
ici une saisissante application :

« Si le siège du bienheureux Pierre connaît et juge des choses célestes

---

[1] GRÉGOIRE VII, *Registrum*, IV, 23 (édit. CASPAR, p. 335-336; édit. JAFFÉ,
p. 275-277; PL, CXLVIII, 478-479).
[2] *Ibid.*, IV, 24 (édit. CASPAR, p. 337-338; édit. JAFFÉ, p. 277-279; PL, CXLVIII
479-481).
[3] *Ibid.*, IV, 23 (édit. CASPAR, p. 335; édit. JAFFÉ, p. 276; PL, CXLVIII,
478) : « Quocirca monemus vos et ex parte beati Petri precipimus nostraque
vice ab eodem apostolorum principe accincti... »
[4] *Ibid.*, IV, 24 (édit. CASPAR, p. 337; édit. JAFFÉ, p. 278; PL, CXLVIII, 480).
[5] Cfr *supra*, p. 311 et suiv.

et spirituelles, combien davantage connaît-il et juge-t-il des choses terrestres et séculières... Nous avons été ordonnés et établis sur le siège apostolique, afin que pendant cette vie nous cherchions non pas notre intérêt propre, mais celui de Jésus-Christ [1]. »

La lettre aux légats, tout en reflétant la même doctrine, a un caractère plus pratique et fixe la marche à suivre :

« Priez les deux rois, à savoir Henri et Rodolphe, écrit le pontife, d'assurer la sécurité de notre voyage, de nous venir en aide et de nous faire conduire par des personnes qui aient votre confiance. Nous voulons en effet, avec l'avis des clercs et des laïques de leur royaume qui aiment Dieu, examiner leur cause et proclamer quelle est celle des deux parties qui peut gouverner conformément à la justice. Vous savez qu'il appartient à notre fonction et à notre pouvoir apostolique d'évoquer les affaires importantes des églises et de les terminer justement. Or le débat actuel est d'une telle gravité et présente de tels dangers que, si nous apportons quelque négligence à le régler, il en résultera un dommage aussi étendu que regrettable pour nous et pour l'Église universelle [2]. »

Dès lors, si l'un des souverains refuse d'obéir, il encourra l'anathème ainsi que ses partisans et sera considéré comme déposé ; celui au contraire qui fera preuve de respect envers la mère de tous les fidèles sera solennellement confirmé en présence d'une assemblée de clercs et de laïques [3].

La volonté du pape est très nette : il ne doute pas de son droit de décider, au nom du Christ et en vertu de sa puissance apostolique, mais, empêché par les circonstances d'exercer lui-même son pouvoir absolu, il délègue à ses représentants, dans des limites qu'il leur trace avec la plus munitieuse rigueur, quelques-unes de ses prérogatives. Il restera fidèle à ce programme au cours des années qui vont suivre, malgré les événements et aussi malgré les hommes.

Henri IV semble avoir regagné l'Allemagne aussitôt après

---

[1] GRÉGOIRE VII, *Registrum*, IV, 24 (édit. CASPAR, p. 338 ; édit. JAFFÉ, p. 279 ; PL, CXLVIII, 480-481).
[2] *Ibid.*, IV, 23 (édit. CASPAR, p. 335-336 ; édit. JAFFÉ, p. 276-277 ; PL, CXLVIII 478-479).
[3] ID., *ibid.*

l'élection de Rodolphe de Souabe [1]. Il est impossible de définir
avec exactitude comment il s'est comporté à l'égard du Saint-
Siège ; seules les sources saxonnes fournissent quelques renseignements, mais leur partialité est trop évidente pour qu'il y
ait lieu d'en tenir compte [2]. Tout ce qu'on peut dire c'est que
le roi n'a pas cherché à faciliter la venue du pape en Germanie.
Il ne semble pas d'ailleurs que Rodolphe ait mis plus d'empressement ; les chroniqueurs qui lui sont favorables cherchent
à l'excuser, en faisant remarquer qu'il lui était impossible d'envoyer au-devant de Grégoire VII l'escorte ardemment sollicitée [3], si bien qu'à la fin de septembre le pape pouvait se
demander si ses bulles du 26 mai étaient arrivées à destina-
tion [4]. En réalité, Rodolphe, comme Henri IV, met tout son
espoir dans le triomphe de la force. Les deux rois s'attachent
à grouper et à organiser leurs partisans, afin de se ménager
un triomphe militaire qui leur permettrait de réaliser leurs
rêves ambitieux et d'obliger le pape à ratifier le fait accompli [5].

---

[1] On est malheureusement peu renseigné sur ses déplacements. Suivant le
continuateur de Berthold de Reichenau, a. 1077 (MGH, SS, t. V, p. 293),
il était le jour de Pâques (16 avril) à Aquilée, d'où il gagna Ratisbonne.

[2] D'après le continuateur de Berthold, a. 1077 (MGH, SS, t. V, p. 299-300),
Henri IV aurait donné pour consigne à ses partisans d'empêcher les légats
pontificaux d'approcher de lui et, conformément à cet ordre, on aurait mis
la main sur l'abbé de Saint-Victor de Marseille, Bernard, dépêché au roi par
le cardinal Bernard. Ce qui rend ici cette version assez plausible, c'est que
l'emprisonnement de l'abbé Bernard est signalé par Grégoire VII lui-même
dans une lettre du 30 septembre 1077 à Udon de Trèves (Registrum, V, 7,
édit. CASPAR, p. 357 ; édit. JAFFÉ, p. 295 ; PL, CXLVIII, 492) : « Bernardo,
religioso Massiliensi abbati, quem captum esse audivimus. » Cfr aussi BRUN,
De bello saxonico, 112 (MGH, SS, t. V, p. 374 ; édit. WATTENBACH, p. 83).

[3] Cfr le continuateur de BERTHOLD DE REICHENAU, a. 1077 (MGH, SS,
t. V, p. 296).

[4] Il fait part de cette crainte à Udon, archevêque de Trèves (Registrum, V, 7,
édit. CASPAR, p. 357 ; édit. JAFFÉ, p. 295 ; PL, CXLVIII, 492) : « Verum quia
nobis non satis compertum est, utrum ad vos pervenerint istae litterae... »

[5] Le continuateur de Berthold, a. 1077 (MGH, SS, t. V, p. 298) avoue que
Rodolphe, après son élection, s'est retiré en Saxe pour y lever des troupes,
en laissant aux ducs Welf et Berthold le soin de défendre la Souabe contre
son rival. D'autre part, Henri IV aurait réuni au mois de mai une assemblée
où Rodolphe et ses complices furent déchus de leurs fiefs et dignités. Les
princes de leur côté décident de tenir le 1er novembre une assemblée dans

Dès l'été de 1077, Grégoire VII a compris qu'il fallait renoncer à son projet de venir en Allemagne pour y rendre, comme chef suprême de l'Église et de la chrétienté, la sentence arbitrale qui eût départagé les deux rivaux. La lettre du 9 juin à l'archevêque de Gran laisse percer un réel découragement :

« Ne vous étonnez pas, lui dit-il, si nous avons gardé aussi longtemps auprès de nous le porteur de cette lettre. Quand il est venu vers nous, nous nous apprêtions à passer dans le royaume teuton, afin de pouvoir y ménager avec l'aide de Dieu la paix et la concorde entre le roi Henri et les princes de la terre, car nous avions reçu de Henri par serment la promesse d'une escorte que nous attendions pour partir. Dans cette expectative nous avons prié votre messager de rester avec nous... Or, comme vous le savez sans doute, les affaires allemandes se sont gravement envenimées et ont abouti à la division presque totale de ce pays où il ne nous paraît pas opportun de nous rendre en ce moment [1]. »

Le voyage en Allemagne est donc ajourné *sine die*. Il est probable qu'entre le 26 mai et le 9 juin Grégoire VII a reçu des informations sur les préparatifs de guerre civile qui se dessinaient d'un côté comme de l'autre, qu'il a dès lors compris que ni Henri IV ni Rodolphe de Souabe n'étaient disposés à s'incliner devant la sentence du vicaire du Christ. Le pape en ressent une douloureuse angoisse :

« Quel souci, écrit-il à Udon de Trèves le 20 septembre 1077, nous causent les troubles du royaume teuton, quelle anxiété nous éprouvons à son sujet, celui-là seul le sait qui peut scruter les âmes et y lire clairement. Nous l'avons supplié, nous le supplierons encore, en invitant les moines et les communautés religieuses à s'unir à nous, d'avoir pitié de cette nation, de ne pas permettre qu'elle tourne ses armes contre elle-même, ni qu'elle consomme dans la guerre la ruine de ses vertus domestiques, d'anéantir de sa main puissante toutes les causes de discorde [2]. »

---

une ville rhénane. Cfr MEYER VON KNONAU, *Jahrbücher*, t. III, p. 54 et suiv.; MARTENS, *Gregor VII, sein Leben und Wirken*, t. I, p. 161-163.

[1] GRÉGOIRE VII, *Registrum*, IV, 25 (édit. CASPAR, p. 339; édit. JAFFÉ, p. 279-280; PL, CXLVIII, 481).

[2] GRÉGOIRE VII, *Registrum*, V, 7 (édit. CASPAR, p. 356; édit. JAFFÉ, p. 294-295; PL, CXLVIII, 492).

Au moment où le pape se laissait aller à ces accents de tristesse découragée, il était rentré à Rome, ce qui prouve qu'il avait définitivement renoncé à son projet de voyage au-delà des monts [1]. L'attitude indifférente de l'Allemagne n'était pas la seule raison qui avait inspiré son retour. Pendant son absence, sa capitale avait été en proie à de graves désordres : Cenci, préfet de Rome et auxiliaire dévoué de Grégoire VII, avait été assassiné par Étienne, frère de cet autre Cenci avec lequel la papauté avait eu autrefois de graves démêlés ; toutefois les Romains mirent à mort le meurtrier et l'incident ne réussit pas à ébranler leur fidélité à la cause pontificale [2]. D'autres préoccupations, plus graves, avaient surgi du côté de l'Italie normande : le 12 décembre 1076, Robert Guiscard était entré à Salerne et le malheureux prince Gisulf s'était réfugié auprès du pape, qui se trouvait, de ce fait, dans une situation un peu épineuse vis-à-vis du duc de Pouille [3]. Celui-ci n'esquissa aucune offensive contre la *terra sancti Petri* pendant le séjour de Grégoire VII à Canossa, mais il était prudent, puisque l'assemblée d'Augsbourg était remise à une date incertaine, de ne pas prolonger une absence désormais inutile, de raffermir le loyalisme des Romains, de surveiller les princes normands. Le retour à Rome s'imposait. Grégoire VII reçut d'ailleurs un accueil enthousiaste qui put le consoler dans une certaine mesure des déceptions qui lui venaient d'Allemagne [4].

S'il n'est plus question de l'assemblée d'Augsbourg ou de

---

[1] Les bulles permettent de suivre son itinéraire. Le 28 juin, il est encore à Carpineto (*Registrum*, IV, 28). On le trouve à Florence le 11 août (*Ibid.*, V, 1) ; à Sienne le 1er septembre (*Ibid.*, V, 2) ; à Rome le 16 septembre (*Ibid.*, V, 3).

[2] PAUL DE BERNRIED, *Vita Gregorii VII papae*, 92 (édit. WATTERICH, t. I, p. 529 ; AA. SS. *Maii*, t. VI, p. 134) ; BERNOLD DE CONSTANCE, a. 1077 (MGH, SS, t. V, p. 434) ; CONTINUATEUR DE BERTHOLD DE REICHENAU, a. 1077 (*Ibid.*, t. V, p. 304-305) ; BONIZON DE SUTRI, *Liber ad amicum*, VIII (*Libelli de lite*, t. I, p. 611 ; édit. JAFFÉ, p. 674). On ne peut admettre que Henri IV ait participé à l'attentat.

[3] PIERRE DIACRE, *Chronica monasterii Casinensis*, III, 45 (MGH, SS, t. VII, p. 735-736) ; LUPUS PROTOSPATARIUS, a. 1077 (*Ibid.*, t. V, p. 60). Cfr CHALANDON, *Histoire de la domination normande en Italie et en Sicile*, t. I, p. 246.

[4] ARNULF, *Gesta archiepiscoporum Mediolanensium*, V, 10 : « Ingenti Romanorum susceptus laetitia » (MGH, SS, t. VIII, p. 31).

toute autre du même genre, rien n'est changé dans la ligne
de conduite pontificale. Grégoire VII n'abdique pas le rôle
de juge suprême que lui assigne son pouvoir de lier et de délier ;
c'est à lui qu'incombe la lourde responsabilité de proclamer
quel est celui des deux princes qui a pour lui la justice et le
droit, mais, tant que son enquête n'est pas terminée, il ne
saurait prononcer sa sentence [1]. Puisqu'une discussion contra-

---

[1] Les chroniqueurs allemands prétendent que, lors de l'assemblée tenue
à Goslar le 12 novembre 1077 par les princes en présence des légats, le cardinal
Bernard aurait renouvelé l'excommunication prononcée contre Henri IV et
reconnu Rodolphe comme roi. Cfr BERNOLD DE CONSTANCE, a. 1077 : « Eo
tempore papa utrique regi ex parte sancti Petri praecepit, ut treuvas ad invicem
facerent, et adventum eius ad Teutonicas partes pro dirimenda lite non
impedirent, sed debitum consilium et auxilium ad hoc iter ei praeberent.
Legatis autem suis, qui adhuc in teutonicis partibus morabantur, praecepit ut
ex duobus regibus illum excommunicarent qui praedictae legationi non obediret,
obedientem vero ex parte sancti Petri confirmarent. Quod et non multo post
factum est; scilicet in die sequenti post festivitatem sancti Martini, Goslarie,
Heinrico pro inobedientia iterum excommunicato et Roudolfo pro obedientia
in regnum sublimato. Nam Heinricus praedictam legationem papae nec sus-
cipere dignatus est nec animum ad treuvae compositionem, sed ad tyrannidis
crudelitatem intendit » (MGH, SS, t. V, p. 434-435). — CONTINUATEUR DE
BERTHOLD DE REICHENAU, a. 1077 : « Unde cardinalis ille Romanus non parum
quidem animatus, iuxta quod in litteris continebatur, contracto Saxonicae
provinciae episcoporum ceterorumque principum apud Goslariam collegio,
regem Heinricum apostolicae auctoritatis sententia in 2 Idus novembris a
communione corporis et sanguinis Domini necnon a liminibus sanctae ecclesiae
catholicae iuridicialiter damnatum omnino excommunicavit eique omnino
regni gubernacula interdixit, eo quod summo primae sedis apostolicae pontifici prorsus inobediens factus, regnum, quo in Romano synodo eum iusta
damnatum sententia privavit et sic privatum anathematizavit, non ab eo per-
missus temeritate tanta invaderet » (MGH, SS, t. V, p. 302-303). — BRUN, De
bello saxonico, 110 (Ibid., t. V, p. 372 ; édit. WATTENBACH, p. 80), fait lui aussi
allusion à cette sentence du légat. GIESEBRECHT (Die Kaiserzeit, t. III, p. 451)
a adopté la version de Bernold de Constance et des chroniqueurs saxons,
mais sans justifier son opinion par une discussion critique. Au contraire MAR-
TENS (Gregor VII, sein Leben und Wirken, t. I, p. 168 et suiv.) se refuse à l'admettre. Il fait remarquer que le rôle prêté au cardinal Bernard irait à l'encontre
des instructions données par le pape dans ses bulles du 31 mai 1077 et il insiste
sur ce fait que l'autre légat Bernard, dans une lettre écrite à la fin de l'année
à Udon, archevêque de Trèves, et à ses suffragants (SUDENDORF, Registrum,
t. I, n. 10, p. 17 et suiv.), tout en se plaignant de l'attitude de Henri IV qui
empêche Grégoire VII de venir en Allemagne, ne fait aucune allusion à l'excommunication dont le souverain aurait été l'objet de la part de son collègue.
L'argument n'est pas décisif; HAUCK (Kirchengeschichte Deutschlands, t. III,
p. 813, n. 4) trouve que cette lettre est d'un ton tellement violent qu'on peut

dictoire ne peut avoir lieu en Allemagne, il imagine, à la fin
de 1077, de porter le différend devant le concile qui, suivant
la tradition, allait se réunir à Rome au début du carême, du
27 février au 3 mars 1078 [1].

On a peu de renseignements sur cette assemblée. Il n'y a
pas lieu de tenir compte du récit légendaire du continuateur de
Berthold de Reichenau [2]. On sait par Grégoire VII lui-même
que Henri IV a dépêché à Rome deux évêques, Thierry de
Verdun et Bennon d'Osnabrück, et que Rodolphe de Souabe
s'est fait également représenter [3]. Les décisions prises par le
concile sont connues grâce au procès-verbal inséré dans le
registre [4] et à deux bulles de Grégoire VII adressées quelques

---

supposer que le roi était excommunié. Cfr aussi MEYER VON KNONAU, *Jahrbücher*, t. III, p. 77, n. 115. A notre avis deux raisons permettent de croire que
Henri IV a bien été excommunié par le cardinal Bernard : d'abord la con-
cordance sur les points essentiels de la version de Bernold de Constance et
de la version saxonne qui, pour cette période, ne dérivent pas l'une de l'autre
or, si la seconde n'a aucune valeur, le témoignage de Bernold, que ne contredit
aucune bulle pontificale, mérite toujours d'être examiné de très près. D'autre
part, Grégoire VII, après le concile de Rome, a retiré au cardinal Bernard sa
légation, ce qui semble être un désaveu de l'attitude qu'il avait prise, et comme
Bernard était tout acquis aux Saxons (il l'a prouvé en combattant avec eux à
Melrichstadt), il paraît très probable que le cardinal, outrepassant ses instructions et considérant que Henri IV avait désobéi aux ordres du pape, n'a pas
hésité à frapper le roi, mais Grégoire VII — et c'est là le point important à
retenir — n'a pas ratifié la sentence.

[1] La date de la première semaine du carême est donnée par la bulle de
convocation adressée le 28 janvier 1078 à Guibert de Ravenne (*Registrum*, V
13, édit. CASPAR, p. 366-367 ; édit. JAFFÉ, p. 303-304 ; PL, CXLVIII, 498-499).

[2] Naturellement le continuateur de Berthold, a. 1078 (MGH, SS, t. V,
p. 307), comme l'a fort bien remarqué Martens (*Gregor VII, sein Leben und
Wirken*, t. I, p. 174-175), est très préoccupé de faire cadrer son récit du concile
de Rome avec celui de l'assemblée de Goslar et de noircir Henri IV qui aurait
donné pour consigne à ses légats de ne ménager ni les promesses ni les présents.
Il n'y a rien à retenir de ces affirmations fantaisistes. Bernold, a. 1078 (MGH,
SS, t. V, p. 435) avance, — et ce détail est plus intéressant, — que Henri IV
se serait plaint de l'excommunication injuste dont il avait été l'objet à Goslar.
Il est fort possible que ce soit là l'origine du rappel du cardinal Bernard.

[3] GRÉGOIRE VII, *Registrum*, VII, 14a (édit. CASPAR, p. 485 ; édit. JAFFÉ,
p. 403 ; PL, CXLVIII, 817) : « Duo episcopi, Verdunensis videlicet et Osen-
burcgensis, de consentaneis suis Romam venerunt et in synodo ex parte Heinrici
me, ut ei iustitiam facerem, rogaverunt. Quod et nuntii Rodulfi fieri laudaverunt. »

[4] *Ibid.*, V, 14a (édit. CASPAR, p. 370-371 ; édit. JAFFÉ, p. 306-307 ; PL, CXLVIII,
797-798).

jours après le concile, l'une aux Allemands [1], l'autre à l'archevêque de Trèves, Udon [2].

De ces divers textes il ressort que le pape a maintenu son droit de trancher le différend entre les deux rois, mais la procédure est totalement modifiée : du voyage outre monts il n'est plus question ; Grégoire VII enverra en Allemagne des légats qui, armés d'un large pouvoir d'enquête, interrogeront clercs et laïques, manderont devant eux tous ceux qui leur paraîtront susceptibles d'éclairer le débat, déclareront finalement de quel côté il y a lieu d'incliner pour satisfaire à la justice. Ni dans le procès-verbal, ni dans les bulles, Grégoire VII n'indique explicitement qu'il se réserve à lui-même la sentence finale. Il y a pourtant lieu de croire que telle est bien sa pensée et que le rôle des légats consistera uniquement à transmettre les pièces nécessaires avec avis motivé. Dans toutes les affaires graves, ecclésiastiques ou laïques, cette procédure a été observée ; comment Grégoire VII eût-il pu faire une exception, lorsque le sort de la chrétienté occidentale tout entière était en jeu ?

Pour le moment, il s'agissait d'instruire le procès suivant les règles canoniques, d'entendre accusé, accusateurs et témoins. On ne sait à qui le pape a confié ce soin ; quel qu'ait été le personnage de la curie qu'il ait envoyé tout d'abord en Allemagne, il lui a donné pour mission de s'entendre avec l'archevêque de Trèves, Udon, partisan de Henri IV, mais très respectueux de l'autorité apostolique, et avec un évêque du parti de Rodolphe, afin de déterminer avec eux les conditions dans lesquelles les légats pontificaux pourraient s'acquitter du rôle qui leur était assigné [3]. Mais Udon, qui devait venir à Rome pour mettre

---

[1] GRÉGOIRE VII, *Registrum*, V, 15 (édit. CASPAR, p. 374-376; édit. JAFFÉ, p. 309-311; PL, CXLVIII, 500-501).

[2] *Ibid.*, V, 16 (édit. CASPAR, p. 376-378; édit. JAFFÉ, p. 311-312; PL, CXLVIII, 501-502).

[3] GRÉGOIRE VII, *Registrum*, V, 15 (édit. CASPAR, p. 376; édit. JAFFÉ, p. 310-311; PL, CXLVIII, 501) : « Presentium vero portitorem ad hoc vobis dirigimus ut una cum venerabili fratre nostro Treverensi archiepiscopo qui Heinrico favet, et altero qui utilis et religiosus ad hoc sit opus episcopus ex parte Rodulfi, locum et tempus predicti conventus statuant, quatenus legati nostri, quos prefati sumus, securius et certius ad vos venire et quae omnipotenti Deo

24

le pape au courant des modalités sur lesquelles on serait tombé
d'accord [1], mourut le 11 novembre 1078, avant d'avoir pu
obtenir un résultat [2].

C'était pour Grégoire VII une première déconvenue. D'autres
devaient suivre. On ignore l'accueil que fit Henri IV aux décisions du concile de Rome [3], mais, en revanche, il est clair

---

placeant, ipso auxiliante, vobiscum valeant perficere.» On ne sait pas quel
est le *presentium portitor* qui devait représenter le pape dans les négociations
entre Udon et l'évêque rodolphien. D'autre part cette lettre indique que
Grégoire VII avait l'intention d'envoyer de nouveaux légats. La lettre à Udon
de Trèves (*Registrum*, V, 16, édit. Caspar, p. 378; édit. Jaffé, p. 312; PL,
CXLVIII, 501) fait une allusion beaucoup plus nette au rappel des deux
Bernard qui était décidé dès le 9 mars 1078 : « Volumus autem ut apud regem
diligenter procures quatenus legati nostri, qui in partibus illis sunt, Bernardus
scilicet, diaconus sanctae Romanae ecclesiae, et Bernardus, Massiliensis abbas,
si voluerint, licenter et secure ad nos redire valeant .»

[1] Grégoire VII, *Registrum*, V, 16 (édit. Caspar, p. 377; édit. Jaffé, p. 312;
PL, CXLVIII, 502) : « Ordinatis et confirmatis omnibus quae ad prosequen-
dum hoc negotium loco, tempore vel caeteris convenientiis necessaria sunt,
volumus ut tu et frater ille, qui tecum huius rei mediator esse debuerit, con-
festim ad nos veniatis, quatenus cognitis securitatibus et quae spes pacis
esse debeat, legatos nostros tam sine periculo quam sine desperatione fructus
laboris et fatigationis eorum vobiscum mittere valeamus. »

[2] Hugues de Flavigny, II (MGH, SS, t. VIII, p. 449); Brun, *De bello
saxonico*, 103 (*Ibid.*, t. V, p. 369; édit. Wattenbach, p. 74); *Gesta Treverorum,
Additamentum et continuatio* I (MGH, SS, t. VIII, p. 183).

[3] Ici encore la seule source est la continuation de Berthold, a. 1078 (MGH,
SS, t. V, p. 309 et suiv.) dont le récit est contredit par un bon nombre de
faits. Henri IV aurait été saisi d'un réel effroi, lorsqu'il connut les décisions
du concile et se serait répandu en plaintes amères sur la perversité de Grégoire VII. Toutefois il aurait accepté la trêve demandée et consenti à la réunion
d'une assemblée à Fritzlar, mais fait échouer cette assemblée en n'y envoyant
pas de représentants suffisamment qualifiés pour traiter. Le continuateur de
Berthold avoue cependant que les négociations se prolongèrent et que des
ambassadeurs saxons accompagnèrent les envoyés de Henri IV, lorsque ceux-ci
retournèrent auprès de leur roi, mais Henri aurait exigé des gages, sous forme
d'otages et de forteresses, ce que les Saxons auraient refusé d'accepter. Le
chroniqueur conclut que, de ce fait, Henri IV se trouvait excommunié, puisque
ses prétentions excessives rendaient la paix impossible. Il est visible que toute
la narration qui vient d'être résumée est destinée à amener cette conclusion.
Aussi bien des réserves s'imposent, d'autant plus que Bernold de Constance
est muet sur tous ces événements et se contente de noter que Henri IV gêna
autant qu'il le put, la réunion d'une assemblée (MGH, SS, t. V, p. 435). Il
y eut certainement des obstacles suscités de part et d'autre, car Grégoire VII,
pendant plus d'un an, persévéra dans son attitude de neutralité, plutôt bienveillante pour Henri IV. Cfr sur tous ces faits Meyer von Knonau, *Jahrbücher*,
t. III, p. 124 et suiv.

que du côté saxon on a éprouvé quelque mauvaise humeur. Les partisans de Rodolphe trouvèrent étonnant — ils s'en ouvrirent au pape dans une lettre conservée par Brun [1] — que Henri IV eût été traité en roi et on insinua que Grégoire VII avait joué un rôle singulier en prenant l'initiative de la déposition du souverain pour le reconnaître à nouveau le jour où un autre roi avait été élu à sa place.

Ces dispositions étaient fâcheuses et risquaient de condamner à un échec les négociations dont le pape venait de prendre l'initiative. Les Saxons avaient perdu toute confiance dans la solution romaine et n'attendaient plus que des armes le triomphe de leur prétendant. C'est en effet sur Rodolphe de Souabe que retombe la responsabilité de la guerre civile qui recommence dans l'été de 1078 et aboutit, le 7 août, à la sanglante bataille de Melrichstadt [2]. Henri IV, après une rude journée, resta finalement maître du terrain, de l'aveu même des chroniqueurs saxons qui, comme à l'ordinaire, attribuent un peu hâtivement la victoire à Rodolphe [3].

La bataille de Melrichstadt est un échec pour la politique pontificale. Grégoire VII dut en éprouver une violente émotion, mais il ne changea rien à ses plans. Le 1er juillet 1078, il a renouvelé ses instructions, sans pouvoir prévenir le dénouement sanglant [4]. Après Melrichstadt, il n'ose envoyer de légats dans cette Allemagne troublée; une fois de plus, il évoque l'affaire à Rome; au concile du 19 novembre 1078, réuni surtout pour traiter des questions d'ordre ecclésiastique [5], il se borne

---

[1] BRUN, *De bello saxonico*, 108 (MGH, SS, t. V, p. 371; édit. WATTENBACH, p. 77-80).

[2] Sur les origines et les caractères de cette guerre, cfr MEYER VON KNONAU, *Jahrbücher*, t. III, p. 135 et suiv. Il est fort probable que la version des négociations donnée par le continuateur de Berthold de Reichenau n'a d'autre but que de justifier l'attitude belliqueuse de Rodolphe de Souabe, en montrant que Henri IV avait tout fait pour la provoquer.

[3] CONTINUATEUR DE BERTHOLD DE REICHENAU, a. 1078 (MGH, SS, t. V, p. 312); BRUN, *De bello saxonico*, 96 (*Ibid.*, t. V, p. 367; édit. WATTENBACH, p. 70-71). Cfr aussi BERNOLD DE CONSTANCE, a. 1078 (MGH, SS, t. V, p. 435).

[4] GRÉGOIRE VII, *Registrum*, VI, 1 (édit. CASPAR, p. 389-391; édit. JAFFÉ, p. 321-322; PL, CXLVIII, 507-509).

[5] Cfr *supra*, p. 207-208.

à entendre les légats de Henri IV et de Rodolphe de Souabe
qui jurent, chacun pour leur souverain, qu'il n'y a eu aucune
tentative pour empêcher les légats de poursuivre les négociations prévues par le pape[1].

Le concile de février 1079, va marquer une étape décisive.
La guerre civile a continué tout l'automne sans mettre hors de
cause aucun des deux partis[2]. Elle est suivie d'un vigoureux
effort des deux rois en vue d'amener le pape à condamner
l'adversaire. Henri IV envoie à Rome un message destiné à
être lu en présence du synode : il affirme une fois de plus son
intention de ne pas gêner l'intervention pontificale et supplie
Grégoire VII de ne pas prêter l'oreille aux mensonges de ses
ennemis, de ne prononcer aucune sentence sans l'avoir entendu[3].
Rodolphe de Souabe, de son côté, essaie de convaincre le pape
en faisant brosser par ses ambassadeurs, dont le cardinal Bernard, revenu à Rome, appuya les dires, un sombre tableau de
la situation[4]. Il est également probable que le concile entendit
la lecture d'une des lettres des Saxons conservées par Brun
et où l'on reproche à Henri IV d'avoir maltraité les messagers
du pape, violé ses serments, outragé des évêques, ravagé la
Souabe[5].

L'argumentation des Saxons tendait à obtenir du Saint-

---

[1] GRÉGOIRE VII, *Registrum*, VI, 5b (édit. CASPAR, p. 400-401 ; édit. JAFFÉ, p. 330 ;
PL, CXLVIII, 799) : « Iuraverunt quoque legati Heinrici et Rodulfi, quisque
pro domino suo, quod nullis dolis colloquium legatorum sedis apostolicae in
Teutonico regno habendum impedierit. » Cfr aussi BERNOLD DE CONSTANCE,
a. 1078, qui reproduit le canon du concile et ajoute : « Unde et papa ea vice
inter eos iudicare non potuit, quamvis bene sciret cui parti magis iusticia
faveret » (MGH, SS, t. V, p. 435).

[2] Cfr MEYER VON KNONAU, *Jahrbücher*, t. III, p. 145 et suiv.

[3] SUDENDORF, *Registrum*, t. I, 11, p. 19. On ne sait pas quel fut le représentant de Henri IV au concile. MEYER VON KNONAU (*Jahrbücher*, t. III, p. 173,
n. 3) suppose que ce fut un clerc de Bamberg.

[4] CONTINUATEUR DE BERTHOLD DE REICHENAU, a. 1079 (MGH, SS, t. V,
p. 316-317).

[5] Il s'agit de la lettre rapportée dans le *De bello saxonico*, 112 (MGH, SS,
t. V, p. 373-375 ; édit. WATTENBACH, p. 82-85). Sur la chronologie des lettres
des Saxons, cfr MEYER VON KNONAU, *Jahrbücher*, t. III, p. 176, n. 5, où l'on
trouvera une excellente discussion critique à laquelle nous nous contentons
de renvoyer.

Siège le renouvellement solennel des condamnations portées contre Henri IV. Grégoire VII ne se prête pas à cette manœuvre ; il refuse de « tirer du fourreau le glaive apostolique » et, réservant son jugement pour le jour où la lumière serait pleinement faite, il soumet aux envoyés de Henri IV et à ceux de Rodolphe de Souabe la formule d'un serment qui les obligerait l'un et l'autre. Henri, par l'entremise de ses représentants, s'engage à envoyer avant l'Ascension des ambassadeurs au-devant des légats du Saint-Siège, afin que leur sécurité soit assurée pendant leur séjour en Allemagne, à obéir aux légats pontificaux en toutes choses et à reconnaître leur sentence. Rodolphe promet, à son tour, de paraître devant l'assemblée tenue par les légats ou de s'y faire représenter [1].

C'était là un succès pour Grégoire VII. Jusqu'en 1079, Henri IV et Rodolphe de Souabe se sont plus ou moins dérobés, avec des méthodes différentes, aux directions pontificales ou se sont contentés d'un vague acquiescement aux ordres du Saint-Siège. Maintenant au contraire, ils acceptent par serment l'intervention romaine et jurent de s'incliner devant la sentence du pasteur universel. L'arbitrage de Rome est reconnu conformément aux principes grégoriens. Malheureusement, du jour où il allait s'exercer pratiquement, il était à craindre que celui des deux princes qui serait atteint dans ses intérêts et ses ambitions ne s'insurgeât contre le jugement apostolique devant lequel il s'était par avance incliné.

Il s'agissait d'en finir. Pendant les derniers mois de 1079, Grégoire VII dirige et surveille l'enquête canonique que couronnera la sentence de mars 1080.

Cette enquête est confiée à des hommes nouveaux, les deux Bernard s'étant par trop compromis avec les Saxons. Dès le lendemain du concile, Grégoire VII envoie en Allemagne deux prélats italiens, Pierre, cardinal-évêque d'Albano, et Ulric, évêque de Padoue [2] ; mais ce n'est là qu'une mission prélimi-

---

[1] GRÉGOIRE VII, *Registrum*, VI, 17a (édit. CASPAR, p. 428 ; édit. JAFFÉ, p. 354 ; PL, CXLVIII, 812).

[2] Il résulte d'une lettre du 3 mars 1079 à la comtesse Mathilde (*Registrum,*

naire, car dans une bulle du 1er octobre 1079, Grégoire VII
fait allusion à une autre légation qui doit aller terminer l'affaire
au lieu et au moment qui auront été fixés [1].

Il est difficile de dire quel a été exactement le rôle de Pierre
d'Albano et d'Ulric de Padoue, car, comme pour l'année
précédente, la seule source détaillée est la continuation de
Berthold de Reichenau, complétée par quelques allusions assez
vagues de Grégoire VII dans des bulles qui ne figurent généralement pas dans le registre et dont la chronologie est fort mal
établie [2]. Un seul texte peut aider à faire la lumière : c'est

VI, 22, édit. CASPAR, p. 434; édit. JAFFÉ, p. 359; PL, CXLVIII, 530) que les
légats sont partis immédiatement après le concile, peut-être en compagnie
des envoyés de Henri IV. Leur nom est donné par une lettre du 16 juin 1079
à Henri d'Aquilée (*Registrum*, VI, 38, édit. CASPAR, p. 455; édit. JAFFÉ, p. 376;
PL, CXLVIII, 542) et par la lettre JAFFÉ-WATTENBACH, 5137 (édit. JAFFÉ,
p. 557-559; PL, CXLVIII, 693-695), qui leur est adressée. Le continuateur
de Berthold de Reichenau, a. 1079 (MGH, SS, t. V, p. 318) et Bonizon de
Sutri, *Liber ad amicum*, VIII (*Libelli de lite*, t. I, p. 612; édit. JAFFÉ, p. 675)
donnent à tort comme faisant partie de la légation le patriarche d'Aquilée,
Henri.

[1] GRÉGOIRE VII, *Registrum*, VII, 3 (édit. CASPAR, p. 463; édit. JAFFÉ, p. 383;
PL, CXLVIII, 547): «Nos vero iniunximus eis ut locum ac terminum commu-
niter statuerent oportunum, ad quem sapientes nostros et idoneos legatos
propter discutiendam causam vestram dirigeremus.»

[2] Parmi ces bulles, deux seulement ont été insérées dans le registre. Ce sont
les lettres VI, 38, du 16 juin 1079, à Henri d'Aquilée (édit. CASPAR, p. 454-455;
édit. JAFFÉ, p. 376-377; PL, CXLVIII, 542-543), et VII, 3, du 1er octobre 1079,
à tous les fidèles de saint Pierre en Allemagne (édit. CASPAR, p. 462-463; édit.
JAFFÉ, p. 383-384; PL, CXLVIII, 547-548). On a conservé en outre, mais
sans indication de date, deux lettres à Rodolphe de Souabe (JAFFÉ-WATTEN-
BACH, 5107 et 5108, édit. JAFFÉ, p. 552-553 et 553-554; PL, CXLVIII, 690-691
et 691-692) et une lettre aux légats (JAFFÉ-WATTENBACH, 5137, édit. JAFFÉ,
p. 557-559; PL, CXLVIII, 693-695). On est généralement d'accord pour
placer en mai 1079 la lettre JAFFÉ-WATTENBACH, 5107 (cfr MEYER VON KNONAU,
Jahrbücher, t. III, p. 220). La seconde lettre à Rodolphe et aux Saxons (JAFFÉ-
WATTENBACH, 5108) doit être également du début de l'été, car le concile de
Rome y apparaît comme un événement encore récent. Quant à la lettre aux
légats (JAFFÉ-WATTENBACH, 5137), JAFFÉ et MARTENS (*Gregor VII, sein Leben
und Wirken*, t. I, p. 188) voudraient qu'elle fût d'octobre, tandis que GIESE-
BRECHT (*Die Kaiserzeit*, t. III, p. 1160-1161) et MEYER VON KNONAU (*Jahrbücher*, t. III, p. 223, n. 83) adoptent la date de juillet. Ce dernier fait valoir
en faveur de cette hypothèse l'expression de *nuper captus* employée à propos
de l'abbé de Reichenau, mais on peut objecter que *nuper* a un sens assez vague
et peut désigner un intervalle de plusieurs semaines ou même de plusieurs
mois. Par ailleurs, il semble bien que la lettre JAFFÉ-WATTENBACH, 5137, soit

l'allocution prononcée au concile de mars 1080, dans laquelle le pape accuse Henri IV avec la plus catégorique netteté d'avoir empêché la réunion de l'assemblée prévue par le synode romain de l'année précédente [1]. Il est inadmissible que le saint pontife, dont on connaît le caractère scrupuleux et qui, au fond de son âme, a toujours souhaité le triomphe de Henri IV, ait lancé une accusation aussi précise sans avoir eu entre les mains des preuves indiscutables [2]. Il est donc permis de penser que Henri IV, pendant les derniers mois de 1079, a mis tous les torts de son côté.

Cela n'a rien de surprenant. En 1078, les Saxons escomptent la victoire; ils essayent d'éluder l'arbitrage pontifical que sollicite leur adversaire. En 1079, Henri IV a au contraire l'avantage à la bataille de Melrichstadt et espère triompher par les armes; il cherche à tergiverser, tandis que Rodolphe, redoutant un nouveau désastre, presse le pape de rendre sa sentence. Suivant le continuateur de Berthold de Reichenau, dont on ne peut accueillir le témoignage que sous toutes réserves, il aurait, à la suite d'une entrevue avec les légats à Ratisbonne, consenti à ce qu'une conférence eût lieu à Fritzlar, au mois de juin, entre ses partisans et les Saxons; mais, si cette conférence, acceptée par Rodolphe, se réunit en effet, on y aurait

contemporaine de la lettre VII, 3, du registre, qui est du 1er octobre, car celle-ci fait allusion aux reproches formulés à l'adresse des légats dans JAFFÉ-WATTEN-BACH, 5137 : *Nam si legati nostri aliquid contra quod illis imposuimus egerunt, dolemus.*

[1] GRÉGOIRE VII, *Registrum*, VII, 14a (édit. CASPAR, p. 486; édit. JAFFÉ, p. 403; PL, CXLVIII, 817) : « Predictus autem Heinricus cum suis fautoribus non timens periculum inoboedientiae, quod est scelus idolatriae, colloquium impediendo, excommunicationem incurrit. »

[2] Certains historiens ont accusé Grégoire VII d'avoir manqué de franchise; ils appuient surtout leur opinion sur la lettre qu'il écrivit à Rodolphe de Souabe dans l'été de 1079 (JAFFÉ-WATTENBACH, 5107). Cfr GIESEBRECHT (*Die Kaiserzeit*, t. III, p. 479) et HAUCK (*Kirchengeschichte Deutschlands*, t. III, p. 818, n. 4), qui voient dans cette lettre un appel aux armes. Avec MARTENS (*Gregor VII*, t. I, p. 187), nous croyons cette interprétation abusive : la lettre (dont on a contesté l'authenticité) peut s'expliquer par le souci du pape de calmer les inquiétudes manifestées par les Saxons au moment du concile de Rome, tout en maintenant la procédure fixée par le synode et sans préjuger en rien la solution finale.

simplement agité la question d'un armistice et ajourné toute
décision à un autre colloque qui se tiendrait à Wurtzbourg.
C'est alors que, toujours suivant le continuateur de Berthold,
Henri IV aurait fait volte-face et annoncé qu'il se rendrait
à Wurtzbourg pour y recevoir la soumission des partisans de
Rodolphe. Naturellement ceux-ci s'abstinrent, Henri en profita
pour lancer un manifeste assurant le pape de son entière soumission et concluant à la nécessité d'excommunier Rodolphe [1].

Si l'on ne peut affirmer que les choses se soient ainsi passées,
il est fort probable que l'attitude de Henri IV a dû prêter à
la critique. Le continuateur de Berthold l'accuse en outre
d'avoir acheté les légats et obtenu d'Ulric un rapport favorable [2]. Sur ce point, il semble bien que le chroniqueur saxon
ait dit vrai. Hugues de Flavigny, beaucoup moins partial et
assez désintéressé en l'occurrence, fait lui aussi allusion à
une tentative de corruption [3]. De plus, les bulles de Grégoire VII
laissent supposer que l'attitude des représentants du Saint-
Siège n'a pas été à l'abri de tout reproche [4]. L'on a enfin conservé
un diplôme de Henri IV, en date du 23 juillet 1079, accordant
à l'église de Padoue, dont Ulric était évêque, l'immunité et
toutes sortes de libertés, ce qui donne à penser que les rapports
du roi et du légat étaient plutôt amicaux [5].

On peut donc conclure que Henri IV, avec la complicité
plus ou moins ouverte des légats pontificaux, a paralysé l'action
romaine et s'est soustrait aux engagements qu'il avait pris par

---

[1] CONTINUATEUR DE BERTHOLD DE REICHENAU, a. 1079 (MGH, SS, t. V,
p. 320-321).
[2] CONTINUATEUR DE BERTHOLD DE REICHENAU, a. 1079 (MGH, SS, t. V,
p. 322).
[3] HUGUES DE FLAVIGNY, II (MGH, SS, t. VIII, p. 450).
[4] GRÉGOIRE VII, Registrum, VII, 3 (édit. CASPAR, p. 462; édit. JAFFÉ, p. 383;
PL, CXLVIII, 547) : « Nam si legati nostri aliquid contra quod illis imposuimus egerunt, dolemus. » — JAFFÉ-WATTENBACH, 5137 : « Sunt multi, quibus
tamen non credimus, qui de legatione vestra murmurare incipiunt, suspicantes
vos aliter velle incedere quam a nobis praeceptum est, et alterum vestrum
nimis simpliciter, alterum vero non adeo simpliciter acturum esse causantur.
Quapropter diligentissima circumspectione cavendum est vobis ut utramque
suspicionem possitis extinguere » (édit. JAFFÉ, p. 557; PL, CXLVIII, 694).
[5] STUMPF, 2816.

serment lors du concile de 1079. D'ailleurs, au début de 1080, il se sent assez fort pour aller de l'avant. En plein hiver, il prend l'offensive contre les Saxons qu'il surprend à Flarchheim, près de Mulhouse, le 27 janvier, et, après un rude combat, contraint Rodolphe à la retraite [1].

La bataille de Flarchheim, en brisant l'équilibre des deux partis, est un désastre pour la politique romaine. L'armée saxonne est décidément hors de cause et il suffira d'une dernière expédition pour l'anéantir. Jamais depuis quatre ans, la situation de Henri IV n'a été aussi forte; il est de nouveau le maître de l'Allemagne qu'il peut asservir à son gré. Sûr de son triomphe, bercé par les rêves d'un orgueil indomptable, il se croit assez fort pour dicter sa volonté au pape, pour lui imposer l'excommunication de son rival vaincu, pour ceindre la couronne impériale, objet de ses ambitions, pour rétablir le césaropapisme un moment courbé devant la suprématie romaine.

Après la bataille de Flarchheim, il envoie en ambassade à Rome l'archevêque de Brême, Liémar, et l'évêque de Bamberg, Robert, auquel il adjoint l'archidiacre Burchard [2]. Le choix de Liémar, qui autrefois avait donné au clergé allemand le signal de la révolte contre l'autorité pontificale [3], constituait à lui seul une grave inconvenance et indiquait clairement la volonté du roi d'intimider le pape, d'imposer par la force l'ex-

---

[1] Sur cette expédition, cfr MEYER VON KNONAU, *Jahrbücher*, t. III, p. 235 et suiv. Les Saxons étaient beaucoup plus prêts que ne le pensait Henri IV qui a éprouvé une vive résistance et subi de sérieuses pertes. Comme toujours les deux partis se sont attribué la victoire. LE CONTINUATEUR DE BERTHOLD a. 1080 (MGH, SS, t. V, p. 325) et BERNOLD DE CONSTANCE, a. 1080 (*Ibid.*, t. V, p. 436) considèrent la bataille de Flarchheim comme un grand avantage pour Rodolphe, tout en convenant que l'antiroi se retira « triomphalement » en Saxe. Les *Annales Augustani*, a. 1080 (*Ibid.*, t. III, p. 130) célèbrent au contraire le succès de Henri IV. La vérité est certainement de ce côté : non seulement la retraite de Rodolphe, mais les initiatives hardies de Henri IV à l'égard du Saint-Siège prouvent que les Saxons ont été complètement battus.

[2] Outre les témoignages du CONTINUATEUR DE BERTHOLD DE REICHENAU, a. 1080 (MGH, SS, t. V, p. 326) et de BONIZON DE SUTRI, *Liber ad amicum*, IX (*Libelli de lite*, t. I, p. 612; édit. JAFFÉ, p. 675), on a, quant à la composition de l'ambassade, celui de WENRIC DE TRÈVES dans son *Epistola sub nomine Theoderici Virdunensis composita*, 8 (*Libelli de lite*, t. I, p. 297).

[3] Cfr *supra*, p. 151 et suiv.

communication de son rival [1]. C'était bien mal connaître le caractère de Grégoire VII. Le pontife n'avait-il pas prouvé depuis trois ans qu'il était incapable de subir l'influence des événements politiques ou militaires ? Tant qu'il a eu des doutes sur la légitimité de l'un ou l'autre pouvoir, il a évité de se prononcer et énergiquement résisté aux sollicitations qui lui venaient de part et d'autre, il est resté sourd aux cris de détresse qui montaient jusqu'à lui et n'a eu d'autre préoccupation que le triomphe du droit et de la justice. En 1080, comme en 1077, lors de l'entrevue de Canossa, il se laisse uniquement guider par les exigences de sa conscience apostolique, par le souci exclusif d'interpréter fidèlement la volonté de l'apôtre Pierre, persuadé que la souveraineté pontificale ne doit pas se plier aux contingences terrestres. Pour la première fois depuis trois ans, il a en mains toutes les pièces du procès et il peut prononcer en toute connaissance de cause. L'issue de la bataille de Flarchheim ne modifiera pas la décision qu'il va prendre sous le regard de Dieu et au nom de l'apôtre Pierre. Si fort que paraisse Henri IV, si illusoires que soient les chances de Rodolphe de Souabe, Grégoire VII n'hésitera pas à excommunier le premier et à reconnaître le second comme roi de Germanie.

Le concile s'ouvre le 7 mars 1080. Après avoir réglé différentes affaires, Grégoire VII aborde la question allemande. En un saisissant discours, il résume l'histoire des relations du Saint-Siège avec l'Allemagne au cours des dernières années, puis, après avoir constaté que la conférence voulue par lui ne s'était pas réunie par la faute de Henri IV, il ajoute :

---

[1] BONIZON (*Liber* IX; *Libelli*, p. 312) prétend que Henri IV aurait menacé Grégoire VII de la déposition, s'il n'excommuniait pas Rodolphe de Souabe. Or Grégoire VII, dans le discours prononcé au concile, ne fait aucune allusion à un semblable ultimatum; il faut voir là simplement, comme cela arrive souvent chez Bonizon, une réminiscence des événements qui vont suivre et qu'il faut à tout prix dramatiser davantage encore. Il n'y a pas lieu non plus de retenir l'affirmation du CONTINUATEUR DE BERTHOLD DE REICHENAU (*loc. cit.*), suivant lequel les ambassadeurs de Henri IV auraient tenté de corrompre l'entourage pontifical.

« Le dit Henri, parce qu'il n'a pas craint d'affronter le péril de la désobéissance qui se confond avec le crime d'idolâtrie, a encouru l'excommunication et, du fait qu'il a empêché la réunion de l'assemblée, il s'est enchaîné dans les liens de l'anathème. En outre, il a livré à la mort une foule de chrétiens, pillé les églises et désolé presque tout le royaume teuton [1]. Aussi, confiant dans le jugement de la miséricorde de Dieu et de sa sainte mère, la Vierge Marie, fort de votre autorité, saints apôtres, j'excommunie et je frappe d'anathème ce Henri, si souvent nommé, que l'on dit roi, ainsi que tous ses partisans. De nouveau, au nom du Dieu tout puissant et au vôtre, je lui interdis le royaume d'Allemagne et d'Italie, je lui enlève le pouvoir royal et la dignité qui y est attachée, je défends à tous les chrétiens de lui obéir comme roi et je délie des promesses de leur serment tous ceux qui lui ont prêté ou qui lui prêteront serment de lui obéir comme à un roi. »

Et, après avoir ainsi excommunié et déposé Henri IV, Grégoire VII reconnaît avec la même solennité Rodolphe de Souabe :

« Afin, continue-t-il, toujours en s'adressant à saint Pierre, que Rodolphe, que les Allemands ont élu comme roi pour qu'il vous soit fidèle, gouverne et défende le royaume allemand, je lui donne et je lui confie, ainsi qu'à tous ses fidèles, l'absolution de tous ses péchés ; fort de votre confiance, je lui accorde votre bénédiction en cette vie et dans l'autre. De même que Henri est justement déposé de la dignité royale pour son orgueil, pour sa désobéissance et pour sa fausseté, de même cette dignité, avec le pouvoir qui lui est attaché, est concédée à Rodolphe pour son humilité, son obéissance et sa franchise [2]. »

---

[1] Il y a là sans doute une allusion aux offensives de Henri IV contre la Saxe et à la dévastation du pays en novembre, mais ce ne sont là que des griefs subsidiaires et leur place dans le discours indique qu'ils n'eussent pas suffi pour entraîner l'excommunication. Il est à remarquer également que Grégoire VII ne reproche pas à Henri IV la nomination d'évêques allemands contrairement aux décrets sur l'investiture laïque. Déjà dans la lettre JAFFÉ-WATTENBACH, 5137, il avait prié ses légats de ne pas s'occuper de cette question : « Volumus ut de omnibus istis, qui investituram per manum laicam acceperunt, nullum presumatis exercere iudicium » (édit. JAFFÉ, p. 557 ; PL, CXLVIII, 693). Sans doute en 1080 le décret sur l'investiture laïque est renouvelé, mais il l'a déjà été en 1078 et on ne peut voir dans sa non exécution en Allemagne, comme le veut HAUCK (Kirchengeschichte Deutschlands, t. III, p. 819), l'une des origines de l'excommunication de Henri IV.

[2] GRÉGOIRE VII, Registrum, VII, 14a (édit. CASPAR, p. 486-487 ; édit. JAFFÉ, p. 401-404 ; PL, CXLVIII, 816-818).

La sentence du concile romain du 7 mars 1080 est une éclatante manifestation des principes du gouvernement sacerdotal qui, depuis 1076, n'ont cessé d'inspirer les relations de Grégoire VII avec les gouvernements temporels. Tout en ayant le même caractère, elle marque un pas en avant, puisque la déchéance de Henri IV se double de la proclamation comme roi de Germanie de Rodolphe de Souabe, élu par les princes allemands. Le pape se reconnaît le pouvoir non plus seulement de déposer un souverain excommunié, mais aussi de décider, comme représentant de saint Pierre, quel est celui des deux compétiteurs dont la puissance provient réellement de Dieu ; en d'autres termes, il exerce ce rôle d'arbitre suprême de toutes les affaires de la chrétienté qu'il n'a cessé de revendiquer depuis le concile de 1076 comme l'un des attributs essentiels de l'Église romaine « instituée par Dieu ».

Certains historiens ont reproché à Grégoire VII d'avoir rendu sa sentence avec une excessive précipitation [1]. On a dit que la condamnation de 1076 était une légitime riposte à la déposition de Worms, tandis que celle de 1080 ne répondait à aucune agression du même genre [2]. Cette opinion ne tient compte ni de l'insuffisance de l'information pour les événements de 1079 que l'on ignore presque totalement, ni de l'évolution de la politique pontificale depuis Canossa. Au fond, comme on l'a vu dans les pages qui précèdent, Grégoire VII a souhaité et recherché la réconciliation totale de Henri IV avec l'Église, à tel point qu'à certaines heures les Saxons lui ont reproché une neutralité trop partiale. En 1080, alors que les événements militaires semblaient imposer cette réconciliation même au prix de quelques sacrifices, alors que la cause de Rodolphe de Souabe semblait perdue, Grégoire VII se prononce pour le vaincu contre le vainqueur. Il y a là de sa part une réelle grandeur

---

[1] Cfr MARTENS, *Gregor VII, sein Leben und Wirken*, t. I, p. 194 et suiv; MIRBT, *Die Publizistik im Zeitalter Gregors VII*, p. 200-201 ; MEYER VON KNONAU, *Jahrbücher*, t. III, p. 255-256 ; HAUCK, *Kirchengeschichte Deutschlands*, t. III, p. 823.

[2] C'est l'idée que développent notamment Martens et Mirbt (*loc. cit.*)

d'âme, en même temps qu'une preuve que le pape s'est toujours refusé à employer des moyens que sa conscience eût reprouvés et qu'il n'a eu d'autre préoccupation que de donner au procès engagé depuis 1077 une solution conforme à l'équité. La sentence du concile de 1080 est avant tout la conclusion canonique de la procédure engagée deux ans plus tôt, en même temps qu'une nouvelle affirmation de la doctrine de la suprématie romaine, telle que la conçoit Grégoire VII. L'opposition qu'elle allait provoquer, le retour offensif et victorieux du césaropapisme allaient contraindre le pape à de nouvelles précisions doctrinales qu'il va formuler en mars 1081 dans une seconde lettre à Herman de Metz. On trouve condensées dans cette bulle célèbre toutes les idées qui ont jusqu'ici imprégné les rapports du Saint-Siège avec les états temporels : comme toujours les faits vont se cristalliser en quelques formules doctrinales.

CHAPITRE VII

LE GOUVERNEMENT SACERDOTAL

SOMMAIRE. — I. La crise de 1080-1081 : l'assemblée de Brixen et l'élection de Clément III ; mort de Rodolphe de Souabe ; préparatifs d'expédition allemande en Italie ; attitude de Grégoire VII : l'alliance normande et l'énoncé des principes du gouvernement sacerdotal. — II. La seconde lettre à Herman de Metz (mars 1081) : exposé de la doctrine pontificale ; ses sources ; comment elles sont parvenues à Grégoire VII ; rôle des Fausses Décrétales, de Gélase Ier, de Grégoire le Grand ; apport personnel de Grégoire VII. — III. Les dernières encycliques (1082-1085) ; le siège de Rome et la lettre de 1082 aux évêques français ; le concile de novembre 1083 ; l'exil de Salerne et l'encyclique à la chrétienté. Mort de Grégoire VII (25 mai 1085).

I

La condamnation solennelle de Henri IV au concile romain de 1080 a provoqué en Allemagne une vive émotion. Le 12 avril 1080, plusieurs prélats, réunis à Bamberg, proposent de déposer Grégoire VII [1], et leur avis est adopté par une assemblée plus nombreuse que Henri IV avait convoquée à Mayence [2]

---

[1] GEBHARD DE SALZBOURG,. *Epistola ad Heremannum Mettensem* : « Multa et inhonesta in domnum papam convicia iaculantes, omnibus qui congregati sunt denuntiaverunt ex tunc in reliquum nequaquam pro apostolico habendum esse. Ibique incipientes pertransierunt per universum regnum eadem praedicando, adiunctis sibi et aliis eiusdem verbi ministris » (*Libelli de lite*, t. I, p. 276).

[2] On est renseigné sur cette assemblée par les lettres de Hozmann de Spire, d'Égilbert de Trèves et de Thierry de Verdun, recueillies dans le *Codex Udalrici*, nᵒˢ 60, 61 et 63 (*Monumenta Bambergensia*, p. 126 et suiv.). Comme le remarque très justement HAUCK (*Kirchengeschichte Deutschlands*, t. III, p. 285, n. 2), l'assemblée de Mayence n'a pas déposé Grégoire VII, mais a seulement proposé cette déposition : *ut abdicetur aliusque eligatur* (*Monumenta Bambergensia*, p. 127). Toutefois ses membres se sont considérés comme déliés de l'obéissance

pour le jour de la Pentecôte (31 mai 1080). Après quoi, Hozmann,
évêque de Spire, est envoyé en Italie pour recueillir l'adhésion
des évêques lombards; en leur prouvant qu'Hildebrand était
« un exécrable perturbateur » des lois humaines et divines »,
il ne manquerait pas d'obtenir leur appui pour écraser » la tête
de ce serpent empesté », dont le « souffle vénéneux » avait
bouleversé l'Église et le royaume [1].

La proposition de l'assemblée de Mayence est accueillie
avec enthousiasme de l'autre côté des Alpes. Le 25 juin 1080,
Henri IV, sûr des intentions de ses partisans, peut tenir à Brixen,
aux confins de l'Allemagne et de l'Italie, le concile nécessaire
à la réalisation de ses desseins [2]. Parmi les dignitaires de l'église
d'Allemagne, seuls les fidèles amis du roi, tels que Liémar de
Brême, Robert de Bamberg, Conrad d'Utrecht, Burchard de
Lausanne, ont répondu à la convocation qui leur a été adressée.
En revanche, l'épiscopat lombard a manifesté un réel empressement. Henri, patriarche d'Aquilée, est également accouru
et le cardinal Hugues représente à lui seul le Sacré Collège [3].

Les chroniqueurs sont très sobres de détails et l'on ne connaît
l'histoire de l'assemblée de Brixen que par le procès verbal
où sont consignées les accusations formulées contre Grégoire VII.
Elles rééditent le réquisitoire [4] de janvier 1076 avec quelques
additions. On reproche notamment au pape les désordres de
sa vie privée en mettant à son compte, comme l'a fort bien

---

au pape. Cfr aussi MARIEN SCOT, a. 1101 (1079) (MGH, SS, t. V, p. 561);
SIGEBERT DE GEMBLOUX, a. 1079 (Ibid., t. VI, p. 364).

[1] Codex Udalrici, 60 (Monumenta Bambergensia, p. 126-127; Constitutiones
et acta, t. I, p. 118).

[2] Sur l'assemblée de Brixen, cfr BERNOLD DE CONSTANCE, a. 1080 (MGH,
SS, t. V, p. 436); Annales Augustani, a. 1080 (Ibid., t. III, p. 130); MARIEN SCOT,
a. 1101 (1079; Ibid., t. V, p. 561-562); SIGEBERT DE GEMBLOUX, a. 1079 (Ibid.,
t. VI, p. 364) et HUGUES DE FLAVIGNY, II (Ibid., t. VIII, p. 459-460), qui placent
à tort la réunion du concile en 1079. On trouvera chez les polémistes d'autres
versions dont il n'y a rien à retenir en raison de leur partialité. La source
essentielle est le décret qu'on trouvera dans les Constitutiones et acta, t. I,
p. 118-120.

[3] La liste des évêques est donnée par le décret (Constitutiones et acta, t. I,
p. 120).

[4] Cfr supra, p. 280.

remarqué Martens [1], les péchés d'un autre moine, du nom
d'Hildebrand, qui vivait à Farfa autour de 970 et dont les
Historiae Farfenses ont narré la peu édifiante conduite. Un autre
grief est nouveau, celui d'hérésie : Grégoire VII, « disciple de
Bérenger, » aurait « mis en doute la foi catholique et apostolique sur le corps et le sang du Seigneur [2]. »

Pour conclure, l'assemblée de Brixen déclare Hildebrand
déchu de la dignité pontificale, puis l'archevêque de Ravenne,
Guibert, excommunié et déposé par le concile romain de 1078
pour sa vie irréligieuse et sa désobéissance au Saint-Siège [3],
est élu sous le nom de Clément III [4]. De même qu'à Rome Grégoire VII a reconnu le compétiteur de Henri IV comme roi
de Germanie, de même à Brixen, Henri ne se contente pas,
comme jadis à Worms, de faire annuler tous les actes, passés
ou futurs, du pontife régnant dont il n'a plus rien à attendre
ni à espérer ; il lui oppose, en la personne de Guibert de Ravenne,
un antipape des mains duquel il entend recevoir bientôt la couronne impériale, objet de ses rêves.

L'illégalité de l'élection de Clément III ne saurait faire aucun
doute. L'assemblée de Brixen n'avait pas qualité pour déposer
un pape ni pour en élire un autre ; elle l'a si bien senti qu'elle
a dû, pour mettre Grégoire VII en contradiction avec la loi
canonique, forger une nouvelle version du décret de Nicolas II [5]
et, quand il s'est agi de lui élire un successeur, elle n'a même pas
réussi à respecter les stipulations du texte ainsi falsifié. Si le
faux décret accorde au roi une part importante dans l'élection,
s'il supprime le privilège des cardinaux-évêques dont aucun

[1] MARTENS, *Gregor VII, sein Leben und Wirken*, t. I, p. 215-216.

[2] *Contitutiones et acta*, t. I, p. 119. C'est sans doute pour répondre à ce
reproche que l'on a ajouté après coup dans le registre le procès-verbal du concile
de 1079 où fut condamné Bérenger. Cfr *supra*, p. 5.

[3] GRÉGOIRE VII, *Registrum*, VI, 10 (édit. CASPAR, p. 411-412 ; édit. JAFFÉ,
p. 339-340 ; PL, CXLVIII, 518-519).

[4] Sur Clément III, cfr O. KOEHNCKE, *Wibert von Ravenna*, Leipzig, 1888 ;
P. KEHR, *Zur Geschichte Wiberts von Ravenna (Clemens III)*, dans *Sitzungsberichte der koenigl. Akad. der Wissenschaften*, Berlin, 1921, p, 335-360 et
973-988.

[5] Cfr *La Réforme grégorienne*, t. I, p. 322-324.

n'a paru à Brixen, il maintient du moins le principe de la désignation du pontife romain par le collège cardinalice, puis par le clergé et le peuple de Rome. Or, ce dernier élément n'a pu participer à l'élection de Guibert et un seul cardinal a été présent. Mais peu importe : on escompte que l'opinion, ignorante des subtilités canoniques, ne saisira pas le vice de la procédure engagée. N'a-t-on pas encore le souvenir confus de l'époque peu lointaine où le roi de Germanie, patrice des Romains, nommait le pape ? Une polémique un peu hardie triomphera des dernières hésitations et bientôt Clément III, installé sur le siège de Pierre par l'armée allemande, sera reconnu par la chrétienté universelle comme le légitime successeur de l'Apôtre.

Au lendemain de Brixen, ce projet paraît avoir les plus sérieuses chances de se réaliser. Le 15 octobre 1080, Rodolphe de Souabe trouve la mort au combat de l'Elster, que Henri IV lui a livré à son retour d'Italie [1]. Quelle qu'ait été l'issue de cette bataille que chaque parti a considérée comme une victoire, la disparition de Rodolphe est pour son rival un avantage incontestable. Les contemporains y verront un jugement de Dieu et il n'en faudra pas davantage pour détacher de Grégoire VII, pour rallier à Henri IV et à son antipape un bon nombre d'âmes simples, persuadées que Dieu a voulu par là marquer sa réprobation pour la sentence du concile romain de 1080.

La mort de Rodolphe a, pour Grégoire VII, une autre conséquence non moins grave. Libre du côté de l'Allemagne, grâce au désarroi de l'opposition saxonne qui mettra dix mois pour découvrir en Herman de Luxembourg un pâle antiroi, Henri IV peut prendre le chemin de l'Italie, se diriger sur Rome, où il veut installer son antipape, pour être ensuite couronné empereur. De fait, il pousse activement ses préparatifs et, à la fin de

[1] BERNOLD DE CONSTANCE, a. 1080 (MGH, SS, t. V, p. 436); MARIEN SCOT, a. 1101 (1079) (*Ibid.*, t. V, p. 562); SIGEBERT DE GEMBLOUX, a. 1080 (*Ibid.*, t. VI, p. 364); BRUN, *De bello saxonico*, 124 (*Ibid.*, t. V, p. 381 ; édit. WATTENBACH, p. 96).

mars 1081. il franchira les Alpes sans éprouver la moindre résistance [1].

Élection de Clément III, mort de Rodolphe de Souabe, perspective d'une expédition allemande en Italie, ce sont là pour Grégoire VII de lourds sujets d'inquiétude. Jamais la situation du Saint-Siège n'a été aussi angoissante. Le pape en a conscience, mais, comme dans toutes les périodes de crise, il conserve une foi inébranlable dans le succès de son œuvre et demeure persuadé que le secours d'En-Haut ne lui faillira point en cette heure critique.

«Plusieurs disciples de Satan, écrit-il de Ceccano le 21 juillet 1080 aux prélats restés fidèles de la Haute-Italie, que l'on croit faussement évêques en diverses régions, enflammés par un orgueil diabolique, se sont efforcés de confondre la sainte Église romaine, mais, avec l'aide du Dieu tout puissant et par l'autorité du bienheureux Pierre, leur injuste présomption ne leur a causé que honte et confusion, tandis qu'elle a contribué à la gloire et à l'exaltation du siège apostolique... Par la miséricorde de Dieu et par la prière du bienheureux Pierre qui a miraculeusement terrassé Simon le magicien, leur maître à tous, au moment où il voulait s'élever trop haut, nous espérons en vérité que la ruine de ces hommes perdus ne tardera pas longtemps et que la sainte Église, après avoir vaincu et confondu ses ennemis, jouira enfin du repos dans la gloire [2]. »

Cette lettre respire la confiance, mais pour préparer l'action divine, il faut, avec des moyens humains, écarter l'orage qui s'amoncelle à l'horizon, par-dessus tout maintenir parmi les chrétiens l'unité de doctrine et le respect des prérogatives apostoliques. L'alliance normande dans l'ordre temporel, la seconde lettre à Herman de Metz dans l'ordre doctrinal seront à la fin de 1080 et au début de 1081, les deux manifestations essentielles du gouvernement de Grégoire VII.

Il n'y a pas lieu d'insister longuement sur l'alliance normande qui est une opération purement politique. Elle s'était imposée

---

[1] BERNOLD DE CONSTANCE, a. 1081 (MGH, SS, t. V, p. 437) signale sa présence à Vérone le 4 avril.
[2] GRÉGOIRE VII, *Registrum*, VIII, 5 (édit. CASPAR, p. 521-523; édit. JAFFÉ, p. 432-434; PL, CXLVIII, 578-580.)

à Nicolas II, lorsque le décret sur l'élection pontificale déchaîna
l'hostilité de la Germanie [1]. Elle est pour Grégoire VII, en
1080, la seule chance de salut.

Le pape répugnait à un rapprochement avec les princes
pillards qu'il avait excommuniés, au début de son pontificat,
pour leurs incursions en territoire apostolique [2]. En 1078, il
avait dû à nouveau condamner Richard de Capoue et Robert
Guiscard qui s'étaient entendus pour enlever Salerne au prince
Gisulf, le plus fidèle allié du Saint-Siège dans l'Italie méridionale,
et pour tenter un coup de main sur Bénévent qui faisait partie
de l'État pontifical. Richard mourut, il est vrai, le 5 avril 1078.
Son fils, Jourdain, après avoir manifesté tout d'abord les meilleures dispositions et contraint Robert à lever le siège de Bénévent, revint bientôt à la politique de son père, si bien qu'en
1080 les rapports de la papauté avec les Normands restaient
tout à fait tendus [3].

La rupture avec Henri IV et l'incertitude de la situation
en Allemagne contraignirent Grégoire VII, même avant Brixen,
à céder aux instances de l'abbé Didier du Mont-Cassin qui,
pour des motifs quelque peu intéressés, prônait toujours l'entente
avec les Normands. Didier, qui avait négocié l'alliance de 1059,
servit encore une fois d'intermédiaire [4] et il obtint très vite
le résultat qu'il recherchait. Dès le début de juin 1080, Grégoire VII se rend dans l'Italie du Sud, reçoit à Ceprano (10 juin)
le serment de fidélité de Richard de Capoue [5], puis, le 29,
il a une entrevue avec Robert Guiscard qui renouvelle les pro-

[1] Cfr *La Réforme grégorienne*, t. I, p. 325 et suiv.

[2] Cfr *supra*, p. 135.

[3] GRÉGOIRE VII, *Registrum*, V, 14a (édit. CASPAR, p. 371; édit. JAFFÉ, p. 307;
PL, CXLVIII, 800). Sur ces événements, cfr CHALANDON, *Histoire de la domination normande en Italie et en Sicile*, t. I, p. 244 et suiv.

[4] PIERRE DIACRE, *Chronica monasterii Casinensis*, III, 45 (MGH, SS, t. VII,
p. 735). Il semble que Simon, comte de Crépy et de Valois, qui se trouvait
alors à Rome, ait participé à la négociation. Cfr *Vita Simonis, comitis Cres-
peiensis* (MGH, SS, t. XV, p. 906). Sur la date du séjour de Simon à Rome,
cfr MEYER VON KNONAU, *Jahrbücher*, t. III, p. 303, n. 1.

[5] Ce serment a été conservé par le cardinal DEUSDEDIT, *Collectio canonum*,
III, 289 (édit. WOLF VON GLANVELL, p. 396).

messes jurées autrefois à Nicolas II. Le duc se reconnaît vassal
du Saint-Siège, sauf pour la marche de Fermo, Salerne et
Amalfi que le pape abandonne à son ancien adversaire [1]. C'est
une victoire pour Robert dont Grégoire VII, par surcroît,
encourage les projets orientaux, en invitant les évêques de
Pouille et de Calabre à favoriser l'expédition que préparait
leur seigneur pour restaurer l'empereur de Constantinople,
Michel VII, détrôné en 1078 et réfugié en Italie [2]. Cette dernière
démarche n'était pas heureuse : elle tendait à éloigner Robert
Guiscard de l'Italie, au moment même où la papauté pouvait
avoir besoin de son appui, et annulait par avance les bénéfices
qu'elle était en droit d'espérer de l'alliance normande.

Les traités de Ceprano ont pourtant l'avantage de fortifier
la confiance de Grégoire VII. Ils lui ont permis de tenir le coup
et d'adopter, au lendemain de l'assemblée de Brixen, une attitude
de fière résistance. Peu après son voyage dans l'Italie du Sud,
il annonce qu'il ira en septembre, avec le concours des Normands, arracher l'église de Ravenne à l'impie qui la gouverne [3].
Le 15 octobre 1080, bien que l'expédition projetée n'ait pas
eu lieu, il invite les clercs et les laïques de ce diocèse à élire un
nouvel archevêque [4] et, comme par crainte du roi de Germanie
on n'ose déférer à son désir, le 11 décembre 1080, il nomme
lui-même un nouveau pasteur [5]. Au même moment, il adresse
à ses partisans en Allemagne des paroles de consolation et de
réconfort :

« *Espérez dans le Seigneur*, s'écrie-t-il avec le psalmiste [6]... La
malice de nos adversaires ne s'exercera plus longtemps ; ceux qui ont

---

[1] GRÉGOIRE VII, *Registrum*, VIII, 1*a*, *b*, *c* (édit. CASPAR, p. 514-517 ; édit.
JAFFÉ, p. 426-428 ; PL, CXLVIII, 574-575).

[2] *Ibid.*, VIII, 6 (édit. CASPAR, p. 523-524 ; édit. JAFFÉ, p. 435-436 ; PL,
CXLVIII, 580-581).

[3] *Ibid.*, VIII, 7 (édit. CASPAR, p. 524-525 ; édit. JAFFÉ, p. 436-437 ; PL,
CXLVIII, 581).

[4] *Ibid.*, VIII, 13 (édit. CASPAR, p. 532-534 ; édit. JAFFÉ, p. 443-444 ; PL,
CXLVIII, 586-587).

[5] *Ibid.*, VIII, 14 (édit. CASPAR, p. 534-535 ; édit. JAFFÉ, p. 444-445 ; PL,
CXLVIII, 587-588).

[6] *Ps.*, IV, 6.

désespéré dans le Seigneur et se sont élevés contre la sainte Église romaine, mère de toutes les autres, ne tarderont pas à être châtiés de leur témérité [1]. »

Pour raffermir les courages défaillants des grégoriens allemands, ces paroles de foi et d'espérance ne pouvaient suffire. Il importait de leur prouver que la cause du pape était celle de Dieu. Comme en 1076, une précision doctrinale semblait impérieusement nécessaire. Aussi, après avoir renouvelé au concile du carême de février 1081 la sentence qui excommuniait Henri IV et ses partisans [2], Grégoire VII adresse, le 15 mars 1081, à l'évêque de Metz, Herman, une épitre solennelle où il condense toutes les idées qui ont inspiré ses rapports avec les états temporels. Cette lettre est un véritable traité de politique ecclésiastique où se cristallise la pensée pontificale.

II

Lors de la première excommunication de Henri IV, c'était déjà sous la forme d'une lettre à Herman de Metz que Grégoire VII avait développé les raisons d'ordre historique et canonique qui justifiaient à ses yeux [3] la condamnation du roi. En mars 1081, le pape recourt au même moyen pour exposer à nouveau les principes du gouvernement sacerdotal [4].

Lorsque l'on compare les deux bulles, on constate de frappantes analogies dans le plan et un certain parallélisme entre les développements essentiels. En 1081 comme en 1076, Grégoire VII fait reposer toute son argumentation à la fois sur le caractère illimité du pouvoir de lier et de délier conféré à saint

---

[1] GRÉGOIRE VII, *Registrum*, VIII, 9 (édit. CASPAR, p. 527-528; édit. JAFFÉ, p. 438-439; PL, CXLVIII, 582-583).

[2] *Ibid.*, VIII, 20a. (édit. CASPAR, p. 543-544; édit. JAFFÉ, p. 452; PL, CXLVIII, 821).

[3] Cfr *supra*, p. 309 et suiv.

[4] GRÉGOIRE VII, *Registrum*, VIII, 21 (édit. CASPAR, p. 545-563; édit. JAFFÉ, p. 453-467; PL, CXLVIII, 594-601). Sur les théories contenues dans cette lettre, voir, outre les ouvrages généraux déjà mentionnés, CARLYLE, *A history of mediaeval political theory in the West*, t. III, p. 94-98, t. IV, *passim*, et CAUCHIE, dans *Revue d'histoire ecclésiastique*, t. V, 1904, p. 588-597.

Pierre par le Christ et sur la supériorité évidente de la puissance sacerdotale par rapport à la puissance royale. De même on retrouve dans la seconde lettre la plupart des textes et des exemples historiques qui illustraient la première. Toutefois la théorie grégorienne des rapports de l'Église et de l'État s'est enrichie, de 1077 à 1080, d'un certain nombre d'idées nouvelles qui vont revêtir ici la forme d'un exposé doctrinal : c'est là ce qui fait l'intérêt de la seconde lettre à Herman de Metz.

Dans la première lettre, Grégoire VII invoquait d'abord les précédents dont il croyait pouvoir s'autoriser, puis, commentant la parole *Pasce oves meas*, il montrait qu'elle ne pouvait comporter aucune exception, qu'elle atteignait les rois comme les autres hommes [1]. Ici l'ordre des arguments est renversé. Il semble qu'à l'heure où l'autorité apostolique est en butte à de vigoureuses attaques, Grégoire VII ait voulu en souligner avec force l'origine divine. Aussi est-ce par une affirmation solennelle de la primauté romaine, avec citation intégrale du texte de saint Matthieu, que débute la seconde lettre à Herman :

« Qui ignore la parole de notre Seigneur et Sauveur Jésus-Christ : *Tu es Pierre et sur cette pierre je bâtirai mon Église et les portes de l'enfer ne prévaudront point contre elle. Je te donnerai les clefs du royaume du ciel. Tout ce que tu lieras sur la terre sera lié dans le ciel ; tout ce que tu délieras sur la terre sera délié dans le ciel* [2]. Les rois font-ils exception à cette règle ? Sont-ils en dehors du troupeau que le fils de Dieu a confié à saint Pierre ? Qui peut se soustraire à ce pouvoir de saint Pierre de lier et de délier, sinon le malheureux qui refuse de porter le joug du Seigneur et de faire partie du troupeau du Christ, pour se soumettre au démon [3] ? »

Le Christ a donc conféré à saint Pierre un pouvoir qui ne comporte aucune exception, qui s'exerce sur les laïques comme sur les clercs, sur les choses temporelles comme sur les spirituelles. Cette interprétation de la parole divine n'est pas nouvelle.

---

[1] Cfr *supra*, p. 311.

[2] MATTH., XVI, 18-19.

[3] GRÉGOIRE VII, *Registrum*, VIII, 21 (édit. CASPAR, p. 548; édit. JAFFÉ, p. 454; PL, CXLVIII, 594-595).

Grégoire VII constate qu'elle est celle de tous ses prédécesseurs :

« Ils ont été unanimes à penser et à dire que les affaires importantes et les jugements ecclésiastiques relevaient de l'Église romaine, mère et tête de toutes les autres, qu'on ne pouvait jamais faire appel des décisions du Saint-Siège, que celles-ci ne pouvaient être rétractées ni réfutées par personne. »

Grégoire VII cite ses textes; plusieurs sont tirés des Fausses Décrétales; d'autres ont plus d'autorité, comme la lettre de Gélase Ier (492-496) à l'empereur Anastase, qui réapparaîtra si souvent dans la polémique religieuse à la fin du XIe siècle :

« Si les fidèles doivent généralement obéir aux prêtres, lorsqu'ils enseignent la doctrine de Dieu, combien doivent-ils davantage être soumis à l'évêque de ce siège que Dieu a élevé au-dessus de tous les prêtres et qu'ensuite la piété de l'Église universelle n'a cessé de glorifier ! Votre prudence vous avertit sans aucun doute que personne ne peut, avec une inspiration exclusivement humaine, être égal à celui que le Christ lui-même a placé à la tête de tous les hommes, que l'Église a toujours considéré et considère avec dévotion comme son primat [1]. »

Même doctrine chez Grégoire le Grand qui aurait soutenu, avant Grégoire VII, que le pape peut déposer les rois :

« Si un roi, prêtre, comte, ou autre séculier ayant connaissance de cette constitution, ose la violer, qu'il perde ses pouvoirs et dignités, qu'il sache qu'il est devant Dieu coupable d'iniquité; s'il ne rend ce qu'il a mal acquis, s'il ne fait une pénitence proportionnée à sa faute, qu'il soit séparé du corps et du sang de Notre-Seigneur Jésus-Christ, qu'il soit éternellement livré à la vengeance divine [2] ! »

D'où Grégoire VII conclut qu'en excommuniant et en déposant Henri IV, il s'est strictement conformé à la doctrine de la suprématie romaine, telle qu'elle a été formulée par le Maître et précisée par les papes qui se sont succédé sur le siège apostolique [3].

---

[1] JAFFÉ-WATTENBACH, 632.

[2] GRÉGOIRE LE GRAND, *Epist.*, XIII, 11 (édit. EWALD, t. II, p. 378; PL, LXXVII, 1265).

[3] GRÉGOIRE VII, *Registrum*, VIII, 21 (édit. CASPAR, p. 550-551; édit. JAFFÉ, p. 456; PL, CXLVIII, 595-596).

Le témoignage des canons se double de l'autorité de l'histoire
et Grégoire VII invoque à nouveau les précédents énumérés
dans la première lettre à Herman de Metz [1] : Zacharie a destitué
le dernier Mérovingien pour son incapacité et saint Ambroise
expulsé Théodose couvert du sang de ses victimes. A ces
exemples s'ajoute ici celui d'Innocent Ier jetant l'anathème
sur Arcadius pour avoir laissé chasser de son siège l'évêque
Chrysostome [2].

Il n'y a pas lieu d'insister sur cette argumentation historique
dont on a déjà signalé la fragilité [3]. Elle n'est pas nouvelle et
sera plus d'une fois rééditée. Ce qui fait la véritable originalité
de la seconde lettre à Herman de Metz, c'est la partie proprement doctrinale où du principe de la prééminence du pouvoir
sacerdotal Grégoire VII tire une série de conséquences fort
importantes.

Dans la bulle du 25 août 1076, Grégoire VII attribuait déjà
au pouvoir sacerdotal une double supériorité, supériorité d'origine et supériorité de nature :

« On pense parfois, disait-il, que la dignité royale l'emporte sur la
dignité épiscopale. Il suffit de se reporter à leur origine pour voir
combien elles diffèrent l'une de l'autre. L'une a été inventée par
l'esprit humain, l'autre par la divine piété [4]. »

En 1081, à ces termes un peu vagues qui opposent l'origine
humaine de la puissance temporelle à la source toute divine
de la puissance spirituelle, se substitue une théorie autrement
précise :

« Comment donc, s'écrie le pape, une dignité inventée par les hommes
du siècle, qui parfois ignoraient Dieu, ne serait-elle pas soumise à
cette dignité que la providence du Dieu tout puissant a instituée pour
sa gloire et accordée au monde par un effet de sa miséricorde ? Son
fils, Dieu et homme suivant une indubitable croyance, est aussi le
pontife suprême, chef de tous les prêtres, assis à la droite de son

[1] Cfr *supra*, p. 310.
[2] GRÉGOIRE VII, *Registrum*, VIII, 21 (édit. CASPAR, p. 553-555; édit. JAFFÉ, p. 458-459; PL, CXLVIII, 597).
[3] Cfr *supra*, p. 310, n. 1.
[4] *Ibid.*, IV, 2 (édit. CASPAR, p. 295; édit. JAFFÉ, p. 242; PL, CXLVIII, 455).

Père et intercédant pour nous sans cesse ; il a méprisé le royaume
du siècle, dont s'enorgueillissent les fils du siècle, et s'est spontanément revêtu du sacerdoce de la croix. Qui ne sait que les rois et les
chefs temporels ont eu pour ancêtres des hommes qui, ignorant Dieu,
se sont efforcés, avec une passion aveugle et une intolérable présomption, de dominer leurs égaux, c'est à dire les hommes, par l'orgueil,
la rapine, la perfidie, l'homicide, en un mot par une infinité de moyens
criminels, très probablement à l'instigation du prince de ce monde,
le démon ? A qui les comparer, lorsque les prêtres du Seigneur s'efforcent de les faire marcher sur leurs traces, sinon à celui qui est le chef
de tous les fils de l'orgueil et qui, voulant tenter le pontife suprême,
tête des prêtres, fils du Très-Haut, auquel il promet tous les royaumes
du monde, lui dit : *Je te donnerai tout cela si tu te prosternes et si tu
m'adores* [1]. Qui doute que les prêtres du Christ ne doivent être considérés comme les pères et les maîtres des rois, des princes et de tous
les fidèles [2] ? »

Poursuivant son idée, Grégoire VII veut ensuite montrer
que le pouvoir sacerdotal est supérieur au pouvoir laïque aussi
bien par sa nature que par son origine. N'a-t-il pas trait uniquement aux choses de Dieu, tandis que le pouvoir temporel a
un caractère humain, terrestre, par suite fragile et limité ? Le
simple exorciste et, à plus forte raison, le prêtre a toute puissance sur les démons, tandis que « les rois et les princes de la
terre qui ne vivent pas saintement et qui ne redoutent pas
Dieu, comme ils le devraient, sont, hélas ! la proie des démons
et réduits par eux à une misérable servitude [3]. » En outre, à
son lit de mort, le roi chrétien, pour paraître devant Dieu, a
besoin du ministère du prêtre qui, seul, peut lui ouvrir les portes
de l'éternité ; or, quel est le prêtre ou même le laïque qui, à
l'heure fatale, a songé à rechercher le secours d'un roi de la
terre ? De même, le prêtre seul baptise, consacre le corps et
le sang du Christ, confère le sacrement de l'ordre [4].

---

[1] MATTH, IV, 19.
[2] GRÉGOIRE VII, *Registrum*, VIII, 21 (édit. CASPAR, p. 552-553 ; édit. JAFFÉ,
p. 456-457 ; PL, CXLVIII, 596-597).
[3] *Ibid.*, VIII, 21 (édit. CASPAR, p. 555 ; édit. JAFFÉ, p. 459 ; PL, CXLVIII,
598).
[4] *Ibid.*, VIII, 21 (édit. CASPAR, p. 556 ; édit. JAFFÉ, p. 459-460 ; PL, CXLVIII,
598).

Ce n'est pas tout encore : pour attester la supériorité du pouvoir sacerdotal, Dieu a accordé à ses serviteurs le don de faire des prodiges :

« Sans parler des apôtres et des martyrs, quel est l'empereur ou le roi qui comme saint Martin, saint Antoine ou saint Benoît, s'est distingué par ses miracles ? Quel empereur, quel roi a ressuscité des morts, guéri des lépreux, rendu la vue à des aveugles ? L'empereur Constantin de pieuse mémoire, Théodose et Honorius, Charles et Louis sont loués et vénérés par la sainte Église parce qu'ils ont aimé la justice, propagé la religion chrétienne, protégé les sanctuaires, mais aucun d'eux n'a obtenu le précieux honneur de faire des miracles. Et enfin, à quel roi, à quel empereur a-t-on consacré une basilique ou un autel ? quel est celui en l'honneur duquel la sainte Église a fait célébrer la messe [1] ? »

C'est là, aux yeux de Grégoire VII, une preuve nouvelle du caractère surnaturel que revêt le pouvoir sacerdotal et dont le pouvoir laïque est totalement dépourvu.

Pour toutes ces raisons, le droit du pontife romain de juger les rois n'est pas douteux :

« Qui donc, si peu instruit qu'il soit, ne comprend pas que les prêtres sont supérieurs aux rois ? Si les rois sont jugés par les prêtres pour leurs péchés, par qui peuvent-ils être jugés avec plus de raison que par le pontife romain [2] ? »

Le principe du gouvernement sacerdotal est ainsi posé. La parole évangélique, la tradition, l'origine et la nature des deux pouvoirs, tout concorde pour établir la primauté du sacerdoce, en vertu de laquelle le pape a le droit d'excommunier et de déposer les rois pour leurs péchés.

De ce principe découlent des conséquences pratiques que Grégoire VII expose à la fin de la bulle qui a l'allure d'un manifeste.

Tout d'abord les rois et les empereurs lui apparaissent, au

---

[1] Grégoire VII, *Registrum*, VIII, 21 (édit. Caspar, p. 559 ; édit. Jaffé, p. 426 ; PL, CXLVIII, 599-600).

[2] *Ibid.*, VIII, 21 (édit. Caspar, p. 557 ; édit. Jaffé, p. 460 ; PL, CXLVIII, 598).

même titre que les évêques et les clercs, comme les auxiliaires
naturels du Saint-Siège dans l'accomplissement de la mission
qu'il a reçue de Dieu. Sous l'égide pontificale ils doivent s'efforcer de conduire les âmes dans les voies du salut. Cette idée que
le pape a développée dans sa correspondance avec Guillaume
le Conquérant, Philippe Ier, Harold de Danemark, Wratislas
de Bohême, Alphonse VI de Castille [1], est reprise sous une forme
plus dogmatique dans la lettre à Herman de Metz où la fonction
royale, assimilée à la fonction épiscopale, devient un véritable
sacerdoce dont le pontife romain peut et doit contrôler et surveiller l'exercice. De même que le pape est responsable devant
Dieu du troupeau qui lui est confié, de même les rois devront
veiller au salut éternel de leurs sujets.

« Ils rendront compte à Dieu de tous les hommes qui ont été soumis
à leur pouvoir et, s'il est difficile au simple particulier de sauver son
âme à lui seul, quel labeur incombe aux princes qui ont charge de
milliers d'âmes [2] ! »

Il en résulte que les rois ne doivent pas régner pour eux-
mêmes, mais pour Dieu; ils n'auront pas en vue une gloire
passagère, mais « le salut du grand nombre » pour lequel ils
ont été constitués :

« Qu'ils retiennent avec vigilance cette parole du Seigneur : *Je
ne cherche pas ma gloire* [3], et cette autre : *Celui qui veut être le premier
parmi vous sera le serviteur de tous* [4]. Qu'ils placent toujours l'honneur
de Dieu avant leur honneur propre, qu'ils soient respectueux de la
justice et qu'ils défendent les droits de chacun; qu'ils ne sollicitent
pas les conseils des impies, mais que leur cœur adhère aux avis des
hommes religieux ! Qu'ils ne cherchent pas à soumettre ni à subjuguer
l'Église comme une servante, mais qu'ils reconnaissent et qu'ils hono-
rent comme des maitres et des pères les prêtres de Dieu qui sont
pour ainsi dire les yeux de l'Église [5] ! »

---

[1] Cfr *supra*, p. 317 et suiv.
[2] GRÉGOIRE VII, *Registrum*, VIII, 21 (édit. CASPAR, p. 559; édit. JAFFÉ,
p. 462; PL, CXLVIII, 600).
[3] JEAN., VIII, 50.
[4] MARC, V, 44.
[5] GRÉGOIRE VII, *Registrum*, VIII, 21 (édit. CASPAR, p. 561-562; édit. JAFFÉ,
p. 464; PL, CXLVIII, 601).

Et Grégoire VII énumère les vertus dont la pratique aidera les princes à « passer d'un royaume éphémère au royaume de la liberté et de l'éternité. » Ce sont l'humilité et la charité qui leur permettront d'assurer le bonheur de leurs sujets et leur vaudront d'être appelés « les membres du Christ. »

A ces « membres du Christ », qui ont droit aux encouragements et aux éloges du Saint-Siège, le pape oppose « les membres de l'Antéchrist », les mauvais rois qui poursuivent, non pas l'intérêt de Dieu, mais leur propre intérêt, et qui sont accusés avant tout « d'opprimer les autres avec tyrannie ». La tyrannie, voilà ce que veut en dernière analyse prévenir et combattre le gouvernement sacerdotal.

Du tyran Grégoire VII a retracé la psychologie non sans une certaine finesse. Il insiste tout particulièrement sur son défaut dominant qui englobe tous les autres, l'orgueil :

« La gloire mondaine, le souci des affaires du siècle déterminent l'orgueil, surtout chez ceux qui commandent; ils négligent la vertu d'humilité, ne recherchent que leur propre gloire et veulent dominer leurs frères. Aussi est-il utile, surtout pour les empereurs et les rois, de savoir s'humilier, si du moins leur âme veut s'élever et goûter les charmes de la vraie gloire [1]. »

Ce que le pape reproche aux tyrans, c'est donc avant tout, comme il le dit un peu plus loin, « de se réjouir d'être placés au dessus des autres hommes » et ainsi d'oublier les responsabilités qui pèsent sur eux, de négliger le salut des âmes de ceux qu'ils gouvernent. Au lieu de songer au bien de leurs sujets, ils n'ont d'autre souci que d'étendre leur pouvoir, et leur insatiable besoin de dominer les pousse à des guerres homicides qui coûtent la vie à des milliers de personnes innocentes.

De tels tyrans, qui méprisent les lois de l'humilité et de la charité, sont gravement coupables à la fois devant Dieu et devant les hommes. Dès lors, il appartient au Saint-Siège, institué pour maintenir les droits de Dieu et pour déraciner le péché, de leur rappeler les principes divins :

---

[1] GRÉGOIRE VII, *Registrum*, VIII, 21 (édit. CASPAR, p. 558; édit. JAFFÉ, p. 461; PL, CXLVIII, 599).

« Le devoir de notre charge, lit-on encore dans la lettre à Hermann de Metz, est d'exhorter chacun suivant sa place et sa dignité. Aux empereurs, aux rois, aux autres princes, afin qu'ils puissent calmer en eux les flots de l'orgueil, nous aurons soin de rappeler, avec l'aide de Dieu, les lois de l'humilité [1]. »

En fin de compte, la doctrine pontificale aboutit à limiter le pouvoir royal en le soumettant au contrôle de l'autorité sacerdotale et à prévenir l'arbitraire des souverains en leur rappelant les droits de Dieu, que le successeur de Pierre a reçu le privilège de défendre et d'exercer. Elle ne confère au Saint-Siège aucune souveraineté temporelle, mais elle a pour but exclusif d'assurer le triomphe de la morale évangélique qui régit les états comme les individus; elle n'est qu'une forme de la lutte menée par l'Église contre le mal et principalement contre le péché de ceux qui sont haut placés, l'orgueil qui engendre la tyrannie; mais la répression de ce péché entraîne des sanctions tout à la fois spirituelles et temporelles, l'excommunication et la déposition qui, dans la pensée de Grégoire VII, sont intimement liées l'une à l'autre.

Cette doctrine est-elle entièrement nouvelle? Grégoire VII l'a-t-il inventée de tout point ou n'a-t-il pas, au contraire, ressuscité une tradition ancienne, oubliée et méconnue au cours de la crise du Xe siècle? Pour résoudre ce problème il importe de recenser les sources indiquées par le pape lui-même, d'examiner si à côté de celles qu'il a nommément désignées, on peut en découvrir d'autres dont il se serait simplement inspiré, de mettre en regard ensuite ses propres théories.

Si l'on compare la seconde lettre à Herman de Metz à la première, on constate un accroissement assez sensible du nombre des textes cités. En 1076, Grégoire VII connaît déjà le décret de Clément Ier et la plupart des passages de Grégoire le Grand qui réapparaîtront cinq ans plus tard; il a recours également à saint Ambroise avec lequel il semble assez familier [2]. En

---

[1] GRÉGOIRE VII, *Registrum*, VIII, 21 (édit. CASPAR, p. 558; édit. JAFFÉ, p. 461; PL, CXLVIII, 599.)

[2] Cfr *supra*, p. 313-315.

1081, ses connaissances canoniques se sont enrichies : saint Augustin voisine avec saint Ambroise, sous la forme d'un extrait du *De doctrina christiana* où l'évêque d'Hippone flétrit l'orgueil de ceux qui veulent dominer leurs semblables [1]. Si l'on ne relève pas d'autres sources patristiques, en revanche les Décrétales, vraies ou fausses, forment l'armature de toute la discussion ; c'est au pseudo-Jules que Grégoire VII emprunte son commentaire du « *Tu es Petrus* [2] », tandis que la fameuse lettre de Gélase Ier à l'empereur Anastase amorce les deux développements fondamentaux sur les prérogatives de l'Église romaine et sur la prééminence du pouvoir sacerdotal [3]. Aux sources anciennes se sont donc ajoutées des sources nouvelles dont il sera aisé de déterminer la provenance.

Au moment où Grégoire VII composait avec un soin attentif et minutieux son épître à Herman de Metz, destinée à réchauffer et à éclairer le zèle de ses partisans en Allemagne, le vaste travail de recherches canoniques entrepris sur sa demande par son ami Anselme, évêque de Lucques, était à la veille d'aboutir [4]. Il est *a priori* très vraisemblable qu'avant de rédiger un document auquel était réservée une large publicité, le pape a mis à contribution l'expérience de son fidèle serviteur. Cette hypothèse se confirme si l'on rapproche la seconde lettre à Herman de Metz de la collection canonique d'Anselme de Lucques. Grégoire VII, pour établir sa thèse, se réfère avant tout au pseudo-Jules et à Gélase Ier ; or, les pensées qu'il leur emprunte figurent dans le recueil d'Anselme, tandis qu'elles ne se trouvent, au moins sous cette forme, dans aucune des collections anté-

---

[1] SAINT AUGUSTIN, *De doctrina christiana*, I, 23 (PL, XXXIV, 27).

[2] *Decretum Iulii*, 11 (édit. HINSCHIUS, p. 639).

[3] JAFFÉ-WATTENBACH, 632.

[4] Cfr *supra*, p. 203. La collection canonique d'Anselme de Lucques est certainement postérieure au 15 mars 1081, puisqu'elle cite un passage de la seconde lettre à Herman de Metz (I, 80, édit. THANER, p. 53-55). M. Paul FOURNIER (*Les collections canoniques romaines de l'époque de Grégoire VII*, dans *Mémoires de l'Académie des Inscriptions et Belles Lettres*, t. XLI, p. 299) pense « qu'elle fut composée à une date qui ne s'écarte guère de 1083 ». Le travail de recension pouvait donc être déjà avancé en 1081, au moins en ce qui concerne le premier livre qui seul nous intéresse.

rieures [1]. Il y a plus : si l'on compare la bulle du 15 mars 1081 au premier livre d'Anselme de Lucques intitulé « *De potestate et primatu apostolicae sedis* », on constate aussitôt qu'avec des apparences qui diffèrent, Grégoire VII et Anselme de Lucques développent la même thèse suivant un plan identique. La seconde lettre à Herman de Metz se compose de deux parties, l'une destinée à établir la doctrine de la suprématie romaine au nom de laquelle Henri IV a été déposé et excommunié, l'autre consacrée à la prééminence du pouvoir sacerdotal par rapport au pouvoir laïque. Le premier livre d'Anselme de Lucques apparaît également sous cet aspect de dyptique : à l'aide d'une première série de textes qui proviennent en majeure partie des Fausses Décrétales, le canoniste s'efforce de prouver que l'Église romaine a été fondée par le Christ, que saint Pierre a transmis à ses successeurs le pouvoir que le Maître lui avait confié [2], que personne ne peut vivre en dissentiment avec l'Église romaine, ni s'écarter des règles tracées par elle [3], que le Saint-Siège a un pouvoir universel [4], qu'il peut par suite juger tous les hommes et toutes les églises [5] : autant de vérités que Grégoire VII, au début de la lettre à Herman de Metz, condense en une série de formules brèves qui rappellent un peu celles des *Dictatus papae* [6]. Puis, après avoir développé en 70 canons

---

[1] ANSELME DE LUCQUES, *Collectio canonum*, I, 23, 46 et 71 (édit. THANER, p. 16, 25 et 38-39).

[2] ID., *ibid.*, I, 1 à 10 (édit. THANER, p. 7 et suiv.)

[3] ID., *ibid.*, I, 11-12 (p. 11-12).

[4] ID., *ibid.*, I, 13-15 (p. 12-14); I, 39 (p. 23); I, 46 (p. 25)

[5] ID., *ibid.*, I, 47 (p. 25).

[6] GRÉGOIRE VII, *Registrum*, VIII, 21 (édit. CASPAR, p. 548-549; édit. JAFFÉ, p. 454-455; PL, CXLVIII, 595) : « Hanc itaque divinae voluntatis institutionem, hoc firmamentum dispensationis ecclesiae, hoc privilegium beato Petro, apostolorum principi, celesti decreto principaliter traditum atque firmatum, sancti patres cum magna veneratione suscipientes atque servantes sanctam Romanam ecclesiam tam in generalibus conciliis quam in ceteris scriptis et gestis suis universalem matrem appellaverunt. Et sicut eius documenta in confirmatione fidei et eruditione sacrae religionis, ita etiam iudicia susceperunt, in hoc consentientes et quasi uno spiritu et una voce concordantes omnes maiores res et precipua negotia necnon omnium ecclesiarum iudicia ad eam quasi ad matrem et caput debere referri, ab ea nusquam appellari, iudicia eius a nemine retractari aut refelli debere vel posse. »

la thèse chère aux réformateurs grégoriens, Anselme de Lucques, avec le canon 71, aborde la question de la suprématie du pouvoir spirituel sur le temporel et c'est elle qui est traitée jusqu'à la fin du livre premier [1]. La seconde lettre à Herman de Metz ne fait donc que reproduire le dessin général du premier livre de la collection canonique. Toutefois, celle-ci est plus complète, surtout pour la seconde partie, et il est probable qu'au début de 1081 l'évêque de Lucques n'avait pas achevé le dépouillement du *Liber Pontificalis*, auquel sont empruntées les dernières citations du livre Ier, sans quoi Grégoire VII n'eût pas manqué d'utiliser le canon 76 qui a trait aux rapports de Grégoire II avec l'empereur de Byzance, Léon III l'Isaurien [2].

C'est donc l'évêque de Lucques qui a, selon toute vraisemblance, fourni la plus grande partie des textes nécessaires à la justification de la doctrine pontificale. Cependant Grégoire VII ne les lui doit pas absolument tous. Le premier livre d'Anselme où abondent les Fausses Décrétales, mêlées à quelques bulles authentiques de Léon le Grand, de Gélase Ier et de Nicolas Ier, est assez sobre en citations de saint Grégoire le Grand. Or, le nom de cet illustre docteur revient plus fréquemment qu'aucun autre dans la lettre à Herman de Metz [3]. Il est peu probable que le pape ait lu dans le texte les lettres et les œuvres morales de son prédécesseur, mais il y a tout lieu de penser qu'il existait, autour de 1080, un recueil, malheureusement perdu, de *Flores*

---

[1] ANSELME DE LUCQUES, *Collectio canonum*, I, 71-89 (édit. THANER, p. 38 et suiv.).

[2] ID., *ibid.*, I, 76 (édit. THANER, p. 50-51).

[3] En se reportant à l'index des sources canoniques dressé par M. Caspar à la fin de son édition du registre de Grégoire VII (p. 649-650), on voit que Grégoire se réfère à l'autorité de saint Grégoire le Grand, beaucoup plus qu'à aucune autre; tandis que dans le registre Gélase Ier n'est cité que deux fois, saint Léon quatre fois, Anastase II, et Hormisde chacun une fois, on relève jusqu'à soixante-quatre références de saint Grégoire. M. Caspar (*Gregor VII in seinen Briefen*, dans *Historische Zeitschrift*, t. CXXX, p. 8 et suiv.) pense avec raison que Grégoire VII a vu constamment en Grégoire le Grand un modèle à imiter; il remarque notamment que plusieurs citations de l'Écriture, qui reviennent assez souvent dans la correspondance de Grégoire VII, figurent déjà dans celle de Grégoire le Grand. On ne saurait donc être étonné de trouver entre les deux papes une remarquable identité de pensée.

glanées dans saint Grégoire, auquel certains polémistes de la
fin du XIe siècle ont fait allusion [1]. C'est ce recueil ou un autre
du même genre que Grégoire VII a constamment utilisé;
l'influence de saint Grégoire ne s'est pas démentie un seul
instant au cours du pontificat; elle est particulièrement manifeste
dans la lettre à Herman de Metz. Aussi bien, si après avoir
cherché à déterminer par quelles voies les *auctoritates* sur
lesquelles s'appuie la suprématie pontificale sont parvenues
au pape, on les examine en elles-mêmes, il semble que la pensée
grégorienne s'alimente à trois sources principales qui sont les
Fausses Décrétales, la lettre de Gélase Ier à Anastase, les lettres,
les *Moralia* et le *Liber Pastoralis* de saint Grégoire le Grand.

La seconde lettre à Herman de Metz est, pour une large
part, le reflet du pseudo-Isidore qu'Anselme de Lucques
a dépouillé à l'intention de Grégoire VII. Le pape ne s'est
pas contenté de transcrire quelques décrétales qui lui semblaient très significatives; pour ne pas ralentir l'allure incisive
de son manifeste, il a évité de multiplier les citations, mais
il est facile de retrouver à l'origine de plusieurs de ses affirmations les textes qui pourraient leur servir de justification canonique. Tout le développement sur l'Église romaine, sur son
pouvoir universel auquel seuls se dérobent ceux qui refusent
de « porter le joug du Seigneur » et de « compter parmi les brebis
du Christ », sur le privilège spécial de saint Pierre en vertu
duquel toutes les affaires ecclésiastiques sont jugées en dernier
ressort par le Saint-Siège [2], n'est, comme on l'a déjà noté,
qu'une paraphrase des premiers canons du recueil d'Anselme

---

[1] Petrus Crassus, dans sa *Defensio Heinrici regis*, I (*Libelli de lite*, t. I, p. 434)
renvoie son lecteur au « livre dans lequel le bienheureux Grégoire a condensé
les unes et les autres des lois dont il a fait usage dans le gouvernement de
la sainte Église. » On trouve également une allusion à un recueil de ce genre
dans un traité d'origine liégeoise ou lorraine, intitulé *De Investitura regali
collectanea* et publié par Boehmer dans les *Libelli de lite*, t. III, p. 610-614.
Il est vrai qu'il s'agit d'œuvres antigrégoriennes, mais peu importe : la seule
chose qu'il importe de retenir ici, c'est qu'au temps de Grégoire VII, il circulait
des recueils de textes placés sous le patronage de saint Grégoire le Grand.

[2] GRÉGOIRE VII, *Registrum*, VIII, 21 (édit. CASPAR, p. 548-549; édit. JAFFÉ,
p. 454-455; PL, CXLVIII, 594-595).

de Lucques, lesquels proviennent tous des Fausses Décrétales[1].

Le recueil du pseudo-Isidore renferme la bulle où Gélase Ier caractérise les relations des deux pouvoirs spirituel et temporel[2]. Cette lettre fameuse semble avoir retenu tout particulièrement l'attention de Grégoire VII : elle confirmait avec une impressionnante rigueur les thèses des Fausses Décrétales sur l'institution divine du Saint-Siège et sur son universalité, mais surtout elle avait l'avantage de définir avec une remarquable précision la situation respective des deux puissances pontificale et royale. La prééminence du sacerdoce y était formellement proclamée : tout en admettant que l'empire est un don de Dieu[3], Gélase le subordonne à l'autorité épiscopale qui lui est supérieure. Voici les termes dont il se sert :

« Vous savez, écrit-il, mon fils très clément, que tout en étant par votre dignité à la tête du genre humain, vous devez pieusement supporter le joug des évêques; c'est d'eux que vous attendez votre salut, que vous recevrez les célestes sacrements; enfin pour le règlement des choses religieuses, vous devez leur obéir et non leur commander, subir leurs sentences et non pas chercher à leur imposer votre volonté[4]. »

A son tour, Grégoire VII rappellera à Herman de Metz que le roi, au dernier jour de sa vie terrestre, ne peut franchir les portes de l'éternité sans le secours du prêtre et que pour tous les sacrements il est obligé de solliciter son ministère. Aucun doute ne saurait subsister : la théorie grégorienne de la supériorité du sacerdoce dérive de celle qu'a développée Gélase Ier dans sa lettre à l'empereur Anastase.

S'il y a identité sur ce point entre la pensée de Gélase Ier et celle de Grégoire VII, il n'en est pas tout à fait de même en ce qui concerne les origines des deux pouvoirs. Pour Gélase, ils viennent l'un et l'autre de Dieu, sans restriction ni réserve.

---

[1] ANSELME DE LUCQUES, *Collectio canonum*, I, 7 et suiv. (édit. THANER, p. 9 et suiv.).

[2] JAFFÉ-WATTENBACH, 632.

[3] *Ibid.*, 632 : « Cognoscentes imperium tibi superna dispositione collatum » (édit. HINSCHIUS, p. 639).

[4] JAFFÉ-WATTENBACH, 632.

Grégoire VII, tout en affirmant avec son prédécesseur que la source de toute puissance, spirituelle ou temporelle, est en Dieu [1], qualifie la royauté, dans un passage de la lettre à Herman de Metz, de « dignité inventée par les hommes du siècle qui ignoraient Dieu, » et laisse tomber cette phrase qui *a priori* paraît surprenante [2] :

« Qui ne sait que les rois et les chefs temporels ont eu pour ancêtres des hommes qui, ignorant Dieu, se sont efforcés avec une passion aveugle et une intolérable présomption de dominer leurs égaux, c'est à dire les hommes, par l'orgueil, la rapine, la perfidie, en un mot par une infinité de moyens criminels, très probablement à l'instigation du prince de ce monde, le démon. A qui les comparer, lorsque les prêtres du Seigneur s'efforcent de les faire marcher sur leurs traces, sinon à celui qui est le chef de tous les fils de l'orgueil et qui, voulant tenter le pontife suprême, tête des prêtres, fils du Très-Haut, auquel il procure les royaumes de ce monde, lui dit : *Je te donnerai tout cela si tu te prosternes et si tu m'adores* [3]. »

Ce passage est d'une explication difficile. Quelques mois plus tôt, dans une lettre à Guillaume le Conquérant, en date du 8 mai 1080, Grégoire VII, se servant d'une formule qui rappelle celle de Gélase Ier dans sa lettre à l'empereur Anastase, déclarait que « le Dieu tout puissant avait créé les dignités apostolique et royale pour gouverner le monde [4] ». Se serait-il donc contredit à moins d'un an de distance ? On a peine à l'admettre. Aurait-il eu une doctrine à l'usage des princes et une autre pour les évêques [5] ? Cette hypothèse ne paraît pas s'imposer davantage, étant donné surtout que la lettre à Herman

---

[1] Cfr *supra*, p. 318-319.

[2] GRÉGOIRE VII, *Registrum*, VIII, 21 (édit. CASPAR, p. 552-553; édit. JAFFÉ, p. 456; PL, CXLVIII, 596-597).

[3] MATTH., IV, 19.

[4] GRÉGOIRE VII, *Registrum*, VII, 25 (édit. CASPAR, p. 505; édit. JAFFÉ, p. 419; PL, CXLVIII, 568).

[5] Telle est en somme l'opinion de MARTENS (*Gregor VII, sein Leben und Wirken*, t. II, p. 13 et suiv) qui aboutit à cette conclusion, à notre avis inadmissible, que dans la lettre à Herman de Metz, Grégoire VII dévoile sa véritable pensée, tandis que dans les bulles adressées aux princes, il développe la doctrine traditionnelle de l'Église. Cfr CAUCHIE, article cité *supra*, p. 389, n. 4.

de Metz n'a rien de confidentiel, que l'évêque, dans la pensée du pape, n'est qu'un intermédiaire, chargé de communiquer à l'Allemagne les graves motifs qui ont entraîné la déposition de son roi. Au lieu d'éluder le problème, il est préférable de chercher s'il ne comporterait pas une solution théologique, vers laquelle achemine un rapprochement entre le texte en question et certaines œuvres de saint Grégoire le Grand dont Grégoire VII a nourri sa pensée.

On lit au second livre des *Moralia* :

« Il faut savoir que la volonté de Satan est toujours inique, mais que son pouvoir n'est jamais injuste ; par lui-même il exerce sa volonté, mais c'est du Seigneur qu'il tient son pouvoir. Les iniquités qu'il cherche à commettre, Dieu les permet en toute justice. Aussi est-il dit au livre des Rois : *Le mauvais esprit du Seigneur pénétrait en Saül* [1]. Voici donc qu'un seul et même esprit est qualifié à la fois d'esprit du Seigneur et d'esprit mauvais ; il est l'esprit du Seigneur, parce que liberté d'un pouvoir juste ; il est esprit mauvais, parce que désir d'une volonté injuste [2]. »

De là résulte, en somme, que Satan, tout en ayant une volonté libre, n'agit jamais qu'avec la permission de Dieu, en sorte que les actes qu'il inspire aux hommes sont malgré tout soumis au pouvoir de Dieu qui les tolère. Dans un autre passage des *Moralia*, Grégoire le Grand précise l'application de cette doctrine en expliquant comment Dieu laisse agir les voleurs et les brigands, sans qu'on puisse cependant le taxer de complicité avec eux :

« Comment donc, écrit-il, Dieu peut-il donner ce que les brigands enlèvent par malice ? Il faut savoir qu'autre chose est ce que le Dieu tout puissant accorde par un effet de sa miséricorde, autre chose ce qu'il permet dans sa colère. Dispensateur équitable de toutes choses, il ne supporte les actes des brigands qu'en vertu de sa justice, si bien que celui qu'il laisse dérober commet une faute et que celui qui est victime de la rapine reçoit, dans le dommage qu'il subit, le châtiment de ses fautes antérieures [3]. »

---

[1] *Reg.*, XVIII, 10.
[2] GRÉGOIRE LE GRAND, *Moralia*, II, 10 (PL, LXXV, 563-564).
[3] ID., *ibid.*, XI, 2 (PL, LXXV, 954-955).

C'est encore la même idée qu'exprime saint Grégoire, lorsqu'il écrit à propos de Job :

« Frappé par Satan, ce n'est pas à lui qu'il attribue l'origine du
coup qu'il a reçu; il déclare qu'il a été touché par la main du Seigneur... Il savait, cet homme saint, que par le fait même qu'il avait
agi en vertu de sa volonté perverse, Satan tirait son pouvoir non pas
de lui-même, mais du Seigneur [1]. »

Ainsi le même acte peut être produit par la volonté de Satan
et par un effet du pouvoir de Dieu. Cette distinction entre la
potestas, qui appartient à Dieu seul, et la *voluntas*, dont Dieu
dispense l'usage aux hommes et au démon, est à l'origine de la
théorie de Grégoire VII sur l'origine des deux puissances
spirituelle et temporelle : le pouvoir des rois a sa source en
Dieu, mais pratiquement il a été créé par la volonté des hommes,
même « ignorant Dieu » et dociles aux inspirations du démon;
il a une origine qui remonte à Dieu, mais, en fait a eu un commencement, *principium*, ici-bas et bien souvent est né par un
effet de l'orgueil, de l'instinct de rapine, de la perfidie; Dieu
est l'auteur de toute puissance, mais, de même qu'il laisse les
brigands commettre par un acte de leur volonté libre le vol et
l'assassinat, de même il n'empêche pas les hommes de se donner
de mauvais rois qui, comme les brigands, pourront être les
instruments inconscients de sa justice. Saint Grégoire le Grand,
appliquant avant Grégoire VII cette idée à l'origine des royautés
humaines a pu écrire :

« La nature a fait naître tous les hommes égaux, mais, par suite
de la diversité de leurs mérites, une force dispensatrice cachée place les
uns après les autres. Cette inégalité, qui provient du vice, est pourtant
réglée par les justes jugements de Dieu [2]. »

Grégoire VII, dans la lettre à Herman de Metz, ne fait
qu'appliquer les idées théologiques exposées par saint Grégoire
et il peut légitimement faire allusion à l'origine souvent diabo-

---

[1] Grégoire le Grand, *Moralia*, XIV, 51 (PL, LXXV, 1067-1070). Cfr
aussi *Moralia*, XIV, 38 (*Ibid.*, 1063-1064) et XVIII, 2 (PL, LXXVI, 40).
[2] Id., *ibid.*, XXI, 22 (PL, LXXVI, 203)

lique des royautés terrestres sans aller à l'encontre de la tradition
de l'Église suivant laquelle tout pouvoir vient de Dieu [1].

---

[1] C'est donc chez saint Grégoire le Grand qu'il faut à notre avis chercher
la solution du problème soulevé par la lettre à Herman de Metz quant à l'origine
du pouvoir. Ce problème a fait l'objet d'une étude très approfondie et fort
intéressante de Ernst BERNHEIM, à la fin de son récent volume *Mittelalterliche
Zeitanschauungen in ihrem Einfluss auf Politik und Geschichtschreibung*, t. I,
Die Zeitanschauungen, p. 202 et suiv. Nous ne pouvons toutefois nous rallier
à toutes les conclusions de cet érudit. A notre avis, M. Bernheim a bien vu
que Grégoire VII, contrairement à l'opinion de ses précédents historiens, n'a
pas formulé de théories nouvelles sur les rapports de l'Église et de l'État,
qu'il a coordonné et systématisé toutes les idées de ses prédécesseurs, notamment de Gélase Ier, de Grégoire le Grand et de Nicolas Ier ; mais il attribue
aussi dans la formation de la synthèse grégorienne une très grande part à
saint Augustin et, tout en concédant que Grégoire VII a souvent vu saint
Augustin à travers les lettres ou les œuvres de ses prédécesseurs sur le siège
de Pierre, il admet pourtant une filiation directe, au moins sur certains points.
Celle-ci nous paraît peu établie. Pendant les dernières années du XIe siècle,
saint Augustin deviendra l'autorité suprême à laquelle auront recours les
polémistes, partisans ou adversaires de la réforme grégorienne, mais Grégoire VII
lui-même ne semble pas avoir été très familier avec le grand docteur que,
dans toute sa correspondance, comme le remarque avec raison P. Richard
HAMMLER (*Gregors VII Stellung zu Frieden und Krieg im Rahmen seiner Gesamtanschauung*, p. 12), il ne cite qu'une seule fois, précisément au cours de la
seconde lettre à Herman de Metz. S'il avait été pénétré de sa pensée, comme
le veut M. Bernheim, n'aurait-il pas plus souvent reproduit, comme il le fait
pour saint Grégoire ou même pour Gélase Ier, les passages qui pouvaient
lui paraître plus particulièrement favorables à ses affirmations ? MM. Bernheim
et Richard Hammler ne veulent pas s'arrêter à ces apparences contraires
qui pourtant constituent une grave présomption contre la thèse qui leur est
chère (Cfr aussi MIRBT, *Stellung Augustins in der Publizistik des gregorianischen
Kirchenstreits*, Leipzig, 1888 et G. HERZFELD, *Papst Gregors VII Begriff der
bösen Obrigkeit im Sinne der Anschauungen Augustins und Papst Gregors des
Grossen*, Diss. Greifswald, 1914). — De plus, il y a entre la pensée de saint
Augustin et celle de Grégoire VII quelques différences fondamentales qu'on ne
saurait non plus négliger ; la première a un caractère surtout spéculatif, philosophique ; la seconde s'adapte à un but pratique, à des nécessités immédiates, à
l'occasion desquelles elle prend corps et l'on ne peut la séparer des circonstances qui l'ont fait naître, qui lui impriment son allure tranchante et ses
contours nettement arrêtés. D'autre part, comme on l'a vu dans les pages
qui précèdent, Grégoire VII subordonne toutes ses affirmations à sa doctrine
de la primauté romaine qui domine son œuvre entière et dont la théorie du
gouvernement sacerdotal n'est qu'une conséquence ultime ; étant donné cette
orientation, il devait être amené à solliciter ses prédécesseurs beaucoup plus
que saint Augustin, qui n'a touché qu'accessoirement aux prérogatives du
Saint-Siège. Aussi la filiation que M. Bernheim cherche à établir entre *la
cité de Dieu* avec laquelle s'identifie l'Église, et la lettre à Herman de Metz
peut-elle paraître un peu artificielle. Sans doute Grégoire VII utilise, dans la

La pensée de Grégoire VII a donc pour point de départ la doctrine de saint Grégoire le Grand sur l'action réciproque de Dieu et du démon à travers le monde. On peut relever entre les deux papes d'autres analogies qui permettent de conclure à une filiation.

Après avoir opposé à l'institution divine du Saint-Siège, le mode de formation des royautés terrestres, Grégoire VII, dans la seconde lettre à Herman de Metz, analyse les causes qui engendrent la tyrannie et il les réduit à deux principales : le désir de gloire mondaine et l'orgueil, *superbia*, tristes passions dont l'origine est toute diabolique. Commentant la parole de l'Écriture : *qui est caput super omnes filios superbiae* [1], il écrit à ce sujet :

---

lettre à Herman de Metz et ailleurs, certains termes qui sont déjà venus sous la plume de saint Augustin, tels que *superbia humana, Deum ignorantes*; M. Bernheim conclut que cette dernière expression notamment a été empruntée à saint Augustin qui l'emploie pour désigner l'état païen qui préexistait au christianisme; or, elle se trouve aussi dans les lettres de saint Grégoire le Grand (*Epist.*, V, 36 : « Ante eum quique pagani in republica principes fuerant qui, *verum Deum nescientes*, deos ligneos et lapideos colebant; » édit. EWALD, t. I, p. 318; PL, LXXVII, 766), d'où elle peut tout aussi bien provenir, ainsi que celles de *superbia*, de *laqueus sathanae*, de *praedones*, dont Grégoire VII se sert dans la lettre à Herman de Metz. Enfin, il serait surprenant, si, comme le veut M. Bernheim, Grégoire VII ne fait que traduire en son langage le *De civitate Dei*, qu'il n'utilise que très rarement la terminologie propre à saint Augustin (*civitas Dei, civitas terrena*, etc..). Pour ces diverses raisons, nous pensons que, si l'on peut apercevoir chez Grégoire VII l'influence de saint Augustin, cette influence ne s'est exercée que par l'intermédiaire de saint Grégoire le Grand qui a fort bien pu lui-même, — et ici il est fort possible que M. Bernheim ait raison, — puiser dans saint Augustin les idées qu'il développe dans les *Moralia* ou ailleurs. M. Bernheim reconnait d'ailleurs que Grégoire VII procède en partie de saint Grégoire le Grand, et ici nous sommes d'accord avec lui, en attribuant plus de valeur que lui à saint Grégoire comme source de la lettre à Herman de Metz, de même qu'il nous paraît avoir pleinement raison quand il se refuse (*op. cit.*, p. 205-206) à trouver entre la lettre à Herman de Metz et les autres bulles de Grégoire VII, les contradictions que croyait apercevoir MARTENS (Cfr *supra*, p. 403, n. 5). Nous ne pouvons, en revanche, souscrire à ses conclusions (*op. cit.*, p. 214 et suiv.) sur les idées de domination temporelle de Grégoire VII, qu'il rattache assez arbitrairement au principe augustinien de la *libertas ecclesiae* et auxquelles surtout il prête une allure féodale qu'elles n'ont pas en réalité (cfr *supra*, p. 350 et suiv.).

[1] JOB, XLI, 25.

« Tous les rois et princes de la terre qui ne vivent pas suivant la
religion et qui dans leurs actes ne redoutent pas Dieu comme il
conviendrait, sont hélas dominés par le démon et assujettis par lui
à une misérable servitude. Comme ils ne se laissent pas guider par
le divin amour, ils ne songent pas, quoique investis d'un pieux sacerdoce, à gouverner pour l'honneur de Dieu et l'utilité des âmes, mais
ils veulent dominer les autres pour étaler leur orgueil intolérable et
pour satisfaire à la passion de leur âme [1]. »

C'est en cela qu'ils sont « le corps du diable [2] », les esclaves
de cette « gloire mondaine » qui les porte à s'élever toujours
davantage [3].

Ces moyens par lesquels le démon s'assujettit ceux des rois
qui ne sont pas « le corps du Christ » ont été dénoncés par
Grégoire le Grand soit dans les *Moralia*, soit dans certaines
lettres que son successeur a certainement utilisées. Le passage
du livre de Job, que Grégoire VII cite dans la lettre à Herman
de Metz, a été plusieurs fois commenté par saint Grégoire Ier.
Au livre XXVI des *Moralia* et au livre II du *Liber Pastoralis*,
l'orgueil, *superbia*, apparaît déjà comme le péché de ceux qui
sont haut placés, entre autres de Saül qui, parvenu au faîte
de la puissance, s'est laissé gagner par cette sotte passion et
a perdu les mérites de son humilité [4]. Grégoire VII n'a pas
manqué de citer ce passage. Il s'est inspiré aussi d'une lettre
aux évêques d'Alexandrie et d'Antioche [5] où saint Grégoire,
s'autorisant une fois de plus du texte de l'Écriture : « *qui est
caput super omnes filios superbiae* », décrit en des termes qui
annoncent ceux de la lettre à Herman de Metz, les effets du

---

[1] GRÉGOIRE VII, *Registrum*, VIII, 21 (édit. CASPAR, p. 555-556; édit. JAFFÉ,
p. 459, PL, CXLVIII, 598).

[2] *Ibid.*, VIII, 21 (édit. CASPAR, p. 557; édit. JAFFÉ, p. 460; PL, CXLVIII,
599) : « Hi veri regis Christi, illi vero corpus diaboli sunt. »

[3] *Ibid.*, VIII, 21 (édit. CASPAR, p. 558; édit. JAFFÉ, p. 466; PL, CXLVIII,
599) : « Scimus enim quia mundana gloria et saecularis cura eos permaxime
qui praesunt, ad elationem trahere solet; qua semper, neglecta [humilitate,
propriam querendo gloriam, fratribus cupiunt preminere. »

[4] GRÉGOIRE LE GRAND, *Moralia*, XXVI, 26 (PL, LXXVI, 374-375); *Liber
pastoralis*, II, 6 (*Ibid.*, LXXVII, 35).

[5] GRÉGOIRE LE GRAND, *Epist.*, V, 41 (édit. EWALD, t. I, p. 334-335; PL,
LXXVII, 773-774).

terrible péché par lequel le tentateur, fort de l'expérience d'Adam, réussit à perdre beaucoup d'hommes, *tel un lion rugissant qui cherche sa proie* [1]. D'autre part, dans une des homélies sur Ézéchiel, le même docteur a montré, avant Grégoire VII, comment l'orgueil engendre le « désir de gloire mondaine », et comment celui qui est courbé sous son joug cherche à assujettir les autres [2]. Orgueil et vaine gloire apparaissent également en un passage des *Moralia* comme « les deux vices principaux » produits par la volonté de Satan dont le propre « est de dicter à celui qui la subit des pensées de domination sur les autres hommes, de le porter tantôt à convoiter des biens matériels, tantôt à désirer des dignités qui l'élèveront au faîte des honneurs [3]. » N'est-ce pas là l'un des thèmes de la lettre à Herman de Metz [4] ?

On retrouve donc chez saint Grégoire le Grand un bon nombre des éléments qui composeront la doctrine grégorienne du gouvernement sacerdotal ; mais, alors que ces idées revêtent chez le premier un aspect surtout théorique, elles prennent chez le second un caractère essentiellement pratique. Grégoire le Grand est un théologien, un moraliste qui analyse le péché d'orgueil et en étudie les effets désastreux ; Grégoire VII est un homme d'action, qui n'envisage la doctrine qu'en vue de son application et avec la ferme volonté de l'utiliser pour des fins positives et réelles.

Si, en effet, après avoir dénombré les sources de la doctrine de Grégoire VII, telle qu'elle apparaît en un vigoureux raccourci dans la seconde lettre à Herman de Metz, on cherche à isoler ce qui appartient en propre à Grégoire VII, on arrive à cette conclusion que les principes généraux sur lesquels repose la théorie grégorienne des rapports de l'Église avec l'État sont

---

[1] I Petr., V, 8.

[2] Grégoire le Grand, *Homil. in Ezechiel*, I, 12 (PL, LXXVI, 931).

[3] Grégoire le Grand, *Moralia*, XIV, 53 (PL, LXXV, 1073).

[4] Nous admettons volontiers avec M. Bernheim (cfr p. 406, n. 1) que ces idées sont d'origine augustinienne, mais elles sont, à notre avis, parvenues à Grégoire VII par l'intermédiaire de saint Grégoire le Grand dont la forme est beaucoup plus proche de celle de son successeur.

fort anciens, mais que personne, avant Hildebrand, n'a déduit
de ces principes les implacables conséquences qu'ils portaient
en eux. Que les thèses de Grégoire VII sur la primauté romaine
et la prééminence du sacerdoce aient été énoncées par plusieurs
de ses prédécesseurs, c'est là un fait qui n'est pas douteux.
Sans même remonter jusqu'à Léon le Grand, à Gélase Ier ou
à Grégoire le Grand [1], on a pu écrire très justement que « Nicolas Ier avait préparé Grégoire VII [2]. » De fait, certaines bulles
du grand pontife du IXe siècle semblent être le canevas de la
seconde lettre à Herman de Metz ; non seulement Nicolas Ier,
comme on l'a déjà remarqué à plusieurs reprises [3], n'a jamais
douté de l'origine divine ni de la valeur universelle du pouvoir
qu'il tient de l'apôtre Pierre, mais il a repris la doctrine de
Gélase Ier et l'a commentée en des termes qui annoncent ceux
dont se servira Grégoire VII. Il a écrit par exemple :

« Le médiateur entre Dieu et les hommes, le Christ Jésus fait
homme, a voulu séparer les attributions des deux pouvoirs par des
actes qui leur fussent propres et des dignités nettement distinctes ;
il a voulu que, retrempés dans son humilité salutaire, ils pussent
s'élever, mais non pas être plongés dans l'enfer sous l'impulsion de
l'orgueil humain, en sorte que les empereurs chrétiens ont besoin
des pontifes pour obtenir la vie éternelle et que les pontifes à leur
tour, mais seulement pour la marche des affaires temporelles, sont
tenus de recourir aux lois impériales, et ainsi l'action spirituelle n'est
pas exposée aux entreprises de la chair [4]. »

Bien plus, Nicolas Ier affirme que « l'empereur a reçu le glaive
de Pierre », que la possession de l'empire lui a été « confirmée
par l'autorité apostolique » et que le pape a « placé la couronne
sur la tête de l'empereur [5]. » La conception grégorienne ne fait
que reprendre cette affirmation, mais, avec une inexorable

---

[1] On trouvera dans BERNHEIM, *op. cit.*, p. 125 et suiv., une série de textes
antérieurs à l'époque de Grégoire VII, où la primauté romaine est nettement
revendiquée par les papes.

[2] JULES ROY, *Saint Nicolas Ier*, p. 138.

[3] Cfr *supra*, p. 106 et 201-202.

[4] JAFFÉ-WATTENBACH, 2796 (MGH, in-4°, *Epistolae*, t. VI, p. 486 ; PL, CXIX,
960).

[5] *Id.*, 2774 (MGH, in-4°, *Epistolae*, t. VI, p. 305 ; PL, CXIX, 914-915).

logique, elle en tire une conclusion que Nicolas Ier n'a pas
formulée : puisque le pontife romain remet le glaive entre les
mains de l'empereur, il peut aussi le lui retirer si, au lieu de s'en
servir pour la défense de la chrétienté, il en use contre ses propres
sujets ou contre l'Église ; la couronne n'est pas un objet de
propriété, elle est simplement confiée à son détenteur et le
vicaire du Christ peut la lui reprendre si par ses péchés il se
montre indigne de la porter. Nicolas Ier, après Gélase Ier, se
contente de proclamer, en ajoutant quelques précisions, que la
puissance séculière est subordonnée à la puissance sacerdotale ;
Grégoire VII définit la nature de cette subordination : au
nom de la suprématie romaine il entend exercer un contrôle
permanent sur le gouvernement des rois et des seigneurs,
imposer à ceux-ci la pratique des préceptes de la morale évangélique et, s'ils ne s'y conforment pas, les excommunier et les
déposer *ratione peccati*.

C'est là ce qui fait l'originalité de la suprématie romaine au
temps de Grégoire VII. Si la doctrine en elle-même est conforme à la tradition de l'Église, si le pape a pu avec raison se
défendre de toute innovation, s'il a réussi à glaner parmi les
bulles de ses prédécesseurs les textes où est majestueusement
exprimée une théorie des rapports du Sacerdoce avec l'Empire
qui repose sur les mêmes principes que la sienne, il n'en reste
pas moins vrai que ces principes n'avaient jamais reçu pareille
application et que la décision du concile romain de 1080 est
sans précédent dans l'histoire.

Il n'y a pas lieu, toutefois, de conclure que Grégoire VII,
en prenant une initiative lourde de conséquences, a poursuivi
un but politique immédiat [1], ou même simplement obéi à des
préoccupations d'ordre temporel. La doctrine traditionnelle,
qu'il a la ferme intention d'observer, ne comportait pas cette

---

[1] Cette thèse, développée par J. MAY (*Der Begriff justitia im Sinne zur
Gregors VII*, dans *Forschungen zur deutschen Geschichte*, t. XXV, p. 180 et suiv.),
a été combattue avec une certaine vigueur par Heinrich KRÜGER (*Was versteht
Gregor VII unter « Justitia » und wie wendet er diesen Begriff im einzelnen praktisch an ?* Diss. Greisswald, 1910, p. 8 et suiv.).

intervention du pouvoir pontifical dans le domaine séculier. Nicolas Ier, tout en affirmant que la puissance impériale est conférée par le pape, n'hésite pas à reconnaître que « celui qui fait partie de la milice de Dieu ne doit en aucune façon s'engager dans les affaires temporelles, pas plus que celui qui s'est engagé dans les affaires temporelles ne doit paraître se mettre à la tête des choses spirituelles [1]. » Grégoire VII adhère pleinement à cette thèse ; dans la seconde lettre à Herman de Metz, il rappelle que le Christ a « méprisé le royaume du sicèle » et qu'il s'est « spontanément revêtu du sacerdoce de la croix [2]. Fidèle aux directions du Maître et investi du même sacerdoce, le pape ne songe en aucune façon à se substituer aux princes laïques ni à s'occuper des intérêts temporels de la chrétienté [3], mais il veut obliger les rois « à marcher sur les traces des prêtres du Seigneur », c'est à dire à fuir le péché qui les rendrait esclaves du démon ; s'ils s'y refusent, il usera à leur égard des censures canoniques qui s'accompagneront d'autres sanctions plus terrestres, un roi excommunié ne pouvant gouverner ses sujets suivant la loi de Dieu. Tel est le sens qui doit s'attacher à la formule déjà citée : « Les prêtres du Christ doivent être considérés comme les pères et les maîtres des rois, des princes et des fidèles [4]. »

On chercherait en vain autre chose dans la lettre à Herman de Metz. Cette bulle célèbre est comme la synthèse de toutes celles, précédemment étudiées, où se sont exprimées les idées de Grégoire VII sur les rapports du Saint-Siège avec les rois. De suzeraineté et de vasselage, d'hommage et de fidélité, il n'est à aucun moment question et l'on conviendra que le silence du pape, dans un document de cette importance, est un argument sérieux en faveur de la thèse développée au chapitre précédent. Si Grégoire VII avait eu les intentions

---

[1] JAFFÉ-WATTENBACH, 2796 (MGH, *Epistolae*, t. VI, p. 486 ; PL, CXIX, 960).
[2] Cfr *supra*, p. 393.
[3] Il suffit pour s'en rendre compte de se reporter au chapitre précédent, p. 317-381, notamment p. 318, 323-324, 334, 350, 357, etc.
[4] Cfr *supra*, p. 395.

féodales que les historiens modernes lui ont parfois prêtées, on s'expliquerait mal pourquoi, en une circonstance aussi solennelle, il n'aurait pas exposé, en même temps que la théorie canonique de la primauté romaine, ses idées sur « la fidélité » des princes à l'égard du Saint-Siège et sur les obligations qu'elle comporte. Or, ce mot de « fidélité » n'est pas même prononcé [1].

En résumé, la théorie du gouvernement sacerdotal puise son origine dans la thèse grégorienne de la primauté romaine et du pouvoir universel de l'Apôtre ; elle ne poursuit d'autre but que la réalisation dans le monde du règne de la justice divine [2], en rappelant à tous ceux qui détiennent l'autorité, qu'ils ne doivent pas préférer « leur honneur et leurs avantages temporels à cette justice de Dieu [3]. » La royauté, pour Grégoire VII, est un sacerdoce analogue à celui de l'évêque et, de même que les prélats rebelles aux directions apostoliques encourent l'excommunication et la déposition, cette double sanction spirituelle et temporelle doit atteindre les souverains qui, en attentant aux libertés de l'Église et en se révoltant contre le Saint-Siège, entravent et paralysent la grande œuvre réformatrice poursuivie par le pontife romain.

---

[1] Dans son ouvrage sur *Les théories politiques du moyen-âge*, traduit en français par M. Jean du Pange, M. Otto von GIERKE a écrit (p. 113-114) : « Dans l'esprit du système juridique de la féodalité, le droit du pape sur le pouvoir temporel apparaît comme un véritable droit de suzeraineté *(Lehns-herrlichkeit)* ; l'Empereur est le premier des vassaux du pape, et le serment qu'à son couronnement il prête au pape, peut être considéré comme un véritable *homagium*. » Ce jugement a un caractère trop général et ne saurait s'appliquer à Grégoire VII. D'ailleurs M. von Gierke ne le justifie qu'à l'aide de textes des XIIe et XIIIe siècles, ce qui prouve bien que cette conception ne s'est forgée qu'après l'époque qui nous occupe. Le droit féodal a pu, par la suite, fortifier la conception grégorienne qui, en vertu de la primauté romaine, prétend «lier sur la terre », mais cette fusion ne s'est opérée qu'après le pontificat de Grégoire VII.

[2] GRÉGOIRE VII, *Registrum*, VII, 8 : « Verum quia omnipotentis Dei inaestimabilis providentia omnia juste et sapienter disponit, judicia ejus... nobis sunt aequanimiter ferenda » (édit. CASPAR, p. 469 ; édit. JAFFÉ, p. 389 ; PL, CXLVIII, 552).

[3] ID., *ibid.*, IV, 2 (édit. CASPAR, p. 295 ; édit. JAFFÉ, p. 243 ; PL, CXLVIII, 455).

III

La lettre à Herman de Metz porte la date du 15 mars 1081 ;
le 21 mai de la même année, Henri IV est devant Rome [1]. A
partir de ce moment, le rôle de Grégoire VII est surtout passif ;
les quatre dernières années du pontificat se passeront à organiser
la résistance au roi de Germanie qui, de 1081 à 1084, assiège
dans sa capitale le pape qui sera obligé de la quitter pour aller
finir sa vie en exil. D'autre part, le registre qui, jusqu'au printemps de 1081 permet de suivre mois par mois l'évolution
de la pensée grégorienne, n'est plus à partir d'avril 1081 qu'une
compilation désordonnée et informe de bulles souvent dénuées
d'intérêt, où l'on ne peut recueillir sur le pape lui-même que
fort peu de renseignements positifs [2].

Il n'y a pas lieu de retracer dans le détail les péripéties du
siège de Rome qui intéressent plus l'histoire de Henri IV que
celle de Grégoire VII. Le succès n'a pas couronné immédiatement l'entreprise du roi de Germanie : inaugurée le 21 mai
1081, l'opération a été interrompue quarante jours plus tard,
reprise en février 1082, de nouveau suspendue au commencement de l'été pour recommencer en juin 1083 et aboutir finalement, le 21 mars 1084, à l'occupation de la ville, à l'exception
du château Saint-Ange où Grégoire VII s'est réfugié [3]. Ces
événements militaires ont-ils influé sur les directions pontificales
et entraîné une atténuation de la doctrine grégorienne, telle
est la seule question qui se pose ici. Les textes qui aideront
à la résoudre sont malheureusement fort rares.

La plus ancienne des encycliques que l'on ait conservées

---

[1] BENZON D'ALBE, *Ad Heinricum*, VI, *Praefatio* (MGH, SS, t. XI, p. 656) ;
MARIEN SCOT, a. 1103 (1081) (*Ibid.*, t. V, p. 562).

[2] Sur la valeur du livre IX du registre de Grégoire VII, voir l'introduction
p. 6-7 et 12-27.

[3] Nous aurons à revenir plus en détail au tome III, à propos de l'opposition
antigrégorienne, sur les offensives germaniques contre Rome. Pour le moment,
nous nous contentons de renvoyer à MEYER VON KNONAU, *Jahrbücher*, t. III,
p. 383 et suiv.

pour cette période date vraisemblablement de janvier ou février
1082 [1]. Elle respire l'angoisse, mais ne laisse prévoir aucune
modification dans les idées de Grégoire VII. Après avoir
remercié les évêques, abbés, clercs et laïques restés fidèles au
Saint-Siège de l'appui qu'ils lui ont prêté, le pape définit son
programme pour l'avenir :

« Nous ne voulons, dit-il, qu'une chose, la conversion des impies et
leur retour à Dieu ; nous n'avons qu'un seul désir, celui de voir la
sainte Église, actuellement en proie à travers le monde à une dégra-
dante confusion et dans divers pays à la division, recouvrer sa place
d'honneur et sa stabilité ; nous ne poursuivons qu'un seul but, la gloire
de Dieu, en souhaitant que nous puissions par nos mérites parvenir
à la vie éternelle avec tous nos frères, même avec ceux qui nous
persécutent [2]. »

L'unité de l'Église, mais d'une Église imposant sa loi aux
hommes, tel est donc l'idéal de Grégoire VII au début de
l'année 1082. N'est-ce pas celui auquel il est resté fidèle depuis
le début de son pontificat ? Il paraît, à ce moment, d'une réalisation difficile, mais le pape compte sur la ténacité de ses partisans,
à la méditation desquels il livre la parole du Maître : « *Par
votre persévérance vous sauverez vos âmes* [3]. » Quant à lui, « il
est prêt non seulement dans l'intérêt de la justice à ne pas fuir
la mort, mais même à l'affronter avec satisfaction pour l'amour
de Dieu et la défense de la religion chrétienne [4]. »

Ainsi, au moment où l'investissement de Rome va se resserrer,
le pontife sait faire preuve d'une impressionnante grandeur
d'âme. Ses actes sont, comme toujours, en parfaite harmonie
avec ses paroles.

---

[1] GRÉGOIRE VII, *Registrum*, IX, 21 (édit. CASPAR, p. 601-603 ; édit. JAFFÉ,
p. 495-496 ; PL, CXLVIII, 622-623). Sur la date, cfr WILLY REUTER, *Die
Gesinnung und die Massnahmen Gregors VII gegen Heinrich IV in den Jahren
1080 bis 1085*. Diss. Greifswald 1913, p. 66, n. 1, dont les conclusions nous
paraissent pleinement justifiées.

[2] GRÉGOIRE VII, *Registrum*, IX, 21 (édit. CASPAR, p. 602 ; édit. JAFFÉ, p. 495 ;
PL, CXLVIII, 622).

[3] LUC., XXI, 19.

[4] GRÉGOIRE VII, *Registrum*, IX, 21 (édit. CASPAR, p. 602 ; édit. JAFFÉ, p. 496 ;
P L, CXLVIII, 623).

En manifestant avec vigueur son vœu de rétablir l'unité de l'Église, Grégoire VII admet implicitement la possibilité d'une réconciliation avec ses « persécuteurs. » De fait, il s'est attaché à éviter tout ce qui aurait pu la compromettre de façon irréparable. Il ne semble pas qu'il ait, après la mort de Rodolphe de Souabe, reconnu le nouvel antiroi, Herman de Luxembourg, élu par les princes allemands en 1081 à l'assemblée d'Ochsenfurt [1], car ni ses bulles ni les chroniques n'ont apporté l'écho d'aucune relation entre le pape et le rival de Henri IV [2]. Cette attitude ne signifie pas qu'il ait songé à un compromis avec le souverain qu'il avait excommunié et déposé au concile romain de 1080. S'il souhaite au fond de son cœur voir, comme autrefois à Canossa, le pécheur pénitent solliciter son retour dans le giron de l'Église romaine, il n'acceptera pas des conditions incompatibles avec la dignité du siège apostolique et avec les principes du gouvernement sacerdotal, tels que les a énoncés la seconde lettre à Herman de Metz.

Or, Henri IV ne songe nullement à demander l'absolution pontificale. En arrivant devant Rome en février 1082, il adresse aux Romains, victimes des « machinations d'Hildebrand », un manifeste dans lequel après avoir reproché au pape d'avoir détruit l'ordre établi par Dieu, il l'invite à venir se justifier devant lui [3]. En même temps, il essaie de provoquer des défections parmi les alliés du pape et il réussit à gagner un moment à sa cause le prince de Capoue, Jourdain, et même l'abbé du Mont-Cassin, Didier. Celui-ci, au moment de Pâques, va trouver

---

[1] Cfr *Annales Augustani*, a. 1081 (MGH, SS, t. III; p. 130); BERNOLD DE CONSTANCE, a. 1081 (*Ibid.*, t. V, p. 437); MARIEN SCOT, a. 1103 (1081) (*Ibid.*, t. V, p. 562; BRUN, *De bello saxonico*, 130 (*Ibid.*, t. V, p. 384; édit. WATTENBACH, p. 101).

[2] Ce silence est, à notre avis, tout à fait significatif. MARTENS (*Gregor VII, sein Leben und Wirken*, t. I, p. 226-227) note avec raison que Paul de Bernried ne fait aucune allusion à Herman de Luxembourg. Aussi sommes-nous d'accord avec lui pour repousser l'opinion de GFRÖRER (*Papst Gregorius VII und sein Zeitalter*, t. VII, p. 821) d'après laquelle Grégoire VII aurait activement participé à l'élection du nouvel antiroi.

[3] On trouvera ce manifeste dans les *Monumenta Bambergensia*, p. 498 et suiv.

le roi, sans avoir reçu aucun mandat et ose lui promettre qu'il
le fera couronner empereur par Grégoire VII [1]. A cette nouvelle,
le pontife, déjà écœuré par la proclamation de Henri IV aux
Romains, donne libre cours à son indignation : le 24 juin 1082,
il renouvelle l'anathème contre le prince rebelle au Saint-Siège [2];
il excommunie du même coup Jourdain [3] et sans doute aussi
Didier [4], auquel il pardonnera l'année suivante, lorsque Jourdain
sera revenu à de meilleurs sentiments.

Deux sièges successifs n'ont pu entamer l'inébranlable
fermeté du pape qui maintient la sentence de 1080 et ne retire
rien de ses revendications doctrinales.

« Béni soit Dieu, écrit-il en 1083 dans une lettre à l'épiscopat français, qui, tout en nous arrachant aux mains de nos adversaires et en
nous protégeant contre la violence de nos persécuteurs, a défendu
jusqu'ici la justice par notre entremise (notre conscience peut en
témoigner) et qui, rendant forte par un effet de sa puissance notre
humaine faiblesse, ne nous a pas laissé tomber dans l'iniquité, en
nous permettant de résister aux flatteuses promesses aussi bien qu'à
la crainte de ceux qui nous tourmentent [5]. »

---

[1] Pierre Diacre, *Chronica monasterii Casinensis*, III, 50 (MGH, SS, t. VII,
p. 739-740). Sur le rôle de Didier à cette occasion, cfr notre article sur *L'élection
d'Urbain II*, dans le *Moyen Age*, deuxième série, t. XIX, 1916, p. 362 et suiv.

[2] Bernold de Constance, a. 1084 : « Domnus papa... iterum sententiam
anathematis in Guibertum haeresiarchen et Heinricum et in omnes eorum
fautores promulgavit, quod et in festivitate sancti Johannis Baptistae praeterita
jam dudum Romae fecit, cum Heinricus ibi moraretur » (MGH, SS, t. V, p. 441).
Il résulterait de ce texte que Henri IV, Jourdain et Didier n'ont été excommuniés qu'en 1083. Bernold a dû se tromper d'une année, car Hugues de Lyon
prétend que Didier est resté sous le coup de l'anathème pendant une année
entière (*per annum integrum et continuum*) ; or, au début de juin 1084, Grégoire VII est venu au Mont-Cassin, ce qui laisse supposer que l'abbé était alors
absous. D'autre part, pendant l'été de 1083, Grégoire VII a négocié avec
Henri IV en vue de la réunion d'un concile. Il y a donc tout lieu de penser que
l'excommunication est du 24 juin 1082. Cfr Meyer von Knonau, *Jahrbücher*,
t. III, p. 443, n. 14 ; W. Reuter, *Die Gesinnung und die Massnahmen Gregors VII
gegen Heinrich IV*, p. 95 et suiv. ; Sander, *Der Kampf Heinrichs IV und Gregors VII*, p. 105-106.

[3] Grégoire VII, *Registrum*, IX, 27 (édit. Caspar, p. 610-611 ; édit. Jaffé,
p. 501-502, PL, CXLVIII, 627).

[4] Cfr la lettre de Hugues de Lyon à la comtesse Mathilde, citée par Hugues
de Flavigny, II (MGH, SS, t. VIII, p. 467).

[5] Jaffé-Wattenbach, 5259 (édit. Jaffé, p. 549).

Et pourtant, Grégoire VII, mal soutenu par les Normands [1] et plus ou moins trahi par les Romains [2], ne croit pas devoir repousser les ouvertures qui lui sont faites indirectement par le roi de Germanie [3]. Dans le courant de l'été 1083, il convoque pour le milieu de novembre, d'accord avec Henri IV qui promet un sauf conduit à tous ceux qui s'y rendront, un concile destiné à « mettre fin à la discorde qui depuis longtemps divise le royaume et le siège apostolique, » à « confirmer la paix » et à « ramener, avec l'aide de Dieu, les schismatiques dans le sein de leur mère, la sainte Église [4]. » Cette tentative de conciliation échoua complètement : Henri IV ne tint pas sa promesse et fit arrêter plusieurs des prélats qui se rendaient à Rome pour obéir à l'invitation pontificale, parmi lesquels Eudes d'Ostie, Hugues de Lyon et Anselme de Lucques [5]. Dans ces conditions, on ne pouvait aboutir à aucun résultat. Quelques évêques italiens ou français seuls purent siéger [6] et on n'a qu'une idée très vague des propos qui furent échangés. La notice insérée à la fin du registre de Grégoire VII se borne à constater que le

---

[1] Robert Guiscard est parti pour l'Orient au moment même où Henri IV arrivait en Italie et n'a été pendant longtemps d'aucun secours au Saint-Siège, malgré les pressants appels de Grégoire VII qui, tout en le félicitant de ses succès, lui a rappelé ses devoirs envers l'Église romaine. Cfr *Registrum*, IX, 17 (édit. CASPAR, p. 597-598; édit. JAFFÉ, p. 491-492; PL, CXLVIII, 619-620). Ce n'est qu'en 1084 qu'il viendra effectivement en aide au pape.

[2] En 1083, au moment des attaques de Henri IV contre la cité léonine, Henri IV a réussi à détacher, à prix d'argent, du parti pontifical une partie de la noblesse romaine. Cfr BERNOLD DE CONSTANCE, a. 1083 (MGH, SS, t. V, p. 438).

[3] C'est la noblesse romaine qui a servi d'intermédiaire. Elle espérait, suivant le témoignage de Bernold, parvenir à faire couronner Henri IV par Grégoire VII.

[4] JAFFÉ-WATTENBACH, 5259 (édit. JAFFÉ, p. 548-550). Cette lettre est adressée aux évêques français que le pape convoque au concile. Les autres lettres de convocation sont perdues et l'on ne peut attacher aucune valeur à la lettre IX, 29, du registre. Cfr *supra*, p. 27, n. 1.

[5] Le renseignement est fourni tout à la fois par le registre IX, 35a (édit. CASPAR, p. 627-628; édit. JAFFÉ, p. 516; PL, CXLVIII, 821), qui ne donne que le nom d'Eudes d'Ostie, et par Bernold de Constance, a. 1084 (MGH, SS, t. V, p. 438), qui est beaucoup plus explicite.

[6] GRÉGOIRE VII, *Registrum*, IX, 35a (édit. CASPAR, p. 627; édit. JAFFÉ, p. 516; PL, CXLVIII, 821) : « In qua fuerunt archiepiscopi, episcopi et abbates Campani et de Principatibus atque Apulia, pauci quoque Gallicani. »

pape fit preuve d'une grandeur d'âme toute surnaturelle [1], mais ne donne aucune précision. Suivant Bernold de Constance, l'excommunication fut prononcée contre tous ceux qui empêcheraient les évêques de communiquer avec leur chef spirituel [2]. C'était viser très directement Henri IV et maintenir à son égard les sanctions antérieures.

Les tentatives d'accord ont échoué, mais les principes sont saufs. Grégoire VII, malgré la défection des Romains et des cardinaux eux-mêmes [3], ne s'écarte pas un seul moment de la ligne de conduite qu'il se traçait à lui-même dans l'encyclique de 1082. A la fin de mars 1084, à la suite de la prise de Rome par Henri IV, il est réduit à s'enfermer dans le château Saint-Ange ; délivré par Robert Guiscard, qui se décide à tenir ses engagements, il a la douleur d'assister au pillage de la ville par les Normands et, rendu impopulaire par les excès de ses alliés, il doit prendre le chemin de l'exil [4]. C'est à Salerne que va se terminer son pontificat, non sans qu'il ait affirmé une dernière fois, en une page sublime, l'idéal romain pour lequel il avait combattu toute sa vie.

L'exil, comme la captivité, n'a ébranlé aucune des convictions si fortement ancrées dans l'âme de Grégoire VII. A Salerne, il a, une fois de plus, renouvelé l'excommunication portée contre Henri IV [5] et, pour notifier cette sentence, dépêché

---

[1] GRÉGOIRE VII, *Registrum*, IX, 35a (édit. CASPAR, p. 628 ; édit. JAFFÉ, p. 517 ; PL, CXLVIII, 822) : « Dominus apostolicus in eadem synodo de fidei forma et christianae religionis conversatione, sed et de robore animique constantia ad presentem pressuram necessaria ore non humano sed angelico patenter disserens, die tertia totum fere conventum in gemitus et lacrimas compulit. Sicque concilium apostolica benedictione laetificatum in pace dimisit. »

[2] BERNOLD DE CONSTANCE, a. 1083 (MGH, SS, t. V, p. 438).

[3] Treize cardinaux ont abandonné Grégoire VII au début de l'année 1084. Cfr *Gesta Romanae ecclesiae*, I, 1 (*Libelli de lite*, t. II, p. 369).

[4] Sur la prise de Rome par Henri IV et le pillage de la ville par les Normands, voir MEYER VON KNONAU, *Jahrbücher*, t. III, p. 521 et suiv.

[5] BERNOLD DE CONSTANCE, a. 1084 : « Domnus autem papa, collecta sinodo Salerni, sententiam anathematis in Gibertum heresiarchen et Heinricum et in omnes fautores eorum promulgavit » (MGH, SS, t. V, p. 441). Cfr aussi *Annales Augustani*, a. 1084 (*Ibid.*, t. III, p. 131) ; HUGUES DE FLAVIGNY, II (*Ibid.*, t. VIII, p. 463).

des légats dans les différents pays chrétiens, Pierre d'Albano en France, Eudes d'Ostie en Allemagne [1], mais surtout dans une encyclique solennelle que l'on peut considérer comme son testament [2], il a tracé une vigoureuse synthèse de l'œuvre qu'il avait entreprise et exprimé sa confiance dans l'avenir de la réforme qu'il laissait inachevée.

Les rois de la terre se sont levés et les princes se sont rassemblés contre le Seigneur et son Christ [3]. Cette parole du psaume sert d'exorde à la bulle pontificale qui la commente en ces termes :

« Les princes des nations et les princes des prêtres se sont rassemblés en foule contre le Christ, fils du Dieu tout puissant, et contre l'apôtre Pierre dans le but d'éteindre la religion chrétienne et de propager l'abominable hérésie. Mais Dieu a eu pitié de nous et ceux qui ont confiance dans le Seigneur, insensibles à la crainte, à la cruauté et aux promesses de gloire en ce monde, n'ont pas glissé sur la pente de l'impiété [4]. »

Et Grégoire VII d'entonner un chant de triomphe, où, tout en évoquant douloureusement les ruines accumulées, il glorifie, une fois de plus, l'Église romaine, qui, battue par la tempête, mais jamais submergée, groupe toujours autour d'elle sur la barque de Pierre, ses fidèles que les flots tumultueux ne peuvent arracher au sein de leur mère.

L'Église romaine ! c'était ce mot qui jaillissait sur les lèvres d'Hildebrand, le jour où, élevé malgré lui sur le siège apostolique, investi de la lourde mission de réaliser la réforme religieuse, il envisageait l'avenir non sans quelque angoisse, mais avec la confiance que le secours d'En-Haut ne lui faillirait point. Et c'est encore sur cette Église romaine, dont il a été le serviteur des serviteurs, que se tourne sa pensée lorsque, chassé de sa

---

[1] BERNOLD DE CONSTANCE, a. 1084 : « Hanc sententiam legati sedis apostolicae, videlicet Petrus, Albanensis episcopus, in Francia, Oddo, Ostiensis episcopus, in terra Teutonicorum usquequaque divulgarunt » (MGH, SS, t. V, p. 441).

[2] JAFFÉ-WATTENBACH, 5271. (édit. JAFFÉ, p. 572-575 ; PL, CXLVIII, 708-710). Cette bulle n'est pas datée, mais elle est donnée par Hugues de Flavigny, qui en a conservé le texte, comme contemporaine du séjour de Grégoire VII à Salerne.

[3] Ps. II, 1-2.

[4] JAFFÉ-WATTENBACH, 5271 (édit. JAFFÉ, p. 572 ; PL, CXLVIII, 708).

capitale, épuisé, sentant approcher la mort, il jette un dernier coup d'œil sur l'œuvre qu'il a tenté d'accomplir ici-bas :

« Depuis que par une disposition divine, ma mère l'Église m'a placé malgré mon indignité et, Dieu m'en est témoin, contre ma volonté, sur le siège de l'Apôtre, tous mes efforts ont tendu à ce que la sainte Église, épouse de Dieu, notre maîtresse et notre mère, honorée comme autrefois, demeurât libre, chaste et catholique [1]. »

L'Église affranchie du pouvoir temporel par la suppression de l'investiture laïque et l'extirpation de la simonie, libérée des servitudes de la chair par l'anéantissement du nicolaïsme, rayonnante à travers le monde grâce à une forte centralisation et au développement du gouvernement sacerdotal, toute son œuvre tient en ces trois mots. Sans doute, d'autres avant lui en avaient tracé le dessein : avant lui, Pierre Damien avait tenté la réforme morale d'un clergé corrompu et d'un épiscopat dévoré par la cupidité ; avant lui, Humbert avait aperçu les méfaits de l'investiture laïque ; avant lui, Wason de Liège, suivant la doctrine du *De ordinando pontifice*, avait osé proclamer à la face de Henri III que le souverain pontife ne peut être jugé que par Dieu seul et que les empereurs sont soumis aux évêques, mais toutes ces idées éparses et parfois mal définies Grégoire VII, avec sa surprenante facilité d'adaptation et de mise en œuvre, les a rassemblées en une vigoureuse synthèse et marquées du sceau de l'unité romaine, en même temps qu'il a, avec un courage qui ne s'est jamais démenti, essayé de les réaliser pratiquement.

Et après avoir ainsi défini son œuvre, il jette à la chrétienté groupée autour de la papauté cette suprême exhortation :

« Maintenant, mes très chers frères, écoutez avec soin ce que je vais vous dire. Tous ceux qui portent le nom de chrétien et connaissent les obligations de leur foi, savent et croient que le bienheureux Pierre, prince des apôtres, est le père de tous les chrétiens et le premier pasteur après le Christ, que la sainte Église romaine est mère et maîtresse de toutes les églises. Si vous avez cette croyance et si aucun doute ne vous effleure, au nom du Dieu tout puissant je vous demande

---

[1] Jaffé-Wattenbach, 5271 (édit. Jaffé, p. 574 ; PL, CXLVIII, 709).

et je vous ordonne, quel que soit votre maître, fût-il indigne, d'aider et de secourir votre père et votre mère, afin d'obtenir par eux l'absolution de vos péchés, la bénédiction et la grâce en ce siècle et dans l'éternité. Que le Dieu tout-puissant d'où procèdent tous les biens, illumine votre esprit, qu'il le féconde de son amour et de l'amour du prochain, afin que par vos mérites votre père et votre mère deviennent vos propres débiteurs et que vous puissiez parvenir sans honte dans leur société. Ainsi soit-il [1]. »

Cette page si émouvante et où se reflète si bien la grande âme de celui qui l'a écrite, peut servir de conclusion à l'histoire des idées grégoriennes, telles que le pape les a conçues, précisées et réalisées, tellement elle projette en une éblouissante lumière le caractère romain que la réforme a revêtu de 1073 à 1085. Réforme morale de l'Église et lutte contre l'investiture laïque, centralisation ecclésiastique et gouvernement sacerdotal procèdent d'une même conception et apparaissent comme autant de rameaux successifs du grand arbre planté sur le tombeau des saints apôtres; chacune des étapes, successivement parcourues, du pontificat de Grégoire VII marque un nouveau progrès de la suprématie romaine qui les relie l'une à l'autre et qui jamais encore n'avait été exaltée aussi haut.

Peu de temps après avoir rédigé sa dernière encyclique, Grégoire VII s'éteignit doucement, le 25 mai 1085. Son panégyriste, Paul de Bernried, a laissé un récit édifiant de ses derniers moments : aux évêques et aux cardinaux réunis autour de son lit de mort et qui le remerciaient des services rendus à l'Église, le pape aurait répondu par le mot devenu historique : « J'ai constamment haï l'iniquité et aimé la justice [2]. » Cette parole, quoiqu'elle résume très fidèlement la vie de Grégoire VII, est probablement apocryphe, car la suite du récit de Paul de Bernried contient de telles erreurs que la véracité en devient fort douteuse. L'hagiographe rapporte en effet que, prié de désigner un successeur, Grégoire VII aurait mis en avant le

---

[1] JAFFÉ-WATTENBACH, 5271 (édit. JAFFÉ, p. 574-575; PL, CXLVIII, 710).
[2] PAUL DE BERNRIED, *Vita Gregorii VII papae*, 109 (édit. WATTERICH, *Vitae pontificum Romanorum*, p. 539; AA. SS. *Maii*, t. VI, p. 139).

nom de Didier du Mont-Cassin ou, à son défaut, ceux d'Eudes, cardinal-évêque d'Ostie, et de Hugues, archevêque de Lyon [1]. Or, le pape moribond a prononcé en réalité les trois noms d'Anselme de Lucques, Eudes d'Ostie et Hugues de Lyon ; il n'a pas songé à Didier pour lequel il n'éprouvait qu'une médiocre et peu confiante sympathie [2].

En raison de ces inexactitudes et devant le silence des autres chroniqueurs, il faut se résigner à ignorer ce qu'a été la mort de Grégoire VII, mais il est vraisemblable qu'elle a été le reflet de sa vie, empreinte des mêmes sentiments d'humilité, de confiance en la miséricorde divine et en l'intercession de l'apôtre Pierre dont le grand pape s'était efforcé, en une époque troublée et en des circonstances difficiles, de tenir dignement la place.

L'histoire de la réforme religieuse du XIe siècle ne se clôt pas avec la mort de Grégoire VII. Si les idées grégoriennes sont nées avant l'avènement du pape qui leur a donné son nom, si sous sa forte impulsion elles ont revêtu un aspect tout à la fois plus dogmatique et plus synthétique, elles sont destinées

---

[1] PAUL DE BERNRIED, *Vita Gregorii VII...*, p. 139.

[2] Nous avons discuté la question dans notre article sur *L'élection d'Urbain II* dans le *Moyen Age*, deuxième série, t. XIX, p. 356 et suiv., dont nous résumons brièvement les conclusions. L'étude critique des sources nous a conduit à rejeter tout d'abord la version de l'historien anglais, Guillaume de Malmesbury, comme tardive et légendaire, puis celle de Paul de Bernried, qui n'est qu'une combinaison de celles de Pierre Diacre dans les *Chronica monasterii Casinensis*, III, 65 (MGH, SS, t. VII, p. 747) et de Hugues de Flavigny, au livre II de sa chronique (*Ibid.*, t. VIII, p. 466). Ces deux versions seules, avec celle de Guy de Ferrare dans son *De scismate Hildebrandi*, I, 20 (*Libelli de lite*, t. I, p. 549) présentent le caractère de versions originales. Suivant la première, Grégoire VII aurait présenté au choix des cardinaux Didier du Mont-Cassin, en ajoutant que Didier n'accepterait probablement pas la tiare, auquel cas il y aurait lieu d'élever Hugues de Lyon, Anselme de Lucques ou Eudes d'Ostie. Ces trois noms seuls figurent chez Hugues de Flavigny qui ne fait que reproduire une bulle d'Urbain II. Or, il n'y a aucune raison de suspecter le pape Urbain II, dont la lettre n'a certainement pas été altérée par Hugues de Flavigny, tandis que le récit de Pierre Diacre n'est qu'une interprétation des événements qui ont entouré l'avènement de Victor III. La version de Hugues de Flavigny s'impose donc à l'exclusion des autres. Quant au schismatique Guy de Ferrare, il n'a aucune autorité, étant mal placé pour connaître ce qui s'était passé au lit de mort de Grégoire VII.

à évoluer encore. Cette évolution sera déterminée, pour une large part, par le choc des idées adverses. Les événements de 1080-1085, la seconde déposition de Henri IV, l'élection de Clément III, le siège de Rome ont été en quelque sorte ponctués par la polémique; l'offensive des armes s'est accompagnée d'une autre offensive qui prend la forme de pamphlets ou de traités juridiques. C'est le grand moment de l'opposition antigrégorienne dont les résultats se feront sentir après la mort de Grégoire VII, pendant le pontificat de Victor III et au début de celui d'Urbain II.

TABLES

I. — La plupart des sources narratives ayant été déjà indiquées au tome I, p. 387-390, il a paru inutile de répéter ici la liste de ces ouvrages.

II. — De la table des citations, les sources purement narratives sont exclues L'on y a surtout eu en vue les citations se rapportant à l'étude doctrinale de la réforme.

I. — LISTE DES OUVRAGES CITÉS

ANSFELD, W. — *Lambert von Hersfeld und der Zehnstreit zwischen Mainz, Hersfeld und Thuringen*, Marbourg, 1880.

BATIFFOL (Mgr), P. — *Le siège apostolique*, 359-450, Paris, 1924.

BERNHEIM, E. — *Mittelalterliche Zeitanschauungen in ihrem Einfluss auf Politik und Geschichtschreibung*, t. I, *Die Zeitanschauungen*, Tubingue, 1918.

BEYER, K. — *Die Bamberger, Constanzer und Reichenauer Händel unter Heinrich IV*, dans *Forschungen zur deutschen Geschichte*, t. XXII, 1882, p. 530.

BLAUL, O. — *Studien zum Register Gregors VII*, dans *Archiv für Urkundenforschung*, t. IV, 1912, p. 113-228.

BOCK, R. — *Die Glaubwürdigkeit der Nachrichten Bonithos von Sutri in liber ad amicum und deren Verwertung in der neueren Geschichtschreibung*, dans les *Historische Studien de* EBERING, fasc. 73, Berlin, 1909.

BRAUN, F. — *Die Tage von Canossa unter Heinrich IV, eine Untersuchung und Beurtheilung dieser historischen Partei auf Grund der einschlägischen Geschichtsquellen*, Marbourg, 1873.

BRETHOLZ, B. — *Geschichte Böhmens und Mährens bis zum Aussterben der Premgliden* (1306), Munich, 1912.

BROOKE, Z. N. — *Pope Gregory VII's demand for Fealty from William the Conqueror*, dans *English historical review*, t. XXVI, 1911, p. 225 et suiv.

N. B. — Nous tenons à remercier tout spécialement M. André Dupont, professeur au lycée d'Alais, Mlles Foreville et Thouzellier, étudiantes d'histoire à la Faculté des Lettres de Montpellier, de leur précieux concours dans la rédaction de ces tables. Que Mlle Jeanne Vieilliard, membre de l'École française de Rome qui, à plusieurs reprises, a procédé pour nous à de minutieuses vérifications sur le registre de Grégoire VII conservé à la Bibliothèque Vaticane, veuille bien également trouver ici l'expression de notre très vive gratitude.

Buxton, E. W. — *The story of Hildebrand, St. Gregory VII*, Londres, 1920.

Carlyle, R. N. et A. S. — *A history of medieval political theory in the West*, Londres, 1903-1922, 4 vol.

Casoli, P. B. — *Canossa e Legnano, narrazioni storiche*, Modène, 1877.

Caspar, E. — *Studien zum Register Gregors VII*, dans *Neues Archiv*, t. XXXVIII, 1913, p. 143-226.

— *Das Register Gregors VII*, dans les MGH, série in-8°, *Epistolae selectae*, t. II, Berlin, 1920-23.

— *Gregor VII in seinen Briefen*, dans *Historische Zeitschrift*, t. CXXX, 1924, p. 1-30.

Cauchie, A. — *La querelle des investitures dans les diocèses de Liège et de Cambrai*, Louvain, 1890-93, 2 vol.

— Compte rendu de l'ouvrage de Solmi, *Stato e Chiesa* (800-1122), dans la *Revue d'histoire écclésiastique*, t. V, 1904, p. 573-598.

Chalandon, F. — *Histoire de la domination normande en Italie et en Sicile*, Paris, 1907, 2 vol.

Degert, A. — *Amat d'Oléron*, dans la *Revue des questions historiques*, t. LXXXIV, 1908, p. 33 et suiv.

Delarc, O. — *Saint Grégoire VII et la réforme de l'Église au XIᵉ siècle*, Paris, 1889-1890, 3 vol.

Delbrück, H. — *Ueber die Glaubwürdigkeit Lamberts von Hersfeld*, Bonn, 1873.

Dieckmann, F. — *Gottfried III der Bucklige und Gemahl Mathildens von Canossa*, Diss. Erlangen, 1885.

Dieffenbacher, J. — *Lambert von Hersfeld als Historiograph. Ein Beitrag zu seiner Kritik*, Diss. Heidelberg-Wurzbourg, 1890.

— *Lambertsgeschichtschreibung*, dans *Deutsche Zeitschrift für Geschichtswissenschaft*, t. VI, 1891, p. 301 et suiv.

Dode, A. — *Corsica und Sardinien in den Schenkungen an die Päpste*, dans *Sitzungsberichte der bayerischen Akademie*, 1894, p. 223. et suiv.

Doeberl, M. — *Zum Rechtfertigungschreiben Gregors VII an die deutsche Nation von Sommer 1076*, Programm der Koenigl. Ludwigs Gymnasium in München 1890-91.

Ewald, P. — *Das registrum Gregorii VII*, dans *Historische Untersuchungen Arn. Schäfer gewidmet*, Bonn, 1882, p. 296-318.

Fabre, P. — *Étude sur le Liber censuum de l'Église romaine*, Paris, 1892.

Fazy, M. — *Notice sur Amat d'Oléron, archevêque de Bordeaux et légat du Saint-Siège*, dans *Bibliothèque de la Faculté des Lettres de Paris*, fasc. 34, 1908, p. 77-142.

FISCHER, U. — *Die Glaubwürdigkeit des Lambert von Hersfeld*, Diss. Rostock, 1882.

FLICHE, A. — *Le règne de Philippe Ier, roi de France* (1060-1108), Paris, 1912.

— *L'élection d'Urbain II*, dans le *Moyen-âge*, 2e série, t. XIX, 1916, p. 356-394.

— *Saint Grégoire VII*, Paris, 1920.

— *Ulrich d'Imola. Étude sur l'hérésie nicolaïte en Italie au milieu du XIe siècle*, dans la *Revue des Sciences religieuses*, t. II, 1922, p. 127-139.

— *Le pontificat de Victor III*, dans la *Revue d'histoire ecclésiastique*, t. XX, 1924, p. 387-412.

— *L'élection de Grégoire VII*, dans le *Moyen-âge*, 2e série, t. XXVI, 1924-25, p. 71-90.

FLOTO, H. — *Kaiser Heinrich IV und sein Zeitalter*, Stuttgart, 1855-56, 2 vol.

FOURNIER, P. — *Le premier manuel canonique de la réforme du XIe siècle*, dans les *Mélanges d'archéologie et d'histoire publiés par l'École française de Rome*, t. XIV, 1894, p. 144-223.

— *La propriété des églises dans les premiers siècles du Moyen-âge*, dans la *Nouvelle Revue historique de droit français et étranger*, t. XXI, 1897, p. 486-506.

— *Étude sur les Fausses Décrétales*, dans la *Revue d'histoire ecclésiastique*, t. VII, 1906, p. 33, 301, 543, 761 et suiv.

— *Un tournant de l'histoire du droit*, dans la *Nouvelle Revue historique de droit français et étranger*, t. XL, 1917, p. 129-180.

— *Les collections canoniques romaines de l'époque de Grégoire VII*, dans les *Mémoires de l'Académie des Inscriptions et Belles-Lettres*, t. XLI, 1918, p. 271-397.

FRIEDRICH, R. — *Studien zur Wormser Synode von 24 Januar und ihrer Vorgeschichte*, Diss. Greifswald, 1905.

GFRÖRER, A. F. — *Papst Gregorius VII und sein Zeitalter*, Schaffouse, 7 vol., 1859-1861.

GIERKE (von), O. — *Les théories politiques du moyen-âge*, trad. J. DE PANGE, Paris, 1914.

GIESEBRECHT, W. — *De Gregorii VII registro emendando*, Brunswick, 1858.

— *Geschichte der deutschen Kaiserzeit*, 5e édit., Leipzig, 1881-1890, 5 vol.

GIRY, A. — *Grégoire VII et les évêques de Thérouanne*, dans la *Revue historique*, t. I, 1876, p. 387-409.

GLÖCKNER, K. — *In wiefern sind die gegen Gregor VII im Wormser*

Bischofsschreiben von 24 Januar 1076 ausgesprochenen Vorwürfe berechtigt, Diss. Greifswald, 1904.

GREVING, J. — *Pauls von Bernried vita Gregorii VII papae, ein Beitrag zur Kenntnis der Quellen und Anschauungen aus der Zeit des gregorianischen Kirchenstreites*, dans *Kirchengeschichtliche Studien*, t. II, 1, Münster, 1893.

GROSSE, A. — *Der Romanus legatus nach der Auffassung Gregors VII*, Diss. Halle, 1901.

HAUCK, A. — *Kirchengeschichte Deutschlands*, 4ᵉ édit., Leipzig, 1912-1920, 5 vol.

HAMMLER, P.-R. — *Gregors VII Stellung zu Frieden und Krieg im Rahmen seiner Gesamtanschauung*, Diss. Greifswald, 1912.

HEFELE, CH.-J. — *Histoire des conciles d'après les documents originaux*, trad. LECLERCQ, Paris, 1907-1921, 16 vol.

HEINLEIN, E. — *Die Bedeutung der Begriffe « Superbia » und « Humilitas » bei Papst Gregor I im Sinne Augustins*, Diss. Greifswald, 1921.

HERZFELD, J. — *Papst Gregors VII Begriff der bösen Obrigkeit im Sinne der Anschauungen Augustins und Papst Gregors des Grossen*, Diss. Greifswald, 1914.

HINSCHIUS, P. — *Decretales pseudo-isidorianae*, Leipzig, 1863.

HIRSCH, E. — *De vita et scriptis Sigeberti Gemblacensis*, Berlin, 1841.

HOLDER-EGGER, O. — *Studien zu Lambert von Hersfeld*, dans *Neues Archiv*, t. XIX, 1894, p. 141 et suiv., 369 et suiv.

HUDDY, E. — *Matilda, countess of Tuscany*, Londres, 1900.

HULL, J. — *Canossa und seine Bedeutung für die Gegenwart*, Berlin, 1877.

IMBART DE LA TOUR, P. — *Les élections épiscopales dans l'Église de France du IXᵉ au XIIᵉ siècle*, Paris, 1890.

— *Les origines religieuses de la France. Les paroisses rurales du IVᵉ au XIᵉ siècle*, Paris, 1900.

JAFFÉ, PH. — *Bibliotheca rerum germanicarum*, Berlin, 1864-1873, 6 vol.

KEHR, P. — *Zur Geschichte Wiberts von Ravenna (Clemens III)*, dans les *Sitzungsberichte Koenigl. Akad. der Wissenschaften*, Berlin, 1921, p. 355-360 et 973-988.

KOEHNCKE, O. — *Wibert von Ravenna*, Leipzig, 1888.

KOEPKE, R. — *Die Quellen der Chronik des Hugo von Flavigny*, dans *Archiv der Gesellschaft*, t. IX, 1847, p. 240-292.

KRÜGER, H. — *Was versteht Gregor VII unter « Iustitia » und wie wendet er diesen Begriff im einzelnen praktisch an?* Diss. Greifswald, 1910.

KUBO, R. — *Beiträge zur Kritik Lamberts von Hersfeld*, Diss. Halle, 1890.

KULOT, H. — *Die Zusammenstellung päpstlichen Grundsätze (Dictatus papae*) *im Registrum Gregorii VII in ihrem Verhältnis zu den Kirchenrechtssammlungen der Zeit*, Diss. Greifswald, 1907.

LANGE, J. — *Das Staatensystem Gregors VII auf Grund des augustinischen Begriffs von der « libertas ecclesiae »*, Diss. Greifswald, 1915.

LEFARTH, J.-A. — *Lambert von Hersfeld, ein Beitrag zu seiner Critik*, Göttingen, 1872.

LOEWE, H. — *Die Annales Augustani, eine quellenkritische Untersuchung*, Diss. Munich, 1903.

LOEWENFELD, S. — *Die Canonensammlung des Cardinals Deusdedit und das Register Gregors VII*, dans *Neues Archiv*, t. X, 1885, p. 209-329.

— *Der Dictatus papae Gregors VII und eine Ueberarbeitung desselben in 12 Jahrhundert*, même recueil, t. XVI, 1891, p. 193-202.

LOT, F. — *Fidèles et vassaux*, Paris, 1904.

LÜHE, W. — *Hugo von Die und Lyon*, Diss. Strasbourg, 1898.

MANITIUS, M. — *Deutsche Geschichte unter den sächsischen und salischen Kaisern* (911-1125), Stuttgart, 1889.

MARTENS, W. — *Gregors VII Massnahmen gegen Heinrich IV*, dans *Zeitschrift für Kirchenrecht*, t. XVII, 1882, p. 211 et suiv.

— *Gregor VII, sein Leben und Wirken*, Leipzig, 1894, 2 vol.

MASSINO, J. — *Gregor VII im Verhältnis zu seinen Legaten*, Diss. Greifswald, 1907.

MAY, J. — *Ueber Brunos Schrift von Sachsenkrieg*, dans *Forschungen zur deutschen Geschichte*, t. XXIV, 1884, p. 341-367.

— *Der Begriff Iustitia im Sinne zur Gregors VII*, dans le même recueil, t. XXV, 1885, p. 180 et suiv.

MAYER, F.-M. — *Die östlichen Alpenländer im Investiturstreit*, Innsbruck, 1888.

MEINE, O. — *Gregors VII Auffassung von Fürstenamte im Verhältnis zu den Fürsten seiner Zeit*, Diss. Greifswald, 1907.

MELTZER, O. — *Papst Gregors VII Gesetzgebung und Bestrebungen in Betreff des Bischofswahler*, Leipzig, 1896, 3e éd.

MEVS, W. — *Zur Legation des Bischofs Hugo von Die unter Gregor VII*, Diss. Greifswald, 1887.

MEYER, E. — *Lambert von Hersfeld als Quelle zur deutschen Geschichte in den Jahren 1069-1077*, Koenigsberg, 1877.

— *Die Fortsetzer Herman von Reichenau*, Leipzig, 1881.

MEYER VON KNONAU, G. — *Jahrbücher des deutschen Reichs unter Heinrich IV und Heinrich V*, Leipzig, 1898-1909, 7 vol.

MIRBT, C. — *Stellung Augustins in der Publizistik des gregorianischen Kirchenstreits*, Leipzig, 1888.

— *Die Wahl Gregors VII*, Diss. Marbourg, 1892.

— *Die Publizistik im Zeitalter Gregors VII*, Leipzig, 1894.

— *Absetzung Heinrichs IV durch Gregor VII in der Publizistik seiner Zeit*, dans *Kirchengeschichtliche Studien zu Ehren von Hermann Reuter*, Leipzig, 1898, p. 104 et suiv.

OESTREICH, Rev. TH. — *The Personality and Character of Gregory VII in recent historical research*, dans *The catholic historical review*, nouv. série, t. I, 1921, p. 35-43.

OVERMANN, A. — *Gräfin Mathilde von Tuscien, ihre Besitzungen, Geschichte ihres Guts 1115-1230 und ihre Regesten*, Innsbrück, 1895.

PEITZ, W.-M. — *Das Originalregister Gregors VII im Vatikanischen Archiv (Reg. Vat. 2) nebst Beiträgen zur Kenntnis des Original-register Innozenz III und Honorius III (Reg. Vat. 4-11)*, dans les *Sitzungsberichte der Kais. Akademie der Wissenschaften zu Wien, philosophische-historische Klasse*, t. CXLV, fasc. 5, Vienne, 1911.

RANKE, L. — *Zur Kritik fränkisch-deutscher Reichsannalisten* dans *Abhandlungen der Akademie der Wissenschaften zu Berlin, philo-sophische-historische Klasse*, 1855.

REUTER, W. — *Die Gesinnung und die Massnahmen Gregors VII gegen Heinrich IV in den Jahren 1080 bis 1085*, Diss. Greifswald, 1913.

RICHTER, J. — *Die Chroniken Bertholds und Bernolds*, Diss. Koenigs-berg, Cologne, 1862.

ROCQUAIN, F. — *Quelques mots sur les « Dictatus papae »*, dans la *Biblio-thèque de l'École des Chartes*, t. XXIII, 1872, p. 378-385.

ROY, J. — *Saint Nicolas Ier*, Paris, 3e édit., 1899.

SACKUR, E. — *Zu den Streitschriften des Deusdedits*, dans *Neues Archiv*, t. XVIII, 1892, p. 135-153.

SALTET, L. — *Les réordinations*, Paris, 1907.

SANDER, P. — *Der Kampf Heinrichs IV und Gregors VII von der zweiten Exkommunication des Königs bis zu seiner Kaiserkrönung (März 1080-März 1084)*, Diss. Strasbourg, 1893.

SCHARNAGL, A. — *Der Begriff der Investitur in den Quellen und der Litteratur des Investiturstreites*, Stuttgart, 1908.

SCHULZEN, H.-E. — *De Bertholdi et Bernoldi chronicis*, Diss. Bonn, 1867.

SCHUMANN, O. — *Die päpstlichen Legaten in Deutschland zur Zeit Heinrichs IV und Heinrichs V, 1056-1125*, Diss. Marbourg, 1912.

SICKINGEN, C. — *Canossa im Lichte der Wahrheit, eine popular-histo-rische Studie*, Kempten, 1880.

SIELAFF, H. — *Studien über Gregors VII Gesinnung und Verhältnis gegen König Heinrich IV in den Jahren 1073-1080*, Diss. Greifs-wald, 1910.

SPOHR, L. — *Ueber die politische und publizistische Wirksamkeit Gebhards von Salzburg* (1060-1088), Diss. Halle, 1890.

STRELAU, E. — *Leben und Werke des Mönches Bernold von Sanct-Blasien*, Leipzig-Iéna, 1899.

STUTZ, U. — *Geschichte des kirchlichen Benefizialwesens von seinen Anfängen bis auf die Zeit Alexanders III*, t. I, Stuttgart, 1895.

— *Die Eigenkirchen als Element des mittelalterlich-germanischen Kirchenrechtes*, Berlin, 1895.

THOMAS, P. — *Le droit de propriété des laïques sur les églises et le patronage laïque au Moyen-âge*, Paris, 1906.

VOIGT, J. — *Hildebrand als Papst Gregorius VII und sein Zeitalter*, Weimar, 2e édit., 1846.

WEINERT, E. — *Die Bedeutung der superbia und humilitas in den Briefen Gregors VII*, Diss. Greifswald, 1920.

WIEDEMANN, M. — *Gregor VII und Erzbischof Manasses I von Reims*, Leipzig, 1884.

II. — TABLE DES CITATIONS

I. — LETTRES DE GRÉGOIRE VII

20	10, 100	3	366	
21	10, 92, 337	4	326	
		5	213, 335	
IV	5, 6, 7, 10	6	213	
IV, 1	10, 99, 103, 296	7	364, 365	
		8-9	246, 247	
2	141, 193, 289, 309-316, 317, 318, 320, 324, 362, 389, 390, 392, 397, 413	10	196, 318, 322, 343	
		11	250	
		13	196, 368	
		14	247	
3	100, 287-288, 297, 299, 349	14ᵃ	11, 101, 140, 206, 207, 209, 210, 253, 324, 368, 387	
4	235, 236			
5	236	15	369	
9	246	16	369, 370	
10	240	17	222, 224, 226, 250, 252	
11	141, 240, 249, 255	18	240, 242, 265	
12	50, 305, 306, 358	19	215	
12ᵃ	19, 306	20	215, 247, 248	
14-15	249	21	95, 97, 217	
17	213, 236, 320	22	215	
18-19	251	23	223	
20	241			
21	261	VI	4, 5, 7	
22	179, 180, 186, 219	VI, 1	195, 371	
		2	222, 227, 252	
23	211, 362, 363	5ᵇ	11, 140, 181, 207-209, 372	
24	312, 362-363			
25	331, 365	7	215	
27	196	10	5, 384	
28	91, 103, 194, 196, 216, 317, 321-322, 330, 339, 351-352, 366	10-21	4	
		12	326	
		13	223, 353, 354	
		14	21, 195	
		16	254, 337	
		17	100	
V	5, 7, 22, 23, 26	17ᵃ	11, 210, 254, 373	
V, 1	242, 366			
2	212, 216, 366	20	321	

II. — AUTRES SOURCES MÉDIÉVALES

Constitutiones et acta publica
Imperatorum et Regum
(MGH, in-4°, t. I)

III. — TABLE ALPHABÉTIQUE DES NOMS PROPRES ET DES MATIÈRES

*

TABLE ANALYTIQUE DES MATIÈRES

INTRODUCTION

LES SOURCES DE L'HISTOIRE DE GRÉGOIRE VII

I. — LES BULLES PONTIFICALES

CHAPITRE I

L'AVÈNEMENT DE GRÉGOIRE VII

CHAPITRE II

CHAPITRE III

CHAPITRE IV

LA CENTRALISATION ECCLÉSIASTIQUE

CHAPITRE V

SUPRÉMATIE ROMAINE ET CÉSAROPAPISME

LES ORIGINES DU GOUVERNEMENT SACERDOTAL

CHAPITRE VI

LA SUBORDINATION DES ROYAUMES CHRÉTIENS
AU SAINT-SIÈGE

CHAPITRE VII

LE GOUVERNEMENT SACERDOTAL

TABLES

IMPRIMATUR :

Lovanii, 21 Augusti 1925,

De mandato

P. LADEUZE,

Rector Universitatis.